D0281326

COLLECTION
FOLIO/ESSAIS

Jean-Jacques Rousseau

Du Contrat social

précédé de

Discours sur l'économie politique

et de

Du Contrat social

PREMIÈRE VERSION

et suivi de

Fragments politiques

Texte établi,
présenté et annoté
par Robert Derathé

Gallimard

Dans la même collection

DISCOURS SUR LES SCIENCES ET LES ARTS, *édition établie par François Bouchardy, n° 304.*

DISCOURS SUR L'ORIGINE ET LES FONDEMENTS DE L'INÉGALITÉ PARMI LES HOMMES, *édition établie par Jean Starobinski, n° 18.*

ÉMILE OU DE L'ÉDUCATION, *édition établie par Charles Wirz et Pierre Burgelin, n° 281.*

ESSAI SUR L'ORIGINE DES LANGUES, *édition établie par Jean Starobinski, n° 135.*

Jean-Jacques Rousseau (Genève, 1712-Ermenonville, 1778), dont la mère mourut à la naissance, est issu d'une famille d'origine française et fut élevé dans la tradition protestante. Il prit goût aux ouvrages romanesques et à la lecture de Plutarque. Après des années d'apprentissage, il rencontra Mme de Warens et rejoignit sa protectrice à Chambéry, enfin aux Charmettes (1732-1741). Il s'y livra avec passion aux études musicales et à la lecture. À Paris (1742-1749), il se lia avec Diderot et collabora à l'*Encyclopédie*. Une première célébrité littéraire lui vint avec la thèse paradoxale soutenue dans le *Discours sur les sciences et les arts* (1750). Bientôt le *Discours sur l'origine de l'inégalité* (1755) exerça une influence considérable sur la pensée politique et fonda la réputation de l'auteur. Fidèle à son système, Rousseau rejeta les raffinements de la civilisation en condamnant le théâtre, école de mauvaises mœurs, dans la *lettre à d'Alembert sur les spectacles* (1758), qui lui aliéna l'amitié des philosophes, déjà hostiles après sa brouille avec Diderot et Mme d'Épinay. Recueilli par M. et Mme de Luxembourg, il acheva *Julie ou la Nouvelle Héloïse* (1761), roman épistolaire d'un retour à la vie naturelle, qui connut un immense succès. Puis, soucieux de préciser son idéal politique lié à ses conceptions de l'éducation, il publia *Du Contrat Social* et l'*Émile* (1762), ouvrage pédagogique dont les idées religieuses furent condamnées, ce qui l'obligea à des années d'errance. Vivant dès lors dans la hantise d'un complot dirigé contre lui et désirant, grâce à l'aveu de ses fautes, se justifier devant la postérité, il rédigea (1765 à 1770) *Les Confessions* (posthumes, 1782 et 1789) et évoqua ses souvenirs dans *Les Rêveries du promeneur solitaire*, composées de 1776 à sa mort.

Introduction

DISCOURS
SUR L'ÉCONOMIE POLITIQUE

Le morceau qu'il était usuel de désigner au XVIIIe siècle sous le titre de *Discours sur l'économie politique* a été imprimé pour la première fois dans le tome V de l'*Encyclopédie,* pp. 337-349. Ce tome a été publié au mois de novembre 1755.

Nous ne savons pas si Diderot a demandé à Rousseau de se charger de cet article, ou si, comme le suggère René Hubert (*Rousseau et l'Encyclopédie,* Paris, 1928, pp. 22-23), l'initiative vint de Rousseau. On avance en faveur de cette dernière hypothèse la réflexion que Rousseau fit à Jacob Vernes le 28 mars 1756 : « Vous êtes content de l'article Economie, je le crois bien, mon cœur l'a dicté et le vôtre l'a lu » (*C.G.*, t. II, p. 273). Peut-on sérieusement s'autoriser de cette déclaration pour faire de l'*Économie politique* un écrit « d'inspiration sentimentale » et en conclure que Rousseau s'est lui-même proposé de le rédiger pour l'*Encyclopédie ?* Parmi tous les ouvrages de Rousseau, y en a-t-il un seul dont il ne puisse dire que son cœur l'a dicté ? R. Hubert suppose en outre que Diderot n'a pas été satisfait de l'article de Rousseau, puisqu'il en a fait imprimer un autre de Boulanger sous le même titre à l'orthographe près *(Œconomie politique)* dans le tome XI de l'*Encyclopédie*. Or, ce tome a été publié en 1765, six ans après la mort de Boulanger et dix ans après la publication du tome V qui contient l'article de Rousseau. En réalité, l' « article de feu M. Boulanger » est une analyse de son livre *Recherches sur l'origine du despotisme oriental* (1761) et a été réimprimé par la suite sous le titre de *Gouvernement*. A cette époque, Diderot s'occupait activement de la publication et de la diffusion des œuvres de Boulanger. Il ne faut pas s'étonner qu'il ait tenu à insérer dans l'*Encyclopédie* cette critique de la théocratie et qu'il n'ait pas voulu, par prudence, la faire figurer à ce mot. Pourquoi l'a-t-il présentée sous le titre *Œconomie politique ?* Certainement, pour des raisons de commodité qui nous échappent. De toute façon, l'article de Boulanger ne fait pas double emploi avec celui de Rousseau, puisqu'il porte sur un autre sujet. En tous cas, à l'époque de la préparation du tome V de l'*Encyclopédie,* pendant les années 1754-1755, la collaboration entre Rousseau et Diderot est très étroite et leur amitié sans nuages. Peut-être ont-ils décidé d'un commun accord, comme le suggère Ch. W. Hendel (*Jean-Jacques Rousseau moralist,* Londres et New York, 1934, vol. I, p. 98), que l'un écrirait l'article sur le *Droit naturel,* et l'autre l'article sur l'*Économie politique ?*

Il ne serait pas indifférent de connaître la date de composition de l'*Économie politique,* puisque cela permettrait de situer cet écrit tant par rapport au *Discours sur l'inégalité* que par rapport à la 1re version du *Contrat social* dite Manuscrit de Genève, donc d'indiquer sa place dans la formation des idées politiques de Rousseau. Or, ces questions de chronologie ne sont résolues qu'en ce qui concerne le *Discours sur l'inégalité.* C'est en novembre 1753 que le *Mercure* publie le sujet du concours de l'Académie de Dijon. On sait en outre que les manuscrits des concurrents furent enregistrés le 21 avril 1754. C'est donc entre ces deux dates que se place la rédaction du *Discours sur l'inégalité.* Rousseau a achevé la Dédicace en mai et remet en octobre à Marc-Michel Rey le manuscrit du *Discours.* Dans ces conditions, il est naturel de supposer que l'*Économie politique* a été composée après le second *Discours,* vraisemblablement même après le retour de Rousseau à Paris (octobre 1754). C'est à cette hypothèse que se rallient la plupart des historiens, en particulier Ch. W. Hendel. Mais le doute subsiste et l'on peut, avec René Hubert (*Rousseau et l'Encyclopédie,* pp. 58 sq.) alléguer contre cette hypothèse le fait qu'on relève dans l'*Économie politique* des textes qui semblent appartenir à un courant d'idées antérieur au *Discours sur l'inégalité.* Dans ce *Discours,* Rousseau s'oppose à l'opinion commune et rejette l'idée d'une sociabilité naturelle. « On voit, dit-il, au peu de soin qu'a pris la Nature de rapprocher les Hommes par des besoins mutuels, et de leur faciliter l'usage de la parole, combien elle a peu préparé leur

Sociabilité, et combien elle a peu mis du sien dans tout ce qu'ils ont fait, pour en établir les liens ». Dans l'*Économie politique,* au contraire, subsiste l'idée courante parmi les encyclopédistes d'une sociabilité dérivée des besoins et conçue comme coopération : « Cherchez les motifs qui ont porté les hommes unis par leurs besoins mutuels dans la grande société, à s'unir plus étroitement par des sociétés civiles; vous n'en trouverez point d'autre que celui d'assûrer les biens, la vie, et la liberté de chaque membre par la protection de tous ». R. Hubert, qui cite ce texte, déclare en outre que la Dédicace du second *Discours* témoigne d'une adhésion au mécanisme sociologique, tandis que l'*Économie politique* expose une conception organiciste de la société. Nous ne croyons pas cependant qu'il y ait chez Rousseau passage d'une théorie à l'autre, ni que sa pensée ait évolué sur ce point. Pour Rousseau, la société est un être moral ou un être de raison qu'il compare indifféremment à un corps organisé ou à une machine. Ce ne sont dans son esprit que de simples comparaisons dont il souligne lui-même l'inexactitude et dont il se sert pour illustrer sa pensée. Lorsqu'il compare la société à un corps organisé, vivant et semblable à celui de l'homme, il s'agit pour lui, comme pour Hobbes, dont il s'inspire visiblement, d'un corps ou d'un homme artificiel. C'est pourquoi les deux comparaisons, qui nous paraissent aujourd'hui relever de deux conceptions différentes de la société, ne sont en réalité pour lui que l'expression d'une même idée, comme l'a bien montré Émile Durkheim. D'autre part, s'il subsiste dans l'*Économie politique* des traces d'une pensée plus ancienne — ce que, pour notre part, nous n'oserions affirmer —, ces survivances sont bien peu de chose en comparaison de tout ce que cet écrit apporte de nouveau par rapport au second *Discours,* en particulier la distinction de la souveraineté et du gouvernement ainsi que la conception de la volonté générale, donc les thèses essentielles de la pensée politique de Rousseau. En réalité, l'*Économie politique* et le *Discours sur l'inégalité* sont deux ouvrages différents par leur objet. L'un traite de l'état de nature et de l'origine du gouvernement, l'autre se propose de montrer quelles sont les fonctions du gouvernement ou de l'administration publique. L'un sert de prélude au *Contrat social,* l'autre en est un extrait.

Aussi est-il plus instructif de comparer l'*Économie politique* et le Manuscrit de Genève du *Contrat social.* La comparaison s'impose d'autant plus que les deux écrits contiennent des morceaux communs. Ces morceaux, d'inégale étendue, se rapportent l'un à la distinction du pouvoir paternel et du pouvoir civil, l'autre à la théorie de la loi. Le premier développe une thèse esquissée dans le *Discours sur l'inégalité,* le second un thème qui deviendra essentiel dans la philosophie politique de l'auteur, à savoir que, dans l'état civil, il n'y a pas de liberté sans lois. Aucun de ces deux morceaux ne figure dans la version définitive du *Contrat social.* Il n'est pas douteux que Rousseau s'est servi, pour rédiger l'*Économie politique,* des matériaux qu'il avait rassemblés peu à peu en vue de ses *Institutions politiques.* L'ouvrage n'était « encore guère avancé » au printemps 1756 (*Confessions,* l. IX, *O.C.*, Pléiade, t. I, p. 405), mais Rousseau y travaillait depuis 1750 et devait, au moment où il rédigeait l'*Économie politique,* être en possession des idées essentielles de son système. Elles ont été élaborées dans la solitude et à l'écart des encyclopédistes. Aussi la liaison, puis la rupture avec les encyclopédistes n'ont-elles pas la même importance pour la pensée politique de Rousseau que pour la formation de ses idées religieuses. Sans doute les idées qui deviendront les thèmes fondamentaux de sa doctrine n'ont-elles pas encore dans l'*Économie politique* la précision que leur donnera le *Contrat social.* Ainsi, dans l'*Économie politique,* Rousseau déclare, par exemple, qu'il faut bien distinguer la volonté générale de la volonté particulière, « distinction, ajoute-t-il, toujours fort difficile à faire ». Mais il ne dit pas, comme il le fera dans le Manuscrit de Genève, en quoi consiste la distinction. Par contre, il indique aussi clairement que dans le *Contrat social* ce qui distingue la souveraineté du gouvernement.

D'autre part, au moins sur un point — la question de la propriété — l'*Économie politique* semble en désaccord avec le *Contrat social.* Selon la doctrine définitive de Rousseau, la propriété n'existe que dans l'état civil et sous la garantie des lois : c'est le pacte social qui change « l'usurpation en un véritable droit, et la jouissance en propriété ». D'après l'*Économie politique,* au contraire, « la propriété est le vrai fondement de la société civile, et le vrai garant des engagemens des citoyens ». Cette formule rappelle manifestement la théorie de Locke et de Pufendorf. Pour ces auteurs, en effet, la propriété est un droit naturel antérieur à la constitution des sociétés civiles, un droit dont l'État doit garantir l'exercice aux citoyens, mais qu'il ne crée pas. Cependant la similitude des formules ne signifie pas nécessairement que Rousseau se rallie dans l'*Économie politique* à la conception de Locke. Il n'aurait pu s'y rallier sans inconséquence puisque, dans le *Discours sur l'inégalité,* il faisait du droit de propriété un droit de « convention et d'institution humaine ». C'est pourquoi, on ne saurait, à mon avis, admettre avec Vaughan, qu'en ce qui concerne la doctrine de la propriété, Rousseau est passé du libéralisme de Locke à une forme extrême de collectivisme. Certes, dans l'*Économie politique,* une formulation incertaine peut prêter à confusion, mais, pour le fond, la pensée de Rousseau ne peut s'écarter sensiblement des conceptions exposées presque à la même date dans le *Discours sur l'inégalité* et plus tard dans le *Contrat social.*

On notera, en outre, que l'idée même du contrat social est presque passée sous silence dans l'*Économie politique.* Rousseau se borne à y faire allusion, lorsqu'il parle, par exemple, de la « confédération publique » et de « l'engagement des citoyens », ou encore lorsqu'il dit que « le fondement du pacte social est la propriété ». Comment s'explique cette omission ? Pour Ch. E. Vaughan, l'idée du contrat social est foncièrement étrangère à la doctrine politique de Rousseau : elle a été introduite tardivement et cette addition a troublé l'ordonnance du système. Du fait même que l'idée du contrat en est absente, l'*Économie politique* présente une conception plus cohérente que le *Contrat social.* Explication ingénieuse sans doute, mais solidaire d'une interprétation du système à laquelle nous ne pouvons nous rallier. En réalité, si l'idée du contrat est absente de l'*Économie politique,* cette omission n'est pas une lacune. Les historiens qui étudient la formation des idées politiques de Rousseau ont trop souvent tendance à faire abstraction du sujet traité par l'auteur dans l'un ou l'autre de ses écrits. Qu'une idée soit absente d'un ouvrage, cela ne signifie pas *ipso facto* qu'elle ne soit pas présente à l'esprit de l'auteur. Le sujet de l'*Économie politique* est la théorie de l'administration ou du gouvernement. Si dans l'*Économie politique* Rousseau se borne à faire de brèves allusions au pacte social, c'est qu'il ne traite pas dans cet écrit de l'origine de l'État, ni du passage de l'état de nature à la société civile. Par contre, comme il traite du gouvernement, il est naturellement amené à parler de la volonté générale, puisque celle-ci est « la règle fondamentale du gouvernement » et que l'administration de l'État doit être conforme aux lois.

Pour en finir avec la comparaison de l'*Économie politique* et de la 1re version du *Contrat social,* il convient de souligner que les parties communes aux deux écrits concernent plutôt l'introduction que le corps même de l'article de l'*Encyclopédie.* Cela s'explique aisément. L'*Économie politique* a pour sujet, comme nous l'avons dit, la théorie du gouvernement, et le Manuscrit de Genève s'achève au début du livre III, donc au moment où Rousseau va aborder l'exposé de « l'institution du gouvernement ».

Le plan de l'*Économie politique* est parfaitement clair. Une longue introduction a pour objet de dénoncer certaines confusions ou erreurs communes. Il faut, en premier lieu, bien distinguer l'*économie générale* ou *publique* de l'*économie particulière* ou *domestique,* donc établir, contrairement à l'opinion de Filmer et de Bossuet, que le pouvoir civil et le pouvoir paternel, le gouvernement de l'État et celui de la famille n'ont, en réalité, rien de commun. Mais, comme on serait tenté de confondre l'économie politique avec l'autorité politique elle-même, une nouvelle distinction s'impose, plus importante encore, aux yeux de Rousseau, que la première, car elle fait partie intégrante de son système. Il s'agit pour lui de montrer que l'économie politique n'est pas dans l'État le pouvoir suprême, mais seulement un pouvoir subordonné, chargé de l'exécution des lois. L'autorité politique se compose, en effet, de deux pouvoirs : celui de faire les lois et celui d'en assurer l'exécution. Le premier de ces pouvoirs est l'autorité suprême tandis que l'autre lui est naturellement subordonné. Selon une terminologie qui lui est propre et à laquelle il restera toujours fidèle, Rousseau appelle *souveraineté* l'autorité suprême ou le droit législatif et *gouvernement* la puissance exécutive. Si bien que, pour lui, l'étude de l'économie politique se ramène uniquement à l'exposé des fonctions gouvernementales et qu'il en exclut la souveraineté ou le pouvoir de faire les lois. Ce que Rousseau ne dit pas dans cette introduction — il le réserve sans doute pour son grand ouvrage —, c'est que l'autorité suprême ou le pouvoir de faire les lois appartient au peuple et ne peut appartenir qu'à lui. A mon avis, c'est intentionnellement qu'il ne livre pas toute sa pensée dans cet article de l'*Encyclopédie*.

Après cette introduction consacrée aux distinctions fondamentales, le corps même de l'article se divise en trois parties. Rousseau donne le sommaire de ces trois parties dans un passage du manuscrit, supprimé dans la version définitive. « Si je veux déterminer, dit-il, en quoi consiste l'Economie publique, je trouverai que ses fonctions se réduisent à trois principales, administrer les lois, maintenir la liberté civile et pourvoir aux besoins de l'Etat ».

Le thème de la première partie est que l'administration soit conforme aux lois. Dans le *Contrat social* Rousseau montre combien cette conformité est difficile à obtenir. Il est surtout préoccupé de prévenir les usurpations du gouvernement et de le maintenir dans les limites de son pouvoir. Dans l'*Économie politique* il a plutôt tendance à glorifier la tâche du gouvernement et à en souligner l'importance. « Quoique le gouvernement, dit-il, ne soit pas le maître de la loi, c'est beaucoup d'en être le garant et d'avoir mille moyens de la faire aimer ».

La seconde partie aurait pu s'intituler du patriotisme ou de l'amour de la patrie. « Voulons-nous que les peuples soient vertueux ? commençons donc, dit Rousseau, par leur faire aimer la patrie ». A cet effet, l'*Économie politique* nous propose deux moyens.

Le premier est « la protection que l'Etat doit à ses membres ». Les pages que lui consacre Rousseau comptent parmi les plus belles qu'il ait jamais écrites. Ces pages d'inspiration individualiste ne sont pas un simple écho du libéralisme de Locke, finalement plus soucieux de la propriété des biens que de la liberté des personnes, mais elles expriment la conviction profonde de l'auteur pour qui l'autorité de l'État ne doit jamais s'exercer au détriment de la liberté ou de la sûreté des citoyens.

Le second moyen, c'est l'éducation publique. Il n'est pas impossible que Rousseau emprunte à Montesquieu l'idée de cette éducation destinée à former des citoyens et à leur donner, dès l'enfance, l'amour de la patrie. Pour Montesquieu, en effet, dans une République l'amour des lois et de la patrie se confond avec la vertu et « c'est à l'inspirer que l'éducation doit être attentive » (*Esprit des lois*, l. IV, ch. VI). Ce sujet de l'éducation publique, qui lui tenait tant à cœur, Rousseau n'a réussi à le traiter qu'occasionnellement et sommairement dans l'*Économie politique* (1755), puis dans les *Considérations sur le gouvernement de Pologne* (1772), alors que l'*Émile* est un traité de l'éducation domestique. Il n'y a peut-être pas entre les deux formes d'éducation cette opposition radicale que Rousseau souligne comme à plaisir dans le livre I de l'*Émile*. Il est certain toutefois que l'institution publique, comme Rousseau ne cessera de le dire, ne convient qu'à des peuples libres et qu'elle n'a pas sa place dans les monarchies, puisque les enfants y doivent être « élevés en commun dans le sein de l'égalité ». D'autre part, bien loin d'être abandonnée à la discrétion des pédagogues, cette éducation doit être placée sous la présidence de magistrats éprouvés et chevronnés, seuls capables de donner l'exemple des vertus qu'ils doivent enseigner. Si nous ajoutons, pour terminer, qu'elle s'inspire des modèles antiques, nous aurons brièvement rappelé les traits essentiels de l'institution publique telle que la conçoit Rousseau.

La troisième partie de l'*Économie politique* est de beaucoup la plus longue puisqu'elle occupe à elle seule près de la moitié de l'article. Rousseau y expose son « système économique » et sa conception des finances publiques. Cet exposé de l'*Économie politique* sera complété par ceux du *Projet de constitution pour la Corse* (1765) et du *Gouvernement de Pologne* (1772). L'étude comparée de ces trois écrits fait ressortir quelques variations dans la pensée de Rousseau, en particulier dans sa conception des impôts.

Sans entrer ici dans le détail de l'exposé de Rousseau, on remarquera tout d'abord combien son système économique, à l'aube de la révolution industrielle, nous paraît archaïque et en recul sur son temps. Il manifeste ses préférences pour une économie presque exclusivement agricole et son hostilité contre l'expansion du commerce. S'il en est ainsi, c'est qu'il aborde les questions économiques non en économiste, comme l'ont fait à son époque J. Fr. Melon, Veron de Forbonnais ou encore les physiocrates, mais en moraliste soucieux avant tout de prévenir les maux et les vices qui naissent de l'abondance, le luxe et l'inégalité.

Le même esprit préside à sa conception des finances publiques. Rousseau est manifestement plus préoccupé de réduire les dépenses de l'État que d'accroître ses ressources et, sur ce point du moins, cet étatiste rejoint, mais pour d'autres motifs, l'opinion de nos libéraux, soucieux surtout de préserver la fortune privée. Il pense, avec Jean Bodin, — c'est encore une solution archaïque — que l'État doit tirer du domaine public l'essentiel de ses ressources. Dans l'*Économie politique* il ne se prononce pas encore, comme il le fera plus tard dans le *Contrat social* et dans le *Gouvernement de Pologne,* pour les corvées et contre les impositions. Ce qui compte, pour un financier, c'est le produit de l'impôt. Rousseau ne s'y intéresse guère. Par contre, il insiste sur la nécessité de répartir également les charges, selon la proportion et l'équité. Ce qui domine dans sa théorie de l'impôt, comme dans toute son œuvre, c'est le souci de la justice. Il a trop le sentiment que l'ordre social s'exerce au profit des riches pour ne pas proposer une taxe progressive sur les revenus. « Tous les avantages de la société ne sont-ils pas pour les puissans et les riches ? » Il est donc juste que ceux-ci portent à eux seuls tout le poids de l'impôt et que les pauvres en soient déchargés. Finalement, dans cette théorie de l'impôt, l'objectif financier s'efface presque complètement pour faire place à des considérations d'un autre ordre. « Il n'appartient qu'au véritable homme d'état d'élever ses vûes dans l'assiette des impôts plus haut que l'objet des finances, de transformer des charges onéreuses en d'utiles réglemens de police, et de faire douter au peuple si de tels établissemens n'ont pas eu pour fin le bien de la nation plûtôt que le produit des taxes. » Si Rousseau reste, dans l'*Économie politique,* partisan du maintien de l'impôt, c'est qu'il propose de l'utiliser à des fins sociales ou morales, par exemple pour remédier à l'inégalité des fortunes ou entraver les progrès du luxe. En définitive, la conception rousseauiste des finances tend à leur suppression. On lit, en effet, dans le *Contrat social* (l. III, ch. xv) : « Ce mot de *finance* est un mot d'esclave; il est inconnu dans la Cité. Dans un Etat vraiment libre, les Citoyens font tout avec leurs bras et rien avec de l'argent... Je suis bien loin des idées communes; je crois les corvées moins contraires à la liberté que les taxes. » Les solutions proposées dans l'*Économie politique* sont certainement moins radicales, mais elles s'inspirent du même esprit.

Nous ne voudrions pas terminer cette introduction sans attirer l'attention sur un dernier point. Pour l'historien de la pensée politique et sociale de J.-J. Rousseau, l'*Économie politique* présente un intérêt particulier, parce qu'elle le renseigne sur les lectures de l'auteur. Selon une légende que Rousseau a contribué lui-même à propager, il aurait tout tiré de son propre fonds. C'est, au contraire, le sérieux et l'étendue de son information qui nous frappe à la lecture de l'*Économie politique*. On sait sa prédilection pour les auteurs anciens. L'*Économie politique* nous apprend qu'il ne s'est pas seulement nourri de Platon, mais qu'il connaissait aussi fort bien la *Politique* d'Aristote. Parmi les auteurs modernes, Rousseau cite et utilise Bodin, Locke, Pufendorf, sans parler de Montaigne, dont les *Essais* furent, avec les *Vies* de Plutarque, l'un de ses livres préférés. Nous n'avons pas à faire ici le bilan de ces lectures. Mais elles ont été trop généralement méconnues des historiens pour qu'il ne soit pas superflu d'en signaler l'importance.

NOTE SUR L'ÉTABLISSEMENT DU TEXTE

Nous donnons le texte de l'édition originale, c'est-à-dire celui qui a paru dans le tome V de l'*Encyclopédie* en 1755, en introduisant dans le corps du texte les corrections signalées dans l'*errata* de l'*Encyclopédie*. Nous avons bien entendu éliminé les coquilles typographiques qui s'étaient glissées dans l'article; nous avons également corrigé les bévues évidentes et rétabli dans ces passages le texte correct qui figure dans toutes les éditions postérieures.

En voici quelques exemples :

Texte fautif de l'*Encyclopédie* :	Texte correct :
mystéres	ministres
Ce dernier désordre	Ce premier désordre
Herode	Herodote

Les variantes sont tirées du ms. 7840 de Neuchâtel et de l'édition des *Œuvres complètes* de 1782.

PREMIÈRE VERSION
DU CONTRAT SOCIAL

La première version du *Contrat social* est un manuscrit autographe de Rousseau, que Georges Streckeisen-Moultou a donné à la Bibliothèque de Genève en 1882 en souvenir de sa femme, née Amélie Moultou, et que, presque aussitôt, Eugène Ritter, professeur à l'Université, fit connaître au public dans un article du *Journal de Genève* (supplément du 14 avril 1882). Elle fut publiée cinq ans après par Alexeieff en appendice à ses *Études sur Rousseau* (Moscou, 1887), puis par Ed. Dreyfus-Brisac dans son édition du *Contrat social* (Paris, 1896) et enfin par C. E. Vaughan dans le tome I des *Political Writings of J. J. Rousseau* (Manchester, 1915).

Elle constitue un manuscrit de 72 pages d'un format voisin de notre format commercial (265 × 190 mm). Ce manuscrit n'est manifestement pas une première rédaction, c'est une copie ou une mise au net présentée avec beaucoup de soin et, pour cette raison, destinée sans doute à l'impression. Si l'on admet avec la plupart des historiens que le Manuscrit de Genève est le « brouillon » que Rousseau soumit à Rey, son éditeur, en décembre 1760 à Montmorency (cf. la lettre de Rousseau à Rey du 23 décembre 1761, *C.G.*, t. VII, p. 2), il faut admettre aussi que le manuscrit n'est pas resté inachevé, mais qu'il était primitivement complet et que la seconde partie a été perdue. Toutefois, si l'on se rallie à cette hypothèse, on ne peut plus, comme le fait Vaughan (*Political Writings*, t. I, p. 435, n. 1), supposer que le Manuscrit de Genève est celui auquel fait allusion Rousseau lorsqu'il écrit à Rey le 9 août 1761 : « Mon traité du Droit Politique est au net et en état de paroitre... Si cet ouvrage vous convient et que vous vous engagiez à le faire exécuter diligemment et avec soin, vous pouvez le faire retirer au prix convenu; car étant copié sur du plus fort papier d'hollande le volume est trop gros pour être envoyé par la poste, et je ne veux pas m'en dessaisir sans argent » (*C.G.*, t. VI, p. 187). Une autre question se pose. Ce manuscrit, copié sur du plus fort papier de Hollande, était-il celui que Rousseau remit à Duvoisin le 6 novembre 1761 (cf. *C.G.*, t. VI, p. 287) ? Si l'on en croit le récit des *Confessions* (l. XI, *O.C.*, Pléiade, t. I, p. 560), le manuscrit remis à Duvoisin « écrit en menu caractére étoit fort petit et ne remplissoit pas sa poche ». Il ne correspond donc pas à celui sommairement décrit à Rey le 9 août 1761, à moins de supposer avec Bosscha que « ce qui excède les proportions d'un paquet destiné pour la poste, peut très-bien se dire petit à raison de la capacité d'une poche ». On sait en outre que Rousseau avait l'habitude de faire plusieurs copies manuscrites de ses œuvres et, en l'espace de trois mois, il a certainement eu le temps d'en faire une nouvelle du *Contrat social*. Nous aurions ainsi trois manuscrits du *Contrat social :* le brouillon communiqué à Rey en décembre 1760, la copie sur papier de Hollande dont il est question dans la lettre du 9 août 1761 et le manuscrit de petit format qui a servi à l'impression de l'ouvrage. Il est exclu que le Manuscrit de Genève soit le dernier. Il est peu probable qu'il soit le second en raison des corrections, des additions et surtout du chapitre sur la religion civile qui s'y trouve en première rédaction. Le Manuscrit de Genève serait donc bien le brouillon dont Rey prit connaissance en décembre 1760. On arrive à la même conclusion si l'on rejette l'hypothèse des trois manuscrits et si l'on admet avec Bosscha que Rousseau a remis à Duvoisin en novembre 1761 celui qui était déjà prêt au mois d'août, sans en faire une nouvelle copie de format plus petit.

Avec les données dont on dispose on ne peut dire avec certitude à quelle date a été composé le Manuscrit de Genève. Cependant, en fixant cette date vers 1756, comme nous l'avons fait nous-même jadis, les historiens me semblent aujourd'hui avoir placé trop tôt la composition de l'ouvrage. Voici pourquoi. Le titre que Rousseau a primitivement donné au Manuscrit de Genève et qu'il a finalement retenu est le même que celui de la version définitive. Cela montre, à notre avis, que Rousseau n'a composé ce manuscrit qu'au moment où ses

Institutions politiques lui paraissant une entreprise au-dessus de ses forces, il s'est décidé à n'en donner qu'un extrait, c'est-à-dire après qu'il eut quitté l'Ermitage pour s'installer à Montmorency, donc en 1758. « J'avois encore, dit Rousseau, deux ouvrages sur le Chantier. Le prémier étoit mes *Institutions politiques*. J'examinai l'état de ce livre, et je trouvai qu'il demandoit encore plusieurs années de travail. Je n'eus pas le courage de le poursuivre, et d'attendre qu'il fut achevé pour executer ma résolution. Ainsi renonçant à cet ouvrage, je résolus d'en tirer ce qui pouvoit se détacher, puis de bruler tout le reste, et poussant ce travail avec zèle, sans interrompre celui de l'*Emile,* je mis en moins de deux ans la derniere main au *Contract Social* » (*Confessions,* l. X, *O.C.*, Pléiade, t. I, p. 516). Si le Manuscrit de Genève est bien le brouillon communiqué à Rey en décembre 1760, il a dû être composé pendant les années 1758-1760. Il faudrait donc renoncer à faire, comme on l'a fait jusqu'ici, du Manuscrit de Genève une version du *Contrat social* antérieure de plusieurs années au texte définitif.

Mais, comme pour rédiger le *Contrat social,* Rousseau a puisé dans le dossier des *Institutions politiques,* il ne faut pas s'étonner de trouver dans le Manuscrit de Genève qui, répétons-le, est une copie ou une mise au net, des textes antérieurs à 1758. Il en est ainsi du chapitre sur la société générale du genre humain qui a dû être rédigé peu après la publication de l'article « Droit naturel » de Diderot dans le tome V de l'*Encyclopédie,* en novembre 1755, article dont il est la réfutation méthodique. De même la rédaction du passage concernant l'autorité paternelle et celle de la loi (Manuscrit de Genève, l. I, ch. v) doit remonter à 1754 ou 1755, puisqu'il a été imprimé dans l'*Économie politique* et que cet article a été publié également dans le tome V de l'*Encyclopédie*. Nous avons pris les exemples les plus significatifs et les seuls pour lesquels le problème de la chronologie puisse être approximativement résolu. Ce qui serait intéressant pour l'historien du *Contrat social,* ce n'est pas tant de fixer la date de composition du Manuscrit de Genève, que de pouvoir établir la chronologie détaillée des divers morceaux qui le composent. Nous ne disposons pas toutefois d'indices suffisants pour entreprendre cette tâche avec des chances sérieuses de succès, les fragments politiques de Rousseau n'étant pas, comme les *Pensées* de Montesquieu, rangés dans l'ordre chronologique.

Si le Manuscrit de Genève n'est pas antérieur aux années 1758-1760, il ne saurait y avoir de différences fondamentales entre les deux versions du *Contrat social.*

Les seules qui soient incontestables concernent la présentation de l'ouvrage. Rousseau l'a entièrement remaniée et ces remaniements tendent à une distribution plus rationnelle des matières. Le principal consiste à faire passer au livre II les chapitres IV, VI et VII du livre I, de manière à rassembler dans le même livre tout ce qui concerne la souveraineté et la législation. Ainsi amputé de trois chapitres et même de quatre, par suite de la suppression du chapitre II sur laquelle nous reviendrons, le livre I se trouvait pratiquement réduit à deux chapitres. Scindés, remaniés et augmentés, ces deux chapitres en font neuf dans la version définitive. Autre modification importante : l'ordre d'exposition se trouve inversé. Dans le Manuscrit de Genève, Rousseau commence par exposer sa propre conception du pacte social (ch. III) et passe ensuite à l'examen des fausses notions du lien social (ch. V). Dans le *Contrat social* il suit l'ordre inverse et réfute ce qui lui paraît faux avant d'exposer sa conception du pacte fondamental sur lequel repose la société.

Cependant, selon certains historiens, la différence entre les deux versions ne se limite pas à ces questions de présentation. D'une version à l'autre des changements appréciables seraient intervenus dans la pensée de l'auteur, au point de modifier l'orientation et la signification de la doctrine. Telle est notamment l'opinion de Vaughan qui n'hésite pas à voir dans le Manuscrit de Genève une conception « plus saine et plus cohérente » que l'exposé de la version définitive.

Celle-ci aurait, en particulier, l'inconvénient d'osciller entre deux conceptions du pacte social, présenté tantôt comme une simple idée, tantôt comme un fait historique, puisque Rousseau déclare dans une addition au texte primitif que les clauses de ce pacte « sont partout les mêmes, partout tacitement admises et reconnues » (*Contrat social,* l. I, ch. VI). La première version souligne, au contraire, qu'il ne s'agit nullement par l'hypothèse du contrat social de fournir une explication historique de la formation des sociétés. « Il y a, dit Rousseau, mille maniéres de rassembler les hommes, il n'y en a qu'une de les unir. C'est pour cela que je ne donne dans cet ouvrage qu'une méthode pour la formation des sociétés politiques, quoique dans la multitude d'aggrégations qui existent actuellement sous ce nom, il n'y en ait peut être pas deux qui aient été formées de la même maniere, et pas une qui l'ait été selon celle que j'établis. Mais je cherche le droit et la raison et ne dispute pas des faits » (Manuscrit de Genève, l. I, ch. v). Est-il cependant possible, en lisant le *Contrat social,* de mettre sérieusement en doute que le point de vue de l'auteur soit celui du droit ? Dans les deux versions les intentions de Rousseau sont les mêmes : il se propose d'exposer ce qui rend légitime l'autorité politique, sans rechercher comment elle s'est établie en fait et maintenue au cours de l'histoire où la force tient le plus souvent lieu du droit. Dans la version définitive il lui arrive sans doute de parler du pacte social comme s'il avait réellement existé. Mais n'en était-il pas de même dans le *Discours sur l'inégalité* pour l'état de nature dont il avait pourtant souligné sans équivoque le caractère purement hypothétique ?

Nous ne contestons pas que l'exposé du Manuscrit de Genève soit souvent plus explicite et plus clair que celui du *Contrat social.* C'est, en réalité, parce que la forme en est plus spontanée, moins élaborée et qu'elle fait parfois songer plutôt à un exercice d'écolier — le mot est de Dreyfus-Brisac — ou à un exposé de professeur. Dans le Manuscrit de Genève Rousseau a tendance à souligner naïvement ses intentions en multipliant les avertissements au lecteur, en distinguant avec soin les points de vue et en accentuant les transitions. C'est ainsi, par exemple, que le chapitre sur le peuple à instituer (l. II, ch. III) commence par ces mots : « Quoique je traitte ici du droit et non des convenances, je ne puis m'empêcher de jetter en passant quelques coups d'œil sur celles qui sont indispensables dans toute bonne institution ». Cette réflexion préliminaire n'a pas été maintenue dans la version définitive. Peut-on sérieusement en conclure que la distinction des deux points de vue se soit obscurcie ou atténuée dans l'esprit de l'auteur et qu'il mette sur le même plan les chapitres où il traite des convenances et ceux où il n'est question que du droit ? Rousseau laisse seulement au lecteur le soin de faire la distinction et ne procède plus comme un professeur avec ses élèves. Les changements de cette nature n'affectent en aucune manière la pensée de l'auteur et restent des modifications de pure forme.

Plus importante est la suppression du chapitre sur la société générale du genre humain (l. I, ch. II). Ce chapitre a suscité parmi les historiens certainement plus de discussions et de commentaires que s'il avait été maintenu dans la version définitive. Les limites de cette introduction ne nous permettent pas d'examiner toutes les hypothèses qui ont été avancées pour expliquer la suppression de cet important chapitre. Nous ne pouvons pourtant passer sous silence celle de Vaughan, car elle met en cause la signification même de la doctrine de Rousseau. Selon Vaughan, si Rousseau a supprimé le chapitre en question, « ce n'est pas parce qu'il était sans rapport avec sa théorie, mais parce qu'il lui portait un coup fatal. Rousseau s'est finalement rendu compte qu'en réfutant l'idée de loi naturelle, il ruinait le principe sur lequel reposait l'obligation de respecter le pacte social. N'ayant rien à mettre à la place du contrat pour expliquer la formation de la société civile, il a remisé les batteries qu'il avait imprudemment démasquées, et sacrifié la réfutation pour laisser debout l'édifice du contrat social » (*Political Writings*, t. I, pp. 441-442). En un sens Vaughan a vu juste. Dans *La Nouvelle Héloïse* (Partie II, lettre XVIII) Rousseau déclare que la société humaine « n'est fondée que sur la foi des conventions ». Le devoir de tenir ses engagements étant l'un des préceptes de la loi naturelle, celle-ci constitue un élément indispensable de toute théorie qui prend les conventions pour base de l'autorité légitime parmi les hommes. Aussi ne faut-il pas s'étonner que Rousseau soit toujours resté très attaché à l'idée de loi naturelle. Il ne pouvait la rejeter sans ruiner la base de son système. Est-il vraisemblable, dans ces conditions, que le chapitre sur la société générale du genre humain soit une réfutation de l'idée de loi naturelle ? Certes Rousseau s'y oppose à la conception de Locke qui, dans l'*Essai sur le gouvernement civil,* présente la loi naturelle comme la loi de l'état de nature. Il en est, chez Rousseau, de la loi naturelle comme de la conscience. Elles restent « virtuelles » tant que les hommes ne sont pas engagés dans les rapports sociaux. « La conscience, dit Rousseau dans la *Lettre à Ch. de Beaumont,* est nulle dans l'homme qui n'a rien comparé et qui n'a point vu ses rapports ». Cette remarque vaut aussi pour la loi naturelle. Comment pourrait-elle être la règle de l'état de nature et servir de guide à des hommes stupides et bornés, sans commerce avec leurs semblables ? Mais une fois que les hommes sont devenus sociables et, de ce fait, capables d'user de leur raison, ils peuvent acquérir la connaissance de la loi naturelle et celle-ci exerce sur eux son empire.

En réalité, la critique de Rousseau dans le Manuscrit de Genève vise moins, comme le titre du chapitre supprimé l'indique clairement, l'idée de loi naturelle que celle de sociabilité naturelle. Et à notre avis, l'auteur avait au moins deux raisons, sans recourir à celle avancée par Vaughan, de supprimer ce chapitre qui risquait de faire double emploi avec le *Discours sur l'inégalité*. Il avait, en effet, dans cet ouvrage, écarté en termes suffisamment nets le principe de la sociabilité naturelle pour juger, à la réflexion, inutile et inopportun de revenir sur ce sujet dans le *Contrat social*. Mais la raison principale est, me semble-t-il, le caractère polémique de ce chapitre qui est aussi — sur ce point tout le monde est d'accord aujourd'hui — une critique de l'article « Droit naturel » de l'*Encyclopédie*. On objectera sans doute que Rousseau a l'habitude d'exposer sa pensée en argumentant contre quelqu'un et, qu'à cet égard, il procède dans le *Contrat social* comme dans ses autres écrits. La réfutation de Diderot n'y serait donc pas plus déplacée que celle de Hobbes ou de Grotius. Mais ces écrivains sont des classiques, des maîtres qu'il est naturel de discuter dans un traité de droit politique, tandis que Diderot est un contemporain dont les démêlés avec Rousseau sont connus du public. Le chapitre supprimé n'avait donc pas sa place dans un ouvrage où l'auteur voulait « mettre uniquement toute la force du raisonnement, sans aucun vestige d'humeur et de partialité » (*Confessions,* l. IX).

Ce n'est pas un des moindres intérêts du Manuscrit de Genève de nous donner en première rédaction le chapitre sur la religion civile. On sait d'après la correspondance de Rousseau que ce chapitre ne figurait pas dans le brouillon communiqué à Rey en décembre 1760. Il est donc fort probable, quoique cela ne soit pas absolument certain, que ce chapitre a été rédigé dans les premiers mois de l'année suivante. Rousseau l'a écrit au verso des feuillets 46 à 51 du manuscrit comme s'il avait eu primitivement l'intention de le placer à la suite du chapitre sur le législateur, au lieu de le rejeter à la fin de l'ouvrage comme dans la version définitive. Cette première rédaction diffère sensiblement du texte imprimé. Rousseau y déclenchait une véritable offensive contre le christianisme romain et concluait par un éloge du protestantisme : « L'expérience apprend que de toutes les sectes du christianisme la protestante comme la plus sage et la plus douce est aussi la plus pacifique et la plus sociale. C'est la seule où les loix puissent garder leur empire et les chefs leur autorité ». Cet éloge ainsi que les attaques contre le Pape et les missionnaires n'ont pas été maintenus dans le texte définitif auquel l'auteur voulait donner l'objectivité d'un traité didactique.

Ce chapitre sur la religion civile et celui sur la société générale du genre humain sont les seuls qui, par leur contenu, diffèrent de la version définitive. Pour le reste, les deux versions présentent la même doctrine et il est vain de vouloir à tout prix les opposer l'une à l'autre.

NOTE SUR L'ÉTABLISSEMENT DU TEXTE

Ce qui distingue notre édition des éditions antérieures, c'est que nous donnons le texte du manuscrit, sans en modifier l'orthographe ni la ponctuation. Nous avons, en outre, mis à leur place les additions que Rousseau a désignées par un astérisque pour être placées en note, ou par une croix pour s'intégrer au texte. Celles dont la place ne nous a paru que probable ont été rangées parmi les variantes.

Ces additions mises à part, les variantes sont des passages ou des mots biffés par l'auteur. Nous ne pouvions les donner tous et nous n'avons retenu que les plus significatifs. Ces variantes sont relativement peu nombreuses, sauf pour les pages du manuscrit qui concernent la religion civile et le mariage des protestants. Ces pages sont, en effet, une première rédaction du chapitre sur la religion civile et il est souhaitable que le lecteur puisse se faire une idée exacte des hésitations et des corrections de l'auteur.

Signalons, en outre, que nous avons suivi l'exemple de nos prédécesseurs et maintenu dans le texte, en les plaçant entre crochets, les passages biffés par l'auteur, mais trop longs pour être rejetés parmi les variantes.

Notre édition — avons-nous besoin de le dire ? — a bénéficié de celles qui l'ont précédée. Pour un travail de ce genre, celui qui arrive le dernier trouve sa tâche facilitée par ceux qui ont, avant lui, entrepris la lecture, parfois malaisée, du manuscrit, et les erreurs même, qu'il relève l'aident à établir un texte plus correct.

DU CONTRAT SOCIAL

I

On a dit que le *Contrat social* était l' « incursion d'un moraliste dans le champ des institutions civiles » (B. de Jouvenel, *Essai sur la politique de Rousseau,* Genève, 1947, p. 16). Il convient pourtant de préciser que ce moraliste ne séparait pas la morale de la politique : « Il faut, disait-il, étudier la société par les hommes, et les hommes par la société : ceux qui voudront traiter séparément la politique et la morale n'entendront jamais rien à aucune des deux ». Il n'était pas inutile, au début de cette introduction, de rappeler cette maxime de l'*Émile* pour indiquer la place qu'occupe le *Contrat social* dans le système ou la pensée de l'auteur.

Rousseau s'est rendu célèbre par une critique de la vie en société dont la nouveauté n'a échappé à personne, mais dont on n'a pas toujours bien saisi le sens ni la portée.

L'expérience nous apprend chaque jour que les hommes sont méchants et il n'est pas question pour Rousseau de nier ce fait indéniable. Ce qu'il nie, c'est que la méchanceté soit naturelle à l'espèce, comme l'enseigne le « sophiste » Hobbes, ou qu'il faille admettre la doctrine du péché originel, propagée par le « rhéteur Augustin ». « Le principe fondamental de toute morale, sur lequel j'ai raisonné dans tous mes écrits, dit-il, est que l'homme est un être naturellement bon, aimant la justice et l'ordre; qu'il n'y a point de perversité originelle dans le cœur humain, et que les premiers mouvements de la nature sont toujours droits » *(Lettre à Ch. de Beaumont).* Une fois posé ce principe, il importe de démontrer « comment l'homme étant bon, les hommes deviennent méchants ». Faute d'une telle démonstration, le principe lui-même risque d'être remis en question. Entreprendre cette démonstration, c'est « étudier les hommes par la société » et faire le procès de la vie sociale. « La société déprave et pervertit les hommes... Plus ils se rassemblent, plus ils se corrompent ». Tel est le thème initial de la pensée de Rousseau, thème fondamental dont le développement se poursuit, s'amplifie et s'enrichit à travers toute son œuvre.

Il apparaît dans le *Discours sur l'inégalité* sous la forme d'une démonstration inattendue et indirecte. Dans ce *Discours,* Rousseau raisonne, en effet, sur la situation d'un homme isolé, qu'il assimile à l'homme primitif ou naturel. Le portrait de cet homme originel nous le montre exempt des vices et des maux dont souffre l'humanité actuelle. Ce qui permet à l'auteur de conclure : « La plupart de nos maux sont notre propre ouvrage et nous les aurions presque tous évités en conservant la manière de vivre simple, uniforme et solitaire qui nous était prescrite par la nature ».

Cette formule et d'autres de ce genre ont donné lieu à une erreur d'interprétation qui s'est répandue dès le XVIIIe siècle et que l'auteur a souvent, mais vainement dénoncée. Dieu sait si on a dit et redit que Rousseau donnait en exemple la vie solitaire et inculte des sauvages épars dans les bois et qu'il voulait détourner l'homme de vivre avec ses semblables en lui montrant les dangers de la vie sociale. Quand on lui prête de telles pensées, Rousseau s'indigne. « Quoi donc, s'écrie-t-il ! faut-il détruire les sociétés, anéantir le tien et le mien, et retourner vivre dans les forêts avec les ours ? conséquence à la manière de mes adversaires, que j'aime autant prévenir que de leur laisser la honte de la tirer » (*Discours sur l'inégalité,* note (i). On comprend l'indignation de l'auteur quand il se voit attribuer une vue aussi simpliste, aussi chimérique, aussi dénuée de bon sens sur la vie humaine.

En réalité, sa pensée est infiniment plus complexe. Il n'a jamais considéré la situation de l'homme isolé comme une situation réelle. C'est une simple fiction dont il se sert, nous dit-il dans le *Discours sur l'inégalité,* « pour bien juger de notre état présent ». Cela ne signifie pas que la société soit étrangère ou contraire à la nature humaine, ni que l'homme ne soit point fait pour vivre en société. « Si l'homme est fait pour la société, la religion la plus vraie est aussi la plus sociable et la plus humaine », dit Rousseau dans la *Lettre à Ch. de Beaumont,* et il ajoute : « L'homme est... un être social auquel il faut une morale faite pour l'humanité ». Sans doute aucun instinct naturel ne porte les hommes à vivre en société et la nécessité de vivre les incite plutôt à se fuir qu'à se rapprocher. Néanmoins la sociabilité correspond aux intentions de la nature ou aux volontés de la Providence. « Celui qui voulut que l'homme fût sociable toucha du doigt l'axe du globe et l'inclina sur l'axe de l'univers » (*Essai sur l'origine des langues,* ch. IX). L'histoire de l'humanité ne commence qu'avec la sociabilité. L'immobilisme de l'état de nature n'est qu'une préhistoire où l'humanité en est encore au stade de l'animalité. Elle ne pourra le franchir qu'avec la vie sociale qui déclenche le mécanisme de la perfectibilité. Il n'est certes pas question de travestir en partisan du progrès un écrivain qui déplore pour l'humanité « une marche aussi rapide vers la perfection de la société et vers la détérioration de l'espèce » (*Dialogues, O.C.*, Pléiade, t. I, p. 935). On ne doit pas oublier toutefois que le thème de la *dépravation* trouve sa contrepartie dans celui de l'*élévation* : « Si l'homme vivait isolé, il aurait peu d'avantages sur les autres animaux. C'est dans la fréquentation mutuelle que se développent les plus sublimes facultés et que se montre l'excellence de sa nature » *(Fragments politiques)*. Il n'y a donc pas, selon Rousseau, cette opposition que l'on a cru découvrir dans son œuvre entre la nature humaine et la vie en société. Sans la vie sociale, les facultés qui ne sont qu'en puissance dans l'âme humaine seraient éternellement restées des « facultés virtuelles » et l'humanité aurait été vouée à la fixité des autres espèces animales. C'est pourquoi — nul n'en peut douter — « l'homme est sociable par sa nature, ou du moins fait pour le devenir » *(Profession de foi)*. La vie sociale élève l'homme au-dessus de sa condition primitive, quoique, bien sûr, les abus de sa nouvelle condition puissent le faire dégénérer et rêver d'une impossible rétrogradation.

Cette réhabilitation de la vie sociale ne nous conduit pas encore au *Contrat social*. Nous y venons avec un autre thème destiné à compléter et à rectifier celui de la dépravation. L'importance des institutions politiques s'est, en effet, imposée de bonne heure à l'attention de Rousseau. Dans la Préface du *Narcisse* (1752), il dénonce une fois de plus les vices inséparables de la vie sociale et ajoute : « Je sais que les déclamateurs ont dit cent fois tout cela; mais ils ont aperçu le mal, et moi j'en découvre les causes, et je fais voir surtout une chose très-consolante et très-utile en montrant que tous ces vices n'appartiennent pas tant à l'homme, qu'à l'homme mal gouverné » (*O.C.*, Pléiade, t. II, p. 969). Une dizaine d'années plus tard, dans la *Lettre à Ch. de Beaumont* (1763), Rousseau retrace la genèse de ses idées et dit : « Ces réflexions me conduisirent à de nouvelles recherches sur l'esprit humain considéré dans l'état civil, et je trouvai qu'alors le développement des lumières et des vices se faisoit toujours en même raison, non dans les individus, mais dans les peuples : distinction que j'ai toujours soigneusement faite, et qu'aucun de ceux qui m'ont attaqué n'a jamais pu concevoir ». Ces textes montrent clairement comment s'effectue chez Rousseau le passage de la morale à la politique. Si l'on veut remonter à la source du mal, il ne suffit pas d'étudier la sociabilité en général, il faut envisager en outre les gouvernements et les peuples. Quand il accuse la société, Rousseau vise en réalité un certain ordre social, ce qu'il appelle dans les *Confessions* « nos sottes institutions civiles » (*O.C.*, Pléiade, t. I, p. 327). Dans la seconde des quatre Lettres à Malesherbes, Rousseau fait le récit de l'illumination de Vincennes : « Oh Monsieur, dit-il, si j'avois jamais pu écrire le quart de ce que j'ai vu et senti sous cet arbre, avec quelle clarté j'aurois fait voir toutes les contradictions du système social, avec quelle force j'aurois exposé tous les abus de nos institutions, avec quelle simplicité j'aurois démontré que l'homme est bon naturellement et que c'est par ces institutions seules que les hommes deviennent méchans » (*O.C.*, Pléiade, t. I, pp. 1135-1136). Le terme précis d'*institutions* se substitue ici au mot vague de *société*.

Au point où nous en sommes, le passage de la partie critique à la partie positive de l'œuvre de Rousseau ou, si l'on veut, le passage du *Discours sur l'inégalité* au *Contrat social* s'effectue pour ainsi dire de lui-même. La charnière, le tournant entre les deux, c'est précisément la formule de la Préface du *Narcisse* citée plus haut :

« Tous ces vices n'appartiennent pas tant à l'homme, qu'à l'homme mal gouverné ». Qu'adviendrait-il donc si l'homme était bien gouverné ? Serait-il exempt des vices que l'on déplore chez nos contemporains ? C'est la question que Rousseau devait inévitablement se poser et dont la réponse se trouve formulée en termes presque identiques dans l'*Économie politique* et dans les *Confessions*. « J'avois vu, dit-il dans les *Confessions*, que tout tenoit radicalement à la politique, et que, de quelque façon qu'on s'y prit, aucun peuple ne seroit jamais que ce que la nature de son Gouvernement le feroit être; ainsi cette grande question du meilleur Gouvernement possible me paroissoit se réduire à celle-ci. Quelle est la nature de Gouvernement propre à former un Peuple le plus vertueux, le plus éclairé, le plus sage, le meilleur enfin à prendre ce mot dans son plus grand sens » (*O.C.*, Pléiade, t. I, pp. 404-405). En écrivant ces lignes, Rousseau se souvient de la formule employée dans l'*Économie politique* : « Il est certain que les peuples sont à la longue ce que le Gouvernement les fait être : guerriers, citoyens, hommes quand il le veut; populace et canaille, quand il lui plaît » (*O.C.*, Pléiade, t. III, p. 251). Dès lors, Rousseau pense qu'il pourra se rendre utile au genre humain en s'attachant à cette grande question du meilleur gouvernement possible, en écrivant ses *Institutions politiques*.

Cependant, avant de se faire législateur, il convient de se demander s'il y a des peuples « propres à la législation ». Car à quoi bon formuler des principes, s'ils ne trouvent aucun champ d'application ? Ici intervient un facteur qui a joué dans la pensée politique de Rousseau un rôle décisif, c'est l'exemple des Anciens. Sans cet exemple, Rousseau n'aurait sans doute pas entrepris la partie constructive de son œuvre politique ni écrit le *Contrat social*. Aussi ne saurions-nous trop insister ici sur sa prédilection pour l'histoire ancienne et son mépris de l'histoire moderne, autre thème essentiel à la formation et à la compréhension de sa pensée. Dans un texte que l'on trouvera dans les *Fragments politiques*, Rousseau écrit : « Je me plais à tourner les yeux sur ces vénérables images de l'antiquité où je vois les hommes élevés par de sublimes institutions au plus haut degré de grandeur et de vertus où puisse atteindre la sagesse humaine » (*Paral-*

lèle entre Sparte et Rome, O.C., Pléiade, t. III, p. 538). A ce texte fait écho le passage suivant des *Considérations sur le gouvernement de Pologne* : « Quand on lit l'histoire ancienne, on se croit transporté dans un autre univers et parmi d'autres êtres. Qu'ont de commun les François, les Anglois, les Russes avec les Romains et les Grecs ? Rien presque que la figure. Les fortes âmes de ceux-ci paroissent aux autres des exagérations de l'histoire. Comment eux qui se sentent si petits penseroient-ils qu'il y ait eu de si grands hommes ? Ils existèrent pourtant, et c'étoient des humains comme nous : qu'est-ce qui nous empêche d'être des hommes comme eux ? Nos préjugés, notre basse philosophie, et les passions du petit intérêt, concentrées avec l'égoïsme dans tous les cœurs, par des institutions ineptes que le génie ne dicta jamais » (*O.C.*, Pléiade, t. III, p. 956). Le rapprochement des deux textes fait ressortir l'efficacité que Rousseau accorde aux institutions politiques et montre comment il faut « étudier la société par les hommes ». Les institutions politiques valent ce que valent les hommes qu'elles auront su former. Les « hommes illustres » de Plutarque n'auraient pas existé sans les institutions sublimes des peuples de l'antiquité, tandis que les peuples modernes doivent en grande partie leur corruption à la sottise et à l'ineptie de leurs institutions. Il suffit donc de comparer les « hommes antiques » à nos contemporains pour constater combien le sort de l'humanité, son élévation ou sa dépravation dépendent de la nature des institutions politiques. Cette comparaison, Rousseau l'a faite dans le *Discours sur les sciences et les arts,* alors que le *Discours sur l'inégalité* l'engage sur une autre en opposant l'homme sauvage à l'homme policé. C'est pourquoi le premier *Discours* est aussi le premier de ses écrits politiques, en un sens très proche du *Contrat social,* où Rousseau s'inspire de l' « esprit des anciennes institutions ».

Mais le *Contrat social* n'est pas une nostalgique évocation des institutions antiques, uniquement destinée à faire sentir aux hommes modernes leur petitesse et leur dépravation. Rousseau y expose ses principes de législation avec l'espoir qu'ils pourront, au contraire, préserver les peuples modernes de la dépravation.

Il n'est certes pas question de les sauver tous. Les grands État, les pays de vieille civilisation sont définitivement perdus pour la liberté et voués désormais à la servitude, au despotisme et sans doute à la ruine. Rousseau s'adresse aux « peuples rustiques » comme la Corse, ou à la République de Genève, « parce que c'est un pays libre et simple, où l'on trouve des hommes antiques dans les tems modernes » (*La Nouvelle Héloïse*, l. I, ch. XII, *O.C.*, Pléiade, t. II, p. 60). Dans une page des *Dialogues* Rousseau précise en ces termes quelles furent ses intentions en écrivant le *Contrat social* : « Son objet ne pouvoit être de ramener les peuples nombreux ni les grands Etats à leur première simplicité, mais seulement d'arrêter s'il étoit possible le progrès de ceux dont la petitesse et la situation les ont préservés d'une marche aussi rapide vers la perfection de la société et vers la détérioration de l'espèce... Mais... les grandes nations ont pris pour elles ce qui n'avoit pour objet que les petites républiques, et l'on s'est obstiné à voir un promoteur de bouleversemens et de troubles dans l'homme du monde qui porte un plus vrai respect aux loix, aux constitutions nationales, et qui a le plus d'aversion pour les révolutions et pour les ligueurs de toute espèce, qui la lui rendent bien » (*O.C.*, t. I, p. 935). Malgré ces déclarations, ce qui compte pour Rousseau, c'est peut-être moins la grandeur des États que la mentalité des peuples. Comme il le constate lui-même, la Pologne est « un grand Etat ». Il consentira à écrire pour elle un projet de réforme parce que les Polonais ont su conserver des « âmes patriotiques » et un grand amour de la liberté.

Quoi qu'il en soit, les principes du *Contrat social* ne sauraient être indifféremment applicables à tous les peuples. Seuls quelques peuples privilégiés peuvent les suivre. Il ne faut pas s'imaginer qu'on pourra tirer les autres de l'état de corruption où ils sont tombés.

Mais, même chez ces peuples corrompus, l'individu n'est pas nécessairement voué à la corruption. Si l'on ne peut sauver les peuples, on peut du moins sauver les hommes par une éducation appropriée. On ne saurait mieux caractériser les deux objectifs visés par Rousseau que ne le fait M. Bertrand de Jouvenel : « Ce qui est perdu, dit-il, est perdu ; il faut sauver ce qui est sauvable. Or qu'est-ce qui est sauvable ? Dans la grande société corrompue, c'est l'individu. Et Rousseau écrit l'*Émile*. Dans la petite société qui n'est pas encore trop avancée vers la perdition, c'est la société elle-même. Et Rousseau écrira sur le gouvernement de Genève, sur la constitution de la Corse, sur la réformation de la Pologne » (*Essai sur la politique de Rousseau,* p. 84).

C'est donc avec le même souci d'être utile au genre humain que Rousseau écrit l'*Émile* et le *Contrat social.* Dans une lettre au libraire Duchesne, datée du 23 mai 1762, donc peu après la publication du *Contrat social,* Rousseau déclare que cet ouvrage « doit passer pour une espèce d'appendice » au traité de l'éducation et que « les deux ensemble font un tout complet » (*C.G.*, t. VII, p. 233). Il faut se garder d'en conclure que les principes d'éducation formulés dans l'*Émile* soient le prélude aux principes de législation exposés dans le *Contrat social.* La seule éducation conforme aux principes du *Contrat social* est « l'éducation publique des republiques », tandis que l'*Émile* traite de « l'éducation domestique des monarchies ». La première consiste à former des citoyens tandis que l'autre a pour objet d' « élever l'enfant à l'état d'homme ». Ces deux éducations sont exclusives l'une de l'autre : « Il faut opter entre faire un homme ou un citoyen » (*Émile,* l. I). Il n'y a donc que deux options possibles : intégrer l'homme à la cité ou l'élever pour lui. Tout compromis entre les deux n'aboutit qu'à mettre l'homme en contradiction avec lui-même et à le rendre malheureux. « Rendez l'homme un, vous le rendrez heureux autant qu'il peut l'être. Donnez-le tout entier à l'Etat ou laissez-le tout entier à lui-même, mais si vous partagez son cœur, vous le déchirez » (« Du bonheur public », *Fragments politiques, O.C.*, Pléiade, t. III, p. 510).

Si l'*Émile* et le *Contrat social* forment ensemble un seul tout, c'est donc parce qu'ils nous présentent chacun un des deux objectifs visés par l'auteur, une des deux options qu'il nous propose et qu'il faut lire le tout pour avoir un exposé complet de sa pensée. L'*Émile* s'adresse aux hommes des sociétés corrompues pour qu'ils se préservent eux-mêmes de la corruption, tandis que le *Contrat social* est destiné aux peuples qui ont su conserver leur liberté.

II

Trois mois environ avant la publication de son livre, le 18 janvier 1762, Rousseau écrit à Moultou : « Je dois vous dire que je fais imprimer en Hollande un petit ouvrage qui a pour titre *Du Contract social,* ou *Principes du droit politique,* lequel est extrait d'un plus grand ouvrage, intitulé *Institutions politiques,* entrepris il y a dix ans, et abandonné en quittant la plume, entreprise qui, d'ailleurs, étoit certainement au-dessus de mes forces » (*C.G.*, t. VII, pp. 63-64).

Il faut remonter plus haut encore dans la vie de Rousseau pour trouver la première idée de ce grand ouvrage, si l'on en croit le passage célèbre des *Confessions* où l'auteur passe en revue ses projets d'écrivain, à l'époque où il s'installe à l'Ermitage, au printemps de 1756 : « J'étois assez magnifique en projets... Des divers ouvrages que j'avois sur le chantier, celui que je méditois depuis plus longtems, dont je m'occupois avec le plus de gout, auquel je voulois travailler toute ma vie, et qui devoit selon moi mettre le sceau à ma réputation étoit mes *Institutions politiques*. Il y avoit treize à quatorze ans que j'en avois conceu la prémiére idée, lorsqu'étant à Venise j'avois eu quelqu'occasion de remarquer les défauts de ce Gouvernement si vanté. Depuis lors, mes vues s'étoient beaucoup étendues par l'étude historique de la morale. J'avois vu que tout tenoit radicalement à la politique, et que, de quelque façon qu'on s'y prit, aucun peuple ne seroit jamais que ce que la nature de son Gouvernement le feroit être » (*O.C.*, Pléiade, t. I, p. 404). Un intervalle de dix-huit ans sépare donc l'époque où Rousseau forme le projet d'écrire ses *Institutions politiques* et le moment où il achève de rédiger le *Contrat social.* Pour la réalisation partielle de son projet initial, il lui aura fallu presque autant de temps qu'à Montesquieu pour composer l'*Esprit des lois* ! Mais la comparaison est trompeuse. Tandis qu'une fois conçue l'idée de l'*Esprit des lois,* Montesquieu consacre toutes ses forces à la préparation de cette œuvre monumentale, l'activité littéraire de Rousseau se disperse sur plusieurs ouvrages au lieu de se concentrer sur un seul. Les *Institutions politiques* n'ont pas été l'œuvre de sa vie, même si elles furent son premier grand projet. S'il ne se résigne pas à l'abandonner, il n'y travaille ni immédiatement ni de façon suivie.

Le livre resta longtemps à l'état de projet et c'est seulement vers l'année 1751 que Rousseau commence à s'en occuper sérieusement. En 1756, nous dit-il dans les *Confessions,* « quoiqu'il y eut déjà cinq ou six ans que je travaillois à cet ouvrage, il n'étoit encore guére avancé » (*O.C.*, Pléiade, t. I, p. 405). Ce texte confirme la date indiquée à Moultou dans la lettre citée plus haut. Si l'ouvrage a été *conçu* en 1743 ou 1744, il a été *entrepris* en 1751. Toujours selon les *Confessions* (*O.C.*, Pléiade, t. I, p. 394), c'est en 1754 que Rousseau « digère le plan déjà formé de ses *Institutions politiques* », sans que nous sachions à quelle date se situe approximativement la première rédaction de l'ouvrage. Les *Confessions* ne nous fournissent pour ainsi dire pas d'indication précise sur ce point décisif et nous en sommes réduits à des conjectures. On admet en général que Rousseau a commencé à rédiger le Manuscrit de Genève du *Contrat social* en 1756, parce que le chapitre II du livre premier de ce manuscrit est une réplique à l'article « Droit naturel » de Diderot, publié en novembre 1755 dans le tome V de l'*Encyclopédie*. Nous sommes d'accord pour penser que Rousseau n'a pu entreprendre la rédaction de ce manuscrit avant 1756. Mais, à notre avis, il faut encore la reculer et la fixer deux ans plus tard, en 1758. Nous avons exposé nos raisons dans l'Introduction au Manuscrit de Genève. La principale est que ce texte n'est pas le manuscrit des *Institutions politiques,* mais constitue bien la première version du *Contrat social*. Rousseau a donc dû le rédiger à l'époque où il abandonne son grand projet des *Institutions politiques* pour se résoudre à n'en donner qu'un extrait sous le titre *Du Contrat social*. Tel qu'il nous est parvenu, le manuscrit est incomplet. Faut-il admettre que Rousseau l'a laissé inachevé en 1756 pour le reprendre en 1758 ? Ce n'est certes pas impossible. Ce n'est pas certain non plus. Quoi qu'il en soit, le « brouillon » du *Contrat social* était achevé au mois de décembre 1760 et Rousseau le montre à Rey lorsque celui-ci vient le voir à Montmorency. Il y ajoutera par la suite le chapitre sur la religion civile et pourra écrire à Rey le 9 août 1761 :

« Mon traité du Droit politique est au net et en état de paroitre » (*C.G.*, t. VI, p. 187).

On n'a évidemment pas résolu, avec ces questions de chronologie, le problème de la genèse du *Contrat social.* Pour retracer la formation des idées politiques de Rousseau, il faudrait suivre le développement de sa pensée à travers les écrits qui ont précédé le *Contrat social,* comme l'a fait, en 1928, René Hubert dans son étude sur *Rousseau et l'Encyclopédie.* Nous aimerions savoir à quelle date apparaissent dans l'esprit de Rousseau les principaux thèmes de sa pensée politique, le pacte social, la volonté générale, la distinction entre la souveraineté et le gouvernement. Nos effort ne peuvent aboutir qu'à constater le moment où ils apparaissent dans ses écrits.

« Tout ce qu'il y a de hardi dans le *Contrat social* étoit auparavant dans le *Discours sur l'inégalité* », écrit Rousseau dans le livre IX des *Confessions* (*O.C.*, Pléiade, t. I, p. 407). La remarque est inexacte, car le *Discours sur l'inégalité* est une œuvre essentiellement critique, plus morale que strictement politique, où l'auteur se garde bien de livrer toute sa pensée. C'est ainsi qu'en ce qui concerne le pacte social, il se borne à reproduire « l'opinion commune » et à le présenter comme « un vrai contrat entre le peuple et les chefs qu'il se choisit ». On sait qu'il rejettera expressément cette conception dans le *Contrat social* (l. III, ch. 1) : « Ainsi, dit-il, ceux qui prétendent que l'acte par lequel un peuple se soumet à des chefs n'est point un contract, ont grande raison. Ce n'est absolument qu'une commission, un emploi dans lequel, simples officiers du Souverain, ils exercent en son nom le pouvoir dont il les a fait dépositaires, et qu'il peut limiter, modifier et reprendre quand il lui plaît, l'aliénation d'un tel droit étant incompatible avec la nature du Corps social et contraire au but de l'association ». Il existe une relation beaucoup plus étroite entre le *Contrat social* et l'*Économie politique* où l'auteur expose pour la première fois sa conception de la volonté générale et sa théorie du gouvernement, celui-ci étant réduit à l'exercice de la puissance exécutive et, de ce fait, conçu comme un pouvoir subordonné, distinct du pouvoir souverain. Dès 1754, Rousseau est en possession de sa théorie de la souveraineté puisqu'il écrit dans la

Dédicace du *Discours sur l'inégalité* : « J'aurois voulu naître dans un païs où le Souverain et le peuple ne pussent avoir qu'un seul et même intérêt, afin que tous les mouvemens de la machine ne tendissent jamais qu'au bonheur commun; ce qui ne pouvant se faire à moins que le Peuple et le Souverain ne soient une même personne, il s'ensuit que j'aurois voulu naître sous un gouvernement démocratique, sagement tempéré ». Plus précise encore est la formule qu'il emploie en 1758 dans la *Lettre à d'Alembert* : « Dans une démocratie, où les sujets et le souverain ne sont que les mêmes hommes considérés sous différens rapports, sitôt que le plus petit nombre l'emporte en richesses sur le plus grand, il faut que l'Etat périsse ou change de forme ». L'ordre d'exposition adopté dans le *Contrat social* n'est pas celui dans lequel les idées se sont présentées à l'esprit de l'auteur. Selon toute vraisemblance, Rousseau a élaboré sa théorie de la souveraineté avant d'avoir pu, pour l'énoncé du problème du pacte social, trouver une formulation satisfaisante.

On ne peut pas parler de la formation des idées politiques de Rousseau sans parler de ses lectures. Nous ne répéterons pas ici ce que nous avons dit à la fin de l'Introduction à l'*Économie politique*. Si Rousseau n'a pas participé activement à la vie politique de son époque, il a été un excellent observateur des hommes et des institutions de son temps. Son livre n'est donc pas uniquement le fruit de ses lectures. Celles-ci ne doivent pas toutefois être passées sous silence et cela, pour deux raisons. Il s'agit d'un ouvrage théorique et l'auteur ne pouvait pas ignorer ce qui avait été écrit avant lui dans le domaine de la philosophie politique. Rousseau avait beaucoup lu, beaucoup plus qu'il ne le dit. On est surpris de l'étendue de son information dont nos notes s'efforceront de donner une idée exacte. S'il aime à citer Platon, il n'ignore pas Aristote. Parmi les modernes, il utilise, cite ou réfute Machiavel, Bodin, Hobbes, Grotius, Pufendorf, leur traducteur Barbeyrac, Locke, sans parler d'auteurs contemporains comme le marquis d'Argenson, l'abbé de Saint-Pierre et surtout Montesquieu. Sa tournure d'esprit l'amène en outre à se chercher des adversaires contre lesquels il argumente, ce qui rend parfois difficile la lecture du *Contrat social*. Il ne cesse de s'indigner contre les déclamateurs, les rhéteurs, les sophistes payés. C'est pourquoi il est souvent injuste pour ses prédécesseurs. Il les nomme quand il les combat, mais les passe sous silence quand il les utilise, sans avoir lui-même toujours conscience de ce qu'il leur doit.

III

Le *Contrat social,* nous l'avons vu, est un petit volume extrait d'un grand ouvrage. Cet extrait n'est pas un fragment, c'est un véritable *Traité*. C'est, en effet, par ce mot que Rousseau désigne toujours son livre.

Les historiens laissent entendre que Rousseau se serait décidé à le publier sans en être content et citent à ce propos la réflexion qu'il aurait faite vers la fin de sa vie à Dusaulx : « Quant à mon *Contrat social,* ceux qui se vantent de l'entendre tout entier sont plus habiles que moi : c'est un livre à refaire, mais je n'en ai plus la force ni le temps » (*De mes rapports avec J. J. Rousseau,* 1789, p. 102). Nous sommes surpris que Rousseau ait pu prononcer ces paroles ou, si l'on ne veut pas mettre en doute la bonne foi de Dusaulx, nous pensons qu'il s'agit d'une simple boutade qu'il ne faut pas prendre au sérieux. Combien plus significatif me paraît être le témoignage de Hume, qui écrit dans l'une de ses lettres au sujet de *La Nouvelle Héloïse :* « Je considère cet ouvrage comme le chef-d'œuvre de Rousseau, quoiqu'il m'ait dit lui-même qu'il estimait plus son *Contrat social ;* c'est un jugement aussi peu raisonnable que celui de Milton, qui préférait *le Paradis reconquis* à toutes ses autres productions » (lettre à Hugh Blair, 25 mars 1766, éd. Greig, t. II, p. 28). Chaque fois que Rousseau parle de son livre, il en parle avec éloge. C'est ainsi, par exemple, qu'il écrit dans la *Lettre à Ch. de Beaumont :* « Si le traité du *Contrat social* n'existoit pas, et qu'il fallût prouver de nouveau les grandes vérités que j'y développe, les complimens que vous faites à mes dépens aux puissances seroient un des faits que je citerois en preuve ». Dans les *Considérations sur le gouvernement de Pologne,* il renvoie constamment ses lecteurs au *Contrat social :* « Pour quiconque, dit-il, veut bien compter mon sentiment pour quelque chose, c'est là qu'il faut le chercher ». Nous n'avons donc aucune raison sérieuse de croire que Rousseau ait jamais considéré son *Contrat social* comme une œuvre manquée ou comme « un livre à refaire ».

Le sous-titre de l'ouvrage — *Principes du droit politique* — est peut-être plus important que le titre. Rousseau s'est considéré comme le fondateur du droit politique. Il écrit, en effet, dans le résumé du *Contrat social* inséré dans le cinquième livre de l'*Émile :* « Le droit politique est encore à naître, et il est à présumer qu'il ne naîtra jamais. Grotius, le maître de tous nos savans en cette partie, n'est qu'un enfant, et, qui pis est, un enfant de mauvaise foi... Le seul moderne en état de créer cette grande et inutile science eût été l'illustre Montesquieu. Mais il n'eut garde de traiter des principes du droit politique; il se contenta de traiter du droit positif des gouvernemens établis; et rien au monde n'est plus différent que ces deux études ». Sans doute Rousseau souligne-t-il ici à l'excès ce qui distingue son entreprise de celle de son prédécesseur. Montesquieu ne s'est pas borné à décrire et à comparer les législations positives, il a écrit son livre pour lutter contre l'absolutisme royal et faire triompher une certaine conception de la liberté politique. Il n'en reste pas moins que le *Contrat social* relève d'une intention différente.

Le livre aurait pu s'intituler comme l'article de Diderot dans l'*Encyclopédie :* « De l'autorité politique ». Rousseau s'y propose, en effet, de montrer à quelles conditions une telle autorité peut être légitime et, par conséquent, de dénoncer par là même celles qui ne le sont pas. Il s'agit moins pour lui de prescrire des limites à cette autorité que d'en rechercher le fondement et d'en déterminer la nature. Les principes sont parfaitement clairs, même si l'argumentation du livre est parfois difficile à suivre.

1° Nul homme n'a une autorité naturelle sur son semblable. Il s'ensuit qu'aucune autorité ne peut être légitime, si elle est instituée ou si elle s'exerce sans le consentement de ceux qui y sont soumis : « Il n'y a qu'une seule loi qui par sa nature exige un consentement unanime. C'est le pacte social : car l'association civile est l'acte du monde le plus volontaire; tout homme étant né libre et maître de lui-même, nul ne peut, sous quelque prétexte que ce puisse être, l'assujettir sans son aveu » (*Contrat social,* l. IV, ch. II).

2° L'autorité politique — Rousseau l'appelle la souveraineté — réside essentiellement dans le peuple. Elle est inaliénable et le peuple ne peut en confier l'exercice à qui que ce soit, ni à un monarque, ni à des représentants. Un particulier qui renonce à sa liberté renonce du même coup à sa qualité d'homme. De même, un peuple qui renonce à l'exercice de la souveraineté par un pacte de soumission s'anéantit par cet acte. Il n'y a plus alors de souverain, plus de peuple ni de chefs, mais un maître et des esclaves. Les lois sont l'expression de la volonté générale et quand un homme, quel qu'il soit, substitue ses volontés à celles du peuple, il n'y a plus d'autorité légitime, mais un pouvoir arbitraire : « La volonté générale peut seule diriger les forces de l'Etat selon la fin de son institution, qui est le bien commun... La puissance législative appartient au peuple, et ne peut appartenir qu'à lui... La loi n'étant que la déclaration de la volonté générale, il est clair que, dans la puissance législative, le peuple ne peut être représenté... » (*Contrat social,* l. II, ch. I; l. III, ch. I et XV).

3° Le gouvernement ou l'administration de l'État n'est qu'un pouvoir subordonné au pouvoir souverain et n'est, aux mains de ceux qui le détiennent, qu'une simple commission. Le peuple peut le confier à d'autres quand il lui plaît. Mais le gouvernement, qui a la force en main, s'emploie constamment à se soustraire à l'autorité législative et tend à substituer ses propres volontés à celles du peuple dans l'administration de l'État. Quand il y réussit, le pacte social est rompu, le corps politique détruit, « et tous les simples citoyens, rentrés de droit dans leur liberté naturelle, sont forcés, mais non pas obligés d'obéir » (*Contrat social,* l. III, ch. X).

Rousseau a volontairement donné à son traité du *Contrat social* un caractère abstrait et philosophique pour qu'on ne le soupçonne pas d'avoir fait « une satire ou un libelle contre le gouvernement ». Il revient sans cesse sur ce point dans sa correspondance avec son éditeur : « Je ne suis point sorti dans cet ouvrage des considérations générales... Je n'ai donc ni passé ni pu passer les bornes d'une discussion purement philosophique et politique » (*C.G.*, t. VII, pp. 129 et 256). C'est le même argument qu'il développe dans les *Lettres écrites de la Montagne* pour protester contre l'arrêt du Petit Conseil condamnant le *Contrat social :* « Les Représentans ont très-bien établi que mon Livre, où je ne sors pas de la thése générale, n'attaquant point le Gouvernement de Genève et imprimé hors du territoire, ne peut être considéré que dans le nombre de ceux qui traitent du droit naturel et politique... Je ne suis pas le seul qui discutant par abstraction des questions de politique ait pu les traiter avec quelque hardiesse » (*O.C.*, Pléiade, t. III, p. 812). C'était, nous dit-il encore dans les *Confessions,* « une entreprise où je voulois mettre uniquement la force du raisonnement, sans aucun vestige d'humeur et de partialité » (*O.C.*, Pléiade, t. I, p. 405, note).

Ces déclarations sont sincères et nul ne peut nier le caractère philosophique du livre. Il n'en fait pas moins partie de ce qu'Albert Mathiez appelait dans ses cours sur le XVIIIe siècle la littérature d'opposition. C'est un ouvrage d'inspiration antimonarchiste. On peut dire du *Contrat social* ce que son auteur disait du *Prince* de Machiavel : c'est « le livre des républicains » (*Contrat social,* l. III, ch. VI). Certes Rousseau fait figurer la monarchie parmi les formes légitimes de gouvernement, mais, comme il le souligne lui-même, il ne s'agit plus de la monarchie véritable, celle où la souveraineté et le gouvernement sont réunis et même confondus dans la personne du monarque. « Pour être légitime, il ne faut pas que le gouvernement se confonde avec le souverain, mais qu'il en soit le ministre; alors la monarchie elle-même est république » (*Contrat social,* l. II, ch. VI, note). Cet aspect de la pensée politique de Rousseau n'a pas échappé aux contemporains, et le P. Berthier le soulignait dans ses *Observations sur le Contrat social :* « Un défaut essentiel dans tout le *Contrat social,* dit-il, est de placer la souveraineté dans le corps politique, en sorte que quand le gouvernement est monarchique, la communauté ne laisse pas encore d'être le souverain; le roi n'étant alors et ne pouvant être que magistrat et exécuteur des volontés du peuple : c'est au fond ne reconnoître ni la monarchie ni l'aristocratie, mais simplement la démocratie ». Et le P. Berthier ajoute plus loin cette remarque significative : « En un mot, il seroit, je crois, dit-il, impossible de citer aucun publiciste, avant l'auteur du *Contrat social,* qui ait refusé la souveraineté aux rois ».

En refusant la souveraineté aux rois, en répétant qu'elle doit appartenir au peuple et ne peut appartenir qu'à lui, Rousseau se prononce ouvertement pour la démocratie. Non pas certes, pour la démocratie au sens restreint où il l'entend dans le *Contrat social,* c'est-à-dire comme gouvernement direct du peuple, mais au sens large où il prend le mot dans la *Lettre à d'Alembert :* une démocratie est un État « où les sujets et le souverain ne sont que les mêmes hommes considérés sous différens rapports ». Pour Rousseau, il n'y a pas d'autre État légitime que la Démocratie et c'est sans doute par prudence qu'il emploie l'épithète « républicain » au lieu du terme « démocratique » dans la formule célèbre du *Contrat social* (l. II, ch. VI) : « Tout gouvernement légitime est républicain ». De plus, le chapitre du *Contrat social* sur la monarchie tend surtout à montrer que les rois ne se résigneront jamais à n'être que de simples « officiers » du peuple et qu'ils s'efforceront toujours de lui ravir la souveraineté pour l'exercer à leur profit : « Les rois veulent être absolus ». L'opposition que Rousseau établit entre les monarchies et les républiques déborde même le cadre de ses écrits politiques pour s'étendre à l'ensemble de son œuvre. Rousseau ne cesse de le répéter : ce qui est bon dans les monarchies ne convient pas aux républiques. Il en est ainsi, par exemple, des spectacles, de l'inégalité des fortunes et de l'éducation domestique.

Si l'on se place du point de vue philosophique, le *Contrat social* apparaît comme lié à une certaine conception de la liberté. Selon Rousseau, il n'y a point de situation pire pour un homme que d'être livré à la discrétion d'un autre. Les relations d'autorité entre les hommes tendent toujours à l'arbitraire et à la domination. Il s'agit donc de les supprimer dans toute la mesure du possible, et de faire « en sorte que chaque citoyen soit dans une parfaite indépendance de tous les autres, et dans une excessive dépendance de la cité : ce qui se fait toujours par les mêmes moyens; car il n'y a que la force de l'Etat qui fasse la liberté de ses membres » (*Contrat social,* l. II, ch. XII). C'est cette dépendance excessive de chaque citoyen à l'égard de la cité qui « le garantit de toute dépendance personnelle » (*Contrat social,* l. I, ch. VII). Rousseau exprimera plus tard la même idée en disant que c'est par la force des lois qu'on n'obéit pas aux hommes. Or, la loi est la déclaration de la volonté générale. Toute l'argumentation du *Contrat social* — c'est la partie du livre la plus difficile à comprendre — tend à montrer que le citoyen reste libre en se soumettant à la volonté générale. Cela suppose que cette volonté générale soit aussi la sienne, comme le dit l'auteur en maints passages de son traité. Or, cela n'est possible que si le citoyen fait abstraction de son moi individuel pour s'intégrer totalement à la cité. Il n'y a de volonté générale que dans un État composé de citoyens. Il n'y en a pas dans une monarchie où il n'y a plus que des sujets. De là la nécessité pour le législateur de transformer l'homme en citoyen par le moyen de l'éducation publique, de « le donner tout entier à l'Etat », de faire enfin, selon la saisissante formule de l'*Émile,* qu' « il aime la patrie exclusivement à lui ». On oublie souvent la contrepartie. Si le *Contrat social* donne l'homme tout entier à l'Etat, celui-ci ne se distingue pas de ses membres et toute offense faite à l'un d'entre eux affecte le tout : « La sureté particuliere est tellement liée avec la confédération publique, que sans les égards que l'on doit à la foiblesse humaine, cette convention seroit dissoute par le droit, s'il périssoit dans l'état un seul citoyen qu'on eût pu secourir; si l'on en retenoit à tort un seul en prison, et s'il se perdoit un seul procès avec une injustice évidente : car les conventions fondamentales étant enfreintes, on ne voit plus quel droit ni quel intérêt pourroit maintenir le peuple dans l'union sociale, à moins qu'il n'y fût retenu par la seule force qui fait la dissolution de l'état civil » (*Économie politique, O.C.*, Pléiade, t. III, p. 256). Nul n'a insisté plus que Rousseau sur la protection que l'État doit à ses membres, et la préoccupation de la sûreté des citoyens a été aussi vive chez lui que chez Montesquieu. Mais il est clair que l'on trouve chez Rousseau une conception de la liberté qui n'a rien de commun avec le libéralisme. Celui-ci redoute l'extension des pouvoirs de l'État. Pour Rousseau, au contraire, comme nous l'avons vu, « il n'y a que la force de l'Etat qui fasse la liberté de ses membres ».

IV

Après avoir indiqué le contenu de l'ouvrage, il nous reste à rappeler les circonstances de sa publication.

L'impression a été rapide. Rey reçoit seulement le 4 décembre 1761 le manuscrit du *Contrat social* que Rousseau avait remis à Duvoisin le 6 novembre. Vers la mi-avril de l'année suivante, il est en mesure d'expédier à un libraire parisien un lot d'exemplaires de l'ouvrage. L'impression aura donc duré environ quatre mois. Rey a fait imprimer deux éditions de l'ouvrage, comprenant chacune deux mille cinq cents exemplaires : l'édition originale in-8° dont nous venons de parler et l'édition in-12 qui ne sortit de presse que le 15 mai 1762.

Une fois l'ouvrage imprimé, il s'agissait de le diffuser. Rousseau avait deux craintes. Il redoutait presque autant l'indifférence du public que l'intervention des pouvoirs publics.

Le *Contrat social* et l'*Émile* devaient paraître à quelques semaines d'intervalle. Rousseau craignait que le traité de l'éducation ne fît du tort à son traité du *Contrat social.* Il écrit à Rey le 4 avril 1762 : « Vous faites votre envoi par mer, il n'arrivera jamais avant que le Traité de l'Education paroisse du moins en partie...; et si ces deux ouvrages paroissent ensemble, à cause de la matière ingrate et propre à peu de lecteurs du *Contrat social,* il sera infailliblement étouffé par l'autre » (*C.G.*, t. VII, pp. 172-173). La même appréhension s'exprime presque dans les mêmes termes dans une lettre au libraire Duchesne, datée du 23 mai : « N'entendant plus parler de mon traité du *contract social* je croyois l'envoi de Rey pris par les Anglais et passé à Londres. Si l'arrangement proposé par M. Saillant vous convient, j'en serai charmé, d'autant plus que cet ouvrage, étant cité plusieurs fois et même extrait dans le traitté de l'éducation en doit passer pour une espèce d'appendice, et que les deux ensemble font un tout complet : Mais ce livre n'étant point fait pour la France, je n'en ai jamais parlé dans ce pays-ci, de plus s'y trouvant pour la publication en concurrence avec le vôtre, il en doit naturellement être étouffé et je reconnais d'avance avec grand plaisir que s'il a quelque cours à Paris ce ne sera guères que par le soin que vous prendrez de le proposer avec l'autre » (*C.G.*, t. VII, pp. 233-234). Les appréhensions de Rousseau étaient fondées. Le succès de l'*Émile* nuisit au *Contrat social.* Sans passer inaperçu, l'ouvrage fut, semble-t-il, relativement peu lu avant 1789. Les savants le réfutèrent, mais leurs réfutations — l'*Anti-Contract social* de P. L. de Bauclair, publié en 1764, et la *Lettre d'un anonyme à M. J. J. Rousseau* d'Élie Luzac parue deux ans après — ne firent pas grand bruit. Rien de comparable aux polémiques suscitées par la *Profession de foi du Vicaire savoyard.* Il faut attendre la Révolution pour que le livre devienne populaire. « C'étoit autrefois, note Louis-Sébastien Mercier en 1791, le moins lu de tous les ouvrages de Rousseau. Aujourd'hui tous les citoyens le méditent et l'apprennent par cœur » (*De J. J. Rousseau, considéré comme l'un des premiers auteurs de la Révolution,* Paris, juin 1791, t. II, p. 99, n. 1). Il est difficile de mesurer quelle fut l'influence du *Contrat social* à l'époque révolutionnaire. Auguste Comte n'aimait pas Rousseau. Il déclare cependant que son « école politique » dut dominer « pendant le peu d'années où le *Contrat social* inspira plus de confiance et de vénération que n'en obtinrent jamais la Bible et le Coran » (*Système de politique positive,* 5e éd., Paris, 1929, t. III, pp. 596-597).

Quand on relate l'histoire du *Contrat social* au XVIIIe siècle, on insiste peut-être trop sur l'indifférence du public et pas assez sur les obstacles qui s'opposèrent à la diffusion de l'ouvrage au moment de sa publication. Rousseau eut maintes occasions de parler à Malesherbes du nouveau livre qu'il faisait imprimer en Hollande, mais il préféra garder le secret. En mai 1762, Malesherbes dut refuser l'autorisation sollicitée par Rey et interdire l'entrée du *Contrat social* en France. Le 12 mai 1762, les libraires Dessaint et Saillant écrivent à Rey : « M^r^ De Malesherbes a reçu l'exemplaire du *Contract social* que vous lui avez adressé. D'après la lecture qu'il en a faite, il en dit l'entrée impossible » (*C.G.*, t. VII, p. 221). Les deux ballots d'exemplaires du *Contrat social* expédiés d'Amsterdam vers la mi-avril furent saisis à Rouen, mais ils ne furent pas confisqués et Rey put finalement les récupérer. Voici comment Rousseau relate les faits dans le onzième livre des *Confessions* : « Le *Contrat Social* parut un mois ou deux avant l'*Émile*. Rey dont j'avois toujours exigé qu'il n'introduiroit jamais furtivement en France aucun de mes livres, s'adressa au Magistrat pour obtenir la permission de faire entrer celui-ci par Rouen où il fit par mer son envoi. Rey n'eut aucune réponse : ses ballots restèrent à Rouen plusieurs mois, au bout desquels on les lui renvoya après avoir tenté de les confisquer, mais il fit tant de bruit qu'on les lui rendit » (*O.C.*, Pléiade, t. I, p. 571). Comme le note Louis J. Courtois, « le *Contrat* ne put donc s'introduire en France que par contrebande et, fin mai, il ne s'y trouvait probablement que trois exemplaires de l'ouvrage, celui de Rousseau, celui de Luxembourg, celui de Malesherbes » (« Chronologie critique... », *Annales J.-J. R.*, t. XV, p. 126, n. 1). L'ouvrage ne pouvant entrer en France que clandestinement, on fit aussitôt des contrefaçons de l'édition in-12, mais les libraires qui les imprimaient ou les diffusaient couraient des risques. On lit, en date du 23 septembre 1762, dans les *Mémoires secrets* de Bachaumont : « On ne cesse de faire des perquisitions du *Contrat social*. Un nommé de Ville, Libraire de Lyon, vient d'être arrêté et conduit à Pierre-Encise. On a trouvé chez lui une édition qu'il faisoit de ce Livre » (Pierre-Paul PLAN, *J.-J. Rousseau raconté par les gazettes de son temps,* Paris, 1912, p. 29). La vigilance avec laquelle on s'est efforcé d'empêcher la diffusion du livre explique sans doute en partie — disons-le en passant — qu'il n'y en eut que bien peu d'exemplaires dans les bibliothèques privées au XVIIIe siècle, comme le signalait Daniel Mornet.

A Genève, les événements prirent une autre tournure qu'en France. La diffusion du *Contrat social* y précéda sa condamnation et Rousseau a pu dire, en 1764, dans les *Lettres écrites de la Montagne :* « Mon livre est dans les mains de tout le monde à Genève ». Rey avait expédié deux cents exemplaires du *Contrat social* au libraire Duvillard. Celui-ci les reçut au début de juin et ils furent presque aussitôt vendus, comme Moultou le laissait prévoir à Rousseau dans sa lettre du 5 juin 1762 (*C.G.*, t. VII, p. 273). Ce fut seulement le 19 juin qu'un arrêt du Petit Conseil condamna ensemble l'*Émile* et le *Contrat social* à être brûlés « comme téméraires, scandaleux, impies, tendant à détruire la religion chrétienne et tous les gouvernements ». Rousseau se plaindra plus tard qu'on ait condamné le *Contrat social* sans préciser ni prouver le délit dont l'auteur s'est rendu coupable. Il concède que l'*Émile* puisse en apparence donner prise à l'accusation dont il est l'objet. Il comprend du moins ce qu'on lui reproche quand on l'accuse de vouloir détruire la religion chrétienne. « Mais, quant aux Gouvernemens... on n'a jamais voulu dire, écrit-il, en quel lieu j'entreprenois ainsi de les détruire, ni comment, ni pourquoi, ni rien de ce qui peut constater que le délit n'est pas imaginaire. C'est comme si l'on jugeoit quelqu'un pour avoir tué un homme sans dire ni où, ni qui, ni quand; pour un meurtre abstrait » (*Lettres écrites de la Montagne, O.C.*, Pléiade, t. III, p. 804). En réalité, les raisons pour lesquelles on condamnait le *Contrat social* étaient claires. On les trouve exposées avec une singulière précision dans les Conclusions du Procureur Général Jean-Robert Tronchin. Celui-ci retient contre Rousseau deux griefs principaux. Le premier, c'est d'avoir nié que le gouvernement soit établi sur la base d'un contrat. L'auteur du *Contrat social,* dit-il, « n'aperçoit aucun engagement réciproque entre ceux qui gouvernent et ceux qui sont gouvernés; les premiers ne lui paraissent que les instruments, que les peuples peuvent toujours changer ou briser à leur gré ». Le second grief porte sur les moyens proposés par Rousseau pour empêcher le gouvernement d'usurper la souveraineté. « Il ne connaît point, écrit J.-R. Tronchin, d'autre moyen d'en prévenir les usurpations que de fixer des assemblées périodiques (ch. XIII), pendant lesquelles le gouvernement est suspendu, et où, sans qu'il soit besoin de convocation formelle, on discute séparément et à la pluralité des suffrages si l'on conservera la forme du gouvernement reçu et les magistrats établis » (*C.G.*, t. VII, p. 373). On ne peut reprocher au Procureur Général d'avoir manqué de clairvoyance. Les principes du *Contrat social* contenaient une critique déguisée des institutions genevoises telles qu'elles fonctionnaient au XVIIIe siècle. Lorsqu'il pourra exprimer ouvertement sa pensée, dans les *Lettres écrites de la Montagne,* Rousseau accusera le Petit Conseil de Genève d'avoir usurpé la souveraineté et de gouverner tyranniquement la République. Il dira sans doute qu'il a pris la constitution de Genève pour « modèle des institutions politiques ».

Mais la constitution de Genève telle qu'il se la représente à la lumière de ses principes n'est pas celle qui était en vigueur au XVIIIe siècle et, en faisant l'éloge des institutions de son pays, Rousseau propose, en réalité, d'y faire une révolution.

Il faudrait une longue étude pour donner, à la suite des travaux récents consacrés à ce sujet, une idée même sommaire de la fortune ou de la destinée intellectuelle de l'œuvre au XIXe siècle. Nous indiquerons seulement pourquoi l'ouvrage n'eut pas le même sort en Allemagne qu'en France.

Ce qui domine en France au XIXe siècle, c'est le libéralisme. Les écrivains libéraux ne mentionnent le *Contrat social* que pour le réfuter, parce qu'ils y découvrent une conception de la souveraineté qui leur paraît constituer un danger pour la liberté individuelle. Benjamin Constant a été peut-être le premier à formuler en 1815 une critique qui deviendra par la suite comme le leitmotiv des adversaires du *Contrat social*. « La souveraineté n'existe que d'une manière limitée et relative... Rousseau a méconnu cette vérité, et son erreur a fait de son contrat social, si souvent invoqué en faveur de la liberté, le plus terrible auxiliaire de tous les genres de despotisme » (*Principes de politique, applicables à tous les Gouvernemens représentatifs et particulièrement à la Constitution actuelle de la France,* Paris, mai 1815, pp. 17 et 18). P.-J. Proudhon n'ajoute rien à cette critique lorsqu'il s'en prend à son tour à Rousseau et écrit en 1851 : « Sa politique est pleine de domination... La tyrannie, se réclamant du droit divin, était odieuse; il la réorganise et la rend respectable en la faisant, dit-il, dériver du peuple » (*Idée générale de la Révolution au XIXe siècle,* éd. Berthod, Paris, 1924, pp. 194 et 192). Plus tard Émile Faguet et Léon Duguit développeront le même thème. Dans son *Dix-huitième Siècle,* dont la première édition remonte à 1890, Faguet écrit : « Le système de Rousseau, en sa simplicité extrême dont il est si fier... est certainement l'organisation la plus précise et la plus exacte de la tyrannie qui puisse être » (43e éd., p. 406). Quant au juriste Léon Duguit, il reprochera à Rousseau d'avoir été « l'initiateur de toutes les doctrines de dictature et de tyrannie, depuis les doctrines jacobines de 1793 jusqu'aux doctrines bolchevistes de 1920 ». « Il suffit, dit-il, d'ouvrir le *Contrat social* pour voir comment J.-J. Rousseau sacrifie sans réserve les droits de l'individu à la toute-puissance de l'État » (*Souveraineté et Liberté,* Paris, 1922, pp. 135-136). Telle fut pendant longtemps l'idée qu'on se faisait de la politique de Rousseau, l'interprétation dominante. Certes le *Contrat social* n'eut pas en France que des détracteurs, mais ceux qui le défendirent furent peu nombreux et peu écoutés.

Il en fut tout autrement en Allemagne. Le *Contrat social* eut la chance de retenir l'attention des philosophes et de bénéficier de leur patronage. Kant, Fichte et Hegel furent des admirateurs du *Contrat social.* Ils ont lu l'ouvrage avec sérénité et l'ont interprété en philosophes, en essayant de dégager le véritable sens des notions les plus difficiles du livre, celles de contrat social et de volonté générale. Grâce à eux, le *Contrat social* a été considéré en Allemagne comme un ouvrage philosophique et l'auteur toujours pris au sérieux.

En France, il faut attendre la fin du siècle pour voir apparaître des études sérieuses sur la pensée politique de Rousseau et la première édition critique du *Contrat social,* celle de Dreyfus-Brisac, date de 1896. A partir de ce moment, l'histoire du *Contrat social* entre dans une nouvelle phase et le livre finit par s'imposer comme un traité classique de la philosophie politique. Ce n'est certes pas le plus lu de tous les ouvrages de l'auteur, c'est peut-être le plus étudié et son interprétation ne cesse de se renouveler, ce qui montre combien le livre est resté vivant de nos jours. La destinée de l'œuvre justifie finalement ce que l'auteur écrivait à son éditeur le 7 novembre 1761 : « Je vous recommande tout de nouveau mon dernier ouvrage; quoiqu'il ne soit pas de nature à se répandre aussi promptement qu'un roman, j'espère qu'il ne s'usera pas de même et que ce sera un livre pour tous les tems, s'il n'est pas rebuté par le public » (*C.G.*, t. VI, p. 288).

NOTE SUR L'ÉTABLISSEMENT DU TEXTE

En l'absence de tout manuscrit, l'établissement du texte du *Contrat social* ne présente pas de difficultés sérieuses. Nous donnons le texte de l'édition originale in-8° de 1762, en respectant scrupuleusement l'orthographe et la ponctuation. Les lecteurs trouveront donc parmi les variantes les additions ou corrections de l'édition de 1782.

M. Bernard Gagnebin a pris une part active à la préparation de ce tome III des *Œuvres complètes de J.-J. Rousseau.* Nous avons, pour notre part, fait souvent appel à ses connaissances pour résoudre les nombreux problèmes que nous posait l'annotation du *Contrat social.* Nous ne serions certainement pas venu à bout de notre travail sans l'assistance de son savoir et de son amitié. Qu'il trouve ici l'expression de notre vive gratitude.

FRAGMENTS POLITIQUES

On sera déçu si l'on croit trouver dans ces Fragments le dossier des *Institutions politiques*. C'est bien imprudemment que G. Streckeisen-Moultou (*Œuvres et correspondance inédites de J.-J. Rousseau,* Paris, 1861, pp. 213-259) a publié un certain nombre de ces fragments sous le titre « Fragments des *Institutions politiques* ». Celles-ci n'ont été qu'un projet, partiellement réalisé par la publication du *Contrat social* et finalement abandonné. Rousseau nous dit en outre qu'après avoir rédigé ce traité, il a brûlé tout le reste. On peut évidemment se demander si le tout a été effectivement détruit ou encore si la rédaction de l'ouvrage était très avancée. Mais, sans toujours s'en rendre bien compte, les historiens ont parfois tendance à parler des *Institutions politiques* comme s'il s'agissait d'un ouvrage distinct ou du moins différent du *Contrat social.* Or, celui-ci n'est pas un fragment, c'est un véritable traité qui, dans l'esprit de l'auteur, devait constituer la première partie des *Institutions politiques*. Ce qui a été détruit ou seulement projeté, c'est la seconde partie. Rousseau nous a indiqué lui-même, tant dans le *Contrat social* que dans l'*Émile,* le contenu de cette seconde partie. Elle devait traiter du droit des gens dans son ensemble et comprendre trois sections : 1. le commerce, 2. le droit de la guerre et les conquêtes, 3. le droit public ou les ligues, les négociations et les traités. Ce sommaire ne correspond pas à la liste des questions notées par Rousseau dans le premier fragment de notre édition. Cette liste contient des matières trop diverses pour constituer le sommaire ou le plan d'un ouvrage quelconque. Nous admettons volontiers avec G. Streckeisen-Moultou que les titres figurant sur cette liste sont « autant de titres de dossiers ». Mais comment pourrait-on admettre que ces dossiers « appartiennent évidemment à un seul tout » ? Rousseau traite, en effet, des voyages dans l'*Émile,* des lois dans le *Contrat social* et de la culture des sciences dans le premier *Discours*. Nous ne pouvions donc considérer cette liste comme un guide pour la publication des fragments. Ces fragments sont très divers par leur étendue et par leur contenu. Les uns sont de simples notes, d'autres des variantes de passages des œuvres imprimées, d'autre enfin des ébauches ou des fragments d'œuvres inachevées. En les réunissant on constitue bien un dossier, mais un dossier relatif à l'ensemble des écrits politiques de l'auteur.

On sera également déçu si l'on espère pouvoir à l'aide de ce dossier retracer la genèse de la pensée politique de Rousseau. On y chercherait en vain un journal ou un bloc-notes, des réflexions classées dans l'ordre chronologique comme celles que l'on trouve dans le manuscrit de Montesquieu intitulé *Mes Pensées*. Les fragments que nous publions ne sont pas datés et même le seraient-ils, que nous ne pourrions y déceler une progression ou une évolution quelconque. D'une manière générale, le problème de la genèse des idées politiques de Rousseau est difficile à résoudre. En comparant les œuvres imprimées, comme l'a fait René Hubert dans son étude sur *Rousseau et l'Encyclopédie* (Paris, Gamber, 1928), on peut noter dans quelle œuvre telle ou telle notion fondamentale apparaît pour la première fois. On aimerait savoir à quel moment l'idée de volonté générale ou celle du pacte social s'est formée dans l'esprit de l'auteur. On ne trouve dans les fragments presque aucune indication permettant de répondre à des questions de ce genre.

Ce qu'on y trouve, par contre, c'est la pensée de Jean-Jacques, non pas sous forme d'ébauche, mais déjà formée. La plupart des sujets qu'il traite dans ces fragments le ramènent toujours aux thèmes fondamentaux de sa doctrine, sa prédilection pour l'histoire ancienne et son mépris de l'histoire moderne, la bonté originelle de l'homme et l'origine sociale de ses maux, la nécessité de rendre l'homme un pour le rendre heureux. Qu'il s'agisse d'un morceau d'éloquence comme le parallèle entre Sparte et Rome, d'un travail qui lui a été demandé comme l'histoire de Lacédémone ou d'un écrit de circonstance comme les pages consacrées au bonheur public, on voit s'exprimer une pensée, une doctrine à laquelle l'auteur est resté attaché toute sa vie. De ce point de vue le contenu de ces fragments déborde le cadre des écrits politiques de Rousseau et leur lecture ne devrait pas laisser indifférents ceux qui s'intéressent à l'ensemble de son œuvre. Ils y trouveront des morceaux qui éclairent la pensée de l'auteur ou des formules où elle s'exprime avec autant de vigueur ou de précision que dans les œuvres imprimées. Voici quelques exemples. Sur la noblesse : « Qu'est-ce qu'un corps de Noblesse si ce n'est un corps de valets » ? Sur ce que l'homme doit à la vie sociale : « L'homme isolé demeure toujours le même, il ne fait de progrès qu'en société ». Sur le choix qui nous est proposé au début de l'*Émile* et la nécessité d'opter entre faire un homme ou un citoyen : « Rendez l'homme un, vous le rendrez heureux autant qu'il peut l'être. Donnez-le tout entier à l'Etat ou laissez-le tout entier à lui-même, mais si vous partagez son cœur, vous le déchirez. »

Le problème le plus délicat pour l'éditeur des Fragments était celui de leur présentation. Les éditeurs des Pensées de Montesquieu avaient le choix entre l'ordre chronologique et un classement systématique. Nous n'avions pas le choix. Il fallait classer les fragments selon leur contenu. Mais plusieurs présentations restaient possibles. Celle qui consiste à mettre à part, comme l'a fait Vaughan, les fragments relatifs aux œuvres imprimées (l'*Économie politique,* le *Discours sur l'inégalité,* le *Contrat social*) a l'inconvénient de faire appel à un double principe de classement. Pour des raisons de commodité, nous avons préféré grouper les fragments par matières. Il s'agit, nous tenons à le souligner, d'un simple classement. Pour les raisons exposées plus haut, nous n'avions pas à tenter de reconstituer le plan des *Institutions politiques.* Quoique notre présentation soit aussi systématique que possible, nous n'avons pas eu non plus l'ambition d'indiquer l'ordre dans lequel les fragments doivent être lus. Les titres de chacune des sections sont essentiellement des rubriques destinées à faciliter les recherches du lecteur. Celui-ci ne s'étonnera pas de trouver des sections très courtes, alors que d'autres contiennent un grand nombre de textes. Malgré notre souci de ne pas multiplier les rubriques, de grouper les fragments au lieu de les éparpiller, il nous arrive de consacrer une section à des fragments très courts, comme c'est le cas pour les sections sur la population et la noblesse. S'il nous a fallu mettre de l'ordre dans les fragments épars dans les manuscrits de l'auteur pour ne pas livrer au lecteur un dossier informe et inutilisable, nous avons, par contre, mis tous nos soins à ne présenter en aucun cas comme un texte continu des fragments qui sont séparés dans le manuscrit. Les éditeurs précédents n'ont pas toujours respecté scrupuleusement cette règle dont notre commentaire fera occasionnellement ressortir l'importance.

L'essentiel du commentaire consiste en rapprochements. C'était le seul moyen de montrer tout le parti que Rousseau avait pu tirer lui-même des textes restés inédits. Ces rapprochements ne sont pas seulement significatifs par leur nombre. Ils portent sur l'ensemble de l'œuvre de Rousseau. Pour éclairer le texte, nous avons cité aussi bien la *Réponse à M. Bordes* (1752) que les *Considérations sur le gouvernement de Pologne* (1772). Nos recherches nous ont conduit des premiers aux derniers écrits politiques de Rousseau. Celui-ci s'est donc constamment servi ou souvenu des textes contenus dans le dossier des fragments politiques et ce n'est pas là le moindre intérêt de notre publication.

NOTE SUR L'ÉTABLISSEMENT DU TEXTE

Les fragments politiques ont été réunis en une seule série et groupés par thèmes. Ils proviennent de diverses sources manuscrites et imprimées, dont on trouvera le détail dans une note générale insérée en tête du commentaire (pp. 1509-1515). Pour l'établissement du texte, nous avons recouru à l'obligeance et à la perspicacité de Mlle Anne-Marie Pfister, qui s'est chargée de transcrire et collationner l'ensemble des fragments. Nous lui en exprimons notre profonde gratitude.

DISCOURS
SUR
L'ÉCONOMIE POLITIQUE

ECONOMIE *ou* ŒCONOMIE, *(Morale et Politique.)* ce mot vient de οἶκος, *maison,* et de νόμος, *loi,* et ne signifie originairement que le sage et légitime gouvernement de la maison, pour le bien commun de toute la famille. Le sens de ce terme a été dans la suite étendu au gouvernement de la grande famille, qui est l'état. Pour distinguer ces deux acceptions, on l'appelle dans ce dernier cas, *économie générale,* ou *politique*[1]; et dans l'autre cas, *économie domestique,* ou *particuliere.* Ce n'est que de la premiere qu'il est question dans cet article. Sur l'*économie domestique, voyez.* PERE DE FAMILLE[2].

(a) Quand il y auroit entre l'état et la famille autant de rapport que plusieurs auteurs le prétendent, il ne s'ensuivroit pas pour cela que les regles de conduite propres à l'une de ces deux sociétés, fussent convenables à l'autre : elles différent trop en grandeur pour pouvoir être administrées de la même maniere, et il y aura toûjours une extrême différence entre le gouvernement domestique, où le pere peut tout voir par lui-même, et le gouvernement civil, où le chef ne voit presque rien que par les yeux d'autrui. Pour que les choses devinssent égales à cet égard, il faudroit que les talens, la force, et toutes les facultés du pere, augmentassent en raison de la grandeur de la famille, et que l'ame d'un puissant monarque fût à celle d'un homme ordinaire, comme l'étendue de son empire est à l'héritage d'un particulier.

Mais comment le gouvernement de l'état pourroit-il être semblable à celui de la famille dont le fondement est si différent ? Le pere étant physiquement plus fort que ses enfans, aussi long-tems que son secours leur est nécessaire, le pouvoir paternel passe avec raison pour être établi par la nature[3]. Dans la grande famille dont tous les membres sont naturellement égaux, l'autorité politique purement arbitraire quant à son institution, ne peut être fondée que sur des conventions[4], ni le magistrat commander aux autres qu'en vertu des lois *(a)*. Les devoirs du pere lui sont dictés par des sentimens naturels, et d'un ton qui lui permet rarement de désobéir. Les chefs n'ont point de semblable regle, et ne sont réellement tenus envers le peuple qu'à ce qu'ils lui ont promis de faire, et dont il est en droit d'exiger l'exécution. Une autre différence plus importante encore, c'est que les enfans n'ayant rien que ce qu'ils reçoivent du pere, il est évident que tous les droits de propriété lui appartiennent, ou émanent de lui; c'est tout le contraire dans la grande famille, où l'administration générale n'est établie que pour assûrer la propriété particuliere qui lui est antérieure. Le principal objet des travaux de toute la maison, est de conserver et d'accroître le patrimoine du pere, afin qu'il puisse un jour le partager entre ses enfans sans les appauvrir; au lieu que la richesse du fisc n'est qu'un moyen, souvent fort mal entendu, pour maintenir les particuliers dans la paix et dans l'abondance[1]. En un mot la petite famille est destinée à s'éteindre, et à se résoudre un jour en plusieurs autres familles semblables; mais la grande étant faite pour durer toûjours dans le même état, il faut que la premiere s'augmente pour se multiplier : et non-seulement il suffit que l'autre se conserve, mais on peut prouver aisément que toute augmentation lui est plus préjudiciable qu'utile.

Par plusieurs raisons tirées de la nature de la chose, le pere doit commander dans la famille. Premierement, l'autorité ne doit pas être égale entre le pere et la mere; mais il faut que le gouvernement soit un, et que dans les partages d'avis il y ait une voix prépondérante qui décide. 2°. Quelque légeres qu'on veuille supposer les incommodités particulieres à la femme; comme elles font toûjours pour elle un intervalle d'inaction, c'est une raison suffisante pour l'exclure de cette primauté : car quand la balance est parfaitement égale, une paille suffit pour la faire pencher. De plus, le mari doit avoir inspection sur la conduite de sa femme : parce qu'il lui importe de s'assûrer que les enfans, qu'il est forcé de reconnoître et de nourrir, n'appartiennent pas à d'autres qu'à lui. La femme qui n'a rien de semblable à craindre, n'a pas le même droit sur le mari. 3°. Les enfans doivent obéir au pere, d'abord par nécessité, ensuite par reconnoissance[1]; après avoir reçu de lui leurs besoins durant la moitié de leur vie, ils doivent consacrer l'autre à pourvoir aux siens. 4°. A l'égard des domestiques, ils lui doivent aussi leurs services en échange de l'entretien qu'il leur donne; sauf à rompre le marché dès qu'il cesse de leur convenir. Je ne parle point de l'esclavage; parce qu'il est contraire à la nature, et qu'aucun droit ne peut l'autoriser[2].

Il n'y a rien de tout cela dans la société politique. Loin que le chef ait un intérêt naturel au bonheur des particuliers, il ne lui est pas rare de chercher le sien dans leur misere. La magistrature est-elle héréditaire, c'est souvent un enfant qui commande à des hommes : est-elle élective, mille inconvéniens se font sentir dans les élections, et l'on perd dans l'un et l'autre cas tous les avantages de la paternité. Si vous n'avez qu'un seul chef, vous êtes à la discrétion d'un maître qui n'a nulle raison de vous aimer; si vous en avez plusieurs, il faut supporter à la fois leur tyrannie et leurs divisions. En un mot, les abus sont inévitables et leurs suites funestes dans toute société, où l'intérêt public et les lois n'ont aucune force naturelle, et sont sans cesse attaqués par l'intérêt personnel et les passions du chef et des membres.

Quoique les fonctions du pere de famille et du premier magistrat doivent tendre au même but, c'est par des voies si différentes; leur devoir et leurs droits sont tellement distingués, qu'on ne peut les confondre sans se former de fausses idées des lois fondamentales de la société[3], et sans tomber dans des erreurs fatales au genre humain. En effet, si la voix de la nature est le meilleur conseil que doive écouter un bon pere pour bien remplir ses devoirs, elle n'est pour le magistrat qu'un faux guide qui travaille sans cesse à l'écarter des siens, et qui l'entraîne tôt ou tard à sa perte et à celle de l'état, s'il n'est retenu par la plus sublime vertu. La seule précaution nécessaire au pere de famille, est de se garantir de la dépravation, et d'empêcher que les inclinations naturelles ne se corrompent en lui; mais ce sont elles qui corrompent le magistrat. Pour bien faire, le premier n'a qu'à consulter son cœur; l'autre devient un traître au moment qu'il écoute le sien : sa raison même lui doit être suspecte, et il ne doit suivre d'autre regle que la raison publique, qui est la loi. Aussi la nature a-t-elle fait une multitude de bons peres de famille : mais il est douteux que depuis l'existence du monde, la sagesse humaine ait jamais fait dix hommes capables de gouverner leurs semblables *(a)*.

De tout ce que je viens d'exposer, il s'ensuit que c'est avec raison qu'on a distingué l'*économie publique* de l'*économie particuliere,* et que l'état n'ayant rien de commun avec la famille que l'obligation qu'ont les chefs de rendre heureux l'un et l'autre *(b),* les mêmes regles de conduite ne sauroient convenir à tous les deux. J'ai cru qu'il suffiroit de ce peu de lignes pour renverser l'odieux systême que le chevalier Filmer a tâché d'établir dans un ouvrage intitulé *Patriarcha*[1], auquel deux hommes illustres[2] ont fait trop d'honneur en écrivant des livres pour le réfuter : au reste, cette erreur est fort ancienne, puisqu'Aristote même a jugé à-propos de la combattre par des raisons que l'on peut voir au premier livre de ses *Politiques (c)*[3].

(d) Je prie mes lecteurs de bien distinguer encore l'*économie publique* dont j'ai à parler, et que j'appelle *gouvernement,* de l'autorité suprême que j'appelle *souveraineté ;* distinction qui consiste en ce que l'une a le droit législatif, et oblige en certain cas le corps même de la nation, tandis que l'autre n'a que la puissance exécutrice[4], et ne peut obliger que les particuliers. *Voyez* POLITIQUE et SOUVERAINETÉ.

(e) Qu'on me permette d'employer pour un moment une comparaison commune et peu exacte[5] à bien des égards, mais propre à me faire mieux entendre.

Le corps politique, pris individuellement, peut être considéré comme un corps organisé, vivant, et semblable à celui de l'homme. Le pouvoir souverain représente la tête; les lois et les coûtumes sont le cerveau, principe des nerfs et siége de l'entendement, de la volonté, et des sens, dont les juges et magistrats sont les organes; le commerce, l'industrie, et l'agriculture, sont la bouche et l'estomac qui préparent la subsistance commune; les finances publiques sont le sang qu'une sage *économie,* en faisant les fonctions du cœur, renvoye distribuer par tout le corps la nourriture et la vie; les citoyens sont le corps et les membres qui font mouvoir, vivre, et travailler la machine[6], et qu'on ne sauroit blesser en aucune partie, qu'aussi-tôt l'impression douloureuse ne s'en porte au cerveau, si l'animal est dans un état de santé[7].

La vie de l'un et de l'autre est le *moi* commun au tout, la sensibilité réciproque, et la correspondance interne de toutes les parties. Cette communication vient-elle à cesser, l'unité formelle à s'évanoüir, et les parties contiguës à n'appartenir plus l'une à l'autre que par juxtaposition ? l'homme est mort, ou l'état est dissous.

Le corps politique est donc aussi un être moral qui a une volonté; et cette volonté générale, qui tend toûjours à la conservation et au bien-être du tout et de chaque partie, et qui est la source des lois, est pour tous les membres de l'état par rapport à eux et à lui, la regle du juste et de l'injuste; vérité qui pour le dire en passant, montre avec combien de sens tant d'écrivains ont traité de vol la subtilité prescrite aux enfans de Lacédémone, pour gagner leur frugal repas, comme si tout ce qu'ordonne la loi pouvoit ne pas être légitime[1]. *Voy. au mot* DROIT, la source de ce grand et lumineux principe, dont cet article est le développement[2].

Il est important de remarquer que cette regle de justice, sûre par rapport à tous les citoyens, peut être fautive avec les étrangers; et la raison de ceci est évidente : c'est qu'alors la volonté de l'état quoique générale par rapport à ses membres, ne l'est plus par rapport aux autres états et à leurs membres, mais devient pour eux une volonté particuliere et individuelle, qui a sa regle de justice dans la loi de nature, ce qui rentre également dans le principe établi : car alors la grande ville du monde[3] devient le corps politique dont la loi de nature est toûjours la volonté générale, et dont les états et peuples divers ne sont que des membres individuels.

De ces mêmes distinctions appliquées à chaque société politique et à ses membres, découlent les regles les plus universelles et les plus sûres sur lesquelles on puisse juger d'un bon ou d'un mauvais gouvernement, et en général, de la moralité de toutes les actions humaines.

Toute société politique est composée d'autres sociétés plus petites, de différentes especes dont chacune a ses intérêts et ses maximes; mais ces sociétés que chacun apperçoit, parce qu'elles ont une forme extérieure et autorisée, ne sont pas les seules qui existent réellement dans l'état; tous les particuliers qu'un intérêt commun réunit, en composent autant d'autres, permanentes ou passageres, dont la force n'est pas moins réelle pour être moins apparente, et dont les divers rapports bien observés sont la véritable connoissance des mœurs. Ce sont toutes ces associations tacites ou formelles qui modifient de tant de manieres les apparences de la volonté publique par l'influence de la leur[1]. La volonté de ces sociétés particulieres a toûjours deux relations; pour les membres de l'association, c'est une volonté générale; pour la grande société, c'est une volonté particuliere, qui très-souvent se trouve droite au premier égard, et vicieuse au second. Tel peut être prêtre dévot, ou brave soldat, ou praticien zélé, et mauvais citoyen. Telle délibération peut être avantageuse à la petite communauté, et très-pernicieuse à la grande. Il est vrai que les sociétés particulieres étant toûjours subordonnées à celles qui les contiennent, on doit obéir à celle-ci préférablement aux autres, que les devoirs du citoyen vont avant ceux du sénateur, et ceux de l'homme avant ceux du citoyen : mais malheureusement l'intérêt personnel se trouve toûjours en raison inverse du devoir, et augmente à mesure que l'association devient plus étroite et l'engagement moins sacré; preuve invincible que la volonté la plus générale est aussi toûjours la plus juste, et que la voix du peuple est en effet la voix de Dieu.

Il ne s'ensuit pas pour cela que les délibérations publiques soient toûjours équitables; elles peuvent ne l'être pas lorsqu'il s'agit d'affaires étrangeres; j'en ai dit la raison. Ainsi, il n'est pas impossible qu'une république bien gouvernée fasse une guerre injuste. Il ne l'est pas non plus que le conseil d'une démocratie passe de mauvais decrets et condamne les innocens : mais cela n'arrivera jamais, que le peuple ne soit séduit par des intérêts particuliers, qu'avec du crédit et de l'éloquence quelques hommes adroits sauront substituer aux siens. Alors autre chose sera la délibération publique, et autre chose la volonté générale. Qu'on ne m'oppose donc point la démocratie d'Athenes, parce qu'Athenes n'étoit point en effet une démocratie, mais une aristocratie très-tyrannique, gouvernée par des savans et des orateurs[2]. Examinez avec soin ce qui se passe dans une délibération quelconque, et vous verrez que la volonté générale est toûjours pour le bien commun; mais très-souvent il se fait une scission secrete, une confédération tacite, qui pour des vûes particulieres fait éluder la disposition naturelle de l'assemblée. Alors le corps social se divise réellement en d'autres dont les membres prennent une volonté générale, bonne et juste à l'égard de ces nouveaux corps, injuste et mauvaise à l'égard du tout dont chacun d'eux se démembre.

On voit avec quelle facilité l'on explique à l'aide de ces principes, les contradictions apparentes qu'on remarque dans la conduite de tant d'hommes remplis de scrupule et d'honneur à certains égards, trompeurs et fripons à d'autres, foulant aux piés les plus sacrés devoirs, et fideles jusqu'à la mort à des engagemens souvent illégitimes. C'est ainsi que les hommes les plus corrompus rendent toûjours quelque sorte d'hommage à la foi publique : c'est ainsi (comme on l'a remarqué à l'*article* DROIT[1]) que les brigands mêmes, qui sont les ennemis de la vertu dans la grande société, en adorent le simulacre dans leurs cavernes.

En établissant la volonté générale pour premier principe de l'*économie* publique et regle fondamentale du gouvernement, je n'ai pas cru nécessaire d'examiner sérieusement si les magistrats appartiennent au peuple ou le peuple aux magistrats, et si dans les affaires publiques on doit consulter le bien de l'état ou celui des chefs. Depuis long-tems cette question a été décidée d'une maniere par la pratique, et d'une autre par la raison; et en général ce seroit une grande folie d'espérer que ceux qui dans le fait sont les maîtres, préféreront un autre intérêt au leur. Il seroit donc à propos de diviser encore l'*économie* publique en populaire et tyrannique[2]. La premiere est celle de tout état, où regne entre le peuple et les chefs unité d'intérêt et de volonté; l'autre existera nécessairement par-tout où le gouvernement et le peuple auront des intérêts différens et par conséquent des volontés opposées. Les maximes de celle-ci sont incrites au long dans les archives de l'histoire et dans les satyres de Machiavel[3]. Les autres ne se trouvent que dans les écrits des philosophes qui osent réclamer les droits de l'humanité.

I. La premiere et la plus importante maxime du gouvernement légitime ou populaire, c'est-à-dire de celui qui a pour objet le bien du peuple, est donc, comme je l'ai dit, de suivre en tout la volonté générale; mais pour la suivre il faut la connoître, et sur-tout la bien distinguer de la volonté particuliere en commençant par soi-même; distinction toûjours fort difficile à faire, et pour laquelle il n'appartient qu'à la plus sublime vertu de donner de suffisantes lumieres. Comme pour vouloir il faut être libre, une autre difficulté qui n'est guere moindre, est d'assurer à la fois la liberté publique et l'autorité du gouvernement. Cherchez les motifs qui ont porté les hommes unis par leurs besoins mutuels dans la grande société, à s'unir plus étroitement par des sociétés civiles; vous n'en trouverez point d'autre que celui d'assûrer les biens, la vie, et la liberté de chaque membre par la protection de tous[1] : or comment forcer des hommes à défendre la liberté de l'un d'entre eux, sans porter atteinte à celle des autres ? et comment pourvoir aux besoins publics sans altérer la propriété particuliere de ceux qu'on force d'y contribuer ? De quelques sophismes qu'on puisse colorer tout cela, il est certain que si l'on peut contraindre ma volonté, je ne suis plus libre, et que je ne suis plus maître de mon bien, si quelqu'autre peut y toucher. Cette difficulté, qui devoit sembler insurmontable, a été levée avec la premiere par la plus sublime de toutes les institutions humaines, ou plûtôt par une inspiration céleste, qui apprit à l'homme à imiter ici-bas les decrets immuables de la divinité. Par quel art inconcevable a-t-on pû trouver le moyen d'assujettir les hommes pour les rendre libres ? d'employer au service de l'état les biens, les bras, et la vie même de tous ses membres, sans les contraindre et sans les consulter ? d'enchaîner leur volonté de leur propre aveu ? de faire valoir leur consentement contre leur refus, et de les forcer à se punir eux-mêmes, quand ils font ce qu'ils n'ont pas voulu ? Comment se peut-il faire qu'ils obéissent et que personne ne commande, qu'ils servent et n'ayent point de maître; d'autant plus libres en effet que sous une apparente sujétion, nul ne perd de sa liberté que ce qui peut nuire à celle d'un autre ? Ces prodiges sont l'ouvrage de la loi. C'est à la loi seule que les hommes doivent la justice et la liberté. C'est cet organe salutaire de la volonté de tous, qui rétablit dans le droit l'égalité naturelle entre les hommes. C'est cette voix céleste qui dicte à chaque citoyen les préceptes de la raison publique, et lui apprend à agir selon les maximes de son propre jugement, et à n'être pas en contradiction avec lui-même *(a)*.

C'est elle seule aussi que les chefs doivent faire parler quand ils commandent; car si-tôt qu'indépendamment des lois, un homme en prétend soûmettre un autre à sa volonté privée, il sort à l'instant de l'état civil, et se met vis-à-vis de lui dans le pur état de nature où l'obéissance n'est jamais prescrite que par la nécessité.

Le plus pressant intérêt du chef, de même que son devoir le plus indispensable, est donc de veiller à l'observation des lois dont il est le ministre, et sur lesquelles est fondée toute son autorité. S'il doit les faire observer aux autres, à plus forte raison doit-il les observer lui-même qui jouit de toute leur faveur[1]. Car son exemple est de telle force, que quand même le peuple voudroit bien souffrir qu'il s'affranchît du joug de la loi, il devroit se garder de profiter d'une si dangereuse prérogative, que d'autres s'efforceroient bien-tôt d'usurper à leur tour, et souvent à son préjudice. Au fond, comme tous les engagemens de la société sont réciproques par leur nature, il n'est pas possible de se mettre au-dessus de la loi sans renoncer à ses avantages, et personne ne doit rien à quiconque prétend ne rien devoir à personne. Par la même raison nulle exemption de la loi ne sera jamais accordée à quelque titre que ce puisse être dans un gouvernement bien policé. Les citoyens mêmes qui ont bien mérité de la patrie doivent être récompensés par des honneurs et jamais par des priviléges : car la république est à la veille de sa ruine, si-tôt que quelqu'un peut penser qu'il est beau de ne pas obéir aux lois. Mais si jamais la noblesse ou le militaire, ou quelqu'autre ordre de l'état, adoptoit une pareille maxime, tout seroit perdu sans ressource.

La puissance des lois dépend encore plus de leur propre sagesse que de la sévérité de leurs ministres, et la volonté publique tire son plus grand poids de la raison qui l'a dictée : c'est pour cela que Platon[2] regarde comme une précaution très-importante de mettre toûjours à la tête des édits un préambule raisonné qui en montre la justice et l'utilité. En effet, la premiere des lois est de respecter les lois : la rigueur des châtimens n'est qu'une vaine ressource imaginée par de petits esprits pour substituer la terreur à ce respect qu'ils ne peuvent obtenir. On a toûjours remarqué que les pays où les supplices sont les plus terribles, sont aussi ceux où ils sont le plus fréquens; de sorte que la cruauté des peines ne marque guere que la multitude des infracteurs, et qu'en punissant tout avec la même sévérité, l'on force les coupables de commettre des crimes pour échapper à la punition de leurs fautes[1].

Mais quoique le gouvernement ne soit pas le maître de la loi, c'est beaucoup d'en être le garant et d'avoir mille moyens de la faire aimer. Ce n'est qu'en cela que consiste le talent de régner. Quand on a la force en main, il n'y a point d'art à faire trembler tout le monde, et il n'y en a pas même beaucoup à gagner les cœurs; car l'expérience a depuis long-tems appris au peuple à tenir grand compte à ses chefs de tout le mal qu'ils ne lui font pas, et à les adorer quand il n'en est pas haï. Un imbécille obéi peut comme un autre punir les forfaits : le véritable homme d'état sait les prévenir; c'est sur les volontés encore plus que sur les actions qu'il étend son respectable empire. S'il pouvoit obtenir que tout le monde fît bien, il n'auroit lui-même plus rien à faire, et le chef-d'œuvre de ses travaux seroit de pouvoir rester oisif. Il est certain, du moins, que le plus grand talent des chefs est de déguiser leur pouvoir pour le rendre moins odieux, et de conduire l'état si paisiblement qu'il semble n'avoir pas besoin de conducteurs.

Je conclus donc que comme le premier devoir du législateur est de conformer les lois à la volonté générale, la premiere regle de l'*économie* publique est que l'administration soit conforme aux lois[2], C'en sera même assez pour que l'état ne soit pas mal gouverné, si le législateur a pourvû comme il le devoit à tout ce qu'exigeoient les lieux, le climat, le sol, les mœurs, le voisinage, et tous les rapports particuliers du peuple qu'il avoit à instituer[3]. Ce n'est pas qu'il ne reste encore une infinité de détails de police et d'*économie,* abandonnés à la sagesse du gouvernement : mais il a toujours deux regles infaillibles pour se bien conduire dans ces occasions; l'une est l'esprit de la loi qui doit servir à la décision des cas qu'elle n'a pû prévoir; l'autre est la volonté générale, source et supplément de toutes les lois, et qui doit toûjours être consultée à leur défaut. Comment, me dira-t-on, connoître la volonté générale dans les cas où elle ne s'est point expliquée ? Faudra-t-il assembler toute la nation à chaque événement imprévû ? Il faudra d'autant moins l'assembler[1], qu'il n'est pas sûr que sa décision fût l'expression de la volonté générale; que ce moyen est impraticable dans un grand peuple, et qu'il est rarement nécessaire quand le gouvernement est bien intentionné : car les chefs savent assez que la volonté générale est toujours pour le parti le plus favorable à l'intérêt public, c'est-à-dire le plus équitable; de sorte qu'il ne faut qu'être juste pour s'assûrer de suivre la volonté générale. Souvent quand on la choque trop ouvertement, elle se laisse appercevoir malgré le frein terrible de l'autorité publique. Je cherche le plus près qu'il m'est possible les exemples à suivre en pareil cas. A la Chine[2], le prince a pour maxime constante de donner le tort à ses officiers dans toutes les altercations qui s'élevent entr'eux et le peuple. Le pain est-il cher dans une province ? l'intendant est mis en prison : se fait-il dans une autre une émeute ? le gouverneur est cassé, et chaque mandarin répond sur sa tête de tout le mal qui arrive dans son département. Ce n'est pas qu'on examine ensuite l'affaire dans un procès régulier : mais une longue expérience en a fait prévenir ainsi le jugement. L'on a rarement en cela quelque injustice à réparer; et l'empereur, persuadé que la clameur publique ne s'éleve jamais sans sujet, démêle toûjours au-travers des cris séditieux qu'il punit, de justes griefs qu'il redresse.

C'est beaucoup que d'avoir fait régner l'ordre et la paix dans toutes les parties de la république; c'est beaucoup que l'état soit tranquille et la loi respectée : mais si l'on ne fait rien de plus, il y aura dans tout cela plus d'apparence que de réalité, et le gouvernement se fera difficilement obéir s'il se borne à l'obéissance. S'il est bon de savoir employer les hommes tels qu'ils sont, il vaut beaucoup mieux encore les rendre tels qu'on a besoin qu'ils soient; l'autorité la plus absolue est celle qui pénétre jusqu'à l'intérieur de l'homme, et ne s'exerce pas moins sur la volonté que sur les actions. Il est certain que les peuples sont à la longue ce que le gouvernement les fait être[3]. Guerriers, citoyens, hommes, quand il le veut; populace et canaille quand il lui plaît : et tout prince qui méprise ses sujets se deshonore lui-même en montrant qu'il n'a pas su les rendre estimables. Formez donc des hommes si vous voulez commander à des hommes : si vous voulez qu'on obéisse aux lois, faites qu'on les aime, et que pour faire ce qu'on doit, il suffise de songer qu'on le doit faire. C'étoit là le grand art des gouvernemens anciens, dans ces tems reculés où les philosophes donnoient des lois aux peuples, et n'employoient leur autorité qu'à les rendre sages et heureux. De-là tant de lois somptuaires, tant de réglemens sur les mœurs, tant de maximes publiques admises ou rejettées avec le plus grand soin. Les tyrans mêmes n'oublioient pas cette importante partie de l'administration, et on les voyoit attentifs à corrompre les mœurs de leurs esclaves avec autant de soin qu'en avoient les magistrats à corriger celles de leurs concitoyens. Mais nos gouvernemens modernes qui croyent avoir tout fait quand ils ont tiré de l'argent, n'imaginent pas même qu'il soit nécessaire ou possible d'aller jusque-là.

II. Seconde regle essentielle de l'*économie* publique, non moins importante que la premiere. Voulez-vous que la volonté générale soit accomplie? faites que toutes les volontés particulieres s'y rapportent; et comme la vertu n'est que cette conformité de la volonté particuliere à la générale, pour dire la même chose en un mot, faites regner la vertu.

Si les politiques étoient moins aveuglés par leur ambition, ils verroient combien il est impossible qu'aucun établissement quel qu'il soit, puisse marcher selon l'esprit de son institution, s'il n'est dirigé selon la loi du devoir; ils sentiroient que le plus grand ressort de l'autorité publique est dans le cœur des citoyens, et que rien ne peut suppléer aux mœurs pour le maintien du gouvernement[1]. Non-seulement il n'y a que des gens de bien qui sachent administrer les lois, mais il n'y a dans le fond que d'honnêtes gens qui sachent leur obéir. Celui qui vient à bout de braver les remords, ne tardera pas à braver les supplices; châtiment moins rigoureux, moins continuel, et auquel on a du moins l'espoir d'échapper; et quelques précautions qu'on prenne, ceux qui n'attendent que l'impunité pour mal faire, ne manque guere de moyens d'éluder la loi ou d'échapper à la peine. Alors comme tous les intérêts particuliers se réunissent contre l'intérêt général qui n'est plus celui de personne, les vices publics ont plus de force pour énerver les lois, que les lois n'en ont pour réprimer les vices; et la corruption du peuple et des chefs s'étend enfin jusqu'au gouvernement, quelque sage qu'il puisse être : le pire de tous les abus est de n'obéir en apparence aux lois que pour les enfreindre en effet avec sûreté. Bientôt les meilleures lois deviennent les plus funestes : il vaudroit mieux cent fois qu'elles n'existassent pas; ce seroit une ressource qu'on auroit encore quand il n'en reste plus. Dans une pareille situation l'on ajoûte vainement édits sur édits, réglemens sur réglemens. Tout cela ne sert qu'à introduire d'autres abus sans corriger les premiers. Plus vous multipliez les lois, plus vous les rendez méprisables[1] : et tous les surveillans que vous instituez ne sont que de nouveaux infracteurs destinés à partager avec les anciens, ou à faire leur pillage à part. Bientôt le prix de la vertu devient celui du brigandage : les hommes les plus vils sont les plus accrédités; plus ils sont grands, plus ils sont méprisables; leur infamie éclate dans leurs dignités, et ils sont deshonorés par leurs honneurs. S'ils achettent les suffrages des chefs ou la protection des femmes, c'est pour vendre à leur tour la justice, le devoir et l'état; et le peuple qui ne voit pas que ses vices sont la premiere cause de ses malheurs, murmure et s'écrie en gémissant : « Tous mes maux ne viennent que de ceux que je paye « pour m'en garantir ».

C'est alors qu'à la voix du devoir qui ne parle plus dans les cœurs, les chefs sont forcés de substituer le cri de la terreur ou le leurre d'un intérêt apparent dont ils trompent leurs créatures. C'est alors qu'il faut recourir à toutes les petites et méprisables ruses qu'ils appellent *maximes d'état,* et *mystères du cabinet.* Tout ce qui reste de vigueur au gouvernement est employé par ses membres à se perdre et supplanter l'un l'autre, tandis que les affaires demeurent abandonnées, ou ne se font qu'à mesure que l'intérêt personnel le demande, et selon qu'il les dirige. Enfin toute l'habileté de ces grands politiques est de fasciner tellement les yeux de ceux dont ils ont besoin, que chacun croye travailler pour son intérêt en travaillant pour *le leur ;* je dis le leur, si tant est qu'en effet le véritable intérêt des chefs soit d'anéantir les peuples pour les soûmettre, et de ruiner leur propre bien pour s'en assûrer la possession.

Mais quand les citoyens aiment leur devoir, et que les dépositaires de l'autorité publique s'appliquent sincérement à nourrir cet amour par leur exemple et par leurs soins, toutes les difficultés s'évanouissent, l'administration prend une facilité qui la dispense de cet art ténébreux dont la noirceur fait tout le mystere. Ces esprits vastes, si dangereux et si admirés, tous ces grands ministres dont la gloire se confond avec les malheurs du peuple, ne sont plus regrettés; les mœurs publiques suppléent au génie des chefs; et plus la vertu regne, moins les talens sont nécessaires. L'ambition même est mieux servie par le devoir que par l'usurpation : le peuple convaincu que ses chefs ne travaillent qu'à faire son bonheur, les dispense par sa déférence de travailler à affermir leur pouvoir; et l'histoire nous montre en mille endroits que l'autorité qu'il accorde à ceux qu'il aime et dont il est aimé, est cent fois plus absolue que toute la tyrannie des usurpateurs. Ceci ne signifie pas que le gouvernement doive craindre d'user de son pouvoir, mais qu'il n'en doit user que d'une maniere légitime. On trouvera dans l'histoire mille exemples de chefs ambitieux ou pusillanimes, que la mollesse ou l'orgueil ont perdus, aucun qui se soit mal trouvé de n'être qu'équitable. Mais on ne doit pas confondre la négligence avec la modération, ni la douceur avec la foiblesse. Il faut être sévere pour être juste : souffrir la méchanceté qu'on a le droit et le pouvoir de réprimer, c'est être méchant soi-même *(a)*.

Ce n'est pas assez de dire aux citoyens, soyez bons; il faut leur apprendre à l'être; et l'exemple même, qui est à cet égard la premiere leçon, n'est pas le seul moyen qu'il faille employer : l'amour de la patrie[1] est le plus efficace; car comme je l'ai déjà dit, tout homme est vertueux quand sa volonté particuliere est conforme en tout à la volonté générale, et nous voulons volontiers ce que veulent les gens que nous aimons.

Il semble que le sentiment de l'humanité s'évapore et s'affoiblisse en s'étendant sur toute la terre, et que nous ne saurions être touchés des calamités de la Tartarie ou du Japon, comme de celles d'un peuple européen[2]. Il faut en quelque maniere borner et comprimer l'intérêt et la commisération pour lui donner de l'activité. Or comme ce penchant en nous ne peut être utile qu'à ceux avec qui nous avons à vivre, il est bon que l'humanité concentrée entre les concitoyens, prenne en eux une nouvelle force par l'habitude de se voir, et par l'intérêt commun qui les réunit. Il est certain que les plus grands prodiges de vertu ont été produits par l'amour de la patrie : ce sentiment doux et vif qui joint la force de l'amour propre à toute la beauté de la vertu, lui donne une énergie qui sans la défigurer, en fait la plus héroïque de toutes les passions. C'est lui qui produisit tant d'actions immortelles dont l'éclat éblouït nos foibles yeux, et tant de grands hommes dont les antiques vertus passent pour des fables depuis que l'amour de la patrie est tourné en dérision. Ne nous en étonnons pas; les transports des cœurs tendres paroissent autant de chimeres à quiconque ne les a point sentis; et l'amour de la patrie plus vif et plus délicieux cent fois que celui d'une maîtresse, ne se conçoit de même qu'en l'éprouvant : mais il est aisé de remarquer dans tous les cœurs qu'il échauffe, dans toutes les actions qu'il inspire, cette ardeur bouillante et sublime dont ne brille pas la plus pure vertu quand elle en est séparée. Osons opposer Socrate même à Caton[1] : l'un étoit plus philosophe, et l'autre plus citoyen. Athenes étoit déjà perdue, et Socrate n'avoit plus de patrie que le monde entier : Caton porta toûjours la sienne au fond de son cœur; il ne vivoit que pour elle et ne put lui survivre. La vertu de Socrate est celle du plus sage des hommes : mais entre César et Pompée, Caton semble un dieu parmi des mortels[2]. L'un instruit quelques particuliers, combat les sophistes, et meurt pour la vérité : l'autre défend l'état, la liberté, les lois contre les conquérans du monde, et quitte enfin la terre quand il n'y voit plus de patrie à servir. Un digne éleve de Socrate seroit le plus vertueux de ses contemporains; un digne émule de Caton en seroit le plus grand. La vertu du premier feroit son bonheur, le second chercheroit son bonheur dans celui de tous. Nous serions instruits par l'un et conduits par l'autre, et cela seul décideroit de la préférence : car on n'a jamais fait un peuple de sages, mais il n'est pas impossible de rendre un peuple heureux.

Voulons-nous que les peuples soient vertueux? commençons donc par leur faire aimer la patrie : mais comment l'aimeront-ils, si la patrie n'est rien de plus pour eux que pour des étrangers, et qu'elle ne leur accorde que ce qu'elle ne peut refuser à personne? Ce seroit bien pis s'ils n'y jouissoient pas même de la sûreté civile, et que leurs biens, leur vie ou leur liberté fussent à la discrétion des hommes puissans, sans qu'il leur fût possible ou permis d'oser reclamer les lois. Alors soûmis aux devoirs de l'état civil, sans jouir même des droits de l'état de nature et sans pouvoir employer leurs forces pour se défendre, ils seroient par conséquent dans la pire condition où se puissent trouver des hommes libres, et le mot de *patrie* ne pourroit avoir pour eux qu'un sens odieux ou ridicule. Il ne faut pas croire que l'on puisse offenser ou couper un bras, que la douleur ne s'en porte à la tête *(a)*; et il n'eſt pas plus croyable que la volonté générale consente qu'un membre de l'état quel qu'il soit en blesse ou détruise un autre *(b)*, qu'il ne l'eſt que les doigts d'un homme usant de sa raison aillent lui crever les yeux. La sûreté particuliere eſt tellement liée avec la confédération publique, que sans les égards que l'on doit à la foiblesse humaine, cette convention seroit dissoute par le droit, s'il périssoit dans l'état un seul citoyen qu'on eût pû secourir; si l'on en retenoit à tort un seul en prison, et s'il se perdoit un seul procès avec une injuſtice évidente : car les conventions fondamentales[1] étant enfreintes, on ne voit plus quel droit ni quel intérêt pourroit maintenir le peuple dans l'union sociale, à moins qu'il n'y fût retenu par la seule force qui fait la dissolution de l'état civil.

En effet, l'engagement du corps de la nation n'eſt-il pas de pourvoir à la conservation du dernier de ses membres avec autant de soin qu'à celle de tous les autres ? et le salut d'un citoyen eſt-il moins la cause commune que celui de tout l'état[2] ? Qu'on nous dise qu'il eſt bon qu'un seul périsse pour tous, j'admirerai cette sentence dans la bouche d'un digne et vertueux patriote qui se consacre volontairement et par devoir à la mort pour le salut de son pays : mais si l'on entend qu'il soit permis au gouvernement de sacrifier un innocent au salut de la multitude, je tiens cette maxime pour une des plus exécrables que jamais la tyrannie ait inventée, la plus fausse qu'on puisse avancer, la plus dangereuse que l'on puisse admettre, et la plus directement opposée aux lois fondamentales de la société. Loin qu'un seul doive périr pour tous, tous ont engagé leurs biens *(c)* et leurs vies à la défense de chacun d'eux, afin que la foiblesse particuliere fût toûjours protégée par la force publique, et chaque membre par tout l'état. Après avoir par supposition retranché du peuple un individu après l'autre, pressez les partisans de cette maxime à mieux expliquer ce qu'ils entendent par *le corps de l'état,* et vous verrez qu'ils le réduiront à la fin à un petit nombre d'hommes qui ne sont pas le peuple, mais les officiers du peuple, et qui s'étant obligés par un serment particulier à périr eux-mêmes pour son salut, prétendent prouver par-là que c'est à lui de périr pour le leur.

Veut-on trouver des exemples de la protection que l'état doit à ses membres, et du respect qu'il doit à leurs personnes ? ce n'est que chez les plus illustres et les plus courageuses nations de la terre qu'il faut les chercher, et il n'y a guere que les peuples libres où l'on sache ce que vaut un homme. A Sparte, on sait en quelle perplexité se trouvoit toute la république lorsqu'il étoit question de punir un citoyen coupable. En Macédoine, la vie d'un homme étoit une affaire si importante, que dans toute la grandeur d'Alexandre, ce puissant monarque n'eût osé de sang froid faire mourir un Macédonien criminel, que l'accusé n'eût comparu pour se défendre devant ses concitoyens, et n'eût été condamné par eux. Mais les Romains se distinguerent au-dessus de tous les peuples de la terre par les égards du gouvernement pour les particuliers, et par son attention scrupuleuse à respecter les droits inviolables de tous les membres de l'état. Il n'y avoit rien de si sacré que la vie des simples citoyens; il ne falloit pas moins que l'assemblée de tout le peuple pour en condamner un : le sénat même ni les consuls, dans toute leur majesté, n'en avoient pas le droit, et chez le plus puissant peuple du monde le crime et la peine d'un citoyen étoit une désolation publique *(a)* ; aussi parut-il si dur d'en verser le sang pour quelque crime que ce pût être, que par la loi *Porcia* la peine de mort fut commuée en celle de l'exil, pour tous ceux qui voudroient survivre à la perte d'une si douce patrie. Tout respiroit à Rome et dans les armées cet amour des concitoyens les uns pour les autres, et ce respect pour le nom romain qui élevoit le courage et animoit la vertu de quiconque avoit l'honneur de le porter. Le chapeau d'un citoyen délivré d'esclavage, la couronne civique de celui qui avoit sauvé la vie à un autre, étoient ce qu'on regardoit avec le plus de plaisir dans la pompe des triomphes; et il est à remarquer que des couronnes dont on honorait à la guerre les belles actions, il n'y avoit que la civique et celle des triomphateurs qui fussent d'herbe et de feuilles, toutes les autres n'étoient que d'or. C'est ainsi que Rome fut vertueuse, et devint la maîtresse du monde. Chefs ambitieux ! Un pâtre gouverne ses chiens et ses troupeaux, et n'est que le dernier des hommes. S'il est beau de commander, c'est quand ceux qui nous obéissent peuvent nous honorer : respectez donc vos concitoyens, et vous vous rendrez respectables; respectez la liberté, et votre puissance augmentera tous les jours : ne passez jamais vos droits, et bien-tôt ils seront sans bornes.

Que la patrie se montre donc la mere commune des citoyens, que les avantages dont ils jouissent dans leurs pays le leur rende cher, que le gouvernement leur laisse assez de part à l'administration publique pour sentir qu'ils sont chez eux, et que les lois ne soient à leurs yeux que les garants de la commune liberté. Ces droits, tout beaux qu'ils sont, appartiennent à tous les hommes; mais sans paroître les attaquer directement, la mauvaise volonté des chefs en réduit aisément l'effet à rien. La loi dont on abuse sert à la fois au puissant d'arme offensive, et de bouclier contre le foible, et le prétexte du bien public est toûjours le plus dangereux fléau du peuple. Ce qu'il y a de plus nécessaire, et peut-être de plus difficile dans le gouvernement, c'est une intégrité sévere à rendre justice à tous, et sur-tout à protéger le pauvre contre la tyrannie du riche[1]. Le plus grand mal est déjà fait, quand on a des pauvres à défendre et des riches à contenir. C'est sur la médiocrité seule que s'exerce toute la force des lois; elles sont également impuissantes contre les thrésors du riche et contre la misere du pauvre; le premier les élude, le second leur échappe; l'un brise la toile, et l'autre passe au-travers[2].

C'est donc une des plus importantes affaires du gouvernement, de prévenir l'extrême inégalité des fortunes[3], non en enlevant les thrésors à leurs possesseurs, mais en ôtant à tous les moyens d'en accumuler[4], ni en bâtissant des hôpitaux pour les pauvres, mais en garantissant les citoyens de le devenir. Les hommes inégalement distribués sur le territoire, et entassés dans un lieu tandis que les autres se dépeuplent; les arts d'agrément et de pure industrie favorisés aux dépens des métiers utiles et pénibles; l'agriculture sacrifiée au commerce[1]; le publicain rendu nécessaire par la mauvaise administration des deniers de l'état; enfin la vénalité poussée à tel excès, que la considération se compte avec les pistoles, et que les vertus mêmes se vendent à prix d'argent : telles sont les causes les plus sensibles de l'opulence et de la misere, de l'intérêt particulier substitué à l'intérêt public, de la haine mutuelle des citoyens, de leur indifférence pour la cause commune, de la corruption du peuple, et de l'affoiblissement de tous les ressorts du gouvernement. Tels sont par conséquent les maux qu'on guérit difficilement quand ils se font sentir, mais qu'une sage administration doit prévenir, pour maintenir avec les bonnes mœurs le respect pour les lois, l'amour de la patrie, et la vigueur de la volonté générale.

Mais toutes ces précautions seront insuffisantes, si l'on ne s'y prend de plus loin encore. Je finis cette partie de l'*économie* publique, par où j'aurois dû la commencer. La patrie ne peut subsister sans la liberté, ni la liberté sans la vertu, ni la vertu sans les citoyens; vous aurez tout si vous formez des citoyens; sans cela vous n'aurez que de méchans esclaves, à commencer par les chefs de l'état. Or former des citoyens n'est pas l'affaire d'un jour; et pour les avoir hommes, il faut les instruire enfans. Qu'on me dise que quiconque a des hommes à gouverner, ne doit pas chercher hors de leur nature une perfection dont ils ne sont pas susceptibles; qu'il ne doit pas vouloir détruire en eux les passions, et que l'exécution d'un pareil projet ne seroit pas plus desirable que possible *(a)*. Je conviendrai d'autant mieux de tout cela, qu'un homme qui n'auroit point de passions seroit certainement un fort mauvais citoyen[2] : mais il faut convenir aussi que si l'on n'apprend point aux hommes à n'aimer rien, il n'est pas impossible de leur apprendre à aimer un objet plûtôt qu'un autre, et ce qui est véritablement beau, plûtôt que ce qui est difforme. Si, par exemple, on les exerce assez-tôt à ne jamais regarder leur individu que par ses relations avec le corps de l'Etat, et à n'appercevoir, pour ainsi dire, leur propre existence que comme une partie de la sienne[3], ils pourront parvenir enfin à s'identifier en quelque sorte avec ce plus grand tout, à se sentir membres de la patrie, à l'aimer de ce sentiment exquis que tout homme isolé n'a que pour soi-même, à élever perpétuellement leur ame à ce grand objet, et à transformer ainsi en une vertu sublime, cette disposition dangereuse d'où naissent tous nos vices. Non-seulement la Philosophie démontre la possibilité de ces nouvelles directions *(a)*, mais l'Histoire en fournit mille exemples éclatans : s'ils sont si rares parmi nous, c'est que personne ne se soucie qu'il y ait des citoyens, et qu'on s'avise encore moins de s'y prendre assez-tôt pour les former. Il n'est plus tems de changer nos inclinations naturelles quand elles ont pris leur cours, et que l'habitude s'est jointe à l'amour propre; il n'est plus tems de nous tirer hors de nous-mêmes, quand une fois le *moi humain* concentré dans nos cœurs y a acquis cette méprisable activité qui absorbe toute vertu et fait la vie des petites ames. Comment l'amour de la patrie pourroit-il germer au milieu de tant d'autres passions qui l'étouffent ? et que reste-t-il pour les concitoyens d'un cœur déjà partagé entre l'avarice, une maîtresse, et la vanité ?

C'est du premier moment de la vie, qu'il faut apprendre à mériter de vivre; et comme on participe en naissant aux droits des citoyens, l'instant de notre naissance doit être le commencement de l'exercice de nos devoirs. S'il y a des lois pour l'âge mûr, il doit y en avoir pour l'enfance, qui enseignent à obéir aux autres[1]; et comme on ne laisse pas la raison de chaque homme unique arbitre de ses devoirs, on doit d'autant moins abandonner aux lumieres et aux préjugés des peres l'éducation de leurs enfans, qu'elle importe à l'état encore plus qu'aux peres; car selon le cours de la nature, la mort du pere lui dérobe souvent les derniers fruits de cette éducation, mais la patrie en sent tôt ou tard les effets *(b)*; l'état demeure, et la famille se dissout. Que si l'autorité publique en prenant la place des peres, et se chargeant de cette importante fonction, acquiert leurs droits en remplissant leurs devoirs, ils ont d'autant moins sujet de s'en plaindre, qu'à cet égard ils ne font proprement que changer de nom, et qu'ils auront en commun, sous le nom de citoyens, la même autorité sur leurs enfans qu'ils exerçoient séparément sous le nom de *peres,* et n'en seront pas moins obéis en parlant au nom de la loi, qu'ils l'étoient en parlant au nom de la nature. L'éducation publique sous des regles prescrites par le gouvernement, et sous des magistrats établis par le souverain, est donc une des maximes fondamentales du gouvernement populaire ou légitime *(a)*. Si les enfans sont élevés en commun dans le sein de l'égalité *(b)*, s'ils sont imbus des lois de l'état et des maximes de la volonté générale, s'ils sont instruits à les respecter par-dessus toutes choses, s'ils sont environnés d'exemples et d'objets qui leur parlent sans cesse de la tendre mere qui les nourrit, de l'amour qu'elle a pour eux, des biens inestimables qu'ils reçoivent d'elle, et du retour qu'ils lui doivent, ne doutons pas qu'ils n'apprennent ainsi à se chérir mutuellement comme des freres, à ne vouloir jamais que ce que veut la société, à substituer des actions d'hommes et de citoyens au stérile et vain babil des sophistes, et à devenir un jour les défenseurs et les peres de la patrie dont ils auront été si long-tems les enfans.

Je ne parlerai point des magistrats destinés à présider à cette éducation, qui certainement est la plus importante affaire de l'état. On sent que si de telles marques de la confiance publique étoient légerement accordées, si cette fonction sublime n'étoit pour ceux qui auroient dignement rempli toutes les autres le prix de leurs travaux, l'honorable et doux repos de leur vieillesse, et le comble de tous les honneurs, toute l'entreprise seroit inutile et l'éducation sans succès; car par-tout où la leçon n'est pas soûtenue par l'autorité, et le précepte par l'exemple, l'instruction demeure sans fruit, et la vertu même perd son crédit dans la bouche de celui qui ne la pratique pas. Mais que des guerriers illustres courbés sous le faix de leurs lauriers prêchent le courage; que des magistrats integres, blanchis dans la pourpre et sur les tribunaux, enseignent la justice; les uns et les autres se formeront ainsi de vertueux successeurs, et transmettront d'âge en âge aux générations suivantes, l'expérience et les talens des chefs, le courage et la vertu des citoyens, et l'émulation commune à tous de vivre et mourir pour la patrie.

Je ne sache que trois peuples qui ayent autrefois pratiqué l'éducation publique; savoir, les Crétois, les Lacédemoniens, et les anciens Perses : chez tous les trois elle eut le plus grand succès, et fit des prodiges chez les deux derniers[1]. Quand le monde s'est trouvé divisé en nations trop grandes pour pouvoir être bien gouvernées[2], ce moyen n'a plus été praticable; et d'autres raisons que le lecteur peut voir aisément, ont encore empêché qu'il n'ait été tenté chez aucun peuple moderne. C'est une chose très-remarquable que les Romains ayent pû s'en passer *(a)*; mais Rome fut durant cinq cents ans un miracle continuel, que le monde ne doit plus espérer de revoir. La vertu des Romains engendrée par l'horreur de la tyrannie et des crimes des tyrans, et par l'amour inné de la patrie, fit de toutes leurs maisons autant d'écoles de citoyens; et le pouvoir sans bornes des peres sur leurs enfans, mit tant de sévérité dans la police particuliere, que le pere plus craint que les magistrats étoit dans son tribunal domestique le censeur des mœurs et le vengeur des lois *(b)*.

C'est ainsi qu'un gouvernement attentif et bien intentionné, veillant sans cesse à maintenir ou rappeller chez le peuple l'amour de la patrie et les bonnes mœurs, prévient de loin les maux qui résultent tôt ou tard de l'indifférence des citoyens pour le sort de la république, et contient dans d'étroites bornes cet intérêt personnel, qui isole tellement les particuliers, que l'état s'affoiblit par leur puissance et n'a rien à espérer de leur bonne volonté. Par-tout où le peuple aime son pays, respecte les lois, et vit simplement, il reste peu de chose à faire pour le rendre heureux; et dans l'administration publique où la fortune a moins de part qu'au sort des particuliers, la sagesse est si près du bonheur que ces deux objets se confondent.

III. Ce n'est pas assez d'avoir des citoyens et de les protéger; il faut encore songer à leur subsistance; et pourvoir aux besoins publics, est une suite évidente de la volonté générale, et le troisieme devoir essentiel du gouvernement. Ce devoir n'est pas, comme on doit le sentir, de remplir les greniers des particuliers et les dispenser du travail, mais de maintenir l'abondance tellement à leur portée, que pour l'acquérir le travail soit toûjours nécessaire et ne soit jamais inutile[1]. Il s'étend aussi à toutes les opérations qui regardent l'entretien du fisc, et les dépenses de l'administration publique. Ainsi après avoir parlé de l'*économie* générale par rapport au gouvernement des personnes, il nous reste à la considérer par rapport à l'administration des biens[2].

Cette partie n'offre pas moins de difficultés à résoudre, ni de contradictions à lever que la précédente. Il est certain que le droit de propriété est le plus sacré de tous les droits des citoyens, et plus important à certains égards que la liberté même; soit parce qu'il tient de plus près à la conservation de la vie; soit parce que les biens étant plus faciles à usurper et plus pénibles à défendre que la personne, on doit plus respecter ce qui se peut ravir plus aisément; soit enfin parce que la propriété est le vrai fondement de la société civile, et le vrai garant des engagemens des citoyens[1] : car si les biens ne répondoient pas des personnes, rien ne seroit si facile que d'éluder ses devoirs et de se moquer des lois. D'un autre côté, il n'est pas moins sûr que le maintien de l'état et du gouvernement exige des frais et de la dépense; et comme quiconque accorde la fin ne peut refuser les moyens, il s'ensuit que les membres de la société doivent contribuer de leurs biens à son entretien. De plus, il est difficile d'assûrer d'un côté la propriété des particuliers sans l'attaquer d'un autre, et il n'est pas possible que tous les réglemens qui regardent l'ordre des successions, les testamens, les contrats, ne gênent les citoyens à certains égards sur la disposition de leur propre bien, et par conséquent sur leur droit de propriété.

Mais outre ce que j'ai dit ci-devant de l'accord qui regne entre l'autorité de la loi et la liberté du citoyen, il y a par rapport à la disposition des biens une remarque importante à faire, qui leve bien des difficultés. C'est, comme l'a montré Puffendorf[2], que par la nature du droit de propriété, il ne s'étend point au-delà de la vie du propriétaire, et qu'à l'instant qu'un homme est mort, son bien ne lui appartient plus *(a)*. Ainsi lui prescrire les conditions sous lesquelles il en peut disposer, c'est au fond moins altérer son droit en apparence, que l'étendre en effet.

(b) En général, quoique l'institution des lois qui reglent le pouvoir des particuliers dans la disposition de leur propre bien n'appartienne qu'au souverain, l'esprit de ces lois que le gouvernement doit suivre dans leur application, est que de pere en fils et de proche en proche, les biens de la famille en sortent et s'alienent le moins qu'il est possible. Il y a une raison sensible de ceci en faveur des enfans, à qui le droit de propriété seroit fort inutile, si le pere ne leur laissoit rien, et qui de plus ayant souvent contribué par leur travail à l'acquisition des

biens du pere, sont de leur chef associés à son droit. Mais une autre raison plus éloignée et non moins importante, eſt que rien n'eſt plus funeſte aux mœurs et à la république, que les changemens continuels d'état et de fortune entre les citoyens; changemens qui sont la preuve et la source de mille désordres, qui bouleversent et confondent tout, et par lesquels ceux qui sont élevés pour une chose, se trouvant deſtinés pour une autre[1], ni ceux qui montent ni ceux qui descendent ne peuvent prendre les maximes ni les lumieres convenables à leur nouvel état, et beaucoup moins en remplir les devoirs *(a)*. Je passe à l'objet des finances publiques.

Si le peuple se gouvernoit lui-même, et qu'il n'y eût rien d'intermédiaire entre l'adminiſtration de l'état et les citoyens, ils n'auroient qu'à se cottiser dans l'occasion, à proportion des besoins publics et des facultés des particuliers; et comme chacun ne perdroit jamais de vûe le recouvrement ni l'emploi des deniers, il ne pourroit se glisser ni fraude ni abus dans leur maniement : l'état ne seroit jamais obéré de dettes, ni le peuple accablé d'impôts, ou du moins la sûreté de l'emploi le consoleroit de la dureté de la taxe. Mais les choses ne sauroient aller ainsi; et quelque borné que soit un état, la société civile y eſt toûjours trop nombreuse pour pouvoir être gouvernée par tous ses membres[2]. Il faut nécessairement que les deniers publics passent par les mains des chefs, lesquels, outre l'intérêt de l'état, ont tous le leur particulier, qui n'eſt pas le dernier écouté. Le peuple de son côté, qui s'apperçoit plûtôt de l'avidité des chefs et de leurs folles dépenses, que des besoins publics, murmure de se voir dépouiller du nécessaire pour fournir au superflu d'autrui; et quand une fois ces manœuvres l'ont aigri jusqu'à certain point, la plus integre adminiſtration ne viendroit pas à bout de rétablir la confiance. Alors si les contributions sont volontaires, elles ne produisent rien; si elles sont forcées, elles sont illégitimes; et c'eſt dans cette cruelle alternative de laisser périr l'état ou d'attaquer le droit sacré de la propriété, qui en eſt le soûtien, que consiſte la difficulté d'une juſte et sage *économie (b)*.

La premiere chose que doit faire, après l'établissement des lois, l'inſtituteur d'une république[3], c'eſt de trouver un fonds suffisant pour l'entretien des magiſtrats et autres officiers, et pour toutes les dépenses publiques. Ce fonds s'appelle *ærarium* ou *fisc,* s'il est en argent; *domaine public,* s'il est en terres, et ce dernier est de beaucoup préférable à l'autre par des raisons faciles à voir. Quiconque aura suffisamment réfléchi sur cette matiere, ne pourra guerre être à cet égard d'un autre avis que Bodin[1], qui regarde le domaine public comme le plus honnête et le plus sûr de tous les moyens de pourvoir aux besoins de l'état; et il est à remarquer que le premier soin de Romulus dans la division des terres, fut d'en destiner le tiers à cet usage. J'avoue qu'il n'est pas impossible que le produit du domaine mal administré, se réduise à rien; mais il n'est pas de l'essence du domaine d'être mal administré.

Préalablement à tout emploi, ce fonds doit être assigné ou accepté par l'assemblée du peuple ou des états du pays, qui doit ensuite en déterminer l'usage. Après cette solennité, qui rend ces fonds inaliénables, ils changent, pour ainsi dire, de nature, et leurs revenus deviennent tellement sacrés, que c'est non-seulement le plus infame de tous les vols, mais un crime de lèse-majesté, que d'en détourner la moindre chose au préjudice de leur destination. C'est un grand deshonneur pour Rome, que l'intégrité du questeur Caton y ait été un sujet de remarque, et qu'un empereur récompensant de quelques écus le talent d'un chanteur, ait eu besoin d'ajoûter que cet argent venoit du bien de sa famille, et non de celui de l'état. Mais s'il se trouve peu de Galba, où chercherons-nous des Catons ? et quand une fois le vice ne deshonorera plus, quels seront les chefs assez scrupuleux pour s'abstenir de toucher aux revenus publics abandonnés à leur discrétion, et pour ne pas s'en imposer bientôt à eux-mêmes, en affectant de confondre leurs vaines et scandaleuses dissipations avec la gloire de l'état, et les moyens d'étendre leur autorité, avec ceux d'augmenter sa puissance ? C'est sur-tout en cette délicate partie de l'administration, que la vertu est le seul instrument efficace, et que l'intégrité du magistrat est le seul frein capable de contenir son avarice. Les livres et tous les comptes des régisseurs servent moins à déceler leurs infidélités qu'à les couvrir; et la prudence n'est jamais aussi prompte à imaginer de nouvelles précautions, que la friponnerie à les éluder. Laissez donc les registres et papiers, et remettez les finances en des mains fideles; c'est le seul moyen qu'elles soient fidelement régies.

Quand une fois les fonds publics sont établis, les chefs de l'état en sont de droit les administrateurs; car cette administration fait une partie du gouvernement, toûjours essentielle, quoique non toûjours également : son influence augmente à mesure que celles des autres ressorts diminue; et l'on peut dire qu'un gouvernement est parvenu à son dernier degré de corruption, quand il n'a plus d'autre nerf que l'argent : or comme tout gouvernement tend sans cesse au relâchement, cette seule raison montre pourquoi nul état ne peut subsister si ses revenus n'augmentent sans cesse.

Le premier sentiment de la nécessité de cette augmentation, est aussi le premier signe du désordre intérieur de l'état : et le sage administrateur, en songeant à trouver de l'argent pour pourvoir au besoin présent, ne néglige pas de rechercher la cause éloignée de ce nouveau besoin : comme un marin voyant l'eau gagner son vaisseau, n'oublie pas en faisant jouer les pompes, de faire aussi chercher et boucher la voie.

De cette regle découle la plus importante maxime de l'administration des finances, qui est de travailler avec beaucoup plus de soin à prévenir les besoins, qu'à augmenter les revenus; de quelque diligence qu'on puisse user, le secours qui ne vient qu'après le mal, et plus lentement, laisse toûjours l'état en souffrance : tandis qu'on songe à remédier à un inconvénient, un autre se fait déjà sentir, et les ressources mêmes produisent de nouveaux inconvéniens; de sorte qu'à la fin la nation s'obere, le peuple est foulé, le gouvernement perd toute sa vigueur, et ne fait plus que peu de chose avec beaucoup d'argent. Je crois que de cette grande maxime bien établie, découloient les prodiges des gouvernemens anciens, qui faisoient plus avec leur parcimonie, que les nôtres avec tous leurs thrésors; et c'est peut-être de-là qu'est dérivée l'acception vulgaire du mot d'*économie,* qui s'entend plûtôt du sage ménagement de ce qu'on a, que des moyens d'acquérir ce que l'on n'a pas.

Indépendamment du domaine public, qui rend à l'état à proportion de la probité de ceux qui le régissent, si l'on connoissoit assez toute la force de l'administration générale, sur-tout quand elle se borne aux moyens légitimes, on seroit étonné des ressources qu'ont les chefs pour prévenir tous les besoins publics, sans toucher aux biens des particuliers. Comme ils sont les maîtres de tout le commerce de l'état, rien ne leur eſt si facile que de le diriger d'une maniere qui pourvoye à tout, souvent sans qu'ils paroissent s'en mêler. La diſtribution des denrées, de l'argent et des marchandises par de juſtes proportions, selon les tems et les lieux, eſt le vrai secret des finances, et la source de leurs richesses, pourvû que ceux qui les adminiſtrent sachent porter leurs vûes assez loin, et faire dans l'occasion une perte apparente et prochaine, pour avoir réellement des profits immenses dans un tems éloigné. Quand on voit un gouvernement payer des droits, loin d'en recevoir, pour la sortie des blés dans les années d'abondance, et pour leur introduction dans les années de disette, on a besoin d'avoir de tels faits sous les yeux pour les croire véritables, et on les mettroit au rang des romans, s'ils se fussent passés anciennement. Supposons que pour prévenir la disette dans les mauvaises années, on proposât d'établir des magasins publics[1], dans combien de pays l'entretien d'un établissement si utile ne serviroit-il pas de prétexte à de nouveaux impôts ? A Geneve ces greniers établis et entretenus par une sage adminiſtration, font la ressource publique dans les mauvaises années, et le principal revenu de l'état dans tous les tems; *Alit et ditat,* c'eſt la belle et juſte inscription qu'on lit sur la façade de l'édifice. Pour exposer ici le syſtême économique d'un bon gouvernement, j'ai souvent tourné les yeux sur celui de cette république : heureux de trouver ainsi dans ma patrie l'exemple de la sagesse et du bonheur que je voudrois voir regner dans tous les pays[2].

Si l'on examine comment croissent les besoins d'un état, on trouvera que souvent cela arrive à-peu-près comme chez les particuliers, moins par une véritable nécessité, que par un accroissement de desirs inutiles, et que souvent on n'augmente la dépense que pour avoir un prétexte d'augmenter la recette; de sorte que l'état gagneroit quelquefois à se passer d'être riche, et que cette richesse apparente lui eſt au fond plus onéreuse que ne seroit la pauvreté même. On peut espérer, il eſt vrai, de tenir les peuples dans une dépendance plus étroite, en leur donnant d'une main ce qu'on leur a pris de l'autre, et ce fut la politique dont usa Joseph avec les Egyptiens[1]; mais ce vain sophisme est d'autant plus funeste à l'état, que l'argent ne rentre plus dans les mêmes mains dont il est sorti, et qu'avec de pareilles maximes on n'enrichit que des fainéans de la dépouille des hommes utiles *(a)*.

Le goût des conquêtes est une des causes les plus sensibles et les plus dangereuses de cette augmentation. Ce goût, engendré souvent par une autre espece d'ambition que celle qu'il semble annoncer, n'est pas toûjours ce qu'il paroît être, et n'a pas tant pour véritable motif le desir apparent d'aggrandir la nation, que le desir caché d'augmenter au-dedans l'autorité des chefs, à l'aide de l'augmentation des troupes, et à la faveur de la diversion que font les objets de la guerre dans l'esprit des citoyens.

Ce qu'il y a du moins de très-certain, c'est que rien n'est si foulé ni si misérable que les peuples conquérans, et que leurs succès même ne font qu'augmenter leurs miseres : quand l'histoire ne nous l'apprendroit pas, la raison suffiroit pour nous démontrer que plus un état est grand, et plus les dépenses y deviennent proportionnellement fortes et onéreuses; car il faut que toutes les provinces fournissent leur contingent, aux frais de l'administration générale, et que chacune outre cela fasse pour la sienne particuliere la même dépense que si elle étoit indépendante. Ajoûtez que toutes les fortunes se font dans un lieu et se consomment dans un autre; ce qui rompt bien-tôt l'équilibre du produit et de la consommation, et appauvrit beaucoup de pays pour enrichir une seule ville.

Autre source de l'augmentation des besoins publics, qui tient à la précédente. Il peut venir un tems où les citoyens ne se regardant plus comme intéressés à la cause commune, cesseroient d'être les défenseurs de la patrie, et où les magistrats aimeroient mieux commander à des mercenaires qu'à des hommes libres, ne fût-ce qu'afin d'employer en tems et lieu les premiers pour mieux assujettir les autres. Tel fut l'état de Rome sur la fin de la république et sous les empereurs; car toutes les victoires des premiers Romains, de même que celles d'Alexandre, avoient été remportées par de braves citoyens, qui savoient donner au besoin leur sang pour la patrie, mais qui ne le vendoient jamais *(b)*. Marius fut le premier qui dans la guerre de Jugurtha deshonora les légions, en y introduisant des affranchis, vagabonds, et autres mercenaires. Devenus les ennemis des peuples, qu'ils s'étoient chargés de rendre heureux, les tyrans établirent des troupes réglées, en apparence pour contenir l'étranger, et en effet pour opprimer l'habitant[1]. Pour former ces troupes, il fallut enlever à la terre des cultivateurs, dont le défaut diminua la qualité des denrées, et dont l'entretien introduisit des impôts qui en augmenterent le prix. Ce premier désordre fit murmurer les peuples : il fallut pour les réprimer multiplier les troupes, et par conséquent la misere; et plus le désespoir augmentoit, plus on se voyoit contraint de l'augmenter encore pour en prévenir les effets. D'un autre côté ces mercenaires, qu'on pouvoit estimer sur le prix auquel ils se vendoient eux-mêmes, fiers de leur avilissement, méprisant les lois dont ils étoient protégés, et leurs freres dont ils mangeoient le pain, se crurent plus honorés d'être les satellites de César que les défenseurs de Rome; et dévoués à une obéissance aveugle, tenoient par état le poignard levé sur leurs concitoyens, prêts à tout égorger au premier signal. Il ne seroit pas difficile de montrer que ce fut-là une des principales causes de la ruine de l'empire romain.

L'invention de l'artillerie et des fortifications a forcé de nos jours les souverains de l'Europe à rétablir l'usage des troupes réglées pour garder leurs places; mais avec des motifs plus légitimes, il est à craindre que l'effet n'en soit également funeste. Il n'en faudra pas moins dépeupler les campagnes pour former les armées et les garnisons; pour les entretenir il n'en faudra pas moins fouler les peuples; et ces dangereux établissemens s'accroissent depuis quelque tems avec une telle rapidité dans tous nos climats, qu'on n'en peut prévoir que la dépopulation prochaine de l'Europe, et tôt ou tard la ruine des peuples qui l'habitent.

Quoi qu'il en soit, on doit voir que de telles institutions renversent nécessairement le vrai système économique[2] qui tire le principal revenu de l'état du domaine public, et ne laissent que la ressource fâcheuse des subsides et impôts, dont il me reste à parler.

Il faut se ressouvenir ici que le fondement du pacte social est la propriété, et sa premiere condition, que chacun soit maintenu dans la paisible jouissance de ce qui lui appartient[1]. Il eſt vrai que par le même traité chacun s'oblige, au moins tacitement, à se cottiser dans les besoins publics; mais cet engagement ne pouvant nuire à la loi fondamentale, et supposant l'évidence du besoin reconnue par les contribuables, on voit que pour être légitime, cette cottisation doit être volontaire, non d'une volonté particuliere, comme s'il étoit nécessaire d'avoir le consentement de chaque citoyen, et qu'il ne dût fournir que ce qu'il lui plaît, ce qui seroit directement contre l'esprit de la confédération, mais d'une volonté générale, à la pluralité des voix, et sur un tarif proportionnel qui ne laisse rien d'arbitraire à l'imposition *(a)*.

Cette vérité, que les impôts ne peuvent être établis légitimement que du consentement du peuple ou de ses représentans[2], a été reconnue généralement de tous les philosophes et jurisconsultes qui se sont acquis quelque réputation dans les matieres de droit politique, sans excepter Bodin *(b)* même[3]. Si quelques-uns ont établi des maximes contraires en apparence; outre qu'il eſt aisé de voir les motifs particuliers qui les y ont portés, ils y mettent tant de conditions et de reſtrictions, qu'au fond la chose revient exactement au même : car que le peuple puisse refuser, ou que le souverain ne doive pas exiger, cela eſt indifférent quant au droit; et s'il n'eſt queſtion que de la force, c'eſt la chose la plus inutile que d'examiner ce qui eſt légitime ou non *(c)*.

Les contributions qui se levent sur le peuple sont de deux sortes : les unes réelles, qui se perçoivent sur les choses; les autres personnelles, qui se payent par tête. On donne aux unes et aux autres les noms d'*impôts* ou de *subsides :* quand le peuple fixe la somme qu'il accorde, elle s'appelle *subside ;* quand il accorde tout le produit d'une taxe, alors c'eſt un *impôt*. On trouve dans le livre de l'*esprit des lois*[4], que l'imposition par tête eſt plus propre à la servitude, et la taxe réelle plus convenable à la liberté. Cela seroit inconteſtable, si les contingens par tête étoient égaux; car il n'y auroit rien de plus disproportionné qu'une pareille taxe, et c'eſt sur-tout dans les proportions exactement observées, que consiſte l'esprit de la liberté. Mais la taxe par tête eſt exactement proportionnée aux moyens des particuliers, comme pourroit être celle qui porte en France le nom de *capitation,* et qui de cette maniere eſt à la fois réelle et personnelle; elle eſt la plus équitable, et par conséquent la plus convenable à des hommes libres *(a)*. Ces proportions paroissent d'abord très-faciles à observer, parce qu'étant relatives à l'état que chacun tient dans le monde, les indications sont toûjours publiques; mais outre que l'avarice, le crédit et la fraude savent éluder jusqu'à l'évidence, il est rare qu'on tienne compte dans ces calculs, de tous les élémens qui doivent y entrer. Premierement on doit considérer le rapport des quantités, selon lequel, toutes choses égales, celui qui a dix fois plus de bien qu'un autre, doit payer dix fois plus que lui. Secondement, le rapport des usages, c'est-à-dire la distinction du nécessaire et du superflu[1]. Celui qui n'a que le simple nécessaire, ne doit rien payer du tout; la taxe de celui qui a du superflu, peut aller au besoin jusqu'à la concurrence de tout ce qui excede son nécessaire[2]. A cela il dira qu'eu égard à son rang, ce qui seroit superflu pour un homme inférieur, est nécessaire pour lui; mais c'est un mensonge : car un Grand a deux jambes, ainsi qu'un bouvier, et n'a qu'un ventre non plus que lui[3]. De plus, ce prétendu nécessaire est si peu nécessaire à son rang, que s'il savoit y renoncer pour un sujet louable, il n'en seroit que plus respecté. Le peuple se prosterneroit devant un ministre qui iroit au conseil à pié, pour avoir vendu ses carrosses dans un pressant besoin de l'état. Enfin la loi ne prescrit la magnificence à personne, et la bienséance n'est jamais une raison contre le droit.

Un troisieme rapport qu'on ne compte jamais, et qu'on devroit toûjours compter le premier, est celui des utilités que chacun retire de la confédération sociale, qui protege fortement les immenses possessions du riche, et laisse à peine un misérable jouir de la chaumiere qu'il a construite de ses mains. Tous les avantages de la société ne sont-ils pas pour les puissans et les riches ? tous les emplois lucratifs ne sont-ils pas remplis par eux-seuls ? toutes les graces, toutes les exemptions ne leur sont-elles pas réservées ? et l'autorité publique n'est-elle pas toute en leur faveur ? Qu'un homme de considération vole ses créanciers ou fasse d'autres friponneries, n'est-il pas toûjours sûr de l'impunité ? Les coups de bâton qu'il distribue, les violences qu'il commet, les meurtres mêmes et les assassinats dont il se rend coupable, ne sont-ce pas des affaires qu'on assoupit, et dont au bout de six mois il n'eſt plus queſtion ? Que ce même homme soit volé, toute la police eſt aussitôt en mouvement, et malheur aux innocens qu'il soupçonne. Passe-t-il dans un lieu dangereux ? voilà les escortes en campagne : l'essieu de sa chaise vient-il à rompre ? tout vole à son secours *(a)* : fait-on du bruit à sa porte ? il dit un mot, et tout se tait : la foule l'incommode-t-elle ? il fait un signe, et tout se range : un charretier se trouve-t-il sur son passage ? ses gens sont prêts à l'assommer ; et cinquante honnêtes piétons allant à leurs affaires seroient plûtot écrasés, qu'un faquin oisif retardé dans son équipage. Tous ces égards ne lui coûtent pas un sou ; ils sont le droit de l'homme riche, et non le prix de la richesse. Que le tableau du pauvre eſt différent ! plus l'humanité lui doit, plus la société lui refuse : toutes les portes lui sont fermées, même quand il a droit de les faire ouvrir ; et si quelquefois il obtient juſtice, c'eſt avec plus de peine qu'un autre n'obtiendroit grace : s'il y a des corvées à faire, une milice à tirer, c'eſt à lui qu'on donne la préférence ; il porte toûjours, outre sa charge, celle dont son voisin plus riche a le crédit de se faire exempter : au moindre accident qui lui arrive, chacun s'éloigne de lui : si sa pauvre charrette renverse, loin d'être aidé par personne, je le tiens heureux s'il évite en passant les avanies des gens leſtes d'un jeune duc : en un mot, toute assiſtance gratuite le fuit au besoin, précisément par ce qu'il n'a pas de quoi la payer ; mais je le tiens pour un homme perdu, s'il a le malheur d'avoir l'ame honnête, une fille aimable, et un puissant voisin.

Une autre attention non moins importante à faire, c'eſt que les pertes des pauvres sont beaucoup moins réparables que celle du riche, et que la difficulté d'acquérir croît toûjours en raison du besoin. On ne fait rien avec rien ; cela eſt vrai dans les affaires comme en Physique : l'argent eſt la semence de l'argent, et la premiere piſtole eſt quelquefois plus difficile à gagner que le second million. Il y a plus encore : c'eſt que tout ce que le pauvre paye, eſt à jamais perdu pour lui, et reſte ou revient dans les mains du riche ; et comme c'eſt aux seuls hommes qui ont part au gouvernement, ou à ceux qui en approchent, que passe tôt ou tard le produit des impôts, ils ont, meme en payant leur contingent, un intérêt sensible à les augmenter.

Résumons en quatre mots le pacte social des deux états. *Vous avez besoin de moi, car je suis riche et vous êtes pauvre ; faisons donc un accord entre nous : je permettrai que vous ayez l'honneur de me servir, à condition que vous me donnerez le peu qui vous reste, pour la peine que je prendrai de vous commander*[1].

(a) Si l'on combine avec soin toutes ces choses, on trouvera que pour repartir les taxes d'une maniere équitable et vraiment proportionnelle, l'imposition n'en doit pas être faite seulement en raison des biens des contribuables, mais en raison composée de la différence de leurs conditions et du superflu de leurs biens. Opération très-importante et très-difficile que font tous les jours des multitudes de commis honnêtes gens et qui savent l'arithmétique, mais dont les Platons et les Montesquieux n'eussent osé se charger qu'en tremblant et en demandant au ciel des lumieres et de l'intégrité.

Un autre inconvénient de la taxe personnelle, c'est de se faire trop sentir et d'être levée avec trop de dureté, ce qui n'empêche pas qu'elle ne soit sujette à beaucoup de non-valeurs, parce qu'il est plus aisé de dérober au rôle et aux poursuites sa tête que ses possessions *(b)*.

De toutes les autres impositions, le cens sur les terres ou la taille réelle a toûjours passé pour la plus avantageuse dans les pays où l'on a plus d'égard à la quantité du produit et à la sûreté du recouvrement, qu'à la moindre incommodité du peuple[2]. On a même osé dire qu'il falloit charger le paysan pour éveiller sa paresse, et qu'il ne feroit rien s'il n'avoit rien à payer. Mais l'expérience dément chez tous les peuples du monde cette maxime ridicule : c'est en Hollande, en Angleterre où le cultivateur paye très-peu de chose, et sur-tout à la Chine où il ne paye rien, que la terre est le mieux cultivée. Au contraire, par-tout où le laboureur se voit chargé à proportion du produit de son champ, il le laisse en friche, ou n'en retire exactement que ce qu'il lui faut pour vivre. Car pour qui perd le fruit de sa peine, c'est gagner que ne rien faire; et mettre le travail à l'amende, est un moyen fort singulier de bannir la paresse.

De la taxe sur les terres ou sur le blé, sur-tout quand elle est excessive, résultent deux inconvéniens si terribles, qu'ils doivent dépeupler et ruiner à la longue tous les pays où elle est établie.

Le premier vient du défaut de circulation des especes, car le commerce et l'industrie attirent dans les capitales tout l'argent de la campagne : et l'impôt détruisant la proportion qui pouvoit se trouver encore entre les besoins du laboureur et le prix de son blé, l'argent vient sans cesse et ne retourne jamais; plus la ville est riche, plus le pays est misérable. Le produit des tailles passe des mains du prince ou du financier dans celles des artistes et des marchands; et le cultivateur qui n'en reçoit jamais que la moindre partie, s'épuise enfin en payant toûjours également et recevant toûjours moins. Comment voudroit-on que pût vivre un homme qui n'auroit que des veines et point d'arteres, ou dont les arteres ne porteroient le sang qu'à quatre doigts du cœur ? Chardin dit qu'en Perse les droits du roi sur les denrées se payent aussi en denrées; cet usage, qu'Herodote témoigne avoir autrefois été pratiqué dans le même pays jusqu'à Darius, peut prévenir le mal dont je viens de parler. Mais à moins qu'en Perse les intendans, directeurs, commis, et gardes-magasin ne soient une autre espece de gens que par-tout ailleurs, j'ai peine à croire qu'il arrive jusqu'au roi la moindre chose de tous ces produits, que les blés ne se gâtent pas dans tous les greniers, et que le feu ne consume pas la plûpart des magasins.

Le second inconvénient vient d'un avantage apparent, qui laisse aggraver les maux avant qu'on les apperçoive. C'est que le blé est une denrée que les impôts ne renchérissent point dans le pays qui la produit, et dont malgré son absolue nécessité, la quantité diminue, sans que le prix en augmente; ce qui fait que beaucoup de gens meurent de faim, quoique le blé continue d'être à bon marché, et que le laboureur reste seul chargé de l'impôt qu'il n'a pu défalquer sur le prix de la vente. Il faut bien faire attention qu'on ne doit pas raisonner de la taille réelle comme des droits sur toutes les marchandises qui en font hausser le prix, et sont ainsi payés moins par les marchands, que par les acheteurs. Car ces droits, quelque forts qu'ils puissent être sont pourtant volontaires, et ne sont payés par le marchand qu'à proportion des marchandises qu'il achete; et comme il n'achete qu'à proportion de son débit, il fait la loi au particulier. Mais le laboureur qui, soit qu'il vende ou non, est contraint de payer à des termes fixes pour le terrain qu'il cultive, n'est pas le maître d'attendre qu'on mette à sa denrée le prix qu'il lui plaît ? et quand il ne la vendroit pas pour s'entretenir, il seroit forcé de la vendre pour payer la taille, de sorte que c'est quelquefois l'énormité de l'imposition qui maintient la denrée à vil prix.

Remarquez encore que les ressources du commerce et de l'industrie, loin de rendre la taille plus supportable par l'abondance de l'argent, ne la rendent que plus onéreuse. Je n'insisterai point sur une chose très-évidente, savoir que si la plus grande ou moindre quantité d'argent dans un état, peut lui donner plus ou moins de crédit au-dehors, elle ne change en aucune maniere la fortune réelle des citoyens, et ne les met ni plus ni moins à leur aise. Mais je ferai ces deux remarques importantes : l'une, qu'à moins que l'état n'ait des denrées superflues et que l'abondance de l'argent ne vienne de leur débit chez l'étranger, les villes où se fait le commerce, se sentent seules de cette abondance, et que le paysan ne fait qu'en devenir relativement plus pauvre : l'autre, que le prix de toutes choses haussant avec la multiplication de l'argent, il faut aussi que les impôts haussent à proportion, de sorte que le laboureur se trouve plus chargé sans avoir plus de ressources.

On doit voir que la taille sur les terres est un véritable impôt sur leur produit. Cependant chacun convient que rien n'est si dangereux qu'un impôt sur le blé payé par l'acheteur : comment ne voit-on pas que le mal est cent fois pire quand cet impôt est payé par le cultivateur même ? N'est-ce pas attaquer la subsistance de l'état jusque dans sa source ? N'est-ce pas travailler aussi directement qu'il est possible à dépeupler le pays, et par conséquent à le ruiner à la longue ? car il n'y a point pour une nation de pire disette que celle des hommes[1].

Il n'appartient qu'au véritable homme d'état d'élever ses vûes dans l'assiette des impôts plus haut que l'objet des finances, de transformer des charges onéreuses en d'utiles réglemens de police, et de faire douter au peuple si de tels établissemens n'ont pas eu pour fin le bien de la nation plûtôt que le produit des taxes[2].

Les droits sur l'importation des marchandises étrangeres dont les habitans sont avides sans que le pays en ait besoin, sur l'exportation de celles du cru du pays dont il n'a pas de trop, et dont les étrangers ne peuvent se passer, sur les productions des arts inutiles et trop lucratifs, sur les entrées dans les villes des choses de pur agrément, et en général sur tous les objets du luxe, rempliront tout ce double objet. C'est par de tels impôts, qui soulagent la pauvreté et chargent la richesse, qu'il faut prévenir l'augmentation continuelle de l'inégalité des fortunes, l'asservissement aux riches d'une multitude d'ouvriers et de serviteurs inutiles, la multiplication des gens oisifs dans les villes, et la désertion des campagnes.

Il est important de mettre entre le prix des choses et les droits dont on les charge, une telle proportion que l'avidité des particuliers ne soit point trop portée à la fraude par la grandeur des profits. Il faut encore prévenir la facilité de la contrebande, en préférant les marchandises les moins faciles à cacher. Enfin il convient que l'impôt soit payé par celui qui employe la chose taxée, plutôt que par celui qui la vend, auquel la quantité des droits dont il se trouveroit chargé, donneroit plus de tentations et de moyens de les frauder. C'est l'usage constant de la Chine, le pays du monde où les impôts sont les plus forts et les mieux payés : le marchand ne paye rien; l'acheteur seul acquitte le droit, sans qu'il en résulte ni murmures ni séditions; parce que les denrées nécessaires à la vie, telles que le ris et le blé, étant absolument franches, le peuple n'est point foulé, et l'impôt ne tombe que sur les gens aisés. Au reste toutes ces précautions ne doivent pas tant être dictées par la crainte de la contrebande, que par l'attention que doit avoir le gouvernement à garantir les particuliers de la séduction des profits illégitimes, qui, après en avoir fait de mauvais citoyens, ne tarderoit pas d'en faire de mal-honnêtes gens.

Qu'on établisse de fortes taxes sur la livrée, sur les équipages, sur les glaces, lustres, et ameublemens, sur les étoffes et la dorure, sur les cours et jardins des hôtels, sur les spectacles de toute espece, sur les professions oiseuses : comme baladins, chanteurs, histrions, et en un mot sur cette foule d'objets de luxe, d'amusement et d'oisiveté, qui frappent tous les yeux, et qui peuvent d'autant moins se cacher, que leur seul usage est de se montrer, et qu'ils seroient inutiles s'ils n'étoient vûs. Qu'on ne craigne pas que de tels produits fussent arbitraires, pour n'être fondés que sur des choses qui ne sont pas d'une absolue nécessité : c'est bien mal connoître les hommes que de croire qu'après s'être une fois laissés séduire par le luxe, ils y puissent jamais renoncer; ils renonceroient cent fois plûtôt au nécessaire et aimeroient encore mieux mourir de faim que de honte. L'augmentation de la dépense ne sera qu'une nouvelle raison pour la soutenir, quand la vanité de se montrer opulent fera son profit du prix de la chose et des frais de la taxe. Tant qu'il y aura des riches, ils voudront se distinguer des pauvres, et l'état ne sauroit se former un revenu moins onéreux ni plus assuré que sur cette distinction.

Par la même raison l'industrie n'auroit rien à souffrir d'un ordre économique qui enrichiroit les Finances, ranimeroit l'Agriculture, en soulageant le laboureur, et rapprocheroit insensiblement toutes les fortunes de cette médiocrité qui fait la véritable force d'un état[1]. Il se pourroit, je l'avoue, que les impôts contribuassent à faire passer plus rapidement quelques modes; mais ce ne seroit jamais que pour en substituer d'autres sur lesquelles l'ouvrier gagneroit, sans que le fisc eût rien à perdre. En un mot, supposons que l'esprit du gouvernement soit constamment d'asseoir toutes les taxes sur le superflu des richesses, il arrivera de deux choses l'une : ou les riches renonceront à leurs dépenses superflues pour n'en faire que d'utiles, qui retourneront au profit de l'état; alors l'assiette des impôts aura produit l'effet des meilleures lois somptuaires; les dépenses de l'état auront nécessairement diminué avec celles des particuliers; et le fisc ne sauroit moins recevoir de cette maniere, qu'il n'ait beaucoup moins encore à débourser : ou si les riches ne diminuent rien de leurs profusions, le fisc aura dans le produit des impôts les ressources qu'il cherchoit pour pourvoir aux besoins réels de l'état. Dans le premier cas, le fisc s'enrichit de toute la dépense qu'il a de moins à faire; dans le second, il s'enrichit encore de la dépense inutile des particuliers.

Ajoûtons à tout ceci une importante distinction en matiere de droit politique, et à laquelle les gouvernemens, jaloux de faire tout par eux-mêmes, devroient donner une grande attention. J'ai dit que les taxes personnelles et les impôts sur les choses d'absolue nécessité, attaquant directement le droit de propriété, et par conséquent le vrai fondement de la société politique, sont toûjours sujets à des conséquences dangereuses, s'ils ne sont établis avec l'exprès consentement du peuple ou de ses représentants. Il n'en eſt pas de même des droits sur les choses dont on peut s'interdire l'usage; car alors le particulier n'étant point absolument contraint à payer, sa contribution peut passer pour volontaire; de sorte que le consentement particulier de chacun des contribuans supplée au consentement général, et le suppose même en quelque maniere: car pourquoi le peuple s'opposeroit-il à toute imposition qui ne tombe que sur quiconque veut bien la payer ? Il me paroît certain que tout ce qui n'eſt ni proscrit par les lois, ni contraire aux mœurs, et que le gouvernement peut défendre, il peut le permettre moyennant un droit. Si, par exemple, le gouvernement peut interdire l'usage des carrosses, il peut à plus forte raison imposer une taxe sur les carrosses, moyen sage et utile d'en blâmer l'usage sans le faire cesser. Alors on peut regarder la taxe comme une espece d'amende, dont le produit dédommage de l'abus qu'elle punit.

Quelqu'un m'objectera peut-être que ceux que Bodin appelle *imposteurs*[1], c'eſt-à-dire ceux qui imposent ou imaginent les taxes, étant dans la classe des riches, n'auront garde d'épargner les autres à leurs propres dépens, et de se charger eux-mêmes pour soulager les pauvres. Mais il faut rejetter de pareilles idées. Si dans chaque nation ceux à qui le souverain commet le gouvernement des peuples, en étoient les ennemis par état, ce ne seroit pas la peine de rechercher ce qu'ils doivent faire pour les rendre heureux.

DU CONTRACT SOCIAL
OU,
ESSAI SUR LA FORME DE LA RÉPUBLIQUE [a]

(PREMIÈRE VERSION)

LIVRE I.

PREMIÉRES NOTIONS DU CORPS SOCIAL *(a)*.

CHAPITRE I.

SUJET DE CET OUVRAGE.

TANT d'Auteurs célébres ont traitté des maximes du Gouvernement et des régles du droit civil, qu'il n'y a rien d'utile à dire sur ce sujet qui n'ait été déja dit. Mais peut être seroit-on mieux d'accord, peut-être les meilleurs rapports du corps social auroient-ils été plus clairement établis, si l'on eut commencé par mieux déterminer sa nature. C'est ce que j'ai tenté de faire dans cet écrit. Il n'est donc point ici question de l'administration de ce corps mais de sa constitution *(b)*. Je le fais vivre et non pas agir *(c)*. Je décris ses ressorts et ses piéces, je les arrange à leur place. Je mets la machine[1] en état d'aller; D'autres plus sages en régleront les mouvemens.

CHAPITRE II.

DE LA SOCIÉTÉ GÉNÉRALE DU GENRE HUMAIN *(d)*[2].

COMMENÇONS par rechercher d'où nait la nécessité des institutions politiques.

La force *(e)* de l'homme est tellement proportionnée à ses besoins naturels et à son état primitif, que pour peu que cet état change et que ses besoins augmentent, l'assiſtance de ses semblables lui devient nécessaire[1], et, quand enfin ses desirs embrassent toute la nature, le concours de tout le genre humain suffit à peine pour les assouvir. C'eſt ainsi que les mêmes causes qui nous rendent méchans nous rendent encore esclaves, et nous asservissent *(a)* en nous dépravant; Le sentiment de nôtre foiblesse vient moins de nôtre nature, que de nôtre cupidité : nos besoins nous rapprochent à mesure que nos passions nous divisent, et plus nous devenons ennemis de nos semblables[2] moins nous pouvons nous passer d'eux. Tels sont les prémiers liens de la société générale; tels sont les fondemens de cette bienveuillance universelle[3] dont la nécessité reconnüe semble étouffer le sentiment, et dont chacun voudroit recueillir le fruit, sans être obligé de la cultiver : car quand à l'identité de nature[4], son effet eſt nul en cela, parce qu'elle eſt autant pour les hommes un sujet de querelle que d'union, et met aussi souvent entre eux la concurrence et la jalousie que la bonne intelligence et l'accord.

De ce nouvel ordre de choses naissent des multitudes de rapports sans mesure, sans régle, sans consiſtence, que les hommes altérent et changent continuellement, cent travaillant à les détruire pour un qui travaille à les fixer; et comme l'exiſtence relative d'un homme dans l'état de nature dépend de mille autres rapports qui sont dans un flux continuel, il ne peut jamais s'assurer d'être le même durant deux inſtants de sa vie; la paix et le bonheur ne sont pour lui qu'un éclair; rien n'eſt permanent que la misére[5] qui resulte de toutes ces vicissitudes; quand ses sentimens et ses idées pourroient s'élever jusqu'à l'amour de l'ordre[6] et aux notions sublimes de la vertu, il lui seroit impossible de faire jamais une application sure de ses principes dans un état de choses qui ne lui laisseroit discerner ni le bien ni le mal, ni l'honnête homme ni le méchant.

La société générale telle que nos besoins mutuels peuvent l'engendrer n'offre donc point une assiſtance efficace à l'homme devenu misérable, ou du moins elle ne donne de nouvelles forces qu'à celui qui en a déjà trop, tandis que le foible, perdu, étouffé, écrasé dans la multitude, ne trouve nul azile où se refugier, nul support à sa foiblesse, et périt enfin victime de cette union trompeuse dont il attendoit son bonheur.

[Si l'on eſt une fois convaincu que dans les motifs qui portent les hommes à s'unir entre eux par des liens volontaires il n'y a rien qui se rapporte au point de réunion; que loin de se proposer un but de félicité commune d'où chacun put tirer la sienne, le bonheur de l'un fait le malheur d'un autre; si l'on voit enfin qu'au lieu de tendre tous au bien général, ils ne se rapprochent entre eux que parce que tous s'en éloignent; on doit sentir aussi que quand même un tel état pourroit subsiſter il ne seroit qu'une source de crimes et de miséres pour des hommes dont chacun ne verroit que son intérest, ne suivroit que ses penchans et n'écouteroit que ses passions[1]].

Ainsi la douce voix de la nature n'eſt plus pour nous un guide infaillible, ni l'indépendance que nous avons receu d'elle un état desirable; la paix et l'innocence nous ont échappé pour jamais avant que nous en eussions gouté les délices; insensible aux ſtupides hommes des prémiers tems, échappée aux hommes éclairés des tems poſtérieurs, l'heureuse vie de l'âge d'or fut toujours un état étranger à la race humaine, ou pour l'avoir méconnu quand elle en pouvoit joüir, ou pour l'avoir perdu quand elle auroit pu le connoitre.

Il y a plus encore; cette parfaite indépendance et cette liberté sans régle, fut-elle même démeurée jointe à l'antique innocence, auroit eu toujours un vice essentiel, et nuisible au progrés de nos plus excellentes facultés, savoir le défaut de cette liaison des parties qui conſtitue le tout. La terre seroit couverte d'hommes entre lesquels il n'y auroit presque aucune communication[2]; nous nous toucherions par quelques points, sans être unis par aucun; chacun reſteroit isolé parmi les autres, chacun ne songeroit qu'à soi; nôtre entendement ne sauroit se déve-lopper; nous vivrions sans rien sentir, nous mourrions sans avoir vécu; tout nôtre bonheur consiſteroit à ne pas connoitre notre misére; il n'y auroit ni bonté dans nos cœurs ni moralité dans nos actions[3], et nous n'aurions jamais gouté le plus délicieux sentiment de l'ame, qui eſt l'amour de la vertu.

[Il eſt certain que le mot de *genre humain* n'offre à l'esprit qu'une idée purement collective qui ne suppose aucune union reelle entre les individus qui le conſtituent : Ajoutons y, si l'on veut cette Supposition; concevons le genre humain comme une personne morale[4] ayant avec un sentiment d'existence commune qui lui donne l'individualité et la constitüe une, un mobile universel qui fasse agir chaque partie pour une fin génerale et relative au tout. Concevons que ce sentiment commun soit celui de l'humanité et que la loi naturelle soit le principe actif de toute la machine. Observons ensuite ce qui resulte de la constitution de l'homme dans ses rapports avec ses semblables; et, tout au contraire de ce que nous avons supposé, nous trouverons que le progrés de la societé étouffe l'humanité dans les cœurs, en eveillant l'intérest personnel, et que les notions de la Loi naturelle, qu'il faudroit plustot appeller la loi de raison, ne commencent à se développer que quand le developpement antérieur des passions rend impuissans tous ses preceptes[1]. Par où l'on voit que ce prétendu traitté social dicté par la nature est une véritable chimére; puisque les conditions en sont toujours inconnues ou impraticables, et qu'il faut necessairement les ignorer ou les enfreindre.

Si la societé générale existoit ailleurs que dans les sistêmes des Philosophes, elle seroit, comme je l'ai dit, un Etre moral qui aurait des qualités propres et distinctes de celles des Etres particuliers qui la constitüent, à peu près comme les composés chymiques ont des proprietés qu'ils ne tiennent d'aucun des mixtes qui les composent[2] : Il y auroit une langue universelle que la nature apprendroit à tous les hommes, et qui seroit le premier instrument de leur mutuelle communication[3] : Il y auroit une sorte de sensorium commun qui serviroit à la correspondance de toutes les parties; le bien ou le mal public ne seroit pas seulement la somme des biens ou des maux particuliers comme dans une simple aggrégation, mais il résideroit dans la liaison qui les unit, il seroit plus grand que cette somme, et loin que la félicité publique fut établie sur le bonheur des particuliers, c'est elle qui en seroit la source][4].

Il est faux que dans l'état d'independance, la raison nous porte à concourir au bien commun par la vüe de nôtre propre intérest *(a)*; loin que l'intérest particulier s'allie au bien général, ils s'excluent l'un l'autre dans l'ordre naturel des choses, et les loix sociales sont un joug que chacun veut bien imposer aux autres, mais non pas s'en charger lui même. « Je sens que je porte l'épouvante et le trouble au milieu de l'espéce humaine », dit l'homme indépendant que le sage étouffe; « mais il faut que je sois malheureux, ou que je fasse le malheur des autres, et personne ne m'est plus cher que moi[1]. » « C'est vainement », pourra-t-il ajoûter, « que je voudrois concilier mon intérest avec celui d'autrui; tout ce que vous me dites des avantages de la loi sociale pourroit être bon, si tandis que je l'observerois scrupuleusement envers les autres, j'étois sur qu'ils l'observeroient tous envers moi; mais quelle sureté pouvez-vous me donner là-dessus, et ma situation peut-elle être pire que de me voir exposé à tous les maux que les plus forts voudront me faire, sans oser me dédomager sur les foibles ? Ou donnez-moi des garants contre toute entreprise injuste, ou n'espérez pas que je m'en abstienne à mon tour. Vous avez beau me dire qu'en renonçant aux devoirs que m'impose la loi naturelle, je me prive en même tems de ses droits et que mes violences autoriseront toutes celles dont on voudra user envers moi. J'y consens d'autant plus volontiers que je ne vois point comment ma modération pourroit m'en garantir. Au surplus ce sera mon affaire de mettre les forts dans mes intérets en partageant avec eux les dépouilles des foibles; cela vaudra mieux que la justice pour mon avantage, et pour ma sureté. » La preuve que c'est ainsi qu'eut raisonné l'homme éclairé et indépendant est, que c'est ainsi que raisonne toute societé souveraine qui ne rend compte de sa conduite qu'à elle-même.

Que répondre de solide à de pareils discours si l'on ne veut amener la Religion à l'aide de la morale, et faire intervenir immediatement la volonté de Dieu pour lier la societé des hommes. Mais les notions sublimes du Dieu des sages, les douces loix de la fraternité qu'il nous impose, les vertus sociales des ames pures, qui sont le vrai culte qu'il veut de nous, echaperont toujours à la multitude. On lui fera toujours des Dieux insensés comme elle, auxquels elle sacrifiera de legéres comodités pour se livrer en leur honneur à mille passions horribles et destructives. La terre entiére regorgeroit de sang et le genre humain périroit bientôt si la Philosophie et les loix ne retenoient les fureurs du fanatisme, et si la voix des hommes n'était plus forte que celle des Dieux.

En effet, si *(a)* les notions du grand Etre et de la loi naturelle étoient innées dans tous les cœurs, ce fut un soin bien superflu d'enseigner expressement l'une et l'autre[1] : C'étoit nous apprendre ce que nous savions déjà, et la maniére dont on s'y est pris eut été bien plus propre à nous le faire oublier. Si elles n'étoient pas, tous ceux à qui Dieu ne les a point données sont dispensés de les savoir : Dés qu'il a fallu pour cela des instructions particuliéres, chaque Peuple a les siennes qu'on lui prouve être les seules bonnes, et d'où derivent plus souvent le Carnage et les meurtres que la concorde et la paix.

Laissons donc à part les préceptes sacrés des Religions diverses dont l'abus cause autant de crimes que leur usage en peut épargner, et rendons au Philosophe l'éxamen d'une question que le Théologien n'a jamais traittée qu'au préjudice du genre humain.

Mais le prémier me renverra par devant le genre humain même à qui seul il appartient de décider, parce que le plus grand bien de tous est la seule passion qu'il ait. C'est, me dira-t-il, à la volonté générale que l'individu doit s'addresser pour savoir jusqu'où il doit être homme, Citoyen, Sujet, Pére, enfant, et quand il lui convient de vivre et de mourir[2]. « Je vois bien là, je l'avoüe, la régle que je puis consulter; mais je ne vois pas encore », dira nôtre homme indépendant, « la raison qui doit m'assujetir à cette régle. Il ne s'agit pas de m'apprendre ce que c'est que justice; il s'agit de me montrer quel intérest j'ai d'être juste. » En effet que la volonté générale soit dans chaque individu un acte pur de l'entendement qui raisonne dans le silence des passions sur ce que l'homme peut éxiger de son semblable, et sur ce que son semblable est en droit d'éxiger de lui, nul n'en disconviendra[3] : Mais où est l'homme qui puisse ainsi se séparer de lui même et si le soin de sa propre conservation est le prémier precepte de la nature, peut on le forcer de regarder ainsi l'espéce *(a)* en général pour s'imposer, à lui, des devoirs dont il ne voit point la liaison avec sa constitution particuliére ? Les objections precedentes ne subsistent-elles pas toujours, et ne reste-t-il pas encore à voir comment son intérest personnel exige qu'il se soumette à la volonté générale ?

De plus; comme l'art de généraliser ainsi ses idées est un des exercices les plus difficiles et les plus tardifs de l'entendement humain[4], le commun des hommes sera-t-il jamais en état de tirer de cette maniére de raisonner les régles de sa conduite, et quand il faudroit consulter la volonté générale sur un acte particulier, combien de fois n'arriveroit-il pas à un homme bien intentionné de se tromper sur la régle ou sur l'application et de ne suivre que son penchant en pensant obéir à la loi ? Que fera-t-il donc pour se garantir de l'erreur ? Ecoutera-t-il la voix intérieure ? Mais cette voix n'est, dit-on, formée que par l'habitude de juger et de sentir dans le sein de la société et selon ses loix, elle ne peut donc servir à les établir et puis il faudroit qu'il ne se fut élevé dans son cœur aucune de ces passions qui parlent plus haut que la conscience, couvrent sa timide voix, et font soutenir aux philosophes que cette voix n'existe pas. Consultera-t-il les principes du droit écrit, les actions sociales de tous les peuples, les conventions tacites des ennemis mêmes du genre humain[1] ? La prémière difficulté revient toujours, et ce n'est que de l'ordre social établi parmi nous que nous tirons les idées de celui que nous imaginons. Nous concevons la societé générale d'après nos sociétés particuliéres, l'établissement des petites Republiques nous fait songer à la grande, et nous ne commençons proprement à devenir hommes qu'après avoir été Citoyens. Par où l'on voit ce qu'il faut penser de ces prétendus Cosmopolites, qui justifiant leur amour pour la patrie par leur amour pour le genre humain, se vantent d'aimer tout le monde pour avoir droit de n'aimer personne[2].

Ce que le raisonnement nous démontre à cet égard est parfaitement confirmé par les faits et pour peu qu'on remonte dans les hautes antiquités, on voit aisément que les saines idées du droit naturel et de la fraternité commune de tous les hommes se sont répandues assés tard et ont fait des progrès si lents dans le monde qu'il n'y a que le Christianisme qui les ait suffisamment généralisées. Encore trouve-t-on dans les Loix mêmes de Justinien les anciennes violences autorisées à bien des égards, non seulement sur les ennemis declarés, mais sur tout ce qui n'étoit pas sujet de l'Empire; en sorte que l'humanité des Romains ne s'étendoit pas plus loin que leur domination.

En effet, on a cru longtems, comme l'observe Grotius[3], qu'il étoit permis de voler, piller, maltraitter les étrangers et surtout les barbares, jusqu'à les réduire en esclavage.

De là vient qu'on demandoit à des inconnus sans les choquer s'ils étoient Brigands ou Pyrates; parce que le métier, loin d'être ignominieux, passoit alors pour honorable. Les premiers Heros comme Hercule et Thésée qui faisoient la guerre aux Brigands, ne laissoient pas d'exercer le brigandage eux-mêmes et les Grecs appelloient souvent traittés de paix ceux qui se faisoient entre des peuples qui n'étoient point en guerre. Les mots d'étrangers et d'ennemis ont été longtems synonimes chez plusieurs anciens peuples, même chez les Latins : *Hostis enim,* dit Ciceron, *apud majores nostros dicebatur, quem nunc peregrinum dicimus*[1]. L'erreur de Hobbes n'est donc pas d'avoir établi l'état de guerre entre les hommes indépendans et devenus sociables mais d'avoir supposé cet état naturel à l'espéce, et de l'avoir donné pour cause aux vices dont il est l'effet.

Mais quoiqu'il n'y ait point de societé naturelle et générale entre les hommes, quoiqu'ils deviennent malheureux et méchans en devenant sociables, quoique les loix de la justice et de l'égalité ne soient rien pour ceux qui vivent à la fois dans la liberté de l'état de nature et soumis aux besoins de l'état social; loin de penser qu'il n'y ait ni vertu ni bonheur pour nous, et que le ciel nous ait abandonnés sans ressource à la dépravation de l'espéce; efforçons nous de tirer du mal même le reméde qui doit le guérir. Par de nouvelles associations, corrigeons, s'il se peut, le défaut de l'association générale. Que nôtre violent interlocuteur[2] juge lui même du succés. Montrons lui dans l'art perfectionné la réparation des maux que l'art commencé fit à la nature : Montrons lui toute la misére de l'état qu'il croyoit heureux, tout le faux du raisonnement qu'il croyoit solide. Qu'il voye dans une meilleure constitution de choses le prix des bonnes actions, le chatiment des mauvaises et l'accord aimable de la justice et du bonheur. Eclairons sa raison de nouvelles lumiéres, échauffons son cœur de nouveaux sentimens, et qu'il apprenne à multiplier son être et sa félicité, en les partageant avec ses semblables. Si mon zéle ne m'aveugle pas dans cette entreprise, ne doutons point qu'avec une ame forte et un sens droit, cet ennemi du genre humain n'abjure enfin sa haine avec ses erreurs, que la raison qui l'égaroit ne le raméne à l'humanité, qu'il n'apprenne à preférer à son intérest apparent son intérest bien entendu; qu'il ne devienne bon, vertueux, sensible, et pour tout dire, enfin, d'un Brigand féroce qu'il vouloit être, le plus ferme appui d'une société bien ordonnée.

CHAPITRE III.

DU PACTE FONDAMENTAL[1].

L'HOMME est né libre, et cependant partout il est dans les fers. Tel se croit le maitre des autres qui ne laisse pas d'être plus esclave qu'eux. Comment ce changement s'est-il fait ? on n'en sait rien. Qu'est-ce qui peut le rendre légitime ? Il n'est pas impossible de le dire. Si je ne considerois que la force, ainsi que les autres, je dirois; tant que le peuple est contraint d'obéir et qu'il obéit, il fait bien; sitôt qu'il peut secouer le joug et qu'il le secoüe, il fait encore mieux; car recouvrant sa liberté par le même droit qui la lui a ravie, ou il est bien fondé à la reprendre, ou l'on ne l'étoit point à la lui ôter. Mais l'ordre social est un droit sacré qui sert de base à tous les autres; cependant ce droit n'a point sa source dans la nature; il est donc fondé sur une convention. Il s'agit de savoir quelle est cette convention et comment elle a pu se former *(a)*.

Sitot que les besoins de l'homme passent ses facultés et que les objets de ses desirs s'étendent et se multiplient, il faut qu'il reste éternellement malheureux, ou qu'il cherche à se donner un nouvel être duquel il tire les ressources qu'il ne trouve plus en lui-même[2]. Sitot que les obstacles qui nuisent à nôtre conservation l'emportent par leur resistance sur les forces que chaque individu peut employer à les vaincre, l'état primitif ne peut plus subsister, et le genre humain periroit si l'art ne venoit au secours de la nature[3]. Or comme l'homme ne peut pas engendrer de nouvelles forces, mais seulement unir et diriger celles qui existent, il n'a plus d'autre moyen pour se conserver que de former par aggrégation une somme de forces qui puisse l'emporter sur la resistance, de les mettre en jeu par un seul mobile, de les faire agir conjointement et de les diriger sur un seul objet. Tel est le problême fondamental dont l'institution de l'état donne la solution[1].

Si donc on rassemble ces conditions et qu'on écarte du Pacte social ce qui n'est pas de son essence, on trouvera qu'il se réduit aux termes suivans : « Chacun de nous met en commun sa volonté, ses biens, sa force et sa personne, sous la direction de la volonté générale, et nous recevons tous en corps chaque membre comme partie inalienable du tout[2]. »

A l'instant, au lieu de la personne particuliére de chaque contractant, cet acte d'association produit un corps moral et collectif composé d'autant de membres que l'assemblée a de voix, et auquel le moi commun donne l'unité formelle, la vie et la volonté. Cette personne publique qui se forme ainsi par l'union de toutes les autres prend en général le nom de corps politique, lequel est appellé par ses membres *Etat* quand il est passif, *Souverain* quand il est actif, *Puissance* en le comparant à ses semblables. A l'égard des membres eux-mêmes, ils prennent le nom de *Peuple* collectivement, et s'appellent en particulier *Citoyens* comme membres de la *Cité* ou participans à l'autorité souveraine, et *Sujets*, comme soumis aux Loix de l'Etat : Mais ces termes, rarement employés dans toute leur précision, se prennent souvent l'un pour l'autre, et il suffit de les savoir distinguer quand le sens du discours le demande[3].

[4]On voit par cette formule que l'acte de la confédération primitive[5] renferme un engagement reciproque du public avec les particuliers et que chaque individu, contractant pour ainsi dire avec lui même, se trouve engagé sous un double rapport, savoir comme membre du souverain envers les particuliers et comme membre de l'Etat envers le souverain; Mais il faut remarquer qu'on ne peut pas appliquer ici la maxime du Droit Civil que nul n'est tenu aux engagemens pris avec lui-même; car il y a bien de la différence entre s'obliger envers soi ou envers un tout dont on fait partie. Il faut remarquer encore que la déliberation publique qui peut obliger tous les sujets envers le souverain *(a)*, à cause des deux différens rapports sous lesquels chacun d'eux est envisagé, ne peut par la raison contraire obliger le souverain envers lui même, et que par consequent il est contre

la nature du corps politique que le souverain s'impose une loi qu'il ne puisse enfreindre : Ne pouvant se considérer que sous un seul et même rapport, il eſt alors dans le cas d'un particulier contractant avec soi-même; par où l'on voit qu'il n'y a ni peut y avoir nulle espéce de Loi fondamentale obligatoire pour le corps du Peuple; ce qui ne signifie pas que ce corps ne puisse fort bien s'engager envers autrui, du moins en ce qui n'eſt pas contraire à sa nature; car à l'égard de l'étranger il devient un Etre simple ou un individu.

Sitot que cette multitude eſt ainsi réunie en un corps, on ne sauroit offenser aucun des membres sans attaquer le corps dans une partie de son exiſtence, encore moins offenser le corps sans que les membres s'en ressentent; puisqu'outre la vie commune dont il s'agit, tous risquent encore la partie d'eux-mêmes dont le souverain n'a pas actuellement disposé, et dont ils ne joüissent en sureté que sous la protection publique. Ainsi le devoir et l'intéreſt obligent également les deux parties contractantes à s'entre aider mutuellement; et les mêmes personnes doivent chercher à réunir sous ce double rapport tous les avantages qui en dépendent. Mais il y a quelques diſtinctions à faire en ce que le souverain n'étant formé que des particuliers qui le composent n'a jamais d'intéreſt contraire au leur, et que par consequent la puissance souveraine ne sauroit jamais avoir besoin de garant envers les particuliers, parce qu'il eſt impossible que le corps veuille jamais nuire à ses membres. Il n'en eſt pas de même des particuliers vis à vis du souverain, à qui, malgré l'intéreſt commun rien ne répondroit de leurs engagemens s'il ne trouvoit des moyens de s'assurer de leur fidélité. En effet, chaque individu peut comme homme avoir une volonté particuliére contraire ou dissemblable à la volonté générale qu'il a comme Citoyen. Son exiſtence absolue et indépendante peut lui faire envisager ce qu'il doit à la cause commune comme une contribution gratuite dont la perte sera moins nuisible aux autres que le payement n'en eſt onéreux pour lui, et regardant la personne morale qui conſtitue l'état comme un Etre de raison parce que ce n'eſt pas un homme, il joüiroit des droits du Citoyen sans vouloir remplir les devoirs du sujet : injuſtice dont le progrés causeroit bientôt la ruine du corps politique.

Afin donc que le contract social ne soit pas un vain formulaire, il faut qu'indépendamment du consentement des particuliers, le souverain ait quelques garants de leurs engagemens envers la cause commune. Le serment est ordinairement le premier de ces garants; mais comme il est tiré d'un ordre de choses tout à fait différent et que chacun selon ses maximes internes, modifie à son gré l'obligation qu'il lui impose, on y compte peu dans les institutions politiques, et l'on préfére avec raison les suretés plus réelles qui se tirent de la chose même[1]. Ainsi le pacte fondamental renferme tacitement cet engagement qui seul peut donner de la force à tous les autres que quiconque refusera d'obéir à la volonté générale, y sera contraint par tout le corps. Mais il importe ici de se bien souvenir que le caractére propre et distinctif de ce pacte est que le peuple ne contracte qu'avec lui-même, c'est-à-dire, le peuple en corps, comme souverain, avec les particuliers qui le composent, comme sujets : condition qui fait tout l'artifice et le jeu de la machine politique, et qui seule rend légitimes, raisonnables et sans dangers des engagemens qui sans cela seroient absurdes, tyranniques et sujets aux plus énormes abus.

[2]Ce passage de l'état de nature à l'état social produit dans l'homme un changement trés remarquable, en substituant dans sa conduite la justice à l'instinct, et donnant à ses actions des rapports moraux qu'elles n'avoient point auparavant. C'est alors seulement que la voix du devoir succedant à l'impulsion physique et le droit à l'appetit, l'homme qui jusques là n'avoit regardé que lui même se voit forcé d'agir sur d'autres principes et de consulter sa raison avant d'écouter ses penchans. Mais quoiqu'il se prive dans cet état de plusieurs avantages qu'il tient de la nature, il en regagne de si grands, ses facultés s'exercent et se dévelopent, ses idées s'étendent, ses sentimens s'ennoblissent, et son ame toute entière s'élêve à tel point, que si les abus de cette nouvelle condition ne le dégradoient souvent au dessous même de celle dont il est sorti, il devroit benir sans cesse l'instant heureux qui l'en arracha pour jamais, et qui d'un animal stupide et borné fit un être intelligent et un homme.

Réduisons toute cette balance à des termes faciles à comparer. Ce que l'homme perd par le contract social, c'eſt sa liberté naturelle et un droit illimité à tout ce qui lui eſt necessaire; ce qu'il gagne c'eſt la liberté civile et la proprieté de tout ce qu'il posséde. Pour ne pas se tromper dans ces eſtimations, il faut bien diſtinguer la liberté naturelle qui n'a pour bornes que la force de l'individu, de la liberté civile qui eſt limitée par la volonté générale, et la possession qui n'eſt que l'effet de la force ou le droit du prémier occupant *(a)*, de la proprieté qui ne peut être fondée que sur un titre juridique[1].

DU DOMAINE RÉEL[2].

Chaque membre de la communauté se donne à elle au moment qu'elle se forme, tel qu'il se trouve aċtuellement, lui et toutes ses forces dont les biens qu'il occupe font partie. Ce n'eſt pas que par cet aċte la possession change de nature en changeant de mains et devienne proprieté dans celles du souverain. Mais comme les forces de l'Etat sont incomparablement plus grandes que celles de chaque particulier, la possession publique eſt aussi dans le fait plus forte et plus irrévocable, sans en être plus légitime, au moins par raport aux Etrangers. Car l'Etat, par raport à ses membres eſt maitre de tous leurs biens par une convention solemnelle, droit le plus sacré qui soit connu des hommes; mais il ne l'eſt, à l'égard des autres Etats que par le droit de prémier occupant qu'il tient des particuliers, droit moins absurde, moins odieux que celui de conquétes, et qui pourtant bien examiné n'eſt guére plus légitime.

Voila comment les terres des particuliers réunies et contigües deviennent le territoire public, et comment le droit de souveraineté s'étendant des sujets au terrain qu'ils occupent, devient à la fois réel et personnel, ce qui met les possesseurs dans une plus grande dépendance, et fait de leurs forces mêmes les cautions de leur fidélité. Avantage qui ne paroit pas avoir été bien connu des Anciens monarques lesquels sembloient se regarder comme les chefs des hommes pluſtôt que comme les maitres du païs. Aussi ne s'appelloient-ils que Rois des Perses, des Scithes, des Macedoniens; mais les nôtres s'appellent plus habilement Rois de France, d'Espagne, d'Angleterre. En tenant ainsi le terrain ils sont bien surs d'en tenir les habitans.

Ce qu'il y a d'admirable dans cette alienation, c'est que, loin qu'en acceptant les biens des particuliers la communauté les en dépouille, elle ne fait que leur en assurer la légitime disposition, changer l'usurpation en un véritable droit et la joüissance en proprieté. Alors leur titre étant respecté de tous les membres de l'Etat et maintenu de toutes ses forces contre l'Etranger, par une cession avantageuse à la communauté et plus encore à eux-mêmes ils ont, pour ainsi dire acquis tout ce qu'ils ont donné; enigme qui s'explique aisément par la distinction des droits que le souverain et le proprietaire ont sur le même fond.

Il peut arriver aussi que les hommes commencent à s'unir avant que de rien posséder, et que s'emparant ensuite d'un terrain suffisant pour tous, ils en joüissent en commun, ou bien le partagent entre eux soit également, soit selon certaines proportions établies par le souverain. Mais de quelque maniére que se fasse cette acquisition, le droit que chaque particulier a sur son propre bien est toujours subordonné au droit que la communauté a sur tous, sans quoi il n'y auroit ni solidité dans le lien social, ni force reelle dans l'exercice de la souveraineté.

Je terminerai ce chapitre par une remarque *(a)* qui doit servir de base à tout le sistême social. C'est qu'au lieu de détruire l'égalité naturelle, le pacte fondamental substitue au contraire une égalité morale et légitime à ce que la nature avoit pu mettre d'inégalité physique entre les hommes, et que pouvant naturellement être inégaux en force ou en génie, ils deviennent tous égaux par convention et de droit.

CHAPITRE IV.

EN QUOI CONSISTE LA SOUVERAINETÉ, ET CE QUI LA REND INALIÉNABLE *(b)*[1].

Il y a donc dans l'Etat une force commune qui le soûtient, une volonté générale qui dirige cette force et c'est l'application de l'une à l'autre qui constitüe la souveraineté. Par où l'on voit que le souverain n'est par sa nature qu'une personne morale, qu'il n'a qu'une existence abstraite et collective, et que l'idée qu'on attache à ce mot ne peut être unie à celle d'un simple individu, mais comme c'est ici une proposition des plus importantes en matiére de droit politique, tâchons de la mieux eclaircir.

Je crois pouvoir poser pour une maxime incontestable, que la volonté générale peut seule diriger les forces de l'Etat selon la fin de son institution, qui est le bien commun: car si l'opposition des intérets particuliers a rendu necessaire l'établissement des societés civiles, c'est l'accord de ces mêmes intérets qui l'a rendu possible. C'est ce qu'il y a de commun dans ces différens intérets qui forme le lien social, et s'il n'y avoit pas quelque point dans lequel tous les intérets s'accordent, la societé ne sauroit exister. Or comme la volonté tend toujours au bien de l'être qui veut, que la volonté particuliére a toujours pour objet l'intérest privé, et la volonté générale l'intérest commun, il s'ensuit que cette derniére est ou doit être seule le vrai mobile du corps social.

Je conviens qu'on peut mettre en doute si quelque volonté particuliére ne sauroit s'accorder en tout avec la volonté générale, et par consequent, supposé qu'une telle volonté particuliére existât, si l'on ne pourroit pas sans inconvenient lui confier l'entiére direction des forces publiques; mais sans prévenir sur cette question les solutions que j'en donnerai ci-après, chacun doit voir dès à présent qu'une volonté particuliére substituée à la volonté générale est un instrument superflu quand elles sont d'accord, et nuisible quand elles sont opposées. On doit voir encore qu'une pareille supposition est absurde et impossible par la nature des choses; car l'intérest privé tend toujours aux préférences, et l'intérest public à l'égalité.

De plus; quand on auroit trouvé pour un moment l'accord des deux volontés, on ne pourroit jamais s'assurer que cet accord dureroit encore le moment d'après, et qu'il ne naîtroit jamais d'opposition entre elles. L'ordre des choses humaines est sujet à tant de révolutions, et les maniéres de penser, ainsi que les maniéres d'être, changent avec tant de facilité, que ce seroit une témérité d'affirmer qu'on voudra demain ce qu'on veut aujourdui, et si la volonté générale est moins sujette à cette inconstance, rien n'en peut mettre à couvert la volonté particuliére. Ainsi quand même le corps social pourroit dire une fois; je veux maintenant tout ce que veut un tel homme, jamais il ne pourroit dire en parlant du même homme, ce qu'il voudra demain, je le voudrai encore. Or la volonté générale qui doit diriger l'Etat n'eſt pas celle d'un tems passé, mais celle du moment présent, et le vrai caractére de la souveraineté eſt qu'il y ait toujours accord de tems, de lieu, d'effet, entre la direction de la volonté générale et l'emploi de la force publique, accord sur lequel on ne peut plus compter sitot qu'une autre volonté, telle qu'elle puisse être dispose de cette force. Il eſt vrai que dans un état bien reglé l'on peut toujours inférer la durée d'un acte de la volonté du peuple, de ce qu'il ne le détruit pas par un acte contraire; mais c'eſt toujours en vertu d'un consentement présent et tacite que l'acte antérieur peut continuer d'avoir son effet; dans la suite[1] on verra quelles conditions sont necessaires pour faire presumer ce consentement.

Comme dans la conſtitution de l'homme l'action de l'ame sur le corps eſt l'abyme de la philosophie, de même l'action de la volonté générale sur la force publique eſt l'abyme de la politique dans la conſtitution de l'Etat. C'eſt là que tous les législateurs se sont perdus. J'exposerai dans la suite les meilleurs moyens qu'on ait employés à cet effet, et je ne me fierai pour les apprécier au raisonnement qu'autant qu'il sera juſtifié par l'expérience *(a)*. Si vouloir et faire sont la même chose pour tout Etre libre, et si la volonté d'un tel être mesure exactement la quantité de ses forces qui employe à l'accomplir, il eſt évident que dans tout ce qu'il n'excéde pas la puissance publique, l'Etat exécuteroit toujours fidélement tout ce que veut le souverain et comme il le veut, si la volonté étoit un acte aussi simple, et l'action un effet aussi immédiat de cette même volonté dans le corps civil que dans le corps humain.

Mais quand même la liaison dont je parle seroit établie aussi bien qu'elle peut l'être, toutes les difficultés ne seroient pas levées. Les ouvrages des hommes toujours moins parfaits que ceux de la nature ne vont jamais si directement à leur fin. L'on ne peut éviter en politique non plus qu'en mécanique d'agir plus foiblement ou moins vite, et de perdre de la force ou du tems. La volonté générale eſt rarement celle de tous, et la force publique eſt toujours moindre que la somme des forces particuliéres; de sorte qu'il y a dans les ressorts de l'Etat un équivalent aux frotemens des machines, qu'il faut savoir réduire à la moindre quantité possible, et qu'il faut du moins calculer et déduire d'avance de la force totale, pour proportionner exactement les moyens qu'on employe à l'effet qu'on veut obtenir. Mais sans entrer dans ces penibles recherches qui font la science du Legislateur, achevons de fixer l'idée de l'état civil.

CHAPITRE V.

FAUSSES NOTIONS DU LIEN SOCIAL[1].

Il y a mille maniéres de rassembler les hommes, il n'y en a qu'une de les unir. C'eſt pour cela que je ne donne dans cet ouvrage qu'une méthode pour la formation des societés politiques, quoique dans la multitude d'aggrégations qui éxiſtent actuellement sous ce nom, il n'y en ait peut être pas deux qui aient été formées de la même maniére, et pas une qui l'ait été selon celle que j'établis. Mais je cherche le droit et la raison et ne dispute pas des faits. Cherchons sur ces régles quels jugemens on doit porter des autres voyes d'association civile, telles que les supposent la pluspart [de] nos Ecrivains.

1. Que l'autorité naturelle d'un Pére de famille s'étende sur ses Enfans au delà même de leur foiblesse et de leur besoin et qu'en continuant de lui obéir ils fassent à la fin par habitude et par reconnoissance ce qu'ils faisoient d'abord par necessité; cela se conçoit sans peine et les liens qui peuvent unir la famille sont faciles à voir. Mais que le Pére venant à mourir un des enfans usurpe sur ses fréres dans un age approchant du sien et même sur des étrangers le pouvoir que le Pére avoit sur tous, voila ce qui n'a plus de raison ni de fondement. Car les droits naturels de l'âge, de la force, de la tendresse paternelle, les devoirs de la gratitude filiale; tout manque à la fois dans ce nouvel ordre, et les fréres sont imbécilles ou dénaturés de soumettre leurs enfans au joug d'un homme qui selon la loi naturelle doit donner toute préférence aux siens.

On ne voit plus ici dans les choses de nœuds qui unissent le chef et les membres. La force agit seule et la nature ne dit plus rien.

Arrétons nous un instant à ce paralléle fait avec emphase par tant d'Auteurs[1]. Prémiérement[2], quand il y auroit entre l'Etat et la famille autant de rapports qu'ils le prétendent, il ne s'ensuivroit pas pour cela que les régles de conduite propres à l'une de ces deux societés convinssent à l'autre. Elles différent trop en grandeur pour pouvoir être administrées de la même maniére, et il y aura toujours une extréme différence entre le gouvernement domestique, où le Pére voit tout par lui-même, et le gouvernement civil où le chef ne voit presque rien que par les yeux d'autrui. Pour que les choses devinssent égales à cet égard, il faudroit que les talens, la force, et toutes les facultés du Pére, augmentassent en raison de la grandeur de la famille, et que l'ame d'un puissant Monarque fut à celle d'un homme ordinaire comme l'étendüe de son Empire est à l'heritage d'un particulier.

Mais comment le gouvernement de l'Etat pourroit-il être semblable à celui de la famille dont le principe est si différent ? Le Pére étant physiquement plus fort que ses enfans aussi longtems que son secours leur est necessaire, le pouvoir paternel passe avec raison pour être établi par la nature. Dans la grande famille dont tous les membres sont naturellement égaux, l'autorité politique, purement arbitraire quant à son institution, ne peut être fondée que sur des conventions, ni le Magistrat commander au Citoyen qu'en vertu des loix. Les devoirs du Pére lui sont dictés par des sentimens naturels, et d'un ton qui lui permet rarement de desobeir. Les chefs n'ont point de semblable régle, et ne sont reellement tenus envers le peuple qu'à ce qu'ils lui ont promis de faire, et dont il est en droit d'éxiger l'exécution. Une autre différence plus importante encore est que les enfans n'ayant rien que ce qu'ils reçoivent du Pére, il est évident que tous les droits de proprieté lui appartiennent ou émanent de lui; c'est tout le contraire dans la grande famille, où l'administration générale n'est établie que pour assurer la possession particuliére, qui lui est antérieure. Le principal objet des travaux de toute la maison est de conserver et d'accroitre le patrimoine du Pére, afin qu'il puisse un jour le partager entre ses enfans sans les appauvrir, au lieu que la richesse *(a)* du prince, loin de rien ajoûter au bien être des particuliers leur coûte presque toujours la paix et l'abondance. Enfin la petite famille est destinée à s'éteindre et à se resoudre un jour en plusieurs autres familles semblables; mais la grande étant faite pour durer toujours dans le même état, il faut que la prémiére s'augmente pour se multiplier; et non seulement il suffit que l'autre se conserve, on peut prouver même que toute augmentation lui est plus préjudiciable qu'utile.

Par plusieurs raisons tirées de la nature de la chose, le Pére doit commander dans la famille. Premiérement, l'autorité ne doit pas être égale entre le Pére et la Mére; mais il faut que le gouvernement soit un, et que dans les partages d'avis il y ait une voix préponderante qui décide. 2°. Quelques légéres qu'on veuille supposer les incomodités particuliéres à la femme, comme elles sont toujours pour elle un intervalle d'inaction, c'est une raison suffisante pour l'exclurre de cette primauté : car quand la balance est parfaitement égale, un rien suffit pour la faire pancher[1]. De plus, le Mari doit avoir inspection sur la conduite de sa femme, parce qu'il lui importe que les enfans qu'il est forcé de reconnoitre n'appartiennent pas à d'autres qu'à lui. La femme qui n'a rien de semblable à craindre n'a pas le même droit sur le mari. 3°. Les enfans doivent obeir au Pére, d'abord par nécessité, ensuite par reconnoissance; après avoir receu de lui leurs besoins durant la moitié de leur vie; ils doivent consacrer l'autre à pourvoir aux siens. 4°. A l'égard des Domestiques, ils lui doivent aussi leurs services en échange de l'entretien qu'il leur donne; sauf à rompre le marché dés qu'il cesse de leur convenir. Je ne parle point de l'esclavage, parce qu'il est contraire à la nature et que rien ne peut l'autoriser.

Il n'y a rien de tout cela dans la societé politique. Loin que le Chef ait un intérest naturel au bonheur des particuliers, il ne lui est pas rare de chercher le sien dans leur misére. La couronne est-elle heréditaire ? C'est souvent un enfant qui commande à des hommes*. Est-elle élec-

---

* La loi françoise sur la majorité des Rois, prouve que des hommes très sensés et une longue expérience ont appris aux peuples que c'est un plus grand malheur *(b)* encore d'être gouvernés par des Régences que par des Enfans.

tive ? Mille inconveniens se font sentir dans les élections, et l'on pert dans l'un et dans l'autre cas tous les avantages de la paternité. Si vous n'avez qu'un seul chef, vous êtes à la discretion d'un maitre qui n'a nulle raison de vous aimer; si vous en avez plusieurs, il faut supporter à la fois leur Tyrannie et leurs divisions. En un mot; les abus sont inévitables et leurs suites funestes dans toute societé, où l'intérest public et les loix n'ont aucune force naturelle, et sont sans cesse attaqués par l'intérest personnel et les passions du chef et des membres.

Quoique les fonctions du Pére de famille et du Prince doivent tendre au même but, c'est par des voyes si différentes; leurs devoirs et leurs droits sont tellement distingués qu'on ne peut les confondre sans se former les plus fausses idées des principes de la societé, et sans tomber dans des erreurs fatales au genre humain. En effet, si la voix de la nature est le meilleur conseil que doive écouter un bon Pére pour bien remplir ses devoirs, elle n'est pour le Magistrat qu'un faux guide qui travaille sans cesse à l'écarter des siens, et qui l'entraîne tot ou tard à sa perte ou à celle de l'Etat, s'il n'est retenu par la prudence ou par la vertu. La seule précaution nécessaire au Pére de famille, est de se garantir de la dépravation, et d'empêcher que les inclinations naturelles ne se corrompent en lui; mais ce sont elles qui corrompent le Magistrat. Pour bien faire, le prémier n'a qu'à consulter son cœur; l'autre devient un traitre au moment qu'il écoute le sien : sa raison même lui doit être suspecte et il ne doit suivre que la raison publique qui est la loi. Aussi la nature a-t-elle fait une multitude de bons Péres de famille; mais j'ignore si la sagesse humaine a jamais fait un bon Roi[1]; qu'on voye dans le *Civilis*[2] de Platon les qualités que cet homme Royal doit avoir, et qu'on cite quelqu'un qui les ait eües. Quand on supposeroit même que cet homme ait existé et qu'il ait porté la couronne la raison permet-elle d'établir sur un prodige la régle des gouvernemens humains ? Il est donc certain que le lien social de la Cité n'a pu ni du se former par l'extension de celui de la famille ni sur le même modele.

2. Qu'un homme riche et puissant ayant acquis d'immenses possessions en terres imposât des loix à ceux qui s'y vouloient établir; qu'il ne le leur permit qu'à condi-

tion de reconnoitre son autorité suprême et d'obeir à toutes ses volontés, je puis encore concevoir cela : Mais comment concevrai-je qu'un traitté qui suppose des droits antérieurs soit le prémier fondement du Droit, et qu'il n'y ait pas dans cet acte Tyrannique double usurpation, savoir sur la proprieté de la terre et sur la liberté des habitans ? Comment un particulier peut-il s'emparer d'un territoire immense et en priver le genre humain, autrement que par une usurpation punissable; puisqu'elle ôte au reste des habitans du monde le séjour et les alimens que la nature leur donne en commun. Accordons au besoin et au travail le droit de prémier occupant; pourrons-nous ne pas donner des bornes à ce droit ? Suffira-t-il de mettre le pied sur un terrain commun pour s'en prétendre aussi-tot proprietaire exclusif* ? Suffira-t-il d'avoir la force d'en chasser tous les autres pour leur ôter le droit d'y revenir ? Jusqu'où l'acte de prise de possession peut-il fonder la proprieté ? Quand Nuñez Balbao prenoit sur le rivage possession de la mer du Sud et de toute l'Amérique méridionale au nom de la Couronne de Castille, étoit-ce assés pour en deposseder tous les habitans et en exclurre tous les Princes du monde ? Sur ce pied-là ces ceremonies se multiplioient assés vainement : car le Roi Catholique n'avoit tout d'un coup qu'à prendre de son cabinet possession de tout l'univers; sauf à retrancher ensuite de son empire ce qui étoit auparavant possedé par les autres Princes.

Quelles sont donc les conditions necessaires pour autoriser sur un terrain quelconque le droit de premier occupant ? Premiérement qu'il ne soit encore habité par personne. Secondement qu'on n'en occupe que la quantité dont on a besoin pour sa subsistance. En troisiéme lieu qu'on en prenne possession non par une vaine cérémonie mais par le travail et la culture, seul signe de proprieté qui doive être respecté d'autrui. Les droits d'un homme avant l'état de societé ne peuvent aller plus loin, et tout le reste n'étant que violence et usurpation

* J'ai vu dans je ne sais quel écrit intitulé je crois l'observateur Hollandois un principe assés plaisant c'est que tout terrain qui n'est habité que par les sauvages doit être censé vacquant et qu'on peut légitimement s'en emparer et en chasser les habitans sans leur faire aucun tort selon le droit naturel.

contre le droit de nature, ne peut servir de fondement au droit social[1].

Or quand je n'ai pas plus de terrain qu'il n'en faut pour mon entretien et assés de bras pour le cultiver : si j'en aliéne encore, il m'en restera moins qu'il ne m'en faudra. Que puis-je donc ceder aux autres sans m'ôter ma subsistance, ou quel accord ferai-je avec eux pour les mettre en possession de ce qui ne m'appartient pas ? Quant aux conditions de cet accord, il est très évident qu'elles sont illégitimes et nulles, pour ceux qu'elles soumettent sans reserve à la volonté d'un autre; car outre qu'une telle soumission est incompatible avec la nature de l'homme et que c'est ôter toute moralité à ses actions que d'ôter toute liberté à sa volonté; c'est une convention vaine, absurde, impossible, de stipuler d'un côté une autorité absolüe, et de l'autre une obeissance sans bornes. N'est-il pas clair qu'on n'est engagé à rien envers celui dont on a droit de tout éxiger, et cette seule condition, incompatible avec toute autre n'entraîne-t-elle pas necessairement la nullité de l'acte ? Car comment mon Esclave pourroit-il avoir des droits contre moi, puisque tout ce qu'il a m'appartient, et que son droit étant le mien, ce droit de moi contre moi-même est un mot qui n'a aucun sens[2] ?

3. Que par le droit de guerre, le vainqueur au lieu de tüer ses captifs les réduise en une servitude éternelle; sans doute il fait bien pour son profit, mais puisqu'il n'en use ainsi que par le droit de la guerre, l'état de guerre ne cesse point entre les vaincus et lui, car il ne peut cesser que par une convention libre et volontaire comme il a commencé. Que s'il ne les tüe pas tous *(a)*, cette prétendüe grace n'en est point une quand il faut la payer de sa liberté qui seule peut donner un prix à la vie; comme ces captifs lui sont plus utiles vivans que morts, il les laisse vivre pour son interest et non pas pour le leur, ils ne lui doivent donc rien que l'obeissance aussi longtems qu'ils sont forcés de lui obeir, mais à l'instant que le peuple subjugué peut secouer un joug imposé par force et se défaire de son maitre c'est à dire de son ennemi, s'il le peut il le doit, et recouvrant sa liberté légitime il ne fait qu'user du droit de guerre qui ne cesse point tant que la violence qu'il autorise a lieu. Or comment l'état de guerre serviroit-il de base à un traitté d'union qui n'a pour objet que la justice et la paix ? Peut-on rien concevoir

de plus absurde que de dire; nous sommes unis en un seul corps attendu que la guerre subsiste entre nous. Mais la fausseté de ce prétendu droit de tuer les captifs a été si bien reconnüe qu'il n'y a plus d'homme civilisé qui ose exercer ou réclamer ce chimérique et barbare droit, ni même de sophiste payé[1] qui l'ose soutenir.

Je dis donc prémiérement que le vainqueur n'ayant pas le droit de mettre à mort les vaincus sitot qu'ils rendent les armes, il ne peut fonder leur esclavage sur un droit qui n'existe point. Secondement, que quand même le vainqueur auroit ce droit et ne s'en prévaudroit pas, il ne résulteroit jamais de là un état civil, mais seulement un état de guerre modifié.

Ajoutons que si par ce mot de *guerre* on entend la guerre publique on suppose des sociétés antérieures dont on n'explique point l'origine : si l'on entend la guerre privée d'homme à homme, on n'aura par là qu'un maitre et des Esclaves, jamais un chef et des citoyens; et pour distinguer ce dernier rapport il faudra toujours supposer quelque convention sociale qui fasse un corps de peuple et unisse les membres entre eux ainsi qu'à leur chef.

Tel est en effet le véritable caractére de l'état civil; un Peuple est un Peuple indépendamment de son chef, et si le Prince vient à périr, il existe encore entre les sujets des liens qui les maintiennent en corps de nation. Vous ne trouvez rien de pareil dans les principes de la Tyrannie. Sitôt que le Tyran cesse d'exister tout se sépare et tombe en poussiére, comme un chêne en un tas de cendres quand le feu s'éteint après l'avoir dévoré[2].

4. Que par le laps de tems une violente usurpation devienne enfin un pouvoir legitime; que la prescription seule puisse changer un Usurpateur en magistrat suprême, et un troupeau d'esclaves en corps de nation, c'est ce que beaucoup de savans hommes ont osé soutenir et à quoi il ne manque d'autre autorité que celle de la raison[3]. Bien loin qu'une longue violence puisse à force de tems se transformer en un gouvernement juste, il est incontestable au contraire, que quand un Peuple seroit assés insensé pour accorder volontairement à son chef un pouvoir arbitraire, ce pouvoir ne sauroit être transmis sur d'autres générations et que sa durée seule est capable de le rendre illégitime; car on ne peut présumer que les enfans à naitre approuveront l'extravagance

de leurs Péres ni leur faire porter justement la peine d'une faute qu'ils n'ont pas commise.

On nous dira, je le sais, que comme ce qui n'existe point n'a aucune qualité, l'enfant qui est encore à naitre n'a aucun droit; De sorte que ses parens peuvent renoncer aux leurs pour eux et pour lui sans qu'il ait à s'en plaindre. Mais pour détruire un si grossier sophisme, il suffit de distinguer les droits que le fils tient uniquement de son Pére, comme la proprieté de ses biens, des droits qu'il ne tient que de la nature et de sa qualité d'homme, comme la liberté. Il n'est pas douteux que par la loi de raison le Pére ne puisse aliener les prémiers, dont il est seul proprietaire, et en priver ses enfans. Mais il n'en est pas de même des autres, qui sont des dons immédiats de la nature, et dont par consequent nul homme ne les peut dépouiller[1]. Supposons qu'un conquerant habile et zélé pour le bonheur de ses sujets leur eut persuadé qu'avec un bras de moins ils en seroient plus tranquilles et plus heureux, en seroit-ce assés pour obliger tous les enfans à perpétuité de se faire couper un bras pour remplir les engagemens de leurs péres ?

A l'égard du consentement tacite par lequel on veut légitimer la Tyrannie, il est aisé de voir qu'on ne peut le présumer du plus long silence, parce qu'outre la crainte qui empêche les particuliers de protester contre un homme qui dispose de la force publique, le peuple, qui ne peut manifester sa volonté qu'en corps n'a pas le pouvoir de s'assembler pour la déclarer. Au contraire, le silence des citoyens suffit pour rejetter un chef non reconnu, il faut qu'ils parlent pour l'autoriser et qu'ils parlent en pleine liberté. Au reste, tout ce que disent là-dessus les jurisconsultes et autres gens payés pour cela, ne prouve point que le peuple n'ait pas le droit de reprendre sa liberté usurpée, mais qu'il est dangereux de le tenter. C'est aussi ce qu'il ne faut jamais faire quand on connoit de plus grands maux que celui de l'avoir perdüe.

Toute cette dispute du pacte social me semble se réduire à une question très simple. Qu'est-ce qui peut avoir engagé les hommes à se réunir volontairement en corps de societé, si ce n'est leur utilité commune ? L'utilité commune est donc le fondement de la societé civile. Cela posé, qu'y a-t-il à faire pour distinguer les Etats légitimes des attroupemens forcés que rien n'autorise, sinon de considérer l'objet ou la fin des uns et des autres ? Si la forme de la societé tend au bien commun, elle suit l'esprit de son institution, si elle n'a en vüe que l'intérest des chefs, elle est illégitime par droit de raison et d'humanité; car quand même l'intérest public s'accorderoit quelquefois avec celui de la Tyrannie, cet accord passager ne sauroit suffire pour autoriser un gouvernement dont il ne seroit pas le principe. Quand Grotius nie que tout pouvoir soit établi en faveur de ceux qui sont gouvernés, il n'a que trop raison dans le fait, mais c'est du droit qu'il est question. Sa preuve unique est singuliére; il la tire du pouvoir d'un maitre sur son esclave, comme si l'on autorisoit un fait par un fait, et que l'esclavage lui-même fut moins inique que la Tyrannie[1]. C'est précisément le droit d'esclavage qu'il faloit établir. Il n'est pas question de ce qui est, mais de ce qui est convenable et juste, ni du pouvoir auquel on est forcé d'obéir mais de celui qu'on est obligé de reconnoitre.

CHAPITRE VI.

DES DROITS RESPECTIFS DU SOUVERAIN ET DU CITOYEN[2].

Si l'intérest commun est l'objet de l'association, il est clair que la volonté générale doit être la régle des actions du corps social. C'est le principe fondamental que j'ai taché d'établir. Voyons maintenant quel doit être l'empire de cette volonté sur les particuliers, et comment elle se manifeste à tous.

L'Etat ou la cité faisant une personne morale dont la vie consiste dans le concours et l'union de ses membres, le prémier et le plus important de ses soins est celui de sa propre conservation. Soin qui demande une force universelle et compulsive pour mouvoir et disposer chaque partie de la maniére la plus convenable au tout. Ainsi, comme la nature donne à chaque homme un pouvoir absolu sur ses membres, le pacte social donne au corps politique un pouvoir absolu sur les siens, et c'est ce même pouvoir dont l'éxercice dirigé par la volonté générale porte, comme je l'ai dit, le nom de souveraineté.

Mais comme, outre la personne publique, nous avons à considérer les personnes privées qui la composent, et dont la vie et l'existence est naturellement indépendante de la sienne[1], cette matiére demande quelque discussion.

Tout consiste à bien distinguer les droits que le souverain a sur les Citoyens de ceux qu'il doit respecter en eux[2] et les devoirs qu'ils ont à remplir en qualité de sujets du droit naturel *(a)* dont ils doivent joüir en qualité d'hommes. Il est certain[3] que tout ce que chacun aliéne par le pacte social de ses facultés naturelles[4], de ses biens, de sa liberté, c'est seulement la partie de tout cela dont la possession importe à la societé.

Ainsi tous les services qu'un Citoyen peut rendre à l'état il les lui doit, et le souverain de son côté ne peut charger les sujets d'aucune chaîne inutile à la communauté : Car sous la loi de raison rien ne se fait sans cause, non plus que sous la loy de nature. Mais il ne faut pas confondre ce qui est convenable avec ce qui est necessaire, le simple devoir avec le droit étroit, et ce qu'on peut éxiger de nous avec ce que nous devons faire volontairement *(b)*.

Les engagemens qui nous lient au corps social ne sont obligatoires que parce qu'ils sont mutuels, et leur nature est telle qu'on ne peut travailler pour autrui sans travailler en même tems pour soi. Pourquoi la volonté générale est-elle toujours droite, et pourquoi tous veulent-ils constamment le bonheur de chacun d'eux, si ce n'est parce qu'il n'y a personne qui ne s'approprie en secret ce mot *chacun* et qui ne songe à lui-même en votant pour tous ? Ce qui prouve que l'égalité de droit et la notion de justice qui en découle dérive de la préférence que chacun se donne et par consequent de la nature de l'homme; que la volonté générale, pour être vraiment telle, doit être générale dans son objet ainsi que dans son essence; qu'elle doit partir de tous pour retourner à tous, et qu'elle perd sa rectitude naturelle, sitôt qu'elle tombe sur un sujet individuel et déterminé : Parce qu'alors jugeant de ce qui n'est pas nous[5], nous n'avons aucun vrai principe d'équité qui nous guide.

En effet; Sitot qu'il s'agit d'un fait, ou d'un droit

particulier sur un point qui n'a pas été réglé par une convention générale et antérieure, l'affaire devient contentieuse, c'est un procés où les particuliers intéressés sont une des parties, et le public l'autre, mais où je ne vois ni la loi qu'il faut suivre ni le juge qui doit prononcer. Il seroit ridicule de vouloir alors s'en rapporter à une expresse décision de la volonté générale qui ne peut être que la conclusion de l'une des parties, et qui par consequent n'est pour l'autre qu'une volonté particuliére, sujette[1] en cette occasion à l'injustice ou à l'erreur. Ainsi, de même qu'une volonté particuliére ne peut répresenter la volonté générale, la volonté générale, à son tour, ne peut sans changer de nature devenir une volonté particuliére, elle ne peut prononcer nommément ni sur un homme ni sur un fait[2]. Quand le peuple d'Athènes, par exemple, nommoit ou cassoit ses chefs, décernoit une récompense à l'un, imposoit une amende[3] à l'autre, et par des multitudes de décrets particuliers exerçoit indistinctement tous les actes du gouvernement, le Peuple alors n'avoit plus de volonté générale proprement dite; il n'agissoit plus comme souverain, mais comme Magistrat·

On doit concevoir par là que ce qui généralise la volonté publique n'est pas la quantité des votans mais l'intérest commun qui les unit[4] : car dans cette institution chacun se soumet necessairement aux conditions qu'il impose aux autres; accord admirable de l'intérest et de la justice, qui donne aux délibérations communes un caractére d'équité qu'on voit évanoüir dans la discussion de toute affaire particuliére, faute d'un intérest commun qui unisse et identifie la volonté du Juge avec celle de la partie.

Par quelque côté qu'on remonte au principe, on arrive toujours à la même conclusion : Savoir, que le pacte social établit entre les citoyens une telle égalité de droit qu'ils s'engagent tous sous les mêmes conditions, et doivent joüir tous des mêmes avantages. Ainsi par la nature du pacte, tout acte de souveraineté, c'est à dire, tout acte authentique de volonté générale, oblige ou favorise également tous les Citoyens, de sorte que le souverain connoit seulement le corps de la nation, et ne distingue aucun de ceux qui la composent. Qu'est-ce donc proprement qu'un acte de souveraineté ? Ce n'est pas un ordre du supérieur à l'inférieur, ni un commandement du maitre à l'esclave; mais une convention du corps de l'Etat avec chacun de ses membres; convention légitime, parce qu'elle a pour base le contract social, équitable, parce qu'elle est volontaire et générale, utile, parce qu'elle ne peut avoir d'autre objet que le bien de tous, et solide, parce qu'elle a pour garants la force publique, et le pouvoir suprême. Tant que les sujets ne sont soumis qu'à de telles conventions, ils n'obeïssent à personne, mais seulement à leur propre volonté, et demander jusqu'où s'étendent les droits respectifs du souverain et des particuliers, c'est demander jusqu'à quel point ceux-ci peuvent s'engager avec eux-mêmes, chacun envers tous, et tous envers chacun d'eux.

Il s'ensuit de là que le pouvoir souverain, tout absolu, tout sacré, tout inviolable qu'il est, ne passe ni ne peut passer les bornes des conventions générales, et que tout homme peut disposer pleinement de ce qui lui a été laissé de ses biens et de sa liberté par ces conventions; de sorte que le souverain n'est jamais en droit de charger un particulier plus qu'un autre; parce qu'alors l'affaire devenant particuliére, son pouvoir n'est plus compétent.

Ces distinctions une fois admises, il est si faux que dans le contract social il y ait de la part des particuliers aucune renonciation véritable, que leur situation par l'effet de ce contract se trouve réellement préferable à ce qu'elle étoit auparavant, et qu'au lieu d'une simple alienation, ils n'ont fait qu'un échange avantageux d'une maniére d'être incertaine et précaire contre une autre meilleure et plus sure, de l'indépendance naturelle contre la liberté civile, de leur pouvoir de nuire à autrui contre leur sureté personnelle[1], et de leur force que d'autres pouvoient surmonter, contre un droit que l'union sociale rend invincible. Leur vie même qu'ils ont dévouée à l'Etat en est continuellement protégée, et lorsqu'ils l'exposent ou la perdent pour sa défense, que font-ils alors qu'ils ne fissent plus fréquemment et avec plus de danger dans l'état de nature, lorsque livrant des combats inévitables, ils deffendroient au peril de la vie ce qui leur sert à la conserver ? Tous ont à combattre au besoin pour la patrie, il est vrai, mais aussi nul n'a jamais à combattre pour soi. Ne gagne-t-on pas encore à courir pour ce qui fait nôtre sureté, une partie des risques qu'il faudroit courrir pour nous-mêmes sitôt qu'elle nous seroit ôtée ?

CHAPITRE VII.

NECESSITÉ DES LOIX POSITIVES.

VOILA, ce me semble, les plus justes idées qu'on puisse avoir du pacte fondamental qui est la base de tout vrai corps politique; idées qu'il importoit d'autant plus de déveloper, que faute de les avoir bien conçües, tous ceux qui ont traitté de cette matiére ont toujours fondé le gouvernement civil sur des Principes arbitraires, qui ne découlent point de la nature de ce pacte. On verra dans la suite avec quelle facilité tout le sistême politique se déduit de ceux que je viens d'établir, et combien les conséquences en sont naturelles et lumineuses : Mais achevons de poser les fondemens de nôtre édifice *(a)*.

L'union sociale ayant un objet déterminé; sitot qu'elle est formée, il faut chercher à le remplir. Pour que chacun veuille ce qu'il doit faire selon l'engagement du contract social, il faut que chacun sache ce qu'il doit vouloir; ce qu'il doit vouloir c'est le bien commun; ce qu'il doit fuir c'est le mal public : Mais l'Etat n'ayant qu'une existence idéale et conventionnelle[1], ses membres n'ont aucune sensibilité naturelle et commune, par laquelle, immédiatement avertis, ils reçoivent une impression agréable de ce qui lui est utile, et une impression douloureuse sitôt qu'il est offensé. Loin de prévenir les maux qui l'attaquent, rarement sont-ils à tems d'y rémédier quand ils commencent à les sentir; il faut les prévoir de loin pour les détourner ou les guérir. Comment donc les particuliers garantiroient-ils la communauté des maux qu'ils ne peuvent ni voir ni sentir qu'après coup; comment lui procureroient-ils des biens dont ils ne peuvent juger qu'après leur effet? Comment s'assurer d'ailleurs que sans cesse rappellés par la nature à leur condition primitive, ils ne négligeront jamais cette autre condition artificielle[2] dont l'avantage ne leur est sensible que par des consequences souvent fort éloignées? Supposons-les toujours soumis à la volonté générale, comment cette volonté pourra-t-elle se manifester dans toutes les occasions? Sera-t-elle toujours évidente? L'intérest particulier ne l'offusquera-t-il jamais de ses illusions ? Le Peuple restera-t-il toujours assemblé pour la déclarer, ou s'en remettra à des particuliers toujours prêts à lui substitüer la leur ? Enfin, comment tous agiront-ils de concert, quel ordre mettront-ils dans leurs affaires, quels moyens auront-ils de s'entendre, et comment feront-ils entre eux la répartition des travaux communs ?

Ces[1] difficultés, qui devoient paroitre insurmontables, ont été levées par la plus sublime de toutes les institutions humaines, ou plustôt par une inspiration celeste qui apprit au peuple à imiter ici-bas les decrets immuables de la divinité. Par quel art inconcevable a-t-on pu trouver le moyen d'assujettir les hommes pour les rendre libres ? d'employer au service de l'Etat les biens, les bras, la vie même de ses membres, sans les contraindre et sans les consulter ? d'enchaîner leur volonté de leur propre aveu ? de faire valoir leur consentement contre leur refus ? et de les forcer à se punir eux-mêmes quand ils font ce qu'ils n'ont pas voulu ? Comment se peut-il faire que tous obeissent et que nul ne commande, qu'ils servent et n'ayent point de maitre; d'autant plus libres en effet que sous une apparente sujétion, nul ne perd de sa liberté que ce qui peut nuire à celle d'un autre ? Ces prodiges sont l'ouvrage de la loi. C'est à la loi seule que les hommes doivent la justice et la liberté. C'est cet organe salutaire de la volonté de tous, qui rétablit dans le droit l'égalité naturelle entre les hommes. C'est cette voix celeste qui dicte à chaque citoyen les préceptes de la raison publique, et lui apprend à se conduire sur les maximes de son propre jugement et à n'être pas sans cesse en contradiction avec lui-même. Les loix sont l'unique mobile du corps politique, il n'est actif et sensible que par elles *(a)*, sans les loix l'Etat formé n'est qu'un corps sans ame, il existe et ne peut agir, car ce n'est pas assés [que] chacun soit soumis à la volonté générale; pour la suivre il la faut connoitre. Voila d'où nait la necessité d'une législation.

Les[2] loix ne sont proprement que les conditions de l'association civile. Le Peuple soumis aux loix en doit donc être l'auteur, car il n'appartient qu'à ceux qui s'associent de déclarer les conditions sous lesquelles ils veulent s'associer. Mais comment les déclareront-ils ? Sera-ce d'un commun accord et par une inspiration subite ? Le corps politique a-t-il un organe pour énoncer ses volontés ? Qui lui donnera la prévoyance necessaire pour en former les actes et les publier d'avance, ou comment les prononcera-il au moment du besoin ? Comment voudroit-on qu'une multitude aveugle qui souvent ne sait ce qu'elle veut, parce qu'elle sait rarement ce qui lui est bon, put former et éxécuter d'elle même une entreptise aussi difficile qu'un sistême de Legislation qui est le plus sublime effort de la sagesse et de la prévoyance humaine ? De lui-même le Peuple veut toujours le bien, mais de lui-même il ne le voit pas toujours. La volonté générale est toujours droite, il n'est jamais question de la rectifier; mais il faut savoir l'interroger à propos[1]; il faut lui présenter les objets tels qu'ils sont, quelquefois tels qu'ils doivent lui paroitre, lui montrer le bon chemin qu'elle veut suivre; la garantir de la seduction des volontés particuliéres *(a)*, raprocher à ses yeux les lieux et les tems, balancer l'illusion des avantages présens et sensibles par le danger des maux éloignés et cachés. Les particuliers voyent le bien qu'ils rejettent : Le public veut le bien qu'il ne voit pas. Tous ont également besoin de guides; il faut obliger les uns à conformer leurs volontés à leur raison; il faut apprendre à l'autre à connoitre ce qu'il veut. Alors des Lumiéres publiques resultera la vertu des particuliers, et de cette union de l'entendement et de la volonté dans le corps social, l'exact concours des parties, et la plus grande force du tout. Voila d'où nait la necessité d'un Legislateur.

LIVRE II.

ÉTABLISSEMENT DES LOIX.

CHAPITRE I.

FIN DE LA LEGISLATION.

PAR le Pacte social nous avons donné l'existence et la vie au corps politique; il s'agit maintenant de lui donner le mouvement et la volonté par la Legislation : Car l'acte primitif par lequel ce corps se forme et s'unit ne détermine rien encore de ce qu'il doit faire pour se conserver[1]. C'est à ce grand objet que tend la science de la Législation, mais quelle est cette science, où trouver un genie qui la posséde, et quelles vertus sont necessaires à celui qui l'ose éxercer; cette recherche est grande et difficile, elle est même décourageante pour qui se flateroit de voir naitre un Etat bien institué.

CHAPITRE II.

DU LEGISLATEUR[2].

EN effet; pour découvrir les meilleures régles de societé qui conviennent aux nations, il faudroit une intelligence supérieure qui connut tous les besoins des hommes, et n'en éprouvât aucun; qui n'eut nul raport avec nôtre nature, et qui vît tous ceux qui lui conviennent; dont le bonheur fut indépendant de nous, et qui pourtant voulut bien s'occuper du nôtre. En un mot, il faudroit un Dieu pour donner de bonnes loix au genre humain, et comme les Pâtres sont d'une espéce supérieure au Bétail qu'ils conduisent, les Pasteurs d'hommes qui sont leurs chefs, devroient être d'une espéce plus excellente que les Peuples.

Ce raisonnement que Platon faisoit quant au droit pour définir l'homme civil ou Royal qu'il cherche dans son Livre du Régne, Caligula s'en servoit dans le fait, au raport de Philon[1], pour prouver que les maitres du monde étoient d'une nature supérieure au reste des hommes. Mais s'il est vrai qu'un grand Prince est un homme rare, que sera-ce d'un grand Legislateur ? Car le prémier n'a qu'à suivre le modéle que l'autre doit proposer. Celui-ci est le Méchanicien qui invente la machine; celui-là n'est que l'ouvrier qui la monte ou la fait marcher. Dans la naissance des societés, dit Montesquieu, ce sont les Chefs des Republiques qui font l'institution, et c'est ensuite l'institution qui forme les chefs des Républiques[2].

Celui qui se croit capable de former un Peuple, doit se sentir en état, pour ainsi dire, de changer la nature humaine. Il faut qu'il transforme chaque individu, qui par lui-même est un tout parfait et solitaire, en partie d'un plus grand tout dont cet individu reçoive en quelque sorte sa vie et son être; qu'il mutile en quelque sorte la constitution de l'homme pour la renforcer; qu'il substitüe une existence partielle et morale à l'éxistence physique et indépendante que nous avons tous receüe de la nature. Il faut, en un mot, qu'il ôte à l'homme toutes ses forces propres et innées *(a)* pour lui en donner qui lui soient étrangeres et dont il ne puisse faire usage sans le secours d'autrui. Or plus ces forces naturelles sont mortes et aneanties, et plus les acquises sont grandes et durables, plus aussi l'institution est solide et parfaite. En sorte que si chaque Citoyen ne peut rien que par tous les autres, et que la force acquise par le tout soit égale ou supérieure à la somme des forces naturelles *(b)* de tous les individus, on peut dire que la Législation est au plus haut point de perfection qu'elle puisse atteindre.

Le Legislateur est de toutes maniéres un homme extraordinaire dans l'Etat. S'il doit l'être par ses talents, il ne l'est pas moins par son emploi. Ce n'est point magistrature; ce n'est point souveraineté. Cet emploi, qui constitüe la République, n'entre point dans sa constitution.

C'eſt en quelque maniére une fonction particuliére et presque divine qui n'a rien de commun avec l'empire humain : Car si celui qui commande aux hommes ne doit point commander aux loix; celui qui commande aux loix ne doit pas non plus commander aux hommes : Autrement ses loix faites pour servir ses passions, ne feroient souvent que perpétuer ses injuſtices; et jamais il ne pourroit éviter que des vües particuliéres n'altérassent la sainteté de son ouvrage. C'eſt ainsi que les variations du droit écrit prouvent les motifs particuliers qui en ont dicté les décisions. Compilation immense, informe, contradictoire. Ouvrage d'un Empéreur imbecille, d'une femme perdüe et d'un magiſtrat corrompu qui à chaque violence qu'il vouloit faire, publioit une loi pour l'autoriser.

Quand Lycurgue voulut donner des Loix à sa patrie, il commença par abdiquer la souveraineté. C'étoit la coutume de la pluspart des Villes Grecques de confier à des Etrangers la rédaction des leurs. Rome dans son plus bel age fit renaitre en son sein tous les crimes de la Tyrannie et se vit prête à périr pour avoir réuni sur les mêmes têtes l'autorité Legislative et le pouvoir souverain.

Ce n'eſt pas qu'on ait jamais imaginé que la volonté d'un homme put passer en loi sans le consentement du Peuple : Mais comment refuser ce consentement à celui qu'on sait être le maitre et qui réünit en lui la confiance et la force publique. Les gens raisonnables ont peine à se faire entendre; les gens foibles n'osent parler, et le silence forcé des sujets a tellement passé pour une approbation tacite, que depuis les Empereurs Romains qui sous le nom de Tribuns s'arrogérent tous les droits du Peuple, on a osé mettre au dessus de la loi la volonté du Prince qui ne tire que d'elle son autorité : Mais nous traittons des droits et non pas des abus[1].

Celui qui redige les loix n'a donc ou ne doit avoir aucun pouvoir legislatif; et le peuple même ne peut se dépouiller de ce droit Suprême, parce que selon le pacte fondamental il n'y a que la volonté générale qui oblige les particuliers et qu'on ne peut jamais s'assurer qu'une volonté particuliére eſt conforme à la volonté générale à moins de la soumettre aux suffrages libres du Peuple.

Si[2] l'on dit que tout le Peuple s'étant une fois soumis volontairement, solemnellement, et sans contrainte à un homme, toutes les volontés de cet homme doivent, en vertu de cette soumission être censées autant d'actes de la volonté générale, on dit un sophisme auquel j'ai déjà répondu. J'ajouterai que la soumission volontaire et supposée du Peuple est toujours conditionnelle; qu'il ne se donne point pour l'avantage du Prince, mais pour le sien; que si chaque particulier promet d'obeir sans reserve c'est pour le bien de tous; que le Prince en pareil cas prend aussi des engagemens auxquels tiennent ceux du Peuple, et que même sous le plus absolu despotisme, il ne peut violer son serment sans relever à l'instant ses sujets du leur.

Quand un peuple seroit assés stupide pour ne rien stipuler en échange de son obeissance sinon le droit de lui commander; encore ce droit seroit il conditionnel par sa nature. Pour éclaircir cette vérité il faut bien remarquer que ceux qui prétendent qu'une promesse gratuite oblige rigoureusement le promettant, distinguent pourtant avec soin les promesses purement gratuites de celles qui renferment quelques conditions tacites mais évidentes; car en ce dernier cas ils conviennent tous que la validité des promesses dépend de l'éxécution de la condition sous entendüe, comme quand un homme s'engage au service d'un autre il suppose évidemment que cet autre le nourrira. De même un Peuple qui se choisit un ou plusieurs Chefs et promet de leur obéir suppose evidemment qu'ils ne feront de sa liberté qu'il leur aliéne qu'un usage avantageux pour lui-même, sans quoi ce peuple étant insensé, ses engagemens seroient nuls. A l'égard de la même aliénation extorquée par force; j'ai montré ci devant qu'elle est nulle, et qu'on n'est obligé d'obeir à la force qu'aussi longtems qu'on y est contraint.

Il reste donc toujours à savoir si les conditions sont remplies et par consequent si la volonté du Prince est bien la volonté générale, question dont le Peuple est le seul juge; ainsi, les loix sont comme l'or pur qu'il est impossible de dénaturer par aucune opération, et que la prémiére épreuve rétablit aussitôt sous sa forme naturelle. De plus, il est contre la nature de la volonté qui n'a point d'empire sur elle même de s'engager pour l'avenir, on peut bien s'obliger à faire, mais non pas à vouloir; et il y a bien de la différence entre executer ce qu'on a promis, à cause qu'on l'a promis, et le vouloir encore, quand même on ne l'auroit pas promis auparavant. Or la loi d'aujourdui ne doit pas être un acte de la volonté générale d'hier mais de celle d'aujourdui[1], et nous nous sommes engagés à faire, non pas ce que tous ont voulu mais ce que tous veulent, attendu que les resolutions du souverain comme souverain ne regardant que lui même il est toujours libre d'en changer *(a)*[2]. D'où il suit que quand la Loi parle au nom du Peuple, c'est au nom du Peuple d'à présent et non de celui d'autrefois. Les Loix quoique receües n'ont une autorité durable qu'autant que le Peuple étant libre de les revoquer ne le fait pourtant pas, ce qui prouve le consentement actuel. Il n'est pas douteux, non plus, que dans le cas supposé, les volontés Publiques du Prince légitime n'obligent les particuliers aussi longtems que la Nation pouvant s'assembler et s'y opposer sans obstacle, ne donne aucun signe de desaveu.

Ces éclaircissemens montrent que la volonté générale étant le lien continuel du corps politique, il n'est jamais permis au Legislateur, quelque autorisation antérieure qu'il puisse avoir, d'agir autrement qu'en dirigeant cette même volonté par la persuasion, ni de rien prescrire aux particuliers qui n'ait receu premiérement la sanction du consentement général; de peur de détruire dés la premiére opération l'essence de la chose même qu'on veut former, et de rompre *(b)* le nœud social en croyant affermir la societé.

Je vois donc à la fois dans l'ouvrage de la Legislation deux choses qui semblent s'exclurre mutuellement; une entreprise au dessus de toute force humaine, et pour l'éxécuter, une autorité qui n'est rien.

Autre difficulté qui mérite attention. Ce fut souvent l'erreur des sages de parler au vulgaire leur langage au lieu du sien; aussi n'en furent-ils jamais entendus. Il est mille sortes d'idées qui n'ont qu'une langue et qu'il est impossible de traduire au Peuple. Les vües trop générales et les objets trop éloignés sont également hors de sa portée, et chaque Individu ne voyant, par exemple, d'autre plan de gouvernement que son bonheur particulier, apperçoit difficilement les avantages qu'il doit retirer des privations continuelles qu'imposent les bonnes loix. Pour qu'un Peuple naissant pu[t] sentir les grandes maximes de la justice et les régles fondamentales de la raison d'Etat, il faudroit que l'effet put devenir la cause, que l'esprit social qui doit être l'ouvrage de l'institution présidât à l'institution même, et que les hommes fussent avant les loix ce qu'ils doivent devenir par elles. Ainsi le Legislateur ne pouvant employer la force ni le raisonnement, c'est une necessité qu'il recourre à une autorité d'un autre ordre qui puisse entrainer sans violence et persuader sans convaincre.

Voila ce qui força de tous tems les Péres des Nations de recourrir à l'intervention celeste et d'honorer les Dieux de leur propre sagesse, afin que les peuples soumis aux loix de l'Etat comme à celles de la nature, et reconnoissant le même pouvoir dans la formation du corps physique et dans celle du corps moral, obeïssent avec liberté et portassent docilement le joug de la felicité publique. Cette raison sublime qui s'elêve au dessus de la portée des hommes vulgaires, est celle dont le Legislateur met les décisions dans la bouche des immortels pour subjuguer par l'autorité divine ceux que ne pourroit ébranler la prudence *(a)* humaine. Mais il n'appartient pas à tout homme de faire parler les Dieux ni d'en être cru quand il s'annonce pour leur interpréte. La grandeur des choses dites en leur nom doit être soutenüe par une éloquence et une fermeté plus qu'humaine. Il faut que le feu de l'enthousiasme se joigne aux profondeurs de la sagesse et à la constance de la vertu. En un mot la grande ame *(b)* du legislateur est le vrai miracle qui doit prouver sa mission. Tout homme peut graver des tables de pierre, ou acheter un oracle, ou feindre un secret commerce avec quelque divinité, ou dresser un oiseau pour lui parler à l'oreille, ou trouver quelque autre moyen grossier d'en imposer au Peuple. Celui qui ne saura que cela pourra même assembler par hazard une troupe d'insensés, mais il ne fondera jamais un Empire, et son extravagant ouvrage perira bientôt avec lui. Car si de vains prestiges forment un lien passager, il n'y a que la sagesse qui le rende durable. La Loi judaïque toujours subsistante, celle de l'enfant d'Ismäel qui depuis onse siécles régit la moitié du monde, annoncent encore aujourdui les grands hommes qui les ont dictées, et tandis que l'orgueilleuse Philosophie ou l'aveugle esprit de parti ne voit en eux que d'heureux imposteurs, le vrai Politique admire dans leurs institutions ce grand et puissant genie qui préside aux établissemens *(a)* durables.

Il ne faut pas de tout ceci conclurre avec Waburton[1] que la politique et la Religion puissent avoir un objet commun, mais que l'une sert quelquefois d'instrument à l'autre. [[2] Chacun sent assés l'utilité de l'union politique pour rendre certaines opinions permanentes et les maintenir en corps de doctrine et de secte, et quand au concours de la Religion dans l'établissement civil, on voit aussi qu'il n'est pas moins utile de pouvoir donner au lien moral une force intérieure qui pénétre jusqu'à l'ame et soit toujours indépendante des biens, des maux, de la vie même et de tous les évenemens humains.

Je ne crois pas contredire dans ce chapitre ce que j'ai dit ci-devant sur le peu d'utilité du serment dans le contract de societé, car il y a bien de la différence entre demeurer fidéle à l'Etat seulement parce qu'on a juré de l'être, ou parce qu'on tient son institution pour celeste et indestructible *(b)*].

CHAPITRE III.

DU PEUPLE A INSTITUER[3].

QUOIQUE je traitte ici du droit et non des convenances, je ne puis m'empêcher de jetter en passant quelques coups d'œil sur celles qui sont indispensables dans toute bonne institution[4].

Comme avant d'élever un Edifice l'habile Architecte observe et sonde le sol pour voir s'il en peut soutenir le poids, le Sage Instituteur ne commence pas par rédiger des Loix au hazard, mais il éxamine auparavant si le peuple auquel il les destine est propre à les supporter : C'est pour cela que Platon refusa de donner des loix aux Arcadiens et aux Cyreniens, sachant que les uns et les autres étoient riches et ne pouvoient souffrir l'égalité : C'est pour cela qu'on vit en Créte de bonnes Loix et de méchans hommes, parce que Minos n'avoit discipliné qu'un Peuple chargé de vices. Mille nations ont longtems brillé sur la terre, qui n'auroient jamais pu souffrir de bonnes loix, et celles même qui l'auroient pu n'ont eu dans toute leur durée qu'un tems fort court pour cela. Les Peuples ainsi que les hommes ne sont maniables[1] que dans leur jeunesse; ils deviennent incorrigibles en vieillissant; quand une fois les coutumes sont établies et les préjugés enracinés, c'est une entreprise dangereuse et vaine de vouloir y toucher; ils ne peuvent pas même souffrir qu'on parle de les rendre heureux; comme ces malades stupides et sans courage qui frémissent à la vüe du médecin. Il y a peu de Nations avilies sous la Tyrannie qui fassent le moindre cas de la liberté, et celles mêmes qui en voudroient encore ne sont plus en état de la supporter[2].

Ce n'est pas que, comme certaines maladies bouleversent la tête des hommes et leur ôtent le souvenir du passé, il ne se trouve quelquefois dans la durée des Etats des époques violentes où les revolutions font sur les peuples ce que certaines crises font sur les individus, où l'horreur du passé tient lieu d'oubli, et où l'Etat embrasé par des guerres civiles renait pour ainsi dire de sa cendre, et reprend la vigueur de la jeunesse en sortant des bras de la mort. Telle fut Sparte au tems de Lycurgue; telle fut Rome après les Tarquins, et telles ont été parmi nous la Suisse et la Hollande, après l'expulsion des Tyrans.

Mais ces évenemens sont rares; ce sont des exceptions dont la raison se trouve toujours dans la constitution particuliére de l'Etat excepté. En général, les peuples énervés par un long esclavage et par les vices qui en sont le cortége, perdent à la fois l'amour de la Patrie et le sentiment du bonheur; ils se consolent d'être mal en s'imaginant qu'on ne peut mieux être; Ils vivent ensemble sans aucune véritable union, comme des gens rassemblés sur un même terrain, mais séparés par des précipices. Leur misére ne les frape point parce que l'ambition les aveugle, et que nul ne voit la place où il est, mais celle à laquelle il aspire.

Un peuple dans cet Etat n'est plus capable d'une institution saine, parce que sa volonté n'est pas moins corrompüe que sa constitution. Il n'a plus rien à perdre, il ne peut plus rien gagner, hébété par l'esclavage il méprise les biens qu'il ne connoit pas. Les troubles peuvent le détruire sans que les revolutions puissent le rétablir, et sitôt que ses fers sont brisés, il tombe épars et n'existe plus. Ainsi il lui faut desormais un maitre et jamais de libérateur.

Un Peuple non encore corrompu peut avoir dans ses dimensions les vices qui ne sont pas dans sa substance. Je m'explique[1].

Comme[2] la nature a donné des termes à la stature d'un homme bien conformé au delà desquels elle ne fait plus que des Geans ou des nains, il y a de même, eu égard à la meilleure constitution d'un Etat, des bornes à l'étendüe qu'il doit avoir, afin qu'il ne soit ni trop grand pour pouvoir être bien gouverné, ni trop petit pour pouvoir se maintenir par lui-même. Il est difficile de rien imaginer de plus insensé que les maximes de ces Nations conquérantes qui croyoient augmenter toujours leur puissance en étendant sans mesure leur territoire. On commence à sentir qu'il y a dans tout corps politique un *maximum* de forces qu'il ne sauroit passer, et duquel il s'éloigne souvent à force de s'aggrandir; mais on ne sent peut être pas encore assés que plus le lien social s'étend, plus il se relâche, et qu'en général un petit Etat est toujours proportionnellement plus puissant qu'un grand.

Il ne faut qu'ouvrir l'histoire pour se convaincre de cette maxime par l'expérience, et mille raisons peuvent la démontrer. Prémierement, l'administration devient plus penible dans les grandes distances, comme un poids devient plus lourd au bout d'un grand Lévier. Elle devient aussi plus onéreuse à mesure que les dégrés se multiplient; car chaque Ville a la sienne que le Peuple paye; chaque district la sienne encore payée par le Peuple, ensuitte chaque Province, puis les grands gouvernemens, les satrapies, les viceroyautés qu'il faut toujours payer plus cher à mesure qu'on monte; enfin vient l'administration suprême qui écrase tout : à peine reste-t-il des ressources pour les cas extraordinaires, et quand il y faut recourrir, l'Etat est toujours à la veille de sa ruine. Le gouvernement a moins de vigueur et de célérité pour faire observer les Loix, prevenir les vexations, corriger les abus, et reprimer les entreprises séditieuses qui peuvent se faire dans des lieux éloignés. Le Peuple a moins d'affection pour ses chefs qu'il ne voit jamais, pour la patrie qui est à ses yeux comme le monde, et pour ses Concitoyens dont la pluspart lui sont étrangers. Les mêmes Loix ne peuvent convenir à tant de Nations[3] diverses qui ont des mœurs différentes, qui vivent sous des climats opposés et qui ne peuvent souffrir la même forme de gouvernement. Des Loix différentes n'engendrent que trouble et confusion parmi des Peuples qui vivant sous les mêmes chefs et dans une communication continuelle passent sans cesse les uns chez les autres, et soumis à d'autres coutumes, ne sont jamais surs que leur patrimoine soit bien à eux : Les talens sont enfoüis, les vertus ignorées, le vice impuni dans cette multitude d'hommes inconnus les uns aux autres que le siége de l'administration rassemble dans un même lieu. Les chefs accablés d'affaires ne voyent rien par eux-mêmes; enfin les mesures qu'il faut prendre pour maintenir par tout l'autorité générale à laquelle tant d'officiers éloignés veulent toujours se soustraire ou en imposer · absorbe tous les soins publics, il n'en reste plus pour le bonheur du peuple, à peine en reste-t-il pour sa deffense au besoin, et c'est ainsi qu'un Etat trop grand pour sa constitution périt toujours écrasé sous son propre poids.

D'un autre côté l'Etat doit se donner une certaine base pour avoir de la solidité et resister aux secousses qu'il ne manquera pas d'éprouver et aux efforts qu'il sera contraint de soutenir; car tous les Peuples ont une espéce de force centrifuge par laquelle ils agissent continuellement les uns contre les autres et tendent à s'aggrandir aux dépends de leurs voisins *(a)*. Ainsi les foibles risquent d'être bientôt engloutis, et l'on ne peut guéres se conserver qu'en se mettant avec tous en une sorte d'équilibre qui rende la compression à peu près égale.

On voit par là qu'il y a des raisons de s'étendre et des raisons de se resserrer, et ce n'est pas le moindre talent du Politique de trouver entre les unes et les autres la proportion la plus avantageuse à la conservation de l'Etat. On peut dire en général que les prémiéres étant purement extérieures et relatives doivent toujours être subordonnées aux autres qui sont intérieures et absolües; car une forte et saine constitution est la prémiére chose qu'il faut rechercher et l'on doit plus compter sur la vigueur qui nait d'un bon gouvernement que sur les ressources que fournit un grand territoire.

Au reste, on a vu des Etats tellement constitués que la necessité des conquêtes étoit dans leur constitution même, et que pour se maintenir ils étoient forcés de s'aggrandir sans cesse. Peut-être se félicitoient-ils beaucoup de cette heureuse necessité, qui leur montroit pourtant, avec le terme de leur grandeur, l'inévitable moment de leur chute.

Pour que l'Etat puisse être bien gouverné il faudroit que sa grandeur ou pour mieux dire son étendue fut mesurée aux facultés de ceux qui le gouvernent, et l'impossibilité que de grands genies se succédent sans cesse dans le gouvernement veut qu'on se régle sur la portée commune. Voila ce qui fait que les Nations aggrandies sous des chefs illustres, dépérissent necessairement entre les mains des imbecilles qui ne manquent pas de leur succéder et que pour peu qu'un Etat soit grand le Prince est presque toujours trop petit. Quand au contraire il arrive que l'Etat est trop petit pour son Chef, ce qui est très rare, il est encore mal gouverné; parce que le chef suivant toujours la grandeur de ses vües et les projets de l'ambition oublie les intérests du peuple et ne le rend pas moins malheureux par l'abus des talens qu'il a de trop, qu'un chef borné par le défaut de ceux qui lui manquent. Cet inconvenient de l'administration d'une Monarchie, même bien réglée, se fait surtout sentir quand elle est héréditaire, et que le Chef n'est point choisi par le Peuple, mais donné par la naissance. Il faudroit, pour ainsi dire, que le Royaume s'étendit ou se resserrât à chaque régne selon la portée du Prince. Au lieu que les talens d'un senat ayant des mesures plus fixes, l'Etat peut avoir des bornes constantes sans que l'administration en souffre[1].

Au reste, une régle fondamentale pour toute société bien constituée et gouvernée légitimement, seroit qu'on en put assembler aisément tous les membres toutes les fois qu'il seroit nécessaire; car on verra ci-après que les assemblées par députation ne peuvent ni représenter le corps ni recevoir de lui des pouvoirs suffisans pour statüer en son nom comme souverain[2]. Il suit de là que l'Etat devroit se borner à une seule Ville tout au plus; que s'il en a plusieurs la Capitale aura toujours de fait la souveraineté et les autres seront sujettes, sorte de constitution où la Tyrannie et l'abus sont inévitables.

Il[3] faut remarquer qu'on peut mesurer un corps politique de deux maniéres; savoir par l'étendüe du territoire ou par le nombre du Peuple, et qu'il y a entre l'une et l'autre de ces mesures un rapport necessaire pour donner à l'Etat sa véritable grandeur; Car ce sont les hommes qui font l'Etat *(a)* et c'est le terrain qui nourrit les hommes. Ce rapport est que la terre suffise à l'entretien de ses habitans, et qu'il y ait autant d'habitans que la terre en peut nourrir. C'est dans cette proportion que se trouve le *maximum* de forces d'un nombre donné de Peuple; car s'il y a du terrein de trop, la garde en est onéreuse, la culture insuffisante, et le produit superflu; s'il n'y en a pas assés, l'Etat se trouve pour le supplément dans la dépendance de ses voisins *(b)*.

Les considérations que fournit cette importante matiére nous mèneroient trop loin s'il faloit ici nous y arrêter. Il est certain, par exemple, qu'on ne sauroit donner en calcul un rapport fixe entre la mesure de terre et le nombre d'hommes qui se suffisent l'un à l'autre, tant à cause des différences qui se trouvent dans les qualités du terrein, dans ses degrés de fertilité, dans la nature de ses productions, dans l'influence des climats, que de celles qu'on remarque dans les temperamens des hommes qui les habitent, dont les uns consomment peu dans un pays fertile, les autres beaucoup sur un sol plus ingrat. De plus; il faut avoir égard à la plus grande ou moindre fécondité des femmes, à ce que le païs peut avoir de plus ou moins favorable à la population, à la quantité dont le legislateur peut espérer d'y concourir par ses établissemens; de sorte qu'il ne doit pas toujours fonder son jugement sur ce qu'il voit, mais sur ce qu'il prévoit, ni s'arrêter autant à l'état actuel de la population qu'à celui où elle doit naturellement parvenir. Enfin, il y a mille occasions où les accidens particuliers du lieu éxigent ou permettent d'embrasser plus ou moins de terrein qu'il ne paroît necessaire. Ainsi l'on s'étendra beaucoup dans un pays de montagnes, où les productions naturelles, savoir les bois et les pâturages, exigent moins le travail humain, où l'expérience apprend que les femmes sont plus fécondes que dans les plaines, et où un grand sol incliné ne donne qu'une petite base horizontale, la seule qu'il faut compter pour la végétation. Au contraire, on peut se resserrer au bord de la mer; même dans des rochers et des sables presque stériles, parce que la pêche y peut suppléer en grande partie aux productions de la terre; que les hommes doivent être plus rassemblés pour repousser les corsaires et coureurs de mer, et qu'on a d'ailleurs plus de facilité pour décharger le pays, par le commerce et les colonies, des habitans dont il seroit surchargé *(a)*.

A ces conditions il en faut ajoûter une qui ne peut suppléer à nulle autre, mais sans laquelle elles sont toutes inutiles; c'est qu'on joüisse de l'abondance et d'une profonde paix : Car le tems où s'ordonne un Etat est comme celui où se forme un bataillon, l'instant où le corps est le plus foible, le moins capable de resistance et le plus facile à détruire. On résisteroit mieux dans un desordre absolu que dans un moment de fermentation où chacun s'occupe de son rang et non du péril. Qu'une guerre, une famine, une sédition survienne en ce tems de crise, l'Etat est infailliblement renversé. Ce n'est pas qu'il n'y ait beaucoup de gouvernemens établis durant ces orages *(b)*; mais alors ce sont ces gouvernemens mêmes qui détruisent l'Etat. Les Usurpateurs aménent ou choisissent toujours ces tems de trouble pour faire passer à la faveur de l'effroi public des Loix destructives que le peuple n'adopteroit jamais de sens-froid, et l'on peut dire que le moment de l'institution est un des caractéres les plus surs, par lesquels on peut distinguer l'ouvrage du Legislateur de celui du Tyran.

Au[1] risque de quelques répétitions récapitulons les considerations qu'un Législateur doit faire avant d'entreprendre l'institution d'un Peuple, car ces considérations sont importantes pour ne pas user vainement le tems et l'autorité *(c)*. D'abord il ne doit pas tenter de changer celle d'un Peuple déja policé, encore moins d'en rétablir une qui soit abolie ni de ranimer des ressorts usés; car il en est de la force des loix comme de la saveur du sel *(d)*. Ainsi l'on peut donner de la vigueur à un Peuple qui n'en eut jamais mais non pas en rendre à celui qui l'a perdüe; je regarde cette maxime comme fondamentale. Agis essaya de remettre en vigueur à Sparte la discipline de Lycurgue; les Maccabées vouloient rétablir à Jérusalem la Théocratie de Moyse; Brutus voulut rendre à Rome son ancienne liberté; Rienzi tenta la même chose dans la suite. Tous étoient des Heros, le dernier même le fut un moment de sa vie; tous perirent dans leur entreprise.

Toute grande Nation est incapable de discipline : Un Etat trop petit n'a point de consistance; la médiocrité même ne fait quelquefois qu'unir les deux défauts.

Il faut encore avoir égard au voisinage. Ce qui fit subsister les petits Etats de la Gréce, c'est qu'ils étoient eux-mêmes environnés d'autres petits Etats, et qu'ils en valoient tous ensemble un fort grand, quand ils étoient unis pour l'intérest commun. C'est une triste position que d'être entre deux puissans voisins, jaloux l'un de l'autre, on évitera difficilement d'entrer dans leurs querelles, et d'être écrasé avec le plus foible. Tout Etat enclavé dans un autre doit être compté pour rien. Tout Etat trop grand pour ses habitans ou trop peuplé pour son territoire ne vaut guéres mieux à moins que ce mauvais raport ne soit accidentel, et qu'il n'y ait une force naturelle qui raméne les choses à leur juste proportion.

Enfin, il faut avoir égard aux circonstances; car par éxemple on ne doit point parler de régle au Peuple quand il a faim ni de raison à des fanatiques, et la guerre qui fait taire les loix éxistentes, ne permet guére d'en établir. Mais la famine, la fureur, la guerre ne durent pas toujours. Il n'y a presque ni homme ni peuple qui n'ait quelque intervalle meilleur et quelque moment de sa vie à donner à la raison. Voila l'instant qu'il faut savoir saisir.

Quel Peuple est donc propre à la Legislation ? Celui qui n'a jamais encore porté le joug des loix, celui qui n'a ni coutumes ni superstitions enracinées et qui pourtant se trouve déjà lié par quelque union d'origine ou d'intérest; celui qui ne craint pas d'être écrasé par une invasion subite, et qui sans entrer dans les querelles de ses voisins, peut resister à chacun par lui-même ou s'aider de l'un pour repousser l'autre *(a)*; celui dont tous les membres peuvent être connus de chacun d'eux, et où l'on n'est point forcé de charger un homme d'un plus grand fardeau qu'un homme ne peut porter, celui qui peut se passer des autres peuples et dont tout autre peuple peut se passer*; celui qui n'est ni riche ni pauvre et se suffit à lui même *(b)* : En un mot celui qui réunit la consistance d'un ancien Peuple avec la docilité d'un Peuple nouveau. Ce qui rend penible l'ouvrage de la legislation c'est moins ce qu'il faut établir que ce qu'il faut détruire; et ce qui

---

* Si de deux Peuples voisins l'un ne pouvoit se passer de l'autre, ce seroit une situation très dure pour le prémier, mais très dangereuse pour le second. Toute Nation sage en pareil cas s'efforcera bien vîte de délivrer l'autre de cette dépendance.

rend le succés si rare, c'est l'impossibilité de trouver la simplicité de la nature jointe aux besoins de la societé. Toutes ces conditions se trouvent difficilement rassemblées, je l'avoüe : Aussi voit-on peu d'Etats bien constitués.

CHAPITRE IV.

DE LA NATURE DES LOIX, ET DU PRINCIPE DE LA JUSTICE CIVILE[1].

Ce qui est bien et conforme à l'ordre est tel par la nature des choses et indépendamment de toute convention humaine.

Toute justice vient de Dieu, lui seul en est la source; mais si nous savions la recevoir de si haut, nous n'aurions besoin ni de gouvernement ni de loix. Sans doute il est pour l'h[omme] une justice universelle emanée de la raison seule et fondée sur le simple droit de l'humanité *(a)*, mais cette justice pour être admise doit être réciproque. A considérer humainement les choses faute de sanction naturelle les loix de la justice sont vaines entre les h[ommes]. Elles ne feroient donc que le profit des méchans et la charge du juste quand celui-ci les observeroit avec tous les h[ommes] sans qu'aucun d'eux les observe avec lui[2]. Il faut donc des conventions et des loix pour unir les droits aux devoirs et ramener la justice à son objet. Dans l'état de nature où tout est commun, je ne dois rien à ceux à qui je n'ai rien promis, je ne reconnois rien pour être à autrui que ce qui m'est inutile.

Mais il importe d'expliquer ici ce que j'entens par ce mot de loi. Car tant qu'on se contentera d'attacher à ce mot des idées vagues et métaphysiques, on pourra savoir ce que c'est qu'une loi de la nature et l'on continuera d'ignorer ce que c'est qu'une loi dans l'Etat.

Nous avons dit que la Loi est un Acte public et solemnel de la volonté générale[3], et comme par le pacte fondamental chacun s'est soumis à cette volonté[4], c'est de ce pacte seul que toute Loi tire sa force : Mais tâchons de donner une idée plus nette de ce mot *loi* pris dans le sens propre et resserré dont il est question dans cet Ecrit.

La matiére et la forme des Loix sont ce qui constitue leur nature; la forme est dans l'autorité qui statüe *(a)*; la matiére est dans la chose statuée *(b)*. Cette partie, la seule dont il s'agit dans ce chapitre[1] semble avoir été mal entendüe de tous ceux qui ont traitté des Loix.

Comme la chose statuée se rapporte necessairement au bien commun, il s'ensuit que l'objet de la loi doit être général ainsi que la volonté qui la dicte, et c'est cette double universalité qui fait le vrai caractére de la Loi. En effet, quand un objet particulier a des relations diverses avec divers individus, chacun ayant sur cet objet une volonté propre, il n'y a point de volonté générale parfaitement une, sur cet objet individuel *(c)*.

Que signifient ces mots *Universalité,* ou *Généralité,* qui sont ici la même chose ? Le genre consideré par abstraction, ou ce qui convient au tout dont il s'agit, et le tout n'est tel qu'à l'égard de ses parties. Voila pourquoi la volonté générale de tout un Peuple n'est point générale pour un particulier étranger; car ce particulier n'est pas membre de ce peuple. Or à l'instant qu'un Peuple considére un objet particulier, fut-ce un de ses propres membres, il se *(d)* forme entre le tout et sa partie une rélation qui en fait deux Etres séparés dont la partie est l'un, et le tout moins cette même partie est l'autre; mais le tout moins une partie n'est point le tout, et tant que ce rapport subsiste, il n'y a plus de tout, mais deux parties inégales.

Au contraire, quand tout le peuple statüe sur tout le Peuple, il ne considére que lui même, et s'il se forme alors un rapport, c'est de l'objet entier sous un point de vüe à l'objet entier sous un autre point de vüe sans aucune division du tout. Alors l'objet sur lequel on statüe est général comme la volonté qui statüe, et c'est cet acte que j'appelle une Loi.

Quand je dis que l'objet des loix est toujours général, j'entens que la loi considére les sujets *(e)* en corps et les actions par leurs genres ou par leurs espéces, jamais un homme en particulier ni une action unique et individuelle. Ainsi la loy peut bien statüer qu'il y aura des priviléges mais elle n'en peut donner nommément à personne; elle peut faire plusieurs Classes de Citoyens, assigner même les qualités qui donneront droit à chacune de ces Classes, mais elle ne peut spécifier tels et tels pour y être admis; elle peut établir un gouvernement Royal et une Succession héréditaire, mais elle ne peut élire un Roy ni nommer une famille Royale; en un mot, toute fonction qui se rapporte à un objet individuel n'appartient point à la puissance législative [et c'est une des raisons pourquoi la loi ne sauroit avoir d'effet rétroactif, car elle auroit statué sur un fait particulier, au lieu de statuer generalement sur une espèce d'actions qui n'étant encore celles de personne n'ont rien d'individuel qu'après la publication de la loi, et par la volonté de ceux qui les commettent[1].]

Sur cette idée on voit aisément qu'il ne faut plus demander à qui il appartient de faire des loix, puisqu'elles sont des actes de la volonté générale; ni si le Prince est au dessus des Loix, puisqu'il est membre de l'Etat; ni si la loi peut être injuste, puisque nul n'est injuste envers lui-même, ni comment on est libre et soumis aux loix, puisqu'elles ne sont que les régistres de nos volontés.

On voit encore que la Loi réunissant l'universalité de la volonté et de l'objet, ce qu'un homme, quel qu'il puisse être, ordonne de son chef n'est point une Loi; ce qu'ordonne même le Souverain sur un objet particulier n'est non plus une loi mais un Décret, ni un acte de souveraineté mais de magistrature, comme je l'expliquerai ci-après *(a)*[2].

Le plus grand avantage qui resulte de cette notion est de nous montrer clairement les vrais fondemens de la justice et du droit naturel[3]. En effet, la prémiére loi, la seule véritable loi fondamentale qui découle immédiatement du pacte social est, que chacun préfére en toutes choses le plus grand bien de tous.

Or la spécification des actions qui concourent à ce plus grand bien, par autant de loix particuliéres est ce qui constitüe le droit étroit et positif. Tout ce qu'on voit concourir à ce plus grand bien, mais que les loix n'ont point spécifié, constitue les actes de civilité* *(b)*, de bienfaisance, et l'habitude qui nous dispose à pratiquer ces

---

* Je n'ai pas besoin d'avertir, je crois, qu'il ne faut pas entendre ce mot à la françoise.

actes même à nôtre préjudice est ce qu'on nomme force ou vertu[1].

Étendez cette maxime à la societé générale dont l'Etat nous donne l'idée, protégés par la societé dont nous sommes membres, ou par celle où nous vivons, la répugnance naturelle à faire du mal n'étant plus balancée en nous par la crainte d'en recevoir, nous sommes portés à la fois par la nature, par l'habitude, par la raison à en user avec les autres hommes à peu près comme avec nos Concitoyens[2], et de cette disposition réduite en actes naissent les régles du droit naturel raisonné, différent du droit naturel proprement dit, qui n'est fondé que sur un sentiment vrai mais très vague et souvent étouffé par l'amour de nous-mêmes[3].

C'est ainsi que se forment en nous les prémiéres notions distinctes du juste et de l'injuste; car la loi est antérieure à la justice, et non pas la justice à la loi[4], et si la loi ne peut être injuste, ce n'est pas que la justice en soit la base, ce qui pourroit n'être pas toujours vrai; mais parce qu'il est contre la nature qu'on veuille se nuire à soi-même; ce qui est sans exception.

C'est un beau et sublime precepte de faire à autrui comme nous voudrions qu'il nous fut fait; mais n'est-il pas évident que loin de servir de fondement à la justice, il a besoin de fondement lui-même; car où est la raison claire et solide de me conduire étant moi, sur la volonté que j'aurois si j'étois un autre ? Il est clair encore que ce precepte est sujet à mille exceptions dont on n'a jamais donné que des explications sophistiques. Un juge qui condamne un criminel ne voudroit-il pas être absous s'il étoit criminel lui même ? où est l'homme qui ne voudroit qu'on lui refusât jamais rien *(a)* ? s'ensuit-il qu'il faille accorder tout ce qu'on nous demande ? Cet autre axiome, *cuique suum*, qui sert de base à tout le droit de proprieté, sur quoi se fonde-t-il, que sur le droit de proprieté même ? Et si je ne dis pas avec Hobbes, tout est à moi[5], pourquoi du moins ne reconnoitrois-je pas pour mien dans l'état de nature tout ce qui m'est utile et dont je puis m'emparer ?

C'est donc dans la Loi fondamentale et universelle du plus grand bien de tous et non dans des relations particuliéres d'homme à homme[6] qu'il faut chercher les vrais principes du juste et de l'injuste, et il n'y a point de régle particuliére de justice qu'on ne déduise aisément de cette premiére loi. Ainsi *cuique suum* parce que la proprieté particuliére et la liberté civile sont les fondemens de la communauté : Ainsi, *que ton frère te soit comme toi-même,* Parce que le moi particulier répandu sur le tout est le plus fort lien de la societé générale, et que l'Etat a le plus haut dégré de force et de vie qu'il puisse avoir, quand toutes nos passions *(a)* particuliéres se réunissent en lui. En un mot, il y a mille cas où c'est un Acte de justice de nuire à son prochain, au lieu que toute Action juste a necessairement pour régle la plus grande utilité commune; cela est sans exception.

CHAPITRE V.

DIVISION DES LOIX[1].

POUR ordonner le tout ou donner la meilleure forme possible à la chose publique, il y a diverses relations à considérer. Prémiérement, l'action du corps entier agissant sur lui-même; c'est à dire le rapport du tout au tout, ou du souverain à l'Etat, et ce rapport est composé de celui des forces intermédiaires[2] comme nous verrons ci-après. Les loix qui reglent ce rapport portent le nom de Loix politiques, et s'appellent aussi Loix fondamentales, non sans quelque raison si ces loix sont sages : Car s'il n'y a dans chaque Etat qu'une bonne maniére de l'ordonner, le peuple qui l'a trouvée, n'y doit jamais rien changer; mais si l'ordre établi est mauvais, pourquoi prendroit-on pour fondamentales des loix qui l'empêchent d'être bon ? D'ailleurs, en tout état de cause, le Peuple a toujours le pouvoir de changer ses loix, même les meilleures; car s'il plait à un homme de se faire mal à lui-même, qui est-ce qui a droit de l'en empêcher ?

La seconde rélation est celle des membres entre eux ou avec le corps entier, et ce rapport doit être au prémier egard aussi petit et au second aussi grand qu'il est possible; De sorte que chaque Citoyen soit dans une parfaite indépendance de tous les autres et dans une excessive dépendance de la Cité, ce qui se fait toujours par les mêmes moyens; car il n'y a que la force de l'Etat qui fasse la liberté de ses membres. C'est de ce 2e raport que naissent les loix civiles.

Les loix qui réglent l'éxercice et la forme de l'autorité souveraine par raport aux particuliers s'appelloient à Rome Loix de Majesté, telle que celle qui défendoit d'appeller au senat des jugemens du Peuple, et celle qui rendoit sacrée et inviolable la personne des Tribuns[1].

Quant aux loix particuliéres qui réglent les devoirs et les droits respectifs des Citoyens, elles s'appellent Loix civiles en ce qui regarde les relations domestiques et la proprieté des biens, police en ce qui regarde le bon ordre public et la sureté des personnes et des choses.

On peut considerer une troisiéme sorte de relation entre l'homme et la loi, savoir celle de la désobeissance à la peine, et celle-ci donne lieu à l'établissement des loix criminelles, qui dans le fond sont moins une espéce particuliére de loix que la sanction de toutes les autres.

A ces trois sortes de loix il s'en joint une quatriéme, la plus importante de toutes, qui ne se grave pas sur le marbre ni sur l'airain, mais dans les cœurs des citoyens; qui fait la véritable constitution de l'Etat, qui prend tous les jours de nouvelles forces; qui, lorsque les autres lois vieillissent ou s'éteignent, les ranime ou les supplée, conserve un peuple dans l'esprit de son institution, et substitue insensiblement la force de l'habitude à celle de l'autorité. Je parle des mœurs et des coutumes; partie inconnüe à nos politiques, mais de laquelle dépend le succés de toutes les autres; partie dont le grand Legislateur s'occupe en secret, tandis qu'il paroit se borner à des réglemens particuliers qui ne sont que le ceintre de la voute, dont les mœurs, plus lentes à naitre, forment enfin l'inébranlable clef.

Entre ces diverses sortes de loix, je me borne dans cet Ecrit à traitter des loix politiques.

CHAPITRE VI.

DES DIVERS SISTÊMES DE LÉGISLATION[1].

Si l'on recherche en quoi consiste précisement ce plus grand bien de tous qui doit être la base de tout sistême de législation, on trouvera qu'il se réduit à ces deux objets principaux, la *liberté* et l'*égalité*. La liberté, parce que toute dépendance particuliére est autant de force ôtée au corps de l'Etat; l'égalité parce que la liberté ne peut subsister sans elle.

J'ai déjà dit ce que c'est que la liberté civile; à l'égard de l'égalité il ne faut pas entendre par ce mot *(a)* que les dégrés de puissance et de richesse soient exactement les mêmes, mais que, quand à la puissance, elle soit au dessous de toute violence et ne s'exerce jamais qu'en vertu du rang et des loix, et quand à la richesse, que nul Citoyen ne soit assés opulent pour en pouvoir acheter un autre, et nul assés pauvre pour être contraint de se vendre. Ce qui suppose, du côté des Grands, moderation de biens et de crédit, et du côté des petits, moderation d'avarice et de convoitise. Cette égalité, disent-ils, est une chimére de spéculation qui ne peut exister dans la pratique. Mais quoi ? parce que l'effet est inévitable, s'ensuit-il qu'il ne faille pas au moins le régler ? C'est parce que la force des choses tend toujours à détruire l'égalité que la force de la legislation doit toujours tendre à la maintenir *(b)*.

Mais ces objets généraux de toute bonne institution doivent être modifiés dans chaque pays par les rapports qui naissent tant de la situation locale que du caractére des habitans, et c'est par ces rapports qu'il faut assigner à chaque Peuple un sistême particulier de législation qui soit le meilleur, non peut être en lui-même; mais pour l'Etat auquel il est destiné. Par exemple; le sol est-il ingrat et stérile, ou le pais trop serré pour les habitans ? Tournez-vous du côté de l'industrie et des Arts, dont vous échangerez les productions contre les denrées qui vous manquent. Au contraire, occupez-vous de riches plaines et des coteaux fertiles ? Dans un bon terrain manquez-vous d'habitans ? Donnez tous vos soins à l'agriculture, et chassez les arts de peur qu'ils n'achévent de dépeupler le pays en attroupant sur quelques points du territoire le peu d'habitans qu'il a : car on sait que, toute proportion gardée, les Villes peuplent moins que la campagne. Occupez vous des rivages étendus et comodes ? couvrez les mers de vaisseaux, cultivez le commerce et la navigation. La mer ne baigne-t-elle sur vos côtes que des rochers presque inaccessibles ? restez Barbares et Ichtyophages, vous en vivrez plus tranquilles, meilleurs peut-être, et surement plus heureux. En un mot, outre les maximes communes à tous, chaque Peuple renferme en soi quelque cause qui les ordonne d'une maniére particuliére, et rend sa legislation propre à lui seul. C'est ainsi qu'autrefois les Hebreux et récemment les Arabes ont eu pour principal objet la Religion, les Atheniens les Lettres, Carthage et Tyr le commerce; Rhodes la marine; Sparte la guerre, et Rome la vertu. L'Auteur de *l'Esprit des Loix* a montré dans une foule d'éxemples par quel art le Legislateur dirige l'institution sur chacun de ses objets.

Ce qui rend la constitution d'un Etat véritablement solide et durable, c'est quand les convenances sont tellement observées que les rapports naturels et les Loix tombent toujours de concert sur les mêmes points, et que celles-ci ne font pour ainsi dire, qu'assurer, accompagner, rectifier les autres : Mais si le Legislateur se trompant dans son objet prend un principe différent de celui qui nait de la nature des choses, que l'un tende à la servitude et l'autre à la liberté, l'un aux richesses, l'autre à la population, l'un à la paix et l'autre aux conquêtes, on verra les Loix s'affoiblir insensiblement, la constitution s'altérer, et l'Etat ne cessera d'être agité jusqu'à ce qu'il soit détruit ou changé, et que l'invincible nature ait repris son Empire.

LIVRE III.

DES LOIX POLITIQUES OU, DE L'INSTITUTION DU GOUVERNEMENT.

AVANT de parler des diverses formes de gouvernement, il sera bon de déterminer le sens précis qu'il faut donner à ce mot dans une societé légitime *(a)*.

CHAPITRE I.

CE QUE C'EST QUE LE GOUVERNEMENT D'UN ETAT[1].

J'AVERTIS les Lecteurs que ce chapitre demande quelque attention, et que je ne sais pas l'art d'être clair, pour qui ne veut pas être attentif.

Toute action libre a deux causes qui concourent à la produire. L'une morale, savoir la volonté qui détermine l'acte; l'autre Physique savoir la puissance qui l'exécute. Quand je marche vers un objet, il faut, prémiérement, que j'y veuille aller, en second lieu, que mes pieds m'y portent. Qu'un paralytique veuille courir, qu'un homme agile ne le veuille pas, tous deux resteront en place. Le corps politique a les mêmes mobiles; on y distingue de même la force et la volonté : celle-ci sous le nom de puissance Legislative, l'autre sous le nom de puissance éxécutive*. Rien ne s'y fait ou ne s'y doit faire sans leur concours.

---

* Je dis executive et legislative, non executrice ni legislatrice, parce que je prends ces deux mots adjectivement. En general je ne

Nous avons vu que la puissance législative appartient au peuple et ne peut appartenir qu'à lui. Il eſt aisé de voir de même que la puissance éxecutive ne peut appartenir au Peuple.

---

fais pas grand cas de toutes ces vetilles de grammaire mais je crois que dans les écrits didactiques on doit souvent avoir moins d'égards à l'usage qu'à l'analogie quand elle rend le sens plus exact *(a)*[1].

[DE LA RELIGION CIVILE[1]]

SITÔT que les h[ommes] vivent en société il leur faut une Religion qui les y maintienne *(a)*. Jamais peuple n'a subsisté ni ne subsistera sans Religion et si on ne lui en donnoit point, de lui-même il s'en feroit une ou seroit bientôt détruit. Dans tout etat qui peut exiger de ses membres le sacrifice de leur vie celui qui ne croit point de vie à venir *(b)* est nécessairement un lâche ou un fou *(c)*[2]; mais on ne sait que trop à quel point l'espoir de la vie à venir peut engager un fanatique à mépriser celle-ci. Otez ses visions à ce fanatique et donnez-lui ce même espoir pour prix de la vertu[3] vous en ferez un vrai citoyen[4].

La Religion considérée par raport à la societé peut se diviser en deux espèces savoir la Religion de l'homme et celle du Citoyen. La premiére, sans temple, sans autels, sans rites, bornée au culte purement spirituel du Dieu suprême[5] et aux devoirs éternels de la morale, est la pure et simple Religion de l'Évangile ou le vrai Théisme. L'autre, renfermée pour ainsi dire dans un seul pays, lui donne ses dieux propres et tutélaires *(d)*, elle a ses cérémonies, ses rites, son culte extérieur prescrit par les loix : hors de la seule nation qui la suit, tout le reste est pour elle infidelle, étranger, barbare, elle n'étend les devoirs et les droits de l'h[omme] qu'aussi loin que ses Dieux et ses loix. Telles étoient les Réligions de tous les anciens peuples sans aucune exception *(e)*.

Il y a une 3e sorte de Religion plus bizarre qui donnant aux hommes deux chefs, deux loix, deux patries les soumet à des devoirs contradictoires et les empêche de pouvoir jamais être à la fois pieux[6] et citoyens. Telle est la Religion des Lamas, telle est celle des Japonois, tel est le christianisme romain. On peut appeller celle-ci la Religion du Prêtre.

A considerer politiquement ces trois sortes de Religion, elles ont toutes leurs défauts. La troisième eſt si évidemment mauvaise, que c'eſt perdre le tems de s'amuser à le démontrer.

La seconde eſt bonne en ce qu'elle réunit le culte divin et l'amour des loix et que faisant de la patrie l'objet de l'adoration des citoyens, elle leur apprend que servir l'Etat c'eſt servir Dieu. C'eſt une espèce de Théocratie dans laquelle l'Etat ne doit point avoir d'autres prêtres que ses magiſtrats. Alors, mourir pour son pays c'eſt aller au martire; désobéir aux loix c'eſt être impie et sacrilége, et soumettre un criminel à l'exécration publique c'eſt le dévouer au courroux céleſte des Dieux : *sacer eſtod*[1] *(a)*.

Mais elle eſt mauvaise en ce qu'étant fondée sur l'erreur et sur le mensonge elle trompe les h[ommes], les rend crédules et superſtitieux, et noye le vrai culte de la divinité dans un vain cérémonial. Elle eſt mauvaise encore quand devenant exclusive et tirannique elle rend un peuple sanguinaire et intolérant en sorte qu'il ne respire que meurtre et massacre et croit faire une action sainte de tuer quiconque n'admet pas ses dieux et ses loix. Il n'eſt pas permis de serrer le nœud d'une société particuliére aux dépends du reſte du genre humain *(b)*.

Que si dans le paganisme où chaque état avoit son culte et ses Dieux tutélaires il n'y avoit point de guerres de Religion. C'étoit par cela même que chaque état ayant son culte particulier aussi bien que son gouvernement ne diſtinguoit point ses Dieux de ses loix. La guerre étant purement civile étoit tout ce qu'elle pouvoit être. Les départemens des Dieux étoient pour ainsi dire fixés par les bornes des nations. Le Dieu d'un peuple n'avoit aucun droit sur un autre peuple. Les Dieux des payens n'étoient point des Dieux jaloux, ils partageoient paisiblement entre eux l'empire du monde et en suivoient sans souci les partages des mortels; l'obligation d'embrasser une religion ne venoit que de celle d'être soumis aux loix qui la prescrivoient. Comme il n'y avoit donc point d'autre maniére de convertir un peuple que de l'asservir c'eût été un discours ridicule que de lui dire : adore mes Dieux ou je t'attaque; l'obligation de changer de culte étant attachée à victoire, il faloit commencer par vaincre avant d'en parler. En un mot, loin que les hommes combatissent pour les Dieux, c'étoit comme dans Homère les Dieux qui combattoient pour les h[ommes]. Les Romains avant de prendre une place sommaient ses Dieux de l'abandonner et quand ils laissoient aux Tarentins leurs Dieux irrités c'eſt qu'ils les regardoient alors, ces Dieux, comme soumis aux leurs, et forcés à leur faire hommage. Ils laissoient aux vaincus leurs Dieux comme ils leur laissoient leurs loix. Une couronne d'or au Jupiter du Capitole étoit souvent le seul tribut qu'ils en exigeoient.

Or si malgré cette mutuelle tolérance la superſtition payenne, au milieu des lettres et de mille vertus, engendra tant de cruautés, je ne vois point qu'il soit possible de séparer ces mêmes cruautés du même zèle et de concilier les droits d'une religion nationale avec ceux de l'humanité; il vaut donc mieux attacher les citoyens à l'état par des liens moins forts et plus doux et n'avoir ni heros ni fanatiques.

Reſte la religion de l'h[omme] ou le Chriſtianisme, non pas celui d'aujourdui mais celui de l'évangile. Par cette Religion sainte, sublime, véritable, les hommes, enfans du même Dieu, se reconnoissent tous pour frères, et la societé qui les unit eſt d'autant plus étroite qu'elle ne se dissout pas même à la mort. Cependant cette même religion n'ayant nulle relation particuliére à la conſtitution de l'état *(a)*, laisse aux loix politiques et civiles la seule force que leur donne le droit naturel sans leur en ajouter aucune autre, et par là un des plus grands soutiens de la societé reſte sans effet dans l'état[1].

On nous dit qu'un peuple de vrais chrétiens formeroit la plus parfaite societé qu'on puisse imaginer. La plus parfaite en un sens purement moral cela peut être mais non pas certainement la plus forte ni la plus durable. Le peuple seroit soumis aux loix, les chefs seroient équitables, les soldats mépriseroient la mort, j'en conviens, mais ce n'eſt pas là tout.

Le Chriſtianisme eſt une religion toute spirituelle qui détache les h[ommes] des choses de la terre *(b)*[2], la patrie du chrétien n'eſt pas de ce monde, il fait son devoir il eſt vrai mais il le fait avec une profonde indifférence sur le succès des soins qu'il se donne. Peu lui importe que tout aille bien ou mal ici-bas; si l'état eſt florissant il jouit modeſtement *(c)* de la félicité publique, si l'état dépérit il bénit la main de Dieu qui s'appesantit sur son peuple. Pour que la societé fut paisible et que l'harmonie se maintint il faudroit que tous les citoyens sans exception fussent également bons chrétiens, mais si malheureusement il s'y trouvoit quelque ambitieux ou quelque hypocrite, un Catilina par exemple ou un Cromwell, celui-là très certainement auroit bon marché de ses pieux compatriotes. Dès qu'il auroit trouvé par quelque ruse le secret de les tromper et de s'emparer d'une partie de l'autorité publique, aussitôt voila une puissance. Dieu veut qu'on lui obéisse, c'est la verge dont il punit ses enfans, on se ferait conscience de chasser l'usurpateur, il faudroit verser du sang, user de violence, troubler le repos public, tout cela ne s'accorde point avec la douceur du chrétien, et après tout qu'importe qu'on soit libre ou dans les fers dans cette vallée de misére; l'essentiel est d'aller en paradis, et la resignation n'est qu'un moyen de plus pour cela. On peut être tout aussi bien sauvé esclave qu'homme libre[1].

Survient-il quelque guerre étrangère, les citoyens marchent au combat, nul d'eux ne songe à fuir, ils font leur devoir mais ils ont peu de passion pour la victoire, ils savent plustôt mourir que vaincre. Qu'ils soient vainqueurs ou vaincus qu'importe, la providence sait mieux qu'eux ce qu'il leur faut. Qu'on imagine quel parti un ennemi impétueux, actif, passionné *(a)* peut tirer de leur stoicisme. Mettez vis à vis d'eux ces peuples généreux et fiers que dévoroit l'ardent amour de la gloire et de la patrie. Supposés vôtre république chrétienne vis à vis de Sparte ou de Rome, les chrétiens seront battus, ecrasés, détruits avant d'avoir eu le tems de se reconnoitre, ou ne devront leur salut qu'au mépris que leur ennemi concevra pour eux. C'étoit un beau serment, ce me semble, que celui des soldats de Fabius, ils ne jurérent pas de vaincre ou de mourir, ils jurèrent de revenir vainqueurs, et ils revinrent tels. Jamais des chrétiens ne s'aviseroient d'un pareil serment, car ils croiroient tenter Dieu.

Mais je me trompe en disant une république chrétienne *(b)*, chacun de ces deux mots exclud l'autre. Le Christianisme ne prêche que servitude et dépendance. L'esprit du Christianisme est trop favorable à la tyrannie pour qu'elle n'en profite pas toujours. Les vrais chrétiens sont faits pour être esclaves, ils le savent et ne s'en émeuvent guère, cette courte vie a trop peu de prix pour eux.

Les troupes chrétiennes sont excellentes, me dira-t-on. Je le nie. Qu'on m'en montre de telles. Quant à moi je ne connois point de troupes chrétiennes *(a)*. On me citera les croisades. Sans disputer sur la valeur des croisés, je me contenterai de remarquer que bien loin d'être des chrétiens, c'étoient des soldats du prêtre *(b)*, c'étoient des citoyens de l'Eglise, ils se battoient pour leur pays spirituel[1]. A le bien prendre, ceci rentre dans le paganisme *(c)*, comme l'évangile n'est point une religion civile, toute guerre de religion est impossible parmi les chrétiens.

Sous les empereurs Payens, les soldats chrétiens étoient braves. Je le crois bien. C'étoit une espèce de guerre d'honneur entre eux et les troupes payennes. Sitôt que les Empereurs furent chrétiens, cette émulation ne subsista plus et leurs troupes ne firent plus rien qui vaille.

Revenons au droit et fixons les principes. Le droit que le pacte social donne au souverain sur les sujets ne passe point, comme je l'ai dit, les bornes de l'utilité publique. Les sujets ne doivent donc compte au souverain de leurs opinions qu'autant que ces opinions importent à la communauté. Or il importe bien à l'état que chaque citoyen ait une Religion : mais les dogmes de cette Religion ne lui importent qu'autant qu'ils se rapportent à la morale *(d)*, tous les autres ne sont point de sa compétence et chacun peut avoir au surplus telles opinions qu'il lui plaît sans qu'il appartienne au souverain d'en connoitre.

Il y a des dogmes positifs, que le citoyen doit admettre comme avantageux à la societé et des dogmes négatifs, qu'il doit rejetter comme nuisibles *(e)*.

Ces dogmes divers composent une profession de foi purement civile qu'il appartient à la loi de prescrire non pas précisement comme dogmes de Religion mais comme sentimens de sociabilité sans lesquels il est impossible d'être bon citoyen ni sujet fidelle. Elle ne peut obliger personne à les croire, mais elle peut bannir de l'Etat quiconque ne les croit pas; elle peut le bannir, non comme impie, mais comme insociable, comme incapable d'aimer sincerement les lois, la justice, la patrie, et d'immoler au besoin sa vie à ses devoirs *(f)*.

Tout citoyen doit être tenu de prononcer cette profession de foi par devant le magistrat et d'en reconnoitre expressément tous les dogmes. Si quelqu'un ne les reconnoit pas qu'il soit retranché de la cité mais qu'il emporte paisiblement tous ses biens. Si quelqu'un après avoir reconnu ces dogmes, se conduit comme ne les croyant pas qu'il soit puni de mort, il a commis le plus grand des crimes : il a menti devant les loix.

Les dogmes de la Religion civile seront simples, en petit nombre, énoncés avec précision, et sans explication ni commentaire. L'existence de la divinité *(a)* bienfaisante, puissante, intelligente, prévoyante et pourvoyante, la vie à venir, le bonheur des justes et le châtiment des méchans, la sainteté du contract social et des loix, voila les dogmes positifs *(b)*. Quant aux négatifs, je les borne à un seul c'est l'intolérance.

Ceux qui distinguent l'intolérance civile et l'intolérance Ecclésiastique se trompent. L'une mène nécessairement à l'autre, ces deux intolérances sont inséparables. Il est impossible de vivre en paix avec des gens qu'on croit damnés. Les aimer ce seroit haïr Dieu qui les punit, il faut nécessairement qu'on les convertisse ou qu'on les persécute *(c)*. Un article nécessaire et indispensable dans la profession de foi civile est donc celui-ci. Je ne crois point que personne soit coupable devant Dieu pour n'avoir pas pensé comme moi sur son culte *(d)*.

Je dirai plus[1]. Il est impossible que les intolérans réunis sous les mêmes dogmes vivent jamais en paix entre eux. Dès qu'ils ont inspection sur la foi les uns des autres, ils deviennent tous ennemis *(e)*, alternativement persécutés et persécuteurs, chacun sur tous et tous sur chacun. L'intolérant est l'homme de Hobbes, l'intolérance est la guerre de l'humanité. La societé des intolérans est semblable à celle des démons : ils ne s'accordent que pour se tourmenter. Les horreurs de l'inquisition n'ont jamais régné que dans les pays où tout le monde était intolérant, dans ces pays il ne tient qu'à la fortune que les victimes ne soient pas les bourreaux.

Il faut penser comme moi pour être sauvé. Voila le dogme *(f)* affreux qui désole la terre. Vous n'aurez jamais rien fait pour la paix publique si vous n'ôtés de la cité ce dogme infernal. Quiconque ne le trouve pas exécrable ne peut être ni chrétien ni citoyen ni homme, c'est un monstre qu'il faut immoler au repos du genre humain *(g)*.

Cette profession de foi une fois établie, qu'elle se renouvelle tous les ans avec solennité et que cette solennité soit accompagnée d'un culte auguste et simple dont les magistrats soient seuls les ministres et qui réchauffe dans les cœurs l'amour de la patrie. Voilà tout ce qu'il est permis au souverain de prescrire quant à la religion. Qu'au surplus on laisse introduire toutes les opinions qui ne sont point contraires à la profession de foi civile, tous les cultes qui peuvent compatir avec le culte public, et qu'on ne craigne ni disputes de religion ni guerres sacrées. Personne ne s'avisera de subtiliser sur les dogmes quand on aura si peu d'intérest à les discuter. Nul apôtre ou missionnaire *(a)* n'aura droit de venir taxer d'erreur une Religion qui sert de base à toutes les religions du monde et qui n'en condamne aucune. Et si quelqu'un vient prêcher son horrible intolérance, il sera puni sans disputer contre lui. On le punira comme séditieux et rebelle aux loix, sauf à aller, s'il lui plaît, narrer son martire dans son pays. On eût bien de la peine à donner aux anciens l'idée de ces hommes brouillons et séditieux qu'on appelle missionnaires. Ainsi l'on réunira les avantages de la religion de l'homme et de celle du citoyen. L'état aura son culte et ne sera ennemi de celui d'aucun autre *(b)*. Les loix divine et humaine, se réunissant toujours sur le même objet, les plus pieux théistes seront aussi les plus zélés citoyens et la deffense des saintes lois sera la gloire du Dieu des hommes *(c)*.

Maintenant qu'il n'y a plus et qu'il ne peut plus y avoir de religion nationale exclusive, on doit tolérer toutes celles qui tolèrent les autres pourvu que leurs dogmes n'ayent rien de contraire aux devoirs du Citoyen. Mais quiconque dit : hors de l'Église point de salut, doit être chassé de l'état, à moins que l'État ne soit l'Église. Ce dogme intolérant ne doit être admis que dans un gouvernement Théocratique, dans tout autre, il est absurde et pernicieux *(d)*.

[LE MARIAGE DES PROTESTANTS[1]]

Il est clair que l'acte civil doit avoir tous les effets civils comme l'état et le nom des enfans la succession des biens etc. Les effets du sacrement doivent être purement spirituels. Or point du tout. Ils ont tellement confondu tout cela que l'état des citoyens et la succession des biens dépendent uniquement des prêtres. Il dépend absolument du clergé qu'il ne naisse pas dans tout le Royaume de France un seul enfant légitime, qu'aucun citoyen n'ait droit au bien de son père et que dans trente ans d'ici la France entière ne soit peuplée que de batards. Tant que les fonctions des Prêtres auront des effets civils les Prêtres seront les vrais magistrats. Les assemblées du clergé de France sont à mes yeux les vrais états de la nation *(a)*.

Voulez-vous de ceci un exemple attesté *(b)* mais presque incroyable, vous n'avez qu'à considérer la conduite qu'on tient avec les protestans du royaume.

Je ne vois pas pourquoi le clergé de France n'étendroit pas à tous les citoyens quand il lui plaira le droit dont il use actuellement sur les protestans français. L'expérience ayant fait sentir à quel point la révocation de l'Edit de Nantes avait affoibli la monarchie, on a voulu retenir dans le Royaume avec les débris de la secte persécutée, la seule pépiniére de sujets qui lui reste. Depuis lors, ces infortunés, réduits à la plus horrible situation où jamais peuple se soit vu depuis que le monde existe, ne peuvent ni rester ni fuir. Il leur est permis d'être ni étrangers ni citoyens, ni hommes. Les droits mêmes de la nature leur sont ôtés, le mariage leur est interdit et dépouillés à la fois de la patrie, de la famille et des biens, ils sont réduits à l'état des bêtes *(c)*. Voyez comment ce traitement inoui suit d'une chaine de principes mal entendus. Les loix du royaume ont prescrit les forme solennelles que devoient avoir les mariages légitimes, et cela est très bien entendus. Mais elles ont attribué au clergé l'administration de ces formes, et les ont confondues avec le prétendu sacrement. Le clergé de son côté refuse d'administrer le sacrement à qui n'est pas enfant de l'Eglise, et l'on ne sauroit taxer le refus d'injustice. Le protestant donc ne peut pas se marier selon les formes prescrites par les loix sans renoncer à sa religion, et le magistrat ne reconnait de mariages légitimes que ceux qui sont faits selon les formes prescrittes par les loix. Ainsi l'on tolère et l'on proscrit à la fois le peuple protestant; on veut à la fois qu'il vive et qu'il meure *(a)*. Le malheureux a beau se marier, et respecter dans sa misére la pureté du lien qu'il a formé, il se voit condamné par les magistrats, il voit dépouiller sa famille de ses biens, traitter sa femme en concubine et ses enfants en batards; le tout, comme vous voyez, juridiquement et conséquemment aux loix. Cette situation est unique et je me hâte de poser la plume de peur de céder au cri de la nature qui s'éléve et gémit devant son auteur.

L'expérience apprend que de toutes les sectes du christianisme la protestante comme la plus sage et la plus douce est aussi la plus pacifique et la plus sociale. C'est la seule où les loix puissent garder leur empire et les chefs leur autorité.

[FRAGMENTS]

1) Que la souveraineté eſt indivisible[1] (p. 1, recto).

2) Les signes moraux sont incertains, difficiles à soumettre au calcul.
La sûreté, la tranquillité, la liberté même.
(p. 1, verso).

3) Plusieurs peuples au milieu des guerres et des dissensions inteſtines ne laissent pas de multiplier extrémement. Dans d'autres gouvernemens au contraire la paix même eſt devorante et consume les Citoyens[2].
(p. 1, verso).

4) Dans un état libre les h[ommes] souvent rassemblés entre eux vivent peu avec les femmes.
Les loix de Sparte au lieu d'assurer la proprieté la détruisent. Où les loix étoient les mœurs; les mœurs devenoient des loix.
(p. 47, recto).

5) Mais il eſt clair que ce prétendu droit de tuer les vaincus ne resulte en aucune maniére de l'état de guerre. La guerre n'eſt point une relation entre les hommes mais entre les puissances dans laquelle les particuliers ne sont ennemis qu'accidentellement et moins comme citoyens que comme soldats. L'étranger qui vole, pille et détient les sujets sans déclarer la guerre au prince n'eſt pas un ennemi, c'eſt un brigand, et même en pleine guerre un prince juſte s'empare en pays ennemi de tout ce qui appartient au public, mais il respecte la personne et les biens des particuliers, il respecte les droits sur lesquels *(a)* eſt fondé son propre pouvoir. La fin de la guerre eſt la deſtruction de l'état ennemi; on a droit d'en tuer les deffenseurs tant qu'ils ont les armes à la main mais

sitot qu'ils les posent et se rend[ent], *(a)*, ils cessent d'être ennemis ou plustot instrumens de l'ennemi et l'on n'a plus droit sur leur vie. On peut tuer l'état sans tuer un seul de ses membres. Or la guerre ne donne aucun droit qui ne soit necessaire à sa fin[1].

(p. 72, verso).

DU
CONTRACT SOCIAL ;
OU,
PRINCIPES
DU
DROIT POLITIQUE

PAR J. J. ROUSSEAU,
citoyen de Geneve.

—foederis aequas
Dicamus leges.

AENEID. XI

AVERTISSEMENT.

Ce petit traité[1] *est extrait d'un ouvrage plus étendu, entrepris autrefois sans avoir consulté mes forces, et abandonné depuis long-tems*[2]. *Des divers morceaux qu'on pouvoit tirer de ce qui étoit fait, celui-ci est le plus considérable, et m'a paru le moins indigne d'être offert au public. Le reste n'est déja plus*[3].

LIVRE I.

JE veux chercher si dans l'ordre civil il peut y avoir quelque regle d'administration[1] légitime et sûre, en prenant les hommes tels qu'ils sont, et les loix telles qu'elles peuvent être : Je tâcherai d'allier toujours dans cette recherche ce que le droit permet avec ce que l'intérêt prescrit, afin que la justice et l'utilité ne se trouvent point divisées.

J'entre en matiere sans prouver l'importance de mon sujet. On me demandera si je suis prince ou législateur pour écrire sur la Politique ? Je réponds que non, et que c'est pour cela que j'écris sur la Politique. Si j'étois prince ou législateur, je ne perdrois pas mon tems à dire ce qu'il faut faire; je le ferois, ou je me tairois.

Né citoyen d'un Etat libre[2], et membre du souverain[3], quelque foible influence que puisse avoir ma voix dans les affaires publiques, le droit d'y voter suffit pour m'imposer le devoir de m'en instruire. Heureux, toutes les fois que je médite sur les Gouvernemens, de trouver toujours dans mes recherches de nouvelles raisons d'aimer celui de mon pays[4] !

CHAPITRE I.

SUJET DE CE PREMIER LIVRE.

L'HOMME est né libre[5], et par-tout il est dans les fers. Tel se croit le maître des autres, qui ne laisse pas d'être plus esclave qu'eux[6]. Comment ce changement s'est-il fait ? Je l'ignore. Qu'est-ce qui peut le rendre légitime ? Je crois pouvoir résoudre cette question.

Si je ne considérois que la force, et l'effet qui en dérive, je dirois; tant qu'un Peuple eſt contraint d'obéïr et qu'il obéït, il fait bien; sitôt qu'il peut secoüer le joug et qu'il le secoüe, il fait encore mieux; car, recouvrant sa liberté par le même droit qui la lui a ravie, ou il eſt fondé à la reprendre, ou l'on ne l'étoit point à la lui ôter. Mais l'ordre social eſt un droit sacré, qui sert de base à tous les autres. Cependant ce droit ne vient point de la nature; il eſt donc fondé sur des conventions[1]. Il s'agit de savoir quelles sont ces conventions. Avant d'en venir-là je dois établir ce que je viens d'avancer.

CHAPITRE II.

DES PREMIERES SOCIÉTÉS.

LA plus ancienne de toutes les sociétés et la seule naturelle[2] eſt celle de la famille. Encore les enfans ne reſtent-ils liés au pere qu'aussi longtems qu'ils ont besoin de lui pour se conserver. Sitôt que ce besoin cesse, le lien naturel se dissout. Les enfans, exempts de l'obéïssance qu'ils devoient au pere, le pere exempt des soins qu'il devoit aux enfans, rentrent tous également dans l'indépendance[3]. S'ils continuent de reſter unis ce n'eſt plus naturellement c'eſt volontairement, et la famille elle-même ne se maintient que par convention[4].

Cette liberté commune eſt une conséquence de la nature de l'homme. Sa premiere loi eſt de veiller à sa propre conservation, ses premiers soins sont ceux qu'il se doit à lui-même, et, sitôt qu'il eſt en âge de raison, lui seul étant juge des moyens propres à se conserver devient par-là son propre maitre.

La famille eſt donc si l'on veut le premier modéle des sociétés politiques; le chef eſt l'image du pere, le peuple eſt l'image des enfans[5], et tous étant nés égaux et libres n'aliénent leur liberté que pour leur utilité. Toute la différence eſt que dans la famille l'amour du pere pour ses enfans le paye des soins qu'il leur rend, et que dans l'Etat le plaisir de commander supplée à cet amour que le chef n'a pas pour ses peuples.

Grotius nie que tout pouvoir humain soit établi en

faveur de ceux qui sont gouvernés : Il cite l'esclavage en exemple[1]. Sa plus constante maniere de raisonner est d'établir toujours le droit par le fait*. On pourroit employer une méthode plus conséquente, mais non pas plus favorable aux Tirans.

Il est donc douteux, selon Grotius, si le genre humain appartient à une centaine d'hommes, ou si cette centaine d'hommes appartient au genre humain, et il paroit dans tout son livre pancher pour le premier avis : c'est aussi le sentiment de Hobbes[2]. Ainsi voilà l'espece humaine divisée en troupeaux de bétail, dont chacun a son chef, qui le garde pour le dévorer.

Comme un pâtre est d'une nature supérieure à celle de son troupeau, les pasteurs d'hommes, qui sont leurs chefs, sont aussi d'une nature supérieure à celle de leurs peuples. Ainsi raisonnoit, au raport de Philon[3], l'Empereur Caligula; concluant assez bien de cette analogie que les rois étoient des Dieux, ou que les peuples étoient des bêtes.

Le raisonnement de ce Caligula revient à celui d'Hobbes et de Grotius. Aristote[4] avant eux tous avoit dit aussi que les hommes ne sont point naturellement égaux, mais que les uns naissent pour l'esclavage et les autres pour la domination.

Aristote avoit raison, mais il prenoit l'effet pour la cause. Tout homme né dans l'esclavage nait pour l'esclavage, rien n'est plus certain. Les esclaves perdent tout dans leurs fers, jusqu'au désir d'en sortir; ils aiment leur servitude comme les compagnons d'Ulysse aimoient leur abrutissement**. S'il y a donc des esclaves par nature, c'est parce qu'il y a eu des esclaves contre nature. La force a fait les premiers esclaves, leur lâcheté les a perpétués.

Je n'ai rien dit du roi Adam, ni de l'empereur Noé pere de trois grands Monarques qui se partagerent l'uni-

---

* « Les savantes recherches sur le droit public ne sont souvent » que l'histoire des anciens abus, et on s'est entêté mal-à-propos » quand on s'est donné la peine de les trop étudier. » *Traité manuscrit des intérêts de la Fr: avec ses voisins ; par M. L. M. d'A (a)*[6]. Voilà précisément ce qu'a fait Grotius.

** Voyez un petit traité de Plutarque intitulé : *Que les bêtes usent de la raison.*

vers, comme firent les enfans de Saturne, qu'on a cru reconnoître en eux[1]. J'espere qu'on me saura gré de cette modération; car, descendant directement de l'un de ces Princes, et peut-être de la branche ainée, que sais-je si par la vérification des titres je ne me trouverois point le légitime roi du genre humain ? Quoi qu'il en soit, on ne peut disconvenir qu'Adam n'ait été Souverain du monde comme Robinson de son isle, tant qu'il en fut le seul habitant; et ce qu'il y avoit de commode dans cet empire étoit que le monarque assuré sur son trône n'avoit à craindre ni rébellions ni guerres ni conspirateurs.

CHAPITRE III.

DU DROIT DU PLUS FORT.

Le plus fort n'est jamais assez fort pour être toujours le maitre, s'il ne transforme sa force en droit et l'obéïssance en devoir. De-là le droit du plus fort; droit pris ironiquement en apparence, et réellement établi en principe : Mais ne nous expliquera-t-on jamais ce mot ? La force est une puissance phisique; je ne vois point quelle moralité peut résulter de ses effets. Céder à la force est un acte de nécessité, non de volonté; c'est tout au plus un acte de prudence. En quel sens pourra-ce être un devoir ?

Supposons un moment ce prétendu droit. Je dis qu'il n'en résulte qu'un galimathias inexplicable. Car sitôt que c'est la force qui fait le droit, l'effet change avec la cause; toute force qui surmonte la premiere, succéde à son droit. Sitôt qu'on peut désobéir impunément on le peut légitimement, et puisque le plus fort a toujours raison, il ne s'agit que de faire en sorte qu'on soit le plus fort. Or qu'est-ce qu'un droit qui périt quand la force cesse ? S'il faut obéir par force on n'a pas besoin d'obéir par devoir, et si l'on n'est plus forcé d'obéir on n'y est plus obligé. On voit donc que ce mot de droit n'ajoûte rien à la force; il ne signifie ici rien du tout.

Obeissez aux puissances. Si cela veut dire, cédez à la force, le précepte est bon, mais superflu, je réponds qu'il ne sera jamais violé. Toute puissance vient de Dieu[1], je l'avoüe; mais toute maladie en vient aussi. Est-ce à dire qu'il soit défendu d'appeller le médecin ? Qu'un brigand me surprenne au coin d'un bois : non seulement il faut par force donner la bourse, mais quand je pourrois la soustraire suis-je en conscience obligé de la donner ? car enfin le pistolet qu'il tient est aussi une puissance.

Convenons donc que force ne fait pas droit, et qu'on n'est obligé d'obéir qu'aux puissances légitimes. Ainsi ma question primitive revient toujours.

CHAPITRE IV.

DE L'ESCLAVAGE[2].

Puis qu'aucun homme n'a une autorité naturelle sur son semblable, et puisque la force ne produit aucun droit, restent donc les conventions pour base de toute autorité légitime parmi les hommes.

Si un particulier, dit Grotius, peut aliéner sa liberté et se rendre esclave d'un maitre, pourquoi tout un peuple ne pourroit-il pas aliéner la sienne et se rendre sujet d'un roi[3] ? Il y a là bien des mots équivoques qui auroient besoin d'explication, mais tenons-nous en à celui d'*aliéner*. Aliéner c'est donner ou vendre. Or un homme qui se fait esclave d'un autre ne se donne pas, il se vend, tout au moins pour sa subsistance[4] : mais un peuple pour quoi se vend-il ? Bien loin qu'un roi fournisse à ses sujets leur subsistance il ne tire la sienne que d'eux, et selon Rabelais un roi ne vit pas de peu. Les sujets donnent donc leur personne à condition qu'on prendra aussi leur bien ? Je ne vois pas ce qu'il leur reste à conserver.

On dira que le despote assure à ses sujets la tranquillité civile[5]. Soit; mais qu'y gagnent-ils, si les guerres que son ambition leur attire, si son insatiable avidité, si les vexations de son ministere les désolent plus que ne feroient leurs dissentions ? Qu'y gagnent-ils, si cette tranquillité-même est une de leurs miseres ? On vit tranquille aussi dans les cachots; en est-ce assez pour s'y trouver bien ? Les Grecs enfermés dans l'antre du Cyclope y vivoient tranquilles, en attendant que leur tour vint d'être dévorés[1].

Dire qu'un homme se donne gratuitement, c'eſt dire une chose absurde et inconcevable; un tel acte eſt illégitime et nul, par cela seul que celui qui le fait n'eſt pas dans son bon sens. Dire la même chose de tout un peuple, c'eſt supposer un peuple de foux : la folie ne fait pas droit.

Quand chacun pourroit s'aliéner lui-même, il ne peut aliéner ses enfans; ils naissent hommes et libres; leur liberté leur appartient, nul n'a droit d'en disposer qu'eux[2]. Avant qu'ils soient en âge de raison le pere peut en leur nom ſtipuler des conditions pour leur conservation, pour leur bien être; mais non les donner irrévocablement et sans condition; car un tel don eſt contraire aux fins de la nature et passe les droits de la paternité. Il faudroit donc pour qu'un gouvernement arbitraire fut légitime qu'à chaque génération le peuple fut le maitre de l'admettre ou de le rejetter : mais alors ce gouvernement ne seroit plus arbitraire.

Renoncer à sa liberté c'eſt renoncer à sa qualité d'homme, aux droits de l'humanité, même à ses devoirs[3]. Il n'y a nul dédomagement possible pour quiconque renonce à tout. Une telle renonciation eſt incompatible avec la nature de l'homme, et c'eſt ôter toute moralité à ses actions que d'ôter toute liberté à sa volonté. Enfin c'eſt une convention vaine et contradictoire de ſtipuler d'une part une autorité absolue et de l'autre une obéissance sans bornes. N'eſt-il pas clair qu'on n'eſt engagé à rien envers celui dont on a droit de tout éxiger, et cette seule condition, sans équivalent, sans échange n'entraîne-t-elle pas la nullité de l'acte? Car quel droit mon esclave auroit-il contre moi, puisque tout ce qu'il a m'appartient, et que son droit étant le mien, ce droit de moi contre moi-même eſt un mot qui n'a aucun sens ?

Grotius et les autres[4] tirent de la guerre une autre origine du prétendu droit d'esclavage. Le vainqueur ayant, selon eux, le droit de tuer le vaincu, celui-ci peut racheter sa vie aux dépends de sa liberté; convention d'autant plus légitime qu'elle tourne au profit de tous deux[5].

Mais il eſt clair que ce prétendu droit de tuer les vaincus ne résulte en aucune maniere de l'état de guerre[6]. Par cela seul que les hommes vivant dans leur primitive indépendance n'ont point entre eux de rapport assez constant pour constituer ni l'état de paix ni l'état de guerre, ils ne sont point naturellement ennemis[1]. C'est le rapport des choses et non des hommes qui constitue la guerre, et l'état de guerre ne pouvant naitre des simples rélations personnelles, mais seulement des rélations réelles, la guerre privée ou d'homme à homme ne peut exister, ni dans l'état de nature où il n'y a point de propriété constante, ni dans l'état social où tout est sous l'autorité des loix.

Les combats particuliers, les duels, les rencontres sont des actes qui ne constituent point un état; et à l'égard des guerres privées, autorisées par les établissemens de Louis IX roi de France et suspendues par la paix de Dieu, ce sont des abus du gouvernement féodal, systême absurde s'il en fut jamais[2], contraire aux principes du droit naturel, et à toute bonne politie[3].

La guerre n'est donc point une rélation d'homme à homme, mais une rélation d'Etat à Etat, dans laquelle les particuliers ne sont ennemis qu'accidentellement, non point comme hommes ni même comme citoyens *(a)*, mais comme soldats; non point comme membres de la patrie, mais comme ses défenseurs. Enfin chaque Etat ne peut avoir pour ennemis que d'autres Etats et non pas des hommes, attendu qu'entre choses de diverses natures on ne peut fixer aucun vrai rapport.

Ce principe est même conforme aux maximes établies de tous les tems et à la pratique constante de tous les peuples policés. Les déclarations de guerre sont moins des avertissemens aux puissances qu'à leurs sujets. L'étranger, soit roi, soit particulier, soit peuple, qui vole, tüe ou détient les sujets sans déclarer la guerre au prince, n'est pas un ennemi, c'est un brigand. Même en pleine guerre un prince juste s'empare bien en pays ennemi de tout ce qui appartient au public, mais il respecte la personne et les biens des particuliers; il respecte des droits sur lesquels sont fondés les siens. La fin de la guerre étant la destruction de l'Etat ennemi, on a droit d'en tuer les défenseurs tant qu'ils ont les armes à la main; mais sitôt qu'ils les posent et se rendent, cessant d'être ennemis ou instrumens de l'ennemi, ils redeviennent simplement hommes et l'on n'a plus de droit sur leur vie. Quelquefois on peut tuer l'Etat sans tuer un seul de ses membres : Or la guerre ne donne aucun droit qui ne soit nécessaire à sa fin[1]. Ces principes ne sont pas ceux de Grotius; ils ne sont pas fondés sur des autorités de poëtes[2], mais ils dérivent de la nature des choses, et sont fondés sur la raison.

A l'egard du droit de conquête, il n'a d'autre fondement que la loi du plus fort. Si la guerre ne donne point au vainqueur le droit de massacrer les peuples vaincus, ce droit qu'il n'a pas ne peut fonder celui de les asservir. On n'a le droit de tuer l'ennemi que quand on ne peut le faire esclave; le droit de le faire esclave ne vient donc pas du droit de le tuer[3] : c'est donc un échange inique de lui faire acheter au prix de sa liberté sa vie sur laquelle on n'a aucun droit. En établissant le droit de vie et de mort sur le droit d'esclavage, et le droit d'esclavage sur le droit de vie et de mort, n'est-il pas clair qu'on tombe dans le cercle vicieux ?

En supposant même ce terrible droit de tout tuer, je dis qu'un esclave fait à la guerre ou un peuple conquis n'est tenu à rien du tout envers son maitre, qu'à lui obéir autant qu'il y est forcé. En prenant un équivalent à sa vie le vainqueur ne lui en a point fait grace : au lieu de le tuer sans fruit il l'a tué utilement. Loin donc qu'il ait acquis sur lui nulle autorité jointe à la force, l'état de guerre subsiste entre eux comme auparavant, leur rélation même en est l'effet, et l'usage du droit de la guerre ne suppose aucun traité de paix. Ils ont fait une convention; soit : mais cette convention, loin de détruire l'état de guerre, en suppose la continuité.

Ainsi, de quelque sens qu'on envisage les choses, le droit d'esclave est nul, non seulement parce qu'il est illégitime, mais parce qu'il est absurde et ne signifie rien. Ces mots *esclavage,* et, *droit* sont contradictoires; ils s'excluent mutuellement. Soit d'un homme à un homme, soit d'un homme à un peuple, ce discours sera toujours également insensé. *Je fais avec toi une convention toute à ta charge et toute à mon profit, que j'observerai tant qu'il me plaira, et que tu observeras tant qu'il me plaira.*

CHAPITRE V.

QU'IL FAUT TOUJOURS REMONTER À UNE PREMIERE CONVENTION.

QUAND j'accorderois tout ce que j'ai réfuté jusqu'ici, les fauteurs du despotisme n'en seroient pas plus avancés. Il y aura toujours une grande différence entre soumettre une multitude, et régir une société. Que des hommes épars soient successivement asservis à un seul, en quelque nombre qu'ils puissent être, je ne vois là qu'un maître et des esclaves, je n'y vois point un peuple et son chef; c'est si l'on veut une aggrégation, mais non pas une association[1]; il n'y a là ni bien public ni corps politique. Cet homme, eut-il asservi la moitié du monde, n'est toujours qu'un particulier; son intérêt, séparé de celui des autres, n'est toujours qu'un intérêt privé. Si ce même homme vient à périr, son empire après lui reste épars et sans liaison, comme un chêne se dissout et tombe en un tas de cendres, après que le feu l'a consumé[2].

Un peuple, dit Grotius, peut se donner à un roi. Selon Grotius un peuple est donc un peuple avant de se donner à un roi. Ce don même est un acte civil, il suppose une délibération publique. Avant donc que d'examiner l'acte par lequel un peuple élit un roi, il seroit bon d'examiner l'acte par lequel un peuple est un peuple. Car cet acte étant nécessairement antérieur à l'autre est le vrai fondement de la société[3].

En effet, s'il n'y avoit point de convention antérieure, où seroit, à moins que l'élection ne fut unanime, l'obligation pour le petit nombre de se soumettre au choix du grand, et d'où cent qui veulent un maitre ont-ils le droit de voter pour dix qui n'en veulent point ? La loi de la pluralité des suffrages est elle-même un établissement de convention, et suppose au moins une fois l'unanimité[4].

CHAPITRE VI.

DU PACTE SOCIAL.

Je suppose les hommes parvenus à ce point[1] où les obstacles qui nuisent à leur conservation dans l'état de nature, l'emportent par leur résistance sur les forces que chaque individu peut employer pour se maintenir dans cet état. Alors cet état primitif ne peut plus subsister, et le genre humain périroit s'il ne changeoit sa maniere d'être[2].

Or comme les hommes ne peuvent engendrer de nouvelles forces, mais seulement unir et diriger celles qui existent, ils n'ont plus d'autre moyen pour se conserver, que de former par aggrégation une somme de forces qui puisse l'emporter sur la résistance, de les mettre en jeu par un seul mobile et de les faire agir de concert.

Cette somme de forces ne peut naitre que du concours de plusieurs : mais la force et la liberté de chaque homme étant les premiers instrumens de sa conservation, comment les engagera-t-il sans se nuire, et sans négliger les soins qu'il se doit ? Cette difficulté ramenée à mon sujet peut s'énoncer en ces termes.

« Trouver une forme d'association qui défende et pro-
» tege de toute la force commune la personne et les biens
» de chaque associé, et par laquelle chacun s'unissant à
» tous n'obéisse pourtant qu'à lui-même et reste aussi
» libre qu'auparavant[3] ? » Tel est le problême fondamental dont le contract social donne la solution[4].

Les clauses de ce contract sont tellement déterminées par la nature de l'acte, que la moindre modification les rendroit vaines et de nul effet; en sorte que, bien qu'elles n'aient peut-être jamais été formellement énoncées, elles sont par-tout les mêmes, par-tout tacitement admises et reconnües[5]; jusqu'à ce que, le pacte social étant violé, chacun rentre alors dans ses premiers droits et reprenne sa liberté naturelle[6], en perdant la liberté conventionnelle pour laquelle il y renonça.

Ces clauses bien entendues se réduisent toutes à une seule, savoir l'aliénation totale de chaque associé avec tous ses droits à toute la communauté[7] : Car premierement, chacun se donnant tout entier, la condition est égale pour tous, et la condition étant égale pour tous, nul n'a intérêt de la rendre onéreuse aux autres[1].

De plus, l'aliénation se faisant sans réserve, l'union est aussi parfaite qu'elle ne peut l'être et nul associé n'a plus rien à réclamer : Car s'il restoit quelques droits aux particuliers, comme il n'y auroit aucun supérieur commun qui put prononcer entre eux et le public, chacun étant en quelque point son propre juge prétendroit bientôt l'être en tous, l'état de nature subsisteroit et l'association deviendroit nécessairement tirannique ou vaine.

Enfin chacun se donnant à tous ne se donne à personne[2], et comme il n'y a pas un associé sur lequel on n'acquiere le même droit qu'on lui cede sur soi, on gagne l'équivalent de tout ce qu'on perd, et plus de force pour conserver ce qu'on a.

Si donc on écarte du pacte social ce qui n'est pas de son essence, on trouvera qu'il se réduit aux termes suivans. *Chacun de nous met en commun sa personne et toute sa puissance sous la suprême direction de la volonté générale*[3]; *et nous recevons en corps chaque membre comme partie indivisible du tout*[4].

A l'instant, au lieu de la personne particuliere de chaque contractant, cet acte d'association produit un corps moral et collectif[5] composé d'autant de membres que l'assemblée a de voix, lequel reçoit de ce même acte son unité, son *moi* commun, sa vie et sa volonté. Cette personne publique qui se forme ainsi par l'union de toutes les autres prenoit autrefois le nom de *Cité**, et prend

---

* Le vrai sens de ce mot s'est presque entierement effacé chez les modernes; la plupart prennent une ville pour une Cité et un bourgeois pour un Citoyen. Ils ne savent pas que les maisons font la ville mais que les Citoyens font la Cité[6]. Cette même erreur coûta cher autrefois aux Carthaginois. Je n'ai pas lû que le titre de *Cives* ait jamais été donné aux sujets d'aucun Prince, pas même anciennement aux Macédoniens, ni de nos jours aux Anglois, quoique plus près de la liberté que tous les autres. Les seuls François prennent tout familiérement ce nom de *Citoyens*, parce qu'ils n'en ont aucune véritable idée, comme on peut le voir dans leurs Dictionnaires, sans quoi ils tomberoient en l'usurpant dans le crime de Léze-Majesté : ce nom chez eux exprime une vertu et non pas un droit. Quand Bodin[7] a voulu parler de nos Citoyens et Bourgeois, il a fait une lourde bévüe en prenant les uns pour les autres. M. d'Alembert ne s'y est pas trompé, et a bien distingué dans son article *Genève* les

maintenant celui de *République* ou de *corps politique,* lequel est appellé par ses membres *Etat* quand il est passif, *Souverain* quand il est actif, *Puissance* en le comparant à ses semblables. A l'égard des associés ils prennent collectivement le nom de *peuple,* et s'appellent en particulier *Citoyens* comme participans à l'autorité souveraine, et *Sujets* comme soumis aux loix de l'Etat. Mais ces termes se confondent souvent et se prennent l'un pour l'autre; il suffit de les savoir distinguer quand ils sont employés dans toute leur précision.

CHAPITRE VII.

DU SOUVERAIN[1].

On voit par cette formule que l'acte d'association[2] renferme un engagement réciproque du public avec les particuliers, et que chaque individu, contractant, pour ainsi dire, avec lui-même, se trouve engagé sous un double rapport; savoir, comme membre du Souverain envers les particuliers, et comme membre de l'Etat envers le Souverain[3]. Mais on ne peut appliquer ici la maxime du droit civil que nul n'est tenu aux engagemens pris avec lui-même; car il y a bien de la différence entre s'obliger envers soi, ou envers un tout dont on fait partie.

Il faut remarquer encore que la délibération publique, qui peut obliger tous les sujets envers le Souverain, à cause des deux différens rapports sous lesquels chacun d'eux est envisagé, ne peut, par la raison contraire, obliger le Souverain envers lui-même, et que, par conséquent, il est contre la nature du corps politique que le Souverain s'impose une loi qu'il ne puisse enfreindre. Ne pouvant se considérer que sous un seul et même rapport il est alors dans le cas d'un particulier contractant avec soi-même[4] : par où l'on voit qu'il n'y a ni ne peut y avoir nulle espece de loi fondamentale obligatoire pour le corps du peuple, pas même le contract social[5]. Ce qui ne signifie

---

quatre ordres d'hommes (même cinq en y comptant les simples étrangers,) qui sont dans nôtre ville, et dont deux seulement composent la République[6]. Nul autre auteur François, que je sache, n'a compris le vrai sens du mot *Citoyen*.

pas que ce corps ne puisse fort bien s'engager envers autrui en ce qui ne déroge point à ce contract; car à l'égard de l'étranger, il devient un être simple, un individu.

Mais le corps politique ou le Souverain ne tirant son être que de la sainteté du contract[1] ne peut jamais s'obliger, même envers autrui, à rien qui déroge à cet acte primitif, comme d'aliéner quelque portion de lui-même ou de se soumettre à un autre Souverain. Violer l'acte par lequel il existe seroit s'anéantir, et ce qui n'est rien ne produit rien.

Sitot que cette multitude est ainsi réunie en un corps, on ne peut offenser un des membres sans attaquer le corps; encore moins offenser le corps sans que les membres s'en ressentent. Ainsi le devoir et l'intérêt obligent également les deux parties contractantes à s'entre-aider mutuellement, et les mêmes hommes doivent chercher à réunir sous ce double rapport tous les avantages qui en dépendent.

Or le Souverain n'étant formé que des particuliers qui le composent n'a ni ne peut avoir d'intérêt contraire au leur; par conséquent la puissance Souveraine n'a nul besoin de garant envers les sujets, parce qu'il est impossible que le corps veuille nuire à tous ses membres, et nous verrons ci-après qu'il ne peut nuire à aucun en particulier[2]. Le Souverain, par cela seul qu'il est, est toujours tout ce qu'il doit être.

Mais il n'en est pas ainsi des sujets envers le Souverain, auquel malgré l'intérêt commun, rien ne répondroit de leurs engagemens s'il ne trouvoit des moyens de s'assurer de leur fidélité.

En effet chaque individu peut comme homme avoir une volonté particuliere contraire ou dissemblable à la volonté générale qu'il a comme Citoyen[3]. Son intérêt particulier peut lui parler tout autrement que l'intérêt commun; son existence absolue et naturellement indépendante peut lui faire envisager ce qu'il doit à la cause commune comme une contribution gratuite, dont la perte sera moins nuisible aux autres que le payement n'en est onéreux pour lui, et regardant la personne morale qui constitue l'Etat comme un être de raison parce que ce n'est pas un homme, il jouiroit des droits du citoyen sans vouloir remplir les devoirs du sujet; injustice dont le progrès causeroit la ruine du corps politique.

Afin donc que le pacte social ne soit pas un vain formulaire, il renferme tacitement cet engagement qui seul peut donner de la force aux autres, que quiconque refusera d'obéir à la volonté générale y sera contraint par tout le corps : ce qui ne signifie autre chose sinon qu'on le forcera d'être libre; car telle est la condition qui donnant chaque Citoyen à la Patrie le garantit de toute dépendance personnelle[1]; condition qui fait l'artifice et le jeu de la machine politique, et qui seule rend légitimes les engagemens civils, lesquels sans cela seroient absurdes, tyranniques, et sujets aux plus énormes abus.

CHAPITRE VIII

DE L'ÉTAT CIVIL.

Ce passage de l'état de nature à l'état civil produit dans l'homme un changement très rémarquable, en substituant dans sa conduite la justice à l'instinct[2], et donnant à ses actions la moralité qui leur manquoit auparavant[3]. C'est alors seulement que la voix du devoir succédant à l'impulsion physique et le droit à l'appetit, l'homme, qui jusques là n'avoit regardé que lui-même, se voit forcé d'agir sur d'autres principes, et de consulter sa raison avant d'écouter ses penchans. Quoiqu'il se prive dans cet état de plusieurs avantages qu'il tient de la nature, il en regagne de si grands, ses facultés s'exercent et se développent, ses idées s'étendent, ses sentimens s'ennoblissent, son ame toute entiere s'éleve à tel point, que si les abus de cette nouvelle condition ne le dégradoient souvent au dessous de celle dont il est sorti, il devroit bénir sans cesse l'instant heureux qui l'en arracha pour jamais, et qui, d'un animal stupide et borné[4], fit un être intelligent et un homme.

Réduisons toute cette balance à des termes faciles à comparer. Ce que l'homme perd par le contract social, c'est sa liberté naturelle et un droit illimité à tout ce qui le tente et qu'il peut atteindre; ce qu'il gagne, c'est la liberté civile et la propriété de tout ce qu'il possede[5]. Pour ne pas se tromper dans ces compensations, il faut bien distinguer la liberté naturelle qui n'a pour bornes que les forces de l'individu, de la liberté civile qui est limitée par la volonté générale, et la possession qui n'est que l'effet de la force ou le droit du premier occupant, de la propriété qui ne peut être fondée que sur un titre positif.

On pourroit sur ce qui précede ajouter à l'acquis de l'état civil la liberté morale[1], qui seule rend l'homme vraiment maitre de lui; car l'impulsion du seul appetit est esclavage, et l'obéissance à la loi qu'on s'est prescritte est liberté. Mais je n'en ai déjà que trop dit sur cet article, et le sens philosophique du mot *liberté* n'est pas ici de mon sujet.

CHAPITRE IX.

DU DOMAINE RÉEL[2].

CHAQUE membre de la communauté se donne à elle au moment qu'elle se forme, tel qu'il se trouve actuellement, lui et toutes ses forces, dont les biens qu'il possede font partie. Ce n'est pas que par cet acte la possession change de nature en changeant de mains, et devienne propriété dans celles du Souverain : Mais comme les forces de la Cité sont incomparablement plus grandes que celles d'un particulier, la possession publique est aussi dans le fait plus forte et plus irrévocable, sans être plus légitime, au moins pour les étrangers. Car l'Etat à l'égard de ses membres est maître de tous leurs biens par le contract social, qui dans l'Etat sert de base à tous les droits[3]; mais il ne l'est à l'égard des autres Puissances que par le droit de premier occupant qu'il tient des particuliers.

Le droit de premier occupant, quoique plus réel que celui du plus fort, ne devient un vrai droit qu'après l'établissement de celui de propriété. Tout homme a naturellement droit à tout ce qui lui est nécessaire; mais l'acte positif qui le rend propriétaire de quelque bien l'exclud de tout le reste. Sa part étant faite il doit s'y borner, et n'a plus aucun droit à la communauté. Voilà pourquoi le droit de premier occupant, si foible dans l'état de nature, est respectable à tout homme civil. On respecte moins dans ce droit ce qui est à autrui que ce qui n'est pas à soi.

En general, pour autoriser sur un terrain quelconque le droit de premier occupant, il faut les conditions suivantes. Premierement que ce terrain ne soit encore habité par personne; secondement qu'on n'en occupe que la quantité dont on a besoin pour subsister: En troisieme lieu qu'on en prenne possession, non par une vaine cérémonie, mais par le travail et la culture, seul signe de propriété qui au défaut de titres juridiques doive être respecté d'autrui[1].

En effet, accorder au besoin et au travail le droit de premier occupant, n'est-ce pas l'étendre aussi loin qu'il peut aller[2] ? Peut-on ne pas donner des bornes à ce droit ? Suffira-t-il de mettre le pied sur un terrain commun pour s'en prétendre aussi-tôt le maitre ? Suffira-t-il d'avoir la force d'en écarter un moment les autres hommes pour leur ôter le droit d'y jamais revenir ? Comment un homme ou un peuple peut-il s'emparer d'un territoire immense et en priver tout le genre humain autrement que par une usurpation punissable, puisqu'elle ôte au reste des hommes le séjour et les alimens que la nature leur donne en commun ? Quand Nuñez Balbao[3] prenoit sur le rivage possession de la mer du sud et de toute l'Amérique méridionale au nom de la couronne de Castille, étoit-ce assez pour en déposséder tous les habitans et en exclurre tous les Princes du monde ? Sur ce pied-là ces cérémonies se multiplioient assez vainement, et le Roi catholique n'avoit tout d'un coup qu'à prendre de son cabinet possession de tout l'univers; sauf à retrancher ensuite de son empire ce qui étoit auparavant possédé par les autres Princes.

On conçoit comment les terres des particuliers réunies et contigues deviennent le territoire public, et comment le droit de souveraineté s'étendant des sujets au terrain qu'ils occupent devient à la fois réel et personnel; ce qui met les possesseurs dans une plus grande dépendance, et fait de leurs forces mêmes les garants de leur fidélité[4]. Avantage qui ne paroît pas avoir été bien senti des anciens monarques qui ne s'appellant que Rois des Perses, des Scithes, des Macédoniens, sembloient se regarder comme les chefs des hommes plutôt que comme les maitres du pays. Ceux d'aujourd'hui s'appellent plus habilement Rois de France, d'Espagne, d'Angleterre etc. En tenant ainsi le terrain, ils sont bien sûrs d'en tenir les habitans.

Ce qu'il y a de singulier dans cette aliénation, c'est que, loin qu'en acceptant les biens des particuliers la communauté les en dépouille, elle ne fait que leur en assurer la légitime possession, changer l'usurpation en un véritable droit, et la jouissance en propriété. Alors les possesseurs étant considérés comme dépositaires du bien public, leurs droits étant respectés de tous les membres de l'Etat et maintenus de toutes ses forces contre l'étranger, par une cession avantageuse au public et plus encore à eux-mêmes, ils ont, pour ainsi dire, acquis tout ce qu'ils ont donné. Paradoxe qui s'explique aisément par la distinction des droits que le souverain et le propriétaire ont sur le même fond, comme on verra ci-après[1].

Il peut arriver aussi que les hommes commencent à s'unir avant que de rien posséder, et que, s'emparant ensuite d'un terrain suffisant pour tous, ils en jouissent en commun, ou qu'ils le partagent entre eux, soit également soit selon des proportions établies par le Souverain. De quelque maniere que se fasse cette acquisition, le droit que chaque particulier a sur son propre fond est toujours subordonné au droit que la communauté a sur tous, sans quoi il n'y auroit ni solidité dans le lien social, ni force réelle dans l'exercice de la Souveraineté[2].

Je terminerai ce chapitre et ce livre par une remarque qui doit servir de base à tout le sistême social; c'est qu'au lieu de détruire l'égalité naturelle, le pacte fondamental substitue au contraire une égalité morale et légitime à ce que la nature avoit pu mettre d'inégalité physique entre les hommes, et que, pouvant être inégaux en force ou en génie, ils deviennent tous égaux par convention et de droit*.

Fin du Livre premier.

---

* Sous les mauvais gouvernemens cette égalité n'est qu'apparente et illusoire; elle ne sert qu'à maintenir le pauvre dans sa misere et le riche dans son usurpation. Dans le fait les loix sont toujours utiles à ceux qui possedent et nuisibles à ceux qui n'ont rien[3] : D'où il suit que l'état social n'est avantageux aux hommes qu'autant qu'ils ont tous quelque chose et qu'aucun d'eux n'a rien de trop.

LIVRE II.

CHAPITRE I.

QUE LA SOUVERAINETÉ EST INALIÉNABLE[1].

La premiere et la plus importante conséquence des principes ci-devant établis est que la volonté générale peut seule diriger les forces de l'Etat selon la fin de son institution, qui est le bien commun : car si l'opposition des intérêts particuliers a rendu nécessaire l'établissement des sociétés, c'est l'accord de ces mêmes intérêts qui l'a rendu possible. C'est ce qu'il y a de commun dans ces différens in érêts qui forme le lien social, et s'il n'y avoit pas quelque point dans lequel tous les intérêts s'accordent, nulle société ne sauroit exister. Or c'est uniquement sur cet intérêt commun que la société doit être gouvernée.

Je dis donc que la souveraineté n'étant que l'exercice de la volonté générale ne peut jamais s'aliéner, et que le souverain, qui n'est qu'un être collectif[2], ne peut être représenté que par lui-même[3]; le pouvoir peut bien se transmettre, mais non pas la volonté[4].

En effet, s'il n'est pas impossible qu'une volonté particuliere s'accorde sur quelque point avec la volonté générale; il est impossible au moins que cet accord soit durable et constant; car la volonté particuliere tend par sa nature aux préférences, et la volonté générale à l'égalité. Il est plus impossible encore qu'on ait un garant de cet accord quand même il devroit toujours exister; ce ne seroit pas un effet de l'art mais du hazard. Le Souverain peut bien dire, je veux actuellement ce que veut un tel homme ou du moins ce qu'il dit vouloir; mais il ne peut pas dire; ce que cet homme voudra demain, je le voudrai encore; puisqu'il est absurde que la volonté se donne des chaines pour l'avenir[1], et puisqu'il ne dépend d'aucune volonté de consentir à rien de contraire au bien de l'être qui veut. Si donc le peuple promet simplement d'obéir, il se dissout par cet acte, il perd sa qualité de peuple[2]; à l'instant qu'il y a un maitre il n'y a plus de Souverain, et dès lors le corps politique est détruit.

Ce n'est point à dire que les ordres des chefs ne puissent passer pour des volontés générales, tant que le Souverain libre de s'y opposer ne le fait pas. En pareil cas, du silence universel on doit présumer le consentement du peuple. Ceci s'expliquera plus au long.

CHAPITRE II.

QUE LA SOUVERAINETÉ EST INDIVISIBLE.

PAR la même raison que la souveraineté est inaliénable, elle est indivisible[3]. Car la volonté est générale*, ou elle ne l'est pas; elle est celle du corps du peuple, ou seulement d'une partie. Dans le premier cas cette volonté déclarée est un acte de souveraineté et fait loi : Dans le second, ce n'est qu'une volonté particuliere, ou un acte de magistrature; c'est un décret tout au plus[4].

Mais nos politiques[5] ne pouvant diviser la souveraineté dans son principe, la divisent dans son objet; ils la divisent en force et en volonté, en puissance législative et en puissance exécutive, en droits d'impôts, de justice, et de guerre, en administration intérieure et en pouvoir de traitter avec l'étranger : tantôt ils confondent toutes ces parties et tantôt ils les séparent; ils font du Souverain un être fantastique et formé de pieces rapportées; c'est comme s'ils composoient l'homme de plusieurs corps dont l'un auroit des yeux, l'autre des bras, l'autre des pieds, et rien de plus. Les charlatans du Japon depécent, dit-on, un enfant aux yeux des spectateurs, puis jettant en l'air tous ses membres l'un après l'autre, ils font

* Pour qu'une volonté soit générale il n'est pas toujours nécessaire qu'elle soit unanime, mais il est nécessaire que toutes les voix soient comptées; toute exclusion formelle rompt la généralité.

retomber l'enfant vivant et tout rassemblé. Tels sont à peu près les tours de gobelets de nos politiques; après avoir démembré le corps social par un prestige digne de la foire, ils rassemblent les pieces on ne sait comment.

Cette erreur vient de ne s'être pas fait des notions exactes de l'autorité souveraine, et d'avoir pris pour des parties de cette autorité ce qui n'en étoit que des émanations[1]. Ainsi, par exemple, on a regardé l'acte de déclarer la guerre et celui de faire la paix comme des actes de souveraineté, ce qui n'est pas; puisque chacun de ces actes n'est point une loi mais seulement une application de la loi, un acte particulier qui détermine le cas de la loi, comme on le verra clairement quand l'idée attachée au mot *loi* sera fixée[2].

En suivant de même les autres divisions on trouveroit que toutes les fois qu'on croit voir la souveraineté partagée on se trompe, que les droits qu'on prend pour des parties de cette souveraineté lui sont tous subordonnés, et supposent toujours des volontés suprêmes dont ces droits ne donnent que l'exécution.

On ne sauroit dire combien ce défaut d'exactitude a jetté d'obscurité sur les décisions des auteurs en matiere de droit politique, quand ils ont voulu juger des droits respectifs des rois et des peuples, sur les principes qu'ils avoient établis. Chacun peut voir dans les chapitres III et IV du premier livre de Grotius comment ce savant homme et son traducteur Barbeyrac s'enchevêtrent, s'embarrassent dans leurs sophismes, crainte d'en dire trop ou de n'en pas dire assez selon leurs vues, et de choquer les intérêts qu'ils avoient à concilier. Grotius refugié en France, mécontent de sa patrie, et voulant faire sa cour à Louis XIII à qui son livre est dédié, n'épargne rien pour dépouiller les peuples de tous leurs droits et pour en revêtir les rois avec tout l'art possible[3]. C'eut bien été aussi le goût de Barbeyrac[4], qui dédioit sa traduction au Roi d'Angleterre George I. Mais malheureusement l'expulsion de Jaques II qu'il appelle abdication, le forçoit à se tenir sur la reserve, à gauchir, à tergiverser, pour ne pas faire de Guillaume un usurpateur. Si ces deux écrivains avoient adopté les vrais principes, toutes les difficultés étoient levées et ils eussent été toujours conséquents; mais ils auroient tristement dit la vérité et n'auroient fait leur cour qu'au peuple. Or la vérité ne mene point à la fortune, et le peuple ne donne ni ambassades, ni chaires, ni pensions.

CHAPITRE III.

SI LA VOLONTÉ GÉNÉRALE PEUT ERRER.

Il s'ensuit de ce qui précede que la volonté générale est toujours droite[1] et tend toujours à l'utilité publique : mais il ne s'ensuit pas que les déliberations du peuple aient toujours la même rectitude. On veut toujours son bien, mais on ne le voit pas toujours : Jamais on ne corrompt le peuple, mais souvent on le trompe, et c'est alors seulement qu'il paroit vouloir ce qui est mal.

Il y a souvent bien de la différence entre la volonté de tous et la volonté générale[2]; celle-ci ne regarde qu'à l'intérêt commun[3], l'autre regarde à l'intérêt privé, et n'est qu'une somme de volontés particulieres : mais ôtez de ces mêmes volontés les plus et les moins qui s'entre-détruisent*, reste pour somme des différences la volonté générale.

Si, quand le peuple suffisamment informé délibére, les Citoyens n'avoient aucune communication entre eux, du grand nombre de petites différences résulteroit toujours la volonté générale, et la délibération seroit toujours bonne. Mais quand il se fait des brigues, des associations partielles aux dépends de la grande, la volonté de chacune de ces associations devient générale par rapport à ses membres, et particuliere par rapport à l'Etat; on peut dire alors qu'il n'y a plus autant de votans que

---

* *Chaque intérêt,* dit le M. d'A. *a des principes différents. L'accord de deux intérêts particuliers se forme par opposition à celui d'un tiers*[4]. Il eut pu ajouter que l'accord de tous les intérêts se forme par opposition à celui de chacun. S'il n'y avoit point d'intérêts differens, à peine sentiroit-on l'intérêt commun qui ne trouveroit jamais d'obstacle : tout iroit de lui-même, et la politique cesseroit d'être un art.

d'hommes, mais seulement autant que d'associations. Les différences deviennent moins nombreuses et donnent un résultat moins général. Enfin quand une de ces associations eſt si grande qu'elle l'emporte sur toutes les autres, vous n'avez plus pour résultat une somme de petites différences, mais une différence unique; alors il n'y a plus de volonté générale, et l'avis qui l'emporte n'eſt qu'un avis particulier.

Il importe donc pour avoir bien l'énoncé de la volonté générale qu'il n'y ait pas de société partielle dans l'Etat[1] et que chaque Citoyen n'opine que d'après lui*. Telle fut l'unique et sublime inſtitution du grand Lycurgue. Que s'il y a des sociétés partielles, il en faut multiplier le nombre et en prévenir l'inégalité, comme firent Solon, Numa, Servius[2]. Ces précautions sont les seules bonnes pour que la volonté générale soit toujours éclairée, et que le peuple ne se trompe point.

CHAPITRE IV.

DES BORNES DU POUVOIR SOUVERAIN[3].

Si l'Etat ou la Cité n'eſt qu'une personne morale dont la vie consiſte dans l'union de ses membres, et si le plus important de ses soins eſt celui de sa propre conservation, il lui faut une force universelle et compulsive pour mouvoir et disposer chaque partie de la maniere la plus convenable au tout. Comme la nature donne à chaque homme un pouvoir absolu sur tous ses membres, le pacte social donne au corps politique un pouvoir absolu sur tous les siens, et c'eſt ce même pouvoir, qui, dirigé par la volonté générale porte, comme j'ai dit, le nom de souveraineté.

---

* *Vera cosa è,* dit Machiavel, *che alcune (a) divisioni nuocono alle Republiche, e alcune giovano : quelle nuocono che sono dalle sette e da partigiani accompagnate : quelle giovano che senza sette, senza partigiani si mantengono. Non potendo adunque provedere un fondatore d'una Republica che non siano nimicizie in quella, hà da proveder almeno che non vi siano sette.* Hiſt. Fiorent. L. VII[4].

Mais outre la personne publique, nous avons à considérer les personnes privées qui la composent, et dont la vie et la liberté sont naturellement indépendantes d'elle[1]. Il s'agit donc de bien distinguer les droits respectifs des Citoyens et du Souverain*, et les devoirs qu'ont à remplir les premiers en qualité de sujets, du droit naturel dont ils doivent jouir en qualité d'hommes.

On convient[2] que tout ce que chacun aliéne par le pacte social de sa puissance, de ses biens, de sa liberté, c'est seulement la partie de tout cela dont l'usage importe à la communauté, mais il faut convenir aussi que le Souverain seul est juge de cette importance.

Tous les services qu'un citoyen peut rendre à l'Etat, il les lui doit sitôt que le Souverain les demande; mais le Souverain de son côté ne peut charger les sujets d'aucune chaine inutile à la communauté[3]; il ne peut pas même le vouloir : car sous la loi de raison rien ne se fait sans cause, non plus que sous la loi de nature.

Les engagemens qui nous lient au corps social ne sont obligatoires que parce qu'ils sont mutuels, et leur nature est telle qu'en les remplissant on ne peut travailler pour autrui sans travailler aussi pour soi. Pourquoi la volonté générale est elle toujours droite, et pourquoi tous veulent-ils constamment le bonheur de chacun d'eux, si ce n'est parce qu'il n'y a personne qui ne s'approprie ce mot *chacun,* et qui ne songe à lui-même en votant pour tous ? Ce qui prouve que l'égalité de droit et la notion de justice qu'elle produit dérive de la préférence que chacun se donne et par conséquent de la nature de l'homme, que la volonté générale pour être vraîment telle doit l'être dans son objet ainsi que dans son essence, qu'elle doit partir de tous pour s'appliquer à tous, et qu'elle perd sa rectitude naturelle lorsqu'elle tend à quelque objet individuel et déterminé; parce qu'alors jugeant de ce qui nous est étranger nous n'avons aucun vrai principe d'équité qui nous guide.

En effet, sitôt qu'il s'agit d'un fait ou d'un droit particulier, sur un point qui n'a pas été réglé par une convention générale et antérieure, l'affaire devient contentieuse.

---

* Lecteurs attentifs, ne vous pressez pas, je vous prie, de m'accuser ici de contradiction. Je n'ai pu l'éviter dans les termes, vû la pauvreté de la langue; mais attendez.

C'eſt un procès où les particuliers intéressés sont une des parties et le public l'autre, mais où je ne vois ni la loi qu'il faut suivre, ni le juge qui doit prononcer. Il seroit ridicule de vouloir alors s'en rapporter à une expresse décision de la volonté générale, qui ne peut être que la conclusion de l'une des parties, et qui par conséquent n'eſt pour l'autre qu'une volonté étrangere, particuliere, portée en cette occasion à l'injuſtice et sujette à l'erreur. Ainsi de même qu'une volonté particuliere ne peut réprésenter la volonté générale, la volonté générale à son tour change de nature ayant un objet particulier, et ne peut comme générale prononcer ni sur un homme ni sur un fait[1]. Quand le peuple d'Athenes, par exemple, nommoit ou cassoit ses chefs, décernoit des honneurs à l'un, imposoit des peines à l'autre, et par des multitudes de décrets particuliers exerçoit indiſtinctement tous les actes du Gouvernement, le peuple alors n'avoit plus de volonté générale proprement dite; il n'agissoit plus comme Souverain mais comme magiſtrat. Ceci paroitra contraire aux idées communes, mais il faut me laisser le temps d'exposer les miennes.

On doit concevoir par là, que ce qui généralise la volonté eſt moins le nombre des voix, que l'intérêt commun qui les unit : car dans cette inſtitution chacun se soumet nécessairement aux conditions qu'il impose aux autres; accord admirable de l'intérêt et de la juſtice qui donne aux délibérations communes un caractere d'équité qu'on voit évanouir dans la discussion de toute affaire particuliere, faute d'un intérêt commun qui unisse et identifie la regle du juge avec celle de la partie.

Par quelque côté qu'on remonte au principe, on arrive toujours à la même conclusion; savoir, que le pacte social établit entre les citoyens une telle égalité qu'ils s'engagent tous sous les mêmes conditions, et doivent jouir tous des mêmes droits. Ainsi par la nature du pacte, tout acte de souveraineté, c'eſt-à-dire tout acte authentique de la volonté générale, oblige ou favorise également tous les Citoyens[2], ensorte que le Souverain connoit seulement le corps de la nation et ne diſtingue aucun de ceux qui la composent. Qu'eſt-ce donc proprement qu'un acte de souveraineté? Ce n'eſt pas une convention du supérieur avec l'inférieur, mais une convention du corps avec chacun de ses membres :

Convention légitime, parce qu'elle a pour base le contract social, équitable, parce qu'elle est commune à tous, utile, parce qu'elle ne peut avoir d'autre objet que le bien général, et solide, parce qu'elle a pour garant la force publique et le pouvoir suprême. Tant que les sujets ne sont soumis qu'à de telles conventions, ils n'obéissent à personne, mais seulement à leur propre volonté; et demander jusqu'où s'étendent les droits respectifs du Souverain et des Citoyens, c'est demander jusqu'à quel point ceux-ci peuvent s'engager avec eux-mêmes, chacun envers tous et tous envers chacun d'eux.

On voit par-là que le pouvoir Souverain, tout absolu, tout sacré, tout inviolable qu'il est, ne passe ni ne peut passer les bornes des conventions générales[1], et que tout homme peut disposer pleinement de ce qui lui a été laissé de ses biens et de sa liberté par ces conventions; de sorte que le Souverain n'est jamais en droit de charger un sujet plus qu'un autre, parce qu'alors l'affaire devenant particuliere, son pouvoir n'est plus compétent.

Ces distinctions une fois admises, il est si faux que dans le contract social il y ait de la part des particuliers aucune renonciation véritable, que leur situation, par l'effet de ce contract se trouve réellement préférable à ce qu'elle étoit auparavant, et qu'au lieu d'une aliénation, ils n'ont fait qu'un échange avantageux d'une maniere d'être incertaine et précaire contre une autre meilleure et plus sûre, de l'indépendance naturelle contre la liberté, du pouvoir de nuire à autrui contre leur propre sureté, et de leur force que d'autres pouvoient surmonter contre un droit que l'union sociale rend invincible. Leur vie même qu'ils ont dévouée à l'Etat en est continuellement protégée, et lorsqu'ils l'exposent pour sa défense que font-ils alors que lui rendre ce qu'ils ont reçu de lui ? Que font-ils qu'ils ne fissent plus fréquemment et avec plus de danger dans l'état de nature, lorsque livrant des combats inévitables, ils défendroient au péril de leur vie ce qui leur sert à la conserver ? Tous ont à combattre au besoin pour la patrie, il est vrai; mais aussi nul n'a jamais à combattre pour soi. Ne gagne-t-on pas encore à courir pour ce qui fait notre sureté une partie des risques qu'il faudroit courir pour nous-mêmes sitôt qu'elle nous seroit ôtée ?

CHAPITRE V.

DU DROIT DE VIE ET DE MORT[1].

On demande comment les particuliers n'ayant point droit de disposer de leur propre vie peuvent transmettre au Souverain ce même droit qu'ils n'ont pas[2] ? Cette question ne paroit difficile à résoudre que parce qu'elle est mal posée. Tout homme a droit de risquer sa propre vie pour la conserver. A-t-on jamais dit que celui qui se jette par une fenêtre pour échaper à un incendie, soit coupable de suicide ? A-t-on même jamais imputé ce crime à celui qui périt dans une tempête dont en s'embarquant il n'ignoroit pas le danger ?

Le traité social a pour fin la conservation des contractans[3]. Qui veut la fin veut aussi les moyens, et ces moyens sont inséparables de quelques risques, même de quelques pertes. Qui veut conserver sa vie aux dépends des autres, doit la donner aussi pour eux quand il faut. Or le Citoyen n'est plus juge du péril auquel la loi veut qu'il s'expose, et quand le Prince[4] lui a dit, il est expédient à l'Etat que tu meures, il doit mourir; puisque ce n'est qu'à cette condition qu'il a vécu en sureté jusqu'alors, et que sa vie n'est plus seulement un bienfait de la nature, mais un don conditionnel de l'Etat.

La peine de mort infligée aux criminels peut être envisagée à peu près sous le même point de vue : c'est pour n'être pas la victime d'un assassin que l'on consent à mourir si on le devient. Dans ce traité, loin de disposer de sa propre vie on ne songe qu'à la garantir, et il n'est pas à présumer qu'aucun des contractans prémédite alors de se faire pendre.

D'ailleurs tout malfaiteur attaquant le droit social devient par ses forfaits rebelle et traître à la patrie, il cesse d'en être membre en violant ses loix, et même il lui fait la guerre. Alors la conservation de l'Etat est incompatible avec la sienne, il faut qu'un des deux périsse, et quand on fait mourir le coupable, c'est moins comme Citoyen que comme ennemi. Les procédures, le jugement, sont les preuves et la déclaration qu'il a rompu le traité social, et par conséquent qu'il n'est plus membre de l'Etat. Or comme il s'est reconnu tel, tout au moins par son séjour, il en doit être retranché par l'exil comme infracteur du pacte, ou par la mort comme ennemi public; car un tel ennemi n'est pas une personne morale, c'est un homme, et c'est alors que le droit de la guerre est de tuer le vaincu[1].

Mais dira-t-on, la condannation d'un Criminel est un acte particulier. D'accord; aussi cette condannation n'appartient-elle point au Souverain; c'est un droit qu'il peut conférer sans pouvoir l'exercer lui-même. Toutes mes idées se tiennent, mais je ne saurois les exposer toutes à la fois.

Au reste la fréquence des supplices est toujours un signe de foiblesse ou de paresse dans le Gouvernement. Il n'y a point de méchant qu'on ne pût rendre bon à quelque chose. On n'a droit de faire mourir, même pour l'exemple, que celui qu'on ne peut conserver sans danger.

A l'egard du droit de faire grace, ou d'exempter un coupable de la peine portée par la loi et prononcée par le juge, il n'appartient qu'à celui qui est au dessus du juge et de la loi; c'est-à-dire au Souverain : Encore son droit en ceci n'est-il pas bien net, et les cas d'en user sont-ils très rares. Dans un Etat bien gouverné il y a peu de punitions, non parce qu'on fait beaucoup de graces, mais parce qu'il y a peu de criminels : la multitude des crimes en assure l'impunité lorsque l'Etat dépérit. Sous la République Romaine jamais le Sénat ni les Consuls ne tenterent de faire grace; le peuple même n'en faisoit pas, quoiqu'il révocât quelquefois son propre jugement. Les fréquentes graces annoncent que bientôt les forfaits n'en auront plus besoin, et chacun voit où cela mene. Mais je sens que mon cœur murmure et retient ma plume; laissons discuter ces questions à l'homme juste qui n'a point failli, et qui jamais n'eût lui-même besoin de grace.

CHAPITRE VI.

DE LA LOI[1].

Par le pacte social nous avons donné l'existence et la vie au corps politique : il s'agit maintenant de lui donner le mouvement et la volonté par la législation[2]. Car l'acte primitif par lequel ce corps se forme et s'unit ne détermine rien encore de ce qu'il doit faire pour se conserver.

Ce qui est bien et conforme à l'ordre est tel par la nature des choses et indépendamment des conventions humaines. Toute justice vient de Dieu, lui seul en est la source; mais si nous savions la recevoir de si haut nous n'aurions besoin ni de gouvernement ni de loix. Sans doute il est une justice universelle émanée de la raison seule; mais cette justice pour être admise entre nous doit être réciproque. A considérer humainement les choses, faute de sanction naturelle les loix de la justice sont vaines parmi les hommes; elles ne font que le bien du méchant et le mal du juste, quand celui-ci les observe avec tout le monde sans que personne les observe avec lui[3]. Il faut donc des conventions et des loix pour unir les droits aux devoirs et ramener la justice à son objet. Dans l'état de nature, où tout est commun, je ne dois rien à ceux à qui je n'ai rien promis, je ne reconnois pour être à autrui que ce qui m'est inutile. Il n'en est pas ainsi dans l'état civil où tous les droits sont fixés par la loi.

Mais qu'est-ce donc enfin qu'une loi ? Tant qu'on se contentera de n'attacher à ce mot que des idées métaphysiques[4], on continuera de raisonner sans s'entendre, et quand on aura dit ce que c'est qu'une loi de la nature on n'en saura pas mieux ce que c'est qu'une loi de l'Etat.

J'ai déja dit[5] qu'il n'y avoit point de volonté générale sur un objet particulier. En effet cet objet particulier est dans l'Etat ou hors de l'Etat. S'il est hors de l'Etat, une volonté qui lui est étrangere n'est point générale par rapport à lui; et si cet objet est dans l'Etat, il en fait partie : Alors il se forme entre le tout et sa partie une rélation qui en fait deux êtres séparés, dont la partie est l'un, et le tout moins cette même partie est l'autre. Mais le tout moins une partie n'est point le tout, et tant que ce rapport subsiste il n'y a plus de tout mais deux parties inégales; d'où il suit que la volonté de l'une n'est point non plus générale par rapport à l'autre.

Mais quand tout le peuple statue sur tout le peuple il ne considere que lui-même, et s'il se forme alors un rapport, c'est de l'objet entier sous un point-de-vue à l'objet entier sous un autre point de vue, sans aucune division du tout. Alors la matiere sur laquelle on statue est générale comme la volonté qui statue[1]. C'est cet acte que j'appelle une loi.

Quand je dis que l'objet des loix est toujours général, j'entends que la loi considere les sujets en corps et les actions comme abstraites, jamais un homme comme individu ni une action particuliére[2]. Ainsi la loi peut bien statuer qu'il y aura des privileges, mais elle n'en peut donner nommément à personne; la loi peut faire plusieurs Classes de Citoyens, assigner même les qualités qui donneront droit à ces classes, mais elle ne peut nommer tels et tels pour y être admis; elle peut établir un Gouvernement royal et une succession héréditaire, mais elle ne peut élire un roi ni nommer une famille royale; en un mot toute fonction qui se rapporte à un objet individuel n'appartient point à la puissance législative.

Sur cette idée on voit à l'instant qu'il ne faut plus demander à qui il appartient de faire des loix[3], puisqu'elles sont des actes de la volonté générale; ni si le Prince est au dessus des loix, puisqu'il est membre de l'Etat[4]; ni si la loi peut être injuste, puisque nul n'est injuste envers lui-même; ni comment on est libre et soumis aux loix, puisqu'elles ne sont que des régistres de nos volontés.

On voit encore que la loi réunissant l'universalité de la volonté et celle de l'objet, ce qu'un homme, quel qu'il puisse être, ordonne de son chef n'est point une loi; ce qu'ordonne même le Souverain sur un objet particulier n'est pas non plus une loi mais un décret, ni un acte de souveraineté mais de magistrature.

J'appelle donc République tout Etat régi par des loix, sous quelque forme d'administration que ce puisse être : car alors seulement l'intérêt public gouverne, et la chose publique est quelque chose. Tout Gouvernement légitime est républicain[1]* : j'expliquerai ci-après ce que c'est que Gouvernement.

Les loix ne sont proprement que les conditions de l'association civile. Le Peuple soumis aux loix en doit être l'auteur; il n'appartient qu'à ceux qui s'associent de regler les conditions de la société : mais comment les régleront-ils ? Sera-ce d'un commun accord, par une inspiration subite ? Le corps politique a-t-il un organe pour énoncer ces volontés ? Qui lui donnera la prévoyance nécessaire pour en former les actes et les publier d'avance, ou comment les prononcera-t-il au moment du besoin ? Comment une multitude aveugle qui souvent ne sait ce qu'elle veut, parce qu'elle sait rarement ce qui lui est bon, exécuteroit-elle d'elle-même une entreprise aussi grande, aussi difficile qu'un sistême de législation ? De lui-même le peuple veut toujours le bien, mais de lui-même il ne le voit pas toujours. La volonté générale est toujours droite, mais le jugement qui la guide n'est pas toujours éclairé. Il faut lui faire voir les objets tels qu'ils sont, quelquefois tels qu'ils doivent lui paroitre, lui montrer le bon chemin qu'elle cherche, la garantir de la séduction des volontés particulieres, rapprocher à ses yeux les lieux et les tems, balancer l'attrait des avantages présens et sensibles, par le danger des maux éloignés et cachés. Les particuliers voyent le bien qu'ils rejettent : le public veut le bien qu'il ne voit pas. Tous ont également besoin de guides : Il faut obliger les uns à conformer leurs volontés à leur raison; il faut apprendre à l'autre à connoitre ce qu'il veut. Alors des lumieres publiques résulte l'union de l'entendement et de la volonté dans le corps social, de-là l'exact concours des parties, et enfin la plus grande force du tout. Voilà d'où naît la nécessité d'un Législateur.

---

* Je n'entends pas seulement par ce mot une Aristocratie ou une Démocratie, mais en général tout gouvernement guidé par la volonté générale, qui est la loi. Pour être légitime il ne faut pas que le Gouvernement se confonde avec le Souverain, mais qu'il en soit le ministre : alors la monarchie elle-même est république. Ceci s'éclaircira dans le livre suivant.

CHAPITRE VII.

DU LÉGISLATEUR[1].

POUR découvrir les meilleures regles de société qui conviennent aux Nations, il faudroit une intelligence supérieure, qui vit toutes les passions des hommes et qui n'en éprouvât aucune[2], qui n'eut aucun rapport avec notre nature et qui la connût à fond, dont le bonheur fût indépendant de nous et qui pourtant voulut bien s'occuper du notre; enfin qui, dans le progrès des tems se ménageant une gloire éloignée, put travailler dans un siecle et jouir dans un autre*. Il faudroit des Dieux pour donner des loix aux hommes[3].

Le meme raisonnement que faisoit Caligula[4] quant au fait, Platon le faisoit quant au droit pour définir l'homme civil ou royal qu'il cherche dans son livre du regne[5]; mais s'il eſt vrai qu'un grand Prince eſt un homme rare, que sera-ce d'un grand Législateur? Le premier n'a qu'à suivre le modele que l'autre doit proposer. Celui-ci eſt le méchanicien qui invente la machine, celui-là n'eſt que l'ouvrier qui la monte et la fait marcher. Dans la naissance des sociétés, dit Montesquieu, ce sont les chefs des républiques qui font l'inſtitution, et c'eſt ensuite l'inſtitution qui forme les chefs des républiques[6].

Celui qui ose entreprendre d'inſtituer un peuple doit se sentir en état de changer, pour ainsi dire, la nature humaine; de transformer chaque individu, qui par lui-même eſt un tout parfait et solitaire, en partie d'un plus grand tout dont cet individu reçoive en quelque sorte sa vie et son être; d'altérer[7] la conſtitution de l'homme pour la renforcer; de subſtituer une exiſtence partielle et morale à l'exiſtence physique et indépendante que nous avons tous reçue de la nature[8]. Il faut, en un mot, qu'il ôte à l'homme ses forces propres pour lui en donner qui

* Un peuple ne devient célebre que quand sa législation commence à décliner. On ignore durant combien de siecles l'inſtitution de Lycurgue fit le bonheur des Spartiates avant qu'il fut queſtion d'eux dans le reſte de la Grece.

lui soient étrangeres et dont il ne puisse faire usage sans le secours d'autrui. Plus ces forces naturelles sont mortes et anéanties, plus les acquises sont grandes et durables, plus aussi l'institution est solide et parfaite : En sorte que si chaque Citoyen n'est rien, ne peut rien, que par tous les autres, et que la force acquise par le tout soit égale ou supérieure à la somme des forces naturelles de tous les individus, on peut dire que la législation est au plus haut point de perfection qu'elle puisse atteindre.

Le legislateur est à tous égards un homme extraordinaire dans l'Etat. S'il doit l'être par son génie[1], il ne l'est pas moins par son emploi. Ce n'est point magistrature, ce n'est point souveraineté. Cet emploi, qui constitue la république, n'entre point dans sa constitution : C'est une fonction particuliere et supérieure qui n'a rien de commun avec l'empire humain; car si celui qui commande aux hommes ne doit pas commander aux loix, celui qui commande aux loix ne doit pas non plus commander aux hommes; autrement ses loix, ministres de ses passions, ne feroient souvent que perpétuer ses injustices, et jamais il ne pourroit éviter que des vues particulieres n'altérassent la sainteté de son ouvrage[2].

Quand Lycurgue donna des loix à sa patrie, il commença par abdiquer la Royauté[3]. C'étoit la coutume de la plupart des villes grecques de confier à des étrangers l'établissement des leurs. Les Républiques modernes de l'Italie imiterent souvent cet usage; celle de Genève en fit autant et s'en trouva bien*. Rome dans son plus bel âge vit renaitre en son sein tous les crimes de la Tirannie, et se vit prête à périr, pour avoir réuni sur les mêmes têtes l'autorité législative et le pouvoir souverain.

Cependant les Décemvirs eux-mêmes ne s'arrogerent jamais le droit de faire passer aucune loi de leur seule autorité. *Rien de ce que nous vous proposons,* disoient-ils au peuple, *ne peut passer en loi sans votre consentement. Romains,*

---

* Ceux qui ne considerent Calvin que comme théologien connoissent mal l'étendue de son génie. La redaction de nos sages Edits, à laquelle il eut beaucoup de part, lui fait autant d'honneur que son institution. Quelque révolution que le tems puisse amener dans notre culte, tant que l'amour de la patrie et de la liberté ne sera pas éteint parmi nous, jamais la mémoire de ce grand homme ne cessera d'y être en bénédiction[4].

soyez vous-mêmes les auteurs des loix qui doivent faire votre bonheur.

Celui qui rédige les loix n'a donc ou ne doit avoir aucun droit législatif, et le peuple même ne peut, quand il le voudroit, se dépouiller de ce droit incommunicable; parce que selon le pacte fondamental il n'y a que la volonté générale qui oblige les particuliers, et qu'on ne peut jamais s'assurer qu'une volonté particuliere est conforme à la volonté générale, qu'après l'avoir soumise aux suffrages libres du peuple : j'ai déjà dit cela, mais il n'est pas inutile de le répéter[1].

Ainsi l'on trouve à la fois dans l'ouvrage de la législation deux choses qui semblent incompatibles : une entreprise au dessus de la force humaine, et pour l'éxécuter, une autorité qui n'est rien.

Autre difficulté qui mérite attention. Les sages qui veulent parler au vulgaire leur langage au lieu du sien n'en sauroient être entendus. Or il y a mille sortes d'idées qu'il est impossible de traduire dans la langue du peuple. Les vues trop générales et les objets trop éloignés sont également hors de sa portée; chaque individu ne goûtant d'autre plan de gouvernement que celui qui se rapporte à son intérêt particulier, apperçoit difficilement les avantages qu'il doit retirer des privations continuelles qu'imposent les bonnes loix. Pour qu'un peuple naissant put goûter les saines maximes de la politique et suivre les regles fondamentales de la raison d'Etat, il faudroit que l'effet put devenir la cause, que l'esprit social qui doit être l'ouvrage de l'institution présidât à l'institution même, et que les hommes fussent avant les loix ce qu'ils doivent devenir par elles. Ainsi donc le Législateur ne pouvant employer ni la force ni le raisonnement, c'est une nécessité qu'il recoure à une autorité d'un autre ordre, qui puisse entraîner sans violence et persuader sans convaincre.

Voila ce qui força de tout tems les peres des nations à recourir à l'intervention du ciel et d'honorer les Dieux de leur propre sagesse, afin que les peuples, soumis aux loix de l'Etat comme à celles de la nature, et reconnoissant le même pouvoir dans la formation de l'homme et dans celle de la cité, obéissent avec liberté et portassent docilement le joug de la félicité publique.

Cette raison sublime qui s'éleve au dessus de la portée

des hommes vulgaires est celle dont le législateur met les décisions dans la bouche des immortels, pour entraîner par l'autorité divine ceux que ne pourroit ébranler la prudence humaine*. Mais il n'appartient pas à tout homme de faire parler les Dieux, ni d'en être cru quand il s'annonce pour être leur interprête. La grande ame du Législateur est le vrai miracle qui doit prouver sa mission[1]. Tout homme peut graver des tables de pierre, ou acheter un oracle, ou feindre un secret commerce avec quelque divinité, ou dresser un oiseau pour lui parler à l'oreille, ou trouver d'autres moyens grossiers d'en imposer au peuple. Celui qui ne saura que cela pourra même assembler par hazard une troupe d'insensés, mais il ne fondera jamais un empire, et son extravagant ouvrage périra bientôt avec lui. De vains prestiges forment un lien passager, il n'y a que la sagesse qui le rende durable. La loi judaïque toujours subsistante[2], celle de l'enfant d'Ismaël qui depuis dix siecles régit la moitié du monde, annoncent encore aujourd'hui les grands hommes qui les ont dictées; et tandis que l'orgueilleuse philosophie[3] ou l'aveugle esprit de parti ne voit en eux que d'heureux imposteurs, le vrai politique admire dans leurs institutions ce grand et puissant génie qui préside aux établissemens durables.

Il ne faut pas de tout ceci conclurre avec Warburton[4] que la politique et la religion aient parmi nous un objet commun, mais que dans l'origine des nations l'une sert d'instrument à l'autre[5].

CHAPITRE VIII.

DU PEUPLE[6].

COMME avant d'élever un grand édifice l'architecte observe et sonde le sol, pour voir s'il en peut soutenir le poids, le sage instituteur ne commence pas par

---

* *E veramente*, dit Machiavel, *mai non fù alcuno ordinatore di legg straordinarie in un popolo, che non ricorresse a Dio, perche altrimenti non sarebbero accettate; perche sono molti beni conosciuti da uno prudente, i quali non hanno in se raggioni evidenti da potergli persuadere ad altrui.* Discorsi sopra Tito Livio. L. I. c. XI[7].

rédiger de bonnes loix en elles-mêmes, mais il examine auparavant si le peuple auquel il les destine est propre à les supporter[1]. C'est pour cela que Platon refusa de donner des loix aux Arcadiens et aux Cyréniens, sachant que ces deux peuples étoient riches et ne pouvoient souffrir l'égalité[2] : c'est pour cela qu'on vit en Crete de bonnes loix et de méchans hommes, parce que Minos n'avoit discipliné qu'un peuple chargé de vices.

Mille nations ont brillé sur la terre qui n'auroient jamais pu souffrir de bonnes loix, et celles mêmes qui l'auroient pu n'ont eu dans toute leur durée qu'un tems fort court pour cela. Les Peuples *(a)* ainsi que les hommes ne sont dociles que dans leur jeunesse, ils deviennent incorrigibles en vieillissant; quand une fois les coutumes sont établies et les préjugés enracinés, c'est une entreprise dangereuse et vaine de vouloir les réformer; le peuple ne peut pas même souffrir qu'on touche à ses maux pour les détruire, semblable à ces malades stupides et sans courage qui frémissent à l'aspect du médecin.

Ce n'est pas que, comme quelques maladies bouleversent la tête des hommes et leur ôtent le souvenir du passé, il ne se trouve quelquefois dans la durée des Etats des époques violentes où les révolutions font sur les peuples ce que certaines crises font sur les individus, où l'horreur du passé tient lieu d'oubli, et où l'Etat, embrasé par les guerres civiles, renait pour ainsi dire de sa cendre et reprend la vigueur de la jeunesse en sortant des bras de la mort[3]. Telle fut Sparte au tems de Lycurgue, telle fut Rome après les Tarquins; et telles ont été parmi nous la Hollande et la Suisse après l'expulsion des Tirans.

Mais ces événemens sont rares; ce sont des exceptions dont la raison se trouve toujours dans la constitution particuliere de l'Etat excepté. Elles ne sauroient même avoir lieu deux fois pour le même peuple, car il peut se rendre libre tant qu'il n'est que barbare, mais il ne le peut plus quand le ressort civil est usé[4]. Alors les troubles peuvent le détruire sans que les révolutions puissent le rétablir, et sitôt que ses fers sont brisés, il tombe épars et n'existe plus : Il lui faut désormais un maitre et non pas un libérateur. Peuples libres, souvenez-vous de cette maxime : On peut acquérir la liberté; mais on ne la recouvre jamais.

Il eſt pour les Nations comme pour les hommes un tems de maturité qu'il faut attendre avant de les soumettre à des loix; mais la maturité d'un peuple n'eſt pas toujours facile à connoitre, et si on la prévient l'ouvrage eſt manqué *(a)*. Tel peuple eſt disciplinable en naissant, tel autre ne l'eſt pas au bout de dix siecles. Les Russes ne seront jamais vraiment policés, parce qu'ils l'ont été trop tôt. Pierre avoit le génie imitatif; il n'avoit pas le vrai génie, celui qui crée et fait tout de rien[1]. Quelques unes des choses qu'il fit étoient bien, la plupart étoient déplacées. Il a vu que son peuple étoit barbare, il n'a point vu qu'il n'étoit pas mûr pour la police; il l'a voulu civiliser quand il ne faloit que l'agguerrir. Il a d'abord voulu faire des Allemands, des Anglois, quand il faloit commencer par faire des Russes[2]; il a empêché ses sujets de jamais devenir ce qu'ils pourroient être, en leur persuadant qu'ils étoient ce qu'ils ne sont pas. C'eſt ainsi qu'un Précepteur françois forme son éleve pour briller un moment dans son enfance, et puis n'être jamais rien. L'Empire de Russie voudra subjuguer l'Europe et sera subjugué lui-même. Les Tartares ses sujets ou ses voisins deviendront ses maitres et les notres[3] : Cette révolution me paroit infaillible. Tous les Rois de l'Europe travaillent de concert à l'accélérer.

CHAPITRE IX.

SUITE.

COMME la nature a donné des termes à la ſtature d'un homme bien conformé, passé lesquels elle ne fait plus que des Géants ou des Nains, il y a de même, eu égard à la meilleure conſtitution d'un Etat, des bornes à l'étendue qu'il peut avoir, afin qu'il ne soit ni trop grand pour pouvoir être bien gouverné, ni trop petit pour pouvoir se maintenir par lui-même[4]. Il y a dans tout corps politique un *maximum* de force qu'il ne sauroit passer, et duquel souvent il s'éloigne à force de s'aggrandir. Plus le lien social s'étend, plus il se relâche, et en général un petit Etat eſt proportionnellement plus fort qu'un grand[5].

Mille raisons démontrent cette maxime. Premierement l'administration devient plus pénible dans les grandes distances, comme un poids devient plus lourd au bout d'un plus grand lévier. Elle devient aussi plus onéreuse à mesure que les degrés se multiplient; car chaque ville a d'abord la sienne que le peuple paye, chaque district la sienne encore payée par le peuple, ensuite chaque province, puis les grands gouvernemens, les Satrapies, les Viceroyautés qu'il faut toujours payer plus cher à mesure qu'on monte, et toujours aux dépends du malheureux peuple; enfin vient l'administration suprême qui écrase tout. Tant de surcharges épuisent continuellement les sujets; loin d'être mieux gouvernés par ces différens ordres, ils le sont moins bien que s'il n'y en avoit qu'un seul au dessus d'eux. Cependant a peine reste-t-il des ressources pour les cas extraordinaires, et quand il y faut recourir l'Etat est toujours à la veille de sa ruine.

Ce n'est pas tout; non seulement le Gouvernement a moins de vigueur et de célérité pour faire observer les loix, empêcher les véxations, corriger les abus, prévenir les entreprises séditieuses qui peuvent se faire dans des lieux éloignés; mais le peuple a moins d'affection pour ses chefs qu'il ne voit jamais, pour la patrie qui est à ses yeux comme le monde, et pour ses concitoyens dont la plus-part lui sont étrangers. Les mêmes loix ne peuvent convenir à tant de provinces diverses qui ont des mœurs différentes, qui vivent sous des climats opposés, et qui ne peuvent souffrir la même forme de gouvernement[1]. Des loix différentes n'engendrent que trouble et confusion parmi des peuples qui, vivant sous les mêmes chefs et dans une communication continuelle, passent ou se marient les uns chez les autres et, soumis à d'autres coutumes, ne savent jamais si leur patrimoine est bien à eux. Les talens sont enfouis, les vertus ignorées, les vices impunis, dans cette multitude d'hommes inconnus les uns aux autres, que le siege de l'administration suprême rassemble dans un même lieu. Les Chefs accablés d'affaires ne voyent rien par eux-mêmes, des commis gouvernent l'Etat. Enfin les mesures qu'il faut prendre pour maintenir l'autorité générale, à laquelle tant d'Officiers éloignés veulent se soustraire ou en imposer, absorbe tous les soins publics, il n'en reste plus pour le bonheur du peuple, à peine en reste-t-il pour sa défence au besoin, et c'eſt ainsi qu'un corps trop grand pour sa conſtitution s'affaisse et périt écrasé sous son propre poids.

D'un autre côté, l'Etat doit se donner une certaine base pour avoir de la solidité, pour résiſter aux secousses qu'il ne manquera pas d'éprouver et aux efforts qu'il sera contraint de faire pour se soutenir : car tous les peuples ont une espece de force centrifuge, par laquelle ils agissent continuellement les uns contre les autres et tendent à s'aggrandir aux dépens de leurs voisins, comme les tourbillons de Descartes. Ainsi les foibles risquent d'être bientôt engloutis, et nul ne peut gueres se conserver qu'en se mettant avec tous dans une espece d'équilibre, qui rende la compression par-tout à peu près égale.

On voit par-là qu'il y a des raisons de s'étendre et des raisons de se resserrer, et ce n'eſt pas le moindre talent du politique de trouver, entre les unes et les autres, la proportion la plus avantageuse à la conservation de l'Etat. On peut dire en général que les premieres, n'étant qu'extérieures et rélatives, doivent être subordonnées aux autres, qui sont internes et absolues; une saine et forte conſtitution eſt la premiere chose qu'il faut rechercher, et l'on doit plus compter sur la vigueur qui nait d'un bon gouvernement, que sur les ressources que fournit un grand territoire.

Au reſte, on a vu des Etats tellement conſtitués, que la nécessité des conquêtes entroit dans leur conſtitution même, et que pour se maintenir, ils étoient forcés de s'aggrandir sans cesse. Peut-être se félicitoient-ils beaucoup de cette heureuse nécessité, qui leur montroit pourtant, avec le terme de leur grandeur, l'inévitable moment de leur chute.

CHAPITRE X.

SUITE.

On peut mésurer un corps politique de deux manieres; savoir, par l'étendue du territoire, et par le nombre du peuple[1], et il y a, entre l'une et l'autre de ces mésures, un rapport convenable pour donner à l'Etat sa véritable grandeur : Ce sont les hommes qui font l'Etat[1], et c'est le terrain qui nourrit les hommes; ce rapport est donc que la terre suffise à l'entretien de ses habitans, et qu'il y ait autant d'habitans que la terre en peut nourrir[2]. C'est dans cette proportion que se trouve le *maximum* de force d'un nombre donné de peuple; car s'il y a du terrein de trop, la garde en est onéreuse, la culture insuffisante, le produit superflu; c'est la cause prochaine des guerres deffensives; s'il n'y en a pas assés, l'Etat se trouve pour le supplément à la discretion de ses voisins; c'est la cause prochaine des guerres offensives. Tout peuple qui n'a par sa position que l'alternative entre le commerce ou la guerre, est foible en lui-même; il dépend de ses voisins, il dépend des événemens; il n'a jamais qu'une existence incertaine et courte. Il subjugue et change de situation, ou il est subjugué et n'est rien. Il ne peut se conserver libre qu'à force de petitesse ou de grandeur.

On ne peut donner en calcul un rapport fixe entre l'étendue de terre et le nombre d'hommes qui se suffisent l'un à l'autre; tant à cause des différences qui se trouvent dans les qualités du terrein, dans ses dégrés de fertilité, dans la nature de ses productions, dans l'influence des climats, que de celles qu'on remarque dans les tempéramens des hommes qui les habitent, dont les uns consomment peu dans un pays fertile, les autres beaucoup sur un sol ingrat. Il faut encore avoir égard à la plus grande ou moindre fécondité des femmes, à ce que le pays peut avoir de plus ou moins favorable à la population, à la quantité dont le législateur peut espérer d'y concourir par ses établissemens ; de sorte qu'il ne doit pas fonder son jugement sur ce qu'il voit mais sur ce qu'il prévoit, ni s'arrêter autant à l'état actuel de la population qu'à celui où elle doit naturellement parvenir. Enfin il y a mille occasions où les accidens particuliers du lieu exigent ou permettent qu'on embrasse plus de terrein qu'il ne paroit nécessaire. Ainsi l'on s'étendra beaucoup dans un pays de montagnes, où les productions naturelles, savoir, les bois, les paturages, demandent moins de travail, où l'expérience apprend que les femmes sont plus fécondes que dans les plaines, et où un grand sol incliné ne donne qu'une petite base horisontale, la seule qu'il faut compter pour la végétation. Au contraire, on peut se resserrer au bord de la mer, même dans des rochers et des sables presque stériles; parce que la pêche y peut suppléer en grande partie aux productions de la terre, que les hommes doivent être plus rassemblés pour répousser les pyrates, et qu'on a d'ailleurs plus de facilité pour délivrer le pays par les colonies, des habitans dont il est surchargé.

A ces conditions pour instituer un peuple, il en faut ajouter une qui ne peut suppléer à nulle autre, mais sans laquelle elles sont toutes inutiles; c'est qu'on jouisse de l'abondance et de la paix; car le tems où s'ordonne un Etat est, comme celui où se forme un bataillon, l'instant où le corps est le moins capable de résistance et le plus facile à détruire. On résisteroit mieux dans un désordre absolu que dans un moment de fermentation, où chacun s'occupe de son rang et non du péril. Qu'une guerre, une famine, une sédition survienne en ce tems de crise, l'Etat est infailliblement renversé.

Ce n'est pas qu'il n'y ait beaucoup de gouvernemens établis durant ces orages; mais alors ce sont ces gouvernemens-mêmes qui détruisent l'Etat. Les usurpateurs amenent ou choisissent toujours ces tems de troubles pour faire passer, à la faveur de l'effroi public, des loix destructives que le peuple n'adopteroit jamais de sang-froid. Le choix du moment de l'institution est un des caracteres les plus surs par lesquels on peut distinguer l'œuvre du Législateur d'avec celle du Tiran[1].

Quel peuple est donc propre à la législation ? Celui qui, se trouvant déjà lié par quelque union d'origine, d'intérêt ou de convention, n'a point encore porté le vrai joug des loix; celui qui n'a ni coutumes ni superstitions bien enracinées; celui qui ne craint pas d'être accablé par une invasion subite, qui, sans entrer dans les querelles de ses voisins, peut résister seul à chacun d'eux, ou s'aider de l'un pour repousser l'autre; celui dont chaque membre peut être connu de tous, et où l'on n'est point forcé de charger un homme d'un plus grand fardeau qu'un homme ne peut porter; celui qui peut se passer des autres peuples et dont tout autre peuple peut se passer*; Celui qui n'est ni

---

* Si de deux peuples voisins l'un ne pouvoit se passer de l'autre, ce seroit une situation très dure pour le premier et très dangereuse pour le second. Toute nation sage, en pareil cas, s'efforcera bien vîte de délivrer l'autre de cette dépendance. La République de

riche ni pauvre et peut se suffire à lui-même[1]; enfin celui qui réunit la consistance d'un ancien peuple avec la docilité d'un peuple nouveau. Ce qui rend pénible l'ouvrage de la législation, est moins ce qu'il faut établir que ce qu'il faut détruire; et ce qui rend le succès si rare, c'est l'impossibilité de trouver la simplicité de la nature jointe aux besoins de la société. Toutes ces conditions, il est vrai, se trouvent difficilement rassemblées. Aussi voit-on peu d'Etats bien constitués.

Il est encore en Europe un pays capable de législation; c'est l'Isle de Corse[2]. La valeur et la constance avec laquelle ce brave peuple a su recouvrer et défendre sa liberté, mériteroit bien que quelque homme sage lui apprit à la conserver. J'ai quelque pressentiment qu'un jour cette petite Isle étonnera l'Europe.

CHAPITRE XI.

DES DIVERS SISTÊMES DE LÉGISLATION.

Si l'on recherche en quoi consiste précisément le plus grand bien de tous, qui doit être la fin de tout sistême de législation, on trouvera qu'il se réduit à ces deux objets principaux, la *liberté,* et l'*égalité*. La liberté, parce que toute dépendance particuliere est autant de force ôtée au corps de l'Etat; l'égalité, parce que la liberté ne peut subsister sans elle.

J'ai déjà dit[3] ce que c'est que la liberté civile; à l'égard de l'égalité, il ne faut pas entendre par ce mot que les degrés de puissance et de richesse soient absolument les mêmes, mais que, quant à la puissance, elle soit au dessous de toute violence et ne s'exerce jamais qu'en vertu du rang et des loix, et quant à la richesse, que nul citoyen ne soit assez opulent pour en pouvoir acheter un

---

Thlascala enclavée dans l'Empire du Méxique aima mieux se passer de sel, que d'en acheter des Méxicains, et même que d'en accepter gratuitement. Les sages Thlascalans virent le piege caché sous cette libéralité. Ils se conserverent libres, et ce petit Etat, enfermé dans ce grand Empire, fut enfin l'instrument de sa ruine.

autre, et nul assez pauvre pour être contraint de se vendre[1] : Ce qui suppose du côté des grands modération de biens et de crédit, et du côté des petits, modération d'avarice et de convoitise*.

Cette égalité, disent-ils, est une chimere de spéculation qui ne peut exister dans la pratique : Mais si l'abus est inévitable, s'ensuit-il qu'il ne faille pas au moins le regler ? C'est précisément parce que la force des choses tend toujours à détruire l'égalité, que la force de la législation doit toujours tendre à la maintenir[2].

Mais ces objets généraux de toute bonne institution doivent être modifiés en chaque pays par les rapports qui naissent, tant de la situation locale, que du caractere des habitans, et c'est sur ces rapports qu'il faut assigner à chaque peuple un sistême particulier d'institution, qui soit le meilleur, non peut-être en lui-même, mais pour l'Etat auquel il est destiné. Par exemple le sol est-il ingrat et stérile, ou le pays trop serré pour les habitans ? Tournez-vous du côté de l'industrie et des arts, dont vous échangerez les productions contre les denrées qui vous manquent. Au contraire, occupez-vous de riches plaines et des côteaux fertiles ? Dans un bon terrain, manquez-vous d'habitans ? Donnez tous vos soins à l'agriculture qui multiplie les hommes, et chassez les arts qui ne feroient qu'achever de dépeupler le pays, en attroupant sur quelques points du territoire le peu d'habitans qu'il a**. Occupez-vous des rivages étendus et comodes ? Couvrez la mer de vaisseaux, cultivez le commerce et la navigation; vous aurez une existence brillante et courte. La mer ne baigne-t-elle sur vos côtes que des rochers presque inaccessibles ? Restez barbares et Ichtyophages; vous en vivrez plus tranquilles, meilleurs peut-être, et sure-

---

* Voulez-vous donc donner à l'Etat de la consistance ? rapprochez les degrés extrêmes autant qu'il est possible : ne souffrez ni des gens opulens ni des gueux. Ces deux états, naturellement inséparables, sont également funestes au bien commun; de l'un sortent les fauteurs de la tirannie et de l'autre les tirans; c'est toujours entre eux que se fait le trafic de la liberté publique; l'un l'achette et l'autre la vend.

** Quelque branche de commerce extérieur, dit le M. d'A., ne répand gueres qu'une fausse utilité pour un royaume en général; elle peut enrichir quelques particuliers, même quelques villes, mais la nation entiere n'y gagne rien, et le peuple n'en est pas mieux.

ment plus heureux. En un mot, outre les maximes communes à tous, chaque Peuple renferme en lui quelque cause qui les ordonne d'une maniere particuliere et rend sa législation propre à lui seul. C'est ainsi qu'autrefois les Hébreux et recemment les Arabes ont eu pour principal objet la Religion, les Athéniens les lettres, Carthage et Tyr le commerce, Rhodes la marine, Sparte la guerre, et Rome la vertu. L'Auteur de *l'Esprit des loix* a montré dans des foules d'exemples par quel art le législateur dirige l'institution vers chacun de ces objets[1].

Ce qui rend la constitution d'un Etat véritablement solide et durable, c'est quand les convenances sont tellement observées que les rapports naturels et les loix tombent toujours de concert sur les mêmes points, et que celles-ci ne font, pour ainsi dire, qu'assurer, accompagner, rectifier les autres. Mais si le Législateur, se trompant dans son objet, prend un principe différent de celui qui nait de la nature des choses, que l'un tende à la servitude et l'autre à la liberté, l'un aux richesses l'autre à la population, l'un à la paix l'autre aux conquêtes, on verra les loix s'affoiblir insensiblement, la constitution s'altérer, et l'Etat ne cessera d'être agité jusqu'à ce qu'il soit détruit ou changé, et que l'invincible nature ait repris son empire.

CHAPITRE XII.

DIVISION DES LOIX.

POUR ordonner le tout, ou donner la meilleure forme possible à la chose publique, il y a diverses rélations à considérer. Premierement l'action du corps entier agissant sur lui-même, c'est-à-dire le rapport du tout au tout, ou du Souverain à l'Etat, et ce rapport est composé de celui des termes intermédiaires[2], comme nous le verrons ci-après.

Les loix qui reglent ce rapport portent le nom de loix politiques, et s'appellent aussi loix fondamentales, non sans quelque raison si ces loix sont sages. Car s'il n'y a dans chaque Etat qu'une bonne maniere de l'ordonner, le peuple qui l'a trouvée doit s'y tenir : mais si l'ordre établi est mauvais, pourquoi prendroit-on pour fondamentales des loix qui l'empêchent d'être bon ? D'ailleurs, en tout état de cause, un peuple est toujours le maitre de changer ses loix, mêmes les meilleures; car s'il lui plait de se faire mal à lui-même, qui est-ce qui a droit de l'en empêcher ?

La seconde rélation est celle des membres entre-eux ou avec le corps entier, et ce rapport doit être au premier égard aussi petit et au second aussi grand qu'il est possible : en sorte que chaque Citoyen soit dans une parfaite indépendance de tous les autres, et dans une excessive dépendance de la Cité; ce qui se fait toujours par les mêmes moyens; car il n'y a que la force de l'Etat qui fasse la liberté de ses membres. C'est de ce deuxieme rapport que naissent les loix civiles[1].

On peut considérer une troisieme sorte de rélation entre l'homme et la loi, savoir celle de la désobéissance à la peine, et celle-ci donne lieu à l'établissement des loix criminelles, qui dans le fond sont moins une espece particuliere de loix, que la sanction de toutes les autres.

A ces trois sortes de loix, il s'en joint une quatrieme, la plus importante de toutes; qui ne se grave ni sur le marbre ni sur l'airain, mais dans les cœurs des citoyens; qui fait la véritable constitution de l'Etat; qui prend tous les jours de nouvelles forces; qui, lorsque les autres loix vieillissent ou s'éteignent, les ranime ou les supplée, conserve un peuple dans l'esprit de son institution, et substitue insensiblement la force de l'habitude à celle de l'autorité. Je parle des mœurs, des coutumes, et sur-tout de l'opinion[2]; partie inconnue à nos politiques, mais de laquelle dépend le succès de toutes les autres : partie dont le grand Législateur s'occupe en secret, tandis qu'il paroit se borner à des réglemens particuliers qui ne sont que le ceintre de la voûte, dont les mœurs, plus lentes à naitre, forment enfin l'inébranlable Clef.

Entre ces diverses Classes, les loix politiques, qui constituent la forme du Gouvernement, sont la seule rélative à mon sujet.

Fin du Livre Deuxieme.

LIVRE III.

AVANT de parler des diverses formes de Gouvernement, tâchons de fixer le sens précis de ce mot, qui n'a pas encore été fort bien expliqué[1].

CHAPITRE I.

DU GOUVERNEMENT EN GÉNÉRAL.

J'AVERTIS le lecteur que ce chapitre doit être lû posément, et que je ne sais pas l'art d'être clair pour qui ne veut pas être attentif[2].

Toute action libre a deux causes qui concourent à la produire, l'une morale, savoir la volonté qui détermine l'acte, l'autre physique, savoir la puissance qui l'exécute. Quand je marche vers un objet, il faut premierement que j'y veuille aller; en second lieu, que mes pieds m'y portent. Qu'un paralytique veuille courir, qu'un homme agile ne le veuille pas, tous deux resteront en place. Le corps politique a les mêmes mobiles; on y distingue de même la force et la volonté; Celle-ci sous le nom de *puissance législative,* l'autre sous le nom de *puissance exécutive.* Rien ne s'y fait ou ne s'y doit faire sans leur concours.

Nous avons vu que la puissance législative appartient au peuple, et ne peut appartenir qu'à lui. Il est aisé de voir au contraire, par les principes ci-devant établis[3], que la puissance exécutive ne peut appartenir à la généralité comme Législatrice ou Souveraine; parce que cette puissance ne consiste qu'en des actes particuliers qui ne sont point du ressort de la loi, ni par conséquent de celui du

Souverain, dont tous les actes ne peuvent être que des loix.

Il faut donc à la force publique un agent propre qui la réunisse et la mette en œuvre selon les directions de la volonté générale, qui serve à la communication de l'Etat et du Souverain, qui fasse en quelque sorte dans la personne publique ce que fait dans l'homme l'union de l'ame et du corps[1]. Voilà quelle est dans l'Etat la raison du Gouvernement, confondu mal à propos avec le Souverain, dont il n'est que le ministre.

Qu'est-ce donc que le Gouvernement ? Un corps intermédiaire[2] établi entre les sujets et le Souverain pour leur mutuelle correspondance, chargé de l'éxécution des loix, et du maintien de la liberté, tant civile que politique.

Les membres de ce corps s'appellent Magistrats ou *Rois,* c'est-à-dire, *Gouverneurs,* et le corps entier porte le nom de *Prince**. Ainsi ceux qui prétendent que l'acte par lequel un peuple se soumet à des chefs n'est point un contract, ont grande raison[3]. Ce n'est absolument qu'une commission, un emploi dans lequel, simples officiers du Souverain, ils exercent en son nom le pouvoir dont il les a faits dépositaires, et qu'il peut limiter, modifier et reprendre quand il lui plait, l'aliénation d'un tel droit[4] étant incompatible avec la nature du corps social, et contraire au but de l'association.

J'appelle donc *Gouvernement* ou suprême administration l'exercice légitime de la puissance exécutive, et Prince ou magistrat l'homme ou le corps chargé de cette administration[5].

C'est dans le Gouvernement que se trouvent les forces intermédiaires, dont les rapports composent celui du tout au tout ou du Souverain à l'Etat. On peut réprésenter ce dernier rapport par celui des extrêmes d'une proportion continue[6], dont la moyenne proportionnelle est le Gouvernement. Le Gouvernement reçoit du Souverain les ordres qu'il donne au peuple, et pour que l'Etat soit dans un bon équilibre il faut, tout compensé, qu'il y ait égalité entre le produit ou la puissance du Gouvernement pris en lui-même et le produit ou la puissance des citoyens, qui sont souverains d'un côté et sujets de l'autre[7].

---

* C'est ainsi qu'à Venise on donne au college le nom de *sérénissime Prince,* même quand le Doge n'y assiste pas.

De plus, on ne sauroit altérer aucun des trois termes sans rompre à l'instant la proportion. Si le Souverain veut gouverner, ou si le magistrat veut donner des loix, ou si les sujets refusent d'obéir, le désordre succede à la regle, la force et la volonté n'agissent plus de concert, et l'Etat dissout tombe ainsi dans le despotisme ou dans l'anarchie. Enfin comme il n'y a qu'une moyenne proportionnelle entre chaque rapport, il n'y a non plus qu'un bon gouvernement possible dans un Etat : Mais comme mille événemens peuvent changer les rapports d'un peuple, non seulement différens Gouvernemens peuvent être bons à divers peuples, mais au même peuple en différens tems.

Pour tâcher de donner une idée des divers rapports qui peuvent regner entre ces deux extrêmes, je prendrai pour exemple le nombre du peuple, comme un rapport plus facile à exprimer.

Supposons que l'Etat soit composé de dix-mille Citoyens. Le Souverain ne peut être considéré que collectivement et en corps : Mais chaque particulier en qualité de sujet est considéré comme individu : Ainsi le Souvevain est au sujet comme dix-mille est à un : C'est-à-dire que chaque membre de l'Etat n'a pour sa part que la dix-millieme partie de l'autorité souveraine, quoi qu'il lui soit soumis tout entier. Que le peuple soit composé de cent-mille hommes, l'état des sujets ne change pas, et chacun porte également tout l'empire des loix, tandis que son suffrage, réduit à un cent-millieme, a dix fois moins d'influence dans leur rédaction. Alors le sujet restant toujours un, le rapport du Souverain augmente en raison du nombre des Citoyens. D'où il suit que plus l'Etat s'aggrandit, plus la liberté diminue.

Quand je dis que le rapport augmente, j'entends qu'il s'éloigne de l'égalité. Ainsi plus le rapport est grand dans l'acception des Géometres, moins il y a de rapport dans l'acception commune; dans la premiere le rapport considéré selon la quantité se mésure par l'exposant[1], et dans l'autre, considéré selon l'identité, il s'estime par la similitude.

Or moins les volontés particulieres se rapportent à la volonté générale, c'est-à-dire les mœurs aux loix, plus la force réprimante doit augmenter. Donc le Gouvernement, pour être bon, doit être rélativement plus fort à mésure que le peuple est plus nombreux.

D'un autre côté, l'aggrandissement de l'Etat donnant aux dépositaires de l'autorité publique plus de tentations et de moyens d'abuser de leur pouvoir, plus le Gouvernement doit avoir de force pour contenir le peuple, plus le Souverain doit en avoir à son tour pour contenir le Gouvernement. Je ne parle pas ici d'une force absolue, mais de la force rélative des diverses parties de l'Etat.

Il suit de ce double rapport que la proportion continue entre le Souverain, le Prince et le peuple n'eſt point une idée arbitraire, mais une conséquence nécessaire de la nature du corps politique. Il suit encore que l'un des extrêmes, savoir le peuple comme sujet, étant fixe et représenté par l'unité, toutes les fois que la raison doublée[1] augmente ou diminue, la raison simple augmente ou diminue semblablement, et que par conséquent le moyen terme eſt changé. Ce qui fait voir qu'il n'y a pas une conſtitution de Gouvernement unique et absolue, mais qu'il peut y avoir autant de Gouvernemens différens en nature que d'Etats différens en grandeur.

Si, tournant ce siſtême en ridicule, on disoit que pour trouver cette moyenne proportionnelle et former le corps du Gouvernement il ne faut, selon moi, que tirer la racine quarrée du nombre du peuple; je répondrois que je ne prends ici ce nombre que pour un exemple, que les rapports dont je parle ne se mésurent pas seulement par le nombre des hommes, mais en général par la quantité d'aƈtion, laquelle se combine par des multitudes de causes, qu'au reſte si, pour m'exprimer en moins de paroles j'emprunte un moment des termes de géométrie, je n'ignore pas, cependant, que la précision géométrique n'a point lieu dans les quantités morales.

Le Gouvernement eſt en petit ce que le corps politique qui le renferme eſt en grand. C'eſt une personne morale douée de certaines facultés, aƈtive comme le Souverain, passive comme l'Etat, et qu'on peut décomposer en d'autres rapports semblables, d'où nait par conséquent une nouvelle proportion, une autre encore dans celle-ci selon l'ordre des tribunaux, jusqu'à ce qu'on arrive à un moyen terme indivisible, c'eſt-à-dire à un seul chef ou magiſtrat suprême, qu'on peut se représenter au milieu de cette progression, comme l'unité entre la série des fraƈtions et celle des nombres.

Sans nous embarrasser dans cette multiplication de

termes, contentons-nous de considérer le Gouvernement comme un nouveau corps dans l'Etat, distinct du peuple et du Souverain, et intermédiaire entre l'un et l'autre.

Il y a cette différence essentielle entre ces deux corps, que l'Etat existe par lui-même, et que le Gouvernement n'existe que par le Souverain. Ainsi la volonté dominante du Prince n'est ou ne doit être que la volonté générale ou la loi, sa force n'est que la force publique concentrée en lui, sitôt qu'il veut tirer de lui-même quelqu'acte absolu et indépendant, la liaison du tout commence à se relâcher. S'il arrivoit enfin que le Prince eut une volonté particuliere plus active que celle du Souverain, et qu'il usât pour obéir à cette volonté particuliere de la force publique qui est dans ses mains, en sorte qu'on eut, pour ainsi dire, deux Souverains, l'un de droit et l'autre de fait; à l'instant l'union sociale s'évanouiroit, et le corps politique seroit dissout[1].

Cependant pour que le corps du Gouvernement ait une existence, une vie réelle qui le distingue du corps de l'Etat, pour que tous ses membres puissent agir de concert et répondre à la fin pour laquelle il est institué, il lui faut un *moi* particulier, une sensibilité commune à ses membres, une force, une volonté propre qui tende à sa conservation. Cette existence particuliere suppose des assemblées, des conseils, un pouvoir de délibérer, de résoudre, des droits, des titres, des privileges qui appartiennent au Prince exclusivement, et qui rendent la condition du magistrat plus honorable à proportion qu'elle est plus pénible. Les difficultés sont dans la maniere d'ordonner dans le tout ce tout subalterne, de sorte qu'il n'altere point la constitution générale en affermissant la sienne, qu'il distingue toujours sa force particuliere destinée à sa propre conservation de la force publique destinée à la conservation de l'Etat, et qu'en un mot il soit toujours prêt à sacrifier le Gouvernement au peuple et non le peuple au Gouvernement.

D'ailleurs, bien que le corps artificiel du Gouvernement soit l'ouvrage d'un autre corps artificiel, et qu'il n'ait en quelque sorte qu'une vie empruntée et subordonnée, cela n'empêche pas qu'il ne puisse agir avec plus ou moins de vigueur ou de célérité, jouir, pour ainsi dire d'une santé plus ou moins robuste. Enfin, sans s'éloigner directement du but de son institution, il peut s'en écarter plus ou moins, selon la maniere dont il est constitué.

C'est de toutes ces différences que naissent les rapports divers que le Gouvernement doit avoir avec le corps de l'Etat, selon les rapports accidentels et particuliers par lesquels ce même Etat est modifié. Car souvent le Gouvernement le meilleur en soi deviendra le plus vicieux, si ses rapports ne sont altérés selon les défauts du corps politique auquel il appartient.

CHAPITRE II.

DU PRINCIPE QUI CONSTITUE LES DIVERSES FORMES DE GOUVERNEMENT.

POUR exposer la cause générale de ces différences, il faut distinguer ici le Prince et le Gouvernement[1], comme j'ai distingué ci-devant l'Etat et le Souverain.

Le corps du magistrat peut être composé d'un plus grand ou moindre nombre de membres. Nous avons dit que le rapport du Souverain aux sujets étoit d'autant plus grand que le peuple étoit plus nombreux, et par une évidente analogie nous en pouvons dire autant du Gouvernement à l'égard des Magistrats.

Or la force totale du Gouvernement étant toujours celle de l'Etat, ne varie point : d'où il suit que plus il use de cette force sur ses propres membres, moins il lui en reste pour agir sur tout le peuple.

Donc plus les Magistrats sont nombreux, plus le Gouvernement est foible. Comme cette maxime est fondamentale, appliquons-nous à la mieux éclaircir.

Nous pouvons distinguer dans la personne du magistrat trois volontés essenciellement différentes. Premierement la volonté propre de l'individu, qui ne tend qu'à son avantage particulier; secondement la volonté commune des magistrats, qui se rapporte uniquement à l'avantage du Prince, et qu'on peut appeller volonté de corps, laquelle est générale par rapport au Gouvernement, et particuliere par rapport à l'Etat, dont le Gouvernement fait partie; en troisieme lieu, la volonté du peuple ou la volonté souveraine, laquelle est générale, tant par rapport à l'Etat considéré comme le tout, que par rapport au Gouvernement considéré comme partie du tout.

Dans une législation parfaite, la volonté particuliere ou individuelle doit être nulle, la volonté de corps propre au Gouvernement très subordonnée, et par conséquent la volonté générale ou souveraine toujours dominante et la regle unique de toutes les autres.

Selon l'ordre naturel, au contraire, ces différentes volontés deviennent plus actives à mesure qu'elles se concentrent. Ainsi la volonté générale est toujours la plus foible, la volonté de corps a le second rang, et la volonté particuliere le premier de tous : de sorte que dans le Gouvernement chaque membre est premierement soi-même, et puis Magistrat, et puis citoyen. Gradation directement opposée à celle qu'exige l'ordre social.

Cela posé : que tout le Gouvernement soit entre les mains d'un seul homme. Voilà la volonté particuliere et la volonté de corps parfaitement réunies, et par conséquent celle-ci au plus haut dégré d'intensité qu'elle puisse avoir. Or comme c'est du dégré de la volonté que dépend l'usage de la force, et que la force absolue du Gouvernement ne varie point, il s'ensuit que le plus actif des Gouvernemens est celui d'un seul.

Au contraire, unissons le Gouvernement à l'autorité législative; faisons le Prince du Souverain, et de tous les Citoyens autant de magistrats : Alors la volonté de corps, confondue avec la volonté générale, n'aura pas plus d'activité qu'elle, et laissera la volonté particuliere dans toute sa force. Ainsi le Gouvernement, toujours avec la même force absolue, sera dans son *minimum* de force rélative ou d'activité.

Ces rapports sont incontestables, et d'autres considérations servent encore à les confirmer. On voit, par exemple, que chaque magistrat est plus actif dans son corps que chaque citoyen dans le sien[1], et que par conséquent la volonté particuliere a beaucoup plus d'influence dans les actes du Gouvernement que dans ceux du Souverain; car chaque magistrat est presque toujours chargé de quelque fonction du Gouvernement, au lieu que chaque citoyen pris à part n'a aucune fonction de la souveraineté. D'ailleurs, plus l'Etat s'étend, plus sa force réelle augmente, quoiqu'elle n'augmente pas en raison de son étendue : mais l'Etat restant le même, les magistrats ont beau se multiplier, le Gouvernement n'en acquiert pas une plus grande force réelle, parce que cette force est celle de l'Etat, dont la mésure est toujours égale. Ainsi la force rélative ou l'activité du Gouvernement diminue, sans que sa force absolue ou réelle puisse augmenter.

Il est sûr encore que l'expédition des affaires devient plus lente à mésure que plus de gens en sont chargés, qu'en donnant trop à la prudence on ne donne pas assez à la fortune, qu'on laisse échapper l'occasion, et qu'à force de délibérer on perd souvent le fruit de la délibération.

Je viens de prouver que le Gouvernement se relâche à mésure que les magistrats se multiplient, et j'ai prouvé cidevant que plus le peuple est nombreux, plus la force réprimante doit augmenter. D'où il suit que le rapport des magistrats au Gouvernement doit être inverse du rapport des sujets au Souverain : C'est-à-dire que, plus l'Etat s'aggrandit, plus le Gouvernement doit se resserrer[1] ; tellement que le nombre des chefs diminue en raison de l'augmentation du peuple.

Au reste je ne parle ici que de la force rélative du Gouvernement, et non de sa rectitude[2] : Car, au contraire, plus le magistrat est nombreux, plus la volonté de corps se rapproche de la volonté générale; au lieu que sous un magistrat unique cette même volonté de corps n'est, comme je l'ai dit, qu'une volonté particuliere. Ainsi l'on perd d'un côté ce qu'on peut gagner de l'autre, et l'art du Législateur est de savoir fixer le point où la force et la volonté du Gouvernement, toujours en proportion réciproque, se combinent dans le rapport le plus avantageux à l'Etat.

CHAPITRE III.

DIVISION DES GOUVERNEMENS[3].

On a vu dans le chapitre précédent pourquoi l'on distingue les diverses especes ou formes de Gouvernemens par le nombre des membres qui les composent; il reste à voir dans celui-ci comment se fait cette division.

Le Souverain peut, en premier lieu, commettre le dépôt du Gouvernement à tout le peuple ou à la plus grande partie du peuple, en sorte qu'il y ait plus de citoyens magistrats que de citoyens simples particuliers. On donne à cette forme de Gouvernement le nom de *Démocratie*.

Ou bien il peut resserrer le Gouvernement entre les mains d'un petit nombre, en sorte qu'il y ait plus de simples Citoyens que de magistrats, et cette forme porte le nom d'*Aristocratie*.

Enfin il peut concentrer tout le Gouvernement dans les mains d'un magistrat unique dont tous les autres tiennent leur pouvoir. Cette troisieme forme est la plus commune, et s'appelle *Monarchie* ou Gouvernement royal.

On doit remarquer que toutes ces formes ou du moins les deux premieres sont susceptibles de plus ou de moins, et ont même une assez grande latitude; car la Démocratie peut embrasser tout le peuple ou se resserrer jusqu'à la moitié. L'Aristocratie à son tour peut de la moitié du peuple se resserrer jusqu'au plus petit nombre indéterminément. La Royauté même est susceptible de quelque partage. Sparte eut constamment deux Rois par sa constitution, et l'on a vu dans l'empire romain jusqu'à huit Empereurs à la fois, sans qu'on pût dire que l'Empire fut divisé. Ainsi il y a un point où chaque forme de Gouvernement se confond avec la suivante, et l'on voit, que sous trois seules dénominations, le Gouvernement est réellement susceptible d'autant de formes diverses que l'Etat a de Citoyens.

Il y a plus : ce même Gouvernement pouvant à certains égards se subdiviser en d'autres parties, l'une administrée d'une maniere et l'autre d'une autre, il peut résulter de ces trois formes combinées une multitude de formes mixtes, dont chacune est multipliable par toutes les formes simples.

On a de tous tems beaucoup disputé sur la meilleure forme de Gouvernement, sans considérer que chacune d'elles est la meilleure en certains cas, et la pire en d'autres.

Si dans les différens Etats le nombre des magistrats suprêmes doit être en raison inverse de celui des Citoyens, il s'ensuit qu'en général le Gouvernement Démocratique convient aux petits Etats, l'Aristocratique aux médiocres, et le Monarchique aux grands. Cette regle se tire immédiatement du principe; mais comment compter la multitude de circonstances qui peuvent fournir des exceptions ?

CHAPITRE IV.

DE LA DÉMOCRATIE[1].

Celui qui fait la loi sait mieux que personne comment elle doit être executée et interprêtée. Il semble donc qu'on ne sauroit avoir une meilleure constitution que celle où le pouvoir exécutif est joint au législatif: Mais c'est cela même qui rend ce Gouvernement insuffisant à certains égards, parce que les choses qui doivent être distinguées ne le sont pas, et que le Prince et le Souverain n'étant que la même personne, ne forment, pour ainsi dire, qu'un Gouvernement sans Gouvernement.

Il n'est pas bon que celui qui fait les loix les éxécute, ni que le corps du peuple détourne son attention des vues générales, pour la *(a)* donner aux objets particuliers. Rien n'est plus dangereux que l'influence des intérêts privés dans les affaires publiques, et l'abus des loix par le Gouvernement est un mal moindre que la corruption du Législateur, suite infaillible des vues particulieres[2]. Alors l'Etat étant altéré dans sa substance, toute réforme devient impossible. Un peuple qui n'abuseroit jamais du Gouvernement n'abuseroit pas non plus de l'indépendance; un peuple qui gouverneroit toujours bien n'auroit pas besoin d'être gouverné.

A prendre le terme dans la rigueur de l'acception, il n'a jamais existé de véritable Démocratie, et il n'en existera jamais. Il est contre l'ordre naturel que le grand nombre gouverne et que le petit soit gouverné. On ne peut imaginer que le peuple reste incessamment assemblé pour vaquer aux affaires publiques, et l'on voit aisément qu'il ne sauroit établir pour cela des commissions sans que la forme de l'administration change.

En effet, je crois pouvoir poser en principe que quand les fonctions du Gouvernement sont partagées entre plusieurs tribunaux, les moins nombreux acquierent tôt ou tard la plus grande autorité; ne fut-ce qu'à cause de la facilité d'expédier les affaires, qui les y amene naturellement.

D'ailleurs que de choses difficiles à réunir ne suppose pas ce Gouvernement ? Premierement un Etat très petit où le peuple soit facile à rassembler et où chaque citoyen puisse aisément connoitre tous les autres : secondement une grande simplicité de mœurs qui prévienne la multitude d'affaires et les discussions épineuses : Ensuite beaucoup d'égalité dans les rangs et dans les fortunes, sans quoi l'égalité ne sauroit subsister longtems dans les droits et l'autorité[1] : Enfin peu ou point de luxe[2]; car, ou le luxe est l'effet des richesses, ou il les rend nécessaires; il corrompt à la fois le riche et le pauvre, l'un par la possession l'autre par la convoitise; il vend la patrie à la molesse à la vanité; il ôte à l'Etat tous ses Citoyens pour les asservir les uns aux autres, et tous à l'opinion.

Voila pourquoi un Auteur célebre[3] a donné la vertu pour principe à la République; car toutes ces conditions ne sauroient subsister sans la vertu : mais faute d'avoir fait les distinctions nécessaires, ce beau génie a manqué souvent de justesse, quelquefois de clarté, et n'a pas vu que l'autorité Souveraine étant par tout la même, le même principe doit avoir lieu dans tout Etat bien constitué, plus ou moins, il est vrai, selon la forme du Gouvernement.

Ajoutons qu'il n'y a pas de Gouvernement si sujet aux guerres civiles et aux agitations intestines que le Démocratique ou populaire[4], parce qu'il n'y en a aucun qui tende si fortement et si continuellement à changer de forme, ni qui demande plus de vigilance et de courage pour être maintenu dans la sienne. C'est sur-tout dans cette constitution que le Citoyen doit s'armer de force et de constance, et dire chaque jour de sa vie au fond de son cœur ce que disoit un vertueux Palatin* dans la Diete de Pologne : *Malo periculosam libertatem quam quietum servitium*[5].

---

* Le Palatin de Posnanie pere du Roi de Pologne Duc de Lorraine.

S'il y avoit un peuple de Dieux, il se gouverneroit Démocratiquement. Un Gouvernement si parfait ne convient pas à des hommes[1].

CHAPITRE V.

DE L'ARISTOCRATIE[2].

Nous avons ici deux personnes morales très distinctes, savoir le Gouvernement et le Souverain, et par conséquent deux volontés générales, l'une par rapport à tous les citoyens, l'autre seulement pour les membres de l'administration. Ainsi, bien que le Gouvernement puisse régler sa police intérieure comme il lui plait, il ne peut jamais parler au peuple qu'au nom du Souverain, c'est-à-dire au nom du peuple même; ce qu'il ne faut jamais oublier.

Les premieres sociétés se gouvernèrent aristocratiquement. Les chefs des familles délibéroient entre eux des affaires publiques; Les jeunes gens cédoient sans peine à l'autorité de l'expérience. Delà les noms de *Prêtres*, d'*anciens*, de *sénat*, de *Gérontes*. Les sauvages de l'Amérique septentrionale se gouvernent encore ainsi de nos jours, et sont très bien gouvernés.

Mais à mésure que l'inégalité d'institution l'emporta sur l'inégalité naturelle, la richesse ou la puissance* fut préférée à l'âge, et l'Aristocratie devint élective. Enfin la puissance transmise avec les biens du pere aux enfans rendant les familles patriciennes, rendit le Gouvernement héréditaire, et l'on vit des Sénateurs de vingt ans.

Il y a donc trois sortes d'Aristocratie; naturelle, élective, héréditaire. La premiere ne convient qu'à des peuples simples; la troisieme est le pire de tous les Gouvernemens[3]. La deuxieme est le meilleur : c'est l'Aristocratie proprement dite.

Outre l'avantage de la distinction des deux pouvoirs, elle a celui du choix de ses membres; car dans le Gouver-

* Il est clair que le mot *Optimates* chez les anciens ne veut pas dire les meilleurs, mais, les plus puissans *(a)*.

nement populaire tous les Citoyens naissent magistrats, mais celui-ci les borne à un petit nombre, et ils ne le deviennent que par élection*; moyen par lequel la probité, les lumieres, l'expérience, et toutes les autres raisons de préférence et d'estime publique, sont autant de nouveaux garants qu'on sera sagement gouverné.

De plus, les assemblées se font plus comodément, les affaires se discutent mieux, s'expédient avec plus d'ordre et de diligence, le crédit de l'Etat est mieux soutenu chez l'étranger par de vénérables sénateurs que par une multitude inconnue ou méprisée.

En un mot, c'est l'ordre le meilleur et le plus naturel que les plus sages gouvernent la multitude, quand on est sûr qu'ils la gouverneront pour son profit et non pour le leur; il ne faut point multiplier en vain les ressorts, ni faire avec vingt mille hommes ce que cent hommes choisis peuvent faire encore mieux. Mais il faut remarquer que l'intérêt de corps commence à moins diriger ici la force publique — sur la regle de la volonté générale, et qu'une autre pente inévitable enlêve aux loix une partie de la puissance exécutive.

A l'egard des convenances particulieres, il ne faut ni un Etat si petit ni un peuple si simple et si droit que l'exécution des loix suive immédiatement de la volonté publique, comme dans une bonne Démocratie. Il ne faut pas non plus une si grande nation que les chefs épars pour la gouverner puissent trancher du Souverain chacun dans son département, et commencer par se rendre indépendans pour devenir enfin les maitres.

Mais si l'Aristocratie exige quelques vertus de moins que le Gouvernement populaire, elle en exige aussi d'autres qui lui sont propres; comme la modération dans les riches et le contentement dans les pauvres[1]; car il semble qu'une égalité rigoureuse y seroit déplacée; elle ne fut pas même observée à Sparte.

---

* Il importe beaucoup de regler par des loix la forme de l'élection des magistrats : car en l'abandonant à la volonté du Prince on ne peut éviter de tomber dans l'Aristocratie héréditaire, comme il est arrivé aux Républiques de *Venise* et de *Berne*[2]. Aussi la premiere est-elle depuis longtems un Etat dissout, mais la seconde se maintient par l'extrême sagesse de son Sénat; c'est une exception bien honorable et bien dangereuse.

Au reste, si cette forme comporte une certaine inégalité de fortune, c'est bien pour qu'en général l'administration des affaires publiques soit confiée à ceux qui peuvent les mieux y donner tout leur tems, mais non pas, comme prétend Aristote[1], pour que les riches soient toujours préférés. Au contraire, il importe qu'un choix opposé apprenne quelquefois au peuple qu'il y a dans le mérite des hommes des raisons de préférence plus importantes que la richesse.

CHAPITRE VI.

DE LA MONARCHIE[2].

Jusqu'ici nous avons considéré le Prince comme une personne morale et collective, unie par la force des loix, et dépositaire dans l'Etat de la puissance exécutive[3]. Nous avons maintenant à considérer cette puissance réunie entre les mains d'une personne naturelle, d'un homme réel, qui seul ait droit d'en disposer selon les loix. C'est ce qu'on appelle un Monarque, ou un Roi[4].

Tout au contraire des autres administrations, où un être collectif représente un individu, dans celle-ci un individu représente un être collectif[5]; en sorte que l'unité morale qui constitue le Prince est en même tems une unité physique, dans laquelle toutes les facultés que la loi réunit dans l'autre avec tant d'effort se trouvent naturellement réunies.

Ainsi la volonté du peuple, et la volonté du Prince, et la force publique de l'Etat, et la force particuliere du Gouvernement, tout répond au même mobile, tous les ressorts de la machine sont dans la même main, tout marche au même but, il n'y a point de mouvemens opposés qui s'entredétruisent, et l'on ne peut imaginer aucune sorte de constitution dans laquelle un moindre effort produise une action plus considérable. Archimede assis tranquillement sur le rivage et tirant sans peine à flot un grand Vaisseau, me représente un monarque habile gouvernant de son cabinet ses vastes Etats, et faisant tout mouvoir en paroissant immobile.

Mais s'il n'y a point de Gouvernement qui ait plus de vigueur, il n'y en a point où la volonté particuliere ait plus d'empire et domine plus aisément les autres ; tout marche au même but, il est vrai; mais ce but n'est point celui de la félicité publique, et la force même de l'Administration tourne sans cesse au préjudice de l'Etat.

Les Rois veulent être absolus, et de loin on leur crie que le meilleur moyen de l'être est de se faire aimer de leurs peuples. Cette maxime est très belle, et même très vraye à certains égards. Malheureusement on s'en moquera toujours dans les Cours. La puissance qui vient de l'amour des peuples est sans doute la plus grande; mais elle est précaire et conditionnelle, jamais les Princes ne s'en contenteront. Les meilleurs Rois veulent pouvoir être méchans s'il leur plait, sans cesser d'être les maitres : Un sermoneur politique[1] aura beau leur dire que la force du peuple étant la leur, leur plus grand intérêt est que le peuple soit florissant, nombreux, redoutable : ils savent très bien que cela n'est pas vrai. Leur intérêt personnel est premierement que le Peuple soit foible, misérable, et qu'il ne puisse jamais leur résister. J'avoue que, supposant les sujets toujours parfaitement soumis, l'intérêt du Prince seroit alors que le peuple fut puissant, afin que cette puissance étant la sienne le rendit rédoutable à ses voisins; mais comme cet intérêt n'est que secondaire et subordonné, et que les deux suppositions sont incompatibles, il est naturel que les Princes donnent toujours la préférence à la maxime qui leur est le plus immédiatement utile[2]. C'est ce que Samuël[3] représentoit fortement aux Hébreux; c'est ce que Machiavel[4] a fait voir avec évidence. En feignant de donner des leçons aux Rois il en a donné de grandes aux peuples[5]. Le Prince de Machiavel est le livre des républicains *(a)*.

Nous avons trouvé par les rapports généraux[6] que la monarchie n'est convenable qu'aux grands Etats, et nous le trouvons encore en l'examinant en elle-même. Plus l'administration publique est nombreuse, plus le rapport du Prince aux sujets diminue et s'approche de l'égalité, en sorte que ce rapport est un ou l'égalité-même dans la Démocratie. Ce même rapport augmente à mésure que le Gouvernement se resserre, et il est dans son *maximum* quand le Gouvernement est dans les mains d'un seul.

Alors il se trouve une trop grande distance entre le Prince et le Peuple, et l'Etat manque de liaison. Pour la former il faut donc des ordres intermédiaires : Il faut des Princes, des Grands, de la noblesse pour les remplir[1]. Or rien de tout cela ne convient à un petit Etat, que ruinent tous ces degrés.

Mais s'il est difficile qu'un grand Etat soit bien gouverné, il l'est beaucoup plus qu'il soit bien gouverné par un seul homme, et chacun sait ce qu'il arrive quand le Roi se donne des substituts.

Un defaut essenciel et inévitable, qui mettra toujours le gouvernement monarchique au dessous du républicain, est que dans celui-ci la voix publique n'éleve presque jamais aux premieres places que des hommes éclairés et capables, qui les remplissent avec honneur : au lieu que ceux qui parviennent dans les monarchies ne sont le plus souvent que de petits brouillons, de petits fripons, de petits intrigans, à qui les petits talens qui font dans les Cours parvenir aux grandes places, ne servent qu'à montrer au public leur ineptie aussi-tôt qu'ils y sont parvenus. Le peuple se trompe bien moins sur ce choix que le Prince[2], et un homme d'un vrai mérite est presque aussi rare dans le ministere, qu'un sot à la tête d'un gouvernement républicain. Aussi, quand par quelque heureux hazard un de ces hommes nés pour gouverner prend le timon des affaires dans une Monarchie presque abimée par ces tas de jolis regisseurs, on est tout surpris des ressources qu'il trouve, et cela fait époque dans un pays[3].

Pour qu'un Etat monarchique put être bien gouverné, il faudroit que sa grandeur ou son étendue fut mésurée aux facultés de celui qui gouverne. Il est plus aisé de conquérir que de régir. Avec un levier suffisant, d'un doigt on peut ébranler le monde, mais pour le soutenir il faut les épaules d'Hercule. Pour peu qu'un Etat soit grand, le Prince est presque toujours trop petit. Quand au contraire il arrive que l'Etat est trop petit pour son chef, ce qui est très rare, il est encore mal gouverné, parce que le chef, suivant toujours la grandeur de ses vues, oublie les intérêts des peuples, et ne les rend pas moins malheureux par l'abus des talens qu'il a de trop, qu'un chef borné par le défaut de ceux qui lui manquent. Il faudroit, pour ainsi dire, qu'un royaume s'étendit ou se resserrât à chaque regne selon la portée du Prince; au lieu que les talens d'un Sénat ayant des mésures plus fixes, l'Etat peut avoir des bornes constantes et l'administration n'aller pas moins bien.

Le plus sensible inconvénient du Gouvernement d'un seul est le défaut de cette succession continuelle qui forme dans les deux autres une liaison non interrompue. Un Roi mort, il en faut un autre; les élections laissent des intervalles dangereux, elles sont orageuses, et à moins que les Citoyens ne soient d'un désintéressement, d'une intégrité que ce Gouvernement ne comporte gueres, la brigue et la corruption s'en mêlent. Il est difficile que celui à qui l'Etat s'est vendu ne le vende pas à son tour, et ne se dédommage pas sur les foibles de l'argent que les puissans lui ont extorqué. Tôt ou tard tout devient venal sous une pareille administration, et la paix dont on jouit alors sous les rois est pire que le désordre des interregnes.

Qu'a-t-on fait pour prévenir ces maux? On a rendu les Couronnes héréditaires dans certaines familles, et l'on a établi un ordre de Succession qui prévient toute dispute à la mort des Rois : C'est-à-dire que, substituant l'inconvénient des régences à celui des élections, on a préféré une apparente tranquillité à une administration sage, et qu'on a mieux aimé risquer d'avoir pour chefs des enfans, des monstres, des imbécilles, que d'avoir à disputer sur le choix des bons Rois; on n'a pas considéré qu'en s'exposant ainsi aux risques de l'alternative on met presque toutes les chances contre soi. C'étoit un mot très-sensé que celui du jeune Denis, à qui son pere en lui reprochant une action honteuse disoit, t'en ai-je donné l'exemple? Ah, répondit le fils, votre pere n'étoit pas roi!

Tout concourt à priver de justice et de raison un homme élevé pour commander aux autres. On prend beaucoup de peine, à ce qu'on dit, pour enseigner aux jeunes Princes l'art de regner; il ne paroit pas que cette éducation leur profite. On feroit mieux de commencer par leur enseigner l'art d'obéir. Les plus grands rois qu'ait célébrés l'histoire n'ont point été élevés pour regner; c'est une science qu'on ne possede jamais moins qu'après l'avoir trop apprise, et qu'on acquiert mieux en obéissant qu'en commandant. *Nam utilissimus idem ac* *brevissimus bonarum malarumque rerum delectus, cogitare quid aut nolueris sub alio Principe aut volueris*.*

Une suite de ce défaut de cohérence est l'inconstance du gouvernement royal qui, se réglant tantôt sur un plan et tantôt sur un autre selon le caractere du Prince qui regne ou des gens qui regnent pour lui, ne peut avoir longtems un objet fixe ni une conduite conséquente : variation qui rend toujours l'Etat flotant de maxime en maxime, de projet en projet, et qui n'a pas lieu dans les autres Gouvernemens où le Prince est toujours le même. Aussi voit-on qu'en général, s'il y a plus de ruse dans une Cour, il y a plus de sagesse dans un Sénat[1], et que les Républiques vont à leurs fins par des vues plus constantes et mieux suivies, au lieu que chaque révolution dans le Ministere en produit une dans l'Etat; la maxime commune à tous les Ministres, et presque à tous les Rois, étant de prendre en toute chose le contrepied de leur prédécesseur.

De cette même incohérence se tire encore la solution d'un sophisme très familier aux politiques royaux; c'est, non seulement de comparer le Gouvernement civil au Gouvernement domestique et le prince au pere de famille, erreur déjà réfutée[2], mais encore de donner libéralement à ce magistrat toutes les vertus dont il auroit besoin, et de supposer toujours que le Prince est ce qu'il devroit être : supposition à l'aide de laquelle le Gouvernement royal est évidemment préférable à tout autre, parce qu'il est incontestablement le plus fort, et que pour être aussi le meilleur il ne lui manque qu'une volonté de corps plus conforme à la volonté générale.

Mais si selon Platon** le Roi par nature est un personnage si rare, combien de fois la nature et la fortune concourront-elles à le couronner, et si l'éducation royale corrompt nécessairement ceux qui la reçoivent, que doit-on espérer d'une suite d'hommes élevés pour regner ? C'est donc bien vouloir s'abuser que de confondre le Gouvernement royal avec celui d'un bon Roi. Pour voir ce qu'est ce Gouvernement en lui-même, il faut le considérer sous des Princes bornés ou méchans; car ils arriveront tels au Trône, ou le Trône les rendra tels[3].

---

* Tacit : hist. L. I[4].

** *In Civili*[5].

Ces difficultés n'ont pas échappé à nos Auteurs, mais ils n'en sont point embarrassés. Le remede est, disent-ils, d'obéir sans murmure[1]. Dieu donne les mauvais Rois dans sa colére, et il les faut supporter comme des châtimens du Ciel. Ce discours est édifiant, sans doute; mais je ne sais s'il ne conviendroit pas mieux en chaire que dans un livre de politique. Que dire d'un Medecin qui promet des miracles, et dont tout l'art est d'exhorter son malade à la patience ? On sait bien qu'il faut souffrir un mauvais Gouvernement quand on l'a; la question seroit d'en trouver un bon.

CHAPITRE VII.

DES GOUVERNEMENS MIXTES[2].

A PROPREMENT parler il n'y a point de Gouvernement simple. Il faut qu'un Chef unique ait des magistrats subalternes; il faut qu'un Gouvernement populaire ait un Chef. Ainsi dans le partage de la puissance exécutive il y a toujours gradation du grand nombre au moindre, avec cette différence que tantôt le grand nombre dépend du petit, et tantôt le petit du grand.

Quelquefois il y a partage égal; soit quand les parties constitutives sont dans une dépendance mutuelle, comme dans le Gouvernement d'Angleterre[3]; soit quand l'autorité de chaque partie est indépendante mais imparfaite, comme en Pologne[4]. Cette derniere forme est mauvaise, parce qu'il n'y a point d'unité dans le Gouvernement, et que l'Etat manque de liaison.

Lequel vaut le mieux, d'un Gouvernement simple ou d'un Gouvernement mixte ? Question fort agitée chez les politiques[5], et à laquelle il faut faire la même réponse que j'ai faite ci-devant sur toute forme de Gouvernement.

Le Gouvernement simple est le meilleur en soi, par cela seul qu'il est simple. Mais quand la Puissance exécutive ne dépend pas assez de la législative, c'est-à-dire, quand il y a plus de rapport du Prince au Souverain que du Peuple au Prince, il faut remédier à ce défaut de proportion en divisant le Gouvernement; car alors toutes ses parties n'ont pas moins d'autorité sur les sujets, et leur division les rend toutes ensemble moins fortes contre le Souverain.

On previent encore le même inconvénient en établissant des magistrats intermédiaires, qui, laissant le Gouvernement en son entier, servent seulement à balancer les deux Puissances et à maintenir leurs droits respectifs. Alors le Gouvernement n'est pas mixte, il est tempéré.

On peut remédier par des moyens semblables à l'inconvénient opposé, et quand le Gouvernement est trop lâche, ériger des Tribunaux pour le concentrer. Cela se pratique dans toutes les Démocraties. Dans le premier cas on divise le Gouvernement pour l'affoiblir, et dans le second pour le renforcer; car les *maximum* de force et de foiblesse se trouvent également dans les Gouvernemens simples, au lieu que les formes mixtes donnent une force moyenne.

CHAPITRE VIII.

QUE TOUTE FORME DE GOUVERNEMENT N'EST PAS PROPRE A TOUT PAYS[1].

LA liberté n'étant pas un fruit de tous les Climats n'est pas à la portée de tous les peuples. Plus on médite ce principe établi par Montesquieu[2], plus on en sent la vérité. Plus on le conteste, plus on donne occasion de l'établir par de nouvelles preuves.

Dans tous les Gouvernemens du monde la personne publique consomme et ne produit rien. D'où lui vient donc la substance consommée ? Du travail de ses membres. C'est le superflu des particuliers qui produit le nécessaire du public. D'où il suit que l'état civil ne peut subsister qu'autant que le travail des hommes rend au delà de leurs besoins.

Or cet excédent n'est pas le même dans tous les pays du monde. Dans plusieurs il est considérable, dans d'autres médiocres, dans d'autres nul, dans d'autres négatif.

Ce rapport dépend de la fertilité du climat, de la sorte de travail que la terre exige, de la nature de ses productions, de la force de ses habitans, de la plus ou moins grande consommation qui leur est nécessaire, et de plusieurs autres rapports semblables desquels il est composé.

D'autre part, tous les Gouvernemens ne sont pas de même nature; il y en a de plus ou moins dévorans, et les différences sont fondées sur cet autre principe que, plus les contributions publiques s'éloignent de leur source, et plus elles sont onéreuses. Ce n'est pas sur la quantité des impositions qu'il faut mésurer cette charge, mais sur le chemin qu'elles ont à faire pour retourner dans les mains dont elles sont sorties; quand cette circulation est prompte et bien établie, qu'on paye peu ou beaucoup, il n'importe; le peuple est toujours riche et les finances vont toujours bien. Au contraire, quelque peu que le Peuple donne, quand ce peu ne lui revient point, en donnant toujours bientôt il s'épuise; l'Etat n'est jamais riche, et le peuple est toujours gueux.

Il suit de-là que plus la distance du peuple au Gouvernement augmente, et plus les tributs deviennent onéreux : ainsi dans la Démocratie le peuple est le moins chargé, dans l'Aristocratie il l'est davantage, dans la Monarchie il porte le plus grand poids. La Monarchie ne convient donc qu'aux nations opulentes, l'Aristocratie aux Etats médiocres en richesse ainsi qu'en grandeur, la Démocratie aux Etats petits et pauvres.

En effet, plus on y réfléchit, plus on trouve en ceci de différence entre les Etats libres et les monarchiques; dans les premiers tout s'employe à l'utilité commune; dans les autres, les forces publique et particulieres sont réciproques, et l'une s'augmente par l'affoiblissement de l'autre. Enfin au lieu de gouverner les sujets pour les rendre heureux, le despotisme les rend misérables pour les gouverner.

Voila donc dans chaque climat des causes naturelles sur lesquelles on peut assigner la forme de Gouvernement à laquelle la force du climat l'entraîne, et dire même quelle espece d'habitans il doit avoir. Les lieux ingrats et stériles où le produit ne vaut pas le travail doivent rester incultes et deserts, ou seulement peuplés de Sauvages : Les lieux où le travail des hommes ne rend exactement que le nécessaire doivent être habités par des peuples barbares, toute politie y seroit impossible : les lieux où l'excès du produit sur le travail est médiocre conviennent aux peuples libres; ceux où le terroir abondant et fertile donne beaucoup de produit pour peu de travail veulent être gouvernés monarchiquement, pour consumer par le luxe du Prince l'excès du superflu des sujets; car il vaut mieux que cet excès soit absorbé par le gouvernement que dissipé par les particuliers. Il y a des exceptions, je le sais; mais ces exceptions-mêmes confirment la regle, en ce qu'elles produisent tôt ou tard des révolutions qui ramenent les choses dans l'ordre de la nature.

Distingons toujours les loix générales des causes particulieres qui peuvent en modifier l'effet. Quand tout le midi seroit couvert de Républiques et tout le nord d'Etats despotiques il n'en seroit pas moins vrai que par l'effet du climat le despotisme convient aux pays chauds, la barbarie aux pays froids, et la bonne politie aux régions intermédiaires. Je vois encore qu'en accordant le principe on pourra disputer sur l'application : on pourra dire qu'il y a des pays froids très-fertiles et des méridionaux très-ingrats. Mais cette difficulté n'en est une que pour ceux qui n'examinent pas la chose dans tous ses rapports. Il faut, comme je l'ai déja dit, compter ceux des travaux, des forces, de la consommation etc.

Supposons que de deux terreins égaux l'un rapporte cinq et l'autre dix. Si les habitans du premier consomment quatre et ceux du dernier neuf, l'excès du premier produit sera $\frac{1}{5}$. et celui du second $\frac{1}{10}$. Le rapport de ces deux excès étant donc inverse de celui des produits, le terrein qui ne produira que cinq donnera un superflu double de celui du terrein qui produira dix.

Mais il n'est pas question d'un produit double, et je ne crois pas que personne ose mettre en général la fertilité des pays froids en égalité même avec celle des pays chauds. Toutefois supposons cette égalité; laissons, si l'on veut, en balance l'Angleterre avec la Sicile, et la Pologne avec l'Egypte. Plus au midi nous aurons l'Affrique et les Indes, plus au nord nous n'aurons plus rien. Pour cette égalité de produit, quelle différence dans la culture ? En Sicile il ne faut que grater la terre; en Angleterre que de soins pour la labourer ! Or là où il faut plus de bras pour donner le même produit, le superflu doit être nécessairement moindre.

Considerez, outre cela, que la même quantité d'hommes consomme beaucoup moins dans les pays chauds. Le climat demande qu'on y soit sobre pour se porter bien : les Européens qui veulent y vivre comme chez eux périssent tous de dissenterie et d'indigestions. *Nous sommes,* dit Chardin[1], *des bêtes carnacieres, des loups, en comparaison des Asiatiques. Quelques-uns attribuent la sobriété des Persans à ce que leur pays est moins cultivé, et moi je crois au contraire que leur pays abonde moins en denrées parce qu'il en faut moins aux habitans. Si leur frugalité,* continue-t-il, *étoit un effet de la disette du pays, il n'y auroit que les pauvres qui mangeroient peu, au lieu que c'est généralement tout le monde, et on mangeroit plus ou moins en chaque province selon la fertilité du pays, au lieu que la même sobriété se trouve par tout le royaume. Ils se louent fort de leur maniere de vivre, disant qu'il ne faut que regarder leur teint pour reconnoitre combien elle est plus excellente que celle des chrétiens. En effet le teint des Persans est uni ; ils ont la peau belle, fine et polie, au lieu que le teint des Arméniens leurs sujets qui vivent à l'Européenne est rude, couperosé, et que leurs corps sont gros et pesants.*

Plus on approche de la ligne, plus les peuples vivent de peu. Ils ne mangent presque pas de viande; le ris, le mays, le cuzcuz, le mil, la cassave, sont leurs alimens ordinaires. Il y a aux Indes des millions d'hommes dont la nourriture ne coute pas un sol par jour. Nous voyons en Europe-même des différences sensibles pour l'appetit entre les peuples du nord et ceux du midi. Un Espagnol vivra huit jours du diner d'un Allemand. Dans les pays où les hommes sont plus voraces le luxe se tourne aussi vers les choses de consommation. En Angleterre, il se montre sur une table chargée de viandes; en Italie on vous régale de sucre et de fleurs.

Le luxe des vêtemens offre encore de semblables différences. Dans les climats où les changemens des saisons sont prompts et violens, on a des habits meilleurs et plus simples, dans ceux où l'on ne s'habille que pour la parure on y cherche plus d'éclat que d'utilité, les habits eux-mêmes y sont un luxe. A Naples vous verrez tous les jours se promener au Pausylippe des hommes en veste dorée et point de bas. C'est la même chose pour les bâtimens; on donne tout à la magnificence quand on n'a rien à craindre des injures de l'air. A Paris, à Londres on veut être logé chaudement et commodément. A Madrid on a des salons superbes, mais point de fénêtres qui ferment, et l'on couche dans des nids-à-rats.

Les alimens sont beaucoup plus substanciels et succulens dans les pays chauds; c'est une troisieme différence qui ne peut manquer d'influer sur la seconde. Pourquoi mange-t-on tant de légumes en Italie ? parce qu'ils y sont bons, nourrissans, d'excellent goût : En France où ils ne sont nourris que d'eau ils ne nourrissent point, et sont presque comptés pour rien sur les tables. Ils n'occupent pourtant pas moins de terrein et coûtent du moins autant de peine à cultiver. C'est une expérience faite que les bleds de Barbarie, d'ailleurs inférieurs à ceux de France, rendent beaucoup plus en farine, et que ceux de France à leur tour rendent plus que les bleds du Nord. D'où l'on peut inférer qu'une gradation semblable s'observe généralement dans la même direction de la ligne au pole. Or n'est-ce pas un desavantage visible d'avoir dans un produit égal une moindre quantité d'aliment ?

A toutes ces différentes considérations j'en puis ajoûter une qui en découle et qui les fortifie; c'est que les pays chauds ont moins besoin d'habitans que les pays froids, et pourroient en nourrir davantage; ce qui produit un double superflu toujours à l'avantage du despotisme. Plus le même nombre d'habitans occupe une grande surface, plus les révoltes deviennent difficiles; parce qu'on ne peut se concerter ni promptement ni secretement, et qu'il est toujours facile au Gouvernement d'éventer les projets et de couper les communications : mais plus un peuple nombreux se rapproche, moins le Gouvernement peut usurper sur le Souverain; les chefs déliberent aussi surement dans leurs chambres que le Prince dans son conseil, et la foule s'assemble aussi-tôt dans les places que les troupes dans leurs quartiers. L'avantage d'un Gouvernement tirannique est donc en ceci d'agir à grandes distances. A l'aide des points d'appui qu'il se donne sa force augmente au loin comme celle des léviers*. Celle du peuple au contraire n'agit que concen-

* Ceci ne contredit pas ce que j'ai dit ci-devant L. II. Chap. IX. Sur les inconvéniens des grands Etats : car il s'agissoit là de l'autorité du Gouvernement sur ses membres, et il s'agit ici de sa force

trée, elle s'évapore et se perd en s'étendant, comme l'effet de la poudre éparse à terre et qui ne prend feu que grain à grain. Les pays les moins peuplés sont ainsi les plus propres à la Tirannie : les bêtes féroces ne regnent que dans les déserts[1].

CHAPITRE IX.

DES SIGNES D'UN BON GOUVERNEMENT.

QUAND donc on demande absolument quel est le meilleur Gouvernement, on fait une question insoluble comme indéterminée; ou si l'on veut, elle a autant de bonnes solutions qu'il y a de combinaisons possibles dans les positions absolues et rélatives des peuples.

Mais si l'on demandoit à quel signe on peut connoitre qu'un peuple donné est bien ou mal gouverné, ce seroit autre chose, et la question de fait pourroit se résoudre.

Cependant on ne la résout point, parce que chacun veut la résoudre à sa maniere. Les sujets vantent la tranquillité publique, les Citoyens la liberté des particuliers; l'un préfere la sureté des possessions, et l'autre celle des personnes; l'un veut que le meilleur Gouvernement soit le plus sévère, l'autre soutient que c'est le plus doux; celui-ci veut qu'on punisse les crimes, et celui-là qu'on les prévienne; l'un trouve beau qu'on soit craint des voisins, l'autre aime mieux qu'on en soit ignoré; l'un est content quand l'argent circule, l'autre exige que le peuple ait du pain. Quand-même on conviendroit sur ces points et d'autres semblables, en seroit-on plus avancé ? Les quantités morales manquant de mesure précise, fut-on d'accord sur le signe, comment l'être sur l'estimation ?

Pour moi, je m'étonne toujours qu'on méconnoisse un signe aussi simple, ou qu'on ait la mauvaise foi de n'en pas convenir. Quelle est la fin de l'association poli-

---

contre les sujets. Ses membres épars lui servent de points d'appui pour agir au loin sur le peuple, mais il n'a nul point d'appui pour agir directement sur ces membres-mêmes. Ainsi dans l'un des cas la longueur du lévier en fait la foiblesse, et la force dans l'autre cas[2].

tique ? C'eſt la conservation et la prospérité de ses membres[1]. Et quel eſt le signe le plus sûr qu'ils se conservent et prospérent ? C'eſt leur nombre et leur population[2]. N'allez donc pas chercher ailleurs ce signe si disputé. Toute chose d'ailleurs égale, le Gouvernement sous lequel, sans moyens étrangers, sans naturalisations, sans colonies les Citoyens peuplent et multiplient davantage, eſt infailliblement le meilleur : celui sous lequel un peuple diminue et dépérit eſt le pire. Calculateurs, c'eſt maintenant votre affaire; comptez, mesurez, comparez*.

---

* On doit juger sur le même principe des siécles qui méritent la preférence pour la prospérité du genre humain. On a trop admiré ceux où l'on a vu fleurir les lettres et les arts, sans pénétrer l'objet secret de leur culture, sans en considérer le funeſte effet, *idque apud imperitos humanitas vocabatur, cum pars servitutis esset*[3]. Ne verrons-nous jamais dans les maximes des livres l'intérêt grossier qui fait parler les Auteurs ? Non, quoiqu'ils en puissent dire, quand malgré son éclat un pays se dépeuple, il n'eſt pas vrai que tout aille bien, et il ne suffit pas qu'un poëte ait cent mille livres de rente pour que son siecle soit le meilleur de tous. Il faut moins regarder au repos apparent, et à la tranquillité des chefs, qu'au bien être des nations entiéres et sur-tout des états les plus nombreux. La grêle désole quelques cantons, mais elle fait rarement disette. Les émeutes, les guerres civiles effarouchent beaucoup les chefs, mais elles ne font pas les vrais malheurs des peuples, qui peuvent même avoir du rélâche tandis qu'on dispute à qui les tirannisera. C'eſt de leur état permanent que naissent leurs prospérités ou leurs calamités réelles; quand tout reſte écrasé sous le joug, c'eſt alors que tout dépérit; c'eſt alors que les chefs les détruisant à leur aise, *ubi solitudinem faciunt, pacem appellant*[4]. Quand les tracasseries des Grands agitoient le royaume de France, et que le Coadjuteur de Paris[5] portoit au Parlement un poignard dans sa poche, cela n'empêchoit pas que le peuple François ne vécut heureux et nombreux dans une honnête et libre aisance. Autrefois la Grece fleurissoit au sein des plus cruelles guerres; le sang y couloit à flots, et tout le pays étoit couvert d'hommes. Il sembloit, dit Machiavel[6], qu'au milieu des meurtres, des proscriptions, des guerres civiles, notre République en devint plus puissante; la vertu de ses citoyens, leurs mœurs, leur indépendance avoient plus d'effet pour la renforcer, que toutes ses dissentions n'en avoient pour l'affoiblir. Un peu d'agitation donne du ressort aux ames, et ce qui fait vraiment prospérer l'espèce eſt moins la paix que la liberté[7].

CHAPITRE X.

DE L'ABUS DU GOUVERNEMENT, ET DE SA PENTE A DÉGÉNÉRER.

COMME la volonté particuliere agit sans cesse contre la volonté générale, ainsi le Gouvernement fait un effort continuel contre la Souveraineté. Plus cet effort augmente, plus la constitution s'altere, et comme il n'y a point ici d'autre volonté de corps qui résistant à celle du Prince fasse équilibre avec elle, il doit arriver tôt ou tard que le Prince opprime enfin le Souverain et rompe le traité Social. C'est-là le vice inhérent et inévitable qui dès la naissance du corps politique tend sans relâche à le détruire, de même que la vieillesse et la mort détruisent le corps de l'homme.

Il y a deux voyes générales par lesquelles un Gouvernement dégénere; savoir, quand il se resserre, ou quand l'Etat se dissoût.

Le Gouvernement se resserre quand il passe du grand nombre au petit, c'est-à-dire de la Démocratie à l'Aristocratie, et de l'Aristocratie à la Royauté. C'est-là son inclinaison naturelle*. S'il rétrogradoit du petit nombre au

---

* La formation lente et le progrès de la République de Venise dans ses lagunes offre un exemple notable de cette succession; et il est bien étonnant que depuis plus de douze cens ans les Vénitiens semblent n'en être encore qu'au second terme, lequel commença au *Serrar di Consiglio* en 1198. Quant aux anciens Ducs qu'on leur reproche, quoi qu'en puisse dire le *squitinio della libertà veneta*[1], il est prouvé qu'ils n'ont point été leurs Souverains.

On ne manquera pas de m'objecter la République Romaine qui suivit, dira-t-on, un progrès tout contraire, passant de la monarchie à l'Aristocratie, et de l'Aristocratie à la Démocratie. Je suis bien éloigné d'en penser ainsi.

Le premier établissement de Romulus fut un Gouvernement mixte qui dégénéra promptement en Despotisme. Par des causes particulieres l'Etat périt avant le tems, comme on voit mourir un nouveau-né avant d'avoir atteint l'âge d'homme. L'expulsion des Tarquins fut la véritable époque de la naissance de la République. Mais elle ne prit pas d'abord une forme constante, parce qu'on ne fit que la moitié de l'ouvrage en n'abolissant pas le patriciat. Car de

grand, on pourroit dire qu'il se relâche, mais ce progrès inverse eſt impossible[1].

En effet, jamais le Gouvernement ne change de forme que quand son ressort usé le laisse trop affoibli pour pouvoir conserver la sienne. Or s'il se relâchoit encore en s'étendant, sa force deviendroit tout-à-fait nulle, et il subsiſteroit encore moins. Il faut donc remonter et serrer le ressort à mésure qu'il cede, autrement l'Etat qu'il soutient tomberoit en ruine.

Le cas de la dissolution de l'Etat peut arriver de deux manieres.

Premierement quand le Prince n'adminiſtre plus l'Etat selon les loix et qu'il usurpe le pouvoir souverain. Alors il se fait un changement remarquable; c'eſt que, non pas le Gouvernement, mais l'Etat se resserre; je veux dire que le grand Etat se dissout et qu'il s'en forme un autre dans celui-là, composé seulement des membres du Gouvernement, et qui n'eſt plus rien au reſte du Peuple que son maitre et son tiran. De sorte qu'à l'inſtant

---

cette maniere l'Ariſtocratie héréditaire, qui eſt la pire des administrations légitimes, reſtant en conflit avec la Démocratie, la forme du Gouvernement toujours incertaine et flotante ne fut fixée, comme l'a prouvé Machiavel[2], qu'à l'établissement des Tribuns; alors seulement il y eut un vrai Gouvernement et une véritable Démocratie. En effet le peuple alors n'étoit pas seulement Souverain mais aussi magiſtrat et juge, le Sénat n'étoit qu'un tribunal en sous-ordre pour tempérer ou concentrer *(a)* le Gouvernement, et les Consuls eux-mêmes, bien que Patriciens, bien que premiers Magistrats, bien que Généraux absolus à la guerre, n'étoient à Rome que les présidens du peuple.

Dès lors on vit aussi le Gouvernement prendre sa pente naturelle et tendre fortement à l'Ariſtocratie. Le Patriciat s'abolissant comme de lui-même, l'Ariſtocratie n'étoit plus dans le corps des Patriciens comme elle eſt à Venise et à Genes, mais dans le corps du Sénat composé de Patriciens et de Plebeyens, même dans le corps des Tribuns quand ils commencerent d'usurper une puissance aƈtive : car les mots ne font rien aux choses, et quand le peuple a des chefs qui gouvernent pour lui, quelque nom que portent ces chefs, c'eſt toujours une Ariſtocratie.

De l'abus de l'Ariſtocratie nacquirent les guerres civiles et le Triumvirat. Sylla, Jules-Cesar, Auguſte devinrent dans le fait de véritables Monarques, et enfin sous le Despotisme de Tibere l'Etat fut dissout. L'hiſtoire Romaine ne dément donc pas mon principe; elle le confirme.

que le Gouvernement usurpe la souveraineté, le pacte social est rompu, et tous les simples Citoyens, rentrés de droit dans leur liberté naturelle, sont forcés mais non pas obligés d'obéir.

Le meme cas arrive aussi quand les membres du Gouvernement usurpent séparément le pouvoir qu'ils ne doivent exercer qu'en corps ; ce qui n'est pas une moindre infraction des loix, et produit encore un plus grand désordre. Alors on a, pour ainsi dire, autant de Princes que de Magistrats, et l'Etat, non moins divisé que le Gouvernement, périt ou change de forme.

Quand l'Etat se dissout, l'abus du Gouvernement quel qu'il soit prend le nom commun d'*anarchie*[1]. En distingant, la Démocratie dégénere en *Ochlocratie*[2], l'Aristocratie en *Olygarchie ;* j'ajoûterois que la Royauté dégénere en *Tyrannie,* mais ce dernier mot est équivoque et demande explication.

Dans le sens vulgaire un Tyran est un Roi qui gouverne avec violence et sans égard à la justice et aux loix. Dans le sens précis un Tyran est un particulier qui s'arroge l'autorité royale sans y avoir droit. C'est ainsi que les Grecs entendoient ce mot de Tyran : Ils le donnoient indifféremment aux bons et aux mauvais Princes dont l'autorité n'étoit pas légitime*. Ainsi *Tyran* et *usurpateur* sont deux mots parfaitement synonimes.

Pour donner différens noms à différentes choses, j'appelle *Tyran* l'usurpateur de l'autorité royale, et *Despote* l'usurpateur du pouvoir Souverain. Le Tyran est celui qui s'ingere contre les loix à gouverner selon les loix ; le Despote est celui qui se met au dessus des loix-mêmes. Ainsi le Tyran peut n'être pas Despote, mais le Despote est toujours Tyran.

---

* *Omnes enim et habentur et dicuntur Tyranni qui potestate utuntur perpetuâ, in eà Civitate quæ libertate usa est.* Corn. Nep. in Miltiad : Il est vrai qu'Aristote *Mor : Nicom. L. VIII. c. 10* distingue le Tyran du Roi, en ce que le premier gouverne pour sa propre utilité et le second seulement pour l'utilité de ses sujets ; mais outre que généralement tous les auteurs grecs ont pris le mot Tyran dans un autre sens, comme il paroit sur-tout par le Hieron de Xenophon[3], il s'en suivroit de la distinction d'Aristote que depuis le commencement du monde il n'auroit pas encore existé un seul Roi.

CHAPITRE XI.

DE LA MORT DU CORPS POLITIQUE.

TELLE est la pente naturelle et inévitable des Gouvernemens les mieux constitués. Si Sparte et Rome ont péri, quel Etat peut espérer de durer toujours[1] ? Si nous voulons former un établissement durable, ne songeons donc point à le rendre éternel. Pour réussir il ne faut pas tenter l'impossible, ni se flater de donner à l'ouvrage des hommes une solidité que les choses humaines ne comportent pas.

Le corps politique, aussi-bien que le corps de l'homme, commence à mourir dès sa naissance et porte en lui-même les causes de sa déstruction. Mais l'un et l'autre peut avoir une constitution plus ou moins robuste et propre à le conserver plus ou moins longtems. La constitution de l'homme est l'ouvrage de la nature, celle de l'Etat est l'ouvrage de l'art[2]. Il ne dépend pas des hommes de prolonger leur vie, il depend d'eux de prolonger celle de l'Etat aussi loin qu'il est possible, en lui donnant la meilleure constitution qu'il puisse avoir. Le mieux constitué finira, mais plus tard qu'un autre, si nul accident imprévu n'amene sa perte avant le tems.

Le principe de la vie politique est dans l'autorité Souveraine. La puissance législative est le cœur de l'Etat, la puissance exécutive en est le cerveau, qui donne le mouvement à toutes les parties. Le cerveau peut tomber en paralysie et l'individu vivre encore. Un homme reste imbécille et vit : mais sitôt que le cœur a cessé ses fonctions, l'animal est mort.

Ce n'est point par les loix que l'Etat subsiste, c'est par le pouvoir législatif. La loi d'hier n'oblige pas aujourd'hui, mais le consentement tacite est présumé du silence, et le Souverain est censé confirmer incessamment les loix qu'il n'abroge pas, pouvant le faire[3]. Tout ce qu'il a déclaré vouloir une fois, il le veut toujours, à moins qu'il ne le révoque.

Pourquoi donc porte-t-on tant de respect aux anciennes loix ? C'est pour cela même. On doit croire qu'il n'y a que l'excellence des volontés antiques qui les ait pu conserver si longtems; si le Souverain ne les eut reconnu constamment salutaires il les eut mille fois révoquées. Voilà pourquoi loin de s'affoiblir les loix acquierent sans cesse une force nouvelle dans tout Etat bien constitué; le préjugé de l'antiquité les rend chaque jour plus vénérables; au lieu que par-tout où les loix s'affoiblissent en vieillissant, cela prouve qu'il n'y a plus de pouvoir législatif, et que l'Etat ne vit plus.

CHAPITRE XII.

COMMENT SE MAINTIENT L'AUTORITÉ SOUVERAINE.

Le Souverain n'ayant d'autre force que la puissance législative n'agit que par des loix, et les loix n'étant que des actes authentiques de la volonté générale, le Souverain ne sauroit agir que quand le peuple est assemblé. Le peuple assemblé, dira-t-on ! Quelle chimere ! C'est une chimere aujourd'hui, mais ce n'en étoit pas une il y a deux mille ans : Les hommes ont-ils changé de nature ?

Les bornes du possible dans les choses morales sont moins étroites que nous ne pensons : Ce sont nos foiblesses, nos vices, nos préjugés qui les rétrécissent. Les ames basses ne croyent point aux grands hommes : de vils esclaves sourient d'un air moqueur à ce mot de liberté.

Par ce qui s'est fait considérons ce qui se peut faire; je ne parlerai pas des anciennes républiques de la Grece, mais la République romaine étoit, ce me semble, un grand Etat, et la ville de Rome une grande ville. Le dernier Cens donna dans Rome quatre cent mille Citoyens portans armes, et le dernier dénombrement de l'Empire plus de quatre millions de Citoyens sans compter les sujets, les étrangers, les femmes, les enfans, les esclaves.

Quelle difficulté n'imagineroit-on pas d'assembler fréquemment le peuple immense de cette capitale et de ses environs ? Cependant il se passoit peu de semaines que le peuple romain ne fut assemblé, et même plusieurs fois. Non seulement il exerceoit les droits de la souveraineté, mais une partie de ceux du Gouvernement. Il traittoit certaines affaires, il jugeoit certaines causes, et tout ce peuple étoit sur la place publique presque aussi souvent magistrat que Citoyen.

En remontant aux premiers tems des Nations on trouveroit que la plupart des anciens gouvernemens, même monarchiques tels que ceux des Macédoniens et des Francs, avoient de semblables Conseils. Quoi qu'il en soit, ce seul fait incontestable répond à toutes les difficultés : De l'existant au possible la conséquence me paroit bonne.

CHAPITRE XIII.

SUITE.

Il ne suffit pas que le peuple assemblé ait une fois fixé la constitution de l'État en donnant la sanction à un corps de loix : il ne suffit pas qu'il ait établi un Gouvernement perpétuel ou qu'il ait pourvu une fois pour toutes à l'élection des magistrats. Outre les assemblées extraordinaires que des cas imprévus peuvent exiger, il faut qu'il y en ait de fixes et de périodiques que rien ne puisse abolir ni proroger, tellement qu'au jour marqué le peuple soit légitimement convoqué par la loi, sans qu'il soit besoin pour cela d'aucune autre convocation formelle[1].

Mais hors de ces assemblées juridiques par leur seule date, toute assemblée du Peuple qui n'aura pas été convoquée par les magistrats préposés à cet effet et selon les formes prescrites doit être tenue pour illégitime et tout ce qui s'y fait pour nul; parce que l'ordre même de s'assembler doit émaner de la loi.

Quant aux retours plus ou moins fréquens des assemblées légitimes, ils dépendent de tant de considérations qu'on ne sauroit donner là-dessus de regles précises. Seulement on peut dire en général que plus le Gouvernement a de force, plus le Souverain doit se montrer fréquemment.

Ceci me dira-t-on, peut être bon pour une seule ville; mais que faire quand l'Etat en comprend plusieurs?

Partagera-t-on l'autorité Souveraine, ou bien doit-on la concentrer dans une seule ville et assujetir tout le reste ?

Je reponds qu'on ne doit faire ni l'un ni l'autre. Premierement l'autorité souveraine est simple et une, et l'on ne peut la diviser sans la détruire. En second lieu, une ville non plus qu'une Nation ne peut être légitimement sujette d'une autre, parce que l'essence du corps politique est dans l'accord de l'obéissance et de la liberté, et que ces mots de *sujet* et de *souverain* sont des corrélations identiques dont l'idée se réunit sous le seul mot de Citoyen.

Je reponds encore que c'est toujours un mal d'unir plusieurs villes en une seule cité, et que, voulant faire cette union, l'on ne doit pas se flater d'en éviter les inconvéniens naturels. Il ne faut point objecter l'abus des grands Etats à celui qui n'en veut que de petits : mais comment donner aux petits Etats assez de force pour résister aux grands[1] ? Comme jadis les villes grecques résisterent au grand Roi, et comme plus récemment la Hollande et la Suisse ont resisté à la maison d'Autriche.

Toutefois si l'on ne peut réduire l'Etat à de justes bornes, il reste encore une ressource; c'est de n'y point souffrir de capitale[2], de faire siéger le Gouvernement alternativement dans chaque ville, et d'y rassembler aussi tour-à-tour les Etats du pays.

Peuplez également le territoire, étendez-y par tout les mêmes droits, portez-y par-tout l'abondance et la vie, c'est ainsi que l'Etat deviendra tout à la fois le plus fort et le mieux gouverné qu'il soit possible[3]. Souvenez-vous que les murs des villes ne se forment que du débris des maisons des champs[4]. A chaque Palais que je vois élever dans la capitale, je crois voir mettre en mazures tout un pays.

CHAPITRE XIV.

SUITE.

A L'INSTANT que le Peuple est légitimement assemblé en corps Souverain, toute jurisdiction du Gouvernement cesse, la puissance éxécutive est suspendue, et la personne du dernier Citoyen est aussi sacrée et inviolable que celle du premier Magistrat, parce qu'où se trouve le Réprésenté, il n'y a plus de Réprésentant[1]. La plupart des tumultes qui s'éleverent à Rome dans les comices vinrent d'avoir ignoré ou négligé cette regle. Les Consuls alors n'étoient que les Présidens du Peuple, les Tribuns de simples Orateurs*, le Sénat n'étoit rien du tout.

Ces intervalles de suspension où le Prince reconnoit ou doit reconnoitre un supérieur actuel, lui ont toujours été redoutables, et ces assemblées du peuple, qui sont l'égide du corps politique et le frein du Gouvernement, ont été de tous tems l'horreur des chefs : aussi n'épargnent-ils jamais ni soins, ni objections, ni difficultés, ni promesses, pour en rebuter les Citoyens. Quand ceux-ci sont avares, lâches, pussillanimes, plus amoureux du repos que de la liberté, ils ne tiennent pas longtems contre les efforts redoublés du Gouvernement; c'est ainsi que la force résistante augmentant sans cesse, l'autorité Souveraine s'évanouit à la fin, et que la plupart des cités tombent et périssent avant le tems.

Mais entre l'autorité Souveraine et le Gouvernement arbitraire, il s'introduit quelquefois un pouvoir moyen dont il faut parler.

CHAPITRE XV.

DES DÉPUTÉS OU RÉPRÉSENTANS.

SITÔT que le service public cesse d'être la principale affaire des Citoyens, et qu'ils aiment mieux servir de leur bourse que de leur personne, l'Etat est déjà près de sa ruine. Faut-il marcher au combat ? ils payent des troupes et restent chez eux; faut-il aller au Conseil ? ils nomment des Députés et restent chez eux. A force de

---

* A-peu-près selon le sens qu'on donne à ce nom dans le Parlement d'Angleterre. La ressemblance de ces emplois eut mis en conflit les Consuls et les Tribuns, quand même toute jurisdiction eut été suspendue.

paresse et d'argent ils ont enfin des soldats pour asservir la patrie et des répresentans pour la vendre.

C'est le tracas du commerce et des arts, c'est l'avide intérêt du gain, c'est la molesse et l'amour des comodités, qui changent les services personnels en argent. On cede une partie de son profit pour l'augmenter à son aise. Donnez de l'argent, et bientôt vous aurez des fers. Ce mot de *finance* est un mot d'esclave; il est inconnu dans la Cité[1]. Dans un Etat vraiment libre les citoyens font tout avec leurs bras et rien avec de l'argent : Loin de payer pour s'exempter de leurs devoirs, ils payeroient pour les remplir eux-mêmes. Je suis bien loin des idées communes; je crois les corvées moins contraires à la liberté que les taxes[2].

Mieux l'Etat est constitué, plus les affaires publiques l'emportent sur les privées dans l'esprit des Citoyens. Il y a même beaucoup moins d'affaires privées, parce que la somme du bonheur commun fournissant une portion plus considérable à celui de chaque individu, il lui en reste moins à chercher dans les soins particuliers. Dans une cité bien conduite chacun vole aux assemblées; sous un mauvais Gouvernement nul n'aime à faire un pas pour s'y rendre; parce que nul ne prend intérêt à ce qui s'y fait, qu'on prévoit que la volonté générale n'y dominera pas, et qu'enfin les soins domestiques absorbent tout. Les bonnes loix en font faire de meilleures, les mauvaises en amenent de pires. Sitôt que quelqu'un dit des affaires de l'Etat, *que m'importe ?* on doit compter que l'Etat est perdu.

L'attiedissement de l'amour de la patrie, l'activité de l'intérêt privé, l'immensité des Etats, les conquêtes, l'abus du Gouvernement ont fait imaginer la voye des Députés ou Répresentans du peuple dans les assemblées de la Nation. C'est ce qu'en certains pays on ose appeller le Tiers-Etat. Ainsi l'intérêt particulier de deux ordres est mis au premier et au second rang, l'intérêt public n'est qu'au troisieme.

La Souveraineté ne peut être répresentée, par la même raison qu'elle ne peut être aliénée; elle consiste essenciellement dans la volonté générale, et la volonté ne se répresente point : elle est la même, ou elle est autre; il n'y a point de milieu. Les députés du peuple ne sont donc ni ne peuvent être ses répresentans, ils ne sont que ses commissaires; ils ne peuvent rien conclurre définitivement. Toute loi que le Peuple en personne n'a pas ratifiée eſt nulle; ce n'eſt point une loi. Le peuple Anglois pense être libre; il se trompe fort, il ne l'eſt que durant l'élection des membres du Parlement; sitôt qu'ils sont élus, il eſt esclave, il n'eſt rien[1]. Dans les courts momens de sa liberté, l'usage qu'il en fait mérite bien qu'il la perde.

L'idée des Réprésentans eſt moderne : elle nous vient du Gouvernement féodal[2], de cet inique et absurde Gouvernement dans lequel l'espece humaine eſt dégradée, et où le nom d'homme eſt en deshonneur. Dans les anciennes Républiques et même dans les monarchies, jamais le Peuple n'eut de réprésentans; on ne connoissoit pas ce mot-là. Il eſt très singulier qu'à Rome où les Tribuns étoient si sacrés on n'ait pas même imaginé qu'ils pussent usurper les fonctions du peuple, et qu'au milieu d'une si grande multitude, ils n'aient jamais tenté de passer de leur chef un seul Plebiscite. Qu'on juge cependant de l'embarras que causoit quelquefois la foule, par ce qui arriva du tems des Gracques, où une partie des Citoyens donnoit son suffrage de dessus les toits.

Où le droit et la liberté sont toutes choses, les inconvéniens ne sont rien. Chez ce sage peuple tout étoit mis à sa juſte mésure : il laissoit faire à ses Licteurs ce que ses Tribuns n'eussent osé faire; il ne craignoit pas que ses Licteurs voulussent le réprésenter.

Pour expliquer cependant comment les Tribuns le réprésentoient quelquefois, il suffit de concevoir comment le Gouvernement réprésente le Souverain. La Loi n'étant que la déclaration de la volonté générale, il eſt clair que dans la puissance Législative le Peuple ne peut être réprésenté; mais il peut et doit l'être dans la puissance exécutive, qui n'eſt que la force appliquée à la Loi. Ceci fait voir qu'en examinant bien les choses on trouveroit que très peu de Nations ont des loix. Quoi qu'il en soit, il eſt sûr que les Tribuns, n'ayant aucune partie du pouvoir exécutif, ne purent jamais réprésenter le Peuple romain par les droits de leurs charges, mais seulement en usurpant sur ceux du Sénat.

Chez les Grecs tout ce que le Peuple avoit à faire il le faisoit par lui-même; il étoit sans cesse assemblé sur la place. Il habitoit un climat doux, il n'étoit point avide, des esclaves faisoient ses travaux, sa grande affaire étoit sa liberté. N'ayant plus les mêmes avantages, comment conserver les mêmes droits ? Vos climats plus durs vous donnent plus de besoins*, six mois de l'année la place publique n'est pas tenable, vos langues sourdes ne peuvent se faire entendre en plein air, vous donnez plus à votre gain qu'à votre liberté, et vous craignez bien moins l'esclavage que la misere.

Quoi ! la liberté ne se maintient qu'à l'appui de la servitude ? Peut-être. Les deux excès se touchent. Tout ce qui n'est point dans la nature a ses inconvéniens, et la société civile plus que tout le reste. Il y a de telles positions malheureuses où l'on ne peut conserver sa liberté qu'aux dépends de celle d'autrui, et où le Citoyen ne peut être parfaitement libre que l'esclave ne soit extrêmement esclave. Telle étoit la position de Sparte. Pour vous, peuples modernes, vous n'avez point d'esclaves, mais vous l'êtes; vous payez leur liberté de la votre. Vous avez beau vanter cette préférence; j'y trouve plus de lâcheté que d'humanité.

Je n'entens point par tout cela qu'il faille avoir des esclaves ni que le droit d'esclavage soit légitime, puisque j'ai prouvé le contraire. Je dis seulement les raisons pourquoi les peuples modernes qui se croyent libres ont des Réprésentans, et pourquoi les peuples anciens n'en avoient pas. Quoi qu'il en soit, à l'instant qu'un Peuple se donne des Réprésentans, il n'est plus libre; il n'est plus[1].

Tout bien examiné, je ne vois pas qu'il soit désormais possible au Souverain de conserver parmi nous l'exercice de ses droits si la Cité n'est très petite. Mais si elle est très petite elle sera subjuguée ? Non. Je ferai voir ci-après** comment on peut réunir la puissance extérieure d'un grand Peuple avec la police aisée et le bon ordre d'un petit Etat.

---

* Adopter dans les pays froids le luxe et la molesse des orientaux, c'est vouloir se donner leurs chaines; c'est s'y soumettre encore plus nécessairement qu'eux.

** C'est ce que je m'étois proposé de faire dans la suite de cet ouvrage, lorsqu'en traitant des rélations externes j'en serois venu aux confédérations[2]. Matiere toute neuve et où les principes sont encore à établir.

CHAPITRE XVI.

QUE L'INSTITUTION DU GOUVERNEMENT N'EST POINT UN CONTRACT.

Le pouvoir Législatif une fois bien établi, il s'agit d'établir de même le pouvoir exécutif; car ce dernier, qui n'opere que par des actes particuliers, n'étant pas de l'essence de l'autre, en est naturellement séparé. S'il étoit possible que le Souverain, considéré comme tel, eut la puissance exécutive, le droit et le fait seroient tellement confondus qu'on ne sauroit plus ce qui est loi et ce qui ne l'est pas[1], et le corps politique ainsi dénaturé seroit bien-tôt en proye à la violence contre laquelle il fut institué.

Les Citoyens étant tous égaux par le contract social, ce que tous doivent faire tous peuvent le prescrire, au lieu que nul n'a droit d'exiger qu'un autre fasse ce qu'il ne fait pas lui-même. Or c'est proprement ce droit, indispensable pour faire vivre et mouvoir le corps politique, que le Souverain donne au Prince en instituant le Gouvernement.

Plusieurs[2] ont prétendu que l'acte de cet établissement étoit un contract entre le Peuple et les chefs qu'il se donne; contract par lequel on stipuloit entre les deux parties les conditions sous lesquelles l'une s'obligeoit à commander et l'autre à obéir. On conviendra, je m'assure, que voilà une étrange maniere de contracter! Mais voyons si cette opinion est soutenable.

Premierement, l'autorité suprême ne peut pas plus se modifier que s'aliéner, la limiter, c'est la détruire. Il est absurde et contradictoire que le Souverain se donne un supérieur; s'obliger d'obéir à un maitre c'est se remettre en pleine liberté[3].

De plus, il est évident que ce contract du peuple avec telles ou telles personnes seroit un acte particulier. D'où il suit que ce contract ne sauroit être une loi ni un acte de souveraineté, et que par conséquent il seroit illégitime.

On voit encore que les parties contractantes seroient entre elles sous la seule loi de nature et sans aucun garant de leurs engagemens réciproques, ce qui répugne de toutes manieres à l'état civil[1] : Celui qui a la force en main étant toujours le maitre de l'exécution, autant vaudroit donner le nom de contract à l'acte d'un homme qui diroit à un autre; « je vous donne tout mon bien, à » condition que vous m'en rendrez ce qu'il vous » plaira ».

Il n'y a qu'un contract dans l'Etat, c'est celui de l'association; et celui-là seul en exclud tout autre[2]. On ne sauroit imaginer aucun Contract public, qui ne fut une violation du premier.

CHAPITRE XVII.

DE L'INSTITUTION DU GOUVERNEMENT.

Sous quelle idée faut-il donc concevoir l'acte par lequel le Gouvernement est institué ? Je remarquerai d'abord que cet acte est complexe ou composé de deux autres, savoir l'établissement de la loi, et l'exécution de la loi.

Par le premier, le Souverain statue qu'il y aura un corps de Gouvernement établi sous telle ou telle forme; et il est clair que cet acte est une loi.

Par le second, le Peuple nomme les chefs qui seront chargés du Gouvernement établi. Or cette nomination étant un acte particulier n'est pas une seconde loi, mais seulement une suite de la premiere et une fonction du Gouvernement.

La difficulté est d'entendre comment on peut avoir un acte de Gouvernement avant que le Gouvernement existe, et comment le Peuple, qui n'est que Souverain ou sujet, peut devenir Prince ou Magistrat dans certaines circonstances.

C'est encore ici que se découvre une de ces étonnantes propriétés du corps politiques, par lesquelles il concilie des opérations contradictoires en apparence. Car celle-ci se fait par une conversion subite de la Souveraineté en Démocratie; en sorte que, sans aucun changement sensible, et seulement par une nouvelle rélation de tous à tous, les Citoyens devenus Magistrats passent des actes généraux aux actes particuliers, et de la loi à l'exécution[1].

Ce changement de rélation n'est point une subtilité de spéculation sans exemple dans la pratique : Il a lieu tous les jours dans le Parlement d'Angleterre, où la Chambre-basse en certaines occasions se tourne en grand Commité, pour mieux discuter les affaires, et devient ainsi simple commission, de Cour Souveraine qu'elle étoit l'instant précédent; en telle sorte qu'elle se fait ensuite rapport à elle-même comme chambre des Communes de ce qu'elle vient de regler en grand-Commité, et délibere de nouveau sous un titre de ce qu'elle a déjà résolu sous un autre.

Tel est l'avantage propre au Gouvernement Démocratique de pouvoir être établi dans le fait par un simple acte de la volonté générale. Après quoi, ce Gouvernement provisionnel reste en possession si telle est la forme adoptée, ou établit au nom du Souverain le Gouvernement prescrit par la loi, et tout se trouve ainsi dans la regle. Il n'est pas possible d'instituer le Gouvernement d'aucune autre maniere légitime, et sans renoncer aux principes ci-devant établis.

CHAPITRE XVIII.

MOYEN DE PRÉVENIR LES USURPATIONS DU GOUVERNEMENT.

De ces éclaircissemens il résulte en confirmation du chapitre XVI. que l'acte qui institue le Gouvernement n'est point un contract mais une Loi, que les dépositaires de la puissance exécutive ne sont point les maitres du peuple mais ses officiers[2], qu'il peut les établir et les destituer quand il lui plait, qu'il n'est point question pour eux de contracter, mais d'obéir, et qu'en se chargeant des fonctions que l'Etat leur impose ils ne font que remplir leur devoir de Citoyens, sans avoir en aucune sorte le droit de disputer sur les conditions.

Quand donc il arrive que le Peuple institue un Gouvernement héréditaire, soit monarchique dans une famille, soit aristocratique dans un ordre de Citoyens, ce n'est point un engagement qu'il prend; c'est une forme provisionnelle qu'il donne à l'administration[1], jusqu'à ce qu'il lui plaise d'en ordonner autrement.

Il est vrai que ces changemens sont toujours dangereux, et qu'il ne faut jamais toucher au Gouvernement établi que lors qu'il devient incompatible avec le bien public; mais cette circonspection est une maxime de politique et non pas une regle de droit, et l'Etat n'est pas plus tenu de laisser l'autorité civile à ses chefs, que l'autorité militaire à ses Généraux.

Il est vrai encore qu'on ne sauroit en pareil cas observer avec trop de soin toutes les formalités requises pour distinguer un acte régulier et légitime d'un tumulte séditieux, et la volonté de tout un peuple des clameurs d'une faction. C'est ici sur-tout qu'il ne faut donner au cas odieux[2] que ce qu'on ne peut lui refuser dans toute la rigueur du droit, et c'est aussi de cette obligation que le Prince tire un grand avantage pour conserver sa puissance malgré le peuple, sans qu'on puisse dire qu'il l'ait usurpée : Car en paroissant n'user que de ses droits il lui est fort aisé de les étendre, et d'empêcher sous le prétexte du repos public les assemblées destinées à rétablir le bon ordre; de sorte qu'il se prévaut d'un silence qu'il empêche de rompre, ou des irrégularités qu'il fait commettre, pour supposer en sa faveur l'aveu de ceux que la crainte fait taire, et pour punir ceux qui osent parler. C'est ainsi que les Décemvirs ayant été d'abord élus pour un an, puis continués pour une autre année, tenterent de retenir à perpétuité leur pouvoir, en ne permettant plus aux comices de s'assembler; et c'est par ce facile moyen que tous les gouvernemens du monde, une fois revétus de la force publique, usurpent tôt ou tard l'autorité Souveraine.

Les assemblées périodiques dont j'ai parlé ci-devant[3] sont propres à prévenir ou différer ce malheur, sur-tout quand elles n'ont pas besoin de convocation formelle : car alors le Prince ne sauroit les empêcher sans se déclarer ouvertement infracteur des loix et ennemi de l'Etat.

L'ouverture de ces assemblées qui n'ont pour objet que le maintien du traité social, doit toujours se faire par deux propositions qu'on ne puisse jamais supprimer, et qui passent separément par les suffrages.

La premiere; *s'il plait au Souverain de conserver la présente forme de Gouvernement.*

La seconde; *s'il plait au Peuple d'en laisser l'administration à ceux qui en sont actuellement chargés*[1].

Je suppose ici ce que je crois avoir démontré, savoir qu'il n'y a dans l'Etat aucune loi fondamentale qui ne se puisse révoquer, non pas même le pacte social[2]; car si tous les Citoyens s'assembloient pour rompre ce pacte d'un commun accord, on ne peut douter qu'il ne fût très-légitimement rompu. Grotius[3] pense même que chacun peut renoncer à l'Etat dont il est membre, et reprendre sa liberté naturelle et ses biens en sortant du pays*. Or il seroit absurde que tous les Citoyens réunis ne pussent pas ce que peut séparément chacun d'eux.

Fin du Livre Troisieme.

---

* Bien entendu qu'on ne quite pas pour éluder son devoir et se dispenser de servir la patrie au moment qu'elle a besoin de nous. La fuite alors seroit criminelle et punissable; ce ne seroit plus retraite, mais désertion.

LIVRE IV.

CHAPITRE I.

QUE LA VOLONTÉ GÉNÉRALE EST INDESTRUCTIBLE.

TANT que plusieurs hommes réunis se considerent comme un seul corps, ils n'ont qu'une seule volonté, qui se rapporte à la commune conservation, et au bien-être général. Alors tous les ressorts de l'Etat sont vigoureux et simples, ses maximes sont claires et lumineuses, il n'a point d'intérêts embrouillés, contradictoires, le bien commun se montre par tout avec évidence, et ne demande que du bon sens pour être apperçu. La paix, l'union, l'égalité sont ennemies des subtilités politiques. Les hommes droits et simples sont difficiles à tromper à cause de leur simplicité, les leurres, les prétextes rafinés ne leur en imposent point; ils ne sont pas même assez fins pour être dupes. Quand on voit chez le plus heureux peuple du monde[1] des troupes de paysans regler les affaires de l'Etat sous un chêne et se conduire toujours sagement, peut-on s'empêcher de mépriser les rafinemens des autres nations, qui se rendent illustres et misérables avec tant d'art et de misteres ?

Un Etat ainsi gouverné a besoin de très peu de Loix[2], et à mésure qu'il devient nécessaire d'en promulguer de nouvelles, cette nécessité se voit universellement. Le premier qui les propose ne fait que dire ce que tous ont déjà senti, et il n'est question ni de brigues ni d'éloquence pour faire passer en loi ce que chacun a déjà résolu de faire, sitôt qu'il sera sûr que les autres le feront comme lui.

Ce qui trompe les raisonneurs c'est que ne voyant que des Etats mal constitués dès leur origine, ils sont frappés de l'impossibilité d'y maintenir une semblable police. Ils rient d'imaginer toutes les sotises qu'un fourbe adroit, un parleur insinuant pourroit persuader au peuple de Paris ou de Londres. Ils ne savent pas que Cromwel eut été mis aux sonnêtes par le peuple de Berne, et le Duc de Beaufort à la discipline par les Génevois[1].

Mais quand le nœud social commence à se relâcher et l'Etat à s'affoiblir; quand les intérêts particuliers commencent à se faire sentir et les petites sociétés à influer sur la grande[2], l'intérêt commun s'altere et trouve des opposans, l'unanimité ne regne plus dans les voix, la volonté générale n'eſt plus la volonté de tous, il s'éléve des contradictions, des débats, et le meilleur avis ne passe point sans disputes.

Enfin quand l'Etat près de sa ruine ne subsiſte plus que par une forme illusoire et vaine, que le lien social eſt rompu dans tous les cœurs, que le plus vil intérêt se pare effrontément du nom sacré du bien public; alors la volonté générale devient muette[3], tous guidés par des motifs secrets n'opinent pas plus comme Citoyens que si l'Etat n'eut jamais exiſté, et l'on fait passer faussement sous le nom de Loix des décrets iniques qui n'ont pour but que l'intérêt particulier.

S'ensuit-il de-là que la volonté générale soit anéantie ou corrompue ? Non, elle eſt toujours conſtante, inaltérable et pure; mais elle eſt subordonnée à d'autres qui l'emportent sur elle. Chacun, détachant son intérêt de l'intérêt commun, voit bien qu'il ne peut l'en séparer tout-à-fait, mais sa part du mal public ne lui paroit rien, auprès du bien exclusif qu'il prétend s'approprier. Ce bien particulier excepté, il veut le bien général pour son propre intérêt tout aussi fortement qu'aucun autre[4]. Même en vendant son suffrage à prix d'argent il n'éteint pas en lui la volonté générale, il l'élude. La faute qu'il commet eſt de changer l'état de la queſtion et de répondre autre chose que ce qu'on lui demande : En sorte qu'au lieu de dire par son suffrage, *il eſt avantageux à l'Etat,* il dit, *il eſt avantageux à tel homme ou à tel parti que tel ou tel avis passe.* Ainsi la loi de l'ordre public dans les assemblées n'eſt pas tant d'y maintenir la volonté générale, que de faire qu'elle soit toujours interrogée et qu'elle réponde toujours.

J'aurois ici bien des réfléxions à faire sur le simple

droit de voter dans tout acte de souveraineté; droit que rien ne peut ôter aux Citoyens; et sur celui d'opiner, de proposer, de diviser, de discuter, que le Gouvernement a toujours grand soin de ne laisser qu'à ses membres[1]; mais cette importante matiere demanderoit un traité à part, et je ne puis tout dire dans celui-ci.

CHAPITRE II.

DES SUFFRAGES.

On voit par le chapitre précédent que la maniere dont se traittent les affaires générales peut donner un indice assez sûr de l'état actuel des mœurs, et de la santé du corps politique. Plus le concert regne dans les assemblées, c'est-à-dire plus les avis approchent de l'unanimité, plus aussi la volonté génerale est dominante; mais les longs débats, les dissentions, le tumulte, annoncent l'ascendant des intérêts particuliers et le déclin de l'Etat.

Ceci paroit moins évident quand deux ou plusieurs ordres entrent dans sa constitution, comme à Rome les Patriciens et les Plébeyens, dont les querelles troublerent souvent les comices, même dans les plus beaux tems de la République; mais cette exception est plus apparente que réelle; car alors par le vice inhérent au corps politique on a, pour ainsi dire, deux Etats en un; ce qui n'est pas vrai des deux ensemble est vrai de chacun séparément. Et en effet dans les tems mêmes les plus orageux les plébiscites du peuple, quand le Sénat ne s'en mêloit pas, passoient toujours tranquillement et à la grande pluralité des suffrages : Les Citoyens n'ayant qu'un intérêt, le peuple n'avoit qu'une volonté.

A l'autre extrémité du cercle l'unanimité revient. C'est quand les citoyens tombés dans la servitude n'ont plus ni liberté ni volonté. Alors la crainte et la flaterie changent en acclamations les suffrages; on ne délibere plus, on adore ou l'on maudit. Telle étoit la vile maniere d'opiner du Sénat sous les Empereurs. Quelquefois cela se faisoit avec des précautions ridicules : Tacite observe[2] que sous Othon les Sénateurs accablant Vitellius d'exécrations, affectoient de faire en même tems un bruit épouvantable, afin que, si par hazard il devenoit le maitre, il ne put savoir ce que chacun d'eux avoit dit.

De ces diverses considérations naissent les maximes sur lesquelles on doit regler la maniere de compter les voix et de comparer les avis, selon que la volonté générale eѕt plus ou moins facile à connoitre, et l'Etat plus ou moins déclinant.

Il n'y a qu'une seule loi qui par sa nature exige un consentement unanime. C'eѕt le pacte social : car l'association civile eѕt l'acte du monde le plus volontaire; tout homme étant né libre et maitre de lui-même, nul ne peut, sous quelque prétexte que ce puisse être, l'assujettir sans son aveu[1]. Décider que le fils d'une esclave nait esclave, c'eѕt décider qu'il ne nait pas homme[2].

Si donc lors du pacte social il s'y trouve des opposans, leur opposition n'invalide pas le contract, elle empêche seulement qu'ils n'y soient compris; ce sont des étrangers parmi les Citoyens[3]. Quand l'Etat eѕt institué le consentement eѕt dans la résidence[4]; habiter le territoire c'eѕt se soumettre à la souveraineté*.

Hors ce contract primitif, la voix du plus grand nombre oblige toujours tous les autres; c'eѕt une suite du contract même. Mais on demande comment un homme peut être libre, et forcé de se conformer à des volontés qui ne sont pas les siennes. Comment les opposans sont-ils libres et soumis à des loix auxquelles ils n'ont pas consenti ?

Je reponds que la queѕtion eѕt mal posée. Le Citoyen consent à toutes les loix, même à celles qu'on passe malgré lui, et même à celles qui le punissent quand il ose en violer quelqu'une. La volonté conѕtante de tous les membres de l'Etat eѕt la volonté générale; c'eѕt par elle qu'ils sont citoyens et libres**. Quand on propose une loi

* Ceci doit toujours s'entendre d'un Etat libre; car d'ailleurs la famille, les biens, le défaut d'azile, la nécessité, la violence, peuvent retenir un habitant dans le pays malgré lui, et alors son séjour seul ne suppose plus son consentement au contract ou à la violation du contract.

** A Genes on lit au devant des prisons et sur les fers des galériens ce mot *Libertas*. Cette application de la devise eѕt belle et juѕte. En effet il n'y a que les malfaiteurs de tous états qui empêchent le Citoyen d'être libre. Dans un pays où tous ces gens-là seroient aux Galeres, on jouiroit de la plus parfaite liberté.

dans l'assemblée du Peuple, ce qu'on leur demande n'eſt pas précisément s'ils approuvent la proposition ou s'ils la rejettent, mais si elle eſt conforme ou non à la volonté générale qui eſt la leur; chacun en donnant son suffrage dit son avis là-dessus, et du calcul des voix se tire la déclaration de la volonté générale. Quand donc l'avis contraire au mien l'emporte, cela ne prouve autre chose sinon que je m'étois trompé, et que ce que j'eſtimois être la volonté générale ne l'étoit pas. Si mon avis particulier l'eut emporté, j'aurois fait autre chose que ce que j'avois voulu, c'eſt alors que je n'aurois pas été libre.

Ceci suppose, il eſt vrai, que tous les caractéres de la volonté générale sont encore dans la pluralité : quand ils cessent d'y être, quelque parti qu'on prenne il n'y a plus de liberté.

En montrant ci-devant comment on subſtituoit des volontés particulieres à la volonté générale dans les délibérations publiques, j'ai suffisamment indiqué les moyens praticables de prévenir cet abus; j'en parlerai encore ci-après. A l'égard du nombre proportionnel des suffrages pour déclarer cette volonté, j'ai aussi donné les principes sur lesquels on peut le déterminer. La différence d'une seule voix rompt l'égalité, un seul opposant rompt l'unanimité; mais entre l'unanimité et l'égalité il y a plusieurs partages inégaux, à chacun desquels on peut fixer ce nombre selon l'état et les besoins du corps politique.

Deux maximes générales peuvent servir à regler ces rapports : l'une, que plus les délibérations sont importantes et graves, plus l'avis qui l'emporte doit approcher de l'unanimité : l'autre, que plus l'affaire agitée exige de célérité, plus on doit resserrer la différence prescritte dans le partage des avis; dans les délibérations qu'il faut terminer sur le champ l'excédent d'une seule voix, doit suffire[1]. La premiere de ces maximes paroit plus convenable aux loix, et la seconde aux affaires[2]. Quoiqu'il en soit, c'eſt sur leur combinaison que s'établissent les meilleurs rapports qu'on peut donner à la pluralité pour prononcer.

CHAPITRE III.

DES ELECTIONS.

A L'EGARD des élections du Prince et des Magistrats, qui sont, comme je l'ai dit[1], des actes complexes, il y a deux voyes pour y proceder; savoir, le choix et le sort. L'une et l'autre ont été employées en diverses Republiques, et l'on voit encore actuellement un melange très compliqué des deux dans l'election du Doge de Venise.

Le suffrage par le sort, dit Montesquieu, *est de la nature de la Démocratie.* J'en conviens, mais comment cela ? *Le sort,* continue-t-il, *est une façon d'élire qui n'afflige personne ; il laisse à chaque Citoyen une espérance raisonnable de servir la patrie*[2]. Ce ne sont pas-là des raisons.

Si l'on fait attention que l'élection des chefs est une fonction du Gouvernement et non de la Souveraineté, on verra pourquoi la voye du sort est plus dans la nature de la Démocratie, où l'administration est d'autant meilleure que les actes en sont moins multipliés.

Dans toute véritable Démocratie la magistrature n'est pas un avantage mais une charge onéreuse, qu'on ne peut justement imposer à un particulier plutôt qu'à un autre. La loi seule peut imposer cette charge à celui sur qui le sort tombera. Car alors la condition étant égale pour tous[3], et le choix ne dépendant d'aucune volonté humaine, il n'y a point d'application particuliere qui altere l'universalité de la loi.

Dans l'Aristocratie le Prince choisit le Prince, le Gouvernement se conserve par lui-même, et c'est là que les suffrages sont bien placés.

L'exemple de l'élection du Doge de Venise confirme cette distinction loin de la détruire : Cette forme mêlée convient dans un Gouvernement mixte. Car c'est une erreur de prendre le Gouvernement de Venise pour une véritable Aristocratie. Si le Peuple n'y a nulle part au Gouvernement, la noblesse y est peuple elle-même. Une multitude de pauvres Barnabotes n'approcha jamais d'aucune magistrature[4], et n'a de sa noblesse que le vain titre d'Excellence et le droit d'assister au grand Conseil. Ce grand Conseil étant aussi nombreux que notre Conseil général à Genève, ses illustres membres n'ont pas plus de privileges que nos simples Citoyens. Il est certain qu'ôtant l'extrême disparité des deux Républiques, la bourgeoisie de Genève représente exactement le Patriciat Vénitien[1], nos natifs et habitans représentent les Citadins et le peuple de Venise, nos paysans représentent les sujets de terre-ferme : enfin de quelque maniere que l'on considere cette République, abstraction faite de sa grandeur, son Gouvernement n'est pas plus aristocratique que le notre. Toute la différence est que n'ayant aucun chef à vie, nous n'avons pas le même besoin du sort.

Les élections par sort auroient peu d'inconvénient dans une véritable Démocratie où tout étant égal, aussi bien par les mœurs et par les talens que par les maximes et par la fortune, le choix deviendroit presque indifférent. Mais j'ai dejà dit[2] qu'il n'y avoit point de véritable Démocratie.

Quand le choix et le sort se trouvent mêlés, le premier doit remplir les places qui demandent des talens propres, telles que les emplois militaires; l'autre convient à celles où suffisent le bon-sens, la justice, l'intégrité, telles que les charges de judicature; parce que dans un état bien constitué ces qualités sont communes à tous les Citoyens.

Le sort ni les suffrages n'ont aucun lieu dans le Gouvernement monarchique. Le Monarque étant de droit seul Prince et Magistrat unique, le choix de ses lieutenans n'appartient qu'à lui. Quand l'Abbé de St. Pierre[3] proposoit de multiplier les Conseils du Roi de France et d'en élire les membres par Scrutin, il ne voyoit pas qu'il proposoit de changer la forme du Gouvernement.

Il me resteroit à parler de la maniere de donner et de recueillir les voix dans l'assemblée du peuple; mais peut-être l'historique de la police Romaine à cet égard expliquera-t-il plus sensiblement toutes les maximes que je pourrois établir. Il n'est pas indigne d'un lecteur judicieux de voir un peu en détail comment se traittoient les affaires publiques et particulieres dans un Conseil de deux-cent mille hommes.

CHAPITRE IV.

DES COMICES ROMAINS[1].

NOUS n'avons nuls monumens bien assurés des premiers tems de Rome ; il y a même grande apparence que la plupart des choses qu'on en débite sont des fables* ; et en général la partie la plus instructive des annales des peuples, qui est l'histoire de leur établissement, est celle qui nous manque le plus. L'expérience nous apprend tous les jours de quelles causes naissent les révolutions des empires ; mais comme il ne se forme plus de peuples, nous n'avons gueres que des conjectures pour expliquer comment ils se sont formés.

Les usages qu'on trouve établis attestent au moins qu'il y eut une origine à ces usages. Des traditions qui remontent à ces origines, celles qu'appuyent les plus grandes autorités et que de plus fortes raisons confirment doivent passer pour les plus certaines. Voilà les maximes que j'ai tâché de suivre en recherchant comment le plus libre et le plus puissant peuple de la terre[2] exerceoit son pouvoir suprême.

Après la fondation de Rome la République naissante, c'est-à-dire, l'armée du fondateur, composée d'Albains, de Sabins, et d'étrangers, fut divisée en trois classes, qui de cette division prirent le nom de *Tribus*. Chacune de ces Tribus fut subdivisée en dix Curies, et chaque Curie en Décuries, à la tête desquelles on mit des chefs appellés *Curions* et *Décurions*.

Outre cela on tira de chaque Tribu un corps de cent Cavaliers ou Chevaliers, appellé Centurie : par où l'on voit que ces divisions, peu nécessaires dans un bourg, n'étoient d'abord que militaires. Mais il semble qu'un instinct de grandeur portoit la petite ville de Rome à se

---

* Le nom de *Rome* qu'on prétend venir de *Romulus* est Grec, et signifie *force* ; le nom de *Numa* est grec aussi, et signifie *Loi*. Quelle apparence que les deux premiers Rois de cette ville aient porté d'avance des noms si bien rélatifs à ce qu'ils ont fait ?

donner d'avance une police convenable à la capitale du monde.

De ce premier partage resulta bientôt un inconvénient. C'est que la Tribu des Albains* et celle des Sabins** restant toujours au même état, tandis que celle des étrangers*** croissoit sans cesse par le concours perpétuel de ceux-ci, cette derniere ne tarda pas à surpasser les deux autres. Le remede que Servius trouva à ce dangereux abus fut de changer la division, et à celle des races, qu'il abolit, d'en substituer une autre tirée des lieux de la ville occupés par chaque Tribu. Au lieu de trois Tribus il en fit quatre; chacune desquelles occupoit une des collines de Rome et en portoit le nom. Ainsi remédiant à l'inégalité présente il la prévint encore pour l'avenir; et afin que cette division ne fut pas seulement de lieux mais d'hommes, il défendit aux habitans d'un quartier de passer dans un autre, ce qui empêcha les races de se confondre.

Il doubla aussi les trois anciennes centuries de Cavalerie et y en ajouta douze autres, mais toujours sous les anciens noms; moyen simple et judicieux par lequel il acheva de distinguer le corps des Chevaliers de celui du Peuple, sans faire murmurer ce dernier.

A ces quatre Tribus urbaines Servius en ajouta quinze autres appellées Tribus rustiques, parce qu'elles étoient formées des habitans de la campagne, partagés en autant de cantons. Dans la suite on en fit autant de nouvelles, et le Peuple romain se trouva enfin divisé en trente-cinq Tribus; nombre auquel elles resterent fixées jusqu'à la fin de la République.

De cette distinction des Tribus de la Ville et des Tribus de la campagne resulta un effet digne d'être observé, parce qu'il n'y en a point d'autre exemple, et que Rome lui dût à la fois la conservation de ses mœurs et l'accroissement de son empire. On croiroit que les Tribus urbaines s'arrogerent bientôt la puissance et les honneurs, et ne tarderent pas d'avilir les Tribus rustiques; ce fut tout le contraire. On connoit le goût des premiers Romains pour la vie champêtre. Ce goût leur venoit du sage

---

* *Ramnenses.*

** *Tatienses.*

*** *Luceres.*

instituteur qui unit à la liberté les travaux rustiques et militaires, et reléga pour ainsi dire à la ville les arts, les métiers, l'intrigue, la fortune et l'esclavage.

Ainsi tout ce que Rome avoit d'illustre vivant aux champs et cultivant les terres, on s'accoutuma à ne chercher que là les soutiens de le République. Cet état étant celui des plus dignes Patriciens fut honoré de tout le monde : la vie simple et laborieuse des Villageois fut préférée à la vie oisive et lâche des Bourgeois de Rome, et tel n'eut été qu'un malheureux prolétaire à la ville, qui, laboureur aux champs, devint un Citoyen respecté. Ce n'est pas sans raison, disoit Varron[1], que nos magnanimes ancêtres établirent au Village la pépiniere de ces robustes et vaillans hommes qui les défendoient en tems de guerre et les nourrissoient en tems de paix. Pline[2] dit positivement que les Tribus des champs étoient honorées à cause des hommes qui les composoient; au lieu qu'on transferoit par ignominie dans celles de la Ville les lâches qu'on vouloit avilir. Le Sabin Appius Claudius étant venu s'établir à Rome y fut comblé d'honneurs et inscrit dans une Tribu rustique qui prit dans la suite le nom de sa famille. Enfin les affranchis entroient tous dans les Tribus urbaines, jamais dans les rurales; et il n'y a pas durant toute la République un seul exemple d'aucun de ces affranchis parvenu à aucune magistrature, quoique devenu Citoyen.

Cette maxime étoit excellente; mais elle fut poussée si loin, qu'il en resulta enfin un changement et certainement un abus dans la police.

Premierement, les Censeurs, après s'être arrogés longtems le droit de transférer arbitrairement les citoyens d'une Tribu à l'autre, permirent à la plupart de se faire inscrire dans celle qui leur plaisoit; permission qui surement n'étoit bonne à rien, et ôtoit un des grands ressorts de la censure. De plus, les Grands et les puissans se faisant tous inscrire dans les Tribus de la campagne, et les affranchis devenus Citoyens restant avec la populace dans celles de la ville, les Tribus en général n'eurent plus de lieu ni de territoire; mais toutes se trouverent tellement mêlées qu'on ne pouvoit plus discerner les membres de chacune que par les registres, en sorte que l'idée du mot *Tribu* passa ainsi du réel au personnel, ou plutôt, devint presque une chimere.

Il arriva encore que les Tribus de la ville, étant plus à portée, se trouverent souvent les plus fortes dans les comices, et vendirent l'Etat à ceux qui daignoient acheter les suffrages de la canaille qui les composoit.

A l'égard des Curies, l'instituteur en ayant fait dix en chaque Tribu, tout le peuple romain alors renfermé dans les murs de la ville se trouva composé de trente Curies, dont chacune avoit ses temples, ses Dieux, ses officiers, ses prêtres, et ses fêtes appellées *compitalia,* semblables aux *Paganalia* qu'eurent dans la suite les Tribus rustiques.

Au nouveau partage de Servius ce nombre de trente ne pouvant se répartir également dans ses quatre Tribus, il n'y voulut point toucher, et les Curies indépendantes des Tribus devinrent une autre division des habitans de Rome : Mais il ne fut point question de Curies ni dans les Tribus rustiques ni dans le peuple qui les composoit, parce que les Tribus étant devenues un établissement purement civil, et une autre police ayant été introduite pour la levée des troupes, les divisions militaires de Romulus se trouverent superflues. Ainsi, quoique tout Citoyen fut inscrit dans une Tribu, il s'en faloit beaucoup que chacun ne le fut dans une Curie.

Servius fit encore une troisieme division qui n'avoit aucun rapport aux deux précédentes, et devint par ses effets la plus importante de toutes. Il distribua tout le peuple romain en six classes, qu'il ne distinga ni par le lieu ni par les hommes, mais par les biens : En sorte que les premieres classes étoient remplies par les riches, les dernieres par les pauvres, et les moyennes par ceux qui jouïssoient d'une fortune médiocre. Ces six classes étoient subdivisées en 193 autres corps appellés centuries, et ces corps étoient tellement distribués que la premiere Classe en comprenoit seule plus de la moitié, et la derniere n'en formoit qu'un seul. Il se trouva ainsi que la Classe la moins nombreuse en hommes l'étoit le plus en centuries, et que la derniere classe entiere n'étoit comptée que pour une subdivision, bien qu'elle contint seule plus de la moitié des habitans de Rome.

Afin que le peuple pénétrât moins les conséquences de cette derniere forme, Servius affecta de lui donner un air militaire : il insera dans la seconde classe deux centuries d'armuriers, et deux d'instrumens de guerre dans la quatrieme : Dans chaque Classe, excepté la derniere, il distinga les jeunes et les vieux, c'est-à-dire ceux qui étoient obligés de porter les armes, et ceux que leur âge en exemptoit par les loix; distinction qui plus que celle des biens produisit la nécessité de recommencer souvent le cens ou denombrement : Enfin il voulut que l'assemblée se tint au champ de Mars, et que tous ceux qui étoient en âge de servir y vinssent avec leurs armes.

La raison pour laquelle il ne suivit pas dans la derniere classe cette même division des jeunes et des vieux, c'est qu'on n'accordoit point à la populace dont elle étoit composée l'honneur de porter les armes pour la patrie; il faloit avoir des foyers pour obtenir le droit de les défendre, et de ces innombrables troupes de gueux dont brillent aujourd'hui les armées des Rois, il n'y en a pas un, peut-être, qui n'eut été chassé avec dédain d'une cohorte romaine, quand les soldats étoient les défenseurs de la liberté.

On distinga pourtant encore dans la derniere classe les *prolétaires* de ceux qu'on appelloit *capite censi*. Les premiers, non tout à fait réduits à rien, donnoient au moins des Citoyens à l'Etat, quelquefois même des soldats dans les besoins pressans. Pour ceux qui n'avoient rien du tout et qu'on ne pouvoit dénombrer que par leurs têtes, ils étoient tout à fait regardés comme nuls, et Marius fut le premier qui daigna les enroller[1].

Sans décider ici si ce troisieme denombrement étoit bon ou mauvais en lui-même, je crois pouvoir affirmer qu'il n'y avoit que les mœurs simples des premiers Romains, leur désintéressement, leur goût pour l'agriculture, leur mépris pour le commerce et pour l'ardeur du gain, qui pussent le rendre praticable. Où est le peuple moderne chez lequel la dévorante avidité, l'esprit inquiet, l'intrigue, les déplacemens continuels, les perpétuelles révolutions des fortunes pussent laisser durer vingt ans un pareil établissement sans bouleverser tout l'Etat ? Il faut même bien remarquer que les mœurs et la censure plus fortes que cette institution en corrigerent le vice à Rome, et que tel riche se vit relegué dans la classe des pauvres, pour avoir trop étalé sa richesse.

De tout ceci l'on peut comprendre aisément pourquoi il n'est presque jamais fait mention que de cinq classes, quoiqu'il y en eut réellement six. La sixieme, ne fournissant ni soldats à l'armée ni votans au champ de Mars* et n'étant presque d'aucun usage dans la République, étoit rarement comptée pour quelque chose.

Telles furent les différentes divisions du peuple Romain. Voyons à présent l'effet qu'elles produisoient dans les assemblées. Ces assemblées légitimement convoquées s'appelloient *Comices ;* elles se tenoient ordinairement dans la place de Rome ou au champ de Mars, et se distinguoient en comices par Curies, Comices par Centuries, et Comices par Tribus, selon celle de ces trois formes sur laquelle elles étoient ordonnées : les comices par Curies étoient de l'institution de Romulus, ceux par Centuries de Servius, ceux par Tribus des Tribuns du peuple. Aucune loi ne recevoit la sanction, aucun magistrat n'étoit élu que dans les Comices, et comme il n'y avoit aucun Citoyen qui ne fut inscrit dans une Curie, dans une Centurie, ou dans une Tribu, il s'ensuit qu'aucun Citoyen n'étoit exclud du droit de suffrage, et que le Peuple Romain étoit véritablement Souverain de droit et de fait.

Pour que les Comices fussent légitimement assemblés et que ce qui s'y faisoit eut force de loi il faloit trois conditions : la premiere que le corps ou le Magistrat qui les convoquoit fût revêtu pour cela de l'autorité nécessaire; la seconde que l'assemblée se fit un des jours permis par la loi; la troisieme que les augures fussent favorables.

La raison du premier reglement n'a pas besoin d'être expliquée. Le second est une affaire de police; ainsi il n'étoit pas permis de tenir les Comices les jours de férie et de marché, où les gens de la campagne venant à Rome pour leurs affaires n'avoient pas le tems de passer la journée dans la place publique. Par le troisieme le Sénat tenoit en bride un peuple fier et remuant, et tempéroit à propos l'ardeur des Tribuns séditieux; mais ceux-ci trouverent plus d'un moyen de se délivrer de cette gêne.

Les Loix et l'élection des chefs n'étoient pas les seuls points soumis au jugement des Comices : Le peuple romain ayant usurpé les plus importantes fonctions du

---

* Je dis, au *champ de mars,* parce que c'étoit là que s'assembloient les Comices par centuries; dans les deux autres formes le peuple s'assembloit au *forum* ou ailleurs, et alors les *Capite censi* avoient autant d'influence et d'autorité que les premiers Citoyens.

Gouvernement[1], on peut dire que le sort de l'Europe étoit réglé dans ses assemblées. Cette variété d'objets donnoit lieu aux diverses formes que prenoient ces assemblées selon les matieres sur lesquelles il avoit à prononcer.

Pour juger de ces diverses formes il suffit de les comparer. Romulus en instituant les Curies avoit en vue de contenir le Sénat par le peuple et le Peuple par le Sénat, en dominant également sur tous. Il donna donc au peuple par cette forme toute l'autorité du nombre pour balancer celle de la puissance et des richesses qu'il laissoit aux Patriciens. Mais selon l'esprit de la Monarchie, il laissa cependant plus d'avantage aux Patriciens par l'influence de leurs Cliens sur la pluralité des suffrages. Cette admirable institution des Patrons et des Cliens[2] fut un chef-d'œuvre de politique et d'humanité, sans lequel le Patriciat, si contraire à l'esprit de la République, n'eut pu subsister. Rome seule a eu l'honneur de donner au monde ce bel exemple, duquel il ne résulta jamais d'abus, et qui pourtant n'a jamais été suivi.

Cette même forme des Curies ayant subsisté sous les Rois jusqu'à Servius, et le regne du dernier Tarquin n'étant point compté pour légitime, cela fit distinguer généralement les loix royales par le nom de *leges curiatæ*.

Sous la République les Curies, toujours bornées aux quatre Tribus urbaines, et ne contenant plus que la populace de Rome, ne pouvoient convenir ni au Sénat qui étoit à la tête des Patriciens, ni aux Tribuns qui, quoique plebeyens, étoient à la tête des Citoyens aisés. Elles tomberent donc dans le discrédit, et leur avilissement fut tel, que leurs trente Licteurs assemblés faisoient ce que les comices par Curies auroient dû faire.

La division par Centuries étoit si favorable à l'Aristocratie, qu'on ne voit pas d'abord comment le Sénat ne l'emportoit pas toujours dans les Comices qui portoient ce nom, et par lesquels étoient élus les Consuls, les Censeurs, et les autres Magistrats curules. En effet des cent quatre-vingt-treize centuries qui formoient les six Classes de tout le Peuple romain, la premiere Classe en comprenant quatre vingt dix huit, et les voix ne se comptant que par Centuries, cette seule premiere Classe l'emportoit en nombre de voix sur toutes les autres. Quand toutes ses Centuries étoient d'accord on ne continuoit pas même à recueillir les suffrages; ce qu'avoit décidé le plus petit nombre passoit pour une décision de la multitude, et l'on peut dire que dans les Comices par Centuries les affaires se regloient à la pluralité des écus bien plus qu'à celle des voix.

Mais cette extrême autorité se tempéroit par deux moyens. Premierement les Tribuns pour l'ordinaire, et toujours un grand nombre de Plebeyens, étant dans la classe des riches balançoient le crédit des Patriciens dans cette premiere classe.

Le second moyen consistoit en ceci, qu'au lieu de faire d'abord voter les Centuries selon leur ordre, ce qui auroit toujours fait commencer par la premiere, on en tiroit une au sort, et celle-là* procédoit seule à l'élection; après quoi toutes les Centuries appellées un autre jour selon leur rang répétoient la même élection et la confirmoient ordinairement. On ôtoit ainsi l'autorité de l'exemple au rang pour la donner au sort selon le principe de la Démocratie.

Il resultoit de cet usage un autre avantage encore; c'est que les Citoyens de la campagne avoient le tems entre les deux élections de s'informer du mérite du Candidat provisionnellement nommé, afin de ne donner leur voix qu'avec connoissance de cause. Mais sous prétexte de célérité l'on vint à bout d'abolir cet usage, et les deux élections se firent le même jour.

Les Comices par Tribus étoient proprement le Conseil du peuple romain. Ils ne se convoquoient que par les Tribuns; les Tribuns y étoient élus et y passoient leurs plebiscites. Non seulement le Sénat n'y avoit point de rang, il n'avoit pas même le droit d'y assister, et forcés d'obéir à des loix sur lesquelles ils n'avoient pû vôter, les Sénateurs à cet égard étoient moins libres que les derniers Citoyens. Cette injustice étoit tout-à-fait mal entendue, et suffisoit seule pour invalider les décrets d'un corps où tous ses membres n'étoient pas admis. Quand tous les Patriciens eussent assisté à ces Comices selon le droit qu'ils en avoient comme Citoyens, devenus alors simples particuliers ils n'eussent guere influé sur une forme de

* Cette centurie ainsi tirée au sort s'appelloit *præ rogativa,* à cause qu'elle étoit la premiere à qui l'on demandoit son suffrage, et c'est delà qu'est venu le mot de *prérogative.*

suffrages qui se recueilloient par tête, et où le moindre prolétaire pouvoit autant que le Prince du Sénat.

On voit donc qu'outre l'ordre qui résultoit de ces diverses distributions pour le recueillement des suffrages d'un si grand Peuple, ces distributions ne se réduisoient pas à des formes indifférentes en elles-mêmes, mais que chacune avoit des effets rélatifs aux vues qui la faisoient préférer.

Sans entrer là dessus en de plus longs détails, il résulte des éclaircissemens précédens que les Comices par Tribus étoient les plus favorables au Gouvernement populaire, et les Comices par Centuries à l'Aristocratie. A l'égard des Comices par Curies où la seule populace de Rome formoit la pluralité, comme ils n'étoient bons qu'à favoriser la tirannie et les mauvais desseins, ils durent tomber dans le décri, les séditieux eux-mêmes s'abstenant d'un moyen qui mettoit trop à découvert leurs projets. Il est certain que toute la majesté du Peuple Romain ne se trouvoit que dans les Comices par Centuries, qui seuls étoient complets; attendu que dans les Comices par Curies manquoient les Tribus rustiques, et dans les Comices par Tribus le Sénat et les Patriciens.

Quant à la maniere de recueillir les suffrages, elle étoit chez les premiers Romains aussi simple que leurs mœurs, quoique moins simple encore qu'à Sparte. Chacun donnoit son suffrage à haute voix, un Greffier les écrivoit à mésure; pluralité de voix dans chaque Tribu déterminoit le suffrage de la Tribu, pluralité de voix entre les Tribus déterminoit le suffrage du peuple, et ainsi des Curies et des Centuries. Cet usage étoit bon tant que l'honnêteté régnoit entre les Citoyens et que chacun avoit honte de donner publiquement son suffrage à un avis injuste ou à un sujet indigne; mais quand le peuple se corrompit et qu'on achetta les voix, il convint qu'elles se donnassent en secret pour contenir les acheteurs par la défiance, et fournir aux fripons le moyen de n'être pas des traitres.

Je sais que Ciceron blâme ce changement et lui attribue en partie la ruine de la République[1]. Mais quoi que je sente le poids que doit avoir ici l'autorité de Ciceron, je ne puis être de son avis. Je pense, au contraire, que pour n'avoir pas fait assez de changemens semblables on accéléra la perte de l'Etat. Comme le régime des gens sains n'est pas propre aux malades, il ne faut pas vouloir gouverner un peuple corrompu par les mêmes Loix qui conviennent à un bon peuple. Rien ne prouve mieux cette maxime que la durée de la République de Venise, dont le simulacre existe encore, uniquement parce que ses loix ne conviennent qu'à de méchans hommes[1].

On distribua donc aux Citoyens des tabletes par lesquelles chacun pouvoit voter sans qu'on sut quel étoit son avis. On établit aussi de nouvelles formalités pour le recueillement des tablettes, le compte des voix, la comparaison des nombres etc. Ce qui n'empêcha pas que la fidélité des Officiers chargés de ces fonctions* ne fut souvent suspectée. On fit enfin, pour empêcher la brigue et le trafic des suffrages, des Édits dont la multitude montre l'inutilité.

Vers les derniers tems, on étoit souvent contraint de recourir à des expédiens extraordinaires pour suppléer à l'insuffisance des loix. Tantôt on supposoit des prodiges; mais ce moyen qui pouvoit en imposer au peuple n'en imposoit pas à ceux qui le gouvernoient; tantôt on convoquoit brusquement une assemblée avant que les Candidats eussent eu le tems de faire leurs brigues; tantôt on consumoit toute une séance à parler quand on voyoit le peuple gagné prêt à prendre un mauvais parti : Mais enfin l'ambition éluda tout; et ce qu'il y a d'incroyable, c'est qu'au milieu de tant d'abus, ce peuple immense, à la faveur de ses anciens réglemens, ne laissoit pas d'élire les Magistrats, de passer les loix, de juger les causes, d'expédier les affaires particulieres et publiques, presque avec autant de facilité qu'eut pu faire le Sénat lui-même.

CHAPITRE V.

DU TRIBUNAT[2].

QUAND on ne peut établir une exacte proportion entre les parties constitutives de l'Etat, ou que des causes indestructibles en alterent sans cesse les rapports, alors on institue une magistrature particuliere qui ne fait point

* Custodes, Diribitores, Rogatores suffragiorum.

corps avec les autres, qui replace chaque terme dans son vrai rapport, et qui fait une liaison ou un moyen terme[1] soit entre le Prince et le Peuple, soit entre le Prince et le Souverain, soit à la fois des deux côtés s'il est nécessaire.

Ce corps, que j'appellerai *Tribunat,* est le conservateur des loix et du pouvoir législatif. Il sert quelquefois à protéger le Souverain contre le Gouvernement, comme faisoient à Rome les Tribuns du peuple, quelquefois à soutenir le Gouvernement contre le Peuple, comme fait maintenant à Venise le conseil des Dix, et quelquefois à maintenir l'équilibre de part et d'autre, comme faisoient les Ephores à Sparte.

Le Tribunat n'est point une partie constitutive de la Cité, et ne doit avoir aucune portion de la puissance législative ni de l'exécutive, mais c'est en cela même que la sienne est plus grande : car ne pouvant rien faire il peut tout empêcher. Il est plus sacré et plus révéré comme défenseur des Loix, que le Prince qui les exécute et que le Souverain qui les donne. C'est ce qu'on vit bien clairement à Rome quand ces fiers Patriciens, qui mépriserent toujours le peuple entier, furent forcés de fléchir devant un simple officier du peuple, qui n'avoit ni auspices ni jurisdiction.

Le Tribunat sagement tempéré est le plus ferme appui d'une bonne constitution; mais pour peu de force qu'il ait de trop il renverse tout : A l'égard de la foiblesse, elle n'est pas dans sa nature, et pourvu qu'il soit quelque chose, il n'est jamais moins qu'il ne faut.

Il degenere en tirannie quand il usurpe la puissance exécutive dont il n'est que le modérateur, et qu'il veut dispenser les loix[2] qu'il ne doit que protéger. L'énorme pouvoir des Ephores qui fut sans danger tant que Sparte conserva ses mœurs, en accélera la corruption commencée. Le sang d'Agis égorgé par ces tirans fut vengé par son successeur : le crime et le châtiment des Ephores hâterent également la perte de la République, et après Cléomene Sparte ne fut plus rien. Rome périt encore par la même voye, et le pouvoir excessif des Tribuns usurpé par degrés servit enfin, à l'aide des loix faites pour la liberté, de sauvegarde aux Empereurs qui la détruisirent. Quant au Conseil des Dix à Venise; c'est un Tribunal de sang, horrible également aux Patriciens et au Peuple, et qui, loin de protéger hautement les loix, ne sert plus, après leur avilissement, qu'à porter dans les ténebres des coups qu'on n'ose appercevoir.

Le Tribunat s'affoiblit comme le Gouvernement par la multiplication de ses membres. Quand les Tribuns du peuple romain, d'abord au nombre de deux, puis de cinq, voulurent doubler ce nombre, le Sénat les laissa faire, bien sûr de contenir les uns par les autres; ce qui ne manqua pas d'arriver.

Le meilleur moyen de prevenir les usurpations d'un si redoutable corps, moyen dont nul Gouvernement ne s'est avisé jusqu'ici, seroit de ne pas rendre ce corps permanent, mais de regler des intervalles durant lesquels il resteroit supprimé. Ces intervalles qui ne doivent pas être assez grands pour laisser aux abus le tems de s'affermir, peuvent être fixés par la loi, de maniere qu'il soit aisé de les abréger au besoin par des commissions extraordinaires.

Ce moyen me paroit sans inconvénient, parce que, comme je l'ai dit, le Tribunat ne faisant point partie de la constitution peut être ôté sans qu'elle en souffre; et il me paroit efficace, parce qu'un magistrat nouvellement rétabli ne part point du pouvoir qu'avoit son prédecesseur, mais de celui que la loi lui donne.

CHAPITRE VI.

DE LA DICTATURE[1].

L'INFLEXIBILITÉ des loix, qui les empêche de se plier aux événemens, peut en certains cas les rendre pernicieuses, et causer par elles la perte de l'Etat dans sa crise. L'ordre et la lenteur des formes demandent un espace de tems que les circonstances refusent quelquefois. Il peut se présenter mille cas auxquels le Législateur n'a point pourvu, et c'est une prévoyance très-nécessaire de sentir qu'on ne peut tout prévoir.

Il ne faut donc pas vouloir affermir les institutions politiques jusqu'à s'ôter le pouvoir d'en suspendre l'effet. Sparte elle-même a laissé dormir ses loix.

Mais il n'y a que les plus grands dangers qui puissent

balancer celui d'altérer l'ordre public, et l'on ne doit jamais arrêter le pouvoir sacré des loix que quand il s'agit du salut de la patrie. Dans ces cas rares et manifestes on pourvoit à la sûreté publique par un acte particulier qui en remet la charge au plus digne. Cette commission peut se donner de deux manieres selon l'espece du danger.

Si pour y remédier il suffit d'augmenter l'activité du gouvernement, on le concentre dans un ou deux de ses membres; Ainsi ce n'est pas l'autorité des loix qu'on altere mais seulement la forme de leur administration. Que si le péril est tel que l'appareil des loix soit un obstacle à s'en garantir, alors on nomme un chef suprême qui fasse taire toutes les loix et suspende un moment l'autorité Souveraine; en pareil cas la volonté générale n'est pas douteuse, et il est évident que la premiere intention du peuple est que l'Etat ne périsse pas. De cette maniere la suspension de l'autorité législative ne l'abolit point; le magistrat qui la fait taire ne peut la faire parler, il la domine sans pouvoir la représenter; il peut tout faire, excepté des loix.

Le premier moyen s'employoit par le Sénat Romain quand il chargeoit les Consuls par une formule consacrée de pourvoir au salut de la République; le second avoit lieu quand un des deux Consuls nommoit un Dictateur*; usage dont Albe avoit donné l'exemple à Rome.

Dans les commencemens de la République on eut très souvent recours à la Dictature, parce que l'Etat n'avoit pas encore une assiete assez fixe pour pouvoir se soutenir par la force de sa constitution. Les mœurs rendant alors superflues bien des précautions qui eussent été nécessaires dans un autre tems, on ne craignoit ni qu'un Dictateur abusât de son autorité, ni qu'il tentât de la garder au delà du terme. Il sembloit, au contraire, qu'un si grand pouvoir fut à charge à celui qui en étoit revêtu, tant il se hâtoit de s'en défaire; comme si c'eut été un poste trop pénible et trop périlleux de tenir la place des loix !

Aussi n'est-ce pas le danger de l'abus mais celui de l'avilissement qui fait blâmer l'usage indiscret de cette

---

* Cette nomination se faisoit de nuit et en secret, comme si l'on avoit eu honte de mettre un homme au dessus des loix.

suprême magistrature dans les premiers tems. Car tandis qu'on la prodigoit à des Elections, à des Dédicaces, à des choses de pure formalité, il étoit à craindre qu'elle ne devint moins redoutable au besoin, et qu'on ne s'accoutumât à regarder comme un vain titre celui qu'on n'employoit qu'à de vaines cérémonies.

Vers la fin de la République, les Romains, devenus plus circonspects, ménagerent la Dictature avec aussi peu de raison qu'ils l'avoient prodiguée autrefois. Il étoit aisé de voir que leur crainte étoit mal fondée, que la foiblesse de la capitale faisoit alors sa sûreté contre les Magistrats qu'elle avoit dans son sein, qu'un Dictateur pouvoit en certains cas défendre la liberté publique sans jamais y pouvoir attenter, et que les fers de Rome ne seroient point forgés dans Rome même, mais dans ses armées : le peu de résistance que firent Marius à Sylla, et Pompée à César, montra bien ce qu'on pouvoit attendre de l'autorité du dedans contre la force du dehors.

Cette erreur leur fit faire de grandes fautes. Telle, par exemple, fut celle de n'avoir pas nommé un Dictateur dans l'affaire de Catilina; car comme il n'étoit question que du dedans de la ville, et tout au plus, de quelque province d'Italie, avec l'autorité sans bornes que les Loix donnoient au Dictateur il eut facilement dissipé la conjuration, qui ne fut étouffée que par un concours d'heureux hazards que jamais la prudence humaine ne devoit attendre.

Au lieu de cela, le Sénat se contenta de remettre tout son pouvoir aux Consuls; d'où il arriva que Ciceron, pour agir efficacement, fut contraint de passer ce pouvoir dans un point capital, et que, si les premiers transports de joye firent approuver sa conduite, ce fut avec justice que dans la suite on lui demanda compte du sang des Citoyens versé contre les loix; reproche qu'on n'eut pu faire à un Dictateur. Mais l'éloquence du Consul entraîna tout; et lui-même, quoique Romain, aimant mieux sa gloire que sa patrie, ne cherchoit pas tant le moyen le plus légitime et le plus sûr de sauver l'Etat, que celui d'avoir tout l'honneur de cette affaire*. Aussi fut-il

* C'est ce dont il ne pouvoit se répondre en proposant un Dictateur, n'osant se nommer lui-même et ne pouvant s'assurer que son collegue le nommeroit.

honoré justement comme libérateur de Rome, et justement puni comme infracteur des loix. Quelque brillant qu'ait été son rappel, il est certain que ce fut une grace.

Au reste, de quelque maniere que cette importante commission soit conférée, il importe d'en fixer la durée à un terme très court qui jamais ne puisse être prolongé; dans les crises qui la font établir l'Etat est bientôt détruit ou sauvé, et, passé le besoin pressant, la Dictature devient tirannique ou vaine. A Rome les Dictateurs ne l'étant que pour six mois, la plupart abdiquerent avant ce terme. Si le terme eut été plus long, peut-être eussent-ils été tentés de le prolonger encore, comme firent les Décemvirs celui d'une année. Le Dictateur n'avoit que le tems de pourvoir au besoin qui l'avoit fait élire, il n'avoit pas celui de songer à d'autres projets.

CHAPITRE VII.

DE LA CENSURE[1].

De meme que la déclaration de la volonté générale se fait par la loi, la déclaration du jugement public se fait par la censure; l'opinion publique est l'espece de loi dont le Censeur est le Ministre, et qu'il ne fait qu'appliquer aux cas particuliers, à l'exemple du Prince.

Loin donc que le tribunal censorial soit l'arbitre de l'opinion du peuple, il n'en est que le déclarateur, et sitôt qu'il s'en écarte, ses décisions sont vaines et sans effet.

Il est inutile de distinguer les mœurs d'une nation des objets de son estime; car tout cela tient au même principe et se confond nécessairement. Chez tous les peuples du monde, ce n'est point la nature mais l'opinion qui décide du choix de leurs plaisirs. Redressez les opinions des hommes et leurs mœurs s'épureront d'elles mêmes. On aime toujours ce qui est beau ou ce qu'on trouve tel, mais c'est sur ce jugement qu'on se trompe; c'est donc ce jugement qu'il s'agit de regler. Qui juge des mœurs juge de l'honneur, et qui juge de l'honneur prend sa loi de l'opinion[2].

Les opinions d'un peuple naissent de sa constitution; quoique la loi ne regle pas les mœurs, c'est la législation qui les fait naitre; quand la législation s'affoiblit les mœurs dégénerent, mais alors le jugement des Censeurs ne fera pas ce que la force des loix n'aura pas fait.

Il suit de-là que la Censure peut être utile pour conserver les mœurs, jamais pour les rétablir. Etablissez des Censeurs durant la vigueur des Loix; sitôt qu'elles l'ont perdue, tout est désespéré; rien de légitime n'a plus de force lorsque les loix n'en ont plus.

La Censure maintient les mœurs en empêchant les opinions de se corrompre, en conservant leur droiture par de sages applications, quelquefois même en les fixant lorsqu'elles sont encore incertaines. L'usage des seconds dans les duels[1], porté jusqu'à la fureur dans le Royaume de France, y fut aboli par ces seuls mots d'un Edit du Roi; *quant à ceux qui ont la lâcheté d'appeller des Seconds.* Ce jugement prevenant celui du public, le détermina tout d'un coup. Mais quand les mêmes Edits voulurent prononcer que c'étoit aussi une lâcheté de se battre en duel; ce qui est très-vrai, mais contraire à l'opinion commune; le public se moqua de cette décision sur laquelle son jugement étoit déjà porté.

J'ai dit ailleurs* que l'opinion publique n'étant point soumise à la contrainte, il n'en faloit aucun vestige dans le tribunal établi pour la représenter. On ne peut trop admirer avec quel art ce ressort, entierement perdu chez les modernes, étoit mis en œuvre chez les Romains et mieux chez les Lacédémoniens.

Un homme de mauvaises mœurs ayant ouvert un bon avis dans le conseil de Sparte, les Ephores sans en tenir compte firent proposer le même avis par un Citoyen vertueux. Quel honneur pour l'un, quelle honte pour l'autre, sans avoir donné ni louange ni blâme à aucun des deux ! Certains ivrognes de Samos *(a)* souillerent le Tribunal des Ephores : le lendemain par Edit public il fut permis aux Samiens d'être des vilains. Un vrai châtiment eut été moins severe qu'une pareille impunité. Quant Sparte a prononcé sur ce qui est ou n'est pas honnête, la Grèce n'appelle pas de ses jugemens.

---

* Je ne fais qu'indiquer dans ce chapitre ce que j'ai traité plus au long dans la Lettre à M. d'Alembert.

CHAPITRE VIII.

DE LA RELIGION CIVILE[1].

Les hommes n'eurent point d'abord d'autres Rois que les Dieux, ni d'autre Gouvernement que le Théocratique. Ils firent le raisonnement de Caligula[2], et alors ils raisonnoient juste. Il faut une longue altération de sentimens et d'idées pour qu'on puisse se résoudre à prendre son semblable pour maitre, et se flater qu'on s'en trouvera bien.

De cela seul qu'on mettoit Dieu à la tête de chaque société politique, il s'ensuivit qu'il y eut autant de Dieux que de peuples. Deux peuples étrangers l'un à l'autre, et presque toujours ennemis, ne purent longtems reconnoitre un même maitre : Deux armées se livrant bataille ne sauroient obéir au même chef. Ainsi des divisions nationales resulta le polythéïsme, et delà l'intolérance théologique et civile qui naturellement est la même, comme il sera dit ci-après.

La fantaisie qu'eurent les Grecs de retrouver leurs Dieux chez les peuples barbares, vint de celle qu'ils avoient aussi de se regarder comme les Souverains naturels de ces peuples. Mais c'est de nos jours une érudition bien ridicule[3] que celle qui roule sur l'identité des Dieux de diverses nations; comme si Moloch, Saturne, et Chronos pouvoient être le même Dieu; comme si le Baal des Phéniciens, le Zeus des Grecs et le Jupiter des Latins pouvoient être le même; comme s'il pouvoit rester quelque chose commune à des Etres chimériques portans des noms différens !

Que si l'on demande comment dans le paganisme où chaque Etat avoit son culte et ses Dieux il n'y avoit point de guerres de Religion ? Je réponds que c'étoit par celamême que chaque Etat ayant son culte propre aussi bien que son Gouvernement, ne distingoit point ses Dieux de ses loix[4]. La guerre politique étoit aussi Théologique : les départemens des Dieux étoient, pour ainsi dire, fixés par les bornes des Nations. Le Dieu d'un peuple n'avoit aucun droit sur les autres peuples. Les Dieux des Payens n'étoient point des Dieux jaloux; ils partageoient entre eux l'empire du monde : Moyse même et le Peuple Hébreu se prétoient quelquefois à cette idée en parlant du Dieu d'Israël. Ils regardoient, il est vrai, comme nuls les Dieux des Cananéens, peuples proscrits, voués à la destruction, et dont ils devoient occuper la place; mais voyez comment ils parloient des divinités des peuples voisins qu'il leur étoit défendu d'attaquer ! *La possession de ce qui appartient à Chamos votre Dieu,* disoit Jephté aux Ammonites, *ne vous est-elle pas légitimement due ? Nous possédons au même titre les terres que notre Dieu vainqueur s'est acquises**. C'étoit là, ce me semble, une parité bien reconnue entre les droits de Chamos et ceux du Dieu d'Israël.

Mais quand les Juifs, soumis aux Rois de Babilone et dans la suite aux Rois de Sirie, voulurent s'obstiner à ne reconnoitre aucun autre Dieu que le leur, ce refus, regardé comme une rebellion contre le vainqueur, leur attira les persécutions qu'on lit dans leur histoire, et dont on ne voit aucun autre exemple avant le Christanisme**.

Chaque Religion étant donc uniquement attachée aux loix de l'Etat qui la prescrivoit, il n'y avoit point d'autre maniere de convertir un peuple que de l'asservir, ni d'autres missionnaires que les conquérans, et l'obligation de changer de culte étant la loi des vaincus, il faloit commencer par vaincre avant d'en parler. Loin que les hommes combatissent pour les Dieux, c'étoient, comme dans Homere, les Dieux qui combattoient pour les hommes; chacun demandoit au sien la victoire, et la payoit par de nouveaux autels. Les Romains avant de prendre une place, sommoient ses Dieux de l'abandonner, et quand ils laissoient aux Tarentins leurs Dieux

* *Nonne ea quæ possidet Chamos deus tuus tibi jure debentur ?* Tel est le texte de la vulgate. Le P. de Carrieres a traduit. *Ne croyez-vous pas avoir droit de posséder ce qui appartient à Chamos votre Dieu ?* J'ignore la force du texte hébreu; mais je vois que dans la vulgate Jephté reconnoit positivement le droit du Dieu Chamos, et que le Traducteur françois affoiblit cette reconnoissance par un *selon vous* qui n'est pas dans le Latin.

** Il est de la derniere évidence que la guerre des Phociens appellée guerre sacrée n'étoit point une guerre de Religion. Elle avoit pour objet de punir des sacrileges et non de soumettre des mécréans.

irrités, c'est qu'ils regardoient alors ces Dieux comme soumis aux leurs et forcés de leur faire homage : Ils laissoient aux vaincus leurs Dieux comme ils leur laissoient leurs loix. Une couronne au Jupiter du capitole étoit souvent le seul tribut qu'ils imposoient.

Enfin les Romains ayant étendu avec leur empire leur culte et leurs Dieux, et ayant souvent eux-mêmes adopté ceux des vaincus en accordant aux uns et aux autres le droit de Cité, les peuples de ce vaste empire se trouverent insensiblement avoir des multitudes de Dieux et de cultes, à peu près les mêmes par-tout; et voilà comment le paganisme ne fut enfin dans le monde connu qu'une seule et même Religion.

Ce fut dans ces circonstances que Jésus vint établir sur la terre un royaume Spirituel; ce qui, séparant le sistême théologique du sistême politique, fit que l'Etat cessa d'être un, et causa les divisions intestines qui n'ont jamais cessé d'agiter les peuples chrétiens. Or cette idée nouvelle d'un royaume de l'autre monde n'ayant pu jamais entrer dans la tête des payens, ils regarderent toujours les Chrétiens comme de vrais rebelles qui, sous une hypocrite soumission, ne cherchoient que le moment de se rendre indépendans et maitres, et d'usurper adroitement l'autorité qu'ils feignoient de respecter dans leur foiblesse. Telle fut la cause des persécutions *(a)*.

Ce que les payens avoient craint est arrivé; alors tout a changé de face, les humbles Chrétiens ont changé de langage, et bientôt on a vu ce prétendu royaume de l'autre monde devenir sous un chef visible[1] le plus violent despotisme dans celui-ci.

Cependant comme il y a toujours eu un Prince et des loix civiles, il a resulté de cette double puissance un perpétuel conflict de jurisdiction qui a rendu toute bonne politie impossible dans les Etats chrétiens, et l'on n'a jamais pu venir à bout de savoir auquel du maitre ou du prêtre on étoit obligé d'obéir.

Plusieurs peuples cependant, même dans l'Europe ou à son voisinage, ont voulu conserver ou rétablir l'ancien sistême, mais sans succès; l'esprit du christianisme a tout gagné. Le culte sacré est toujours resté ou redevenu indépendant du Souverain, et sans liaison nécessaire avec le corps de l'Etat. Mahomet eut des vues très saines, il lia bien son sistême politique, et tant que la forme de son

Gouvernement subsista sous les Caliphes ses successeurs, ce Gouvernement fut exactement un, et bon en cela. Mais les Arabes devenus florissans, lettrés, polis, mous et lâches, furent subjugués par des barbares; alors la division entre les deux puissances recommença; quoiqu'elle soit moins apparente chez les mahométans que chez les Chrétiens, elle y est pourtant, sur tout dans la secte d'Ali, et il y a des Etats, tels que la Perse, où elle ne cesse de se faire sentir.

Parmi nous, les Rois d'Angleterre se sont établis chefs de l'Eglise, autant en ont fait les Czars; mais par ce titre ils s'en sont moins rendus les maitres que les Ministres; ils ont moins acquis le droit de la changer que le pouvoir de la maintenir; Ils n'y sont pas législateurs, il n'y sont que Princes[1]. Par tout où le Clergé fait un corps* il est maitre et législateur dans sa partie. Il y a donc deux puissances, deux Souverains, en Angleterre et en Russie, tout comme ailleurs.

De tous les Auteurs Chrétiens le philosophe Hobbes[2] est le seul qui ait bien vû le mal et le remede, qui ait osé proposer de réunir les deux têtes de l'aigle, et de tout ramener à l'unité politique, sans laquelle jamais Etat ni Gouvernement ne sera bien constitué. Mais il a dû voir que l'esprit dominateur du Christianisme étoit incompatible avec son sistême, et que l'intérêt du Prêtre seroit toujours plus fort que celui de l'Etat. Ce n'est pas tant ce qu'il y a d'horrible et de faux dans sa politique que ce qu'il y a de juste et de vrai qui l'a rendue odieuse**.

Je crois qu'en développant sous ce point de vue les

---

* Il faut bien remarquer que ce ne sont pas tant des assemblées formelles, comme celles de France[3], qui lient le clergé en un corps, que la communion des Eglises. La communion et l'excommunication sont le pacte social du clergé, pacte avec lequel il sera toujours le maitre des peuples et des Rois. Tous les prêtres qui communiquent ensemble sont concitoyens, fussent-ils des deux bouts du monde. Cette invention est un chef-d'œuvre en politique. Il n'y avoit rien de semblable parmi les Prêtres payens; aussi n'ont-ils jamais fait un corps de Clergé.

** Voyez entres autres dans une Lettre de Grotius à son frere du 11. avril 1643, ce que ce savant homme approuve et ce qu'il blâme dans le livre *de Cive*[4]. Il est vrai que, porté à l'indulgence, il paroit pardonner à l'auteur le bien en faveur du mal; mais tout le monde n'est pas si clément.

faits historiques on réfuteroit aisément les sentimens opposés de Baile[1] et de Warburton[2], dont l'un prétend que nulle Religion n'est utile au corps politique, et dont l'autre soutient au contraire que le Christianisme en est le plus ferme appui. On prouveroit au premier que jamais Etat ne fut fondé que la Religion ne lui servit de base, et au second que la loi Chrétienne est au fond plus nuisible qu'utile à la forte constitution de l'Etat. Pour achever de me faire entendre, il ne faut que donner un peu plus de précision aux idées trop vagues de Religion rélatives à mon sujet.

La Religion considérée par rapport à la société, qui est ou générale ou particuliere[3], peut aussi se diviser en deux especes, savoir, la Religion de l'homme et celle du Citoyen. La premiere, sans Temples, sans autels, sans rites, bornée au culte purement intérieur[4] du Dieu Suprême et aux devoirs éternels de la morale, est la pure et simple Religion de l'Evangile, le vrai Théïsme[5], et ce qu'on peut appeller le droit divin naturel[6]. L'autre, inscritte dans un seul pays, lui donne ses Dieux, ses Patrons propres et tutelaires : elle a ses dogmes, ses rites, son culte extérieur prescrit par des loix; hors la seule Nation qui la suit, tout est pour elle infidelle, étranger, barbare; elle n'étend les devoirs et les droits de l'homme qu'aussi loin que ses autels. Telles furent toutes les Religions des premiers peuples, auxquelles on peut donner le nom de droit divin civil ou positif.

Il y a une troisieme sorte de Religion plus bizarre, qui donnant aux hommes deux législations, deux chefs, deux patries, les soumet à des devoirs contradictoires et les empêche de pouvoir être à la fois dévots et Citoyens. Telle est la Religion des Lamas, telle est celle des Japonois, tel est le christianisme Romain. On peut appeller celle-ci *(a)* la religion du Prêtre. Il en résulte une sorte du droit mixte et insociable qui n'a point de nom.

A considerer politiquement ces trois sortes de religions, elles ont toutes leurs défauts. La troisieme est si évidemment mauvaise que c'est perdre le tems de s'amuser à le démontrer. Tout ce qui rompt l'unité sociale ne vaut rien : Toutes les institutions qui mettent l'homme en contradiction avec lui-même ne valent rien[7].

La seconde est bonne en ce qu'elle réunit le culte divin et l'amour des loix, et que faisant de la patrie l'objet de l'adoration des Citoyens, elle leur apprend que servir l'Etat c'est en servir le Dieu tutelaire. C'est une espece de Théocratie, dans laquelle on ne doit point avoir d'autre pontife que le Prince, ni d'autres prêtres que les magistrats. Alors mourir pour son pays c'est aller au martire, violer les loix c'est être impie, et soumettre un coupable à l'exécration publique c'est le dévouer au courroux des Dieux; *sacer estod.*

Mais elle est mauvaise en ce qu'étant fondée sur l'erreur et sur le mensonge elle trompe les hommes, les rend crédules, superstitieux, et noye le vrai culte de la divinité dans un vain cérémonial. Elle est mauvaise encore quand, devenant exclusive et tirannique, elle rend un peuple sanguinaire et intolérant; en sorte qu'il ne respire que meurtre et massacre, et croit faire une action sainte en tuant quiconque n'admet pas ses Dieux. Cela met un tel peuple dans un état naturel de guerre avec tous les autres, très nuisible à sa propre sûreté.

Reste donc la Religion de l'homme ou le Christianisme, non pas celui d'aujourd'hui, mais celui de l'Evangile, qui en est tout-à-fait différent. Par cette Religion sainte, sublime, véritable, les hommes, enfans du même Dieu, se reconnoissent tous pour freres, et la société qui les unit ne se dissout pas même à la mort.

Mais cette Religion n'ayant nulle rélation particuliere avec le corps politique laisse aux loix la seule force qu'elles tirent d'elles-mêmes sans leur en ajouter aucune autre, et par-là un des grands liens de la société particuliere reste sans effet. Bien plus; loin d'attacher les cœurs des Citoyens à l'Etat, elle les en détache comme de toutes les choses de la terre : je ne connois rien de plus contraire à l'esprit social[1].

On nous dit qu'un peuple de vrais Chrétiens formeroit la plus parfaite société que l'on puisse imaginer. Je ne vois à cette supposition qu'une grande difficulté; c'est qu'une société de vrais chrétiens ne seroit plus une société d'hommes[2].

Je dis même que cette société supposée ne seroit avec toute sa perfection ni la plus forte ni la plus durable : A force d'être parfaite, elle manqueroit de liaison; son vice destructeur seroit dans sa perfection même.

Chacun rempliroit son devoir; le peuple seroit soumis aux lois, les chefs seroient justes et modérés, les magistrats integres, incorruptibles, les soldats mépriseroient la mort, il n'y auroit ni vanité ni luxe; tout cela eſt fort bien, mais voyons plus loin.

Le Chriſtianisme eſt une religion toute spirituelle, occupée uniquement des choses du Ciel : la patrie du Chrétien n'eſt pas de ce monde. Il fait son devoir, il eſt vrai, mais il le fait avec une profonde indifférence sur le bon ou mauvais succès de ses soins. Pourvu qu'il n'ait rien à se reprocher, peu lui importe que tout aille bien ou mal ici bas. Si l'Etat eſt florissant, à peine ose-t-il jouïr de la félicité publique, il craint de s'enorgueillir de la gloire de son pays; si l'Etat dépérit, il bénit la main de Dieu qui s'appésantit sur son peuple.

Pour que la société fut paisible et que l'harmonie se maintint, il faudroit que tous les Citoyens sans exception fussent également bons Chrétiens : Mais si malheureusement il s'y trouve un seul ambitieux, un seul hypocrite, un Catilina, par exemple, un Cromwel, celui-là très certainement aura bon marché de ses pieux compatriotes. La charité chrétienne ne permet pas aisément de penser mal de son prochain. Dès qu'il aura trouvé par quelque ruse l'art de leur en imposer et de s'emparer d'une partie de l'autorité publique, voilà un homme conſtitué en dignité; Dieu veut qu'on le respecte; bientôt voilà une puissance; Dieu veut qu'on lui obéisse; le dépositaire de cette puissance en abuse-t-il ? c'eſt la verge dont Dieu punit ses enfans. On se feroit conscience de chasser l'usurpateur; il faudroit troubler le repos public, user de violence, verser du sang; tout cela s'accorde mal avec la douceur du Chrétien; et après tout, qu'importe qu'on soit libre ou serf dans cette vallée de miseres ? l'essenciel eſt d'aller en paradis, et la résignation n'eſt qu'un moyen de plus pour cela.

Survient-il quelque guerre étrangere ? Les Citoyens marchent sans peine au combat; nul d'entre eux ne songe à fuir; ils font leur devoir, mais sans passion pour la victoire; ils savent plutôt mourir que vaincre. Qu'ils soient vainqueurs ou vaincus, qu'importe ? La providence ne sait-elle pas mieux qu'eux ce qu'il leur faut ? Qu'on imagine quel parti un ennemi fier, impétueux, passionné peut tirer de leur ſtoïcisme ! Mettez vis-à-vis d'eux ces peuples généreux que dévoroit l'ardent amour de la gloire et de la patrie, supposez votre république chrétienne vis-à-vis de Sparte ou de Rome; les pieux chrétiens seront battus, écrasés, détruits avant d'avoir eu le tems de se reconnoitre, ou ne devront leur salut qu'au mépris que leur ennemi concevra pour eux. C'étoit un beau serment à mon gré que celui des soldats de Fabius; ils ne jurerent pas de mourir ou de vaincre, ils jurerent de revenir vainqueurs, et tinrent leur serment : Jamais des Chrétiens n'en eussent fait un pareil; ils auroient cru tenter Dieu.

Mais je me trompe en disant une République Chrétienne; chacun de ces deux mots exclud l'autre. Le Christianisme ne prêche que servitude et dépendance. Son esprit est trop favorable à la tirannie pour qu'elle n'en profite pas toujours. Les vrais Chrétiens sont faits pour être esclaves[1]; ils le savent et ne s'en émeuvent gueres; cette courte vie a trop peu de prix à leurs yeux.

Les troupes chrétiennes sont excellentes, nous dit-on. Je le nie. Qu'on m'en montre de telles ? Quant-à-moi, je ne connois point de Troupes chrétiennes. On me citera les croisades. Sans disputer sur la valeur des Croisés, je remarquerai que bien loin d'être des Chrétiens, c'étoient des soldats du prêtre, c'étoient des Citoyens de l'Eglise; ils se battoient pour son pays Spirituel, qu'elle avoit rendu temporel on ne sait comment. A le bien prendre, ceci rentre sous le paganisme; comme l'Evangile n'établit point une Religion nationale, toute guerre sacrée est impossible parmi les Chrétiens.

Sous les Empereurs payens les soldats Chrétiens étoient braves; tous les Auteurs Chrétiens l'assûrent, et je le crois : c'étoit une émulation d'honneur contre les Troupes payennes. Dès que les Empereurs furent chrétiens cette émulation ne subsista plus, et quand la croix eut chassé l'aigle, toute la valeur romaine disparut.

Mais laissant à part les considérations politiques, revenons au droit, et fixons les principes sur ce point important. Le droit que le pacte social donne au Souverain sur les sujets ne passe point, comme je l'ai dit[2], les bornes de l'utilité publique*. Les sujets ne doivent donc compte au

---

* *Dans la République,* dit le M. d'A., *chacun est parfaitement libre en ce qui ne nuit pas aux autres*[3]. Voilà la borne invariable; on ne peut la poser plus exactement. Je n'ai pu me refuser au plaisir de citer quelque-fois ce manuscrit quoique non connu du public, pour rendre

Souverain de leurs opinions qu'autant que ces opinions importent à la communauté. Or il importe bien à l'Etat que chaque Citoyen ait une Religion qui lui fasse aimer ses devoirs; mais les dogmes de cette Religion n'intéressent ni l'Etat ni ses membres qu'autant que ces dogmes se rapportent à la morale, et aux devoirs que celui qui la professe est tenu de remplir envers autrui[1]. Chacun peut avoir au surplus telles opinions qu'il lui plait, sans qu'il appartienne au Souverain d'en connoitre : Car comme il n'a point de compétence dans l'autre monde, quel que soit le sort des sujets dans la vie à venir ce n'est pas son affaire, pourvu qu'ils soient bons citoyens dans celle-ci.

Il y a donc une profession de foi purement civile dont il appartient au Souverain de fixer les articles, non pas précisément comme dogmes de Religion, mais comme sentimens de sociabilité, sans lesquels il est impossible d'être bon Citoyen ni sujet fidelle*. Sans pouvoir obliger personne à les croire[2], il peut bannir de l'Etat quiconque ne les croit pas; il peut le bannir, non comme impie, mais comme insociable, comme incapable d'aimer sincerement les loix, la justice, et d'immoler au besoin sa vie à son devoir[3]. Que si quelqu'un, après avoir reconnu publiquement ces mêmes dogmes, se conduit comme ne les croyant pas, qu'il soit puni de mort[4]; il a commis le plus grand des crimes, il a menti devant les loix.

Les dogmes de la Religion civile doivent être simples[5], en petit nombre, énoncés avec précision sans explications ni commentaires. L'existence de la Divinité puissante, intelligente, bienfaisante, prévoyante et pourvoyante, la vie à venir, le bonheur des justes, le châtiment des méchans, la sainteté du Contract social et des Loix; voilà les dogmes positifs[6]. Quant aux dogmes né-

---

honneur à la mémoire d'un homme illustre et respectable, qui avoit conservé jusques dans le Ministere le cœur d'un vrai citoyen, et des vues droites et saines sur le gouvernement de son pays.

* Cesar plaidant pour Catilina tachoit d'établir le dogme de la mortalité de l'ame; Caton et Ciceron pour le réfuter ne s'amuserent point à philosopher : ils se contenterent de montrer que Cesar parloit en mauvais Citoyen et avançoit une doctrine pernicieuse à l'Etat. En effet voilà dequoi devoit juger le Sénat de Rome, et non d'une question de théologie.

gatifs[1], je les borne à un seul; c'est l'intolérance : elle rentre dans les cultes que nous avons excluds.

Ceux qui distinguent l'intolérance civile et l'intolérance théologique se trompent, à mon avis[2]. Ces deux intolérances sont inséparables. Il est impossible de vivre en paix avec des gens qu'on croit dannés; les aimer seroit haïr Dieu qui les punit; il faut absolument qu'on les ramene ou qu'on les tourmente. Partout où l'intolérance théologique est admise, il est impossible qu'elle n'ait pas quelque effet civil*; et sitot qu'elle en a, le Souverain n'est plus Souverain, même au temporel : dès lors les Prêtres sont les vrais maitres; les Rois ne sont que leurs officiers.

Maintenant qu'il n'y a plus et qu'il ne peut plus y avoir de Religion nationale exclusive, on doit tolérer toutes celles qui tolerent les autres, autant que leurs dogmes n'ont rien de contraire aux devoirs du Citoyen. Mais quiconque ose dire, *hors de l'Eglise point de Salut,* doit être chassé de l'Etat; à moins que l'Etat ne soit l'Eglise, et que le Prince ne soit le Pontife. Un tel dogme n'est bon que dans un Gouvernement Théocratique, dans tout autre il est pernicieux. La raison sur laquelle on dit qu'Henri IV. embrassa la Religion romaine la devroit faire quiter à tout honnête homme, et sur-tout à tout Prince qui sauroit raisonner[3].

---

* Le mariage, par exemple, étant un contract civil, a des effets civils sans lesquels il est même impossible que la société subsiste. Supposons donc qu'un Clergé vienne à bout de s'attribuer à lui seul le droit de passer cet acte; droit qu'il doit nécessairement usurper dans toute Religion intolérante. Alors n'est-il pas clair qu'en faisant valoir à propos l'autorité de l'Eglise il rendra vaine celle du Prince qui n'aura plus de sujets que ceux que le Clergé voudra bien lui donner. Maitre de marier ou de ne pas marier les gens selon qu'ils auront ou n'auront pas telle ou telle doctrine, selon qu'ils admettront ou rejetteront tel ou tel formulaire, selon qu'ils lui seront plus ou moins dévoués, en se conduisant prudemment et tenant ferme, n'est-il pas clair qu'il disposera seul des héritages, des charges, des Citoyens, de l'Etat même, qui ne sauroit subsister n'étant plus composé que des bâtards ? Mais, dira-t-on, l'on appellera comme d'abus, on ajournera, décrétera, saisira le temporel. Quelle pitié ! Le Clergé, pour peu qu'il ait, je ne dis pas de courage, mais de bon sens, laissera faire et ira son train; il laissera tranquillement appeller, ajourner, décréter, saisir, et finira par être le maitre. Ce n'est pas, ce me semble, un grand sacrifice d'abandonner une partie quand on est sûr de s'emparer du tout[4].

CHAPITRE IX.

CONCLUSION[1].

Après avoir posé les vrais principes du droit politique et tâché de fonder l'Etat sur sa base, il resteroit à l'appuyer par ses rélations externes; ce qui comprendroit le droit des gens, le commerce, le droit de la guerre et les conquêtes, le droit public, les ligues, les négociations, les traités[2] etc. Mais tout cela forme un nouvel objet trop vaste pour ma courte vue; j'aurois dû la fixer toujours plus près de moi.

FIN.

FRAGMENTS POLITIQUES

I[1].

[INTRODUCTION]

I

GRANDEUR des nations.
Gouvernement
des Loix.
de la Religion.
de l'honneur.
des f[2].
Du Commerce.
Des Voyages.
Des Alimens.
abus de la societé.
Culture des sciences.
Examen de la Rep[ubliqu]e de Platon.

2

PRÉFACE[3].

JE vais dire la vérité, et je la dirai du ton qui lui convient. Lecteurs pusillanimes que sa simplicité dégoute et que sa franchise révolte fermez mon Livre, ce n'est point pour vous qu'il est écrit. Lecteurs satyriques, qui n'aimez de la verité que ce qui peut nourrir la malignité de vôtre ame, fermez et jettez mon Livre, vous n'y trouveriez point ce que vous cherchez, et vous ne tarderiez pas d'y voir toutte l'horreur que l'auteur a pour vous.

Si cet Ecrit tombe entre les mains d'un honnête homme qui cherisse la vertu, qui aime ses fréres, qui plaigne leurs erreurs et déteste leurs vices, qui sache s'attendrir quelques fois sur les maux de l'humanité, et surtout qui travaïlle à se rendre meilleur; il peut le lire en toutte sureté. Mon cœur va parler au sien.

J'aime à me flatter qu'un jour quelque homme d'Etat sera citoyen, qu'il ne changera point les choses uniquement pour faire autrement que son prédecesseur, mais pour faire en sorte qu'elles aillent mieux, qu'il n'aura point sans cesse le bonheur public à la bouche, mais qu'il l'aura un peu dans le cœur. Qu'il ne rendra point les peuples malheureux pour affermir son autorité, mais qu'il fera servir son autorité à établir le bonheur des peuples. Que par un heureux hazard il jettera les yeux sur ce livre, que mes idées informes lui en feront naître de plus utiles, qu'il travaillera à rendre les hommes meilleurs ou plus heureux et que j'y aurai peut-être contribué en quelque chose. Cette chimére m'a mis la plume à la main *(a)*...

3

Après que quelques années auront effacé mon nom des fastes litteraires puisse-t-il vivre encore chez quelque nation pauvre et ignorée mais juste, sage, et heureuse, qui, préférant la paix et l'innocence à la gloire et aux conquétes, lira quelque fois avec plaisir...

4

Car quand on a épuisé toutes les recherches agreables, il faut bien pour éviter un desœuvrement que l'habitude de penser ne laisse plus supporter retomber enfin dans les recherches utiles. D'ailleurs les Arts les plus frivoles en apparence...

II.

[DE L'ÉTAT DE NATURE]

1

QUICONQUE renonçant de bonne foi à tous les préjugés de la vanité humaine, réfléchira sérieusement à toutes ces choses, trouvera enfin que tous ces grands mots de société, de justice, de lois, de défense mutuelle, d'assistance des faibles, de philosophie et de progrès de la raison, ne sont que des leurres inventés par des politiques adroits ou par de lâches flatteurs, pour en imposer aux simples, et concluera, malgré tous les sophismes des raisonneurs, que le pur état de nature est celui de tous où les hommes seroient le moins méchants, le plus heureux, et en plus grand nombre sur la terre[1].

2

La voix de la nature et celle de la raison ne se trouveroient jamais en contradiction[2] si l'homme ne s'étoit lui-même imposé des devoirs qu'il est ensuite forcé de préferer toujours à l'impulsion naturelle.

3

Mais les devoirs de l'homme dans l'état de nature sont toujours subordonnés au soin de sa propre conservation qui est le premier et le plus fort de tous[3].

4

... d'où il suit qu'enfreindre la Loy naturelle n'eſt autre chose que par une maniére d'agir extraordinaire et contraire à l'ordre de la nature faire une exception particulière à quelqu'un de ces rapports généraux.

5

Quoique les associations dont je viens de parler ne fussent guéres que tacites, qu'elles n'eussent qu'un objet déterminé et ne durassent qu'autant que le besoin qui les avoit formées, elles ne laisserent pas de lui [don]ner quelque idée grossiére[1]...

6

Mais les démelés étoient si rares, et les secours mutuels si fréquens qu'il dut resulter de çe commerce libre beaucoup plus de bienveuillance que de haine, disposition qui jointe au sentiment de commiseration et de pitié que la nature a gravé dans tous les cœurs dut faire vivre les hommes assés paisiblement en troupeau[2].

7

Tant que les hommes gardèrent leur première innocence, ils n'eurent pas besoin d'autre guide que la voix de la nature; tant qu'ils ne devinrent pas méchants, ils furent dispensés d'être bons[3]; car la plupart des maux qu'ils souffrent leur viennent de la nature beaucoup moins que de leurs semblables, de sorte qu'avant qu'un homme fût tenté de nuire à un autre, la bienfaisance eût été presque un devoir superflu; et l'on peut dire que la vertu même, qui fait le bonheur de celui qui l'exerce, ne tire sa beauté et son utilité que des misères du genre humain.

Mais enfin il arriva un temps où le sentiment du bonheur devint relatif et où il falut regarder les autres pour savoir si l'on étoit heureux soi-même. Il en vint un plus tardif encore où le bien-être de chaque individu dépendit tellement du concours de tous les autres et où les intérêts se croisèrent à tel point[1], qu'il fallut nécessairement établir une barrière commune, respectée de tous, et qui bornât les efforts que chacun feroit pour s'arranger aux dépens des autres.

8

Quand on observe la constitution naturelle des choses, l'homme semble évidemment destiné à être la plus heureuse des créatures; quand on raisonne d'après l'état actuel, l'espèce humaine paraît de toutes la plus à plaindre. Il y a donc fort grande apparence que la plupart de ses maux sont son ouvrage[2], et l'on dirait qu'il a plus fait pour rendre sa condition mauvaise que la nature n'a pu faire pour la rendre bonne.

Si l'homme vivait isolé, il aurait peu d'avantages sur les autres animaux. C'est dans la fréquentation mutuelle que se développent les plus sublimes facultés et que se montre l'excellence de sa nature[3].

En ne songeant qu'à pourvoir à ses besoins, il acquiert par le commerce de ses semblables, avec les lumières qui doivent l'éclairer, les sentiments qui doivent le rendre heureux. En un mot, ce n'est qu'en devenant sociable qu'il devient un être moral, un animal raisonnable, le roi des autres animaux, et l'image de Dieu sur la terre[4].

Mais l'homme pouvoit être un être fort raisonnable avec des lumiéres très bornées. Car ne voyant que les objets qui l'intéressoient, il les considéroit avec beaucoup de soin et les combinoit avec une très grande justesse relativement à ses vrais besoins. Depuis que ses vues se sont étendues et qu'il a voulu tout connoitre; il s'est dispensé de mettre la même évidence dans ses raisonnemens, il a été beaucoup plus attentif a multiplier ses jugemens qu'à se garantir de l'erreur, il eſt devenu beaucoup plus raisonneur et beaucoup moins raisonnable. Tous ces désordres tiennent plus à la conſtitution des sociétés qu'à celle de l'homme[1]; car que sont ses besoins physiques en comparaison de ceux qu'il s'eſt donnés, et comment peut-il espérer de rendre sa condition meilleure avec ces derniers, puisque ces nouveaux besoins n'étant à la portée que du petit nombre et même pour la plupart exclusifs, un seul n'en saurait jouir que mille n'en soient privés et ne périssent malheureux après beaucoup de tourments et de peines inutiles.

9

Le tems des plus honteux dereglemens et des plus grandes miséres de l'homme fut celui où de nouvelles passions ayant étouffé les sentimens naturels l'entendement humain n'avoit pas fait encore assés de progrés pour suppléer par les maximes de la sagesse aux mouvemens de la nature. Une autre époque moins affreuse au prémier aspeƈt mais plus funeſte encore dans la réalité : c'eſt celle où les hommes à force de subtiliser et rencherir sur l'art de raisonner sont parvenus à renverser et confondre toute la doƈtrine de la société et des mœurs et à ne regarder un syſtéme de morale que comme un leurre *(a)* entre les mains des gens d'esprit pour tirer parti de la crédulité des simples[2].

10

Sitôt qu'un homme se compare aux autres il devient necessairement leur ennemi[3], car chacun voulant en son cœur être le plus puissant, le plus heureux, le plus riche, ne peut regarder que comme un ennemi secret quiconque ayant le même projet en soi-même lui devient un obſtacle à l'exécuter. Voila la contradiƈtion primitive et radicale qui fait que les affeƈtions sociales ne sont qu'apparence et ce n'eſt que pour nous préférer aux autres plus à coup sur que nous feignons de les préférer à nous.

11

L'h[omme] isolé est un être si foible, ou du moins dont la force est tellement mesurée à ses besoins naturels et à son état primitif que pour peu que cet état change et que ces besoins augmentent il ne peut plus se passer de ses semblables, et quand à force de progrés ses desirs embrassent toute la nature le concours de tout le genre humain suffit à peine pour les assouvir. C'est ainsi que les mêmes causes qui nous rendent méchans nous rendent encore esclaves, et que nôtre foiblesse nait de nôtre cupidité, nos besoins nous rapprochent à mesure que nos passions nous divisent et plus nous devenons ennemis moins nous pouvons nous passer les uns des autres[1].

12

Mais quoiqu'il n'y ait point de société naturelle et generalle entre les h[ommes], quoiqu'ils deviennent méchans et malheureux en devenant sociables, quoique les loix de la justice et de l'égalité ne soient rien pour ceux qui vivent à la fois dans l'indépendance de l'Etat de nature et soumis aux besoins de l'Etat social, loin de penser qu'il n'y ait plus ni vertu ni bonheur pour nous et que le ciel nous ait abandonnez sans ressource à la depravation de l'espéce; efforçons nous de tirer du mal même le remede qui doit le guerir; par de nouvelles associations reparons le vice interne de l'association generale. Que nôtre violent Interlocuteur soit lui-même le juge de nos travaux, montrons lui dans l'art perfectionné la reparation des maux que l'art commencé fit à la nature *(a)*, montrons lui toute la misére de l'etat qu'il croyoit heureux, faisons lui voir dans une constitution de choses mieux entendues le prix des bonnes actions, le chatiment des mauvaises et l'accord aimable de la justice et du bonheur, éclairons sa raison de nouvelles lumiéres, echauffons son cœur de nouveaux sentimens et qu'il apprenne à sentir le plaisir de multiplier son être en l'unissant à celui de ses semblables, enfin *(a)* qu'il devienne pour son propre intérest mieux entendu, juste, bienfaisant, modéré, vertueux, ami des hommes et le plus digne de nos citoyens.

13

Pour peu que nous lui sachions expliquer la véritable constitution d'un gouvernement sain et légitime, si mon zèle ne m'aveugle point dans cette grande entreprise ne doutons pas qu'avec une ame forte et un sens droit cet ennemi du genre humain n'abjure enfin sa haine avec ses erreurs et que d'un brigand feroce qu'il vouloit être il ne devienne pour son propre intérest mieux entendu, juste, bienfaisant, modéré, vertueux, ami des hommes et le plus digne de nos citoyens *(b)*.

14

Vous pourriez peut être reculer ou prevenir certains maux qui peut être aussi ne vous arriveront jamais; mais vous ne le sauriez qu'en vous donnant des maux plus certains et non moins funestes *(c)*.

15

... pour recommencer d'où nous sommes partis. Tentons sur quelque partie de l'art de gouverner ce qu'il seroit à desirer qu'on fit dans toutes les sciences, détruisons tout ce qui est fait, c'est maintenant ce qu'il y a de mieux à faire, car pour donner une régle conforme aux actions des h[ommes] il faut premierement bien régler les rapports divers qu'ils doivent avoir entr'eux.

16

CHAP. I.

DU DROIT NATUREL ET DE LA SOCIETÉ GÉNÉRALE[1].

Commençons par lever une équivoque qui est la source de bien des sophismes.

Il y a deux maniéres d'envisager...

III.

[DU PACTE SOCIAL.]

1

Le Peuple ne peut contracter qu'avec lui même : car s'il contractoit avec ses officiers, comme il les rend depositaires de toute sa puissance et qu'il n'y auroit aucun garant du contract, ce ne seroit pas contracter avec eux, ce seroit reellement se mettre à leur discretion[1].

2

Comment compter sur des engagemens qu'on ne peut forcer les contractans à tenir et que l'intérest qui les leur [...] venant à changer[2] [...]

3

Vous m'aviez soumis par force et tant que vous avez été le plus fort je vous ai fidellement obei; maintenant la raison qui m'assujetissoit à vous ayant cessé, mon assujetissement cesse et vous ne sauriez dire pourquoi je vous obeissois sans dire en même temps pourquoi je ne vous obeïs plus[3].

4

Cession qui ne peut jamais être légitime parce qu'elle est fondée sur un pouvoir qui n'est avantageux ni au maitre ni à l'Esclave et par consequent contraire au droit naturel. Car l'avantage de commander n'est, au dela du service de la personne qu'un bien imaginaire et purement d'opinion, et il est très égal pour la comodité personelle du Prince qu'il ait cent mille sujets de plus ou de moins. C'est encore moins un bien d'être contraint à l'obeissance, quand on n'a point de garant qu'on sera sagement commandé, mais qu'on puisse à son gré faire passer les peuples de maitre en maitre comme des Troupeau[x] de bétail sans consulter ni leur intérest ni leur avis, c'est se moquer des gens de le dire sérieusement.

5

Car tous les droits civils étant fondés sur celui de propriété, sitôt que ce dernier est aboli aucun autre ne peut subsister[1]. La justice ne seroit plus qu'une chimère, et le gouvernement qu'une tyrannie, et l'autorité publique n'ayant aucun fondement légitime, nul ne seroit tenu de la reconnoitre, sinon en tant qu'il y seroit contraint par la force.

6

Comme on a dit que la beauté n'est que l'assemblage des traits les plus communs on peut dire que la vertu n'est que la collection des volontés les plus generales[2].

7

La mechanceté n'est au fond qu'une opposition de la volonté particuliére à la volonté publique et c'est pour cela qu'il ne sauroit y avoir de liberté parmi les méchans parce que si chacun fait sa volonté, elle contrariera la volonté publique ou celle de son voisin et le plus souvent toutes les deux, et s'il est contraint d'obeir à la volonté publique il ne fera jamais la sienne.

8

La volonté générale étant dans l'Etat la régle du juste et de l'injuste[1] et toujours portée au bien public et particulier, l'autorité publique ne doit être que l'éxécutrice de cette volonté, d'où il suit que de toutes les espéces de Gouvernement le meilleur par sa nature est celui qui s'y rapporte le mieux; celui dont les membres ont le moins d'intérest personnel contraire à celui du peuple; car cette duplicité d'intérets ne peut manquer de donner aux chefs une volonté particuliére qui l'emporte souvent sur la générale dans leur administration; si l'embonpoint du corps porte préjudice à la tête elle aura grand soin d'empécher le corps d'engraisser. Si le bonheur d'un peuple est un obstacle à l'ambition des chefs que le peuple ne se flate pas d'être jamais heureux.

Mais si le gouvernement est constitué comme il doit l'être et s'il suit les principes qu'il doit avoir son prémier soin dans l'économie ou administration publique sera donc de veiller sans cesse à l'éxécution de la volonté générale qui est à la fois le droit du Peuple et la source de son bonheur. Tou[te] décision de cette volonté s'appelle loi et par consequent le premier devoir des chefs est de veiller à l'observation des loix *(a)*[2].

9

Tant que le Gouvernement n'agit que pour le bien public, il est impossible qu'il attente à la liberté, parce qu'alors il ne fait qu'éxécuter la volonté générale, et que nul ne peut se dire asservi quand il n'obeit qu'à sa volonté[3].

10

Mais toutes les fois qu'il est question d'un véritable acte de souveraineté, qui n'est qu'une déclaration de la volonté générale, le peuple ne peut avoir des représentans[1], parce qu'il lui eſt impossible de s'assurer qu'ils ne subſtitueront point leurs volontés aux siennes, et qu'ils ne forceront point les particuliers d'obeir en son nom à des ordres qu'il n'a ni donné ni voulu donner. Crime de Lese majeſté dont peu de Gouvernemens sont exempts.

11

Sur quoi l'on doit se garder de confondre l'essence de la societé civile avec celle de la souveraineté. Car le corps social resulte d'un seul acte de volonté et toute sa durée n'eſt que la suite et l'effet d'un engagement antérieur dont la force ne cesse d'agir que quand ce corps eſt dissous. Mais la souveraineté qui n'eſt que l'exercice de la volonté générale eſt libre comme elle et n'eſt soumise à aucune espéce d'engagement. Chaque acte de souveraineté ainsi que chaque inſtant de sa durée eſt absolu, indépendant de celui qui précéde et jamais le souverain n'agit parce qu'il a voulu mais parce qu'il veut[2].

12

J'ai dit ailleurs quel étoit le but de l'adminiſtration publique, et j'ai dit comment le gouvernement devoit être conſtitué pour tendre le plus directement à ce but; il me reſte à rechercher ici ce qu'il doit faire pour l'atteindre ou pour en approcher le plus qu'il se peut.

Le but du gouvernement eſt l'accomplissement de la volonté générale, ce qui l'empêche de parvenir à ce but, eſt l'obſtacle des volontés particuliéres[3].

13

Tous les devoirs essentiels du gouvernement sont contenus dans ce petit nombre d'articles principaux : 1 faire observer les loix, 2 défendre la liberté, 3 maintenir les mœurs, 4 et pourvoir aux besoins publics. Mais quelque importans que ces preceptes puissent paroitre, ils se reduiront à de vaines et stériles maximes impossibles à pratiquer s'ils ne sont rendus efficace[s] par le principe actif et sublime qui doit les inspirer; c'est ce que je voudrois tâcher de rendre sensible.

14

Le premier objet que se sont proposés les hommes dans la confederation civile a été leur sureté mutuelle c'est à dire la garantie de la vie et de la liberté de chacun par toute la communauté. Le premier devoir du gouvernement est donc de faire jouir paisiblement les Citoyens de l'une et de l'autre et l'observation des loix mêmes n'est si sévérement exigée que parce que la loy n'est qu'une declaration de la volonté publique et qu'on ne sauroit l'enfreindre sans attaquer la liberté. Comme le Public n'est autre chose que la collection des particuliers ses droits ne sont fondés que sur les leurs.

15

Quand toutes les parties de l'état concourent à sa solidité, que toutes ses forces sont prétes à se reunir pour sa deffense au besoin, et que les particuliers ne songent à leur conservation qu'autant qu'elle est utile à la sienne, alors le corps en est aussi assuré qu'il peut l'être, et resiste de toute sa masse aux impulsions étrangéres. Mais quand la chose publique est mal assise, que tout son poids ne porte pas sur la ligne de direction et que ses forces divisées et s'opposant l'une à l'autre se détruisent mutuellement le moindre effort suffit pour renverser tout cet équilibre et l'etat est détruit aussitot qu'attaqué.

16

Concluons que le cœur des Citoyens est la meilleure garde de l'Etat, qu'il sera toujours bien deffendu s'il est d'ailleurs bien gouverné, que cette partie de l'administration eſt tellement liée à toutes les autres qu'un bon gouvernement n'a besoin ni de trouppes ni d'alliés, et qu'un mauvais devient pire encore appuyé sur de tels soutiens.

17

Ayant à parler du gouvernement et non de la souveraineté, ayant de plus à me borner aux régles générales qui peuvent s'appliquer à tout j'ai commencé par supposer de bonnes Loix; des Loix qui n'ayent été dictées par aucun intéreſt particulier et qui par consequent soient l'ouvrage du corps de la nation. J'ai demandé qu'elles fussent exactement observées et que les chefs pour leur propre intéreſt n'y fussent pas moins soumis que le peuple. J'ai montré qu'on ne pouvoit parvenir à cela qu'avec des mœurs et l'amour de la patrie, j'ai parlé des moyens d'obtenir l'un et l'autre. Je crois maintenant pouvoir conclure que toutes ces regles étant praticables et suffisantes parce que l'amour de la patrie supplée à tout il n'eſt pas impossible de gouverner heureusement et sagement par elles un peuple libre sans qu'il soit necessaire d'imaginer pour cela une espèce d'hommes plus parfaite que la nôtre, quand même on soutiendroit que les Romains et les Spartiates étoient d'une autre nature que nous. Voila tout ce que j'avois à dire de cette partie de l'Economie publique qui regarde l'adminiſtration des personne[s]; il me reſte à parler de celle des biens[1].

18

Il eſt étonnant que parmi tant de différences sensibles Ariſtote n'en ait observé qu'une qui même n'eſt pas universelle. C'eſt que la Republique eſt gouvernée par plusieurs chefs au lieu que la famille n'en a jamais qu'un[2].

19

La grande société n'a pu s'établir sur le modéle de la famille parce qu'étant composée d'une multitude de familles qui avant l'association n'avoient aucune régle commune leur éxemple n'en pouvoit point fournir à l'état. Au contraire l'état s'il est bien gouverné doit donner dans toutes les familles des régles communes et pourvoir d'une maniére uniforme à l'autorité du pére, à l'obéissance des serviteurs et à l'éducation des enfans.

20

Dans les Etats où les mœurs valent mieux que les Loix comme étoit la Republique de Rome, l'autorité du Pére ne sauroit être trop absolue, mais partout où comme à Sparte les loix sont la source des mœurs, il faut que l'autorité privée soit tellement subordonnée à l'autorité publique que même dans la famille la Republique commande préferablement au pére. Cette maxime me paroit incontestable quoiqu'elle fournisse une consequence opposée à celle de l'*Esprit des Loix*[1].

21

Il est egalement dangereux que le Souverain empiete sur les fonctions de la magistrature ou le Magistrat sur celles de la souveraineté[2].

22

Ce doit etre une des premiéres loix de l'état qu'une même personne ne puisse occuper à la fois plusieurs charges, soit pour qu'un plus grand nombre de citoyens ait part au gouvernement, soit pour ne laisser à aucun d'eux plus de pouvoir que n'a voulu le legislateur.

23

Voila pourquoi l'autorité des magistrats qui ne s'étendoit d'abord que sur les h[ommes], fut bientot un droit établi sur les possessions, et voila comment le titre de chef de la nation, se changea enfin en celui de souverain du territoire[1].

24

La puissance d'un peuple sert plutôt à montrer qu'il est en état de s'étendre ou de se maintenir comme il est qu'à prouver qu'en effet il est bien.

25

Quand à cette raison vulgaire qu'il ne faut pas cesser d'occuper les gens du peuple afin de distraire son imagination des choses du gouvernement, si l'on veut qu'il soit sage et tranquille, elle est démentie par l'expérience : car jamais l'Angleterre n'a été si tranquille qu'elle l'est aujourd'hui, et jamais les particuliers ne se sont tant occupés, tant entretenus des affaires de la Nation. Au contraire voyez la frequence des revolutions en Orient, où les affaires du Gouvernement sont toujours pour le Peuple des mystéres impénétrables.

Il est fort apparent que touttes ces maximes barbares et sophistiques ont été introduittes par des ministres infidelles et corrompus qui avoient grand intérest que leur prevarications ne fussent pas exposées *(a)* au [grand jour ?].

26

S'il y a quelque souverain qui se conduise sur des maximes contraires, c'est un Tyran. Et s'il y a quelque sujet capable d'inspirer de telles maximes à son souverain : c'est un Traitre.

27

Plusieurs ont honoré la probité et recompensé la vertu, mais autre chose eśt le caractére du monarque, et autre chose l'esprit de la monarchie[1]. Entendez sourdre et murmurer le Parterre au dénouëment du *Tartuffe ;* ce murmure terrible qui devroit faire frémir les Rois vous expliquera trop ce que je veux dire *(a)*.

28

J[esus-]C[hrist] dont le régne n'étoit pas de ce monde n'a jamais songé à donner un pouce de terre à qui que ce soit et n'en posseda [point] lui méme, mais son humble vicaire après s'étre approprié le territoire de Cesar distribua l'empire du monde aux serviteurs de Dieu.

29

... la sagesse du gouvernement, l'activité des Loix, l'intégrité des chefs, la confiance du peuple, l'harmonie de tous les ordres et surtout le desir general du bien public...

IV.

[DES LOIX]

1

En remontant à l'origine du droit politique on trouve qu'avant qu'il y eut des chefs il y eut necessairement des loix. Il en fallut au moins une pour établir la confé-deration publique[1], il en fallut une seconde pour établir la forme du gouvernement et ces deux en supposent plusieurs intermediaires dont la plus solennelle et la plus sacrée fut celle par laquelle on s'engagea à l'observation de touttes les autres. Si les loix existent avant le gouver-nement, elles sont donc indépendantes de lui, le gouver-nement lui-même dépend des loix puisque c'est d'elles seules qu'il tire son autorité et loin d'en être l'auteur ou le maitre il n'en est que le garant, l'administrateur et tout au plus l'interpréte[2].

2

Ce sont ces capitulations qui font le droit et la sureté des souverains et nul n'est obligé d'obeir aux magistrats qu'en vertu des Loix fondamentales de l'état, Loix auxquelles les magistrats sont obligés d'obeir eux mêmes.

3

Dans tout serment qu'un ministre ou autre officier quelconque prête à son prince on doit sousentendre toujours cette clause : sauf les loix de l'Etat et le salut du Peuple.

4

Qu'est ce qui rend les loix si sacrées, même indépendamment de leur autorité, et si préférables à de simples actes de volonté ? C'est prémiérement qu'elles émanent d'une volonté générale toujours droite à l'egard des particuliers[1]; c'est encore qu'elles sont permanentes et que leur durée annonce *(a)* à tous la sagesse et l'équité qui les ont dictées.

5

On est libre quoique soumis aux loix, et non quand on obeit à un homme, parce qu'en ce dernier cas j'obéis à la volonté d'autrui mais en obeissant à la Loy je n'obéis qu'à la volonté publique qui est autant la mienne que celle de qui que ce soit[2]. D'ailleurs un maitre peut permettre à l'un ce qu'il defend à l'autre au lieu que la loy ne faisant aucune acception[3] la condition de tous est égale et par consequent il n'y a ni maitre ni serviteur.

6

DES LOIX.

La seule étude qui convienne à un bon Peuple est celle de ses Loix. Il faut qu'il les médite sans cesse pour les aimer, pour les observer, pour les corriger même avec les précautions que demande un sujet de cette importance, quand le besoin en est bien pressant et bien avéré. Tout Etat où il y a plus de Loix que la mémoire de chaque Citoyen n'en peut contenir est un Etat mal constitué, et tout homme qui ne sait pas par cœur les loix de son païs est un mauvais Citoyen; aussi Lycurgue ne voulut-il écrire que dans les cœurs des Spartiates.

7

Si l'on me demandoit quel est le plus vicieux de tous les Peuples, je répondrois sans hésiter que c'est celui qui a le plus de Loix[1]. La volonté de bien faire supplée à tout, et celui qui sait écouter la loi de sa conscience n'en a guéres besoin d'autres, mais la multitude des Loix annonce deux choses également dangereuses et qui marchent presque toujours ensemble, savoir que les Loix sont mauvaises et qu'elles sont sans vigueur. Si la Loy étoit assés claire elle n'auroit pas besoin sans cesse de nouvelles interpretations, ou de nouvelles modifications si elle étoit assés sage; et si elle étoit aimée et respectée on ne verroit pas ces funestes et odieuses contentions entre les Citoyens pour l'éluder et le souverain pour la maintenir. Ces multitudes effroyables d'Edits et de déclarations qu'on voit émaner journellement de certaines cours ne font qu'apprendre à tous que le Peuple méprise avec raison la volonté de son souverain et l'exciter à la mépriser encore davantage en voyant qu'il ne sait lui même ce qu'il veut. Le premier precepte de la Loy doit être de faire aimer tous les autres : mais ce n'est ni le fer ni le feu ni le foüet des Pedans de cour qui font observer celui-là, et pourtant sans celui là, tous les autres servent de peu; car on préche inutilement celui qui n'a nul desir de bien faire.

Appliquons ces Principes à touttes nos Loix, il nous sera facile d'assigner le degré d'estime qu'on doit à ceux qui les ont redigées et à ceux pour qui elles ont été faites. Par exemple, la prémiére réfléxion qui se présente en considerant le gros recueil de Justinien[2] c'est que cet ouvrage immense a été fait pour un grand Peuple, c'est à dire pour des h[ommes] incapables d'aimer leurs loix, par consequent de les observer, et même de les connoitre; de sorte qu'en voulant tout prévoir Justinien a fait un ouvrage inutile.

8

Soit qu'on fasse attention à la multitude énorme de ces Loix, ou aux perpétuelles discussions d'intérest sur lesquelles elles roulent presque uniquement, ou aux diverses interprétations dont on semble avoir eu soin de les rendre susceptibles, on y reconnoit aisément l'avarice qui les a dictées. Que Trebonien et Theodora les aient vendues au plus offrant, je n'ai pas besoin que Procope me l'apprenne[1]. Procope a pu être un calomniateur; mais un témoignage plus fort que le sien est celui de ces Loix mêmes et des mœurs de la Cour où elles ont été compilées.

9

Un Lacédémonien, interrogé par un étranger sur la peine infligée par Lycurgue aux parricides, lui répondit qu'on les obligeoit de paître un bœuf qui du sommet du mont Taygète pût boire dans l'Eurotas. Comment, s'écria l'étranger, seroit-il possible de trouver un tel bœuf? Plus aisément, reprit le Lacédémonien, qu'un parricide à Sparte. La terreur peut contenir les scélérats, mais ce n'est jamais par les grands crimes que commence la corruption d'un peuple, et c'est à prévenir ces commencemens qu'il faut employer toute la force des Loix.

Voilà le principe sur lequel il faut juger de ce que peuvent les loix non seulement pour épouvanter le vice mais aussi pour encourager la vertu. Je sais que le premier prix des bonnes actions est le plaisir de les avoir faites[2], mais les hommes ne connaissent ce plaisir qu'après l'avoir goûté et il leur faut des motifs plus sensibles pour leur donner la première habitude de bien faire. Ces motifs sont les récompenses bien choisies et encore mieux distribuées, sans quoi loin d'honorer la vertu elles ne feroient qu'exciter l'hypocrisie et nourrir l'avarice. Ce choix et cette distribution sont le chef-d'œuvre du Législateur.

Un mauvais précepteur ne sait que donner le fouet, un mauvais ministre ne sait que faire pendre ou mettre en prison. Ainsi nos politiques qui ne croient faisables que les petites choses qu'ils font n'auront garde d'adopter ces maximes et c'est tant mieux pour nous, car s'ils admettoient l'utilité des récompenses ils n'imagineroient qu'argent, pensions, gratifications; ils établiroient vite de nouveaux impôts dont ils distribueroient quelques petites portions à ces troupes d'esclaves et de coquins qui les environnent et mettroient le reste dans leur bourse. Voilà tout ce que le peuple gagneroit à cela.

10

Un auteur moderne qui sait instruire par les choses qu'il dit et par celles qu'il fait penser, nous apprend que *tout ce que la loi propose pour récompense en devient une en effet*[1]. Il n'étoit donc pas plus difficile aux Legislateurs d'exciter aux bonnes actions que d'empêcher les mauvaises. Cependant ils se sont presque tous bornés à assurer la vindicte publique et à régler entre les particuliers les discussions d'interest, deux objets qui devroient être les moindres de la Legislation dans un Etat bien constitué.

11

Les Loix qui parlent sans cesse de punir et jamais de recompenser sont plus propres à contenir les scelerats qu'à former d'honnêtes gens; tant que les Loix s'arrêteront aux actions et qu'elles ne diront rien à la volonté, elles seront toujours mal observées, parce qu'avec quelque sagesse qu'elles soient conceües la mauvaise intention donne toujours des lumiéres suffisantes pour apprendre à les éluder.

12

C'est une chose qu'on ne peut assés admirer que chez les premiers Romains l'unique punition portée par les Loix des 12 Tables contre les plus grands criminels étoit d'être en horreur à tous, *sacer estod*[2]. On ne peut mieux concevoir combien ce peuple étoit vertueux qu'en songeant que la haine ou l'estime publique y étoit une peine ou une recompense dispensée par la Loi.

13

De sorte que dans un Etat sagement policé la Loy pourroit dire comme la Prétresse Theano : Je ne suis point miniſtre des Dieux pour déteſter et maudire mais pour louër et benir[1].

14

L'hiſtoire ancienne eſt pleine de preuve[s] de l'attention du Peuple aux mœurs des particuliers et cette attention même en étoit la peine ou la récompense la plus sensible.

15

Les Législateurs sanguinaires qui à l'exemple de Dracon ne savent que menacer et punir ressemblent à ces mauvais précepteurs qui n'élèvent les enfants que le fouet à la main.

16

Les Loix et l'exercice de la juſtice ne sont parmi nous que l'art de mettre le Grand et le riche à l'abri des juſtes représailles du pauvre.[2]

17

Ils font valoir toute la rigueur des loix pour venger les torts qu'ils reçoivent et les éludent facilement dans tous ceux qu'ils font aux autres.

18

Les lois s'étant tellement multipliées que personne n'a pu les observer toutes, et une infinité de choses naturellement innocentes ayant été interdites au peuple par les priviléges exclusifs que les puissants se sont attribués, le peu de scrupule que l'on s'eſt fait d'enfreindre quelques lois s'eſt étendu à toutes les autres; c'eſt ainsi que les lois somptuaires, modifiées par la diversité des rangs, ont fomenté le luxe au lieu de l'éteindre. C'eſt ainsi que tel, qui n'eût regardé le vol qu'avec horreur, s'étant fait braconnier sans beaucoup de scrupule, puis contrebandier, a fini par voler sur les grands chemins.

19

Jamais l'honête homme ne renoncera à l'honneur, jamais le coquin ne fera rien pour l'amour de la loy.

20

J'ose avancer que les Loix contre les duels sont des productions d'ignorance et de petit esprit. Pour vouloir remédier à des abus présens, ceux qui les ont portées n'ont pas su regarder plus loin et voir le coup mortel qu'elles alloient porter à l'autorité législative *(a)*. C'eſt une terrible chose d'avoir obligé les Peuples à mettre la loi en opposition avec l'honneur et à opter entre l'un et l'autre[1].

21

Il faut remarquer que quand ces préjugés barbares se sont établis, ils n'avoient pas le même inconvénient qu'aujourd'hui parce qu'alors la loi du Prince et celle de l'honneur parloient exactement le même langage.

22

Par les Loix Romaines les successions laissées à des Personnes indignes alloient au fisc[1]. Pour aujourd'hui quelque avides que soient les Princes il leur eſt impossible de se prevaloir de cette Loy, car dans cet heureux tems on ne trouve plus personne indigne de succeder. *L.I.* § *de jure fisci.*

Œconomiques p. 6.

23

A l'égard des Peuples une fois corrompus il eſt bien difficile de voir ce qu'il y auroit à faire pour les rendre meilleurs. J'ignore quelles Loix pourroient faire ce miracle, mais ce que je sais trés bien c'eſt que tout eſt perdu sans ressource quand une fois il faut avoir recours à la potence et à l'échaffaut.

24

[DES JUIFS]

Soit que dans les anciens tems les hommes plus près de leur origine n'eussent rien à voir au delà soit qu'alors les traditions moins répandues perissent dans un prompt oubli, l'on ne voit plus comme autrefois des peuples se vanter d'être autochtones, aborigénes, enfans de la terre ou de la contrée où ils sont établis. Les fréquentes revolutions du genre humain en ont tellement transplanté, confondu les nations qu'excepté peut être en Affrique il n'en reſte pas une sur la terre qui se puisse vanter d'être originaire du pays dont elle eſt en possession. Dans cette confusion de l'espéce humaine tant de races diverses ont successivement habité les mêmes lieux et s'y sont succédées ou mêlées que ces races ne se diſtinguent plus et que les divers noms des peuples ne sont plus que ceux des lieux qu'ils habitent. Que s'il reste en quelques uns des traces de filiation comme chez les Parsis et Cymbres ni on ne les trouve plus dans leur ancien territoire ni l'on ne peut plus dire qu'ils fassent un corps de nation.

Mais un spectacle étonant et vraiment unique est de voir un peuple expatrié n'ayant plus ni lieu ni terre depuis près de deux mille ans, un peuple altéré, chargé, mélé d'étrangers depuis plus de tems encore, n'ayant plus peut être un seul rejetton des prémiéres races, un peuple épars, dispersé sur la terre, asservi, persécuté, méprisé de toutes les nations, conserver pourtant ses coutumes, ses loix, ses mœurs, son amour patriotique et sa prémiére union sociale quand tous les liens en paroissent rompus. Les Juifs nous donnent cet étonant spectacle, les loix de Solon, de Numa, de Lycurgue sont mortes, celles de Moyse bien plus antiques vivent toujours. Athénes, Sparte, Rome ont péri et n'ont plus laissé d'enfans sur la terre. Sion détruite n'a point perdu les siens, ils se conservent, ils multiplient, s'étendent par tout le monde et se reconnoissent toujours, ils se mêlent chez tous les peuples et ne s'y confondent jamais; ils n'ont plus de chefs et sont toujours peuple, ils n'ont plus de patrie et sont toujours citoyens.

Quelle doit être la force d'une legislation capable d'opérer de pareils prodiges, capable de braver les conquétes, les dispersions, les revolutions, les siécles, capable de survivre aux coutumes, aux loix, à l'empire de toutes les nations, qui promet enfin par les épreuves qu'elle a soutenues de les soutenir toutes, de vaincre les vicissitudes des choses humaines et de durer autant que le monde ?

De tous les sistêmes de legislation qui nous sont connus, les uns sont des êtres de raison dont la possibilité même est disputée, d'autres n'ont duré que quelques siécles, d'autres n'ont jamais fait un état bien constitué, nul excepté celui-là n'a subi toutes les épreuves et n'y a toujours resisté. Le juif et le chrétien s'accordent à reconnoitre en ceci le doit de Dieu qui selon l'un maintient sa nation et selon l'autre qui la châtie : mais tout homme quel qu'il soit y doit reconnoitre une merveille unique dont les causes divines ou humaines méritent certainement l'étude et l'admiration des sages préférablement à tout ce que la Gréce et Rome nous offrent d'admirable en fait d'institutions politiques et d'établissemens humains[1].

25

J'ai fait un peuple et n'ai pu faire des hommes.

26

Que fais-tu parmi nous, ô *(a)* Hebreu, je t'y vois avec plaisir; mais comment peux-tu t'y plaire toi qui nous méprisois si fort, pourquoi n'es tu pas resté parmi les tiens.

Tu te trompes je viens parmi les miens *(b)*. J'ai vécu seul sur la terre, au sein d'un peuple nombreux j'étois seul. Lycurgue, Solon, Numa sont mes fréres. Je viens rejoindre ma famille. Je viens gouter enfin la douceur de converser avec mes semblables *(c)*, de parler et d'être entendu. C'est parmi vous ames illustres, que je viens enfin jouir de moi.

(d) tu as bien changé de ton, de sentimens et d'idées...

V.

[DE L'HONNEUR ET DE LA VERTU]

I

DANS tout païs où le Luxe et la corruption ne regnent pas, le témoignage public de la vertu d'un homme est le plus doux prix qu'il en puisse recevoir, et toutte bonne action n'a besoin pour sa recompense que d'être denoncée publiquement comme telle. Cette vérité découle des principes que je viens d'établir et pour l'honneur de l'humanité l'expérience même la confirme. Quel étoit le mobile de la vertu des Lacedemoniens si ce n'estoit d'être estimé[s] vertueux ? Qu'est-ce qui après avoir conduit ces triomphateurs au Capitole les ramenoit à leur charue ? Voilà une source d'intérest plus sure et moins dangereuse que les Tresors, car la gloire d'avoir bien fait n'est pas sujette aux mêmes inconveniens que celle d'être riche et donne une satisfaction beaucoup plus vive à ceux qui ont appris à la gouter. De quoi s'agit-il donc pour exciter les hommes à la vertu; de leur apprendre à la trouver belle et à estimer ceux qui la pratiquent. Un avantage très considerable pour un Etat ainsi constitué, c'est que les malintention[nés] n'y ont aucun pouvoir pour executer leurs mauvais desseins, et que le vice n'y peut faire aucune espéce de fortune.

Je ne desespére pas d'entendre quelque Philosophe moderne en dire un jour autant de ces brillantes nations où l'on voit regner avec les richesses l'insatiable ardeur de les augmenter.

Je sens qu'il faut expliquer un peu ma pensée, autrement peu de Lecteurs seroient de mon avis. Car il s'agit de convaincre tous ceux qui ne jurent que par Mammon.

C'est une des singularités du cœur humain que malgré

le penchant qu'ont tous les h[ommes] à juger favorablement d'eux mêmes, il y a des points sur lesquels ils s'estiment encore plus méprisables qu'ils ne sont en effet. Tel est l'intérest qu'ils regardent comme leur passion dominante, quoiqu'ils en aient une autre plus forte, plus generale, et plus facile à rectifier, qui ne se sert de l'interest que comme d'un moyen pour se satisfaire; c'est l'amour des distinctions[1]. On fait tout pour s'enrichir, mais c'est pour être considéré qu'on veut être riche. Cela se prouve en ce qu'au lieu de se borner à cette mediocrité qui constitue le bien être chacun veut parvenir à ce dégré de richesse qui fixe tous les yeux, mais qui augmente les soins et les peines et devient presque aussi à charge que la pauvreté même. Cela se prouve encore par l'usage ridicule que les Riches font de leurs biens. Ce ne sont point eux qui jouissent de leurs profusions et elles ne sont faites que pour attirer les regards et l'admiration des autres. Il est assés évident que le desir de se distinguer est la seule source du luxe de magnificence, car quand à celui de molesse[2] il n'y a qu'un bien petit nombre de voluptueux qui sachent le gouter et lui laisser la douceur et toutte la simplicité dont il est susceptible. C'est donc ainsi qu'on voit par le même principe touttes les familles travailler sans cesse à s'enrichir et à se ruiner alternativement. C'est Sysiphe qui suë sang et eau pour porter au sommet d'une montagne le rocher qu'il en va faire rouler le moment d'après.

2

(a) Il s'agiroit d'exciter le desir et de faciliter les moyens de s'attirer par la vertu la même admiration qu'on ne sait s'attirer aujourd'hui [que] par la richesse.

3

Il est donc certain que c'est moins en nous-mêmes que dans l'opinion d'autrui que nous cherchons notre propre félicité[3]. Tous nos travaux ne tendent qu'à paraître heureux. Nous ne faisons presque rien pour l'être en effet, et si les meilleurs d'entre nous cessoient un moment de se sentir regardés, leur bonheur ni leur vertu ne seroit plus rien. O Athéniens ! disoit Alexandre, que de maux j'endure pour être loué de vous. Celui-là vouloit être admiré par sa valeur, un autre par sa puissance, un autre par sa richesse, un autre par sa bonté. Tous veulent être admirés. Voilà la secrète et dernière fin des actions des hommes. Il n'y a que les moyens de différents. Or, ce sont ces moyens dont le choix dépend de l'habileté du législateur. Les peuples voient bien le terme, mais c'est à lui d'en marquer les routes. J'avoue que les richesses sont toujours la première voie qui se présente; car, outre la considération qu'elles attirent, ce sont elles qui procurent encore les commodités de la vie, mais accompagnées de tous les maux que la vie d'intérêt fait tous les jours aux mœurs, à l'Etat et aux citoyens. Il s'agiroit donc de faire qu'il n'y eût rien à gagner pour les commodités de la vie à être riche, et qu'il y eût à perdre pour la considération. Voilà ce que firent admirablement les lois à Lacédémone et les mœurs chez les premiers Romains, d'où je conclus que la chose n'est point impossible.

4

L'intérêt corrompt les meilleures actions. Celui qui ne fait bien qu'à force d'argent n'attend que d'être mieux payé pour mal faire. Autant la vertu, l'honneur, les honneurs même et les louanges élèvent le cœur, autant les récompenses pécuniaires l'avilissent, aussi sont-elles dédaignées des hommes de courage. Au dernier siège de Lille, M. de Boufflers qui y commandoit, voulant faire reconnoitre certains travaux des assiégeants dont on ne pouvoit approcher sans un extrême péril, proposa cette commission aux soldats de bonne volonté et vingt-cinq louis de récompense à celui qui s'en acquitteroit. Un grenadier seul, dont je suis très fâché d'ignorer le nom, se présenta, reçut ses instructions, partit et, au milieu d'un feu terrible, fit son observation avec l'intelligence et le sang-froid d'un homme brave et sensé qu'il étoit. Il ne fut point atteint, et, étant venu rendre compte de ce qu'il avoit vu, le maréchal pénétré d'admiration, au lieu de vingt-cinq louis, lui en fit compter cinquante. Mon général, lui dit le grenadier, reprenez vos cinquante louis, ces choses-là ne se font pas pour de l'argent. Je dis que c'est pour ce soldat et pour les hommes généreux qui lui ressemblent qu'il faut imaginer des récompenses, et ce n'est rien que le prince les donne, si la Loi même n'y a pourvu et si l'on ne leur donne une forme juridique qui puisse assurer la confiance et prévenir les abus.

5

Si toute chose égale il est plus utile de faire son devoir que de ne le pas faire, à la bonne heure; mais celui qui se vend pour faire son devoir n'a qu'à se vendre à plus haut prix pour le violer; le calcul est tout simple, il gagnera davantage et même il tirera des deux côtés.

Tu payes ce gouverneur pour garder sa place, mais on le paye encore plus pour la rendre. T'imagines tu que cet homme ne sait pas calculer et ne vois-tu pas qu'avec l'argent que l'ennemi lui donne il achette à ta cour l'honneur d'être recompensé de sa fidélité au lieu que s'il fut bêtement resté fidelle, c'étoit un homme noyé; il a trop d'honneur pour n'être pas un coquin, il est trop bon citoyen pour n'être pas un traitre; pour peu qu'il aime la gloire il faudroit qu'il fut fou pour n'être pas un traitre. Grand Ministre, illustre Monarque, esprit transcendant tel que tu sois, trouve un bon remède à cela, je t'en défie. Tu le feras pendre. Pauvre homme ! on t'a déjà dit une fois qu'on ne pend point un homme qui dispose de cent mille écus. Car enfin comment sauras-tu que cet homme est coupable, quand on te le prouve innocent *(a)*. Quoi tu prends le parti d'être sévére. Sans preuves vraiment. Tant mieux pour les fripons. S'il reste quelque honnête homme qui les incomode il ne tardera pas d'être pendu.

6

Soit qu'un penchant naturel ait porté les hommes à s'unir en societé, soit qu'ils y aient été forcés par leurs besoins mutuels, il eſt certain que c'eſt de ce commerce que sont nés leurs vertus et leurs vices et en quelque maniére tout leur être moral[1]. Là où il n'y a point de société il ne peut y avoir ni Juſtice, ni clemence, ni humanité, ni générosité, ni modeſtie, ni surtout le mérite de touttes ces vertus, je veux dire ce qu'il en coûte à les pratiquer parmi des être[s] remplis de tous les vices contraires. A parler moralement la société eſt-elle donc en soi un bien, ou un mal ? La réponse dépend de la comparaison du bon et du mauvais qui en résultent, de la balance des vices et des vertus qu'elle a engendrés chez ceux qui la composent et de ce côté là la queſtion n'eſt que trop facile à resoudre *(a)* et il vaudroit mieux tirer pour jamais le rideau sur touttes les aɛtions humaines que de devoiler à nos regards un odieux et dangereux speɛtacle qu'elles nous présentent, mais en y regardant de plus près, on voit bientôt qu'il entre dans la solution de ce problème d'autres Elémens dont le philosophe doit tenir compte et qui modifient beaucoup une si triſte conclusion. Et la vertu d'un seul homme de bien ennoblit plus la race humaine que tous les crimes des méchans ne peuvent la dégrader.

7

Je suis surpris que parmi tant de découvertes singuliéres qui se sont faites de nos jours personne ne se soit encore avisé de remarquer que c'eſt à la Cour des Rois que la Philosophie a pris naissance. Il me semble que ce Paradoxe en vaut bien un autre. Dans les premiers tems du monde les hommes encore grossiers pensoient que pour avoir droit de commander à d'autres il faloit les surpasser en sagesse et se réglant sur cette idée, les Princes n'étoient pas seulement les Juges de l'équitable et du bon mais aussi du beau et du vrai.

8

Il sera toujours grand et difficile de soumettre les plus chéres affeɛtions de la nature à la patrie et à la vertu.

9

Après avoir absous ou refusé de condanner son fils de quel front Brutus eut-il jamais osé condanner un autre Citoyen ? Ô consul, lui eut dit ce criminel, ai-je fait pis que de vendre ma patrie, et ne suis-je pas aussi vôtre fils[1] ?

10

Je suis faché pour St Augustin des plaisanteries qu'il a osé faire sur ce grand et bel acte de vertu[2]. Les Péres de l'Eglise n'ont pas su voir le mal qu'ils faisoient à leur cause en fletrissant ainsi tout ce que le courage et l'honneur avoient produit de plus grand; à force de vouloir elever la sublimité du christianisme ils ont appris aux chretiens à devenir des hommes lâches et sans...

11

Qu'on me montre aujourd'hui un seul juge capable de sacrifier à la patrie et aux loix la vie de ses enfans. Quelques femmes mourront peut-être pour cet honneur apparent qui consiste dans l'opinion d'autrui, mais qu'on m'en montre une seule capable de mourrir pour ce véritable honneur qui consiste dans la pureté des actions.

12

Pour un Auteur qui leur apprend à mepriser la vie il y en a cent qui leur apprennent à tout sacrifier pour la conserver.

13

Un seul h[omme] de probité eſt capable de tenir en respeƈt toutte la rue où il demeure; le vice eſt toujours honteux de se démasquer aux yeux de la vertu.

14

L'ame s'échauffe, l'esprit s'éléve en parlant de la vertu. Les plus pervers même en sentent quelques fois les divins transports, et il n'y a point de si méchant h[omme] qui n'ait senti dans son cœur quelques étincelles de ce feu celeſte, et qui n'ait été capable de sentimens et d'aƈtions heroiques du moins une fois en sa vie.

15

Car que des hommes effrenés et dissolus se soient soumis tout d'un coup et volontairement à la plus dure et sevére police qui fut jamais c'eſt un miracle qui n'a pu se faire que par un subit entousiasme de mœurs et de vertu répandu chez tout un peuple[1].

16

DE L'HONNEUR.

Les péres de l'Eglise ont affeƈté beaucoup de mépris pour les vertus des anciens Payens qui selon eux n'avoient d'autre principe que la vaine gloire. Je crois cependant qu'ils auroient pu être fort embarrassés de prouver solidement une assertion aussi témeraire. Car qu'auroient ils trouvé dans la conduite de Socrate, de Phocion, d'Anaxagore, d'Aristide, de Caton, de Fabricius, ou dans les Écrits de Platon, de Seneque et de Marc Antonin qui donnat la moindre prise à cette accusation ? Probablement ils se seroient gardés de calomnier alors les Payens avec tant d'amertume s'ils eussent prévu qu'on seroit un jour à portée de retorquer avec justice contre les Chretiens même tous les reproches qu'ils faisoient à la sagesse du paganisme.

VI.

[DU BONHEUR PUBLIC]

1

Au milieu de tant d'industrie, d'arts, de luxe et de magnificence, nous déplorons chaque jour les misères humaines et nous trouvons le fardeau de notre existence assez difficile à supporter avec tous les maux qui l'appesantissent; tandis qu'il n'y a peut-être pas un sauvage nu dans les bois, déchiré par les ronces, payant chaque repas qu'il fait de sa sueur ou de son sang, qui ne soit content de son sort, qui ne trouve fort doux de vivre, et qui ne jouisse de chaque jour de sa vie avec autant de plaisir que si les mêmes fatigues ne l'attendoient pas le lendemain. Nos plus grands maux viennent des soins qu'on a pris pour remédier aux petits.

2

Commençons pas ôter l'équivoque des termes. Le meilleur Gouvernement n'est pas toujours le plus fort. La force n'est qu'un moyen, sa fin est le bonheur du peuple. Mais le sens de ce mot bonheur assés indéterminé pour les individus l'est encore plus pour les peuples, et c'est de la diversité des idées qu'on se fait là-dessus que nait celle des maximes politiques qu'on se propose. Tâchons donc de nous former par supposition l'idée d'un peuple heureux, et puis nous établirons nos règles sur cette idée.

3

Vous demandez, Messieurs, quel peuple a jamais été le plus heureux; je ne suis pas assés savant pour résoudre cette question dans le fait, mais je tenterai d'établir des principes certains pour la résoudre; si je reussis je pourrai croire être entré dans vos vües et ne m'être pas écarté du but[1].

Où est l'homme heureux, s'il existe ? Qui le sait ? Le bonheur n'est pas le plaisir[2]; il ne consiste pas dans une modification passagère de l'ame, mais dans un sentiment permanent et tout intérieur dont nul ne peut juger que celui qui l'éprouve; nul ne peut donc decider avec certitude qu'un autre est heureux ni par consequent établir les signes certains du bonheur des individus. Mais il n'en est pas de même des societés politiques. Leurs biens, leurs maux sont tous apparens et visibles, leur sentiment intérieur est un sentiment public. Le vulgaire s'y trompe sans doute mais à quoi ne se trompe-t-il pas ? Pour tout œil qui sait voir, elles sont ce qu'elles paroissent, et l'on peut sans témérité juger de leur être moral *(a)*.

Ce qui fait la misère humaine est la contradiction qui se trouve entre notre état et nos desirs, entre nos devoirs et nos penchans, entre la nature et les institutions sociales, entre l'homme et le citoyen; rendez l'homme un vous le rendrez heureux autant qu'il peut l'être. Donnez-le tout entier à l'etat ou laissez-le tout entier à lui-même[3], mais si vous partagez son cœur vous le déchirez *(b)*; et n'allez pas vous imaginer que l'état puisse être heureux quand tous ses membres patissent. Cet être moral que vous appellez bonheur public est en lui-même une chimére : si le sentiment du bien être n'est chez personne, il n'est rien et la famille n'est point florissante quand les enfans ne prospérent pas.

Rendez les h[ommes] consequens à eux-mêmes étant ce qu'ils veulent paroitre et paroissant ce qu'ils sont[4]. Vous aurez mis la loi sociale au fond des cœurs, hommes civils par leur nature et Citoyens par leurs inclinations, ils seront uns, ils seront bons, ils seront heureux, et leur félicité sera celle de la République; car n'étant rien que par elle ils ne seront rien que pour elle, elle aura tout ce qu'ils ont et sera tout ce qu'ils sont. A la force de la contrainte vous aurez ajoûté celle de la volonté, au trésor public vous aurez joint les biens des particuliers; elle sera tout ce qu'elle peut être quand elle embrassera tout. La famille en montrant ses enfans dira : c'est par là que je suis florissante *(a)*. Dans tout autre sistéme il y aura toujours dans l'état quelque chose qui n'appartiendra pas à l'état ne fut-ce que la volonté de ses membres et qui est-ce qui peut ignorer l'influence de cette volonté dans les affaires ? Quand nul ne veut être heureux que pour lui il n'y a point de bonheur pour la patrie.

4

(b) et surtout n'oublions pas que le bien public doit être le bien de tous en quelque chose ou que c'est un mot vuide de sens.

5

L'état moral d'un peuple résulte moins de l'état absolu de ses membres que de leurs rapports entre eux.

6

Pour concevoir nettement comment un peuple peut être heureux, commençons par considérer l'état de ceux qui ne le sont pas. En cherchant ce qui leur manque pour l'être nous pourrons trouver ce que doit avoir celui qui l'est.

7

... bonheur public, il ne suffiroit pas même de compter les voix et le bien être des nations qui dépend de tant de choses ne s'estime pas aussi facilement que celui des particuliers. Il s'agit donc de discerner parmi beaucoup d'apparences qui peuvent en imposer sur la félicité d'un peuple les vrais signes qui la caractérisent.

8

Si pour commencer par bien établir la proposition disputée je pouvois déterminer exactement en quoi consiste dans un gouvernement quelconque la véritable prospérité de l'Etat et quelles sont les marques les plus infaillibles sur lesquelles on puisse affirmer d'une Nation qu'elle est heureuse et florissante. *(a)* La question seroit presque resolue par la définition même : mais comme cette definition dépend d'une multitude de maximes particuliéres qu'on ne peut établir qu'à force de *(b)* discussion et à mesure qu'on avance en matiére, je serai contraint quand à présent de me borner à une idée trés générale, mais à laquelle je ne crois pas qu'aucun h[omme] raisonnable puisse refuser son approbation.

Je dis donc que la nation la plus heureuse est celle qui peut le plus aisément se passer de touttes les autres, et que la plus florissante est celle dont les autres peuvent le moins se passer[1].

Si j'avois tiré collectivement l'idée du bonheur de l'état de celle du bonheur particulier de chaque citoyen qui le compose j'aurois pu dire une chose plus sensible à beaucoup de Lecteurs, mais outre qu'on n'auroit jamais rien pu conclure de ces notions metaphisiques qui dépendent de la maniére de penser, de l'humeur et du caractére de chaque individu, j'aurois donné une définition trés peu juste. Un état pourroit être fort bien constitué et d'une maniére propre à le faire fleurir et prosperer à jamais et que les Citoyens occupés chacun de ses vues particuliéres n'en fussent guéres contens. Quand Licurgue établit ses loix, il eut à souffrir mille murmures et même de mauvais traitemens de la part des Lacedemoniens et *(c)* il fut même contraint d'user de ruse et d'aller finir ses jours hors de sa patrie pour obliger ses concitoyens à conserver une institution qui les a rendus le peuple le plus illustre et le plus respecté qui ait existé sur la terre. Les Romains ne se sont ils pas plaints sans cesse d'un gouvernement avec lequel ils sont devenus les maitres du monde et même actuellement la nation la mieux gouvernée n'est-elle pas précisément celle qui murmure le plus. Il n'y a aucun gouvernement qui puisse forcer les Citoyens de vivre heureux, le meilleur est celui qui les met en état de l'être s'ils sont raisonnable[s]. Et ce bonheur n'appartiendra jamais à la multitude.

Ce n'est pas sur la situation la plus convenable aux inclinations ou aux fantaisies de chaque particulier que l'administration publique doit être modifiée, il faut pour être bonne qu'elle s'établisse sur des règles plus générales. Dans quelque gouvernement que ce soit une sage administration peut former les mœurs publiques par l'éducation et par la coutume et diriger tellement les inclinations des particuliers qu'en général ils se trouvent plus contents du gouvernement sous [lequel] *(a)* ils vivent qu'ils ne le seroient de tout autre meilleur ou pire indifféremment. Car quoique les hommes se plaignent toujours, peut être dans quelque autre situation qu'on les mit se plaindroient ils encore davantage. Ce n'est donc pas par le sentiment que les Citoyens ont de leur bonheur ni par consequent par leur bonheur même qu'il faut juger de la prospérité de l'Etat.

D'ailleurs on peut dire [que] l'état général de la Nation le plus favorable au bonheur des particuliers est de n'avoir besoin pour vivre heureux du concours d'aucun autre peuple; car il ne leur reste plus pour joüir de toutte la félicité possible que de pourvoir par de sages loix à tous leurs avantages mutuels, ce qui ne dépendroit pas si bien d'eux s'il falloit necessairement recourir aux etrangers. Que si avec cela d'autres Peuples ont besoin de celui qui n'a besoin de personne on ne sauroit imaginer une position plus propre à rendre heureux les membres d'une telle societé autant que des h[ommes] peuvent l'être.

J'aurois pu dire aussi que la Nation la plus heureuse est celle qui a le plus d'argent, ou celle qui fait le plus grand commerce, ou la plus ingénieuse dans les arts, et ceci auroit été le sentiment le plus unanime. Mais si ces définitions sont justes celle que j'ai donnée en doit être une consequence nécessaire car *(b)* si l'argent rend les riches heureux c'est moins par sa possession immediate que parce qu'il les met à portée prémiérement de pourvoir à leurs besoins et d'accomplir leurs volontés en touttes choses sans jamais dépendre de personne, puis de commander aux autres et de les tenir dans leur dépendance[1]. Or voila précisement les idées dont j'ai composé celle d'une nation heureuse et florissante.

A l'égard du commerce et des Arts leur objet principal etant de faire abonder et circuler l'argent avec lequel on obtient tant qu'on veut l'un et l'autre et supposant toujours la définition juste il se trouve qu'elle rentre encore dans la mienne.

Aprés avoir montré que ma definition renferme toutes les autres et qu'elle est par consequent la plus générale il me reste à faire voir qu'elle est aussi la plus juste et celle qui s'accorde le mieux avec les idées que nous avons du bonheur et de la prospérité.

Nos besoins sont de deux espéces, savoir les besoins physiques necessaires à notre conservation, et ceux qui regardent les commodités, le plaisir, la magnificence, et dont les objets portent en general le nom de luxe. Ces derniers deviennent à la lettre de véritables besoins lorsqu'un long usage nous a fait contracter l'habitude d'en jouir et que notre constitution s'est pour ainsi dire formée à cette habitude. Ainsi une f[emme] de la ville exposée pendant deux heure[s] dans les grandes ardeurs de l'Eté en pleine campagne sans parasol y gagneroit presque infailliblement un coup de soleil et peut être une maladie mortelle, tandis qu'une Paysanne ne s'en trouveroit point incommodée, un bourgeois ne peut se passer d'un cheval pour aller à sa campagne dont son fermier fait tous les jours le trajet à pied. Et tel courtisan accoutumé aux aises d'une chaise de poste ne pourroit sans en être incommodé *(a)* faire le même voyage à cheval. Ainsi tout jusqu'aux poisons mêmes peut devenir besoin Physique par l'habitude comme l'opion[2] chez les Turcs et le réalgar chez les Chinois.

9

Mais quand on a lui même un peuple à rendre heureux faut-il écrire des livres pour apprendre aux souverains à faire le bonheur des peuples ? Rois, instruisez d'éxemple.

10

Faites les mêmes choses avec des motifs plus justes. Vous devez veiller à la sureté de vos sujets, les deffendre eux et leurs biens contre la violence et l'oppression : mais ce n'est encore que la moitié de vôtre tâche, vous devez même les rendre heureux. Et voila la perfection des devoirs du souverain.

VII.

[LE LUXE, LE COMMERCE ET LES ARTS[1]]

Si les hommes pouvoient connoitre combien il leur eſt plus dangereux de se tromper qu'il ne leur eſt utile de savoir ils recevroient avec moins d'avidité les leçons des philosophes; et les Philosophes seroient plus circonspects à les donner s'ils sentoient qu'un seul mauvais raisonnement leur ôte plus de réputation que cent vérités découvertes ne leur en peuvent acquerir. Le meilleur usage qu'on puisse faire de la Philosophie, c'eſt de l'employer à détruire les maux qu'elle a causés, dut-on en même tems détruire le bien, s'il y en a : car dans ce qui eſt ajoûté aux simples lumiéres de la raison et aux purs sentimens de la nature, il vaut encore mieux oter le bon que de laisser le mauvais. Il faudroit pour l'avantage de la société, que les Philosophes diſtribuassent leurs travaux de telle sorte qu'après bien des Livres et des disputes ils se trouvassent réfutés reciproquement et que le tout fut comme non avenu. Il eſt vrai qu'alors nous ne saurions rien mais nous en conviendrions de bonne foy et nous aurions réellement gagné pour la recherche de la vérité tout le chemin qu'il faut faire en retrogradant, de l'erreur jusqu'à l'ignorance[2]. Pour concourir à ce but salutaire je vais tâcher d'examiner quelques queſtions de Politique et de morale agitées et résolues par plusieurs Ecrivains modernes, et rélatives aux matiéres sur lesquelles j'ai été obligé de méditer. J'espére aussi par ce moyen développer certains Theorémes que la crainte des digressions m'a fait avancer sans preuve dans d'autres écrits. Mais comme dans tout ceci je me propose plustôt d'attaquer des erreurs que d'établir de nouvelles vérités j'avoüe de bonne foy que quand les ouvrages de mes adversaires ne subsiſteront plus, les miens seront parfaitement inutiles. Sans vouloir être le guide de mes contemporains je me contente de les avertir quand j'en observe un qui les égare et je n'aurois pas besoin de les fatiguer de mes avis si personne ne se méloit de les conduire.

La question que je me propose d'éxaminer ici regarde le luxe, le commerce et les arts, non précisément par raport aux mœurs comme je l'ai envisagée ci-devant, mais sous un nouveau point de vüe et par raport à la prospérité de l'Etat.

Tous les anciens ont regardé le Luxe comme un signe de corruption dans les mœurs et de foiblesse dans le gouvernement. Les Loix somptuaires[1] sont presque aussi anciennes que les societés politiques. Il y en avoit chez les Egyptiens, les Hebreux en receurent de leur legislateur; on en trouve même chez les Perses, et quant aux Grecs, leur profond mépris pour le faste Asiatique étoit la meilleure loi somptuaire qu'ils pussent avoir.

Ce mépris étoit encore plus sensible chez les Romains. Le Luxe et la magnificence des autres nations étoient pour eux de vrais objets de risée, et l'usage qu'ils en faisoient dans leurs triomphes étoit beaucoup plus propre à tourner en ridicule toute cette vaine pompe des Peuples vaincus qu'à donner aux vainqueurs le desir de l'imiter[2].

Il étoit naturel que le commerce se sentit du mépris qu'on avoit pour le luxe. Les Romains le dédaignoient, les Grecs le laissoient faire chez eux par des Etrangers, les arts mechaniques n'étoient presque exercés que par des Esclaves, et les arts liberaux mêmes exiegoient une grande superiorité de talent dans ceux qui les exerçoient pour leur donner quelque consideration, encore n'en purent ils jamais obtenir à Rome durant tout le tems de la Rep[ubliqu]e. En un mot dans des pays où l'argent étoit méprisé, il ne se pouvoit guéres que tous les moyens d'en gagner n'eussent quelque chose d'ignominieux[3].

Quand ces Peuples commencérent à dégénérer, que la vanité et l'amour du plaisir eurent succedé à celui de la patrie et de la vertu, alors le vice et la molesse pénétrérent de toutes parts, et il ne fut plus question que de Luxe et d'argent pour y satisfaire. Les particuliers s'enrichirent, le commerce et les arts fleurirent et l'Etat ne tarda pas à périr[4].

Cependant durant la plus grande dépravation, les Philosophes et les politiques ne cessérent de crier contre tous ces desordres dont ils prévoyoient les suites; personne ne les contredit et personne ne se corrigea; on convint que leurs raisons étoient bonnes et l'on se conduisit de maniére à les rendre encore meilleures. Ces déclamateurs eux mêmes ne sembloient relever les fautes des Peuples que pour rendre les leurs plus inexcusables; ils blâmoient publiquement les vices dont ils auroient donné l'éxemple s'ils n'avoient été prevenus.

C'eſt ainsi qu'en se livrant à une conduite opposée à leurs propres maximes les hommes ne laissoient pas de rendre hommage à la vérité. C'eſt ainsi que toutes les nations se sont accordées dans tous les tems à condanner le luxe, même en s'y abandonnant, sans que durant une si longue suite de siécles aucun Philosophe se soit avisé de contredire la dessus l'opinion publique.

Je ne prétens point tirer avantage de ce consentement universel pour le parti que j'ai à soutenir. Je sais que la Philosophie en adoptant les preuves des Philosophes se passe bien de leur témoignage et que la raison n'a que faire d'autorités. Mais, inſtruit par l'expérience du tort que peut faire le nom de Paradoxe à des propositions démontrées[1] je suis bien aise d'ôter d'avance cette ressource à ceux qui n'en auront point d'autre pour combattre ce que j'ai à prouver. Je les avertis donc que c'eſt l'opinion que j'attaque qu'on doit appeller un paradoxe aussi inoui jusqu'à ce jour qu'il eſt ridicule et pernicieux, et qu'en refutant cette Philosophie molle et effeminée dont les comodes maximes lui ont acquis tant de sectateurs parmi nous, je ne fais que joindre ma voix au cri de touttes les nations et plaider la cause du sens commun ainsi que celle de la société.

Enfin, aprés tant de siécles deux h[ommes] cherchant à se rendre célébres par des opinions singuliéres qui pussent flatter le gout du leur se sont avisés de nos jours de renverser toutes les maximes economiques des anciens politiques, et de leur subſtituer un systême de gouvernement tout nouveau et si brillant qu'il étoit très difficile de ne pas s'en laisser seduire, sans compter que l'intéreſt particulier y trouvant trés bien son compte, c'étoit un autre moyen de succés dans un siécle où personne ne se soucie plus du bien public et où ce mot ridiculement profané ne sert plus que d'excuse aux Tyrans et de prétexte aux fripons.

2

Pour raisonner solidement sur la question dont il s'agit je voudrois premièrement poser quelque principe clair et certain que personne ne put nier raisonnablement et qui servit de base à toutes mes recherches, sans quoi n'ayant au lieu de définitions que des idées vagues que chacun se forme à sa fantaisie et selon ses inclinations particuliéres jamais nous ne saurons bien ce qu'on doit entendre à l'égard d'un peuple par ces mots de bonheur et de prospérité.

Avant que de parler des moyens de rendre un peuple heureux et florissant tâchons donc de déterminer en quoi consiste précisément la gloire et la félicité d'un peuple ou à quelles marques certaines on pourra reconnoitre qu'un peuple se trouve dans cet état.

Je sens bien que cette question paroitra fort peu embarrassante à la plupart des politiques modernes. Car l'un me dira sans hesiter que la nation la plus heureuse est celle où tous les arts sont le mieux cultivés, un autre, celle où le commerce fleurit davantage, un autre, celle où il y a le plus d'argent, et le plus grand nombre sera pour celle qui réunit tous ces avantages à un plus haut dégré. Examinons d'abord si ces définitions sont justes.

Premièrement quant au commerce et aux arts, il est de la derniére evidence même dans le systême que j'attaque que ces choses sont plustôt les moyens qu'on employe pour travailler à faire prospérer l'état, qu'ils ne font l'essence de sa prospérité : car je ne crois pas que pour montrer le bonheur d'une nation aucun h[omme] se soit jamais avisé d'avancer en preuve qu'elle est composée d'ouvriers et de marchands[1]. Et quand même je conviendrois que les ouvriers et les marchands y sont nécessaires pour fournir aux besoins publics, il ne s'ensuivra jamais de là que la nation soit heureuse puisqu'on peut démontrer comme je ferai dans la suitte que le commerce et les arts en pourvoyant à quelques besoins imaginaires en introduisent un beaucoup plus [grand] nombre de réels *(a)*[2].

On me dira peut-être que les arts, les manufactures et le commerce n'ont pas tant pour objet les comodités particuliéres des citoyens que d'enrichir l'Etat soit par l'introduction de l'argent etranger soit par la circulation de celui qui s'y trouve. D'où il faudra conclure que tout le bonheur d'un peuple consiste à être riche en espéces; ce qui me reste à examiner.

L'or et l'argent n'étant que les signes réprésentatifs des matiéres contre lesquelles ils sont échangés, n'ont proprement aucune valeur absolue et il ne depend pas même du souverain de leur en donner une[1]. Car lorsque le Prince ordonne p[ar] e[xemple] qu'une piéce d'argent de tel poids et marquée à tel coin vaudra tant de livres ou de sols il fixe une dénomination dans le commerce et ne fait rien de plus. L'écu vaut alors tant de livres ou le florin tant de sols très exactement, mais il est clair que le prix du sol ou de la livre et par c[onséquent] celui du florin ou de l'écu restera tout aussi variable qu'il l'étoit auparavant et qu'il continuera de hausser ou baisser dans le commerce non selon la volonté du Pr[ince] mais par de tout autres causes. Toutes les operations qui se font sur les monnoyes pour en fixer la valeur, ne sont donc qu'imaginaires, ou si elles produisent quelque effet reel c'est seulement sur les appointemens annuels, sur les pensions, et sur tous les payemens qui ne sont fixés que par des denominations ideales de Livres, florins ou autres semblables. Ainsi quand le prince hausse le prix des monnoyes c'est une fraude par laquelle il trompe ses créanciers et quand il le rabaisse, c'est une autre fraude par laquelle il trompe ses débiteurs. Mais le prix de toutes les marchandises haussant ou baissant à proportion de l'alteration faite sur les monnoyes le même raport demeure toujours dans le comerce entre le signe et la chose réprésentée. Ce que je dis ici de l'argent monnoyé se doit entendre également du prix du marc d'or ou d'argent fixé par Edit public. Ce prix n'est que ce que le cours du commerce le fait être et malgré tous les Edits les mêmes variations s'y font sentir selon que les affaires vont bien ou mal.

Quoique l'argent n'ait par lui même aucune valeur reelle il en prend une par convention tacite dans chaque païs où il est en usage et cette valeur vraie selon le concours des causes qui servent à la déterminer. Ces causes peuvent se reduire à 3 Principales, savoir : 1° l'abondance ou la rareté de l'espéce, 2° l'abondance ou la rareté des denrées et autres marchandises, 3° le dégré de circulation qui dépend de la quantité des échanges c'est à dire de la vigueur du commerce. Selon la maniére dont ces trois choses se trouvent combinées dans un païs, l'argent y peut monter à un prix exorbitant ou retomber presque à rien : d'où il suit qu'un Etat peut se trouver dans une telle situation qu'avec une fort grande quantité d'argent il ne laisseroit pas d'être reellement trés pauvre et de manquer du necessaire; et qu'au contraire il peut être dépourvu d'argent et cependant se trouver fort riche par l'abondance de toutes les choses à l'acquisition desquelles les autres peuples sont contraints d'employer leurs espéces[1].

A cette première observation il en faut ajouter une seconde qui n'est pas moins importante et qui en découle par une consequence éloignée. C'est qu'il y a bien des distinctions à faire entre les richesses exclusives de quelques particuliers et celles qui sont communes à toutte une nation[2]. Comme ces mots pauvre et riche sont relatifs, il n'y a des pauvres que parce qu'il y a des riches et cela se peut dire en plus d'un sens, mais quant à present je me borne à celui du raport des deux idées. On donne le nom de riche à un h[omme] qui a plus de bien que le plus grand nombre n'a accoutumé d'en avoir et l'on appelle pauvre non seulement celui qui n'a pas assés de bien pour vivre, mais celui qui en a moins que les autres[3]. Il peut survenir de telles revolutions dans la société que le même h[omme] se trouveroit riche et pauvre alternativement sans avoir augmenté ni diminué sa fortune. On en peut dire autant des nations prises individuellement et comparées l'une à l'autre; aussi chaque peuple n'employe-t-il guéres moins de soin quoiqu'un peu plus couvertement à nuire aux avantages de ses voisins qu'à travailler aux siens propres : l'humanité est alors sacrifiée par le corps politique à l'interest national comme elle l'est tous les jours par les particuliers à l'esprit de propriété. Cependant on ne conçoit pas sans peine comment la pauvreté d'un païs peut contribuer au bien être des habitans d'un autre.

Supposons qu'après de longs et penibles efforts un peuple soit venu à bout de ses projets à cet égard, qu'il ait ruiné tous ses voisins et accumulé à lui seul autant d'or et d'argent qu'il y en a dans le reste du monde et voyons ce qui resultera de cette prospérité publique pour la félicité particuliére des citoyens. Premièrement, si ces richesses sont également diśtribuées, il eśt certain qu'elles ne sauroient demeurer dans cet état d'égalité ou qu'elles seront comme non éxiśtantes pour ceux qui les possédent, par ce que dans tout ce qui eśt au delà du necessaire immédiat, ce n'eśt qu'en raison des différences que les avantages de la fortune se font sentir. De sorte que si dans cette supposition tous ces tresors se trouvoient aneantis en une seule nuit sans que les denrées et autres marchandises eussent souffert aucune altération cette perte ne seroit sensible à personne et à peine s'en appercevroit-on le lendemain.

Mais ce seroit trop abuser du tems que de s'arrêter sur une supposition aussi chimérique que celle de l'égale distribution des richesses[1] : cette égalité ne peut s'admettre même hypothetiquement parce qu'elle n'eśt pas dans la nature des choses, et je crois qu'il n'y a point de lecteur sensé qui n'ait en lui même prévenu cette réfléxion.

Dés l'inśtant que l'usage de l'or a été connu des h[ommes] ils se sont tous efforcés d'en amasser beaucoup et les succés ont du naturellement répondre aux divers degrés d'induśtrie et d'avidité des concurrens, c'eśt à dire être fort inégaux. Cette prémiére inegalité jointe à l'avarice et aux talens qui l'avoient produite a du encore augmenter par sa propre force; car un des vices *(a)* des sociétés établies c'eśt que la difficulté d'acquérir croit toujours en raison des besoins et que c'eśt le superflu même des riches qui les met en état de depouiller le pauvre de son necessaire. C'eśt un axiome dans les affaires ainsi qu'en physique qu'on ne fait rien avec rien. L'argent eśt la véritable semence de l'argent et le premier écu eśt infiniment plus difficile à gagner que le second million[2]. D'ailleurs les friponneries ne sont jamais punies que quand la necessité les rend pardonnables, elles coutent l'honneur et la vie à l'indigent et font la gloire et la fortune du riche. Un misérable qui pour avoir du pain prend un écu à un h[omme] dur qui regorge d'or eśt un coquin qu'on mêne au gibet, tandis que des citoyens honorés s'abreuvent paisiblement du sang de l'artisan et du laboureur[3], tandis que les monopoles du commerçant et les concussions du publicain portent le nom de talens utiles et assurent à ceux qui les éxercent la faveur du Prince et la considération du public. C'est ainsi que la richesse de toutte une nation fait l'opulence de quelques particuliers au préjudice du public et que les tresors des millionnaires augmentent la misére des citoyens. Car dans cette inégalité monstrueuse et forcée il arrive necessairement que la sensualité des riches devore en delices la substance du peuple et ne lui vent qu'à peine un pain sec et noir au poids de la sueur et au prix de la servitude.

Que si l'on joint à ceci l'augmentation infaillible du prix de touttes choses par l'abondance de l'espéce et surtout la rareté des denrées qui doit resulter necessairement d'une pareille situation, comme je le prouverai dans la suite, on sentira combien il est aisé de démontrer que plus un Etat est riche en argent et plus il doit y avoir de pauvres et plus les pauvres y doivent souffrir.

Or puisque le commerce et les arts ne sont dans une nation qu'une preuve de besoins et que l'argent n'est point une preuve de véritable richesse il s'ensuit que la réunion de touttes ces choses n'est point non plus une preuve de bonheur.

Pour écarter d'autres denombremens inutiles il faut distinguer les moyens que les particuliers employent à tâcher de se rendre heureux, chacun selon son caractére et ses inclinations, de ceux que le corps de la societé peut mettre en usage dans le même but. Car, comme la société ne peut prévoir ni satisfaire les différens désirs de ceux qui la composent, elle ne se charge point de ce soin mais seulement de pourvoir à la défense et à la sureté commune, et, à l'égard de la subsistance, de mettre les particuliers à portée de pourvoir par eux mêmes à leurs besoins, de sorte que tous les engagemens que la confederation peut prendre envers les confedérés se reduisent à ces deux points : la paix et l'abondance; pourvu que sous ce mot de paix on entende non seulement la sureté qui fait la paix au dehors, les mœurs qui font la paix au dedans, mais aussi la liberté sans laquelle il n'y a aucune paix véritable[1]. Car la tyrannie et l'esclavage sont manifestement un état de guerre[2] et il est aisé de démontrer qu'un esclave *(a)* qui tue son maitre ne pêche en cela ni contre la loi naturelle ni même contre le droit des gens.

A l'égard de l'abondance, je n'entends pas par ce mot une situation où quelques particuliers regorgent de touttes choses tandis que tout le reste du peuple est contraint de recourir à eux pour en recevoir sa subsistance au prix qu'il leur plait d'y mettre, ni cet autre état hypothetique et impossible, au moins pour sa durée, où tout le monde trouveroit sous sa main sans travail et sans peine de quoi satisfaire à tous ses besoins, mais celui où toutes les choses necessaires à la vie se trouvent rassemblées dans le païs en telle quantité que chacun peut avec son travail[1] amasser aisément tout ce qu'il lui en faut pour son entretien.

VIII.

[ÉCONOMIE ET FINANCES]

1

De cette maxime, si elle est vraie, se déduit conséquemment celle-ci que dans tout ce qui dépend de l'industrie humaine on doit proscrire avec soin toute machine et toute invention qui peut abréger le travail, épargner la main d'œuvre, et produire le même effet avec moins de peine[1].

2

En raisonnant bien conséquemment, on devrait s'appliquer à donner peu de durée et de solidité aux ouvrages de l'industrie et à les rendre le plus périssables possibles, et à regarder comme de vrais avantages les incendies, les naufrages et tous les autres dégâts qui font la désolation des hommes.

3

Si l'on trouvoit quelque moyen de rendre le labourage plus facile et d'épargner le nombre de Bœufs qu'on y employe il resulteroit nécessairement de cette invention une diminution de prix pour le blé et une augmentation pour la viande. Il reste à voir si cette industrie seroit aussi utile aux pauvres qu'elle seroit préjudiciable aux malades qui ont plus besoin de bouillon que de pain.

4

En général il faut observer que si la main d'œuvre multipliée dans les arts fait subsister un grand nombre d'hommes elle rend en même tems plus difficile la subsistance de tout le peuple par le rencherissement des denrées qui en resulte necessairement.

5

J'avoue que l'argent rend les échanges plus comodes, mais faites mieux rendez les échanges peu necessaires, faites que chacun se suffise à lui-même autant qu'il se peut[1].

6

C'est le défaut de fer qui fit negliger puis oublier la navigation aux Americains.

7

Les impots sont une sorte de revenu qui par sa nature fondant en grande partie dans les mains qui le recueillent appauvrit le peuple sans enrichir l'épargne et qui par consequent fait toujours plus de mal que de bien[2].

8

Après avoir longtemps puisé dans la bourse des riches par des emprunts et dans celle des pauvres par des impots il faudra necessairement que l'Angleterre finisse par faire banqueroute par cette unique raison qu'elle ne paye ses emprunts que par des impots *(a)*.

IX.

[DE LA POPULATION]

1

Je n'ai plus qu'un mot à dire en finissant cet article. Toute l'Economie generale se rapporte à un dernier objet qui eſt l'effet et la preuve d'une bonne administration; cet objet relatif au bien general de l'espèce humaine eſt la multiplication du peuple, suite infaillible de sa prospérité. Voulez-vous savoir si un Etat eſt bien ou mal gouverné, examinés si le nombre de ses habitans augmente ou diminue. Toutes choses d'ailleurs égales il eſt évident que le païs qui proportion gardée nourrit et conserve un plus grand nombre d'habitans eſt celui où ils se trouvent le mieux, et l'on juge avec raison des soins du Berger par l'accroissement des Troupeaux[1].

2

Alors l'Etat sera le plus riche qu'il eſt possible car il abondera dans la marchandise la plus précieuse savoir les hommes, et les hommes qu'il aura il les aura tout entiers.

3

De cette expérience (qu'il meurt plus d'h[ommes] dans les grandes villes et qu'il en naît plus dans les campagnes) il faut conclure de deux choses l'une : ou que les habitans de la campagne multiplient continuellement plus que malgré tous ceux que la ville absorbe sans cesse les terres restent toujours également peuplées, ou que le séjour de la campagne où il y a plus de naissance[s], est plus favorable à la population que celui de la ville où il y a plus de morts[1].

Si le nombre des naissances est égal à celui des morts dans les campagnes, et que celui des morts passe communément celui des naissances dans les villes, la dépopulation successive est manifeste.

4

Et qu'importe à la société qu'il en perisse moins par des meurtres si l'Etat les tue avant leur naissance en rendant les enfans onéreux aux péres.

5

PARIS 1758[2].

Morts	19202
Baptémes	19148
Mariages	4342
Enfans trouvés	5082

X.

[L'INFLUENCE DES CLIMATS SUR LA CIVILISATION[1]]

I

Pour suivre avec fruit l'histoire du genre humain, pour bien juger de la formation des peuples et de leurs révolutions, il faut remonter aux principes des passions des hommes, aux causes générales qui les font agir. Alors, en appliquant ces principes et ces causes aux diverses circonstances où ces peuples se sont trouvés, on saura la raison de ce qu'ils ont fait, et l'on saura même ce qu'ils ont dû faire dans les occasions où les événements nous sont moins connus que les situations qui les ont précédés. Sans ces recherches, l'histoire n'est d'aucune utilité pour nous, et la connaissance des faits dépourvue de celle de leurs causes ne sert qu'à surcharger la mémoire, sans instruction pour l'expérience et sans plaisir pour la raison.

L'homme ne peut se suffire à lui-même; ses besoins toujours renaissants le mettent dans la nécessité de chercher hors de lui les moyens d'y pourvoir. Il dépend toujours des choses et souvent de ses semblables[2]. Nous sentons plus ou moins cette dépendance selon l'étendue et la nature de nos besoins, et c'est dans ces mêmes besoins, plus ou moins grands, plus ou moins sentis, qu'il faut chercher le principe de toutes les actions humaines.

Nos besoins sont de plusieurs sortes; les premiers sont ceux qui tiennent à la subsistance, et d'où dépend notre conservation. Ils sont tels, que tout homme périrait s'il cessait d'y pouvoir satisfaire : ceux-ci s'appellent besoins physiques, parce qu'ils nous sont donnés par la nature et que rien ne peut nous en délivrer. Il n'y en a que deux de cette espèce, savoir : la nourriture et le sommeil.

D'autres besoins tendent moins à notre conservation qu'à notre bien-être, et ne sont proprement que des appétits, mais quelquefois si violents, qu'ils tourmentent plus que les vrais besoins; cependant il n'est jamais d'une absolue nécessité d'y pourvoir, et chacun ne sait que trop que vivre n'est pas vivre dans le bien-être.

Les besoins de cette seconde classe ont pour objet le luxe de sensualité, de mollesse, l'union des sexes et tout ce qui flatte nos sens.

Un troisième ordre de besoins, qui, nés après les autres, ne laissent pas de primer enfin sur tous, sont ceux qui viennent de l'opinion. Tels sont les honneurs, la réputation, le rang, la noblesse, et tout ce qui n'a d'existence que dans l'estime des hommes, mais qui mène par cette estime aux biens réels qu'on n'obtiendrait point sans elle.

Tous ces divers besoins sont enchaînés les uns aux autres, mais les premiers et les seconds *(a)* ne se font sentir aux hommes que quand les premiers sont satisfaits. Tant qu'on n'est occupé qu'à chercher à vivre, on ne songe guère à la mollesse, encore moins à la vanité : l'amour de la gloire tourmente peu des gens affamés.

Ainsi tout se réduit d'abord à la subsistance, et par là l'homme tient à tout ce qui l'environne. Il dépend de tout, et il devient ce que tout ce dont il dépend le force d'être. Le climat, le sol, l'air, l'eau, les productions de la terre et de la mer, forment son tempérament, son caractère, déterminent ses goûts, ses passions, ses travaux, ses actions de toute espèce[1]. Si cela n'est pas exactement vrai des individus, il l'est incontestablement des peuples; et, s'il sortait de la terre des hommes tout formés, en quelque lieu que ce pût être, qui connaîtrait bien l'état de tout ce qui les entoure pourrait déterminer à coup sûr ce qu'ils deviendront.

Avant donc que d'entamer l'histoire de notre espèce, il faudrait commencer par examiner son séjour et toutes les variétés qui s'y trouvent, car de là vient la première cause de toutes les révolutions du genre humain. Au défaut du temps et des connaissances nécessaires pour entrer dans un si grand détail, je me bornerai ici aux observations indispensables pour entendre ce que j'ai à dire dans la suite.

Quoique, dans un circuit de trois mille lieues, la terre ne soit pas une sphère immense, elle l'étend pour ainsi dire par la variété de ses climats, qui, propres à diverses qualités de plantes et d'animaux, la divisent pour ainsi dire en autant de mondes dont les habitants, circonscrits chacun dans le sien, ne peuvent passer de l'un à l'autre. L'homme seul et quelques animaux domestiques subsistent naturellement partout et peuvent prendre autant de manières de vivre que la diversité des climats et de leurs productions en exige d'eux. Une autre diversité qui multiplie et combine la précédente est celle des saisons. Leur succession, portant alternativement plusieurs climats en un seul, accoutume les hommes qui l'habitent à leurs impressions diverses, et les rend capables de passer et de vivre dans tous les pays dont la température se fait sentir dans le leur. Si l'écliptique se fût confondu avec l'équateur, peut-être n'y eût-il jamais eu d'émigration de peuple, et chacun, faute de pouvoir supporter un autre climat que celui où il était né, n'en serait jamais sorti. Incliner du doigt l'axe du monde ou dire à l'homme : Couvre la terre et sois sociable, ce fut la même chose pour Celui qui n'a besoin ni de main pour agir ni de voix pour parler[1].

Sous l'équateur, dont le soleil s'éloigne peu, et où les jours sont toujours égaux et aux nuits et entre eux, l'hiver et l'été, marqués seulement par des alternatives de soleil et de pluie, font sentir à peine quelque différence de température. Mais, plus on s'éloigne de la ligne, plus la différence et des jours et des saisons augmente. Les nuits deviennent plus grandes et plus froides, les hivers plus longs et plus rudes à mesure qu'on approche des pôles. La chaleur ne diminue pas en même proportion, sans quoi la terre n'en aurait bientôt plus pour produire. Les étés sont courts mais ardents dans les pays septentrionaux; le blé s'y sème et s'y coupe dans l'espace de deux mois; encore dans ce court espace les nuits sont si froides, qu'on n'y doit compter pour été que le temps où le soleil est sur l'horizon, toutes les vingt-quatre heures on passe alternativement de l'hiver à l'été.

De ces observations, il s'ensuivrait que les peuples des climats chauds, dont la température est peu variée, seraient moins propres aux émigrations que les peuples des climats froids, qui, jusqu'à certain point, ont chez eux deux excès. Je sais que l'opinion commune est, au contraire, que les habitants du Nord supportent moins le séjour des pays chauds que ces derniers le séjour des pays froids. On voit déjà lequel de ces deux principes est le mieux fondé en raison : on verra dans la suite lequel est le plus conforme à l'histoire et aux faits.

Les qualités de la terre et les espèces de ses productions ne se ressentent pas moins que les tempéraments des hommes des divers aspects du soleil, et le sol change autant d'un climat à l'autre que le naturel de ses habitants. La terre, plus raréfiée et plus poreuse dans les pays chauds, demande moins de travail et s'imprègne plus aisément des sels qui la fertilisent. Les plantes qu'elle produit sont plus nourrissantes, les arbres donnent en abondance de meilleurs fruits. Une seule espèce y peut fournir à l'homme tous ses besoins : presque sans travail et sans peine, sa fécondité naturelle suffit pour nourrir ses habitants.

Dans les pays froids, la terre paresseuse et demi-morte n'a pas assez de force pour élaborer dans les végétaux des sucs propres à la nourriture de l'homme : si elle végète, elle ne produit que des herbes sans saveur et des arbres sans fruits qui ne peuvent nous fournir des aliments que par des voies intermédiaires, en nourrissant des animaux qui nous servent de nourriture.

Mille variétés sur la terre, dans la terre, déterminent les manières d'être de ses habitants et les assujettissent à certaines conditions. Généralement les montagnards sont pasteurs par état, les habitants des bois chasseurs par état, ceux des plaines laboureurs par état.

L'eau, l'air même peuvent fournir des aliments à ceux à qui la terre en refuse; les habitants des côtes stériles sont tous pêcheurs et ichthyophages. Il y a, dit-on, dans les rochers du Caucase, des hommes dont les faucons et les aigles sont les pourvoyeurs; et le ciel, en de certains lieux, donne des sucs condensés durant la nuit qui peuvent servir de nourriture.

Enfin, souvent la terre aride et stérile, sans rien produire à sa surface, ne laisse pas de fournir médiatement la subsistance à ses habitants, soit par l'exploitation des mines qu'on trouve dans ses entrailles, soit par la commodité des transports qui donne à ceux qui l'habitent le moyen d'aller partout faire échange de leurs travaux et de leurs personnes contre les choses dont ils ont besoin.

Si toute la terre était également fertile, peut-être les

hommes ne se fussent-ils jamais rapprochés. Mais la nécessité, mère de l'industrie, les a forcés de se rendre utiles les uns aux autres pour l'être à eux-mêmes. C'est par ces communications, d'abord forcées, puis volontaires, que leurs esprits se sont développés, qu'ils ont acquis des talents, des passions, des vices, des vertus, des lumières, et qu'ils sont devenus tout ce qu'ils peuvent être en bien et en mal. L'homme isolé demeure toujours le même, il ne fait de progrès qu'en société.

D'autres causes, plus fortuites en apparence, ont concouru à disperser les hommes inégalement dans des lieux, à les rassembler par pelotons dans d'autres, et à resserrer ou à relâcher les liens des peuples selon les accidents qui les ont réunis ou séparés. Des tremblements de terre, des volcans, des embrasements, des inondations, des déluges, changeant tout à coup, avec la face de la terre, le cours que prenaient les sociétés humaines, les ont combinées d'une manière nouvelle, et ces combinaisons, dont les premières causes étaient physiques et naturelles, sont devenues, par fruit du temps, les causes morales qui changent l'état des choses, ont produit des guerres, des émigrations, des conquêtes, enfin des révolutions qui remplissent l'histoire et dont on a fait l'ouvrage des hommes sans remonter à ce qui les a fait agir ainsi[1]. Il ne faut pas douter que ces grands accidents de la nature ne fussent plus fréquents dans les premiers temps, avant qu'une population plus égale eût mis la face de la terre dans l'état fixe où l'art et la main des hommes la maintiennent de nos jours, et qu'ils ne le soient même encore aujourd'hui dans les contrées désertes où rien ne rétablit l'équilibre que les accidents de la nature ont une fois rompu.

2

Il ne faut point appliquer à tous les climats un precepte fait pour un climat seulement. Tel terroir ne demande que six jours de travail, tel autre n'a pas trop de toute la semaine. En general les païs plus chaud[s] permettent et exigent plus de repos, les païs froids ont des h[ommes] plus robustes qui suffisent à plus de travail et une terre plus ingrate qui le demande[2].

XI.

[DE LA PATRIE]

I

La terre que nous habitons eſt la mére et la nourrice commune des hommes, elle eſt la patrie du genre humain. Cependant nul sentiment particulier ne nous attache à elle; si nous pouvions tous être transportés dans une autre planete et y vivre plus agréablement qui de nous s'aviseroit de regretter celle-ci ? Il n'en eſt pas de même de l'affection qui nous lie au pays natal[1], à la patrie proprement dite; cette affection varie autant que les climats, les gouvernemens, les maniéres de vivre; les uns nés dans un bon pays l'oublient sans peine pour vivre dans un plus mauvais; les autres dans le bien-être d'une terre étrangére regrettent sans cesse leur triſte demeure et soupirent au souvenir de leurs sables et de leurs rochers. Pour les prémiers la patrie eſt par tout où l'on eſt bien, pour les seconds l'on n'eſt bien que dans la patrie. D'où vient cette opposition ? Peut-être de ce qu'ils employent des termes différens pour dire la même chose, et que ce mot de patrie n'a pas le même sens des deux côtés.

Cette idée qui se présentoit depuis longtems à mon esprit obscure et confuse, s'eſt par hazard éclaircie et developée lorsque je m'en occupois le moins. En lisant un jour le livre de l'Abbé du Bos sur la poesie et sur la peinture je tombai sur ce passage qui m'arrêta.

« Nous connaissons aujourd'hui des peuples, à qui le » caractère que les anciens écrivains donnent à leurs » devanciers, ne convient plus présentement. Les Ro- » mains ne ressemblent plus aux anciens Romains, si » fameux par leurs vertus militaires » *(a)*.

A ces mots je suspends ma lecture, je me demande s'il est bien vrai que les Romains d'aujourdui soient les compatriotes de ceux d'autrefois. Je me figure avec indignation

> Des Prêtres fortunés foulant d'un pied tranquille
> Les tombeaux des Catons et la cendre d'Emile[1].

Je cherche ce que ces deux espéces d'hommes peuvent avoir de commun sur le même sol. Je m'enfonce dans les méditations que ce sujet me présente, le livre m'échape des mains. Les réflexions naissent en foule et s'effaçant successivement avec la même facilité me suggérent enfin de jetter sur le papier celles que j'aurai pu retenir, c'est ce recueil informe et mal ordonné qu'on va lire *(a)*.

Pour connoitre comment des hommes peuvent être compatriotes, il faut savoir ce que c'est que la patrie et par quelle espèce de liens ils y tiennent. Recherche qu'on ne peut bien faire sans remonter aux prémiers raports de l'homme en général.

Nous tenons aux choses par nos appetits, aux personnes par nos affections, aux unes et aux autres par l'habitude; je ne vois nulle autre sorte de lien qui puisse attacher l'homme en un lieu plustôt qu'en un autre. Or sa constitution est telle que ses appetits naissent de ses besoins et produisent ses habitudes. Pour que les hommes se conservent soit dans les individus soit dans l'espéce il faut que leurs appetits naturels soient satisfaits, et de leurs appetits journellement satisfaits naissent les habitudes convenables à leur conservation. D'où il suivroit que par un effet de l'amour d'eux-mêmes tous les peuples étant également attachés aux objets de leurs appetits et de leurs habitudes qui sont aussi les instrumens de leur conservation devroient avoir le même attachement pour le sol qui les nourrit dès leur naissance et qui seul offre à leurs sens ces objets. Que s'il y avoit quelque différence, elle devroit être en raison de la facilité plus ou moins grande d'atteindre à ces mêmes objets, et ceux qui recouvreroient plus difficilement le necessaire devroient aimer moins le pays qui le leur fournit, ce qui n'est pas comme il a été dit ci-dessus. Ce qu'on aime dans son pays, ce qu'on appelle proprement la patrie n'est donc pas ce qui se rapporte à nos appetits et aux habitudes qui en naissent, ce n'eſt pas simplement le lieu, ce ne sont pas simplement les choses, l'objet de cet amour eſt plus près de nous[1].

2

Si les citoyens tirent d'elle tout ce qui peut donner du prix à leur propre exiſtence — De sages Loix, des mœurs simples, le necessaire, la paix, la liberté et l'eſtime des autres peuples — leur zéle s'enflammera pour une si tendre mére. Ils ne connoitront de véritable vie que celle qu'ils tiendront d'elle, ni de vrai bonheur *(a)* que de l'employer à son service; et ils compteront au nombre de ses bienfaits l'honneur de verser au besoin tout leur sang pour sa deffense.

3

Et selon la définition que j'ai donnée *(b)* de la vertu, l'amour de la patrie y conduit necessairement puisque nous voulons volontiers ce que veulent ceux que nous aimons[2].

4

L'amour de l'humanité donne beaucoup de vertus, comme la douceur, l'équité, la modération, la charité, l'indulgence, mais il n'inspire point le courage, ni la fermeté, etc. : et ne leur donne point cette énergie qu'elles reçoivent de l'amour de la patrie qui les élêve jusqu'à l'heroisme.

5

Il paroit par divers traits de l'hiſt[oire] Rom[aine] et entre d'autres par celui d'Attilius Regulus, que les

Rom[ains] qui tomboient entre les mains de l'Ennemi se regardoient comme déchus du droit de citoyens et naturalisés pour ainsi dire parmi ceux qui les tenoient prisonniers. Mais cette absurde maxime n'étoit que dans leur opinion et l'on n'aperçoit rien qui s'y rapporte dans la conduite de ces hommes vertueux. Regulus lui même qui se traittoit de Carthaginois et qui refusoit de prendre sa place dans le Senat de Rome y parla tellement contre les interests de sa nouvelle patrie et contre les instructions de ses maitres que s'il étoit vrai qu'il fut obligé de leur être fidèle et d'obeir à leurs ordres la plus sublime des actions humaines ne seroit plus que le crime d'un traitre et l'on devroit équitablement approuver le supplice affreux que lui imposérent les feroces Carthaginois en punition de sa desobeissance[1].

XII.

[PARALLÈLE ENTRE LES DEUX RÉPUBLIQUES DE SPARTE ET DE ROME][1]

I

Je laisse aux admirateurs de l'histoire moderne à chercher *(a)*, decider quel est celui de ces deux tableaux qui doit le mieux lui convenir. Quant à moi qui n'aime à considérer que les éxemples dont l'humanité s'instruit et s'honore, moi qui ne sais voir parmi mes contemporains que des maitres insensibles et des peuples gemissans, des guerres qui n'interessent personne et desolent tout le monde; des armées immenses en tems de paix et sans effet en tems de guerre, des ministres toujours occupés pour ne rien faire, des traittés mistérieux sans objet, des alliances longtems négociées et rompues le lendemain, enfin des sujets d'autant plus misérables que l'Etat est plus riche, et d'autant plus méprisés que le Prince est plus puissant, je tire le rideau sur ces objets de douleur et de desolation, et ne pouvant soulager nos maux j'evite au moins de les contempler.

Mais je me plais à tourner les yeux sur ces venerables images de l'antiquité où je vois les h[ommes] elevés par de sublimes institutions au plus haut dégré de grandeur et de vertus où puisse atteindre la sagesse humaine[2]. L'ame s'éléve à son tour et le courage s'enflamme en parcourant ces respectables monumens; on participe en quelque sorte aux actions héroïques de ces grands hommes, il semble que la meditation de leur grandeur nous en communique une partie, et l'on pourroit dire de leur personne et de leurs discours ce que Pythagore disoit des simulacres des Dieux, qu'ils donnent une ame nouvelle à ceux qui s'en approchent pour recueillir leurs oracles[1].

Ce que les Poetes peuvent trouver dans l'invention de leurs fables de plus propre à nous plaire et même à nous instruire est l'union du mérite et de la fortune. Le cœur ne peut se defendre d'un tendre intérest pour les gens de bien et quand on les voit prosperer, les bons aiment leur bonheur à cause de leur vertu, et les autres aiment leurs vertus à cause de leur bonheur. Si l'histoire a rarement le même avantage elle en tire en revanche un plus grand effet et quand à l'image de la sagesse heureuse se joint le sacré caractére de la vérité elle apprend aux hommes à respecter les decrets de la providence et donne aux cœurs droits et sensibles un nouveau courage à bien faire. L'histoire peut suppléer encore à ce qui manque à ses recits pour l'instruction des lecteurs en reunissant sous un même aspect les faits et les heros propres à s'éclairer mutuellement. L'on deméle mieux dans ces comparaisons l'ouvrage de la fortune et celui de la prudence; quand on met les hommes ou les peuples en opposition, tout ce qui les distingue, les fautes que l'un commet font remarquer la sagesse de l'autre à les éviter et l'on tire une égale instruction de leurs defauts et de leurs vertus. Si l'on peut imaginer un paralléle qui rassemble tous ces avantages, c'est ce me semble celui des deux Republiques que je voudrois comparer. Rome et Sparte portérent la gloire humaine aussi haut qu'elle puisse atteindre; touttes deux brillérent à la fois par les vertus et par la valeur, touttes deux eurent de grands revers et de plus grands succés, secondérent ou vainquirent la fortune à force de sagesse et démentirent par une constitution ferme et durable les préjugés vulgaires contre l'instabilité des peuples libres. Si les objets sont grands les rapports sont sensibles, l'une et l'autre Republique eut d'abord des Rois, devint ensuite un Etat libre et s'éteignit sous des tyrans; chacune eut à combattre une rivale redoutable qui la mit souvent à la veille de sa ruine, qu'elle surmonta pourtant mais dont la defaite devint fatale aux vainqueurs; l'aggrandissement de toutes deux quoi qu'à des termes fort inégaux fut également la cause de leur ruine. Enfin la même fierté, les mêmes mœurs, les mêmes maximes, surtout le même enthousiasme pour la patrie se remarquent dans l'une et dans l'autre. A l'egard des différences, il ne s'en trouvera toujours que trop pour me justifier du paralelle et j'aurai tant d'occasions d'en parler dans la suite qu'il seroit inutile de les observer ici *(a)*.

L'institution de la Rep[ubliqu]e de Sparte eut des causes non moins singuliéres que ses loix et son établissement fut amené d'une maniére toute opposée à ceux des autres gouvernemens. La liberté civile est dans les divers états de l'homme sociable une des extrémités dont l'autre est la liberté naturelle. Les différentes constitutions politiques forment entre ces deux termes autant de degrés intermédiaires qui commencent par les excès de la licence et finissent par ceux de la tyrannie. Sparte au contraire après avoir commencé par le despotisme degenera bientot en Anarchie, progrés retrograde à l'ordre naturel, qui fut une suitte de la conquête du Peloponnese par les Heraclides. D'abord Eurysthéne et Proclès ayant eu l'imbécile avidité de s'emparer de toutes les possessions des particuliers sous pretexte que la Laconie étoit un païs de conquête, les habitans que rien n'attachoit plus à leur patrie desertérent dans les païs voisins et les deux tyrans maitres d'une vaste solitude apprirent à leurs dépens que la souveraineté et la propriété sont incompatibles, que les droits du Prince ne sont fondés que sur ceux des sujets[1] et qu'il est impossible de commander longtems gratuitement à des gens qui n'ont plus rien à perdre.

Pour remplacer les habitans qu'on n'avoit pas voulu retenir en leur cédant une partie de leur propre bien, on attira des Etrangers auxquels il falut donner plus qu'on n'avoit pris à leurs prédécesseurs. De sorte qu'il arriva comme il arrivera toujours que les Rois s'appauvrirent pour avoir tout usurpé. Mais à donner sans cesse et ne rien recevoir il étoit impossible au gouvernement de durer longtems. Il fallut donc enfin revenir aux impots dont on auroit du d'abord se contenter. Ils furent exigés par Agis avec la dureté d'un Prince qui se croit tout permis et que l'expérience ne corrigera point. Le Peuple passa du murmure à la révolte. On prit les armes, Agis fut le plus fort, et les habitans d'Helos vaincus et asservis à jamais donnerent dans Sparte le vain et funeste exemple du plus cruel esclavage au sein de la plus parfaite liberté.

Loin d'affermir leur pouvoir par ces violences, les Rois

en négligeant de couvrir d'une administra[ti]on legitime une injuste usurpation s'otoient des ressources pour ces inévitables momens de foiblesse où le droit seul supplée à la force et où le plus vigoureux gouvernement se trouve quoi qu'il fasse à la discretion du peuple. Aussi falut-il bientôt changer de methode et ces Princes que la raison ne conduisoit jamais, aussi peu mesurés dans leur complaisance que dans leur rigueur laissérent trop voir qu'ils n'étoient justes que par crainte, et qu'il falloit sans cesse attaquer leur autorité pour en prevenir l'abus. Mais ce qui contribua le plus à ruiner le pouvoir souverain ce fut son partage entre les deux Rois. Car pour avoir travaillé sans cesse à l'usurper l'un sur l'autre ils se l'ôtèrent à tous les deux. Ne sachant se faire aimer par la clémence ni respecter par la justice ils se virent forcés à l'envi de flatter bassement la multitude, et s'attir[er]ent plus d'ennemis que de créatures par une aveugle partialité qui les fit haïr et par une impunité des crimes qui les rendit méprisable[s].

Toutes ces causes reunies aneantirent entiérement la monarchie de Sparte au bout de quelque[s] génerations et il ne restoit plus de gouvernement qu'une vaine forme sans realité qui ne servoit que d'obstacle à l'établissement d'une meilleure police. L'État tomba dans une anarchie pire que l'independance naturelle parce qu'il n'y avoit aucun moyen d'en sortir et que le peuple ne pouvant se donner des loix ni des magistrats tant qu'il avoit des Rois la royauté sans pouvoir ne servoit plus que de sauvegarde à la licence et au brigandage. C'est dans ces circonstances où le corps politique étoit prét à se dissoudre que parut le Législateur.

Pour bien juger de ce qu'éxecuta Licurgue[1] imaginons un instant qu'il s'en tint au simple projet...

Si Carthage eut été dans l'Italie et Athenes dans le Peloponese, Rome et Sparte subsisteroient peut-être encore.

Mais il ne voyoit pas que le goût des conquétes étoit un vice inévitable dans son institution plus puissant que la loi qui le reprimoit car la vie civile des Lacedemoniens avoit tant d'austérité qu'ils vivoient à l'armée avec plus de douceur que dans leurs maisons; et les fatigues de la guerre étoient la molesse de Sparte, molesse qui pour être d'une nouvelle espéce n'en resserra pas moins l'ancienne grandeur de la Rep[ubliqu]e dans les limites de son territoire en rabaissant ses citoyens jusqu'à n'étre plus qu'égaux aux autres hommes.

2

Ils établirent tous deux beaucoup de spectacles, d'assemblées et de cérémonies; beaucoup de Colléges et de societés particuliéres pour engendrer et fomenter entre les Citoyens ces douces habitudes et ce commerce innocent et desintéressé qui forment et nourrissent l'amour de la patrie[1]. Ils employérent ainsi des moyens semblables pour aller aux mêmes fins par des routes opposées. Car l'un inspirant à ses peuples la crainte des Dieux, le goût de leur culte et celui d'une societé paisible éclaira leur courage et tempera leur ferocité; l'autre par les mêmes exercices de la paix sut donner aux siens les inclinations et les talens militaires; et tous deux ennemis de la violence et des conquêtes ne songérent qu'à rendre l'Etat indépendant et tranquille.

3

Quant à la grandeur de l'Etat, il n'y a nulle comparaicon à faire entre ces deux Republiques. Sparte, presque bornée à ses murs ne put même venir à bout d'assujetir la Gréce qui ne faisoit pour ainsi dire qu'un point dans l'Empire Romain. Et Rome dont tant de Rois étoient les sujets étendit si loin sa domination qu'elle fut enfin contrainte de se borner elle-même. Sparte n'eut pas même sur Rome l'avantage propre aux petits Etats de soutenir avec fermeté les attaques des plus grands peuples, les revers de la fortune, et les approches d'une ruine entiére. Car leurs commencemens furent aussi foibles à l'une qu'à l'autre et si l'une eut en tête les Rois de Perse, Epaminondas et Antipater; l'autre eut à soutenir les Gaulois, Pyrrhus, Annibal. Montrant une constance encore plus grande à resister à l'adversité, ses défaites ne la rendoient que plus inflexible, et cette fierté que Sparte n'eut pas au même point fit enfin triompher Rome de tous ses ennemis. C'étoit des deux côtés la même vertu guidée par différentes maximes. Toujours pret à mourir pour son païs, un Spartiate aimoit si tendrement la Patrie qu'il eut sacrifié la liberté même pour la sauver. Mais jamais les Romains n'imaginérent que la Patrie put survivre à la liberté, ni méme à la gloire.

4

Dans ces tems reculés où le droit de proprieté naissant et mal affermi n'étoit point encore établi par les loix, les richesses ne passoient que pour des usurpations, et quand on en pouvoit dépouiller les possesseurs, à peine regardoit-on comme un vol de leur oter ce qui [ne] leur appartenoit pas. Hercule et Thesée ces Heros de l'antiquité n'étoient au fond que des Brigands qui en pilloient d'autres.

5

Mais ce qu'il y a de plus heureux dans cette association : c'est que bien qu'aucune de ces deux Republiques n'ait atteint la perfection dont elle étoit susceptible, leurs defauts ne furent point les mêmes et que l'une ayant eu les vertus qui manquoient à l'autre, le mal en les comparant ne se montre qu'avec le reméde. De sorte qu'un tel parallele offre d'après les faits l'image du gouvernement le plus excellent et du Peuple le plus vaillant et le plus sage qui puisse exister.

XIII.

[HISTOIRE DE LACÉDÉMONE][1]

DANS la partie méridionale du Pelop[onèse] du côté de l'orient eſt une contrée étroite appellée autrefois Lelegie, puis Laconie et enfin Lacedemone arrosée par la riviére d'Eurotas, et dont la capitale porte le nom de Sparte. C'eſt des habitans d'un païs si peu étendu que j'entreprends d'écrire l'hiſtoire. Sans décider si jamais les plus puissans Peuples en ont fourni de plus interessantes, il me suffit de croire qu'on n'en proposera jamais à la consideration des sages de plus propres à faire sentir ce que peuvent sur l'homme les loix et les mœurs et ce que peut l'homme lui même quand il aime sincérement la vertu. C'eſt donc honorer et inſtruire l'humanité que de ramasser ces précieux monumens qui nous apprennent ce que les h[ommes] peuvent être en nous montrant ce qu'ils ont été. Laissons à l'hiſtoire moderne les détails importans des naissances, des mariages, des morts de quelques Princes, de leurs chasses, de leurs amours, de leurs ennuyeuses fêtes, de leurs triſtes plaisirs et des miséres de leurs Peuples; laissons les récits infideles et de leurs guerres et de leurs combats indifférens à ceux mêmes qui les donnent. Apprenons s'il se peut à nos contemporains qu'un tems a été qu'il exiſtoit des hommes et deplorons le malheur et la honte de nôtre siécle en nous voyant forcés à les chercher si loin de nous.

J'ai balancé longtems à me charger d'un travail que je sens au dessus de mes forces et cette hiſtoire étant la seule qu'aucun moderne n'eut encore osé tenter, je me trouvois d'autant plus téméraire de l'entreprendre que j'en croiois mieux apercevoir les difficultés. Mais un penchant presque invincible m'a si longtems tourmenté qu'enfin j'ai succombé à ce desir opiniâtre, sachant que souvent le zèle supplée au talent et que l'ardeur de bien faire en eſt aussi le moyen. Qu'on ne craigne pourtant pas que cette inclination me porte jusqu'à la partialité; je sais quels sont les droits sacrés de l'hiſtoire; si j'honore Lacedemone, j'honore encore plus la vérité, et si cette hiſtoire ressemble quelquefois à un panégyrique, on doit moins s'en prendre à moi-même qu'aux vertus de ceux dont je parle ou aux monumens que j'ai consultés. Mais j'ai peine à concevoir coment la jalousie et l'incrédulité oseroient jetter des soupçons de flaterie sur des événemens aussi peu suspects à cet égard que ceux qui composent cet ouvrage. Tous transmis à la poſtérité par des nations étrangéres ou ennemies on doit présumer que le bien y eſt pluſtot exténué que le mal; car quant aux Spartiates laissant aux autres le soin de donner les preceptes de la vertu et contens d'en donner l'éxemple, ils n'ont point avili leur gloire en l'exaltant, sans se louer eux même[s] et sans se soucier des louanges de leurs ennemis ils les leur ont continuellement arrachées; braves et vertueux en silence, ils n'ont rien fait pour obtenir l'immortalité que de la mériter.

Ce n'eſt pas qu'ils ayent toujours bien fait en toutes choses : ils étoient hommes et ils eurent des foiblesses; ils devinrent ambitieux et ils commirent des crimes. A Dieu ne plaise que j'entreprenne d'excuser leurs fautes et que ma plume prête un coloris à leurs vices. J'atteſte l'ame des Lecteurs à la lecture de cet ouvrage s'ils voyent autre chose dans la mienne que l'amour de la vertu et le desir d'obtenir d'eux en son honneur un juſte tribut de louange ou de blame pour les hommes et pour les choses qui en seront dignes sans égard aux nations. Je sens bien que le cœur s'échauffe et s'enflamme au recit des grandes actions; il eſt difficile que le ſtile ne s'éleve et ne s'anime à proportion. Mais le mépris et l'indignation ont aussi leur véhémence et pourvu que ces sentimens soient équitablement diſtribués je me soucie fort peu qu'on me reproche d'avoir manqué de cette froideur grave recomandée aux hiſtoriens, je ne sais pourquoi, comme si la principale utilité de l'hiſtoire n'étoit pas de faire aimer avec ardeur tous les gens de bien et deteſter les méchans[1].

Le plus grand inconvenient de celle que j'entreprends eſt qu'on y voit des hommes qui ne nous ressemblent presque en rien[2], qui nous paroissent hors de la nature peut être autant parce que nous y sommes nous mêmes, que parce qu'ils y sont en effet. Leurs crimes nous feront horreur. Quelquefois leurs vertus mêmes nous feront fremir. Egalement foibles et pusillanimes dans le bien et dans le mal, tout ce qui porte un certain caractére de force et de vigueur ne nous paroit plus possible. L'incredulité dont nous fesons parade est plustot l'ouvrage de nôtre lacheté que celui de nôtre raison. Mais le tort que la mauvaise disposition des Lecteurs peut faire à un bon ouvrage ne doit pas l'emporter sur l'approbation d'un seul homme sensé qui en profite : c'est surtout en de pareilles occasions qu'il faut oublier la multitude et que celui qui travaille pour la vérité ne doit point songer au succés. Quant à moi quelque jugement qu'on porte de cet ecrit il me suffit pour être justifié devant le Public, de ne rien avancer que sur la foi de garands respectés et la plupart témoins des évenemens, il me suffit pour ma propre satisfaction de n'avoir eu d'autre but dans la composition de cette histoire que d'avilir les préjugés dont les h[ommes] de mon tems nourrissent leur petitesse et les vices qui en sont l'ouvrage.

Nous n'avons pas beaucoup de fables sur la fondation de Sparte. Ses habitans qui cherchoient plus leur gloire dans le présent que dans le passé négligérent ou dédaignérent de donner à leur ville à l'imitation de touttes les autres une origine merveilleuse. Il n'est guéres vraisemblable que dans ces tems reculés on ait bâti tout d'un coup de grandes villes dans des lieux auparavant tout à fait inhabités. Il y a plus d'apparence que ces établissemens si fameux ayant commencé par quelques chaumiéres de paysans ou de vagabonds, s'étoient accrus insensiblement par le concours d'autres vagabonds attirés par les premiers ou par la comodité du lieu. A force d'augmentations les villes étant enfin devenues celebres leurs habitans ne pouvant trouver l'époque de leur fondation l'imaginérent le plus avantageusement qu'ils purent sur quelques traditions populaires. C'est ainsi qu'il est permis de supposer celle de Sparte avec d'autant plus de vraisemblance que le païs n'ayant pas d'abord été fort peuplé ni même fort habitable, on peut suivre dans l'antiquité une partie des progrés qui rendirent enfin le sol si fertile et la ville si florissante. En effet Pausanias et d'autres nous disent que le terrain étant auparavant marécageux soit par la multitude des petites riviéres qui se débondoient dans les lieux bas soit par les restes d'une extraordinaire inondation fut coupé et desseché par Eurotas et que le nom de ce Prince demeura au canal principal qui recevant tous les autres devint une véritable riviére. Ils ajoutent que son gendre et successeur Lacedemon bâtit ou augmenta Sparte et l'appela ainsi du nom de sa f[emme] tandis qu'il donna le sien au païs. Enfin Eurysthéne et Proclés fixérent leur séjour en cette ville qu'ils embellirent encore et en firent pour toujours la residence Royale.

Je n'occuperai point l'attention du Lecteur à parcourir la stérile et douteuse suite des Rois qui gouvernérent Lacedemone depuis Lelex jusqu'au tems de la Rep[ublique]e. J'ai peine à concevoir comment on ose nous donner sous le nom d'histoire le recueil cent fois altéré des fables opposées et presque toujours ridicules qui se débitoient dans chaque païs plusieurs siécles avant que personne songeat à en rédiger les annales. D'ailleurs la secheresse chronologique peut servir dans l'histoire generale à déterminer les ages, les faits et les régnes contemporains, mais c'est visiblement abuser du tems que de faire dans une histoire particuliére l'inutile revue des Princes qui n'ont fait que naitre et mourir. Si j'en rappelle ici quelques uns c'est autant que des traits de leur vie sont dignes de quelques reflexions ou que leur histoire offre des éclaircissemens necessaires à celle des tems posterieurs.

Le Royaume ayant donc passé par les femmes des descendans de Lelex à ceux de Lacedemon finit en eux aux Dioscures et passa derechef par Helene leur sœur dans la maison des Atrides. Durant le régne de Tisaménes fils d'Oreste le Peloponese fut enlevé par la race d'Hercule à celle de Pelops et le R[oyaum]e de Lacedemone en particulier échut à Aristodeme; après sa mort une egale tendresse pour ses deux fils Eurystène et Proclés ayant empéché la reine de déclarer lequel étoit l'ainé, ils montérent conjointement sur le Trône, et c'est par eux que commencérent les deux branches des Héraclides qui sous le nom d'Agides et de Proclides ou Eurytionides regnérent conjointement à Lacedemone jusqu'à la fin de la république.

Cette division de la Couronne et les jalousies qu'elle

causa toujours entre les Rois associés furent la premiére cause du bonheur et de la gloire de Sparte, en forçant les deux Rivaux de briguer à l'envi la faveur du Peuple et de renoncer par degrés au despotisme qu'ils avoient usurpé. Ce n'est pas que l'autorité Royale sacrifiée par de pareils motifs à la licence du Peuple produisit immediatement un changement avantageux; au contraire les particuliers qui secouoient ainsi le joug de la Tyrannie sans se soumettre à celui des loix en devenoient plus insolens sans en être plus heureux, et pour les garantir des outrages de deux hommes l'impunité les exposoit à ceux de tous leurs ennemis. Mais cette espéce d'anarchie egalement funeste aux Princes et aux sujets disposa les uns et les autres à recevoir une meilleure police quand le tems vint de la leur présenter. Les Rois aimérent mieux tenir de la Loy une autorité certaine et moderée que d'en avoir une précaire, absolue en apparence mais sans aucun pouvoir en effet, et le peuple préférant des Loix impartiales à des Rois méchans ou inutiles se trouva trop heureux de renoncer au pouvoir d'offenser autrui pour n'être plus offensé lui même. Au reste les Rois ne cessérent pas tout d'un coup d'être des Tyrans. Eurytion petit-fils de Proclés fut le premier qui se relâchant de ses droits ou de ses prétentions força son collégue et ses successeurs à rencherir sur lui ou du moins à suivre son éxemple; condescendance qui le fit si fort aimer de ses sujets qu'ils changérent en sa faveur le nom des Proclides et leur donnérent le sien comme ils avoient donné à la famille d'Eurysthéne celui d'Agis son fils pour avoir asservi les Ilotes.

Ces Ilotes ou Helotes étoient les habitans d'une ville maritime de la Laconie nommée Helos.

Si quelque homme étoit digne d'étre le maitre des autres ce seroit celui qui sait l'être ainsi de lui même. Si quelque infidélité pouvoit être permise pour sauver la patrie ce seroit celle qu'on ne peut faire qu'à force de vertus.

XIV.

[FRAGMENTS D'HISTOIRE ANCIENNE]

I

Vous avez tous vu le régne de Cyrus et vôtre grandeur à tous eſt son ouvrage. Cependant vous jugés à propos de chercher une forme d'adminiſtration propre à nous rendre redoutables et florissans, nous qui sous ce grand h[omme] avons soumis l'Asie et conquis tous les trésors de Semiramis. Je vais donc suivre vos vuës à cet egard et de peur d'être sécduit [par] les objets qui sont sous nos yeux je supposerai dans l'examen de cette grande queſtion qu'il s'agit non de regir les maitres du monde, mais de civiliser un peuple barbare.

2

Que servirent à Darius tous les tresors de l'Asie contre un Prince qui n'avoit rien [?]

La Rep[ubliqu]e d'Athénes etoit sans revenus quand elle vainquit les Perses, Sparte sans or ni argent avec la cape et du bouillon soumit la Gréce et Athênes même, mais à peine Lisandre l'eut-il enrichie des depouilles de l'Asie qu'elle reperdit aussi tot cet empire.

Les richesses de Carthage et ses troupes mercenaires furent les causes de sa ruine.

3

LES PHILENES.

On auroit beau dire que ces faits ne sont pas vrais, car même en les supposant faux il falloit au moins qu'ils eussent dans ces tems là quelque proba[bi]lité qui les fit adopter par les historiens. Si l'on nous racontoit aujourdui un trait semblable de quelqu'un de nos contemporains nous n'en ferions que rire et personne ne daigneroit en parler.

4

Ils sont aussi ses concitoyens, parmi lesquels en qualité de magistrat il est encore obligé de maintenir la frugalité, la modestie et les bonnes mœurs.

5

Scipion et Lysander l'un sobre et l'autre desintéressé jettérent parmi leurs cytoyens les premières semences de corruption l'un par le Luxe et l'autre par les richesses.

6

Et quant à moi, je regarde les jeux Olympiques comme un des moyens qui ont le plus longtems conservé dans la Grèce l'amour de la liberté.

7

Demosthéne tenant tête à Philippe et defendant la Gréce. Ciceron foudroyant Catilina.

8

COMPARAISON

Les 300 Fabius et Leonidas aux Termopiles
Les Horaces et Curiaces avec...

9

Un des plus graves reproches qui furent faits à Sylla fut d'avoir augmenté son patrimoine et de se trouver plus riche que n'étoit son Pére.

10

APOLOGIE DE ROME

Romulus

La force en ce tems là n'étant pas fondée uniquement comme aujourdhui sur l'argent ou sur l'intrigue mais sur les talens, sur la valeur, sur l'estime, la confiance, étoit un véritable mérite. Elle supposoit plus de grandeur d'ame, plus de générosité, des qualités plus nobles que les petites qualités par lesquelles on parvient aujourdui à la domination à l'aide des courtisans.

11

[...] toujours moderés et généreux dans la victoire, toujours intrepides et inebranlables dans le[s] revers.

12

Cette politique n'est pas bonne pour un acte *(a)*, la justice et la vertu n'acquierent qu'à la longu[e des] avantages; c'est dans la suite des siécles [...]

XV.

[DE LA NOBLESSE]

I

Vous me demandez, M., mon sentiment sur cette question que vous avez agitée : si l'abbaissement des grands Seigneurs en France a été avantageux ou nuisible au Royaume *(a)*.

Car il eſt fort êquivoque dans la bouche d'un françois ce que signifie pour vous ce mot de Royaume. Si par Royaume vous entendez le roi, la queſtion n'eſt pas douteuse et la solution saute aux yeux; mais si vous entendez le corps de la nation, c'eſt autre chose, et il y a matiére à discussion.

2

(b) Toute la différence eſt qu'alors le mal trouvoit quelquefois de la resiſtance et qu'il n'en trouve plus aujourd'hui.

Le luxe d'alors augmentoit leur puissance, et celui d'aujourdui le détruit; il les tient dans la plus étroite dépendance de la Cour et des miniſtres, et il les met hors d'état de subsiſter autrement que par des graces continuelles qui sont le fruit de la servitude du peuple et le prix de la leur.

3

Il eſt vrai qu'ils vivoient dans la servitude, mais qu'eſt-ce qu'un corps de Noblesse si ce n'eſt un corps de valets. La noblesse est faite essentiellement pour servir, elle n'existe que par là, et que pour cela. La servitude est toujours la même, il n'y a que le maitre de different[1].

4

L'Angleterre a pour maxime d'état de ne se mêler que de ses affaires, la France a pour maxime d'état de se mêler de tout.

XVI.

[DES MŒURS]

HIST. DES MŒURS

I

L'ERREUR de la plupart des moralistes fut toujours de prendre l'homme pour un être essentiellement raisonnable. L'homme n'est qu'un être sensible qui consulte uniquement ses passions pour agir, et à qui la raison ne sert qu'à pallier les sottises qu'elles lui font faire[1].

2

Quand on considére d'un œil de philosophe le jeu de touttes les parties de ce vaste univers, on s'apperçoit bientot que la plus grande beauté de chacune des piéces qui le composent ne consiste pas en elle même et qu'elle n'a pas été formée pour demeurer seule et indépendante; mais pour concourir avec touttes les autres à la perfection de la machine entiére.

Il en est de même dans l'ordre moral. Les vices et les vertus de chaque h[omme] ne sont pas relatifs à lui seul. Leur plus grand raport est avec la société et c'est ce qu'ils sont à l'égard de l'ordre en général qui constituë leur essence et leur caractére.

3

La nature séme toujours egalement, mais nous ne recueillons pas de même.

4

Prémiérement, dans la constitution du bien et du mal les choses ne sont point égales. Une action pour étre juste et bonne doit être telle non seulement dans sa fin mais encore selon toutes les relations qu'elle peut avoir. Au contraire toutte action vicieuse à un seul égard quelque louable qu'elle put être d'ailleurs devient mauvaise en soi. De sorte que touttes choses egales, le mal doit necessairement surpasser le bien à proportion de la multitude des objets auxquels la moralité de chaque action peut se rapporter. De plus...

5

Que si dans chaque action on laisse à part les moyens pour ne considerer que la fin on trouvera incomparablement plus de bonnes actions que de mauvaises. Touttes ont pour objet immediat ou éloigné le bien être de leur auteur, motif trés bon et trés innocent en soi, si l'on n'employoit pas des voyes criminelles pour y parvenir. Plusieurs font le bien par pure vertu et sans autre objet que le bien même, mais il est très difficile de croire que jamais homme ait fait le mal pour le seul plaisir de mal faire. D'où je conclus qu'il y a dans toutte nôtre conduitte plus d'aveuglement que de malice, et qu'un seul homme de bien honore plus l'humanité que tous les méchans ne la dégradent. Je ne me sens point avili par les crimes de Caligula, de Neron ni d'Heliogabale mais mon ame s'annoblit et s'elêve au recit des vertus d'Antonin *(a)*.

6

La loi n'agit qu'en dehors et ne règle que les actions; les mœurs seules pénétrent intérieurement et dirigent les volontés.

7

Dans tout pays où les mœurs sont une partie intégrante de la constitution de l'Etat, les lois sont toujours plus tournées à maintenir les coutumes qu'à punir ou récompenser. Il suffit pour cela des engagements publics, qui ne sont jamais méprisés des particuliers que dans les pays corrompus, où, en effet, ils sont méprisables.

8

... aux siécles à venir que vous ayez existé, si vous ne leur laissés ni systême de Philosophie, ni vers, ni comedies, ni statues ? Songés que si par malheur tous les Peuples de la Gréce venoient à vous imiter, tant de belles choses qu'ils transmettent à la postérité seroient perdues pour jamais. Songés qu'il n'est permis de travailler pour la vertu qu'autant que la gloire...

Hatés vous d'abandonner des Loix qui ne sont bonnes qu'à vous rendre heureux. Ne songés qu'à faire beaucoup parler de vous quand vous ne serez plus et n'oubliez jamais que si l'on ne celebroit les grands h[ommes] il seroit inutile de l'être.

9

Le goût des lettres naît de l'oisiveté et la nourrit, de sorte que la culture annonce chez un peuple un commencement de corruption et l'achève très-promptement. Outre l'oisiveté, les arts libéraux annoncent encore l'inégalité des fortunes, le goût des petites choses et l'introduction du luxe, trois sources dont les vices découlent à grands flots dans la société[1]. Quant aux arts mécaniques, à force de prévenir toutes nos incommodités, ils énervent le corps et asservissent les âmes et produisent d'autres maux plus dangereux sur lesquels je ne me suis pas encore expliqué, et dont j'aurais peut-être occasion de parler ailleurs.

10

Les premiers philosophes prêchèrent tous la vertu et bien leur en prit, car ils se seroient fait lapider s'ils eussent parlé autrement. Mais quand les peuples commencèrent à être éclairés et à se croire aussi philosophes, ils s'accoutumèrent insensiblement aux propositions les plus singulières, et il n'y eut point de paradoxe si monstrueux que l'envie de se distinguer n'ait fait se soutenir. La vertu même et la divinité ont été mises en question, et comme il faut toujours penser autrement que le peuple, il n'a pas tenu aux philosophes de jeter du ridicule sur les choses de sa vénération.

11

Les grands, les riches, et cette brillante portion de la société qu'on appelle bonne compagnie, ont grand soin de se conduire en tout différemment des autres hommes. Il faut s'habiller autrement que le peuple, marcher, boire, manger autrement que le peuple, parler, penser, agir, vivre autrement que le peuple. Reste encore une chose très dégoûtante. C'est l'usage des quatre éléments qu'il faut avoir en commun. Ne pourrions-nous point trouver quelque manière polie de nous défaire de ces neuf dixièmes des gens réunis dont l'haleine ignoble corrompt l'air que nous respirons ?

12

... et commençant leur carriére avec des forces si disproportionnées leur différence augmentera encore de tout le chemin que l'un aura fait de plus que l'autre.

13

Ce grand ressort de l'opinion publique si habilement mis en œuvre par les anciens legislateurs est absolument ignoré des gouvernemens modernes, car comme ils la bravent eux mêmes, comment apprendroient-ils aux citoyens à la respecter[1] [?]

14

S'ils se donnoient un peu moins de peine pour nous dire qu'il faut bien faire, et un peu plus pour bien faire eux-mêmes, croyez-vous que leur[s] éxemples fussent moins utiles que leurs instructions ? Pourquoi faut-il qu'ils perdent à nous avertir de nôtre devoir le tems qu'ils devroient employer à faire le leur ? etc.

15

L'histoire moderne n'est pas depourvüe de traits admirables mais ce ne sont que des traits, j'y vois quelques grandes actions, mais je n'y vois plus de grands hommes[2].

16

Chaque état, chaque profession a son dictionnaire particulier pour exprimer en termes décens les vices qui leur sont propres. On ne dira pas d'un Ministre qu'il véxe le peuple, mais qu'il trouve des expédiens, ni d'un financier qu'il vôle le Prince mais qu'il fait une bonne affaire. Un filou dira qu'il a *gagné* une bourse et une Courtisanne qu'elle s'est mise dans le monde. L'honnéteté n'est plus que dans les mots et plus il y a de corruption dans les ames, plus on affecte de choix et de pureté dans les discours. J'aimerois cent fois mieux qu'un homme vienne me dire intrépidement qu'il en a trahi son bienfaiteur et son ami.

17

Un ministre qui invente des expédiens, un traittant qui fait une bonne affaire, un filou qui gagne une bourse, font tous à peu près la même chose; mais chacun d'eux tâche d'en adoucir l'idée par des termes du métier. Qu'un Impudent me déclare sans détour qu'il vient de faire une insigne friponnerie, je trouverai dans son discours un peu plus d'arrogance peut-être, mais à coup sur beaucoup moins de lâcheté.

18

Mais quoiqu'on puisse faire, les vols et les brigandages changent de nature en changeant de rapports; les petits deshonorent et font pendre ou rouer ceux qui les commettent, les grands sont surs de l'impunité et menent enfin à la gloire.

19

Il y a des païs où le domaine public ne rend plus rien. Ce qui arrive lorsque le métier de voleur public est tellement annobli que tous les honnêtes gens de la nation l'éxercent avec dignité et appellent fiérement leurs droits ce qu'autrefois on eut appellé leurs vols.

20

C'est un[e] merveille comment avec cette belle maxime qu'il n'y a aucun mal à voler le prince on parvient promptement à tranquilliser sa conscience sur touttes sortes de vols indifféremment.

21

La pluspart des voleurs de grand chemin ont commencé par être contrebandiers, et les meurtres qu'ils ont commis pour conserver leur vie les ont bientot conduits à assassiner les passans pour gagner leur bourse.

22

Ils sacrifient *(a)* leur liberté à la conservation de leur vie comme un voyageur cede sa bourse à un voleur pour n'être pas égorgé, est-ce donc à dire que la bourse soit bien acquise au voleur et que le proprietaire n'ait pas le droit de la lui reprendre si tot qu'il en a le pouvoir.

23

Bétise des supplices cruels au Japon où la honte a tant de force. Voyez Mandelslo[1] p. 424.

24

(Table des matières d'un projet d'*Histoire des mœurs*)

Livre I. chap. 1. Des mœurs en général; chap. 2. Des causes de la variété des mœurs. Des peuples sauvages; — Des peuples barbares; — Des peuples policés; — Des peuples ouvriers; — Des peuples vertueux; — De la religion.

Livre II. chap. 1. Des Egyptiens; — Des Perses; — Des Scithes; — Des Grecs; — Des Carthaginois; — Des Gaulois; — Des Germains; — Des Romains[2].

Notes et variantes

Les mentions *O.C.* dans les notes renvoient aux *Œuvres complètes* de Jean-Jacques Rousseau dans l'édition de la Pléiade, publiée aux Éditions Gallimard.

DISCOURS
SUR L'ÉCONOMIE POLITIQUE

Page 63.

(a) Cet alinéa et les quatre suivants, jusqu'à : *Aussi la nature a-t-elle fait une multitude de bons peres de famille*, se retrouvent dans le Manuscrit de Genève du *Contrat social*, l. I, ch. v (Bibliothèque publique et universitaire, ms. fr. 225, f°s 25-28) avec quelques légères variantes. Cf. ce texte p. 122.

1. Ou encore « économie publique » (cf. *supra*, p. 66) et « économie civile » (*La Nouvelle Héloïse*, partie IV, lettre X).

2. Voir surtout *La Nouvelle Héloïse*. Ce roman contient, en effet, un véritable traité de l'économie domestique, divisé en trois parties, dont la première concerne « les domestiques et les mercenaires » (partie IV, lettre X), la seconde « la manière de vivre des maîtres et l'administration de leurs biens » (partie V, lettre II), la troisième « le gouvernement ou l'éducation des enfants » (partie V, lettre III).

3. Cf. *Contrat social* (l. I, ch. II) : « La plus ancienne de toutes les sociétés et la seule naturelle, est celle de la famille ».

4. Cf. *Contrat social* (l. I, ch. IV) : « Puisqu'aucun homme n'a une autorité naturelle sur son semblable, et puisque la force ne produit aucun droit, restent donc les conventions pour base de toute autorité légitime parmi les hommes ».

Page 64.

(a) Dans l'édition des *Œuvres complètes* de 1782, on lit ici le passage suivant qui ne figure dans aucune des éditions antérieures ni dans le manuscrit parvenu jusqu'à nous : *Le pouvoir du pere sur les enfans, fondé sur leur avantage particulier, ne peut par sa nature s'étendre jusqu'au droit de vie et de mort : mais le pouvoir souverain qui n'a d'autre objet que le bien commun, n'a d'autres bornes que celles de l'utilité publique bien entendue : distinction que j'expliquerai dans son lieu.*

1. Dans le passage correspondant du Manuscrit de Genève, l. I, ch. v (cf. *supra*, p. 121), on trouve un texte polémique dont la signification est bien différente : « La richesse du prince, loin de rien ajouter au bien-être des particuliers, leur coûte presque toujours la paix et l'abondance ». C'est une modification du texte primitif et

biffé, qui, à deux mots près, est celui de l'*Économie politique* : « La richesse du publique n'est qu'un moyen, souvent fort mal entendu, pour conserver les particuliers dans la paix et dans l'abondance ».

Page 65.

1. D'après le *Discours sur l'inégalité* et le *Contrat social*, le devoir d'obéissance cesse, au contraire, pour les enfants dès qu'ils peuvent se passer de l'assistance de leurs parents. « Les enfans exempts de l'obéissance qu'ils doivent au pere, le pere exempt des soins qu'il devoit aux enfans, rentrent tous également dans l'indépendance » (*Contrat social*, l. I, ch. II). « Par la loi de Nature le Pere n'est le maître de l'Enfant qu'aussi longtems que son secours lui est nécessaire... audelà de ce terme ils deviennent égaux, et... alors le fils parfaitement indépendant du Pere, ne lui doit que du respect, et non de l'obéissance ; car la reconnaissance est bien un devoir qu'il faut rendre, mais non pas un droit qu'on puisse exiger » (*Discours sur l'inégalité, O.C.*, t. III, p. 182. Ici, la reconnaissance ne prescrit plus, comme dans l'*Économie politique*, l'obéissance. Sur ce point précis, le *Discours sur l'inégalité* présente donc une conception plus élaborée, plus personnelle aussi que l'*Économie politique*, où Rousseau s'en tient aux idées reçues. La comparaison des textes pourrait plaider pour l'antériorité de l'*Économie politique* par rapport au second *Discours*. Notons en outre que, dans le Manuscrit de Genève (l. I, ch. V), on retrouve presque tels quels les cinq alinéas concernant la différence entre le gouvernement de l'État et celui de la famille. Ce qui permet de supposer que Rousseau a inséré dans l'*Économie politique* un extrait du Manuscrit de Genève, déjà partiellement rédigé.

2. Cf. *Contrat social* (l. I, ch. IV) : « Ces mots *esclavage* et *droit* sont contradictoires ; ils s'excluent mutuellement ». Si Rousseau mentionne ici l'esclavage, c'est vraisemblablement parce que, dans la partie de la *Politique* d'Aristote relative à l'économie domestique (l. I), figure la relation du maître et de ses esclaves (ch. IV-VII).

3. Rousseau ne prend pas ici l'expression « lois fondamentales » dans son sens technique de « lois constitutives » de l'État, mais lui donne une signification plus large. « Ce ne sont plus seulement les lois de la monarchie française, mais celles de toute institution civile en général » (R. HUBERT, *Rousseau et l'Encyclopédie*, p. 108).

Page 66.

(*a*) Au lieu de « dix hommes capables de gouverner leurs semblables », on lit dans certains exemplaires de l'*Encyclopédie : dix bons magistrats*. Éd. 1782 : *mais depuis l'existence du monde, la sagesse humaine a fait bien peu de bons magistrats*.

(*b*) Une idée nouvelle apparaît dans un membre de phrase ajouté dans le texte de 1782 : *leurs droits ne sauroient dériver de la même source, ni les mêmes regles de conduite convenir à tous les deux*.

(*c*) L'allusion à Aristote se présente sous une forme différente dans Éd. 1782 : *puisqu'Aristote même, qui l'adopte en certains lieux de ses Politiques, juge à propos de la combattre en d'autres.*

(*d*) Dans son brouillon Rousseau avait d'abord commencé ainsi cet alinéa : *Ceci bien entendu l'on voit que l'autorité publique à laquelle je donne le nom de gouvernement ne s'étend que sur les particuliers.* Ce qu'il a ensuite remplacé par le texte définitif, avec une légère variante au début : *Ces eclaircissemens sont necessaires pour distinguer l'economie publique...*

(*e*) Ici se place dans le brouillon (Ms. 7840, f° 74) le passage suivant qui donne le plan de l'article, mais n'a pas été maintenu dans le texte définitif : *Si je veux déterminer en quoi consiste l'Economie publique je trouverai que ses fonctions se réduisent à ces trois principales, administrer les loix, maintenir la liberté civile et pourvoir aux besoins de l'Etat. Mais pour appercevoir la liaison de ces trois objets, il faut remonter au principe qui les unit. Pour entrer en matière, je demande qu'on me permette d'employer...*

1. *Patriarcha, or the naturel Power of Kings*, by the learned sir Robert Filmer, Londres, R. Chiswell, 1680. Il me paraît probable que Rousseau n'a pas lu le livre de Filmer et qu'il utilise ici, comme dans le *Discours sur l'inégalité* (*O.C.*, t. III, p. 183), des indications de Barbeyrac dans les notes de sa traduction du *Droit de la nature et des gens* de Pufendorf (l. VI, ch. II, § 10, n. 2).

2. Il s'agit, comme l'indique le *Discours sur l'inégalité* (*O.C.*, t. III, p. 182), de Locke et de Sidney : Locke dans son premier *Traité du gouvernement civil* (Londres, 1690), Sidney dans ses *Discours sur le gouvernement* (Londres, 1698).

3. C'est, en effet, au début du livre I de la *Politique* (cap. 1, § 2, 1252 a) qu'Aristote combat la thèse de ceux qui ne font entre le pouvoir du magistrat et celui du père de famille qu'une simple différence de degré : « Ceux qui ne font pas de différence, dit-il, entre le magistrat d'une cité, le prince d'une monarchie, le père de famille et le maître des esclaves, ne s'expriment pas comme il faut. Selon cette opinion, ces quatre types de gouvernants ne se distinguent pas entre eux par la nature de leur autorité, mais seulement par le nombre plus ou moins grand de ceux qui y sont soumis. À un tout petit nombre d'hommes commande un maître, à un nombre plus grand un père de famille, à un nombre plus grand encore un magistrat d'une cité ou un monarque. D'après cela, il n'y aurait plus aucune différence entre une grande famille et une petite cité. » Il est également exact, comme le précise la variante, qu'Aristote adopte ailleurs la thèse qui identifie le pouvoir royal au pouvoir paternel. Dans le livre III de la *Politique* (cap. XIV, § 14 et 15, 1285 b), Aristote distingue cinq espèces de royautés et compare au père de famille le « pambasileus », lequel, dit M. Ernest Barker (*The Politics of Aristotle*, Oxford, 1952, p. 140, n. 1), est « analogue au souverain patriarcal de la théorie de Bodin et de Filmer » : « Il existe une cinquième espèce de monarchie, quand un seul est souverain en toutes choses, avec un pouvoir semblable à celui de la tribu ou de la cité

sur ses membres, si bien qu'ici le pouvoir royal correspond au pouvoir du chef de famille. Car, de même que le gouvernement paternel est une espèce de royauté sur la maison, de même ce type le plus absolu de royauté *(pambasileia)* est, pour ainsi dire, le gouvernement paternel d'une cité, d'un ou de plusieurs peuples. » Dans ce type de monarchie l'identité est donc presque complète entre l'économie publique et l'économie domestique. Même indication dans l'*Éthique à Nicomaque* (lib. VIII, cap. x, 1160 b) : « La communauté que forment le père et ses fils offre, en effet, l'image d'une royauté... C'est pour cela qu'Homère donne à Zeus le nom de père. L'autorité royale entend être, en effet, une autorité paternelle. » Ces références précises à la *Politique* et à l'*Éthique à Nicomaque* montrent que Rousseau a lu Aristote plus attentivement qu'on ne le dit et, qu'à cet égard, le jugement de Ch. E. Vaughan (*Political Writings of J.-J. Rousseau*, t. II, p. 560, Index) — « Aristotle had little direct influence on Rousseau » — doit être révisé.

4. Puissance *exécutrice* et non puissance *exécutive*, comme dans le Manuscrit de Genève et le *Contrat social* (l. III, ch. I). Dans l'*Économie politique*, Rousseau se conforme encore à la terminologie usuelle qui est celle de Montesquieu (cf. *Esprit des lois*, l. IX, ch. VI). Voir à ce sujet l'importante note de Rousseau dans le Manuscrit de Genève (l. III, ch. I) et notre commentaire (*supra*, p. 156).

5. « L'idée de l'État, conçu comme un organisme, écrit C. E. Vaughan, domine tout le traité du *Contrat social* ; mais le mot lui-même n'est jamais prononcé, et l'analogie entre l'État et un corps organisé n'est jamais présentée de façon explicite. Cette double omission est réparée dans l'*Économie politique*, où l'analogie est poussée jusque dans ses moindres détails. » (*Du Contrat social*, éd. classique, Manchester, 1926, Introduction, p. XXVIII). On voit, au contraire, que dans l'*Économie politique* même, la conception organiciste de la société n'a que la valeur d'une image ou d'une comparaison dont Rousseau prend soin de souligner toute l'inexactitude. Cf. R. DERATHÉ, *J.-J. Rousseau et la science politique de son temps*, Paris, 1950, Appendice IV : « La théorie organiciste de la société chez Rousseau et chez ses prédécesseurs », pp. 410-413.

6. L'emploi du mot *machine* dans ce texte organiciste montre bien ce qu'il faut penser de l'hypothèse de René Hubert (*Rousseau et l'Encyclopédie*, p. 63), selon laquelle Rousseau aurait finalement abandonné l'organicisme de l'*Économie politique* pour adhérer, dans le *Discours sur l'Inégalité*, au « mécanisme sociologique ». En réalité, « machine » et « corps organisé » sont de simples comparaisons dont Rousseau se sert indifféremment pour faire comprendre le fonctionnement de l'État. Il ne faut pas oublier non plus que les termes d'organisme et de machine étaient souvent synonymes dans la langue classique. Selon G. CAYROU (*Le français classique*, 6e éd., Paris, 1948, p. 530), le mot *machine* pouvait signifier : « Ensemble des parties, des organes qui constituent un tout, vivant ou non, et produisant des effets déterminés sans transmettre une force au dehors : organisme, corps ».

7. Cet alinéa rappelle manifestement le passage de l'Introduction du *Leviathan*, où Hobbes compare l'État à un « homme artificiel ».

Page 67.

1. Rousseau s'inspire ici d'une remarque de Hobbes dans le *De Cive* (cap. VI, § 16) : « Le *Larcin*, le *Meurtre*, l'*Adultère*, et toutes sortes d'*Injures* sont defenduës par les loix de Nature. Mais ce n'est pas la Loy de Nature qui enseigne ce que c'est qu'il faut nommer Larcin, meurtre, adultere, ou injure en un citoyen. C'est à la *Loy civile* qu'il faut s'en rapporter. Car ce n'est pas larcin, que d'oster simplement à quelcun ce qu'il possede, mais bien quand on oste à autruy ce qui luy *appartient*. Or c'est à la Loy civile à déterminer ce qui est à nous, et ce qui est à autruy... Ce qui me fait dire que la Republique de *Lacedemone*, permettant à la jeunesse de *desrober*, pourveu qu'elle ne fust pas prise sur le fait, ne faisoit autre chose qu'establir une loy, par laquelle ce qu'on auroit pris subtilement ne seroit plus censé le bien d'autruy. » (*Elemens philosophiques Du Citoyen...* par Thomas Hobbes, trad. Sorbière, Amsterdam, Jean Blaeu, 1649, pp. 103-104). Cf. également *Émile*, l. II : « Vous ne parviendrez jamais à faire des sages, si vous ne faîtes d'abord des polissons : c'étoit l'éducation des Spartiates ; au lieu de les coller sur des livres, on commençoit par leur apprendre à voler leur dîner. »

2. Renvoi à l'article « Droit naturel » (Morale), article de Diderot, dans le tome V de l'*Encyclopédie* (pp. 114-116). Faut-il prendre cette remarque à la lettre et admettre que Rousseau a désigné l'article de Diderot comme la source où il a trouvé l'idée de la volonté générale ? La question a été clairement posée par C. E. Vaughan : « L'interprétation la plus naturelle de ce passage, dit-il, consiste, semble-t-il, à le prendre pour la reconnaissance d'une dette à l'égard de l'auteur de l'article « Droit naturel » et à y voir l'aveu suffisamment explicite que l'idée de la volonté générale est originellement due à Diderot. D'un autre côté, on peut avancer que ce n'est là qu'une interprétation possible, mais pas nécessairement le sens qu'il faut donner à la phrase de Rousseau. Il y a même, dans ce cas précis, de bonnes raisons pour rejeter cette interprétation. Car, si Diderot était réellement l'auteur d'une idée qui joue un si grand rôle dans la théorie politique de Rousseau, il faudrait admettre qu'il fît preuve d'une discrétion inaccoutumée en s'abstenant de proclamer le fait. Dans les années qui suivront, il sera, en effet, à la recherche du moindre trait, loyal ou pervers, sérieux ou frivole, pouvant servir à diminuer le génie de Rousseau ou à noircir son caractère. Il inventera cette absurde histoire que Rousseau lui était redevable de l'idée directrice du premier *Discours* et, par conséquent, des multiples griefs formulés par la suite contre la société. Est-il vraisemblable que Diderot ait gardé le silence si Rousseau lui avait réellement emprunté l'un des principes générateurs du *Contrat social* et de l'*Économie politique* ? Encore une fois, il est impossible d'être certain. C'est au lecteur de juger lui-même. » (*Political Writings*, t. I, pp. 425-426).

3. L'expression fait songer au cosmopolitisme stoïcien. Cf. CICÉRON, *De Finibus*, III, 64 : « Le monde, suivant la doctrine des Stoïciens, est régi par la providence des dieux ; il est comme la résidence commune, comme la cité des dieux et des hommes, et chacun de nous est une partie de ce monde ; d'où il suit, par une conséquence naturelle, que nous devons faire passer l'intérêt de la communauté avant le nôtre. Car, de même que les lois font passer le salut de l'État avant celui des particuliers, de même le bon citoyen, qui est sage, soumis aux lois et qui n'ignore pas son devoir civique, songe plus à assurer l'intérêt de tous que celui de tel ou tel ou même que le sien propre. » Nous citons d'après la traduction Jules Martha, Paris, Les Belles Lettres, t. II, 1930, p. 43.

Page 68.

1. L'essentiel de ce développement se retrouve dans le *Contrat social*, l. III, ch. III.

2. Cf. *Discours sur les sciences et les arts*, parallèle de Sparte et d'Athènes. « Athéne devint le séjour de la politesse et du bon goût, le païs des Orateurs et des Philosophes. »

Page 69.

1. Article « Droit naturel », *Encyclopédie*, t. V, p. 116 : « Hélas, la vertu est si belle, que les voleurs en respectent l'image dans le fond même de leurs cavernes ».

2. Rousseau appelle ici « populaire » tout État dirigé par la volonté générale, donc, comme il le dit plus bas, tout gouvernement légitime, et, par opposition, « tyrannique » l'État où la volonté particulière du chef et la volonté du peuple s'opposent. Dans le *Contrat social* il abandonnera cette terminologie approximative pour une autre plus précise. Alors, « tout Etat régi par des loix » est une « République » et « tout Gouvernement légitime est républicain » (l. II, ch. VI). D'autre part, tyran devient synonyme d'usurpateur : « J'appelle *Tyran*, l'Usurpateur de l'autorité royale, et *Despote*, l'Usurpateur du pouvoir souverain » (l. III, ch. x).

3. Il s'agit du *Prince*. Sur la façon dont Rousseau juge cet ouvrage et son auteur, voir le *Contrat social* (l. III, ch. VI).

Page 70.

(a) Le passage qui précède, depuis *Cette difficulté...*, se retrouve dans le manuscrit de Genève du *Contrat social*, l. I, ch. VII (f°s 42-43) avec de légères différences ; cf. ce texte p. 132.

1. Selon Locke, si les hommes se sont réunis et ont formé des sociétés civiles, c'est « pour la préservation mutuelle de leurs vies, de leurs libertés et de leurs biens, toutes choses que j'appelle, dit-il, du nom général de propriétés » (*Essai sur le gouvernement civil*, ch. IX, § 123 de l'édition anglaise).

Page 71.

1. Rousseau rejette donc la maxime : *princeps legibus solutus est.*

2. *Lois*, IV, depuis 719 et jusqu'à la fin du livre. Cf. 723 c : « Eh bien ! Clinias, tu m'as l'air d'avoir raison sur ce point, quand tu veux que toutes les lois aient des préludes et qu'au début de toute œuvre législative on mette avant le texte proprement dit le préambule qui convient à chaque loi ». Nous citons d'après la traduction Éd. des Places, Paris, Les Belles Lettres, 1951, t. XI (IIe partie) des *Œuvres complètes* de Platon, p. 76.

Page 72.

1. Rousseau s'inspire ici de ce qu'a écrit Montesquieu contre la sévérité et la cruauté des peines tant dans l'*Esprit des lois* (l. VI, ch. IX, XII et XIV) que dans les *Lettres persanes* (lettre LXXX).

2. C'est une maxime constante de la politique de Rousseau que l'administration soit conforme aux lois ou, pour parler notre langage, que l'exécutif soit subordonné au législatif. Sur cette subordination, voir R. DERATHÉ, *J.-J. Rousseau et la science politique de son temps*, pp. 301 sq.

3. Cf. *Contrat social*, l. II, ch. XI et l. III, ch. VIII.

Page 73.

1. Dans le *Contrat social* (l. III, ch. XIII), Rousseau se montre, au contraire, favorable aux assemblées fréquentes du peuple : « Outre les assemblées extraordinaires que des cas imprévus peuvent exiger, il faut qu'il y en ait de fixes et de périodiques que rien ne puisse abolir ni proroger ». Il écrivait en outre au chapitre précédent (l. III, ch. XII) : « Le Peuple assemblé, dira-t-on ! Quelle chimere ! C'est une chimere aujourd'hui, mais ce n'en étoit pas une il y a deux mille ans ; les hommes ont-ils changé de nature ? » Dans le *Contrat social*, l'attitude de Rousseau est à la fois plus radicale et plus cohérente que dans l'*Économie politique*, car il paraît difficile de « consulter » la volonté générale sans réunir l'assemblée du peuple.

2. La Chine est loin de tenir dans l'œuvre de Rousseau la place qu'elle occupe dans l'*Esprit des lois*. Elle est néanmoins citée en exemple à trois reprises dans l'*Économie politique*, sans que Rousseau nous ait donné la moindre indication sur ses sources. Nous savons toutefois qu'à la demande de Mme Dupin, il a lu la *Description de l'Empire de la Chine et de la Tartarie chinoise* du Père Du Halde, l'ouvrage si souvent utilisé par Montesquieu. Voir à ce sujet *O.C.*, t. I, p. 1413, l'importante note de la page 342.

3. Cf. *Confessions*, l. VIII (*O.C.*, t. I, p. 404) : « J'avois vu que tout tenoit radicalement à la politique, et que, de quelque façon qu'on s'y prit, aucun peuple ne seroit jamais que ce que la nature de son Gouvernement le feroit être ».

Page 74.

1. Pour Rousseau comme pour Montesquieu, il faut compter davantage sur les mœurs que sur les peines pour maintenir l'autorité des lois et du gouvernement. Inversement, c'est aux institutions, donc au législateur, qu'il appartient de former les mœurs.

Page 75.

1. Cf. *Contrat social* (l. IV, ch. I) : « Un Etat bien gouverné a besoin de très-peu de Loix ».

Page 76.

(*a*) Dans Éd. 1782 l'alinéa est complété par une citation de saint Augustin : « Sicuti enim est aliquando misericordia puniens, ita est crudelitas parcens. » *Aug. Epist. 54.*

1. On sait que Rousseau exalte le patriotisme aux dépens du cosmopolitisme. Mais l'amour de la patrie n'a certainement pas chez lui le sens qu'il prendra chez les nationalistes du siècle suivant. Sa conception de la patrie, comme celle de Montesquieu, est d'inspiration antique et républicaine. L'amour de la patrie, c'est avant tout l'attachement à une constitution où les citoyens vivent libres et égaux. Rousseau dira un peu plus bas : « La patrie ne peut subsister sans la liberté, ni la liberté sans la vertu, ni la vertu sans les citoyens ». Près de dix ans plus tard, il sera plus explicite encore dans une lettre au colonel Pictet : « Ce ne sont ni les murs ni les hommes qui font la patrie : ce sont les loix, les mœurs, les coutumes, le Gouvernement, la constitution, la manière d'être qui resulte de tout cela. La patrie est dans les rélations de l'Etat à ses membres ; quand ces rélations changent ou s'aneantissent, la patrie s'évanoüit ; ainsi, Monsieur, pleurons la nôtre ; elle a péri, et son simulacre qui reste encore ne sert plus qu'à la deshonorer » (Motiers, 1er mars 1764 ; *C.G.*, t. X, pp. 337-338). Sur l'amour de la patrie chez Rousseau, voir l'étude de Franz HAYMANN, *Weltbürgertum und Vaterlandsliebe in der Staatslehre Rousseaus und Fichtes*, Berlin, 1924.

2. Cf. Manuscrit de Genève, l. I, ch. II : « Par où l'on voit ce qu'il faut penser de ces prétendus cosmopolites qui, justifiant leur amour pour la patrie par leur amour pour le genre humain, se vantent d'aimer tout le monde, pour avoir droit de n'aimer personne. » De même, *Émile*, l. I : « Tel philosophe aime les Tartares, pour être dispensé d'aimer ses voisins » (*O.C.*, t. IV, p. 249).

Page 77.

1. Dans *La Profession de foi du Vicaire Savoyard*, Rousseau opposera de même, dans un parallèle désormais célèbre, Socrate à Jésus.

2. Cf. *Profession de foi du Vicaire Savoyard* (éd. P.-M. Masson,

1914, p. 411) : « Oui, si la vie et la mort de Socrate sont d'un Sage, la vie et la mort de Jesus sont d'un Dieu ». Il eſt curieux de noter que Rousseau se soit servi dans les deux parallèles de l'expression « un Dieu ». Si elle s'explique pour Caton, en ce qui concerne Jésus, elle eſt, pour le moins, ambiguë.

Page 78.

(a) Une phrase isolée du brouillon donne un premier jet de cette phrase : *Il ne faut pas qu'on puisse couper un membre que la tête ne s'en apperçoive.*

(b) Le brouillon ajoute ici : *hors le cas de la conservation publique et particulière.*

(c) Le brouillon ajoute : *leur liberté.*

1. Par « conventions fondamentales », il faut entendre ici moins les « lois fondamentales » que le pacte social même. Cf. *Contrat social* (l. III, ch. x) : « De sorte qu'à l'inſtant que le Gouvernement usurpe la souveraineté, le pacte social eſt rompu, et tous les simples Citoyens, rentrés de droit dans leur liberté naturelle, sont forcés, mais non pas obligés d'obéir. »

2. Ce long développement sur la protection que l'État doit à ses membres montre bien ce qu'il faut penser du prétendu « totalitarisme » de Rousseau.

Page 79.

(a) Une phrase du brouillon n'a pas passé dans le texte définitif : *Ce sage et vertueux peuple connoissoit en quoi consiſtoi[en]t les vrais Tresors de l'état et préféroit dans la pompe des Triomphes la délivrance d'un seul Romain à toutes les richesses des vaincus.*

Page 80.

1. La vigueur de cette formule, étonnante pour l'époque, mérite d'être soulignée. Elle montre à quel point Rousseau était, comme on l'a dit, sensible à l'iniquité sociale. Il a vu dans la richesse un instrument de domination, qui tend à priver les pauvres de leur liberté. « Les riches de leur côté, dit-il, connurent à peine le plaisir de dominer, qu'ils dédaignerent bientôt tous les autres, et se servant de leurs anciens Esclaves pour en soûmettre de nouveaux, ils ne songèrent qu'à subjuguer et asservir leurs voisins » (*Discours sur l'inégalité, O.C.*, t. III, p. 175). En proposant de « protéger le pauvre contre la tyrannie du riche », Rousseau sait qu'il propose de changer l'ordre social, puisque, selon un autre texte de l'*Économie politique* (cf. *supra*, p. 93), « la confédération sociale... protège fortement les immenses possessions du riche, et laisse à peine un misérable jouir de la chaumière qu'il a conſtruite de ses mains ». Dans une note du livre IV de l'*Émile*, Rousseau dit plus nettement encore : « L'esprit universel des lois de tous les pays eſt de favoriser toujours le fort

contre le faible, et celui qui a contre celui qui n'a rien : cet inconvénient est inévitable et il est sans exception ». Cf. également *Fragments*, IV, 16 : « Les Loix et l'exercice de la justice ne sont parmi nous que l'art de mettre le Grand et le riche à l'abri des justes réprésailles du pauvre. »

2. Rousseau examine ici le problème de l'inégalité sociale d'un point de vue strictement politique. Ce qui le préoccupe, c'est l'autorité de l'État qui peut être mise en échec par les puissances d'argent. De là, la nécessité, comme il le dit dans le *Projet de constitution pour la Corse* (*O.C.*, t. III, p. 931), de renfermer la propriété particulière « dans les plus étroites bornes ». Il a toujours soutenu que la force des lois s'exerçait sur la « médiocrité », c'est-à-dire sur ceux qui tiennent le juste milieu entre les riches et les pauvres. Voir, outre le *Contrat social* (l. II, ch. XI), dans les *Lettres écrites de la Montagne*, la lettre IX (*O.C.*, t. III, pp. 889-890) où Rousseau fait en ces termes l'éloge de la bourgeoisie de Genève : « Dans tous les tems cette partie a toujours été l'ordre moyen entre les riches et les pauvres, entre les chefs de l'Etat et la populace. Cet ordre composé d'hommes à-peu-près égaux en fortune, en état, en lumières, n'est ni assez élevé pour avoir des prétentions, ni assez bas pour n'avoir rien à perdre. Leur grand intérêt, leur intérêt commun est que les Loix soient observées, les Magistrats respectés, que la constitution se soutienne et que l'Etat soit tranquille. Personne dans cet ordre ne jouit à nul égard d'une telle supériorité sur les autres qu'il puisse les mettre en jeu pour son intérêt particulier. »

3. On trouve dans la troisième partie de l'*Économie politique* les moyens proposés par Rousseau pour prévenir l'inégalité des fortunes. Voir également le *Projet de constitution pour la Corse*.

4. « Il faut que tout le monde vive et que personne ne s'enrichisse. C'est là le principe fondamental de la prospérité de la nation » (*Projet de constitution pour la Corse, O.C.*, t. III, p. 924).

Page 81.

(*a*) Le brouillon ajoute ici : *quand même à la place des passions on substitueroit la sagesse*, et continue : *Mais si l'on n'apprend point aux hommes à n'aimer rien...*

1. *Projet de constitution pour la Corse* (*O.C.*, t. III, p. 921) : « Je regarde si bien tout système de commerce comme destructif de l'agriculture, que je n'en excepte pas même le commerce des denrées qui sont le produit de l'agriculture ». Rousseau sera toujours partisan de favoriser l'agriculture aux dépens des autres arts et de maintenir dans l'État une économie presque exclusivement agricole. Il faut, dit-il aux Polonais, « appliquer vos peuples à l'agriculture et aux arts nécessaires à la vie » (*Considérations sur le Gouvernement de Pologne, O.C.*, t. III, p. 1004). On retrouve chez lui l'hostilité de Platon contre les arts d'agrément et les métiers de luxe (cf. *République*, l. II, 13, 372 c-373 d).

2. Après Montesquieu, pour qui chaque forme de gouvernement a pour principe ou pour ressort une passion, Rousseau souligne à son tour l'importance des passions en politique. « Tous les établissemens humains, dit-il, sont fondés sur les passions humaines et se conservent par elles : ce qui combat et détruit les passions n'est donc pas propre à fortifier ces établissemens » (*Lettres écrites de la Montagne, O.C.*, t. III, p. 704). Les passions jouent donc un rôle aussi important dans la vie des peuples et des sociétés que dans celle des individus.

3. Cf. *Contrat social* (l. II, ch. VII) : « Celui qui ose entreprendre d'instituer un Peuple, doit se sentir en état de changer, pour ainsi dire, la nature humaine ; de transformer chaque individu, qui par lui-même est un tout parfait et solitaire, en partie d'un plus grand tout dont cet individu reçoive en quelque sorte sa vie et son être ; d'altérer la constitution de l'homme pour la renforcer ; de substituer une existence partielle et morale à l'existence physique et indépendante que nous avons tous reçue de la nature ».

Page 82.

(a) Dans le brouillon, à la place de *nouvelles directions*, Rousseau avait écrit *transformations*, puis *changemens*, et enfin *métamorphoses*.

(b) À la place de ces derniers mots, on lit dans le brouillon la formule suivante, que R. a d'ailleurs biffée : *car ils pourroient en faire de très bons fils et de très mauvais citoyens.*

1. Dans l'*Émile*, Rousseau soutiendra, au contraire, que l'enfant ne doit rien faire par obéissance et que la connaissance des devoirs de l'homme n'est pas à la portée de son âge. « Votre enfant, dit-il, ne doit rien obtenir parce qu'il le demande, mais parce qu'il en a besoin, ni rien faire par obéissance, mais seulement par nécessité : ainsi les mots d'obéir et de commander seront proscrits de son dictionnaire, encore plus ceux de devoir et d'obligation ; mais ceux de force, de nécessité, d'impuissance et de contrainte y doivent tenir une grande place » (*O.C.*, t. IV, p. 316). Ainsi l'éducation domestique repose sur une psychologie de l'enfant dont l'éducation publique ne tient plus aucun compte.

Page 83.

(a) Le développement sur l'éducation publique est différent dans le brouillon : *L'éducation publique est donc une des maximes fondamentales du gouvernement populaire et légitime et c'est par elle qu'on formera de bonne heure les jeunes citoyens à reunir toutes leurs passions dans l'amour de la patrie, toutes leurs volontés dans la volonté générale et par consequent à porter toutes les vertus jusqu'où les peut porter l'ame humaine elévée à de si grands objets. Bien entendu que les Magistrats chargés spécialement de cette éducation auront mérité cette glorieuse marque de la confiance publique par un ardent et continuel amour de la patrie et des Loix, par les services les plus signalés rendus à l'État dans le cours d'une longue vie, dans le commande-*

ment des armées et dans l'administration des plus grandes affaires, et que cette fonction sublime sera pour ceux qui auront dignement rempli toutes les autres l'honorable et doux repos de leur vieillesse et le comble de tous les honneurs... La suite recouvre à peu de choses près le texte définitif. Le passage... *Si les enfans sont élevés... dont ils auront été si longtems les enfans* se lit un peu plus loin dans le brouillon, au bas du f° 82.

(b) Le brouillon ajoute ici : *exercés à tous les devoirs de l'homme.*

1. Rousseau s'inspire ici directement de Montaigne et indirectement de Platon. Montaigne écrit, en effet, dans les *Essais*, l. II, ch. XXXI (éd. P. Villey, Paris, Alcan, 1922, t. II, p. 515) : « La plus part de nos polices, comme dict Aristote, laissent à chacun, en maniere des Cyclopes, la conduitte de leurs femmes et de leurs enfans, selon leur folle et indiscrete fantasie ; et quasi les seules Lacedemonienne et Cretense ont commis aux lois la discipline de l'enfance. Qui ne voit qu'en un estat tout dépend de son education et nourriture ? et cependant, sans aucune discretion, on la laisse à la mercy des parens, tant fols et meschans qu'ils soient. » On sait, en outre, que dans la *République*, Platon se prononce en faveur de l'éducation publique et que dans les *Lois* (l. I), il se réclame à cet effet de l'exemple des Lacédémoniens et des Crétois. En ce qui concerne les « anciens Perses », Rousseau les avait déjà cités avec éloge dans le *Discours sur les sciences et les arts* : « Tels furent les premiers Perses, Nation singulière chez laquelle on apprenoit la vertu comme chez nous on apprend la Science ». Dans son édition critique du premier *Discours* (New York et Londres, 1946, p. 195, n. 126), M. George et R. Havens a montré qu'ici encore Rousseau suit de près Montaigne, lequel écrivait dans le chapitre « Du Pédantisme » (*Essais*, l. I, ch. XXV, éd. Villey, t. I, p. 182) : « En cette belle institution que Xenophon preste aux Perses, nous trouvons qu'ils apprenoient la vertu à leurs enfans, comme les autres nations font les lettres. Platon dit que le fils aisné, en leur succession royale, estoit ainsi nourry. » Notons enfin, toujours à la suite de M. Havens, que dans le *Discours sur l'histoire universelle* (IIIe partie, ch. V), Bossuet fait également allusion au même passage de Platon (*Alcibiade*, 121 e-122 a) : « La manière dont on élevait les enfants des rois, dit-il, est admirée par Platon, et proposée aux Grecs comme le modèle d'une éducation parfaite... Avec une si belle institution, que ne devoit-on espérer des rois de Perse et de leur noblesse, si on eût eu autant de soin de les bien conduire dans le progrès de leur âge, qu'on en avait de les bien instruire dans leur enfance ? » (Nous citons d'après l'édition Plon, Paris, 1875, t. III, pp. 61-62). Le *Discours sur l'histoire universelle* figure parmi les livres que Rousseau avait lus pendant son enfance (cf. *Confessions*, l. I, *O.C.*, t. I, pp. 8-9). Platon se trouvant ainsi cité à la fois par Montaigne et par Bossuet, on comprend que Rousseau, même sans avoir lu l'*Alcibiade*, ait pu dire dans sa *Dernière Réponse* (à M. Bordes) : « *On prétend nous faire regretter l'éducation des Perses.* Remarquez que c'est Platon qui prétend cela ».

2. Cf. *Contrat social*, l. II, ch. IX : « Plus le lien social s'étend, plus il se relâche, et en général un petit Etat est proportionnellement plus fort qu'un grand ».

Page 84.

(*a*) Première version de ce passage, dans le brouillon : *... chez les deux derniers. J'ignore si c'est par cette raison que la même chose n'a plus été tentée. Je vois que les Romains seuls ont pu s'en passer.*

(*b*) Éd. 1782 conserve ici le renvoi « *Voyez* ÉDUCATION », qui figurait dans le corps de l'article dans la première édition de l'*Encyclopédie*, mais que l'errata demande de supprimer. C'est donc contrairement à l'intention de Rousseau que cette indication a été maintenue dans des éditions ultérieures de l'*Encyclopédie*. Elle ne se trouve pas dans l'édition séparée de Duvillard en 1758.

1. Cf. *Émile*, l. III : « Celui qui mange dans l'oisiveté ce qu'il n'a pas gagné lui-même le vole ; et un rentier que l'Etat paye pour ne rien faire ne diffère guère, à mes yeux, d'un brigand qui vit aux dépens des passans. Hors de la société, l'homme isolé, ne devant rien à personne, a droit de vivre comme il lui plaît ; mais dans la société, où il vit nécessairement aux dépens des autres, il leur doit en travail le prix de son entretien ; cela est sans exception. Travailler est donc un devoir indispensable à l'homme social. Riche ou pauvre, puissant ou foible, tout citoyen oisif est un fripon. »

2. On sait que les saint-simoniens opposeront à leur tour, mais dans un tout autre esprit, l'administration des choses au gouvernement des hommes.

Page 85.

(*a*) Le passage sur le droit d'héritage se présente un peu différemment dans le brouillon, où la référence à Puffendorf manque : *Le droit d'heritage et l'ordre des successions n'est point une loi fondamentale mais seulement un réglement de police trés important qui dépend de l'autorité publique. La raison en est que le droit de propriété ne s'étend point au delà de la vie et qu'à l'instant qu'un homme est mort son bien ne lui appartient plus : c'est donc à l'Etat d'en disposer et c'est ce qu'une multitude de raisons l'obligent de faire en faveur des enfans qui souvent ayant contribué à l'acquisition de ce même bien sont de leur chef associés au droit du Pére.*

(*b*) Première version du début de l'alinéa qui commence dans le texte définitif par *En général... : A l'égard des maximes sur lesquelles doivent être fondées ces sortes de réglemens l'examen en appartient au souverain plustot qu'au gouvernement, cependant...* Le brouillon donne ensuite le texte définitif de tout l'alinéa.

1. Ce passage sur le droit de propriété — avons-nous besoin de le souligner ? — s'accorde mal, en apparence tout au moins, avec ce que Rousseau écrivait sur le même sujet dans le *Discours sur l'inégalité* (*O.C.*, t. III, p. 184) : « Le Droit de propriété n'étant que de

convention et d'institution humaine, tout homme peut à son gré disposer de ce qu'il posséde : mais il n'en est pas de même des Dons essentiels de la Nature, tels que la vie et la liberté, dont il est permis à chacun de joüir, et dont il est moins douteux qu'on ait Droit de se dépoüiller ». On pourrait penser, en effet, que l'épithète « sacré » s'applique difficilement à un droit d'institution humaine, mais il faut se souvenir que Rousseau écrira dans le *Contrat social* (l. I, ch. I) : « L'ordre social est un droit sacré, qui sert de base à tous les autres. Cependant ce droit ne vient point de la nature ; il est donc fondé sur des conventions. » Dans le *Contrat social* également (l. I, ch. IX, les biens des particuliers sont « les garants de leur fidélité » envers l'État. Il n'est donc pas sûr que la théorie du droit de propriété formulée dans l'*Économie politique* soit essentiellement différente de celle que nous trouvons dans le *Discours sur l'inégalité* et dans le *Contrat social*. Il est certain toutefois qu'en disant que « le droit de propriété est le vrai fondement de la société civile », Rousseau emploie à trois reprises une formule qui correspond mieux à la conception de Locke qu'à sa propre doctrine. L'*Économie politique* reste partiellement sous l'influence de Locke, quoique les mesures pratiques proposées par Rousseau pour prévenir l'inégalité des fortunes s'écartent manifestement du libéralisme de l'*Essai sur le gouvernement civil*.

2. *Droit de la nature et des gens*, l. IV, ch. X, § 4 : « Les choses qui entrent en propriété ne servant aux Hommes que pendant qu'ils sont en vie, et les Morts n'aiant plus de part aux affaires de ce monde ; il n'étoit pas nécessaire que l'établissement de la Propriété s'étendît jusqu'à donner au Propriétaire le pouvoir de choisir qui bon lui semble pour succéder aux biens qu'il laisse en mourant : il suffisoit que chacun disposât de ses biens pendant sa vie, laissant à ceux qui lui survivroient le soin d'en faire ce qu'ils jugeraient à propos, quand il ne seroit plus ». Nous citons d'après la traduction Barbeyrac, 6e éd., Bâle, 1750, t. I, pp. 661-662.

Page 86.

(a) Dans le brouillon, ce passage, depuis *changemens qui sont la preuve...*, manque ; il est remplacé par : *Grand sujet à méditer pour tout lecteur qui a l'ame honnête et l'esprit éclairé.*

(b) Le brouillon ajoutait ici un paragraphe de transition, biffé ensuite par Rousseau : *Pour lever ces contradictions, reprenons les choses depuis l'institution du gouvernement et continuons d'examiner moins ce qui est que ce qui devroit être.*

1. Dans l'*Émile* (l. III), il ne sera plus question de ce point de vue prudemment conservateur : « Appropriez l'éducation de l'homme à l'homme, et non pas à ce qui n'est point lui. Ne voyez-vous pas qu'en travaillant à le former exclusivement pour un état vous le rendez inutile à tout autre, et que, s'il plaît à la fortune, vous n'aurez travaillé qu'à le rendre malheureux ?... Vous vous fiez à l'ordre

actuel de la société sans songer que cet ordre est sujet à des révolutions inévitables, et qu'il vous est impossible de prévoir ni de prévenir celle qui peut regarder vos enfans. Le grand devient petit, le riche devient pauvre, le monarque devient sujet : les coups du sort sont-ils si rares que vous puissiez compter d'en être exempt ? Nous approchons de l'état de crise et du siècle des révolutions. » (*O.C.*, t. IV, p. 468).

2. Cf. *Contrat social* (l. III, ch. IV) : « Il est contre l'ordre naturel que le grand nombre gouverne et que le petit soit gouverné. » Mais s'il est préférable de confier le gouvernement de l'État à un nombre restreint de magistrats plutôt qu'à la généralité du peuple, ce n'est pas là la raison profonde qui justifie, aux yeux de Rousseau, la séparation des fonctions gouvernementales et de l'exercice de la souveraineté. La tâche essentielle du peuple, celle dont il ne peut se décharger sur qui que ce soit, c'est la législation. Il importe donc qu'il ne détourne pas « son attention des vues générales, pour la donner aux objets particuliers », et qu'il renonce, par conséquent, à exercer lui-même la puissance exécutive.

3. Ce sera le « législateur » du *Contrat social* (l. II, ch. VII).

Page 87.

1. *Les six livres de la République*, l. VI, ch. II (« Des Finances ») : « Il y a sept moyens en general de faire fonds aux finances, lesquels sont compris tous ceux qu'on peut imaginer... Quant au premier, qui est le domaine, il semble estre le plus honneste et le plus seur de tous » (3e éd., 1578, p. 628).

Page 89.

1. Le problème posé par le commerce des blés et des grains a été l'un de ceux qui ont le plus préoccupé le XVIIIe siècle. On connaît l'article « Grains » de Quesnay publié dans le tome VII de l'*Encyclopédie* (1757). Il est peu probable que Rousseau en ait eu connaissance au moment où il a rédigé l'article « Économie politique ». Il se prononce en tout cas contre la solution de Quesnay et des physiocrates, partisans de la liberté du commerce des grains. Il se montre, au contraire, favorable aux « magasins publics », au sujet desquels Quesnay écrit dans son article : « Je ne parlerai pas ou plus des projets chimériques de ceux qui proposent des établissements de greniers publics pour prévenir les famines, ni des inconvéniens, ni des abus inséparables de pareilles précautions » (*Encyclopédie*, t. VII, Paris, 1757, p. 825). Outre l'exemple de Genève, la lecture de l'*Essai politique sur le commerce* de J.-B. Melon (1re éd., 1734, 2e éd., augmentée de sept chapitres, 1736) a pu attirer l'attention de Rousseau sur les magasins publics. Tout en étant partisan de la liberté du commerce des grains, J.-B. Melon concède, en effet, que les magasins publics peuvent avoir leur utilité dans les petits États : « Les plus grandes abondances de blé sont presque toujours suivies de la

disette, peut-être parce que l'avilissement du prix a découragé le laboureur. Alors se forment de vastes projets de construire des magasins qui assurent à jamais les peuples contre la famine... Dans un petit État de peu de récolte, et où le blé venant toujours de l'étranger, son avilissement n'est jamais à craindre, ces magasins peuvent être d'une utilité plus étendue ; leur régie, sagement conduite, en fera aisément l'impôt général, sans que le prix du blé soit à charge au peuple. Mais dans un grand État, presque toujours d'une récolte plus que suffisante, les magasins ont de dangereux inconvénients... » (*Essai*, ch. II : « Économistes financiers du XVIIIe siècle », éd. par E. Daire, Paris, Guillaumin, 1851, pp. 669-670). Rousseau mentionne également les magasins publics dans le *Projet de constitution pour la Corse* (*O.C.*, t. III, p. 923).

2. Cf. l'éloge de la République de Genève dans la Dédicace du *Discours sur l'inégalité*.

Page 90.

(a) Le brouillon ajoute ici : *ce qui doit causer tot ou tard la ruine du peuple et la (dépopulation) désolation du païs.*

(b) Dans l'édition Du Villard (Genève, 1758) et dans les éditions postérieures, on trouve avant cette phrase l'addition suivante : *Ce ne fut qu'au siège de Veies qu'on commença de payer l'infanterie romaine.* Indication vraisemblablement empruntée à Montesquieu (*Considérations sur les causes de la grandeur des Romains et de leur décadence*, ch. I) : « Le sénat ayant eu le moyen de donner une paye aux soldats, le siège de Véies fut entrepris ».

1. Cf. *Projet de constitution pour la Corse*, *O.C.*, t. III, p. 931 : « L'acquisition de tous les biens des Egyptiens, faite au Roi par Joseph eût été bonne, s'il n'eut fait trop ou trop peu ».

Page 91.

1. Dès avril 1752 Rousseau écrit dans sa *Réponse à M. Bordes* (*O.C.*, t. III, p. 86) : « Il n'y a que le mot *soldat* qu'il faut rayer du premier tableau. La guerre est quelquefois un devoir, et n'est point faite pour être un métier. Tout homme doit être soldat pour la défense de sa liberté ; nul ne doit l'être pour envahir celle d'autrui : et mourir en servant la patrie est un emploi trop beau pour le confier à des mercenaires ». La même condamnation des armées de métier se retrouve dans les *Considérations sur le Gouvernement de Pologne*, ch. XII : « Les troupes réglées, peste et dépopulation de l'Europe, ne sont bonnes qu'à deux fins : ou pour attaquer et conquérir les voisins, ou pour enchaîner et asservir les Citoyens ». Hostile aux mercenaires et partisan des milices nationales, Rousseau rejoint sur ce point les vues de Machiavel (cf. *Prince*, cap. XIII).

2. L'expression « système économique » se retrouve sous la plume de Rousseau dans le *Projet de constitution pour la Corse* (cf.

O.C., t. III, p. 933) et sert de titre au chapitre XI des *Considérations sur le Gouvernement de Pologne.*

Page 92.

(*a*) Dans le brouillon, en marge de ce passage : *Voyez Locke.*

(*b*) Les mots *sans excepter Bodin même* manquent dans le brouillon, où ce nom apparaît dans la phrase suivante : *Quelques-uns tels que Bodin ont établi des maximes contraires en apparence...*

(*c*) On lit ici dans le brouillon une phrase de liaison que Rousseau n'a pas conservée dans le texte définitif : *Sans m'étendre sur les considérations qui me resteroient à faire à ce sujet et qu'un lecteur impartial et sensé peut aisément suppleer, je passe à des recherches encore plus importantes sur la nature des impositions et sur la meilleure manière de les asseoir.*

1. Cf. LOCKE, *Essai sur le gouvernement civil*, ch. XI, § 134 : « La grande fin que se proposent ceux qui entrent dans une Société, est de jouïr de leurs Propriétés, en sûreté et en repos ». Nous citons d'après la traduction D. Mazel, la seule qui ait été imprimée au XVIIIe siècle et dont il existe plusieurs éditions. Dans cette traduction, le premier chapitre de l'édition anglaise a été supprimé et la numérotation des paragraphes, si commode dans l'édition anglaise, n'a pu, de ce fait, être maintenue. On trouvera le texte cité dans l'édition de Genève, 1724, ch. X, début, p. 189.

2. Cf. LOCKE, *Essai sur le gouvernement civil*, ch. XI, § 140 (pp. 203-204 de l'édition citée plus haut) : « Il est bien vrai que les Gouvernemens ne sauroient subsister sans de grandes dépenses et sans des impôts, et qu'il est à propos que ceux qui ont leur part de la protection d'un Gouvernement, payent quelque chose et donnent à proportion de leurs biens, pour la défense et la conservation de l'État : mais toûjours faut-il avoir le consentement du plus grand nombre des membres de la Société, qui le donnent, ou bien eux-mêmes immédiatement, ou bien par ceux qui les représentent et qui ont été choisis par eux. Car si quelqu'un prétendoit avoir le pouvoir d'imposer et de lever des taxes sur le peuple, de sa propre autôrité, et sans le consentement du peuple, il violeroit la Loi fondamentale de la propriété des choses, et détruiroit la fin du Gouvernement. »

3. *Les six livres de la République*, l. VI, ch. II : « Les Monarques... qui n'ont droict de mettre impost sur les sujets, sinon de leur consentement, ou en cas de necessité urgente, ne sont pas si prodigues de leur domaine » (éd. de 1578, p. 634). « Il fut arresté aux estats de ce Royaume le Roy Philippes de Valois present l'an 1338 qu'il ne se leveroit aucun impost sur le peuple, sans son consentement » (*ibid.*, p. 646).

4. L. XIII, ch. XIV : « L'impôt par tête est plus naturel à la servitude ; l'impôt sur les marchandises est plus naturel à la liberté, parce qu'il se rapporte d'une manière moins directe à la personne ». Montesquieu se prononce ici contre l'impôt direct et exprime sa préférence pour les impôts indirects que le public paie sans s'en rendre

compte : « Les droits sur les marchandises, dit-il au chapitre VII, sont ceux que les peuples sentent le moins, parce qu'on ne leur fait pas une demande formelle ». En substituant dans le texte « taxe réelle » qui peut également désigner l'impôt foncier, à « l'impôt sur les marchandises », Rousseau modifie sensiblement la pensée de Montesquieu. Même référence à Montesquieu dans les *Considérations sur le Gouvernement de Pologne* (*O.C.*, t. III, pp. 1008-1012).

Page 93.

(*a*) Quelques lignes, d'ailleurs biffées dans le brouillon, n'ont pas passé dans le texte définitif : *Quant aux impositions sur les denrées et marchandises il est difficile qu'elles fassent une répartition proportionnelle dans les diverses conditions parce qu'il y a des denrées dont les pauvres font proportionnellement une consommation plus considerable et que c'est presque toujours sur celles-là par préférence qu'on établit les impots.*

1. Cette distinction, très populaire au XVIIIe siècle, est aussi utilisée par Montesquieu pour définir le luxe (cf. *Esprit des lois*, l. VII, ch. 1). Il est clair cependant que le « nécessaire physique », qui, selon les écrivains du XVIIIe siècle, équivaut à l'absence de luxe, n'est qu'une notion relative à l'état de civilisation et au niveau de vie des peuples. En l'érigeant en absolu, on simplifie singulièrement le problème. Sur ce point, Rousseau s'expose au même reproche que Montesquieu, en particulier lorsqu'il écrit dans sa *Réponse à M. Bordes* (*O.C.*, t. III, p. 95) : « On croit m'embarrasser beaucoup en me demandant à quel point il faut borner le luxe. Mon sentiment est qu'il n'en faut point du tout. Tout est source de mal au delà du nécessaire physique. »

2. *Esprit des lois*, l. XIII, ch. VII : « Dans l'impôt de la personne, la proportion injuste seroit celle qui suivroit exactement la proportion des biens. On avoit divisé à Athènes les citoyens en quatre classes. Ceux qui retiroient de leurs biens cinq cents mesures de fruits liquides ou secs payoient au public un talent ; ceux qui en retiroient trois cents mesures devoient un demi-talent ; ceux qui avoient deux cents mesures payoient dix mines, ou la sixième partie d'un talent ; ceux de la quatrième classe ne donnoient rien. La taxe étoit juste quoiqu'elle ne fût point proportionnelle ; si elle ne suivoit pas la proportion des biens, elle suivoit la proportion des besoins. On jugea que chacun avoit un nécessaire physique égal, que ce nécessaire physique ne devoit point être taxé ; que l'utile venoit ensuite, et qu'il devoit être taxé, mais moins que le superflu ; que la grandeur de la taxe sur le superflu empêchoit le superflu. » On voit que, contrairement à ce que semble laisser entendre Rousseau, Montesquieu n'a pas négligé les « proportions ».

3. Cf. *Émile* : « Le riche n'a pas l'estomac plus grand que le pauvre et ne digère pas mieux que lui » (*O.C.*, t. IV, p. 468).

Page 94.

(*a*) En interligne dans le brouillon : *demande-t-il le chemin cinquante guides se présentent.*

Page 95.

(*a*) Le brouillon offre plusieurs versions du début de cet alinéa :

1) *Ces considerations sur l'obligation de contribuer aux dépenses de l'Etat à proportion des avantages qu'on retire de la société font voir que pour repartir la taxe d'une maniere...*

2) *Telles sont les justes considerations dont un sage et vertueux administrateur doit pénétrer son ame au moment qu'il s'occupe de l'importante affaire de la repartition des taxes, ouvrage que font chaque jour avec une grande confiance des multitudes de commis...* La suite est semblable au texte définitif.

3) On peut également rapprocher de ce passage la phrase suivante isolée et biffée dans le brouillon : *Concluons qu'il n'y auroit rien de plus mal proportionné qu'une taxe proportionnelle aux biens même en la supposant fidellement repartie. Que seroit-ce si la faveur ou la fraude venoient à s'introduire dans cette repartition !*

(*b*) A la ligne dans le brouillon, une phrase que Rousseau n'a pas retenue : *Les autres impositions se divisent encore en deux espéces, savoir la taille reelle sur les terres et les impots sur les denrées et marchandises.*

1. Texte cité par Karl Marx dans *Le Capital*, l. I, 8e section, ch. XXX (trad. Joseph Roy, Paris, Éditions sociales, 1950, t. III, p. 188, n. 1) : « Je permettrai, *dit le capitaliste*, que vous ayez l'honneur de me servir, à condition que vous me donnerez le peu qui vous reste pour la peine que je prendrai de vous commander. » De là l'erreur commise par M. Jean Varloot, qui attribue à Rousseau l'emploi du mot « capitaliste », ajouté par Marx au texte de l'*Économie politique* (« Le bi-centenaire de l'*Encyclopédie* », dans *La Pensée*, sept.-oct. 1951, p. 31).

2. Pourtant Rousseau écrit dans les *Considérations sur le Gouvernement de Pologne* (*O.C.*, t. III, p. 1011) : « L'impôt le meilleur, à mon avis, le plus naturel, et qui n'est point sujet à la fraude, est une taxe proportionnelle sur les terres, et sur toutes les terres sans exception, comme l'ont proposée le maréchal de Vauban et l'abbé de Saint-Pierre ; car, enfin, c'est ce qui produit qui doit payer. »

Page 97.

1. On sait que, pour Rousseau, la dépopulation est le signe d'un mauvais gouvernement. Cf. *Contrat social*, l. III, ch. IX.

2. Avons-nous besoin de souligner qu'il s'agit là d'une conception très moderne de l'impôt, destiné non plus seulement à subvenir aux besoins de l'État, mais aussi à servir à des fins morales ou sociales ? C'est l'un des textes où Rousseau s'oppose le plus radicalement au libéralisme de Locke.

Page 99.

1. Cf. *supra*, p. 80 : « C'est sur la médiocrité seule que s'exerce toute la force des lois ».

Page 100.

1. *Les six livres de la République*, l. VI, ch. II (éd. de 1578, p. 647) : « Aussi la pluspart des imposteurs et inventeurs de nouveaux imposts y ont perdu la vie ».

DU CONTRACT SOCIAL

(PREMIÈRE VERSION)

LIVRE I

Page 101.

(a) Du Contract Social est le titre primitif que Rousseau a finalement rétabli après lui avoir substitué *De la Société Civile*. Même hésitation pour le sous-titre, qui a été successivement un *Essai sur* 1) *la constitution de l'État,* 2) *la formation du corps politique*, 3) *la formation de l'État*, 4) *la forme de la République*.

Page 103.

(*a*) Rousseau avait d'abord donné pour titre à ce livre : *De la formation du corps politique.*

(b) de son etablissement.

(c) Je dis ce qu'il est et non ce qu'il fait.

(d) Titre primitif, biffé : *Qu'il n'y a point naturellement de société entre les hommes*. Dans un fragment du Ms. Neuchâtel 7854 (cf. *supra, Fragments*, II, 16) le chapitre est intitulé : *Du droit naturel et de la société générale*. Comme le signale Vaughan (*Political Writings*, t. I, p. 447, n. 1), ce titre indique mieux que les deux autres la relation entre ce chapitre et l'article « Droit naturel » de l'*Encyclopédie*.

(e) L'homme isolé est un Etre si foible, ou du moins dont la force... Pour la première rédaction de ce passage voir *supra*, *Fragments*, II, 11.

1. Rousseau compare l'État tantôt à un corps organisé, tantôt à une machine. De là le désaccord des historiens sur l'interprétation de sa doctrine. Selon Vaughan (*Political Writings of J.-J. R.*, Introduction, t. I, pp. 57-58), l'analogie entre l'organisme vivant et l'organisme social domine tout le traité du *Contrat social*. Pour René Hubert (*Rousseau et l'Encyclopédie*, p. 63), l'emploi du mot *machine* témoigne, au contraire, d'une « adhésion très nette au mécanisme sociologique ». Pour la discussion de ces deux thèses, voir dans notre ouvrage *J.-J. Rousseau et la science politique de son temps*,

l'appendice IV (pp. 410 sq.) et dans ce volume même l'Introduction à l'*Économie politique*.

2. Ce chapitre contient des extraits de l'article « Droit naturel » de l'*Encyclopédie*, publié en 1755 dans le tome V (pp. 115-116) où figure également l'article « Économie politique » de Rousseau. Ce fait n'a pas manqué de retenir l'attention des historiens. Pour expliquer cette coïncidence, ils ont tout d'abord supposé que Rousseau avait rédigé, seul ou en collaboration avec Diderot, l'article « Droit naturel ». Cette hypothèse est abandonnée aujourd'hui et l'on ne met plus en doute que Diderot soit bien l'auteur de cet article. Une étude comparée des textes a permis, en effet, à G. Beaulavon (« La question du Contrat social : une fausse solution », dans *Revue d'histoire littéraire de la France*, t. XX, 1913), puis à R. Hubert (*op. cit.*, pp. 37 sq.) d'établir de façon décisive que le chapitre de Rousseau ne fait pas double emploi avec l'article de l'*Encyclopédie*, mais qu'il en est, au contraire, la réfutation systématique. Le titre primitif du chapitre (cf. *supra*, *Fragments*, I, 16) — « Du droit naturel et de la société générale » — faisait mieux ressortir sa liaison avec l'article de l'*Encyclopédie*. La formule finalement retenue se trouve chez Bossuet. Dans la *Politique tirée de l'Écriture sainte*, l'article II du livre I a, en effet, pour titre : « De la societé generale du genre humain naist la societé civile, c'est-à-dire, celle des Etats, des peuples et des nations ».

Page 104.

(a) assujetissent.

1. Dans le pur état de nature, au contraire, les hommes peuvent sans peine se passer de l'assistance de leurs semblables : « Il est impossible, dit Rousseau, d'imaginer pourquoi dans cet état primitif, un homme auroit plûtôt besoin d'un autre homme qu'un singe ou un Loup de son semblable » (*Discours sur l'inégalité*, 1re partie).

2. Allusion à Hobbes, nommément désigné dans l'avant-dernier alinéa de ce chapitre.

3. Vraisemblablement allusion au passage suivant de Pufendorf : « Cette bienveillance universelle ne suppose point d'autre fondement, ni d'autre motif, que la conformité d'une même Nature ou l'Humanité » (*Droit de la nature et des gens*, l. II, ch. III, § 18).

4. Selon le quatrième livre de l'*Émile*, l'identité de nature devient un sujet d'union grâce au sentiment de la commisération : « C'est la foiblesse de l'homme qui le rend sociable, ce sont nos misères communes qui portent nos cœurs à l'humanité : nous ne lui devrions rien si nous n'étions pas hommes... Il suit de là que nous nous attachons à nos semblables moins par le sentiment de leurs plaisirs que par celui de leurs peines ; car nous y voyons bien mieux l'identité de notre nature et les garans de leur attachement pour nous. Si nos besoins communs nous unissent par intérêt, nos misères communes nous unissent par affection. » (*O. C.*, t. IV, p. 503).

5. Cf. p. 283 : « tout nôtre bonheur consisteroit à ne pas connoitre notre misére ». On est surpris de voir ici Rousseau mettre l'accent sur la misère de l'état de nature, alors qu'il écrivait dans le *Discours sur l'inégalité* : « Je sçai qu'on nous répéte sans cesse que rien n'eût été si misérable que l'homme dans cet état... Or je voudrois bien qu'on m'expliquât quel peut être le genre de misére d'un être libre, dont le cœur est en paix, et le corps en santé... Je demande si jamais on a ouï dire qu'un Sauvage en liberté ait seulement songé à se plaindre de la vie et à se donner la mort ? Qu'on juge donc avec moins d'orgueil de quel côté est la véritable misére. »

6. Sur l'amour de l'ordre chez Rousseau voir les textes cités par P.-M. Masson dans son édition de la *Profession de foi du Vicaire Savoyard*, pp. 279-281, n. 3.

Page 105.

1. Cet alinéa entre crochets est barré dans le manuscrit.

2. Selon le *Discours sur l'inégalité*, dans l'état de nature les hommes vivent dispersés, « épars dans les bois », et n'ont « nulle correspondance entre eux », ni « aucune espèce de commerce ».

3. Cf. *Discours sur l'inégalité*, 1re partie : « Il paroit d'abord que les hommes dans cet état [l'état de nature] n'ayant entre eux aucune sorte de relation morale, ni de devoirs connus, ne pouvoient être ni bons ni méchans, et n'avoient ni vices ni vertus ». C'est dans le même esprit que Rousseau écrit ici — car la formule peut paraître en opposition avec la théorie de la bonté naturelle — qu'il n'y aurait ni bontés dans nos cœurs ni moralité dans nos actions. La bonté naturelle de l'homme ne peut se manifester que lorsqu'il entre en rapport avec ses semblables. Elle est donc comme nulle dans l'état de nature.

4. Il s'agit donc de concevoir le genre humain à l'image de la société civile qui, elle, est une personne morale ou un être moral, selon l'expression employée à l'alinéa suivant.

Page 106.

(a) Première rédaction : *Il faudroit que chacun fut porté à concourir au bien commun ou par une force coactive qui l'y contraignit, ou par la vue de son propre interest.*

1. Cf. p. 151 (l. II, ch. IV), le passage où Rousseau oppose le « droit naturel raisonné » au droit naturel proprement dit, fondé sur le sentiment.

2. On trouve ici par anticipation la comparaison dont se servira plus tard Durkheim pour montrer que la société est une réalité *sui generis*, distincte des individus qui la composent.

3. Cf. *Discours sur l'inégalité*, 1re partie : « On voit... au peu de soin qu'a pris la Nature de rapprocher les Hommes par des besoins mutuels, et de leur faciliter l'usage de la parole, combien elle a peu préparé leur Sociabilité ».

4. Le passage entre crochets est barré dans le manuscrit.

Page 107.

(*a*) *comme je le crois.*

1. Cette phrase est une citation de l'article « Droit naturel », § 3.

Page 108.

(*a*) *l'homme.*

1. Cf. *Lettre à Christophe de Beaumont* : « Mon sentiment est donc que l'esprit de l'homme, sans progrès, sans instruction, sans culture, et tel qu'il sort des mains de la nature, n'est pas en état de s'élever de lui-même aux sublimes notions de la Divinité ; mais que ces notions se présentent à nous à mesure que notre esprit se cultive ». Ce qui vaut pour l'idée de Dieu vaut aussi pour l'idée de loi naturelle. Ce n'est pas une idée *innée*. Disciple de Condillac, Rousseau rejette l'innéisme cartésien. Il ne s'ensuit pas qu'il rejette l'idée de loi naturelle. Il tient seulement à montrer que c'est une idée *acquise* et qu'il faut à l'homme un entendement exercé pour l'acquérir. Ce n'est évidemment pas le cas de l'homme vivant à l'état de nature. La loi de nature n'est donc pas, comme le croyait Locke, la loi de l'état de nature. C'est dans l'état de société que l'homme cultive sa raison et que les notions du grand Être et de la loi naturelle lui deviennent accessibles. Mais, à défaut d'un *droit naturel raisonné*, il y a dans l'état de nature un droit naturel dont les principes sont « antérieurs à la raison ». Rousseau n'est pas l'adversaire du droit naturel et c'est à tort que Vaughan le loue d'avoir fait « table rase de l'idée de loi naturelle ». Pour un examen plus approfondi de cette question controversée voir notre ouvrage, *J.-J. Rousseau et la science politique de son temps*, pp. 155 sq. et l'étude de Franz HAYMANN, « La loi naturelle dans la philosophie politique de J.-J. Rousseau », publiée dans le tome XXX (1943-1945) des *Annales J.-J. R.*, pp. 65-109.

2. Cf. article « Droit naturel », §§ 6 et 7 : « Mais si nous ôtons à l'individu le droit de décider de la nature du juste et de l'injuste, où porterons-nous cette grande question ? où ? *devant le genre humain : c'est à lui seul qu'il appartient de la décider, parce que le bien de tous est la seule passion qu'il ait... C'est à la volonté générale que l'individu doit s'adresser pour savoir jusqu'où il doit être homme, citoyen, sujet, pere, enfant, et quand il lui convient de vivre ou de mourir.* »

3. Cf. article « Droit naturel », § 9 : « Si vous méditez donc attentivement tout ce qui précede, vous resterez convaincu, 1°. que l'homme qui n'écoute que sa volonté particuliere, est l'ennemi du genre humain : 2°. *que la volonté générale est dans chaque individu un acte pur de l'entendement qui raisonne dans le silence des passions sur ce que l'homme peut exiger de son semblable, et sur ce que son semblable est en droit d'exiger de lui* : 3°. ... »

4. Cf. *La Nouvelle Héloïse*, partie V, lettre III : « De toutes les ins-

tructions propres à l'homme, celle qu'il acquiert le plus tard et le plus difficilement est la raison même ».

Page 109.

1. Cf. article « Droit naturel », § 8 : « Mais, me direz-vous, où est le dépôt de cette volonté générale ? Où pourrai-je la consulter ?... Dans *les principes du droit écrit de toutes les nations policées ; dans les actions sociales des peuples sauvages et barbares ; dans les conventions tacites des ennemis du genre humain entr'eux...* »

2. Cf. *Émile*, l. I : « Défiez-vous de ces cosmopolites qui vont chercher au loin dans leurs livres des devoirs qu'ils dédaignent de remplir autour d'eux. Tel philosophe aime les Tartares, pour être dispensé d'aimer ses voisins. » Dans le *Discours sur l'inégalité*, Rousseau exaltait, au contraire, ces « grandes Ames Cosmopolites, qui franchissent les barriéres imaginaires qui séparent les Peuples, et qui, à l'exemple de l'être souverain qui les a créées, embrassent tout le Genre-humain dans leur bienveillance ». Rousseau est, semble-t-il, le premier de nos écrivains du XVIIIe siècle à avoir employé le mot *cosmopolite* dans le sens d'ami du genre humain et de citoyen de l'univers (cf. Paul HAZARD, « Cosmopolite », *Mélanges Fernand Baldensperger*, Paris, 1930, pp. 354-364).

3. Cf. *Droit de la guerre et de la paix*, l. II, cf. XV, § 5 : « On croioit alors, qu'il étoit permis de voler et de piller les Etrangers, sans leur avoir déclaré la Guerre. De là vient que, comme l'a remarqué Thucydide, on demandoit à des Etrangers, sans les choquer, s'ils étoient Brigands ou Pirates ; de quoi on trouve aussi des exemples dans Homére. Et dans une ancienne Loi de Solon, il est parlé de certaines Communautez de gens *qui s'associoient pour butiner*. Justin a remarqué, que, jusqu'au tems de *Tarquin*, le mêtier de Pirate étoit fort honorable. Et il est dit dans le Droit Romain, qu'encore qu'on ne doive pas regarder comme Ennemis les Peuples avec qui on n'a aucune liaison d'Amitié, ni de droit d'Hospitalité, ni d'Alliance, si néanmoins quelque chose de ce qui appartient aux *Romains*, se trouve dans le païs de quelcun de ces Peuples, ou au contraire si quelque chose de ce qui appartient à quelcun de ces Peuples se trouve dans les terres de la domination des *Romains* ; chacun devient réciproquement maître du bien des Etrangers qui est dans son païs, en sorte qu'une personne libre tombe par là dans l'Esclavage ; ce qui fait un des cas auquel le droit de *Postliminie* a lieu. Les *Corinthiens*, dans une Harangue, que Thucydide leur prête, représentent, que ceux de *Corcyre*, avant la Guerre du *Peloponése*, n'étoient pas à la vérité Ennemis des *Athéniens*, mais qu'ils n'avoient fait avec eux ni paix, ni trêve. Salluste parlant de *Bocchus*, Roi des *Maures*, dit, que *les* Romains *n'avoient eu avec lui ni guerre, ni paix*. Aristote louë ceux qui font mêtier de piller les Barbares : et le mot même dont on se sert en Latin pour dire un *Ennemi*, ne signifioit au commencement qu'un Etranger. » On voit par là tout le parti que Rousseau a su tirer de la lecture de Grotius, même si, par ailleurs, il le traite sans ménagements et le juge sans la moindre équité.

Page 110.

1. *De Officiis*, lib. I, cap. XII. Citation empruntée à une note de Barbeyrac sur le texte précédent de Grotius. Rousseau omet *is* devant *dicebatur*.

2. Cf. article « Droit naturel », § 5 : « Que répondrons-nous donc à notre raisonneur *violent*, avant que de l'*étouffer ?* »

Page 111.

(*a*) *pour être légitime.*

1. A la différence du précédent, ce chapitre a été presque intégralement maintenu dans la version définitive. Avec des additions importantes, il constitue, en effet, dans le *Contrat social*, la matière des chapitres I, VI, VII, VIII et IX du livre premier. Séparé du reste, le premier alinéa est devenu, à lui seul, le chapitre I et la section intitulée « du domaine réel » le chapitre IX qui termine le livre. L'étude comparée des deux versions montre en outre que l'auteur n'a pas conservé le texte primitif sans en réviser ni sans en remanier la forme. Il n'est pas question pour nous de mentionner toutes ces modifications ou corrections. Nous signalons au passage les plus significatives, notamment celles qui concernent la terminologie.

2. Phrase supprimée dans la version définitive. Sans doute parce qu'elle contient, comme le signale Vaughan, une allusion et une réplique à un passage de l'article « Droit naturel » (§ 3) de Diderot : « Je sens que je porte l'épouvante et le trouble au milieu de l'espèce humaine ; mais il faut ou que je sois malheureux, ou que je fasse le malheur des autres ; et personne ne m'est plus cher que je me le suis à moi-même ».

3. A la place de cette formule, Rousseau écrit dans le *Contrat social* (l. I, ch. VI) : « et le genre humain périroit s'il ne changeoit sa manière d'être ». Si le texte primitif n'a pas été maintenu, c'est vraisemblablement parce qu'il soulignait à l'excès l'artificialisme du pacte social.

Page 112.

(*a*) *les Citoyens envers l'Etat.*

1. Version définitive (l. I, ch. VI) : « Tel est le problême fondamental dont le contract social donne la solution ».

2. *Contrat social* (l. I, ch. VI) : « comme partie indivisible du tout ».

3. Cet alinéa et les deux précédents ont été insérés dans le chapitre de la version définitive sur le pacte social (l. I, ch. VI).

4. Ici commence dans le *Contrat social* un nouveau chapitre (l. I, ch. VII, « Du Souverain ») composé de cet alinéa et des deux suivants.

5. *Contrat social* (l. I, ch. VII) : « l'acte d'association ».

Page 114.

1. Cette phrase sur le serment a été supprimée dans la version définitive.

2. Cet alinéa et le suivant ont été maintenus dans la version définitive où, complétés par un passage très court sur la liberté morale, ils forment le chapitre VIII du livre I.

Page 115.

(*a*) *le droit du plus fort ou du prémier occupant.*

1. *Contrat social* (l. I, ch. VIII) : « sur un titre positif ».

2. Primitivement rien ne séparait dans le manuscrit ce morceau du reste du chapitre. C'est peut-être au moment où Rousseau a décidé de lui adjoindre un fragment du chapitre V pour en faire un chapitre du *Contrat social* (l.I, ch. IX), qu'il a ajouté le titre.

Page 116.

(*a*) *une remarque importante en matiére de droit politique.*

(*b*) Le titre de ce chapitre était primitivement : *Ce que c'est que la souveraineté, et qu'elle est inaliénable.*

1. Ce chapitre est, à mon sens, le plus important du Manuscrit de Genève et celui qui lui correspond dans le *Contrat social* (l. II, ch. I) est loin de le valoir. Au lieu d'énumérer les caractères de la souveraineté (« inaliénable », « indivisible »), comme il le fait dans le *Contrat social*, Rousseau donne ici une définition claire et précise de la souveraineté. On ne comprend pas que cette définition n'ait pas été maintenue dans la version définitive, où la formule finalement retenue par Rousseau — la souveraineté est l'exercice de la volonté générale — est loin d'être aussi explicite. Voir dans le *Contrat social*, l. II, les notes du chapitre premier.

Page 118.

(*a*) *je me fierai moins pour en juger au raisonnement qu'à l'expérience.*

1. Il faut lire : dans la suite, c'est-à-dire dans le chapitre suivant (avant-dernier alinéa).

Page 119.

1. Ce chapitre constitue la partie la plus ancienne du Manuscrit de Genève, celle qui, par son contenu, est la plus voisine des idées exprimées dans le second *Discours* et dans l'*Économie politique*. Comme il l'avait fait précédemment dans ces deux écrits, Rousseau examine à nouveau et réfute trois hypothèses concernant l'origine ou la formation des sociétés politiques. La première voit dans l'autorité paternelle la source ou le modèle de l'autorité politique. La seconde fait dériver cette autorité d'une sorte d'accord ou de

convention que les riches, possesseurs du sol, ont réussi à imposer aux pauvres et que ceux-ci ont finalement acceptée pour assurer leur subsistance. La troisième hypothèse tire argument du droit de la guerre ou du droit de conquête et fait naître la société politique d'un pacte de soumission, imposé par la force aux peuples vaincus, réduits de ce fait en servitude. Ces hypothèses visent le même objectif et tendent toutes les trois à justifier le pouvoir absolu comme le plus naturel, celui qui s'est établi le premier dans l'histoire des sociétés.

Dans le *Discours sur l'inégalité*, Rousseau accepte de porter le débat sur le terrain même où l'avaient placé ses adversaires. Il traite à son tour le problème de l'origine des sociétés politiques, mais pour lui, « les Gouvernemens n'ont point commencé par le Pouvoir Arbitraire, qui n'en est que la corruption, le terme extrême ». « Il ne seroit pas plus raisonnable de croire, dit-il, que les Peuples se sont d'abord jettés entre les bras d'un Maître absolu, sans conditions et sans retour, et que le premier moyen de pourvoir à la sûreté commune qu'aient imaginé des hommes fiers et indomptés, a été de se précipiter dans l'esclavage ». Son argumentation repose donc sur la psychologie de l'homme primitif.

Dans le Manuscrit de Genève le problème de l'origine des sociétés politiques est délibérément laissé de côté et Rousseau se place exclusivement au point de vue du droit : « Il y a mille maniéres de rassembler les hommes, il n'y en a qu'une de les unir. C'est pour cela que je ne donne dans cet ouvrage qu'une méthode pour la formation des sociétés politiques, quoique dans la multitude d'aggrégations qui existent actuellement sous ce nom, il n'y en ait peut-être pas deux qui aient été formées de la même manière, et pas une qui l'ait été selon celle que j'établis. Mais je cherche le droit et la raison et ne dispute pas des faits. » Or, de ce point de vue, il est clair que l'obligation d'obéir n'est pas incluse dans une soumission involontaire et que des « attroupemens forcés » ne sauraient constituer de véritables sociétés politiques. Il se peut qu'en fait les États doivent leur origine à la violence ou à la conquête, mais il n'en reste pas moins vrai qu'il n'y a et ne peut y avoir d'autorité politique légitime que celle qui s'établit ou à la rigueur se maintient par le consentement libre de ceux qui y sont soumis. Quant à la prescription, elle ne saurait changer « une violente usurpation » en « pouvoir légitime » ni « un usurpateur en magistrat suprême ».

Il résulte de cette critique des conceptions antérieures que des recherches sont encore à faire sur la véritable nature du lien social. Ce chapitre devait donc naturellement être placé avant l'exposé du pacte fondamental et Rousseau a été nécessairement amené à modifier dans la version définitive l'ordre d'exposition. Mais il ne pouvait maintenir tel quel dans le *Contrat social* un chapitre dont une partie au moins avait déjà été publiée dans l'*Économie politique*. Aussi a-t-il procédé à un remaniement complet et seuls quelques passages se retrouvent dans la version définitive, dispersés dans les chapitres II, III, IV, V et IX du livre I.

Page 120.

1. Outre le chevalier Filmer, mentionné à la fois dans le *Discours sur l'inégalité* et dans l'*Économie politique*, vraisemblablement Bossuet (*Politique tirée des propres paroles de l'Écriture sainte*, 1709, l. II et III) et Ramsay (*Essay de politique... selon les principes de l'auteur de Télémaque*, 1719). « La première idée de la puissance qui ait été parmy les hommes, écrit Bossuet, est celle de la puissance paternelle ; ... l'on a fait les rois sur le modele des peres » (*op. cit.*, l. III, art III). Pour plus de détails, voir notre ouvrage, *J.-J. R. et la science politique de son temps*, pp. 183-192.

2. A partir d'ici, cet alinéa et les quatre suivants (jusqu'à : « j'ignore si la sagesse humaine a jamais fait un bon roi ») se retrouvent dans l'*Économie politique*. Cf. *supra*, pp. 63-66.

Page 121.

(*a*) *La richesse du publique n'est qu'un moyen souvent fort mal entendu pour conserver les particuliers dans la paix et l'abondance.* Au lieu de la *richesse du publique*, l'*Économie politique* imprime la *richesse du fisc*.

(*b*) Rousseau avait d'abord écrit : *un moindre malheur*. La correction transforme en paradoxe une remarque de simple bon sens.

1. *Économie politique :* « *une paille* suffit pour la faire pencher ».

Page 122.

1. *Économie politique :* « il est douteux que depuis l'existence du monde, la sagesse humaine ait jamais fait dix bons magistrats ».

2. Il s'agit du dialogue intitulé *Le Politique* (293 a). Dans le *Contrat social* (l. III, ch. VI), Rousseau se réfère également à ce dialogue.

Page 124.

(*a*) Le manuscrit présente deux variantes biffées de la formule finalement retenue : *Que s'il leur fait grace de la vie. Que s'il les laisse vivre.*

1. Remaniés et scindés, ces deux alinéas sur le droit du premier occupant (depuis : « Comment un particulier peut-il s'emparer d'un territoire immense ») réapparaissent dans le *Contrat social* (l. I, ch. IX).

2. Cet alinéa a été partiellement maintenu dans le chapitre du *Contrat social* sur l'esclavage (l. I, ch. IV).

Page 125.

1. Cf. p. 126 : « les jurisconsultes et autres gens payés pour cela ».

2. Cf. *Contrat social*, l. I, ch. V.

3. Cf. GROTIUS, *Droit de la guerre et de la paix* l. II, ch. IV, § 14 :

« Par les principes que nous avons établis il paroît en quel sens on peut recevoir ce que disent quelques-uns, qu'il eſt toûjours permis aux Sujets, quand ils en trouvent le moien, de se remettre en possession de leur liberté, c'eſt-à-dire, de la liberté qui convient à un Peuple. Car, dit-on, ou l'Autorité Souveraine a été acquise par la force, et en ce cas-là elle peut se perdre par la même voie : ou elle a été déférée volontairement, et en ce cas-là, on peut se repentir, et changer de volonté. Mais, quoi qu'une Souveraineté aît été originairement acquise par la force, elle peut devenir légitime par une volonté tacite, qui en assure la jouissance au Possesseur » (trad. Barbeyrac, 1724, p. 275). Dans sa *Politique* (l. II, art. II, p. 79), Bossuet écrit de même : « On voit que ce droit de conquête, qui commence par la force, se reduit, pour ainsi dire, au droit commun et naturel, du consentement des peuples, et par la possession paisible : Et l'on presuppose, que la conquête a été suivie d'un acquiescement tacite des peuples soumis, qu'on avait accoûtumé à l'obéissance par un traitement honnête ». Il n'eſt donc pas impossible que Rousseau fasse allusion à ces textes lorsqu'il parle « du consentement tacite par lequel on veut légitimer la tyrannie ». Les auteurs qui se réclament du droit de prescription invoquent tous un consentement tacite ou présumé des peuples soumis.

Page 126.

1. Cf. *Discours sur l'inégalité* (*O.C.*, t. III, p. 184) : « De plus, le Droit de propriété n'étant que de convention et d'inſtitution humaine, tout homme peut à son gré disposer de ce qu'il posséde : nais il n'en eſt pas de même des Dons essentiels de la Nature, tels que la vie et la liberté, dont il eſt permis à chacun de joüir, et dont il eſt au moins douteux qu'on ait Droit de se dépoüiller... Mais quand on pourrait aliéner sa liberté comme ses biens, la différence seroit très grande pour les Enfans qui ne jouissent des biens du Pere que par transmission de son droit, au-lieu que la liberté étant un don qu'ils tiennent de la Nature en qualité d'hommes, leurs Parens n'ont eu aucun Droit de les en dépouiller. »

Page 127.

1 Cf. *Contrat social*, l. I, ch. II.

2. À l'exception du premier alinéa, ce chapitre eſt passé tout entier dans le *Contrat social* (l. II, ch. IV : « Des bornes du pouvoir souverain »). Si Rousseau n'a pas maintenu le titre primitif — « Des droits respectifs du Souverain et du Citoyen » —, c'eſt sans doute parce que dans la version définitive du moins, cette formule figure à deux reprises dans le cours même du chapitre. La comparaison des deux versions ne fait ressortir que des modifications de pure forme. Nous signalons au passage les plus importantes.

Page 128.

(*a*) Après ces mots commence dans le manuscrit une nouvelle page que Rousseau a recopiée deux fois au recto et au verso du feuillet 37. La page qui a été rédigée la première et ensuite barrée de deux traits porte par erreur le numéro 38.

(*b*) Première version : *ni ce qu'on peut nous forcer à faire avec ce que nous pouvons faire librement et volontairement.* La variante ajoute en outre : *Ces distinctions, qui se déveloperont en leur lieu, jetteront un nouveau jour sur ce chapitre après la Lecture des suivans.*

1. *Contrat social :* « dont la vie et la liberté sont naturellement indépendantes d'elle ».
2. *Contrat social :* « les droits respectifs des Citoyens et du Souverain ».
3. Au lieu de *« il est certain »*, la version définitive imprime *« on convient »*. Le texte primitif est manifestement plus clair, la formule finalement retenue pouvant prêter à équivoque.
4. *Contrat social* : « de sa puissance ».
5. *Contrat social* : « jugement de ce qui nous est étranger ».

Page 129.

1. En substituant *« portée »* à *« sujette »*, la version définitive accentue la tendance de la volonté particulière à l'injustice et à l'erreur.
2. *Contrat social :* « la volonté générale à son tour change de nature ayant un objet particulier, et ne peut comme générale prononcer ni sur un homme ni sur un fait ».
3. *Contrat social :* « des peines ».
4. *Contrat social :* « ce qui généralise la volonté est moins le nombre des voix, que l'intérêt commun qui les unit ».

Page 130.

1. *Contrat social :* « de l'indépendance naturelle contre la liberté, du pouvoir de nuire à autrui contre leur propre sureté ».

Page 131.

(*a*) *ce grand édifice.*

1. Si l'État n'a qu'une existence *idéale et conventionnelle*, de même les citoyens n'ont, en tant que tels, qu'une existence *partielle et morale* (cf. chapitre sur le Législateur, l. II, ch. II, p. 135).
2. Une telle formule, ainsi que celle employée plus haut (« existence idéale et conventionnelle »), souligne l'artificialisme du contrat social. Comme nous l'avons déjà remarqué, cet artificialisme est singulièrement atténué dans la version définitive.

Page 132.

(*a*) *mais d'où viennent-elles, quelle est leur nature, à quel caractère est-on sûr de les reconnoitre? Voilà ce qu'il importe de bien expliquer.*

1. Cet alinéa jusqu'à « en contradiction avec lui-même » a été imprimé avec de légères variantes dans l'*Économie politique* (cf. *supra*, p. 70).

2. Cet alinéa se retrouve dans le *Contrat social*, l. II, ch. VI (dernier alinéa).

Page 133.

(*a*) *qui tâchent d'emprunter son ton.*

1. *Contrat social* (l. II, ch. VI) : « La volonté générale est toujours droite, mais *le jugement qui la guide n'est pas toujours éclairé* ».

LIVRE II

Page 134.

1. Cette phrase se retrouve dans le *Contrat social*, l. II, au début du chapitre VI sur la loi.

2. Chapitre conservé sous le même titre dans la version définitive (l. II, ch. VII). Nous signalons dans les notes les passages supprimés et nous renvoyons le lecteur au commentaire du *Contrat social* pour les principaux changements apportés au texte primitif.

Page 135.

(*a*) *toutes les forces dont il a le sentiment naturel.*
(*b*) *particulières.*

1. Sur le passage de Philon auquel fait ici allusion Rousseau, voir le *Contrat social*, l. I, ch. II.

2. *Considérations sur les causes de la grandeur des Romains et de leur décadence*, ch. I, addition de l'édition de 1748.

Page 136.

1. Cet alinéa a été supprimé dans la version définitive.

2. Cet alinéa et les quatre suivants n'ont pas été maintenus dans la version définitive. Ils s'éloignent, en effet, du problème propre au législateur et rejoignent des considérations formulées dans le livre I (ch. IV et V) sur l'esclavage, le consentement du peuple et la volonté générale.

Page 138.

(*a*) *ne peuvent l'obliger envers autrui.*
(*b*) *d'anéantir.*

1. Cf. *Contrat social* (l. III, ch. IX) : « La loi d'hier n'oblige pas aujourd'hui ».

2. Cf. ch. V, p. 330 : « D'ailleurs, en tout état de cause, le peuple a toujours le pouvoir de changer ses loix, même les meilleures ».

Page 139.

(*a*) *sagesse.*
(*b*) *le genie.*

Page 140.

(*a*) *legislations.*
(*b*) *inébranlable.*

1. En réalité *Warburton*. Sur ce théologien, voir le commentaire du *Contrat social* (l. II, ch. VII).

2. Le passage entre crochets est barré dans le manuscrit.

3. Scindé en trois parties et par sucroît élagué, ce long chapitre est devenu, dans le *Contrat social*, les chapitres VIII, IX et X du livre II.

4. Écrite au verso du feuillet 53 du manuscrit, cette phrase d'introduction n'a pas été reproduite dans la version définitive.

Page 141.

1. La version définitive substitue « *dociles* » à « *maniables* ».

2. Phrase supprimée dans la version définitive, mais Rousseau y exprime la même idée, avec plus de vigueur, dans une maxime qu'il place deux alinéas plus loin : « Peuples libres, souvenez-vous de cette maxime : on peut acquérir la liberté ; mais on ne la recouvre jamais ».

Page 142.

1. Passage supprimé dans la version définitive.

2. Ici commence dans la version définitive le chapitre IX.

3. La version définitive substitue « *provinces* » à « *nations* ».

Page 143.

(*a*) *comme les tourbillons de Descartes.*

Page 144.

1. Dans le *Contrat social*, Rousseau séparera cet alinéa du reste du texte pour le transférer dans le chapitre sur la monarchie (l. III, ch. VI).

2. Cf. *Contrat social* (l. III, ch. XV) : « Les députés du peuple ne sont donc ni ne peuvent être ses représentants, ils ne sont que ses commissaires ; ils ne peuvent rien conclurre définitivement ».

3. Ici commence dans le *Contrat social* le chapitre x.

Page 145.

(*a*) *la Republique.*
(*b*) *ou contraint de s'affoiblir par des colonies.*

Page 146.

(*a*) *pour fournir, au moyen du commerce et des colonies, à la subsistance des habitans dont le pays seroit surchargé.*
(*b*) *dans ces momens dangereux.*
(*c*) Primitivement cet alinéa commençait ainsi : *Il importe de ne pas perdre le tems et l'autorité à former des entreprises toujours dangereuses sitôt qu'elles sont chimériques.*
(*d*) *qui ne vient que d'elle-même et à laquelle rien ne peut suppléer.*

1. Cet alinéa et les quatre suivants n'ont pas été maintenus dans la version définitive.

Page 147.

(*a*) *s'aider d'un voisin pour en repousser un autre.*
(*b*) *celui qui sortant d'une révolution joüit pourtant d'une profonde paix.*

Page 148.

(*a*) *Quant à ceux qui reconnoissent une justice universelle emanée de la raison seule et fondée sur le simple droit de l'humanité ils se trompent. Otez la voix de la conscience et la raison se tait tout à l'instant.*

1. Rousseau a maintenu dans le *Contrat social* (l. II, ch. vi, « De la loi ») l'essentiel de ce chapitre. Il l'a heureusement placé avant celui sur le législateur ; il a, en outre, laissé de côté le développement sur la justice civile et, en conséquence, changé le titre primitif. Le texte primitif présente sur la version définitive l'avantage de fournir un exposé plus clair, plus explicite et plus didactique, même si la forme y est moins étudiée.

2. Cf. l. I, ch. ii : « Tout ce que vous me dites des avantages de la loi sociale pourroit être bon, si tandis que je l'observerois scrupuleusement envers les autres, j'étois sur qu'ils l'observeroient tous envers moi ». La justice sans une garantie de réciprocité est une duperie qui tourne à l'avantage des « méchants » et au détriment du « juste » (cf. *supra*, p. 107).

3. Cette formule n'est pas une citation extraite d'un chapitre précédent, elle résume ce que l'auteur a dit au livre I, ch. vi et vii.

4. Cf. l. I, ch. iii : « Chacun de nous met en commun sa volonté, ses biens, sa force et sa personne, sous la direction de la volonté générale ».

Page 149.

(*a*) *et dans l'organe qui prononce.*

(*b*) *et dans l'objet qu'on s'y propose.*

(*c*) *Mais ceci demanderoit beaucoup d'éclaircissemens : essayons de me faire entendre d'une autre maniére.*

(*d*) Au bas du feuillet précédent (f. 64) on trouve le texte suivant : *J'ai dit qu'il n'y avoit point de volonté générale sur un objet particulier. Car cet objet particulier est dans l'état ou hors de l'état. S'il est hors de l'état, une volonté qui lui est étrangére n'est point générale par raport à lui, et si ce même objet est dans l'état il en fait partie. Alors il se...* Ce texte devait vraisemblablement, comme dans la version définitive (l. II, ch. VI), se substituer au début de l'alinéa. À l'endroit même où nous avons placé la variante, Rousseau a mis un renvoi que l'on retrouve à la page précédente avec la mention *derriére*. Ou bien Rousseau a oublié de biffer le passage à supprimer, ou bien il a voulu remettre à plus tard le choix entre les deux versions.

(*e*) *les Citoyens.*

1. Ainsi, ce chapitre ne porte, à proprement parler, que sur la « matière » de la loi. Rousseau a, en effet, précédemment montré que la loi est un acte de la volonté générale. Il importe maintenant de bien comprendre qu'il ne peut y avoir de volonté générale sur un objet particulier. Finalement c'est la matière qui l'emporte sur la forme puisque « ce qui généralise la volonté publique n'est pas la quantité des votants, mais l'intérêt commun qui les unit » (cf. l. I, ch. VI, *supra*, p. 129).

Page 150.

(*a*) *comme je l'ai déjà dit ci-devant.* Il s'agit d'un renvoi au chapitre VI du livre I.

(*b*) *d'humanité.*

1. Le passage entre crochets est barré dans le manuscrit.

2. Rousseau ne revient pas par la suite sur cette distinction fondamentale. Aussi a-t-il supprimé le renvoi dans la version définitive où il se contente de dire d'une façon plus générale : « J'expliquerai ci-après ce que c'est que Gouvernement ».

3. Cette phrase et le reste du chapitre sur le droit naturel n'ont pas été reproduits dans la version définitive.

Page 151.

(*a*) *Où est le riche qui ne voudroit pas, s'il étoit pauvre, qu'un riche lui donnât son bien ?*

1. Cf. *Émile*, l. V : « Le mot de *vertu* vient de *force* ; la force est la base de toute vertu. La vertu n'appartient qu'à un être foible par sa nature et fort par sa volonté ; c'est en cela seul que consiste le mérite de l'homme juste. » (*O.C.*, t. IV, p. 817.)

2. Cf. *supra*, l. I, ch. II : « Nous concevons la société générale d'après nos sociétés particulières, l'établissement des petites Republiques nous fait songer à la grande, et nous ne commençons proprement à devenir hommes qu'après avoir été Citoyens ».

3. L'importance de cette distinction a été soulignée par M. G. Gurvitch dans son ouvrage sur *Rousseau et la Déclaration des Droits* (en langue russe, Petrograd, 1918) et plus récemment par Paul Léon dans une étude sur « Rousseau et les fondements de l'État moderne » (*Archives de philosophie du droit et de sociologie juridique*, 1934, pp. 197-238). Elle se trouvait déjà indiquée dans la préface du *Discours sur l'inégalité* : « Méditant sur les premiéres et plus simples opérations de l'Âme humaine, j'y crois appercevoir, dit Rousseau, deux principes antérieurs à la raison, dont l'un nous intéresse ardemment à nôtre bien-être et à la conservation de nous mêmes, et l'autre nous inspire une répugnance naturelle à voir perir ou souffrir tout Etre sensible et principalement nos semblables. C'est du concours et de la combinaison que nôtre esprit est en état de faire de ces deux Principes, sans qu'il soit nécessaire d'y faire entrer celui de la sociabilité, que me paroissent découler toutes les régles du droit naturel ; régles que la raison est ensuite forcée de rétablir sur d'autres fondemens, quand par ses développemens successifs elle est venue à bout d'étouffer la Nature. » D'après ce texte, le droit naturel se présente à nous sous deux aspects selon qu'on l'envisage dans l'état de nature ou dans la société civile. Dans le premier cas il s'agit d'un droit naturel « antérieur à la raison », dans le second d'un « droit naturel raisonné ». On peut donc admettre avec Paul Léon (*op. cit.*, p. 232), que l'on retrouve chez Rousseau les deux conceptions médiévales du droit naturel, l'une *secundum motus sensualitatis*, l'autre *secundum motus rationis*. De toute façon on voit combien est erronée l'interprétation qui veut faire de Rousseau un adversaire du droit naturel. Pour lui, le droit naturel *existe* sous une forme rudimentaire dans l'état de nature et *subsiste*, rétabli par la raison, dans l'état de société. Ce que Rousseau reproche à Grotius, Pufendorf et surtout à Locke, ce n'est pas d'avoir admis un droit naturel raisonné, c'est d'en avoir fait la règle ou la loi de l'état de nature, alors que, dans cet état, l'homme, « réduit au pur instinct », ne dispose pas encore de l'usage de sa raison.

4. Cf. *Économie politique* : « Cette volonté générale, qui tend toûjours à la conservation et au bien-être du tout et de chaque partie, et qui est la source des lois, est pour tous les membres de l'état par rapport à eux et à lui, la regle du juste et de l'injuste ».

5. Selon Hobbes, en effet, l'homme a dans l'état de nature un droit sur toutes choses (*jus in omnia*). « La Nature a donné à chacun de nous esgal droict sur toutes choses. Je veux dire que dans un estat purement naturel, et avant que les hommes ne fussent mutuellement attachés les uns aux autres par certaines conventions, il estoit permis à chacun de faire tout ce que bon luy sembloit contre qui que ce fust, et chacun pouvoit posseder, se servir, et jouir de tout ce qu'il

luy plaisoit » (*De Cive*, ch. 1, § 10 ; nous citons d'après la traduction Sorbière, Amsterdam, 1649, pp. 12-13).

6. Le système politique de Rousseau tend à réduire les relations d'homme à homme pour leur substituer la relation du citoyen à la loi. Cf. le chapitre suivant.

Page 152.

(*a*) *sensations.*

1. Ce chapitre se retrouve presque intégralement dans le *Contrat social* (l. II, ch. XII).

2. La version définitive substitue « *termes* intermédiaires » à « *forces* intermédiaires ».

Page 153.

1. Phrase supprimée dans la version définitive.

Page 154.

(*a*) *il ne faut pas entendre par ce mot une rigueur géométrique.*

(*b*) Dans le manuscrit, au verso du feuillet 69, Rousseau écrit le passage suivant, en partie biffé : *Mais il ne faut pas croire qu'on puisse établir par tout des cités. Je ne vois plus dans toute l'Europe de peuple en état de porter l'honorable fardeau de la liberté, ils ne savent plus soulever que des chaines. Le fardeau de la liberté n'est pas fait pour de foibles épaules.* Ce passage n'est pas une note, aucun renvoi ne permet toutefois de l'incorporer dans le corps du texte.

1. Chapitre intégralement maintenu dans le *Contrat social* (l. II, ch. XI).

LIVRE III

Page 156.

(*a*) *dans une Cité régulière.*

1. Le chapitre correspondant du *Contrat social* a pour titre : « Du Gouvernement en général ».

Page 157.

(*a*) *quand elle rend le discours plus clair.*

1. Cette note est destinée à relever une inconséquence grammaticale de Montesquieu qui emploie les expressions « puissance législative » et « puissance exécutrice ». « Il y a dans chaque État, dit-il, trois sortes de pouvoirs : la puissance législative, la puissance exécutrice des choses qui dépendent du droit des gens, et la puissance

exécutrice de celles qui dépendent du droit civil (*Esprit des lois*, l. XI, ch. VI, début). La distinction des deux pouvoirs est empruntée à Locke et le traducteur de l'*Essai sur le Gouvernement civil* (cf. ch. XI), David Mazel, s'était servi des expressions devenues usuelles aujourd'hui, pouvoir législatif et pouvoir exécutif. Dans l'*Économie politique*, Rousseau avait adopté la terminologie de Montesquieu et écrivait « puissance exécutrice » (cf. *supra*, p. 66). Dans le *Contrat social* il se conforme strictement à la règle qu'il a formulée et dit toujours « puissance exécutive ». Certes il écrit dans le livre III, ch. I (le texte est cité par Littré dans son *Dictionnaire*) : « la puissance exécutive ne peut appartenir à la généralité comme Législatrice ou Souverain ». Mais il est clair qu'ici « Législatrice » est un substantif.

[DE LA RELIGION CIVILE]

Page 158.

(a) On pourrait placer ici le passage suivant, écrit au bas du recto du feuillet I du manuscrit, sans renvoi aucun : *et quand il y auroit de la philosophie à n'avoir point de religion je trouverois la supposition d'un peuple de vrais philosophes encore plus chimérique que celle d'un peuple de vrais chrétiens.*

(b) celui qui ne croit pas l'immortalité de l'ame.

(c) Premier jet : *mauvais citoyen* au lieu de *lâche.*

(d) L'autre, circonscrite pour ainsi dire dans la patrie, y borne pour ainsi dire son culte à ses dieux tutélaires et ses devoirs à ses concitoyens.

(e) Telles étoient la pluspart des Réligions du paganisme et celle du peuple juif.

1. Ce titre ne figure pas dans le manuscrit, mais les pages qui suivent constituent effectivement la première rédaction du chapitre sur la religion civile. Elles sont écrites au verso des feuillets 46 à 51 du manuscrit, donc à l'endroit même où se trouve le chapitre sur le législateur. L'écriture est hâtive, les corrections nombreuses et l'ensemble difficile à lire. D'une version à l'autre, Rousseau a procédé à des remaniements, des additions et des suppressions. Il a changé l'ordre des paragraphes et singulièrement atténué la violence de certaines formules dirigées contre le christianisme romain. Néanmoins l'essentiel de la première rédaction subsiste dans le *Contrat social.*

2. Dans une lettre à l'abbé de Carondelet du 4 mars 1764, Rousseau écrit de même : « Otez la justice éternelle et la prolongation de mon être après cette vie, je ne vois plus dans la vertu qu'une folie à qui l'on donne un beau nom » (*C.G.*, t. X, p. 341).

3. A plusieurs reprises Rousseau déclare que la vertu est inséparable de la foi religieuse. « Sans la foi, nulle véritable vertu n'existe », dit-il par exemple à la fin de la *Profession de foi du Vicaire*

Savoyard. Or, ce qui vaut pour la vertu en général, vaut aussi pour la vertu politique. Si « l'oubli de toute religion conduit à l'oubli des devoirs de l'homme » (*Émile*, livre IV, Prologue de la *Profession de foi*), il conduit aussi à l'oubli des devoirs du citoyen : « Il importe bien à l'État que chaque Citoyen ait une Religion qui lui fasse aimer ses devoirs » (*Contrat social*, l. IV, ch. VIII).

4. Cet alinéa a été supprimé dans la version définitive.

5. Version définitive : « bornée au culte purement *intérieur* du Dieu Suprême ».

6. La version définitive substitue *« dévots »* à *« pieux »*.

Page 159.

(*a*) *il n'y a que dans un tel état que la malédiction des Dieux peut être imposée pour peine aux criminels. Sacer estod., disoient les loix Romaines. C'est un beau nom que ce sacer estod.*

(*b*) *Il faut bien serrer le nœud social, mais non pas aux dépends du reste des hommes.*

1. Cf. *Fragments politiques*, section IV, fr. 12, *supra*, p. 317.

Page 160.

(*a*) *cette même réligion ne donne aucune force nouvelle au contract social et laisse...*

(*b*) *Le Christianisme détache trop les hommes des soins terrestres pour les rendre fort attentifs à ce qui s'y passe.*

(*c*) *modérément.*

1. Phrase modifiée comme suit dans le *Contrat social* : « Mais cette Religion n'ayant nulle rélation particuliere *avec le corps politique* laisse aux loix la seule force qu'elles tirent d'elles-mêmes sans leur en ajouter aucune autre, et par-là un des grands *liens* de la société particuliere reste sans effet ».

2. Dans le *Contrat social*, Rousseau écrit : « Le Christianisme est une religion toute spirituelle, *occupée uniquement des choses du Ciel* ».

Page 161.

(*a*) *un ennemi impétueux, ardent, actif, infatigable, et déterminé à vaincre ou mourir.*

(*b*) *il est impossible qu'il y en ait de telle.*

1. Phrase supprimée dans la version définitive, pour éviter une redite. Rousseau écrit, en effet, plus loin : « Les vrais chrétiens sont faits pour être esclaves ».

Page 162.

(*a*) *Je ne connois pas même de chrétiens en Europe. S'il y en a, j'ignore où ils sont.*

(*b*) *c'étoient des soldats du pape.*

(c) c'est la religion du prêtre.
(d) et à la société.
(e) Il y a donc une Religion purement civile c'est à dire dont les dogmes, uniquement rélatifs à la morale, donnent une nouvelle force aux loix. Cette Religion consiste en dogmes positifs et en dogmes négatifs.
(*f*) Ici pourrait se placer la phrase écrite en haut du verso du feuillet 48 : *La religion n'empêche pas les scélérats de commettre des crimes mais elle empêche beaucoup de gens de devenir des scélérats.*

1. La version définitive précise ironiquement : « ils se battoient pour son pays Spirituel, qu'elle avoit rendu temporel on ne sait comment ».

Page 163.

(a) sa toute puissance, sa justice, sa providence, la vie à venir, les punitions.
(b) le sommaire des dogmes positifs.
(c) L'intolérance n'est donc pas dans ce dogme, il faut contraindre ou punir les incredules ; elle est dans cet autre, hors de l'Église point de salut. Quiconque donne ainsi libéralement son frère aux diables dans l'autre monde ne se fera jamais un grand scrupule de le tourmenter dans celui-ci.
(d) Je ne crois point que Dieu punisse personne dans l'autre vie pour n'avoir pas pensé comme moi dans celle-ci.
(e) la religion sert d'instrument à leurs passions.
(f) Voilà le dogme négatif qu'il faut rejetter. C'est celui-là seul le fanatisme, les guerres de Religion, les discordes civiles, tout ce qui porte le fer et le feu dans les Etats, qui arme les pères et les enfans les uns contre les autres.
(*g*) A la suite de cette phrase, Rousseau a écrit, puis supprimé l'alinéa suivant : *Telle est la véritable Religion civile qui donne aux loix la sanction intérieure de la conscience et du droit divin, qui attache les citoyens à leurs devoirs plus qu'à leur vie, qui n'a pas besoin de les tromper pour leur faire aimer la patrie ni les détacher de la terre.*

1. Cet alinéa et les trois suivants n'ont pas été maintenus dans le *Contrat social.*

Page 164.

(a) Tout apôtre, tout missionnaire sera puni du dernier supplice, non comme un fourbe ou un faux prophète mais comme un séditieux et un perturbateur de la société.
(b) Le citoyen mourant pour sa patrie, son pays, mourra pour sa religion.
(c) Quand ce ne serait pas ici la meilleure police religieuse, elle est la seule que le souverain peut prescrire. Pour le reste, il ne peut aller plus loin sans usurper un droit qu'il n'a pas.
(*d*) *Il ôte le glaive au Prince pour le donner au Prêtre.* En face de ce texte, mais au recto du feuillet 51 du manuscrit, tout en bas, Rousseau écrit : *Mais l'intolérance ne convient qu'à la Théocratie, dans tout autre gouvernement ce dogme est pernicieux. Tout h[omme] qui dit, hors de*

l'Eglise, point de salut, eſt nécessairement un mauvais citoyen et doit être chassé de l'Etat à moins que l'Etat ne soit l'Eglise, et que le Prince ne soit le Pontife.

Page 165.

(*a*) *et les parlemens ne sont que des magiſtrats subalternes*. Ici devait, en outre, vraisemblablement prendre place, dans le texte ou en note, le passage suivant, écrit au verso du feuillet 72 : *Le Pape eſt le vrai roi des rois. Toute la division des peuples en états et gouvernemens n'eſt qu'apparente et illusoire. Dans le fond il n'y a qu'un Etat dans l'Eglise romaine. Les vrais magiſtrats sont les évêques, le clergé eſt le souverain, les citoyens sont les prêtres. Les laïques ne sont rien du tout.*

(*b*) *authentique.*

(*c*) *et c'eſt fait dans un siècle de lumières et d'humanité.*

1. Les dispositions de la révocation de l'Édit de Nantes à l'égard des proteſtants avaient été au XVIIIe siècle rendues encore plus sévères par l'Édit du 14 mai 1724. Cet Édit prescrivait aux religionnaires de faire bénir leurs mariages et baptiser leurs enfants par des prêtres catholiques. Il leur était interdit de se marier à l'étranger ou d'y envoyer leurs enfants. Sur cet Édit et ses conséquences néfaſtes, voir l'ouvrage de l'abbé Joseph DEDIEU, *Hiſtoire politique des protestants français, 1715-1794* (Paris, 1925, t. I, pp. 26 sq.). On sait qu'il faudra attendre l'Édit de tolérance du 19 janvier 1788 pour que les non-catholiques puissent avoir un état civil. Sur toute cette question on peut consulter les deux *Mémoires* de Malesherbes sur le mariage des proteſtants (1785 et 1787) et parmi les études plus récentes, les ouvrages suivants : E. BONIFAS, *Le mariage des protestants en France jusqu'en 1789* (Paris, 1901) ; H. ANGER, *La condition juridique des proteſtants* (Paris, 1903) ; E. HOCQUART, *Le mariage des proteſtants en France* (Paris, 1903).

Page 166.

(*a*) *Les proteſtans français se marient pourtant, parce que le droit de la nature eſt le..., mais ils voyent enlever leurs biens à leurs familles.*

Page 167.

(*a*) Le manuscrit porte : *lesquelles*.

1. Dans le *Contrat social*, Rousseau donnera cette formule comme titre au chapitre II du livre II.

2. La même idée se trouve exprimée sous une autre forme dans le *Contrat social*, l. III, ch. IX (note sur les guerres civiles).

Page 168.

(*a*) Le manuscrit porte : *rendre*.

1. Ce fragment se retrouve avec quelques variantes dans le *Contrat social*, l. I, ch. IV.

DU CONTRACT SOCIAL

AVERTISSEMENT

Page 171.

1. *Traité.* C'est le terme dont se sert Rousseau pour désigner le *Contrat social.* Il écrit, par exemple, à Roustan le 23 décembre 1761 : « Ce n'est pas qu'il n'y ait chez Rey un traitté du *Contract social* duquel je n'ai encore parlé à personne et qui ne paroitra peut-être qu'après l'éducation, mais il lui est antérieur d'un grand nombre d'années. » (*C.G.*, t. VII, p. 7). De même, *Lettre à Christophe de Beaumont* (éd. in-12 de 1763, précédée de l'Arrêt de la Cour du Parlement et du Mandement de Monseigneur l'Archevesque de Paris, p. 132) : « Si le Traité du Contrat Social n'existoit pas, et qu'il fallût prouver de nouveau les grandes vérités que j'y développe, les complimens que vous faites à mes dépens aux Puissances, seroient un des faits que je citerois en preuve... » (*O.C.*, t. IV, p. 1002).

2. Rousseau à Moultou, le 18 janvier 1762 : « Je dois vous d que je fais imprimer en Hollande un petit ouvrage qui a pour titre *Du Contract social*, ou *Principes du droit politique*, lequel est extrait d'un plus grand ouvrage, intitulé *Institutions politiques*, entrepris il y a dix ans, et abandonné en quittant la plume, entreprise qui, d'ailleurs, étoit certainement au-dessus de mes forces » (*C.G.*, t. VII, pp. 63-64).

3. A-t-il été jamais écrit ? Dans un pamphlet publié à Lausanne en 1790 (*Quelle est la situation de l'Assemblée nationale ?*), le comte d'Antraigues, député du Vivarais à l'Assemblée nationale, déclare en note vers la fin (p. 60) : « Jean-Jacques Rousseau avait eu la volonté d'établir, dans un ouvrage qu'il destinait à éclaircir quelques chapitres du *Contrat social*, par quels moyens de petits États libres pouvaient exister à côté des grandes puissances, en formant des confédérations. Il n'a pas terminé cet ouvrage ; mais il en avait tracé le plan, posé les bases, et placé, à côté des seize chapitres de cet écrit, quelques-unes de ses idées, qu'il comptait développer dans le corps de l'ouvrage. Ce manuscrit de trente-deux pages, entièrement écrit de sa main, me fut remis par lui-même ; et il m'autorisa à en faire, dans le courant de ma vie, *l'usage que je croirais utile.* »

D'Antraigues ajoute que, sur le point de publier cet écrit, il y a renoncé sur le conseil du « meilleur de ses amis » et qu'il l'a finalement détruit, après l'avoir communiqué à l'un des plus véritables amis de J.-J. Rousseau. « Cet écrit, dit-il, que la sagesse d'autrui m'a préservé de publier, *ne le sera jamais*. J'ai trop bien vu, et de trop près, le danger qui en résulterait pour ma patrie. Après l'avoir communiqué à l'un des plus véritables amis de J.-J. Rousseau, qui habite près du lieu où je suis, il n'existera plus que dans nos souvenirs. » Ch. E. Vaughan, qui publie ce texte (*Political Writings of J.-J. R.*, Cambridge, 1915, t. II, pp. 135-136), ne pense pas qu'il s'agisse là d'une histoire inventée de toutes pièces, d'autant plus que Rousseau avait l'habitude de confier à des amis les manuscrits des œuvres qu'il n'avait pas publiées. Ce qui lui paraît incroyable, c'est que d'Antraigues ait détruit un ouvrage composé par un si grand écrivain qui le lui avait confié comme à un ami. Plus incroyable encore, le fait que le conseil de le détruire soit venu d'un des amis de Rousseau. « Espérons, conclut Vaughan, que l'ami en question n'était pas Du Peyrou. Étant donné sa fidélité scrupuleuse, cela paraît peu croyable. » Quoi qu'il en soit, il subsiste dans les manuscrits de Rousseau des textes relatifs aux matières qui faisaient partie des *Institutions politiques*, dont le sommaire se trouve indiqué dans le dernier chapitre du *Contrat social*. Cf. *supra* la section relative aux *Fragments politiques*.

LIVRE I

Page 173.

1. Dans le Manuscrit de Genève (l. I, ch. I), Rousseau écrit : « Il n'est... point ici question de l'administration de ce corps [le corps social] mais de sa constitution ». Le désaccord entre les deux textes n'est qu'apparent, car, par « regle d'administration », il ne faut pas entendre l'administration elle-même, mais ce qui doit lui servir de règle, savoir la volonté générale, celle-ci étant la « règle fondamentale du gouvernement » (*Économie politique*, *supra*, p. 69). Cf. également Manuscrit de Genève (l. I, ch. VI, début) : « Si l'interest commun est l'objet de l'association, il est clair que la volonté générale doit être la régle des actions du corps social ».

2. La République de Genève.

3. Par *« souverain »* il faut entendre d'une manière générale le peuple de Genève et, d'une façon plus précise, le Conseil général par opposition au Petit Conseil. Pour le premier sens, voir la Dédicace du *Discours sur l'inégalité* (*O.C.*, t. III, p. 112) : « J'aurois voulu naître dans un païs où le Souverain et le peuple ne pussent avoir qu'un seul et même intérêt, afin que tous les mouvemens de la machine ne tendissent jamais qu'au bonheur commun ; ce qui ne pouvant se faire à moins que le Peuple et le Souverain ne soient une

même personne, il s'ensuit que j'aurois voulu naître sous un gouvernement démocratique, sagement tempéré ». Le second sens, auquel Rousseau ne songeait sans doute pas au moment où il rédigeait le *Contrat social*, est clairement indiqué dans les *Lettres écrites de la Montagne*, lettre VII (*O.C.*, t. III, p. 824) : « Le Conseil général de Genève n'est établi ni député de personne ; il est souverain de son propre chef : il est la Loi vivante et fondamentale qui donne vie et force à tout le reste, et qui ne connoît d'autres droits que les siens. Le Conseil général n'est pas un ordre dans l'Etat, il est l'Etat même. »

4. Les commentateurs rappellent à ce sujet la formule de Montesquieu dans la Préface de l'*Esprit des lois* : « Platon remercioit le ciel de ce qu'il étoit né du temps de Socrate ; et moi, je lui rends grâces de ce qu'il m'a fait naître dans le gouvernement où je vis, et de ce qu'il a voulu que j'obéisse à ceux qu'il m'a fait aimer ». Mais des motifs de prudence ne pouvaient évidemment suggérer à Rousseau cet hommage à la République de Genève. Il manque à cet hommage l'enthousiasme qui inspire la Dédicace du second *Discours*. Néanmoins Rousseau conservera toute sa vie la nostalgie de ce qu'il appelle « sa patrie ». Ne dit-il pas dans l'un de ses derniers écrits qu'« il avait travaillé pour sa patrie et pour les petits Etats constitués comme elle » ? (*Rousseau juge de Jean-Jacques*, Dialogue troisième, *O.C.*, Pléiade, t. I, p. 935).

5. Cf. l. IV, ch. II : « Tout homme étant né libre et maître de lui-même, nul ne peut, sous quelque prétexte que ce puisse être, l'assujettir sans son aveu ». Cette formule : *l'homme est né libre*, est peut-être, sous la plume de Rousseau, une réplique à celle de Bossuet (*Politique tirée des propres paroles de l'Écriture sainte*, l. II, art. I, prop. VII, Paris, 1709, in-4°, p. 69) : *« les hommes naissent tous sujets »*. La notion de la liberté naturelle de l'homme est un thème commun à Rousseau et à la plupart des théoriciens de l'École du Droit naturel. Comme l'indique Pufendorf (*Droit de la nature et des gens*, l. III, ch. II, § 8, trad. Barbeyrac, Bâle, 1750, t. I, p. 367), elle remonte aux jurisconsultes romains : « Les Jurisconsultes Romains ont très-bien reconnu, que, selon le Droit Naturel, tous les Hommes naissent libres ». « Utpote cum jure naturali omnes liberi nascerentur » (*Digeste*, lib. I, *De Justitia et Jure*, leg. IV). Ce qui fait l'originalité de Rousseau, c'est d'avoir dit que cette liberté naturelle est inaliénable et que nul homme n'a le droit de s'en dépouiller, sous quelque prétexte que ce soit. Cf. *Contrat social*, l. I, ch. IV : « Renoncer à sa liberté c'est renoncer à sa qualité d'homme ». On sait enfin que la formule de Rousseau sera reprise dans la *Déclaration des Droits de l'Homme et du Citoyen* (1789), article I : « Les hommes naissent et demeurent libres, et égaux en droits ».

6. Comme le souligne Vaughan (*Du Contrat social*, éd. classique, Manchester, 1926, p. 126), on passe ici sans transition de la liberté naturelle à l'esclavage pris dans un sens purement *moral*. Cf. *Émile*, l. II : « La domination même est servile, quand elle tient à l'opi-

nion ; car tu dépends des préjugés de ceux que tu gouvernes par des préjugés ». De même, *Lettres écrites de la Montagne*, lettre VIII (*O.C.*, t. III, p. 841) : « La liberté consiste moins à faire sa volonté qu'à n'être pas soumis à celle d'autrui ; elle consiste encore à ne pas soumettre la volonté d'autrui à la nôtre. Quiconque est maître ne peut être libre, et régner c'est obéir. »

Page 174.

1. C'est-à-dire la seule qui ne soit pas fondée sur des conventions. Selon le Manuscrit de Genève (l. I, ch. v), le père dispose d'une « autorité naturelle » sur ses enfants puisqu'il est tenu par la loi de nature de veiller à leur conservation, mais cette autorité ne s'étend pas « au delà même de leur faiblesse et de leur besoin ».

2. L'essentiel de cette argumentation est emprunté à l'*Essai sur le gouvernement civil* de Locke (trad. fr. de D. Mazel, Genève, 1724, ch. v, « Du Pouvoir paternel »). Bornons-nous à citer deux textes : 1° (§ 4, p. 74) : « Les liens de la sujettion des Enfans sont semblables à leurs langes et à leurs premiers habillemens, qui leur sont absolument nécessaires à cause de la foiblesse de l'enfance. L'âge et la raison les délivrent de ces liens, et les mettent dans leur propre et libre disposition. » 2° (§ 14, pp. 88-89) : « Le droit que les Pères ont de commander à leurs Enfans, ne subsiste qu'un certain tems... Il [le Père] n'a nul pouvoir sur leur liberté, dès qu'ils sont parvenus à l'âge de discrétion. Alors l'Empire des Pères cesse ; et ils ne peuvent non plus disposer de la liberté de leurs fils, que de celle d'aucun autre homme. »

3. Cf. LOCKE, *op. cit.*, ch. v, § 23 (p. 103) : « Il y a apparence que le Gouvernement du Père fut établi par un consentement exprès ou tacite des Enfans, et qu'il continua ensuite sans interruption, par le même consentement. Et certes, il ne pouvoit y avoir alors rien de plus expédient, qu'un Gouvernement par lequel un Père exerçât seul dans sa famille le pouvoir exécutif des Loix de la Nature, que chaque homme libre a naturellement, et que par la permission qui lui en avoit été donnée, il eût un pouvoir Monarchique. Mais cela, comme on voit, n'étoit point fondé sur aucun droit paternel, mais simplement sur le consentement des Enfans. »

4. Cf. Jean BODIN, *Les six livres de la Republique*, l. I, ch. II (3e éd., Paris, 1578, p. 8) : « Tout ainsi donc que la famille bien conduite, est la vraye image de la Republique, et la puissance domestique semblable à la puissance souveraine : aussi est le droit gouvernement de la maison, le vray modelle du gouvernement de la Republique. » En réalité, l'intention de Rousseau est de combattre la thèse monarchiste qui assimile le pouvoir royal au pouvoir paternel ou fait dériver l'un de l'autre. Pour l'exposé et la réfutation de cette thèse, voir les développements plus complets du *Discours sur l'inégalité*, (*O.C.*, t. III, p. 182) et surtout du Manuscrit de Genève (l. I, ch. v).

Page 175.

(a) Dans l'édition de 1782, la référence a été modifiée comme suit : « *Traité des intérêts de la Fr. avec ses voisins, par M. le Marquis d'Argenson* (imprimé chez Rey à Amsterdam) ».

1. C'est presque une citation, GROTIUS, *Droit de la guerre et de la paix*, l. I, ch. III, § 8, 15 (trad. Barbeyrac, Amsterdam, 1724, t. I, p. 129) : « Il n'est pas vrai généralement et sans restriction, Que tout Pouvoir soit établi en faveur de ceux qui sont gouvernez. Il y a des Pouvoirs qui, par eux-mêmes, sont établis en faveur de celui qui gouverne, comme le Pouvoir d'un Maître sur son Esclave. »

2. Rousseau range Hobbes, avec Grotius, parmi les « fauteurs du despotisme ». Mais aucun texte de Hobbes ne permet de conclure qu'il ait pensé que la monarchie s'exerce au seul profit du monarque. « Le sentiment de Hobbes » serait plutôt que le gouvernement monarchique est le meilleur, parce que l'intérêt du roi et celui des sujets coïncident, thèse que Rousseau combattra au livre III, ch. VI.

3. On trouve dans un fragment du Ms. de Neuchâtel 7842, f° 36, une variante de ce passage : « Puisque ceux qui conduisent les troupeaux, disait Caligula, ne sont pas des bêtes mais des hommes, il faut bien que ceux qui gouvernent les peuples ne soient pas de simples hommes mais des Dieux. Caligula avoit raison. Il n'appartient qu'à des bêtes de soumettre leur volonté à celle d'un homme. Philon dans son Ambassade. » Rousseau a dû lire le texte du *De Legatione ad Caium* dans la traduction publiée en 1668 par Arnauld d'Andilly sous le titre *Relation faite par Philon de l'Ambassade dont il estoit le chef, envoyée par les Juifs d'Alexandrie vers l'Empereur Caïus Caligula* et insérée dans le tome II de l'*Histoire des Juifs* de Flavius Josèphe, Paris, 1687, in-fol. p. 486 : « Il [Caligula] creut alors que n'y ayant plus personne qui osast s'opposer à ses volontez il ne devoit pas se contenter des plus grands honneurs que l'on puisse rendre aux hommes ; mais qu'il pouvoit aspirer à ceux qu'on ne doit qu'à Dieu : Et l'on dit que pour se persuader luy-mesme d'une si grande extravagance il raisonnoit de la sorte. Comme ceux qui conduisent des troupeaux de bœufs, de moutons, et de chevres, ne sont ny bœufs, ny beliers, ny boucs ; mais sont des hommes d'une nature infiniment plus excellente que celle de ces animaux : De mesme ceux qui commandent à tout ce qu'il y a de creatures dans le monde meritent d'estre considerez comme estant beaucoup plus que des hommes, et doivent estre tenus pour des Dieux. » Même allusion au raisonnement de Caligula dans le Manuscrit de Genève, au début du chapitre sur le Législateur (l. II, ch. II).

4. Le passage de la *Politique* d'Aristote (l. I, cap. 2, 1252 a), résumé ici par Rousseau, avait été cité par Pufendorf dans le *Droit de la nature et des gens* (l. III, ch. II, § 8)) et traduit ainsi par Barbeyrac (éd. de Bâle, 1750, t. I, p. 366) : « La conservation mutuelle des Hommes demande que les uns soient naturellement faits pour

commander, et les autres pour obéïr. Car ceux que la pénétration de leur Esprit rend capables de prévoir de loin les choses, sont naturellement destinez à commander : Et ceux qui, par les forces de leur Corps, peuvent exécuter les ordres des prémiers, sont naturellement destinés à obéïr, et à être esclaves. De sorte que le Maître, et l'Esclave, trouvent également leur compte à cette disposition des choses. »

5. Le marquis d'Argenson (1694-1757). Le *Traité des intérêts de la France avec ses voisins* a été imprimé par Marc-Michel Rey en 1764, sans nom d'auteur, sous le titre : *Considérations sur le Gouvernement ancien et présent de la France*, Amsterdam, 1 vol. in-8° de 318 p. Le texte cité par Rousseau se trouve à la page 13, mais, comme l'a remarqué Vaughan, *trop* manque devant étudier. On lit dans l'Avis du libraire : « Il y a déjà plusieurs années qu'il s'est répandu des Copies manuscrites de cet Ouvrage, et il a mérité les éloges de tous ceux qui l'ont lu. Mr. Rousseau qui en parle dans diverses notes du *Contract social*, paroît en faire beaucoup de cas ». René Louis, marquis d'Argenson, ministre des Affaires étrangères en 1744-1747, fut, en 1754, l'un des concurrents de Rousseau au concours de l'Académie de Dijon. Il écrit à ce sujet dans ses *Mémoires* (Paris, 1825, pp. 447-448): « L'académie déclara, en séance publique, que le fond de nos deux mémoires (celui de Rousseau et le mien) n'étant point conformes aux sentiments qu'elle admettait, elle les rejetait du concours ». Sur le marquis d'Argenson, on peut consulter les études suivantes : Jean LAMSON, *Les idées politiques du marquis d'Argenson*, Montpellier, 1943 ; Sergio COTTA, « Il problema politico del marchese d'Argenson », *Occidente*, mai-juin 1951 ; P. GESSLER, *René Louis d'Argenson. 1694-1757. Seine Ideen über Selbstverwaltung, Einheitsstaat, Wohlfahrt und Freiheit in biograph. Zusammenhang*, Bâle, 1957.

Page 176.

1. Allusion au livre de Robert Filmer intitulé *Patriarcha, or the natural power of kings* (Londres, 1680), réfuté par Locke dans son premier *Traité du Gouvernement civil*. Allusion vraisemblablement suggérée par une note de Barbeyrac : « Un Chevalier Anglais, nommé Robert Filmer, a soutenu cela [que nous sommes redevables à nos premiers parents de tout le droit que nous avons sur les choses de la terre] avec beaucoup de chaleur, et il s'en est servi pour prouver que le Pouvoir absolu qu'il attribue aux Souverains, et qui, à ce qu'il prétend, vient par succession de l'autorité souveraine d'Adam » (*Droit de la nature et des gens* de Pufendorf, l. IV, ch. IV, § 4, n. 3 ; I, 576).

Page 177.

1. « C'est l'apôtre saint Paul (*Rom.*, XIII) qui nous enseigne que toute puissance vient de Dieu : *Non est potestas nisi a Deo* ; qu'elles

sont établies de Dieu : *Quæ autem sunt, a Deo ordinatæ sunt* ; que qui leur résiste, résiste à l'ordre de Dieu : *Qui resistit potestati, Dei ordinationi resistit* ; que ceux qui gouvernent les peuples sont les ministres de Dieu pour récompenser le bien et punir le mal : *Dei minister est tibi in bonum, Dei minister est vindex in iram* ». (NICOLE, *Traité de la grandeur*, ch. II, in *Œuvres philosophiques et morales de Nicole*, publiées par C. Jourdain, Paris, 1845, p. 390). Si Rousseau s'en prend ici à la célèbre maxime de saint Paul sur l'origine divine du pouvoir civil, c'est parce qu'elle a servi d'argument aux partisans de l'*obéissance passive*, en particulier à Bossuet (*Politique tirée des propres paroles de l'Écriture sainte*, Paris, 1709, l. VI, art. II : « De l'obéissance due au prince »). Voir dans le *Contrat social*, le dernier alinéa du chapitre sur la monarchie (l. III, ch. VI).

2. L'argumentation de ce chapitre, l'un des plus importants de ce premier livre et de tout le traité, est complexe, mais les intentions de Rousseau sont claires. Il ne se borne pas, en effet, à traiter de l'esclavage : son but est de montrer que le pacte social ne saurait être un *pacte de soumission* par lequel un peuple renoncerait à sa liberté pour se donner un maître. C'est pourquoi, au lieu de réfuter la célèbre thèse d'Aristote (mentionnée au chapitre II), Rousseau s'en prend à Grotius. Le texte cité par Rousseau fait partie d'un développement où Grotius se propose de rejeter « l'opinion de ceux qui prétendent, *que la Puissance Souveraine appartient toujours et sans exception au Peuple* ». Grotius était donc l'adversaire désigné, puisqu'il rejetait la thèse que Rousseau allait précisément faire sienne. Ce chapitre sur l'esclavage sert de prélude et, dans une certaine mesure, d'explication au chapitre I du livre II (*Que la souveraineté est inaliénable*). Les deux chapitres sont complémentaires et reposent sur le même principe que la liberté est un droit inaliénable. Il n'est pas plus permis à un peuple d'aliéner la souveraineté qu'il n'est permis à un homme d'aliéner sa liberté. Tout pacte qui comporte une telle aliénation n'est qu'un simulacre de contrat, puisqu'au lieu d'une promesse réciproque, il ne comporte qu'une renonciation unilatérale, sans compensation aucune.

On remarquera que, dans ce chapitre, Rousseau n'envisage pas l'esclavage d'un point de vue historique et qu'il n'examine même pas, comme l'avait fait Montesquieu (*Esprit des lois*, l. XV, ch. II), l'« Origine du droit de l'esclavage chez les jurisconsultes romains ». Toute son argumentation est dirigée contre la conception de l'École du Droit naturel et l'idée d'un pacte d'esclavage. Ce qui préoccupe Rousseau, c'est de préciser les conditions du pacte social et de montrer que le pacte de soumission qu'on allègue pour légitimer la domination d'un roi sur un peuple et la domination du maître sur l'esclave, n'est qu' « une convention vaine » et n'a que les apparences d'un vrai contrat. Ce chapitre a sans doute été rédigé tardivement, au moment où l'attention de Rousseau se concentre sur la notion même de pacte, puisqu'il n'a pas son équivalent dans les indications sommaires du Manuscrit de Genève (l. I, ch. V). A cet égard, il semble qu'il y ait eu un changement d'orientation dans les recherches de Rousseau. On trouve, en effet, dans le Ms. Neuchâtel 7842 (p. 52 v°), cette remarque : « Pour le *Contrat social*, sur l'historique de l'esclavage, lire Athénée, liv. VI, depuis la page 196 et suiv. ». Or, dans le *Contrat social*, il n'est pas question de l'histoire de l'esclavage. Au lieu d'utiliser la documentation fournie par le compilateur grec du IIIe siècle ap. J.-C. dans le sixième livre des *Dipnosophistes* (i.e. les Sophistes à table), Rousseau argumente contre Hobbes, Grotius et Pufendorf.

3. « Il est permis à chaque Homme en particulier de se rendre Esclave de qui il veut, comme cela paroît par la Loi des anciens *Hébreux*, et par celles des *Romains* : pourquoi donc un Peuple libre ne pourroit-il pas se soûmettre à une ou plusieurs personnes, en sorte qu'il leur transférât entiérement le droit de le gouverner, sans s'en réserver aucune partie ? » (GROTIUS, *Droit de la guerre et de la paix*, l. I, ch. III, § 8, trad. Barbeyrac, Amsterdam, 1724, pp. 121-122). Comme le souligne Élie Luzac (*Lettre d'un anonime à Monsieur J.-J. Rousseau*, Paris, Desain et Saillant, 1766, p. 40), le mot *aliéner* ne figure pas dans ce texte de Grotius. Mais on le trouve un peu plus loin (§ 12, p. 138) : « A proprement parler, quand on aliéne un Peuple, ce ne sont pas les Hommes, dont il est composé, que l'on aliéne, mais le droit perpétuel de les gouverner, considerez comme un Corps de Peuple : de même que, quand on assigne un Affranchi à l'un des Enfans du Patron, ce n'est pas une aliénation d'une personne libre, mais seulement un transport du droit qu'on avait sur cette personne ». De là, cette remarque d'Élie Luzac (*op. cit.*, p. 39) : « *Aliéner, c'est,* dites-vous, *donner ou vendre*. D'où prenez-vous, Monsieur, cette définition très-incomplette, et qui ne convient absolument point ici ? *Aliéner* dans la signification la plus générale est *transférer un droit* ; *Brisson* et *Ferrières* vous l'apprendront si vous l'ignorez : ce n'est pas seulement en *vendant* ou en *donnant* qu'on transfère un droit, mais on le fait de différentes manières, comme vous pouvez encore vous en convaincre dans les premiers élemens de Droit qui Vous tomberont sous la main. »

4. Grotius et Pufendorf avaient l'un et l'autre soutenu qu'un homme pouvait volontairement renoncer à sa liberté et devenir esclave pour assurer sa subsistance. « La Servitude parfaite, dit Grotius, consiste à être obligé de servir toute sa vie un Maître, pour la nourriture et les autres choses nécessaires à la vie, qu'il doit fournir à l'Esclave. Et cette sujettion ainsi entenduë, et renfermée dans les bornes de la Nature, n'a rien de trop dur en elle-même : car l'obligation perpétuelle où est l'Esclave de servir son Maître est compensée par l'avantage qu'il a d'être assûré d'avoir toûjours de quoi vivre ; au lieu que les gens de journée ne savent la plûpart du tems comment subsister : d'où il arrive souvent qu'ils voudraient trouver quelcun chez qui ils pussent demeurer, sans autre salaire que la nourriture et l'entretien ; et l'on a vu même des Esclaves, qui *après s'être enfuïs, sont revenus d'eux-mêmes à leur ancienne créche*, comme me

le dit un ancien Poëte Comique. » (*Droit de la guerre et de la paix*, l. II, ch. v, § 27, trad. Barbeyrac, p. 308). Pufendorf considère même que cette sorte de servitude volontaire, ou l'échange de la liberté contre la subsistance, a été la forme originaire de l'esclavage : « La Servitude, dit-il, vient originairement d'un consentement volontaire, et non pas du droit de la Guerre ; quoi que la Guerre aît donné occasion d'augmenter extrêmement le nombre des Serviteurs ou des Esclaves, et d'en rendre la condition la plus malheureuse, en un mot un véritable *Esclavage*... Pour moi, voici de quelle manière je conçois que la Servitude a été originairement établie. Lorsque, le Genre Humain s'étant multiplié, on eût commencé à se lasser de la simplicité des prémiers siècles, et à chercher tous les jours quelque moien d'augmenter les commoditez de la Vie, et d'amasser des richesses superflues ; il y a beaucoup d'apparence, que les gens un peu riches et qui avaient de l'esprit, engagérent ceux qui étoient grossiers, et peu accommodez, à travailler pour eux moiennant un certain salaire. Cela aiant ensuite paru commode aux uns et aux autres, plusieurs se résolurent insensiblement à entrer sur ce pié-là pour toûjours dans la Famille de quelcun, à condition qu'il leur fournirait la nourriture et toutes les autres choses nécessaires à la vie. Ainsi la Servitude a été d'abord établie par un libre consentement des Parties, et par un Contract de faire, afin que l'on nous donne (*Facio, ut des*, ou *Do, ut facias*). » (*Droit de la nature et des gens*, l. VI, ch. III, § 5 et 4, trad. Barbeyrac, II, pp. 251 sq.) Cette conception de la servitude volontaire a été vivement combattue par Montesquieu : « Il n'est pas vrai, dit-il, qu'un homme libre puisse se vendre. La vente suppose un prix : l'esclave se vendant, tous ses biens entreroient dans la propriété du maître ; le maître ne donneroit donc rien, et l'esclave ne recevroit rien. Il auroit un pécule, dira-t-on ; mais le pécule est accessoire à la personne. S'il n'est pas permis de se tuer parce qu'on se dérobe à sa patrie, il n'est pas plus permis de se vendre. La liberté de chaque citoyen est une partie de la liberté publique. Cette qualité, dans l'Etat populaire, est même une partie de la souveraineté. Vendre sa qualité de citoyen est un acte d'une telle extravagance, qu'on ne peut pas la supposer dans un homme. Si la liberté a un prix pour celui qui l'achète, elle est sans prix pour celui qui la vend. La loi civile, qui a permis aux hommes le partage des biens, n'a pu mettre au nombre des biens une partie des hommes qui devoient faire ce partage. La loi civile, qui restitue sur les contrats qui contiennent quelque lésion, ne peut s'empêcher de restituer contre un accord qui contient la lésion la plus énorme de toutes. » (*Esprit des lois*, l. XV, ch. II). On remarquera que, où Montesquieu dit « vendre sa qualité de citoyen », Rousseau dira « renoncer à sa qualité d'homme ». L'un s'appuie sur la loi civile, l'autre sur le droit naturel. Montesquieu parle des devoirs du citoyen et Rousseau des droits de l'homme.

5. C'est pour Hobbes que la société civile a pour fin la paix civile. Pour Rousseau, la liberté est un bien plus précieux que la paix.

Cf. la note du chapitre IX du livre III, qui se termine par cette maxime : « Ce qui fait prospérer l'espèce est moins la paix que la liberté ».

Page 178.

1. Cf. LOCKE, *Essai sur le gouvernement civil*, § 228, trad. fr., ch. XVIII, § 20, p. 338 : « Cette paix qu'il y auroit entre les grands et les petits, entre les puissans et les foibles, seroit semblable à celle qu'on prétendroit y avoir entre des loups et des agneaux, lorsque les agneaux se laisseroient déchirer et dévorer paisiblement par les loups. Ou, si l'on aime mieux, considérons la caverne de Poliphème comme un modele parfait d'une paix semblable. Le gouvernement, auquel Ulysse et ses compagnons s'y trouvoient soumis, étoit le plus agréable du monde ; ils n'y avoient autre chose à faire qu'à souffrir avec inquiétude qu'on les dévorât ! »

2. Cf. *Discours sur l'inégalité* : « Quand on pourroit aliéner sa liberté comme ses biens, la différence seroit très grande pour les Enfans qui ne jouissent des biens du Pere que par transmission de son droit, au-lieu que la liberté étant un don qu'ils tiennent de la Nature en qualité d'hommes, leurs Parens n'ont eu aucun Droit de les en dépoüiller ; de sorte que comme pour établir l'Esclavage, il a fallu faire violence à la Nature, il a fallu la changer pour perpetuer ce Droit ; Et les Jurisconsultes qui ont gravement prononcé que l'enfant d'une esclave naîtroit Esclave, ont decidé en d'autres termes qu'un homme ne naîtroit pas homme » (*O.C.*, t. III, p. 184).

3. Cf. *Discours sur l'inégalité* : « Il m'importe qu'on n'abuse point de ma liberté, et je ne puis sans me rendre coupable du mal qu'on me forcera de faire, m'exposer à devenir l'instrument du crime » (*O.C.*, t. III, p. 184).

4. Hobbes et Pufendorf.

5. Ce n'est pas Grotius, mais Hobbes qui insiste sur le caractère contractuel de l'esclavage issu du droit de la guerre. Ainsi dans le *De Cive*, ch. VIII (« Du Droict des maistres sur leurs Esclaves », § 1 : « Il n'y a que trois moyens par lesquels on puisse acquerir Domination sur une personne... [le] deuxiesme... arrive lors que quelcun estant fait prisonnier de guerre, ou vaincu par ses ennemis, ou se desfiant de ses forces, promet pour sauver sa vie de servir le vainqueur, c'est à dire, de faire tout ce que le plus fort luy commandera. En laquelle convention le bien que reçoit le vaincu ou le plus foible, est la vie, qui par le droict de la guerre, et en l'estat naturel des hommes pouvoit luy estre ostée ; et l'advantage qu'il promet au vainqueur, est son service et son obeissance. De sorte qu'en vertu de ce Contract le vaincu doit au victorieux tous ses services et une obeissance absoluë, si ce n'est en ce qui repugne aux loix divines. » Nous citons d'après la traduction Sorbière, *Elemens philosophiques Du Citoyen, Traicté politique ou Les Fondemens de la Société civile sont descouverts par*

Thomas Hobbes, et Traduicts en François par un de ses amis, Amsterdam, Jean Blaeu, 1649, pp. 131-132. Pufendorf approuve et résume l'argumentation de Hobbes dans le *Droit de la nature et des gens*, l. VI, ch. III (« Du Pouvoir des Maistres sur leurs Serviteurs, ou sur leurs Esclaves »), § 6, (II, p. 253).

6. Dans cette seconde partie du chapitre, consacrée à l'esclavage par droit de la guerre, Rousseau utilise les indications qu'il avait rassemblées dans le fragment primitivement intitulé *« Que l'état de guerre naît de l'état social »* (Ms. Neuchâtel 7856 ; *O.C.*, t. III, p. 601). Sur la conception rousseauiste de la guerre voir G. BEAULAVON, « Les idées de J.-J. Rousseau sur la guerre », *Revue de Paris*, 1er oct. 1917, pp. 641-656, et R. DERATHÉ, « Jean-Jacques Rousseau et le progrès des idées humanitaires du XVIe au XVIIIe siècle », *Revue internationale de la Croix-Rouge*, octobre 1958, pp. 523-543.

Page 179.

(*a*) La note suivante (Ms. Neuchâtel 7842, fo 52) a été ajoutée dans l'édition 1782 au mot *citoyens* : *« Les Romains qui ont mieux entendu et plus respecté le droit de la guerre qu'aucune nation du monde portoient si loin le scrupule à cet égard qu'il n'étoit pas permis à un Citoyen de servir comme volontaire sans s'être engagé expressement contre l'ennemi et nommément contre tel ennemi. Une Légion où Caton le fils faisoit ses prémières armes sous Popilius ayant été réformée, Caton le Père écrivit à Popilius que s'il vouloit bien que son fils continuât de servir sous lui il faloit lui faire prêter un nouveau serment militaire, parce que le prémier étant annulé il ne pouvoit plus porter les armes contre l'ennemi. Et le même Caton ecrivit à son fils de se bien garder de se présenter au combat qu'il n'eut prété ce nouveau serment. Je sais qu'on pourra m'opposer le siége de Clusium et d'autres faits particuliers mais moi je cite des loix, des usages. Les Romains sont ceux qui ont le moins souvent transgressé leurs loix et ils sont les seuls qui en aient eu d'aussi belles. »* L'édition de 1782 omet, par inadvertance, à la première ligne l'adverbe *« mieux »*.

1. Rousseau réfute ici ce qu'il appelle ailleurs « l'horrible système de Hobbes », « le système insensé de la guerre naturelle de chacun contre tous ». La réfutation est plus complète dans le fragment sur *« l'état de guerre »*, d'où ces formules sont tirées. Pour l'exposé de la thèse de Hobbes, voir le *De Cive*, ch. I (« De l'estat des hommes hors de la société civile »), en particulier le § 12 (« Que l'estat des hommes hors de la société est une guerre perpetuelle »), et surtout *Leviathan*, ch. XIII (« De la condition naturelle de l'humanité touchant son bonheur et sa misère »).

2. Cf. l. III, ch. XV : « L'idée des Répresentans est moderne : elle nous vient du Gouvernement féodal, de cet inique et absurde Gouvernement dans lequel l'espece humaine est dégradée, et où le nom d'homme est en deshonneur ».

3. Rousseau écrit à Rey le 23 décembre 1761 : « Faites aussi attention qu'on n'aille pas mettre *politique* au lieu de *politie*, par tout où j'ai écrit ce dernier mot » (*C.G.*, t. VII, p. 2).

Page 180.

1. Cf. MONTESQUIEU, *Esprit des lois*, l. X, ch. III (« Du droit de conquête ») : « Les auteurs de notre droit public... ont donné dans l'arbitraire ; ils ont supposé dans les conquérans un droit, je ne sçais quel, de tuer : ce qui leur a fait tirer des conséquences terribles comme le principe, et établir des maximes que les conquérans eux-mêmes, lorsqu'ils ont eu le moindre sens, n'ont jamais prises. Il est clair que, lorsque la conquête est faite, le conquérant n'a plus le droit de tuer, puisqu'il n'est plus dans le cas de la défense naturelle, et de sa propre conservation. — Ce qui les a fait penser ainsi, c'est qu'ils ont cru que le conquérant avoit droit de détruire la société : d'où ils ont conclu qu'il avoit celui de détruire les hommes qui la composent ; ce qui est une conséquence faussement tirée d'un faux principe. Car, de ce que la société seroit anéantie, il ne s'ensuivroit pas que les hommes qui la forment dussent aussi être anéantis. La société est l'union des hommes, et non pas les hommes ; le citoyen peut périr, et l'homme rester. »

2. Même remarque dans l'*Émile*, l. V : « Hobbes s'appuie sur des sophismes et Grotius sur des poètes » (*O.C.*, t. IV, p. 836). Grotius avait pourtant pris soin de préciser qu'il ne citait les poètes que pour illustrer ses pensées et ne les considérait pas comme des autorités : « Les sentences des Poètes et des Orateurs, dit-il, n'ont pas tant d'autorité [que le jugement des Historiens]. Et si nous en alléguons plusieurs, c'est souvent pour orner et illustrer nos pensées, plutôt que pour les appuyer. » (*Droit de la guerre et de la paix*, Discours préliminaire, § 48 ; trad. Barbeyrac, p. 31.)

3. Cf. MONTESQUIEU, *Esprit des lois*, l. XV, ch. II : « Le droit des gens a voulu que les prisonniers fussent esclaves, pour qu'on ne les tuât pas... Ces raisons des jurisconsultes ne sont point sensées. Il est faux qu'il soit permis de tuer dans la guerre autrement que dans le cas de nécessité ; mais, dès qu'un homme en a fait un autre esclave, on ne peut pas dire qu'il ait été dans la nécessité de le tuer, puisqu'il ne l'a pas fait. Tout le droit que la guerre peut donner sur les captifs, est de s'assurer tellement de leur personne qu'ils ne puissent plus nuire. Les homicides faits de sang-froid par les soldats, et après la chaleur de l'action, sont rejetés de toutes les nations du monde. »

Page 181.

1. Selon Vaughan (*Du Contrat social*, éd. classique, p. 128), cette formule « contient en germe la critique que Rousseau fera de la conception individualiste de l'État ». Le chapitre ne justifie pas cette interprétation puisque Rousseau montre, au contraire, tout comme l'avait fait Locke, qu'une véritable association suppose le consentement de ceux qui en font partie. C'est cette adhésion volontaire qui la distingue d'un simple agrégat où les hommes n'ont d'autre lien que leur commune servitude. C'est dans le même esprit que le

Manuscrit de Genève (l. I, ch. v, *in fine*) oppose les « États légitimes » aux « attroupemens forcés ».

2. Cf. Manuscrit de Genève (l. I, ch. v) : « Tel est en effet le véritable caractére de l'état civil ; un Peuple est un Peuple indépendamment de son chef, et si le Prince vient à périr, il existe encore entre les sujets des liens qui les maintiennent en corps de nation. Vous ne trouvez rien de pareil dans les principes de la Tyrannie. Sitôt que le Tyran cesse d'exister, tout se sépare et tombe en poussiére, comme un chêne en un tas de cendres quand le feu s'éteint après l'avoir dévoré. »

3. Rousseau fait ici allusion à la théorie du double contrat — pacte d'association et pacte de soumission — exposée par Pufendorf dans le *Droit de la nature et des gens*, l. VII, ch. II. On remarquera que dans ce texte Rousseau évite d'employer les termes *pacte* ou *contrat* et qu'il se sert du mot *« acte »* pour désigner à la fois « l'acte d'association » par lequel un peuple est un peuple, et l'acte par lequel le peuple élit un roi (ce sera plus tard [l. III, ch. XVII] « l'acte par lequel le gouvernement est institué »). Ici encore, les intentions de Rousseau sont claires. Pour lui, de ces deux actes, seul le premier — l'acte d'association — est un contrat. « Il n'y a qu'un contract dans l'Etat, c'est celui de l'association ; et celui-là seul en exclut tout autre », dit-il au livre III, ch. XVI (« Que l'institution du Gouvernement n'est point un contract »). Voir les notes de ce chapitre (ci-dessus, p. 254).

4. Cf. l. IV, ch. II : « Il n'y a qu'une seule loi qui par sa nature exige un consentement unanime. C'est le pacte social : car l'association civile est l'acte du monde le plus volontaire. » De même, *Considérations sur le gouvernement de Pologne*, ch. IX : « Par le droit naturel des sociétés, l'unanimité a été requise pour la formation du Corps politique... » (*O.C.*, t. III, p. 996).

Page 182.

1. Sans retracer ici les étapes de l'évolution humaine, l'auteur se place d'emblée au moment où, selon le *Discours sur l'inégalité*, « la société naissante fit place au plus horrible état de guerre ». Chez Rousseau comme chez Hobbes, c'est l'état de guerre qui rend nécessaires le gouvernement et les lois pour la conservation du genre humain. Rousseau refuse cependant d'assimiler l'état de guerre à l'état de nature, comme l'avait fait Hobbes. Pour lui, l'état de guerre n'est pas primitif, mais consécutif à la vie sociale dont il est l'effet : « L'erreur de Hobbes n'est donc pas d'avoir établi l'état de guerre entre les hommes indépendans et devenus sociables mais d'avoir supposé cet état naturel à l'espéce, et de l'avoir donné pour cause aux vices dont il est l'effet » (Manuscrit de Genève, l. I, ch. II).

2. Dans le chapitre correspondant du Manuscrit de Genève (l. I, ch. III), Rousseau écrit : « et le genre humain periroit si l'art ne venoit au secours de la nature ». D'une manière générale, l'artificia-

lisme du contrat social est plus accentué dans le Manuscrit de Genève : « Par de nouvelles associations, corrigeons, s'il se peut, le défaut de l'association générale. Que notre violent interlocuteur juge lui-même du succés. Montrons lui dans l'art perfectionné la réparation des maux que l'art commençé fit à la nature » (l. I, ch. II, *in fine*).

3. Il importe de souligner que, dans l'énoncé même du problème posé par le contrat social, figure comme condition de la validité du pacte la sauvegarde de la liberté individuelle. Ce qui est en plein accord avec la célèbre formule du chapitre IV : « Renoncer à sa liberté c'est renoncer à sa qualité d'homme ». Non seulement le pacte social doit être un engagement librement consenti mais il ne peut, en outre, comporter comme clause l'aliénation de la liberté. C'est évidemment un problème de savoir si le système de Rousseau offre effectivement à la liberté individuelle des garanties suffisantes, mais, dans l'esprit de l'auteur du moins, le pacte social a précisément pour objet de permettre aux hommes de constituer une association sans pour cela renoncer à leur liberté. Car autrement, il serait contraire à la nature de l'homme. C'est pourquoi Rousseau dira ailleurs qu' « on doit prouver qu'il est convenable à des hommes, et qu'il n'a rien de contraire aux Loix naturelles » (*Lettres écrites de la Montagne*, lettre VI, *O.C.*, t. III, page 807).

4. Par « contract social » il faut évidemment entendre ici « l'acte d'association » et non pas le livre de Rousseau. Dans le Manuscrit de Genève (l. I, ch. III), il écrit : « Tel est le problême fondamental dont l'institution de l'état donne la solution ».

5. Selon le Manuscrit de Genève (l. I, ch. v, début), si le contrat social est, comme ici, universellement valable en droit, il n'a pas son équivalent dans le fait : « Il y a mille maniéres de rassembler les hommes, il n'y en a qu'une de les unir. C'est pour cela que je ne donne dans cet ouvrage qu'une méthode pour la formation des sociétés politiques, quoique dans la multitude d'aggrégations qui existent actuellement sous ce nom, il n'y en ait peut être pas deux qui aient été formées de la même maniere, et pas une qui l'ait été selon celle que j'établis. Mais je cherche le droit et la raison et ne dispute pas des faits. » D'une version à l'autre, Rousseau a donc visiblement atténué le caractère purement idéal ou normatif du pacte social, quoiqu'il s'agisse toujours pour lui de chercher le fondement de l'État légitime sans se référer aux origines historiques. Dans le fragment sur l'*État de guerre*, il écrivait en ce sens : « Il importe premièrement de se former sur l'essence du Corps politique des notions plus exactes que l'on n'a fait jusqu'ici. Que le lecteur songe seulement qu'il s'agit moins ici d'histoire et de faits que de droit et de justice, et que je veux examiner les choses par leur nature plutôt que par nos préjugés » (*O.C.*, t. III, p. 603).

6. Cf. l. III, ch. x : « De sorte qu'à l'instant que le Gouvernement usurpe la souveraineté, le pacte social est rompu, et tous les simples Citoyens, rentrés de droit dans leur liberté naturelle, sont forcés, mais non pas obligés d'obéir »

7. C'est de cette formule célèbre que se réclament tous ceux qui, comme Vaughan, font de la doctrine de Rousseau « une forme extrême de collectivisme » dans lequel l'individu se trouve sacrifié à l'État. Mais il ne faut pas oublier que cette « aliénation » est suivie d'une restitution où l'individu retrouve sous une autre forme les droits auxquels il paraissait tout d'abord avoir définitivement renoncé. Cf. l. II, ch. IV, dernier alinéa : « Il est si faux que dans le contract social il y ait de la part des particuliers aucune renonciation véritable, que leur situation, par l'effet de ce contract, se trouve réellement préférable à ce qu'elle étoit auparavant, et qu'au lieu d'une aliénation, ils n'ont fait qu'un échange avantageux d'une maniere d'être incertaine et précaire contre une autre meilleure et plus sûre. »

Page 183.

1. Sans cette égalité que le pacte social établit entre tous les citoyens, l'autorité politique pourrait évidemment s'exercer au profit des uns et au détriment des autres, comme cela a lieu dans la plupart des sociétés où la loi protège le fort contre le faible, ou, ce qui revient au même, le riche contre le pauvre. Au contraire, si la condition est égale pour tous, nul n'a intérêt de la rendre onéreuse aux autres, puisqu'elle serait, du même coup, onéreuse pour lui. La répartition égale des charges entre les citoyens est la garantie que celles-ci seront réduites au minimum et qu'on n'exigera d'eux que les sacrifices indispensables au bien commun. C'est pourquoi Rousseau pourra dire dans les *Lettres écrites de la Montagne* (lettre VIII) : « Toute condition imposée à chacun par tous ne peut être onéreuse à personne ». Tout cela sera expliqué au livre II, ch. IV (« Des bornes du pouvoir souverain »).

2. L'aliénation totale ne signifie en aucun cas soumission à la volonté d'autrui, ni, par conséquent, renonciation à la liberté. Le pacte social a pour effet, comme il est dit peu après, de placer chacun « sous la suprême direction de la volonté générale », qui est aussi « la sienne ». C'est pourquoi chacun, « s'unissant à tous », n'obéit finalement qu'à lui-même et « reste aussi libre qu'auparavant ». Dans l'analyse du contrat social insérée dans le cinquième livre de l'*Émile*, Rousseau dira : « Les particuliers ne s'étant soumis qu'au souverain, et l'autorité souveraine n'étant autre chose que la volonté générale, nous verrons comment chaque homme, obéissant au souverain, n'obéit qu'à lui-même, et comment on est plus libre dans le pacte social que dans l'état de nature. »

3. Il convient de souligner que la notion de volonté générale figure dans la formule même du pacte et qu'on ne peut donc pas, contrairement à l'interprétation de Vaughan (cf. *Political Writings*, Introd., t. I, pp. 61 sq.), la considérer comme une « atténuation » de la doctrine sous sa forme primitive et radicale.

4. Manuscrit de Genève (l. I, ch. III) : « comme partie inalienable du tout ».

5. Selon Vaughan (*Du Contrat social*, éd. classique, p. XXVIII), cette formule témoigne d'une conception organiciste de la société et celle-ci « suggère infailliblement une absorption des membres individuels dans la vie collective de tout le corps ». Nous avons discuté ailleurs cette interprétation (*Rousseau et la science politique de son temps*, Appendice, pp. 410 sq.). Nous nous bornerons à signaler ici que Vaughan ne tient pas compte de l'adjectif *« moral »* qui qualifie ici le corps politique. Pour Rousseau, un corps moral est un « être moral » ou un « être de raison » qui n'a d'existence qu'en fonction de l'union de ses membres. C'est ce qui résulte du moins de certaines formules du fragment sur l'*État de guerre* (*O.C.*, t. III, p. 608) : « Qu'est-ce qu'une personne publique ? Je réponds que c'est cet être moral qu'on appelle souverain, à qui le pacte social a donné l'existence... Au fond, le Corps politique, n'étant qu'une personne morale, n'est qu'un être de raison. Ôtez la convention publique, à l'instant l'Etat est détruit sans la moindre altération dans tout ce qui le compose : et jamais toutes les conventions des hommes ne sauraient changer rien dans le physique des choses. »

6. Rousseau s'inspire ici manifestement du chapitre de Bodin intitulé : « Du citoyen, et la différence d'entre le sujet, le citoyen, l'estranger, la ville, cité, et Republique » (*Les six livres de la Republique*, l. I, ch. VI). Dans ce chapitre, Bodin écrit notamment : « la ville ne fait pas la cité, ainsi que plusieurs ont escrit, non plus que la maison ne fait pas la famille » (3e éd., Paris, 1578, p. 52).

7. « A Geneve le bourgeois ne peut estre Syndic de la ville, ny conseiller du privé conseil des XXV, mais bien le citoyen le peut estre : car le citoyen est celuy qui est natif du citoyen, ou bourgeois : et le bourgeois est celuy qu'on reçoit pour citoyen, ce qui est aussi pratiqué en Suisse, et par toutes les villes d'Allemagne ». Nous citons d'après l'édition de 1578, p. 53. Mais dans les éditions antérieures, en particulier celle de 1577, citée par Vaughan (*Political Writings*, t. II, p. 34, note), les termes Citoyen et Bourgeois ont été intervertis, ce qui explique le reproche formulé par Rousseau.

Page 184.

1. Dans le Manuscrit de Genève, ce chapitre constituait la seconde partie du précédent. Rousseau a ajouté un alinéa et s'est borné, pour le reste, à des modifications de détail.

2. Manuscrit de Genève (l. I, ch. III) : « l'acte de la confédération primitive ».

3. Comme le souligne M. Halbwachs dans son commentaire (p. 99), selon Rousseau, les particuliers ne s'engagent pas les uns envers les autres par une série de pactes mutuels *(mutual covenants one with another)*, comme chez Hobbes, ni, comme dans les théories du pacte de soumission, envers ceux qu'ils se choisissent pour chefs : le

pacte social est « un engagement réciproque du public avec les particuliers ». Mais, comme « le Souverain n'est formé que des particuliers qui le composent », tout se passe comme si chacun contractait avec lui-même. Ce sont les mêmes hommes qui constituent les « deux parties contractantes », mais envisagés sous différents rapports : comme membres du souverain et comme particuliers ou sujets de l'État. Cf. la formule de la *Lettre à d'Alembert* (éd. Brunel, Paris, Hachette, 1921, p. 172) : « dans une démocratie, où les sujets et le souverain ne sont que les mêmes hommes considérés sous différens rapports ». Il faut cependant remarquer que le souverain est un « corps » ou un « tout », et qu'il n'a d'existence active que lorsque le peuple est assemblé. De sorte qu'il ne s'agit pas à la rigueur d'un engagement envers soi-même, engagement qui, comme le signale Rousseau, ne constituerait pas, du point de vue juridique, une véritable obligation. Chacun s'engage, en réalité, avec un tout ou une collectivité dont il fera partie, mais qui, au moment du pacte, n'a encore qu'une existence virtuelle.

4. L'argument se trouve déjà chez Hobbes : « Une cité n'est point subjecte aux lois *civiles* ; car les lois civiles sont les ordonnances de la Ville, ausquelles si elle estoit liée, elle seroit obligée à soy-mesme » (*De Cive*, ch. VI, § 14, p. 101).

5. Cf. l. II, ch. XII : « En tout état de cause, un peuple est toujours le maitre de changer ses loix, même les meilleures ». De même, l. III, ch. XVIII : « Je suppose ici ce que je crois avoir démontré, savoir qu'il n'y a dans l'Etat aucune loi fondamentale qui ne se puisse révoquer, non pas même le pacte social ». Pourtant, dans l'analyse du *Contrat social* insérée dans le livre V de l'*Émile*, Rousseau écrit : « Par où l'on voit qu'il n'y a, ni ne peut y avoir d'autre loi fondamentale proprement dite que le seul pacte social ». De toute façon, il résulte de ces textes qu'il n'y a point de limites constitutionnelles à la souveraineté et que, le souverain étant à tout instant maître de changer ses volontés ou ses lois, il n'y a point de lois fondamentales qu'il soit tenu de maintenir en vigueur, pas même la forme du Gouvernement. C'est cet aspect de la doctrine de Rousseau qui a fait condamner le *Contrat social* à Genève et considérer le livre comme « destructteur de tous les gouvernements ». Parmi les griefs formulés contre l'auteur par le Procureur Général Jean-Robert Tronchin dans ses *Conclusions*, nous relevons celui-ci : « Les lois constitutives de tous les gouvernements lui paraissent toujours révocables » (*C.G.*, t. VII, Appendice VI, p. 373). Il suffit de lire le Rapport des commissaires des Conseils de la République sur les Représentations du 4 mars 1734 pour s'apercevoir combien la doctrine du *Contrat social* et tout spécialement la théorie de la souveraineté s'écartait de la lettre et de l'esprit de la constitution de Genève telle qu'elle avait été établie par l'Édit de Médiation de 1738. Le rapport souligne, en effet, que « le gouvernement doit être stable » et ajoute : « Que pour le rendre stable on n'a pu faire autre chose que d'établir un ordre fixe par des *Lois ou des Édits*, qui en règlent la

forme et la manière, qui par cette raison sont appelés les *Status fondamentaux du Gouvernement*, et forment en chaque différent pays ce qu'on appelle la *Constitution de l'État*, à quoi l'on joint les *us et coutumes* observés d'ancienneté dans la forme du Gouvernement. » — « Que ces Édits et Statuts sont de leur nature et dans l'intention des Législateurs et Fondateurs des Républiques, *perpétuels*, et formant *un contrat* réciproquement obligatoire entre ceux qui gouvernent et ceux qui sont gouvernés. » — « Que cette constitution fondamentale de l'État *ne peut être rompue ni par ceux qui gouvernent d'une part, ni par ceux qui sont gouvernés d'autre part*. On ne peut la rompre, on n'y peut toucher que d'un commun accord, par le consentement des deux parties. » Nous citons d'après John Stephenson SPINK, *Jean-Jacques Rousseau et Genève*, Paris, 1934, p. 23

6. « On distingue dans *Genève* quatre ordres de personnes : les *citoyens* qui sont fils de bourgeois et nés dans la ville ; eux seuls peuvent parvenir à la magistrature : les *bourgeois* qui sont fils de bourgeois ou de citoyens, mais nés en pays étranger, ou qui étant étrangers ont acquis le droit de bourgeoisie que le magistrat peut conférer ; ils peuvent être du conseil général, et même du grand-conseil appelé *des deux-cent*. Les *habitans* sont des étrangers, qui ont permission du magistrat de demeurer dans la ville, et qui n'y sont rien autre chose. Enfin les *natifs* sont les fils des habitans ; ils ont quelques priviléges de plus que leurs peres, mais ils sont exclus du gouvernement. » Art. « Genève » de l'*Encyclopédie*, t. VII, 1757, p. 76.

Page 185.

1. « La sainteté du Contrat social et des Loix » figure parmi les « dogmes positifs » de la religion civile (cf. l. IV, ch. VIII).

2. Cf. le chapitre IV du livre II (« Des bornes du pouvoir souverain ») où Rousseau dit que « le Souverain n'est jamais en droit de charger un sujet plus qu'un autre » et le résumé de ce chapitre dans le livre V de l'*Émile* : « Nous observerons que, selon le pacte social, le souverain ne pouvant agir que par des volontés communes et générales, ses actes ne doivent de même avoir que des objets généraux et communs ; d'où il suit qu'un particulier ne sauroit être lésé directement par le souverain, qu'ils ne le soient tous ; ce qui ne se peut, puisque ce seroit vouloir se faire du mal à soi-même ». (*O.C.*, t. IV, p. 841). Mais il n'est évidemment pas exclu, selon la remarque de Vaughan (*Political Writings*, Introd., t. I, p. 70, n. 2), que le souverain, tout comme un particulier, puisse se nuire à lui-même, « sans le vouloir et sans le savoir ». Rousseau ne veut pas en convenir parce qu'il refuse d'admettre des défaillances de la volonté générale qui, restant toujours inaltérable et pure (cf. l. IV, ch. I), ne peut jamais errer (cf. l. II, ch. III). Pourtant dans un texte au moins, Rousseau concède qu'un peuple pourrait vouloir se faire mal à lui-même : « D'ailleurs, en tout état de cause, un peuple est toujours le

maitre de changer ses loix, même les meilleures ; car s'il lui plait de se faire mal à lui-même, qui est-ce qui a le droit de l'en empêcher ? » (l. II, ch. XII).

3. Cf. l. III, ch. II.

Page 186.

1. L'un des objectifs visés par Rousseau dans le *Contrat social* est précisément de garantir les citoyens de toute « dépendance particulière » ou « personnelle », et d'éviter que quiconque soit soumis à la volonté d'autrui, car, selon la formule du *Discours sur l'inégalité*, « dans les relations d'homme à homme, le pis qui puisse arriver à l'un est de se voir à la discrétion de l'autre ». D'une manière générale, Rousseau veut mettre fin à « la dépendance des hommes » en les soumettant tous à l'autorité de la loi, comme il le dit dans un passage de l'*Émile* (l. II), essentiel pour la compréhension du *Contrat social* : « Il y a deux sortes de dépendances : celle des choses, qui est de la nature : celle des hommes, qui est de la société. La dépendance des choses, n'ayant aucune moralité, ne nuit point à la liberté et n'engendre point de vices : la dépendance des hommes étant désordonnée les engendre tous, et c'est par elle que le maître et l'esclave se dépravent mutuellement. S'il y a quelque moyen de remédier à ce mal dans la société, c'est de substituer la loi de l'homme, et d'armer les volontés générales d'une force réelle, supérieure à l'action de toute volonté particulière. Si les lois des nations pouvoient avoir, comme celles de la nature, une inflexibilité que jamais aucune force humaine ne pût vaincre, la dépendance des hommes redeviendroit alors celle des choses ; on réuniroit dans la république tous les avantages de l'état naturel à ceux de l'état civil ; on joindrait à la liberté qui maintient l'homme exempt de vices, la moralité qui l'élève à la vertu. » Pour Rousseau, les relations d'homme à homme sont toujours arbitraires et se nouent finalement au profit du plus fort. Aussi convient-il, pour maintenir la justice et l'égalité dans la société, de leur substituer la relation fondamentale du citoyen à la loi. Cf. *Contrat social*, l. II, ch. XII : « La seconde rélation est celle des membres entre eux ou avec le corps entier, et ce rapport doit être au premier égard aussi petit et au second aussi grand qu'il est possible : en sorte que chaque Citoyen soit dans une parfaite indépendance de tous les autres, et dans une excessive dépendance de la Cité : ce qui se fait toujours par les mêmes moyens ; car il n'y a que la force de l'Etat qui fasse la liberté de ses membres. »

2. Rousseau n'a cessé de répéter que l'homme est réduit à l'instinct et même au seul instinct physique, tant qu'il vit dans l'état de nature : « Il avoit dans le seul instinct tout ce qu'il lui falloit pour vivre dans l'état de Nature, il n'a dans une raison cultivée que ce qu'il lui faut pour vivre en société » *(Discours sur l'inégalité)*.

3. « O Émile ! où est l'homme de bien qui ne doit rien à son pays ? Quel qu'il soit, il lui doit ce qu'il y a de plus précieux pour

l'homme, la moralité de ses actions et l'amour de la vertu » (*Émile*, l. V). « Soit qu'un penchant naturel ait porté les hommes à s'unir en societé, soit qu'ils y aient été forcés par leurs besoins mutuels, il est certain que c'est de ce commerce que sont nés leurs vertus et vices et en quelque maniére tout leur être moral. Là où il n'y a point de société il ne peut y avoir ni Justice, ni clemence, ni humanité, ni générosité, ni modestie, ni surtout le mérite de touttes ces vertus, je veux dire ce qu'il en coûte à les pratiquer parmi des êtres remplis de tous les vices contraires. » (*Fragments politiques*, cf. *supra*, pp. 326-327). C'est la thèse constamment soutenue par Rousseau que la moralité, la justice et la vertu apparaissent avec la vie sociale, puisqu'elles supposent des relations constantes entre les hommes. Elles sont superflues dans l'état de nature où les hommes, sans liaison et sans commerce les uns avec les autres, vivent dispersés. « Il paroît d'abord que les hommes dans cet état n'ayant entre eux aucune sorte de relation morale, ni de devoirs connus, ne pouvoient être ni bons ni méchans, ni n'avoient ni vices ni vertus » (*Discours sur l'inégalité*). De même, dans l'*Émile*, la vie morale commence avec la vie sociale, c'est-à-dire au moment où la solitude de l'enfance, semblable à l'isolement de l'état de nature, prend fin pour faire place aux relations humaines : « L'étude convenable à l'homme est celle de ses rapports. Tant qu'il ne se connoît que par son être physique, il doit s'étudier par ses rapports avec les choses ; c'est l'emploi de son enfance ; quand il commence à sentir son être moral, il doit s'étudier par ses rapports avec les hommes ; c'est l'emploi de sa vie entière » (*O.C.*, t. IV, p. 493).

4. Dans la *Lettre à Christophe de Beaumont* (éd. de 1763, p. 18), Rousseau écrit au sujet de l'homme vivant à l'état de nature : « Borné au seul instinct physique, il est nul, il est bête ; c'est ce que j'ai fait voir dans mon discours sur l'inégalité ». Ce texte et ceux que nous avons cités précédemment suffisent à montrer qu'il n'y a point, comme le prétendent tant d'historiens, de contradiction ni même de désaccord entre la description de l'état de nature et l'apologie de l'état civil, entre le *Discours sur l'inégalité* et le *Contrat social*.

5. Cf. l. II, ch. IV, dernier alinéa.

Page 187.

1. Sur la « liberté morale » dont l'étude occupe une place importante dans l'*Émile*, voir l'excellent chapitre de M. André RAVIER, *L'éducation de l'homme nouveau*, Issoudun, 1941, t. II, ch. IX (« La liberté de l'homme nouveau »).

2. Domaine est synonyme de propriété (« proprietas sive dominium », écrit PUFENDORF, *Droit de la nature et des gens*, l. IV, ch. IV, § 2) et le domaine réel signifie la propriété des choses ou des biens. C'était, même à l'époque de Rousseau, un terme moins usuel que celui de propriété. On est surpris, qu'après l'avoir choisi pour titre, l'auteur n'emploie pas les expressions *domaine éminent* et *domaine par-*

ticulier dont il se sert dans l'*Émile* (l. V), pour résumer ce chapitre : « Après avoir fait la comparaison de la liberté naturelle avec la liberté civile quant aux personnes, nous ferons, quant aux biens, celle du droit de propriété avec le droit de souveraineté, du domaine particulier avec le domaine éminent ». S'il est certain d'autre part que le *Contrat social* présente une conception de la propriété plus élaborée que les indications sommaires du *Discours sur l'inégalité* ou de l'*Économie politique*, il n'est pas sûr, par contre, qu'il y ait eu dans la pensée de l'auteur un changement aussi total que l'affirme Vaughan (*Political Writings*, Introd., t. I, pp. 104-110 et éd. du *Contrat social*, pp. 132-135), ni que Rousseau ait abouti à une forme de collectivisme après avoir professé une théorie individualiste voisine de celle de Locke. Rousseau n'a jamais admis, comme Locke et Pufendorf, que la propriété fût un droit naturel (cf. *Discours sur l'inégalité* : « le droit de propriété n'étant que de convention et d'institution humaine »). Ce qui, par rapport aux écrits antérieurs, est nouveau dans le *Contrat social*, c'est l'affirmation que le droit de souveraineté s'étend des sujets à leurs biens, comme l'avait établi Hobbes. Ce qui conduit Rousseau à une conception du *domaine éminent* singulièrement différente de celle admise par Pufendorf et Grotius. C'est dans le passage de l'*Émile* (l. V), dont nous avons cité le début plus haut, que Rousseau expose le plus clairement sa pensée : « Si c'est sur le droit de propriété qu'est fondée l'autorité souveraine, ce droit est celui qu'elle doit le plus respecter. Il est inviolable et sacré pour elle, tant qu'il demeure un droit particulier et individuel : sitôt qu'il est considéré comme commun à tous les citoyens, il est soumis à la volonté générale et cette volonté peut l'anéantir. Ainsi le souverain n'a nul droit de toucher au bien d'un particulier ni de plusieurs. Mais il peut légitimement s'emparer du bien de tous, comme cela se fit à Sparte au tems de Lycurgue ; au lieu que l'abolition des dettes par Solon fut un acte illégitime. » (*O.C.*, t. IV, p. 841.) Selon Pufendorf et Grotius, au contraire, quand la nécessité oblige le souverain à faire usage de son *droit éminent* sur les biens de ses sujets, il est tenu par la suite de les dédommager : « Cette obligation de dédommager ceux qui souffrent sans leur faute, de l'usage du *Domaine éminent*, montre seule, écrit Barbeyrac, que le mot de *Domaine* se prend ici dans un sens impropre : Car, si le Souverain, dans les cas dont il s'agit, devenoit véritablement *maître* des biens dont il dispose comme il le juge à propos, il ne seroit tenu à aucun dédommagement, puisqu'il n'auroit fait que disposer de ce qui lui appartenoit » (dans Pufendorf, *Les devoirs de l'homme et du citoyen*, trad. J. Barbeyrac, 6e éd., l. II, ch. xv, § 4, n. 1, 6e éd., Londres, 1741, t. II, p. 155).

3. Cf. même livre, ch. I : « L'ordre social est un droit sacré, qui sert de base à tous les autres ».

Page 188.

1. Le meilleur commentaire de ce passage eſt l'épisode du jardinier dans le livre II de l'*Émile*, où Rousseau montre « comment l'idée de la propriété remonte naturellement au droit de premier occupant par le travail ». Pour rendre cette idée sensible à Émile, il le fait jardinier, planter des fèves et lui dit en lui montrant le fruit de son travail : « Cela vous appartient ». Rousseau ajoute : « Et lui expliquant alors ce terme d'appartenir, je lui fais sentir qu'il a mis là son temps, son travail, sa peine, sa personne enfin ; qu'il y a dans cette terre quelque chose de lui-même qu'il peut réclamer contre qui que ce soit, comme il pourroit retirer son bras de la main d'un autre homme qui voudroit le retenir malgré lui ». C'eſt, en réalité, la théorie de Locke mise « à la portée de l'enfant ». Voici, en effet, le passage concernant l'appropriation du sol dans le chapitre de l'*Essai sur le gouvernement civil* où Locke traite de la propriété (ch. IV de la trad. franç., § 8, pp. 40-41) : « Au regard des parties de la terre, il eſt manifeſte qu'on en peut acquérir la propriété en la même manière que nous avons vu qu'on pouvoit acquérir la propriété de certains fruits. Autant d'arpens de terre qu'un homme peut labourer, semer, cultiver, et dont il peut consumer les fruits pour son entretien, autant lui en appartient-il en propre. Par son travail il rend ce bien-là son bien particulier, et le diſtingue de ce qui eſt commun à tous. » Plus précis encore eſt le § 3 (pp. 34-35) : « Encore que la terre et toutes les créatures inférieures soient communes et appartiennent en général à tous les hommes ; chacun pourtant a un droit particulier sur sa propre personne, sur laquelle nul autre ne peut avoir aucune prétention. Le travail de son corps et l'ouvrage de ses mains, nous le pouvons dire, sont son bien propre. Tout ce qu'il a tiré de l'état de nature, par sa peine et son induſtrie, appartient à lui seul : car cette peine et cette induſtrie étant sa peine et son induſtrie propre et seule, personne ne sauroit avoir droit sur ce qui a été acquis par cette peine et cette induſtrie. »

2. Cf. LOCKE, *op. cit.*, ch. IV, § 7, pp. 39-40 : « On objectera, peut-être, que si en cueillant et amassant des fruits de la terre, un homme acquiert un droit propre et particulier sur ces fruits, il pourra en prendre autant qu'il voudra. Je répons qu'il ne s'ensuit point qu'il ait droit d'en user de cette manière. Car la même Loi de la Nature, qui donne à ceux qui cueillent et amassent des fruits communs, un droit particulier sur ces fruits-là, renferme en même tems ce droit dans de certaines bornes. *Dieu nous a donné toutes choses abondamment* (I. Tim. VI. 17). C'eſt la voix de la raison, confirmée par celle de l'Inspiration. Mais à quelle fin ces choses nous ont-elles été données de la sorte par le Seigneur ? *Afin que nous en jouïssions*. La propriété des biens acquis par le travail, doit donc être réglée selon le bon usage qu'on en fait pour l'avantage et le plaisir de la vie. Si l'on passe les bornes de la modération, et que l'on prenne plus de choses qu'on n'en a besoin, on prend sans doute, ce qui appartient aux autres. »

3. Dans l'épisode du jardinier, Émile prend possession de la terre en y plantant une fève ; « et sûrement, ajoute Rousseau, cette possession est plus sacrée et plus respectable que celle que prenoit Nuñès Balboa de l'Amérique méridionale au nom du roi d'Espagne, en plantant son étendard sur les côtes de la mer du Sud » (*Émile*, l. II, *O.C.*, t. IV, pp. 330-331).

4. Cf. *Économie politique*, *supra*, p. 85 : « la propriété est le vrai fondement de la société civile, et le vrai garant des engagemens des citoyens ».

Page 189.

1. Cf. l. II, ch. IV : « On convient que tout ce que chacun aliéne par le pacte social de sa puissance, de ses biens, de sa liberté, c'est seulement la partie de tout cela dont l'usage importe à la communauté ».

2. Cf. HOBBES, *De Cive*, ch. XII, § 7 (*op. cit.*, p. 190) : « Le septiesme dogme contraire au bien de l'Estat est, *que chaque particulier a la propriété de son bien, et une Seigneurie absoluë sur ce qui est de son Domaine*. J'entends une propriété telle, que non seulement elle exclue le droict de tous autres, mais aussi celuy de l'Estat, en ce qui regarde la chose dont il s'agit. Cela ne peut pas estre vrai. Car celui qui recognoist un Seigneur au dessus de soy ne peut pas avoir de Domaine absolu, comme je l'ay prouvé au 8. chap. art. 5. Or est il que l'Estat est selon l'accord passé, au dessus de tous les particuliers. Avant qu'on se fust rangé sous le joug de la société civile personne ne jouïssoit d'aucune propriété de droict, et toutes choses appartenoient à tous. D'où est ce donc que vous avés recouvré ceste propriété, si ce n'est de l'Estat ? Et d'où l'a eu l'Estat, si ce n'est que chaque particulier luy a cedé son droict ? Vous luy avés donc transféré le vostre : de sorte que vostre Domaine et vostre propriété est telle, et ne dure qu'autant qu'il plaist à la Republique. »

3. « L'esprit universel des lois de tous les pays est de favoriser toujours le fort contre le foible, et celui qui a contre celui qui n'a rien : cet inconvénient est inévitable, et il est sans exception », écrit Rousseau dans l'*Émile* (*O.C.*, t. IV, p. 524 en note).

LIVRE II

Page 190.

1. Ce chapitre est, à mon avis, inférieur à celui qui lui correspond dans le Manuscrit de Genève (l. I, ch. IV) et qui est intitulé : « En quoi consiste la souveraineté et ce qui la rend inaliénable ». Ce chapitre du Manuscrit de Genève donne, en effet, dès le début, une définition de la souveraineté qui ne figure plus dans la version définitive : « Il y a donc dans l'État une force commune qui le soûtient,

une volonté générale qui dirige cette force et c'est l'application de l'une à l'autre qui constitue la souveraineté ». D'après cela, la souveraineté, c'est la volonté générale dirigeant l'emploi de la force publique, et la formule du *Contrat social* — la souveraineté est l'exercice de la volonté générale — est loin d'être aussi précise. Cette définition s'appuie sur la maxime — conservée dans la version définitive — que « la volonté générale peut seule diriger les forces de l'Etat selon la fin de son institution, qui est le bien commun ». Mais cette maxime n'est pas un axiome et exige une démonstration que le Manuscrit de Genève fournit et qui, on ne sait pourquoi, a été supprimée dans la version définitive : « Or comme la volonté tend toujours au bien de l'être qui veut, que la volonté particulière a toujours pour objet l'intérest privé, et la volonté générale l'intérest commun, il s'ensuit que cette dernière est ou doit être seule le vrai mobile du corps social ».

2. Cf. l. I, ch. VI : « cet acte d'association produit un corps moral et collectif ».

3. Cf. l. III, ch. XV : « La Souveraineté ne peut être réprésentée, par la même raison qu'elle ne peut être aliénée ; elle consiste essentiellement dans la volonté générale, et la volonté ne se réprésente point : elle est la même, ou elle est autre ; il n'y a point de milieu ».

4. C'est sur ce principe, en effet, que repose la maxime que la souveraineté est inaliénable. La souveraineté est essentiellement volonté et la volonté ne se transmet point, ne se représente point. Si nous consentons qu'un autre veuille à notre place, sa volonté se substitue à la nôtre dans la direction de notre conduite et, par là même, soumis à une volonté « étrangère », nous cessons d'être libre. De même, si le peuple aliène la souveraineté, c'est une volonté particulière qui se substitue à la volonté générale, et le peuple cesse d'être libre. Nous pouvons, par contre, confier à quelqu'un le soin d'exécuter nos volontés. C'est pourquoi le souverain peut se faire représenter dans l'exercice de la puissance exécutive, mais ne le peut dans celui de la puissance législative (cf. l. III, ch. XV).

Page 191.

1. Cf. Manuscrit de Genève (l. I, ch. IV) : « La volonté générale qui doit diriger l'État n'est pas celle d'un tems passé, mais celle du moment présent, et le vrai caractére de la souveraineté est qu'il y ait toujours accord de tems, de lieu, d'effet, entre la direction de la volonté générale et l'emploi de la force publique, accord sur lequel on ne peut plus compter sitôt qu'une autre volonté, telle qu'elle puisse être dispose de cette force. » De même, *Fragments* (III, II) : « La souveraineté qui n'est que l'exercice de la volonté générale est libre comme elle et n'est soumise à aucune espèce d'engagement. Chaque acte de souveraineté ainsi que chaque instant de sa durée est absolu, indépendant de celui qui précéde et jamais le souverain n'agit parce qu'il a voulu mais parce qu'il veut » (cf. *supra*, p. 307).

2. De même, un homme qui renonce à sa liberté, renonce à sa « qualité d'homme » (cf. *supra*, l. I, ch. IV).

3. Cf. l. III, ch. XIII : « l'autorité souveraine est simple et une, et l'on ne peut la diviser sans la détruire ».

4. Pour la distinction entre un acte de souveraineté et un acte de magistrature, entre une loi et un décret, voir également dans le même livre le chapitre VI.

5. Ce passage ne vise pas, comme le disent la plupart des historiens, Montesquieu et la théorie de la séparation des pouvoirs, puisque les différents droits dont on trouve ci-dessous l'énumération ne correspondent pas aux trois pouvoirs du fameux chapitre sur la Constitution d'Angleterre (*Esprit des lois*, l. XI, ch. VI). Rousseau procède, en réalité, à la critique de la théorie des « parties de la souveraineté », admise par tous les écrivains politiques du XVIIe siècle, y compris Hobbes. Pour ces écrivains, la souveraineté se compose de plusieurs droits dont la liste correspond en gros à l'énumération faite par Rousseau dans cet alinéa. Nous ne pouvons dans cette note citer tous les textes et, pour une documentation plus complète, nous renvoyons le lecteur à notre livre, *J.-J. Rousseau et la science politique de son temps*, pp. 280-294. Pufendorf intitule un des chapitres du *Droit de la nature et des gens* (l. VII, ch. IV) « Des Parties de la Souveraineté en général, et de leur liaison naturelle ». La formule sera reprise par Burlamaqui dans ses *Principes du droit politique* (Genève, 1751, Ire partie, ch. VIII, intitulé : « Des Parties de la Souveraineté, ou des différens droits essentiels qu'elle renferme »). Tous les auteurs sont d'accord pour faire de la souveraineté un « assemblage » ou un composé de plusieurs pouvoirs. Mais, tandis que les uns (Hobbes et Pufendorf) soutiennent que ces droits doivent toujours être réunis dans les mêmes mains, les autres (Grotius, Barbeyrac et surtout Burlamaqui) déclarent, au contraire, qu'ils peuvent être répartis entre plusieurs personnes ou corps de l'État, et sont ainsi amenés à professer la théorie du partage de la souveraineté ou de la « balance des pouvoirs ». Lorsque Hobbes, par exemple, déclare dans le *De Cive* (ch. XII, § 5) que la souveraineté ne peut être partagée, il entend par là que les droits qui la composent doivent tous, sans exception, être rassemblés dans la personne du souverain. Sa pensée reste donc sensiblement différente de celle de Rousseau. Pour Rousseau, en effet, la souveraineté est indivisible parce qu'elle est « simple » et que, dans son « essence », elle se ramène à l'exercice du « droit législatif ».

Page 192.

1. Le terme *« émanations »* surprend, mais il est expliqué à l'alinéa suivant où l'auteur dit : « Toutes les fois qu'on croit voir la souveraineté partagée on se trompe... les droits qu'on prend pour des parties de cette souveraineté lui sont tous subordonnés, et supposent toujours des volontés suprêmes dont ces droits ne donnent que l'exécution ». La puissance législative constitue seule l'essence de la souveraineté et, pour cette raison, doit être exercée directe-

ment ou en personne par le souverain. En revanche, celui-ci peut se faire représenter dans l'exercice des « droits subordonnés », en particulier dans l'exercice de la puissance exécutive, comme il sera dit au livre III, ch. XV.

2. Dans le chapitre VI de ce livre.

3. Rousseau n'a vu dans le *Droit de la guerre et de la paix* qu'un livre en faveur de la souveraineté des rois et, pour cette raison, fait de Grotius son principal adversaire. Cf. le chapitre IV du livre I.

4. Rousseau est manifestement injuste pour Barbeyrac qui, dans les notes de ses traductions de Grotius et de Pufendorf, professe souvent un libéralisme inspiré de Locke. Sur Barbeyrac, voir le livre de M. Philippe MEYLAN, *Jean Barbeyrac (1674-1744) et les débuts de l'enseignement du droit dans l'ancienne Académie de Lausanne*, Lausanne, 1937.

Page 193.

1. Cf. même livre, ch. IV : « Pourquoi la volonté générale est-elle toujours droite, et pourquoi tous veulent-ils constamment le bonheur de chacun d'eux, si ce n'est parce qu'il n'y a personne qui ne s'approprie ce mot *chacun*, et qui ne songe à lui-même en votant pour tous ? »

2. Si dans le fait, la volonté générale « est rarement celle de tous », comme le dit plus nettement encore Rousseau dans le manuscrit de Genève (l. I, ch. IV), il faut néanmoins qu'elle soit dans le principe « la volonté de tous », sans quoi on ne comprend plus comment, en obéissant à la volonté générale, les citoyens obéissent à « leur propre volonté » (cf. le chapitre suivant). En réalité, la volonté générale est présente en chaque citoyen, qui peut sans doute l'éluder, mais ne peut l'anéantir : « Même en vendant son suffrage à prix d'argent il n'éteint pas en lui la volonté générale, il l'élude » (l. IV, ch. I). Aussi est-ce un signe de déclin pour l'État, quand la volonté générale n'est plus la volonté de tous : « Quand le nœud social commence à se relâcher et l'Etat à s'affoiblir..., l'unanimité ne regne plus dans les voix, la volonté générale n'est plus la volonté de tous ».

3. Cf. même livre, ch. IV : « Ce qui généralise la volonté est moins le nombre des voix, que l'intérêt commun qui les unit ».

4. Le marquis d'ARGENSON, *Considérations sur le gouvernement ancien et présent de la France*, ch. II. Au lieu de *« par opposition... »* on lit « par *une raison opposée* à celui d'un tiers » (pp. 26-27).

Page 194.

(a) L'édition originale du *Contrat social* et celle de 1782 portent *alcuni divisioni*, faute d'impression reproduite par la plupart des éditions modernes, comme le signale Yves Lévy dans une étude que nous citons plus bas.

1. Pour Rousseau, les intérêts privés qui s'opposent à l'intérêt

public sont presque toujours les intérêts collectifs des groupements particuliers. « Car les intérêts des sociétés partielles ne sont pas moins séparés de ceux de l'Etat, ni moins pernicieux à la République, que ceux des particuliers ; et ils ont même cet inconvénient de plus, qu'on se fait gloire de soutenir, à quelque prix que ce soit, les droits ou les prétentions du corps dont on est membre ; et que, ce qu'il y a de malhonnête à se préférer aux autres s'évanouissant à la faveur d'une société nombreuse dont on fait partie, à force d'être bon sénateur on devient enfin mauvais citoyen » (*Jugement sur la Polysynodie, in fine*). Les intérêts individuels finissent par s'annuler dans les délibérations tandis que les intérêts des collectivités (ce que Hobbes appelle « les corps subordonnés » et Rousseau « les sociétés partielles ») subsistent et font opposition à la déclaration de la volonté générale. De là les deux remèdes proposés par Rousseau, le premier, radical mais chimérique, la suppression de ces sociétés partielles, le second, peut-être moins efficace, mais plus réaliste, leur effritement.

2. Sur Servius, voir dans le livre IV le chapitre IV. En ce qui concerne Numa, il est probable, comme l'indique M. Halbwachs dans son commentaire (p. 147, n. 59) que Rousseau fait allusion au passage suivant de Plutarque : « Entre ses constitutions, on prise et loue sur toutes les autres celle qu'il fit touchant le département du peuple par métiers : car la ville de Rome semblait encore être composée de deux nations... et, pour mieux dire, était divisée en deux ligues, tellement qu'elle ne pouvait ou ne voulait aucunement se réduire en un, n'étant pas possible d'en ôter entièrement toutes partialités, et faire qu'il n'y eût continuellement des querelles, noises et débats entre les deux parties. Parquoi il pensa que quand on veut mêler deux corps ensemble, qui pour leur dureté ou contrariété de nature ne peuvent recevoir mélange l'un avec l'autre, on les brise et concasse le plus menu que l'on peut ; car alors, pour la petitesse des parties, ils se confondent mieux l'un avec l'autre : aussi pensa-t-il qu'il valait mieux diviser encore tout le peuple en plusieurs petites parcelles, par le moyen desquelles il les jetterait en autres partialités, lesquelles viendraient à effacer plus facilement celle principale et première quand elle serait divisée et séparée en plusieurs petites. Si fit cette division par métiers, comme ménétriers, charpentiers, teinturiers, cordonniers, mégissiers, tanneurs, fondeurs, potiers, et ainsi des autres métiers, dont il rangea tous les suppôts artisans en un même corps, et ordonna à chacun leurs confréries, leurs fêtes, assemblées et services qu'ils feraient aux dieux, selon la dignité de chaque métier : en quoi faisant il ôta le premier cette diversité que l'on ne dit, ni n'estima-t-on plus, ceux-là sont Sabins, ceux-ci sont Romains, et ceux-là bourgeois de Tatius, et ceux-ci de Romulus : de sorte que cette division fut une incorporation, mélange et réunion de tous avec tous. » (*Vies des hommes illustres*, trad. J. Amyot, « Vie de Numa », § 29, éd. Pléiade, t. I, pp. 154-155). Quant à Solon, c'est vraisemblablement la divi-

sion des citoyens athéniens en quatre classes que Rousseau a en vue (cf. *ibid.*, « Vie de Solon », § 30, éd. Pléiade, t. I, p. 192).

3. On n'a pas prêté suffisamment attention à ce titre, pourtant significatif. Ce chapitre a pour but, en effet, de montrer que si la souveraineté est un « pouvoir absolu », elle n'est pas pour autant un « pouvoir sans bornes ». Nous avons vu qu'il n'y a point, dans la doctrine de Rousseau, de limites constitutionnelles à la souveraineté. Cela ne veut pas dire que celle-ci soit un pouvoir arbitraire ou tyrannique. Si la souveraineté ne peut être limitée pour ainsi dire du dehors par un pouvoir qu'il faudrait supposer supérieur à elle — et, en ce cas, elle ne serait plus le pouvoir suprême —, elle est, par contre, astreinte à ne s'exercer que selon certaines règles qui tiennent à la nature même de la volonté générale. La souveraineté n'étant que l'exercice de la volonté générale, le souverain ne peut agir que par des lois ou des conventions générales, qui favorisent ou obligent également tous les citoyens. Par cette condition de l'égalité, le souverain n'est jamais en droit de « charger un sujet plus qu'un autre », et comme, d'autre part, il « n'est formé que des particuliers qui le composent », il n'est pas concevable qu'il veuille charger les sujets « d'aucune chaîne inutile à la communauté ». Si la souveraineté n'est pas susceptible d'abus dans son exercice et si, par conséquent, elle « n'a nul besoin de garant envers les sujets », ce n'est donc pas seulement parce qu'elle appartient au peuple, mais surtout parce qu'elle est « l'exercice de la volonté générale » et que, comme telle, elle ne peut sortir des bornes des conventions générales ou, comme le dira plus tard Rousseau, des « bornes de l'utilité publique ».

4. Voici la traduction de ce passage : « A la vérité, il y a des divisions qui nuisent aux Républiques, d'autres qui sont profitables : nuisibles sont celles qui comportent des factions et des partisans, profitables celles qui ne donnent pas naissance à des factions et à des partisans. Puis donc que le fondateur d'une République ne peut éviter que des dissentions s'y manifestent, au moins doit-il l'ordonner de façon qu'il ne s'y forme pas de factions ». Nous empruntons cette traduction à une étude de Yves Lévy sur les partis et la démocratie (*Le Contrat social*, mars 1959, p. 83). Dans cette étude, l'auteur souligne combien il est surprenant de voir Rousseau citer à l'appui de sa thèse un texte qui ne lui est guère favorable et même lui est plutôt contraire, comme s'il n'avait retenu de ce passage des *Histoires Florentines* que les divisions qui nuisent. Comment faire de Machiavel un adversaire des partis, quand on sait — et Rousseau ne pouvait l'ignorer — qu'il attribue dans les *Discours sur la première décade de Tite-Live* (l. I, ch. IV) la grandeur de la République romaine à la rivalité entre les patriciens et les plébéiens ?

Page 195.

1. Pourtant, au chapitre suivant, Rousseau dira que « le Citoyen

n'est plus juge du péril auquel la loi veut qu'il s'expose... et que sa vie n'est plus seulement un bienfait de la nature, mais un don conditionnel de l'Etat ».

2. Cf. LOCKE, *Essai sur le gouvernement civil*, ch. VIII de la trad. fr., § 10 (p. 185) : « Quoique les gens qui entrent dans une Société, remettent l'égalité, la liberté, et le pouvoir qu'ils avoient dans l'état de Nature, entre les mains de la Société, afin que l'autôrité législative en dispose de la maniére qu'elle trouvera bon, et que le Bien de la Société requerra ; ces gens-là, néanmoins, en remettant ainsi leurs privilèges naturels, n'aïant d'autre intention que de pouvoir mieux conserver leurs personnes, leurs libertés, leurs propriétés (car enfin on ne saurait suposer que des Créatures raisonnables changent leur condition, dans l'intention d'en avoir une plus mauvaise), le pouvoir de la Société ou de l'autôrité législative établi par eux ne peut jamais être suposé devoir s'étendre plus loin que le Bien Public ne le demande. »

3. Plus loin, Rousseau dira : « le Souverain n'est jamais en droit de charger un sujet plus qu'un autre ». Les deux maximes sont complémentaires et ensemble résument la théorie de Rousseau sur les bornes du pouvoir souverain.

Page 196.

1. Cf. même livre, le chapitre sur la loi.

2. C'est cette formule, la plus importante de tout le chapitre, qui justifie la thèse si contestée de Rousseau que la liberté ne peut subsister sans l'égalité (cf. même livre, ch. XI, début).

Page 197.

1. Dans le chapitre sur la religion civile (l. IV, ch. VIII), Rousseau dira : « Le droit que le pacte social donne au Souverain sur les sujets ne passe point, comme je l'ai dit, les bornes de l'utilité publique ».

Page 198.

1. Rousseau ne traite pas ici le problème du droit de punir dans son ensemble, comme avaient fait avant lui Grotius (*Droit de la guerre et de la paix*, l. II, ch. XX, intitulé « Des peines »), Pufendorf (*Droit de la nature et des gens*, l. VIII, ch. III : « Du Pouvoir des Souverains sur la vie et les biens de leurs Sujets pour la Punition des Crimes et des Délits »), Beccaria dans son *Traité des délits et des peines*, ou encore Montesquieu dans l'*Esprit des lois*, Rousseau n'envisage ici que la peine de mort et la justifie. Le rigorisme de ce chapitre est singulièrement différent de l'attitude plus humaine et plus nuancée de Montesquieu, partisan de la modération des peines. Ce n'est pas un des moindres contrastes de la personnalité de Rousseau que cette opposition entre un rigorisme intransigeant, parfois proche de celui de Kant, et une extrême sensibilité. Quand il raisonne, Rousseau sait faire taire sa sensibilité (cf. la fin du chapitre) et, pour lui, le

rigorisme n'est que la conséquence de la rigueur de ses raisonnements.

2. Cf. Locke, *Essai sur le gouvernement civil*, trad. franç., ch. III, § 2 (p. 30) : « Un homme n'ayant point de pouvoir sur sa propre vie, ne peut par aucun traité, ni par son propre consentement, se rendre esclave de qui que ce soit, ni se soumettre au pouvoir absolu et arbitraire d'un autre, qui lui ôte la vie quand il lui plaira. *Personne ne peut donner plus de pouvoir, qu'il n'en a lui-même* ; et celui qui ne peut s'ôter la vie, ne peut, sans doute, communiquer à un autre aucun droit sur elle. »

3. Cette formule, prise à la lettre, correspond mieux à la doctrine de Hobbes qu'à celle de l'auteur. Pour Rousseau, en effet, la sécurité n'est pas un bien si précieux qu'on doive lui sacrifier, comme le pense Hobbes, la liberté même. Cf. l. I, ch. IV.

4. Jusqu'à ce chapitre il n'a été question que du *Souverain* et c'est ici la première fois que l'on rencontre dans le *Contrat social* le mot *Prince*. On le retrouvera au chapitre suivant : « Si le Prince est au dessus des loix ». Mais il faut attendre le livre III (ch. I) pour trouver la définition de ce terme auquel Rousseau donne un sens particulier. Selon la terminologie propre à Rousseau, le Prince n'est pas le Souverain, mais le Magistrat chargé de l'exécution des lois.

Page 199.

1. Les efforts que fait ici Rousseau pour accorder son argumentation avec sa conception de la guerre exposée au livre précédent, ch. IV, me paraissent vains. Dans ce chapitre, l'écrivain disait en effet : « Chaque Etat ne peut avoir pour ennemi que d'autres Etats et non pas des hommes, attendu qu'entre choses de diverses natures on ne peut fixer aucun vrai rapport ». Il faut que Rousseau ait oublié cet axiome pour soutenir ici que le criminel, qui est une *personne physique*, peut devenir l'ennemi de l'État, qui est une *personne morale*.

Page 200.

1. « Ce sujet est tout neuf : la définition de la Loi est encore à faire ». C'est en ces termes que Rousseau souligne dans l'*Émile* (l. V) la nouveauté de sa conception de la loi. De là l'importance qu'il accorde à ce chapitre. Importance, à vrai dire, diminuée dans la version définitive puisque les idées qui y sont développées avaient déjà été exposées dans le chapitre IV du même livre au sujet de la volonté générale. Redite inévitable, puisque tous les caractères de la volonté générale doivent nécessairement se retrouver dans la loi, celle-ci n'étant que la déclaration de la volonté générale. On est surpris, d'autre part, de constater que le célèbre passage du Manuscrit de Genève (l. I, ch. VII) sur les prodiges de la loi, « voix céleste », n'a pas été conservé dans la version définitive, mais l'omission est certainement intentionnelle et due, semble-t-il, au fait que ce passage avait été imprimé dans l'*Économie politique* (cf. *supra*, p. 70).

2. « Les loix sont l'unique mobile du corps politique, il n'est actif et sensible que par elles » (Manuscrit de Genève, l. I, ch. VII).

3. Cf. Manuscrit de Genève (l. I, ch. II) : « Tout ce que vous me dites des avantages de la loi sociale pourroit être bon, si tandis que je l'observerois scrupuleusement envers les autres, j'étois sur qu'ils l'observeroient tous envers moi ; mais quelle sureté pouvez-vous me donner là-dessus, et ma situation peut-elle être pire que de me voir exposé à tous les maux que les plus forts voudront me faire, sans oser me dédomager sur les foibles ? Ou donnez-moi des garans contre toute entreprise injuste, ou n'esperez pas que je m'en abstienne à mon tour. »

4. De l'avis unanime des historiens, ce passage vise la célèbre définition de Montesquieu dans l'*Esprit des lois* (l. I, ch. I) : « Les loix, dans la signification la plus étendue, sont les rapports nécessaires qui dérivent de la nature des choses ».

5. Cf. même livre, ch. IV.

Page 201.

1. Cf. Manuscrit de Genève (l. II, ch. IV) : « La matiére et la forme des Loix sont ce qui constitue leur nature ; la forme est dans l'autorité qui statüe, la matiére est dans la chose statuée ».

2. Le passage correspondant du Manuscrit de Genève (l. I, ch. IV) est sensiblement différent : « Quand je dis que l'objet des loix est toujours général, j'entens que la loi considere les sujets en corps et les actions par leurs genres ou par leurs espéces, jamais un homme en particulier ni une action unique et individuelle ».

3. Cf. l. III, ch. I : « La puissance législative appartient au peuple, et ne peut appartenir qu'à lui ».

4. Rousseau rejette donc la maxime des jurisconsultes : *princeps legibus solutus est*. Mais, puisque selon ses principes, le *Prince* doit être distingué du *Souverain*, la signification de la maxime s'en trouve changée. N'étant que le magistrat ou le corps des magistrats chargés de l'exécution des lois, le Prince doit nécessairement leur être soumis. Étant l'auteur des lois, le Souverain, par contre, peut les abroger et les modifier comme il lui plaît.

Page 202.

1. Dans l'*Économie politique* (cf. *supra*, p. 69) la terminologie était différente : « La premiere et plus importante maxime du gouvernement légitime ou populaire, c'est-à-dire de celui qui a pour objet le bien du peuple, est donc, comme je l'ai dit, de suivre en tout la volonté générale ».

Page 203.

1. Ce chapitre s'explique en grande partie par la double influence de l'histoire ancienne et de Machiavel. On sait quelle était la prédilection de Rousseau pour l'histoire ancienne. Il suffit de lire dans

les *Considérations sur le Gouvernement de Pologne*, le chapitre II intitulé « Esprit des anciennes institutions », pour voir à quel point Rousseau s'inspire des modèles antiques : « Je regarde, dit-il, les nations modernes : j'y vois force faiseurs de loix et pas un Législateur. Chez les anciens j'en vois trois principaux qui méritent une attention particulière : Moyse, Lycurgue et Numa. » Non moins certaine est l'influence de Machiavel qui, tout autant que Rousseau, s'attache au mythe du fondateur ou du législateur. Si la gloire du fondateur de République n'égale pas celle du fondateur de religion, elle vient tout aussitôt après (*Discours sur la première décade de Tite-Live*, l. I, ch. X). Si de bonnes institutions font la force et la durée d'un État, ces institutions ne peuvent être l'œuvre du peuple, mais d'un législateur qui les lui impose : « Il faut établir comme règle générale que jamais, ou bien rarement du moins, on n'a vu une république, une monarchie être bien constituées dès les commencemens ou parfaitement réformées depuis, que par un seul individu ; il est même nécessaire que celui qui a conçu le plan fournisse lui seul les moyens d'exécution » (*ibid.*, l. I, ch. IX ; trad. Guiraudet, *Œuvres* de Machiavel, t. I, pp. 66-67). Il y a toutefois une différence fondamentale entre les deux conceptions du législateur. Celui-ci ne doit, selon Rousseau, avoir aucun pouvoir, aucun droit législatif et ne peut compter, pour faire adopter son système de législation par le peuple, que sur sa force de persuasion. Machiavel, plus réaliste, pense, au contraire, que le législateur doit s'emparer du pouvoir pour imposer ses lois : « Un habile législateur qui préfère sincèrement le bien général à son intérêt particulier, et sa patrie à ses héritiers, doit employer toute son industrie pour attirer à soi tout le pouvoir » (*ibid.* , p. 67). Sur l'interprétation de la notion du législateur chez Rousseau, cf. les études récentes de Bernard Gagnebin dans les actes des Journées d'*Études sur le Contrat social*, Dijon, 1962, et de Raymond Polin dans ceux du Collège de France d'octobre 1963.

2. Manuscrit de Genève (l. II, ch. II) : « qui connut tous les besoins des hommes, et n'en éprouvât aucun ».

3. Manuscrit de Genève (l. II, ch. II) : « il faudroit un Dieu pour donner de bonnes loix au genre humain ».

4. Cf. l. I, ch. II, où l'on trouve le raisonnement de Caligula, résumé d'ailleurs dans le passage correspondant du Manuscrit de Genève (l. II, ch. II), mais supprimé dans la version définitive : « Ce raisonnement que Platon faisoit quant au droit pour définir l'homme civil ou Royal qu'il cherche dans son Livre du Régne, Caligula s'en servoit dans le fait, au raport de Philon, pour prouver que les maitres du monde étoient d'une nature supérieure au reste des hommes ».

5. Il s'agit du dialogue intitulé *Le Politique*. Cf. Manuscrit de Genève (l. I, ch. V) : « J'ignore si la sagesse humaine a jamais fait un bon Roi ; qu'on voye dans le Civilis de Platon les qualités qu'un homme Royal doit avoir, et qu'on cite quelcun qui les ait eües ».

6. *Considérations sur les causes de la grandeur des Romains et de leur décadence*, ch. I (addition de l'édition de 1748).

7. Manuscrit de Genève (l. II, ch. II) : « qu'il *mutile* en quelque sorte la constitution de l'homme pour la renforcer ».

8. De même *Émile*, livre I : « Les bonnes institutions sociales sont celles qui savent le mieux dénaturer l'homme, lui ôter son existence absolue pour lui en donner une relative, et transporter le *moi* dans l'unité commune ; en sorte que chaque particulier ne se croie plus un, mais partie de l'unité et ne soit plus sensible que dans le tout ».

Page 204.

1. Manuscrit de Genève (l. I, ch. II) : « S'il doit l'être par *ses talents...* »

2. La même remarque vaut pour le peuple législateur : « Il n'est pas bon que celui qui fait les loix les exécute, ni que le corps du peuple détourne son attention des vues générales, pour les donner aux objets particuliers » (l. III, ch. IV).

3. Manuscrit de Genève (l. II, ch. II) : « il commença par abdiquer la *souveraineté* ».

4. Au lieu de cet éloge, on trouve dans les *Lettres écrites de la Montagne* (lettre II) un jugement sévère : « Calvin, sans doute, étoit un grand homme ; mais enfin c'étoit un homme, et qui pis est, un Théologien : il avoit d'ailleurs tout l'orgueil du génie qui sent sa supériorité, et qui s'indigne qu'on la lui dispute ». On peut sans doute dire que dans le *Contrat*, Rousseau loue le législateur et que dans les *Lettres de la Montagne* il s'en prend au théologien. Mais il est clair aussi qu'en 1763, l'amertume de la déception genevoise a changé plus d'un de ses jugements. Cf. Bernard GAGNEBIN, « Comment il jugeait Calvin », *Rousseau aujourd'hui*, Supplément littéraire du *Journal de Genève*, 23 juin 1962, pp. IV et V.

Page 205.

1. Rousseau le répétera encore au livre suivant, ch. XV : « Toute loi que le peuple en personne n'a pas ratifiée est nulle ; ce n'est point une loi ».

Page 206.

1. Semblable au prophète, le législateur doit avoir les caractères des envoyés de Dieu. Cf. *Lettres écrites de la Montagne*, lettre III : « On a trouvé que Dieu avoit donné à la mission de ses Envoyés divers caracteres qui rendoient cette mission reconnoissable à tous les hommes... Le second caractère est dans celui des hommes choisis de Dieu pour annoncer sa parole ; leur sainteté, leur véracité, leur justice, leurs mœurs pures et sans tache, leurs vertus inaccessibles aux passions humaines sont, avec les qualités de l'entendement, la raison, l'esprit, le savoir, la prudence, autant d'indices respectables, dont la réunion, quand rien ne s'y dément, forme une preuve complette en leur faveur, et dit qu'ils sont plus que des hommes » La ressemblance est encore plus accentuée dans le Manuscrit de

Genève (l. II, ch. II) : « Mais il n'appartient pas à tout homme de faire parler les Dieux ni d'en être cru quand il s'annonce pour leur interpréte. La grandeur des choses dites en leur nom doit être soutenüe par une éloquence et une fermeté plus qu'humaine. Il faut que le feu de l'enthousiasme se joigne aux profondeurs de la sagesse et à la constance de la vertu. En un mot la grande ame du legislateur est le vrai miracle qui doit prouver sa mission. » Ce qui vaut pour le prophète vaut donc aussi pour le législateur. L'un comme l'autre n'ont d'autorité que s'ils passent pour des hommes choisis ou inspirés de Dieu.

2. Cf. le fragment « Des Juifs » (*supra*, p. 321) : « Les Juifs nous donnent cet étonnant spectacle. Les loix de Solon, de Numa, de Lycurgue sont mortes. Celles de Moïse, bien plus antiques, vivent toujours. » Cf. également le passage sur Moïse dans les *Considérations sur le Gouvernement de Pologne*, ch. II.

3. Cf. *Profession de foi du Vicaire Savoyard* : « L'orgueilleuse philosophie mène à l'esprit fort, comme l'aveugle dévotion mène au fanatisme ». Selon Vaughan (*Political Writings*, t. II, p. 54, n. 2), « l'orgueilleuse philosophie est une référence au *Mahomet* de Voltaire ».

4. William Warburton (1698-1779), évêque de Gloucester, a écrit deux ouvrages concernant les rapports de l'Église et de l'État : 1° *The Alliance between Church and State*, 1736, traduction française par Silhouette sous le titre : *Dissertations sur l'union de la religion, de la morale et de la politique*, tirées d'un ouvrage de M. Warburton (Londres, 1742). 2° *Divine Legation of Moses*, les trois premiers livres en 1737 et les trois derniers en 1741. Dans une lettre à Montesquieu, en date du 11 avril 1750, Charles Yorke, en lui envoyant cet ouvrage, écrit : « La *Démonstration de la mission divine de Moïse*, par M. Warburton, est si connue qu'il n'est pas nécessaire d'en parler » (*Œuvres complètes* de Montesquieu, publ. par André Masson, Paris, Nagel, t. III, 1955, p. 1302). Autant qu'on en peut juger, la remarque de Rousseau fait allusion plutôt à l'esprit du premier ouvrage qu'à un passage précis. Vaughan (*Political Writings*, t. II, p. 54, n. 3) renvoie à la *Divine Legation of Moses*, Book II, § 5 et 6. Warburton sera de nouveau mentionné dans le chapitre sur la religion civile.

5. C'est la thèse de Machiavel dans les *Discours sur la première décade de Tite-Live*, l. I, ch. XI : « C'était un peuple féroce que Numa avait à accoutumer à l'obéissance en le façonnant aux arts de la paix. Il eut recours à la religion, comme au soutien le plus nécessaire et le plus assuré de la société civile, et il l'établit sur de tels fondemens, qu'il n'existe pas de temps et de lieu où la crainte des dieux ait été plus puissante que dans cette république, et cela pendant plusieurs siècles. Ce fut sans doute cette crainte salutaire qui facilita toutes les entreprises du sénat et de tous ces grands hommes. »

6. Ce chapitre et ceux qui en sont la « suite » n'en faisaient qu'un seul dans le Manuscrit de Genève (l. II, ch. III). Rousseau ne s'est

pas borné à scinder en trois un chapitre bien long, il a, en outre, simplifié le titre (« Du peuple » au lieu de « Du peuple à instituer ») et supprimé la phrase initiale : « Quoique je traitte ici du droit et non des convenances je ne puis m'empêcher de jetter en passant quelques coups d'œil sur celles qui sont indispensables dans toute bonne institution ». Cette phrase de transition soulignait le point de vue nouveau auquel il allait se placer en attirant l'attention sur les données économiques, géographiques ou historiques propres à chaque peuple et en insistant sur la nécessité pour le législateur d'en tenir compte. C'était évidemment le point de vue de Montesquieu et ces chapitres, ainsi que le chapitre VIII du livre II, sont écrits sous son influence. Comme le remarque Vaughan (*Political Writings*, Introd., t. I, pp. 31-33 et 71-82), ces considérations concrètes cadrent mal avec la partie abstraite du livre et si elles avaient leur place dans les *Institutions politiques*, elles sont plutôt inattendues dans le *Contrat social* qui traite des « Principes du droit politique ».

7. Voici, d'après Guiraudet, la traduction de ce passage : « Il n'a jamais en effet existé de législateur qui n'ait recours à l'entremise d'un dieu pour faire accepter des lois nouvelles, et qui, il faut l'avouer, étaient de nature à n'être point reçues sans ce moyen. Combien de principes utiles dont un sage législateur connaît toute l'importance, et qui ne portent pas avec eux des preuves évidentes qui puissent frapper les autres esprits ! » Dans la suite du passage, non reproduite par Rousseau, Machiavel ajoute : « L'homme habile qui veut faire disparaître la difficulté, a recours aux dieux ; ainsi firent Lycurgue, Solon et beaucoup d'autres qui tous tendaient au même but » (*Œuvres* de Machiavel, t. I, pp. 80-81).

Page 207.

(a) « La plupart des peuples ainsi que des hommes... » (éd. de 1782).

1. C'est, d'après la *Lettre à d'Alembert* (éd. Brunel, pp. 101-102), ce que fit Solon : « Dans le fond, l'institution des lois n'est pas une chose si merveilleuse, qu'avec du sens et de l'équité tout homme ne pût très-bien trouver de lui-même celles qui, bien observées, seroient les plus utiles à la société. Où est le plus petit écolier de droit qui ne dressera pas un code d'une morale aussi pure que celle des lois de Platon ? Mais ce n'est pas de cela seul qu'il s'agit ; c'est d'approprier tellement ce code au peuple pour lequel il est fait et aux choses sur lesquelles on y statue, que son exécution s'ensuive du seul concours de ces convenances ; c'est d'imposer au peuple, à l'exemple de Solon, moins les meilleures lois en elles-mêmes, que les meilleures qu'il puisse comporter dans la situation donnée. »

2. Rousseau utilise ici, selon Dreyfus-Brisac (éd. du *Contrat social*, p. 78, n. 2) une indication de Plutarque : « Platon avait été invité par les habitants de Cyrène à leur laisser des lois écrites de sa main et à régler l'administration de leur république. Mais il s'en

défendit en disant qu'il était difficile, dans l'état de prospérité où vivaient les Cyrénéens, de rédiger des lois pour eux » (PLUTARQUE, *A un prince ignorant*).

3. « Comme il n'est question ici que de corps mixtes, tels que sont les religions et les républiques, je dis que les changemens heureux qu'elles peuvent éprouver, sont ceux qui les ramènent à leurs principes... Il faut donc que les principes des religions, des républiques ou des monarchies aient en eux-mêmes une force, une vie qui leur rende leur premier éclat, leur première vigueur ; et comme ce principe s'use et s'affaiblit par le temps, il faut de toute nécessité qu'il succombe si son action n'est souvent ranimée... Ce retour d'une république vers son principe est le produit d'un accident extérieur, ou l'effet d'un moyen intérieur réservé par la prudence. » (MACHIAVEL, *Discours sur la première décade de Tite-Live*, trad. Guiraudet, *Œuvres* de Machiavel, t. II, pp. 127-128).

4. Ici encore, comme le signale M. Halbwachs dans son commentaire (pp. 202-203), Rousseau s'inspire des *Discours* de Machiavel, l. I, ch. XVI (« Qu'un peuple accoutumé à vivre sous un prince conserve difficilement sa liberté, si par hasard il devient libre ») et XVII (« Qu'un peuple corrompu qui devient libre peut bien difficilement conserver sa liberté »).

Page 208.

(a) Le début de cet alinéa a été remanié dans l'édition de 1782 : « *La jeunesse n'est pas l'enfance. Il est pour les nations comme pour les hommes un tems de jeunesse, ou si l'on veut de maturité qu'il faut attendre...* » Les annotations manuscrites de Rousseau dans l'exemplaire de l'édition originale du *Contrat social* ayant appartenu à d'Ivernois (Bibliothèque de Genève : Df. 92) nous fournissent l'explication de cette addition. Il s'agissait pour Rousseau de faire disparaître la contradiction qui existait entre la première affirmation (« Les Peuples ainsi que les hommes, ne sont dociles que dans leur jeunesse ») et la seconde (« Il est pour les Nations comme pour les hommes un tems de maturité qu'il faut attendre avant de les soumettre à des loix »). En face de ce second texte, Rousseau écrit, en effet, au crayon : « Contradiction à relever avec page 93 ». Ces annotations manuscrites de Rousseau ont été signalées et transcrites par Théophile DUFOUR, *Recherches bibliographiques sur les œuvres imprimées de J.-J. Rousseau*, Paris, 1925, t. I, pp. 120-121.

1. Cette critique des réformes de Pierre le Grand vise indirectement Voltaire. L'*Histoire de Charles XII* et l'*Histoire de Russie* font, en effet, du tsar un homme exceptionnel et un réformateur de génie, comme l'a bien montré M. Albert Lortholary dans la première partie de son livre sur *Le mirage russe en France au XVIIIe siècle* (Paris, 1951), où il retrace la genèse et l'évolution du « mythe » de Pierre le Grand. « Pour des raisons " philosophiques ", autant que pour des raisons d'art, dit-il (p. 62), Voltaire fait de ses " héros du Nord "

une vivante antithèse : Charles est le conquérant, Pierre le législateur. Avant même d'avoir pris le pouvoir, le tsar a dans l'esprit un vaste plan de réformes, humain, rationnel, pacifique, bref, digne d'un " philosophe ". Dès les premiers jours de son règne, il entreprend de l'exécuter. Sans cesse détourné par la guerre — une guerre qu'on lui a imposée — il revient sans cesse à ce plan, comme à sa préoccupation constante. C'est peu de dire que c'est *un* législateur, c'est *le* législateur par excellence, et le seul dont la vie ne soit pas légendaire. » Aux yeux de Voltaire, Pierre le Grand fut un des rares législateurs qui eurent assez de prestige pour s'épargner de recourir au subterfuge de la religion : « Parmi les législateurs, il s'en est trouvé plusieurs qui ont institué des lois admirables sans les attribuer à Jupiter ou à Minerve. Tel fut le sénat romain... et tel de nos jours a été Pierre le Grand » (éd. Moland des *Œuvres* de Voltaire, t. XI, p. 156).

2. Cf. MONTESQUIEU, *Esprit des lois* (l. XIX, ch. XIV : « Pierre Ier, donnant les mœurs et les manières de l'Europe à une nation d'Europe, trouva des facilités qu'il n'attendoit pas lui-même ». C'était diminuer l'œuvre en soulignant la facilité de la tâche. Le reproche de Rousseau a une tout autre portée. En faisant de ses sujets des Européens, Pierre renonçait à en faire un peuple et, de ce fait, manquait le but de l'institution. Cf. *Projet de constitution pour la Corse*, *O.C.*, t. III, p. 913 : « La premiére règle que nous avons à suivre, est le caractère national. Tout peuple a, ou doit avoir un caractère national ; s'il en manquoit, il faudroit commencer par le lui donner ».

3. Sous le titre « Pierre le Grand et J.-J. Rousseau » Voltaire cite dans le *Dictionnaire philosophique* ce passage du *Contrat social* en le faisant suivre d'un long commentaire dont voici l'essentiel :

« Ces paroles sont tirées d'une brochure intitulée *le Contrat social*, ou insocial, du peu sociable Jean-Jacques Rousseau. Il n'est pas étonnant qu'ayant fait des miracles à Venise, il ait fait des prophéties sur Moscou ; mais comme il sait bien que le bon temps des miracles et des prophéties est passé, il doit croire que sa prédiction contre la Russie n'est pas aussi infaillible qu'elle lui a paru dans son premier accès...

» Je voudrais, en général, que lorsqu'on juge les nations du haut de son grenier, on fût plus honnête et plus circonspect...

» « Pierre le Grand, dit-il, n'avait pas le génie qui fait tout de rien. » Vraiment, Jean-Jacques, je le crois sans peine : car on prétend que Dieu seul a cette prérogative.

» « Il n'a pas vu que son peuple n'était pas mûr pour la police » en ce cas, le czar est admirable de l'avoir fait mûrir. Il me semble que c'est Jean-Jacques qui n'a pas vu qu'il fallait se servir d'abord des Allemands et des Anglais pour faire des Russes.

» « Il a empêché ses sujets de jamais devenir ce qu'ils pourraient être, etc. »

» Cependant ces mêmes Russes sont devenus les vainqueurs des

Turcs et des Tartares, les conquérants et les législateurs de la Crimée et de vingt peuples différents : leur souveraine a donné des lois à des nations dont le nom même était ignoré en Europe. »

Dans une note de l'édition de Kehl, Voltaire reprend la question et la traite avec plus de sérieux :

« Pour juger un prince, dit-il, il faut se transporter au temps où il a vécu. Si Rousseau, en disant que Pierre Ier n'a pas eu *le vrai génie*, a voulu dire que ce prince n'a point créé les principes de la législation et de l'administration publique, principes absolument ignorés alors en Europe, un tel reproche ne nuit point à sa gloire. Le czar vit que ses soldats étaient sans discipline, et il leur donna celle des nations de l'Europe les plus belliqueuses. Ses peuples ignoraient la marine, et en peu d'années il créa une flotte formidable. Il adopta pour le commerce les principes des peuples qui alors passaient pour les plus éclairés de l'Europe. Il sentit que les Russes ne différaient des autres Européens que par trois causes : la première était l'excessif pouvoir de la superstition sur les esprits, et l'influence des prêtres sur le gouvernement et sur les sujets. Le czar attaqua la superstition dans sa source, en détruisant les moines par le moyen le plus doux, celui de ne permettre les vœux qu'à un âge où tout homme qui a la fantaisie de les faire est à coup sûr un citoyen inutile.

» Il soumit les prêtres à la loi, et ne leur laissa qu'une autorité subordonnée à la sienne pour les objets de l'ordre civil, que l'ignorance de nos ancêtres a soumis au pouvoir ecclésiastique.

» La seconde cause qui s'opposait à la civilisation de la Russie était l'esclavage presque général des paysans, soit artisans, soit cultivateurs. Pierre n'osa directement détruire la servitude ; mais il en prépara la destruction, en formant une armée qui le rendait indépendant des seigneurs de terres, et le mettait en état de ne les plus craindre, et en créant dans sa nouvelle capitale, au moyen des étrangers appelés dans son empire, un peuple commerçant, industrieux et jouissant de la liberté civile.

» La troisième cause de la barbarie des Russes était l'ignorance. Il sentit qu'il ne pouvait rendre sa nation puissance qu'en l'éclairant, et ce fut le principal objet de ses travaux : c'est en cela surtout qu'il a montré un véritable génie. On ne peut assez s'étonner de voir Rousseau lui reprocher de ne s'être pas borné à aguerrir sa nation ; et il faut avouer que le Russe qui, en 1700, devina l'influence des lumières sur l'état politique des empires, et sut apercevoir que le plus grand bien qu'on puisse faire aux hommes est de substituer des idées justes aux préjugés qui les gouvernent, a eu plus de génie que le Genevois qui, en 1750, a voulu nous prouver les grands avantages de l'ignorance.

» Lorsque Pierre monta sur le trône, la Russie était à peu près au même état que la France, l'Allemagne et l'Angleterre au XIe siècle. Les Russes ont fait en quatre-vingts ans, que les vues de Pierre ont été suivies, plus de progrès que nous n'en avons faits en quatre siècles : n'est-ce pas une preuve que ces vues n'étaient pas celles d'un homme ordinaire ?

» Quant à la prophétie sur les conquêtes futures des Tartares, Rousseau aurait dû observer que les barbares n'ont jamais battu les peuples civilisés que lorsque ceux-ci ont négligé la tactique, et que les peuples nomades sont toujours trop peu nombreux pour être redoutables à de grandes nations qui ont des armées. Il est différent de détrôner un despote pour se mettre à sa place, de lui imposer un tribut après l'avoir vaincu, ou de subjuguer un peuple. Les Romains conquirent la Gaule, l'Espagne ; les chefs des Goths et des Francs ne firent que chasser les Romains et leur succéder. »

On trouvera ces textes dans l'édition des *Œuvres* de Voltaire par Moland, t. XX, pp. 218-222. Dans les *Idées républicaines* (§ XXXVII) Voltaire revient encore sur la prophétie de Rousseau : « Il lui paraît infaillible, dit-il, que de misérables hordes de Tartares, qui sont dans le dernier abaissement, subjugueront incessamment un empire défendu par deux cent mille soldats qui sont au rang des meilleures troupes de l'Europe. L'almanach du *Courrier boiteux* a-t-il jamais fait de telles prédictions ? La cour de Pétersbourg nous regardera comme de grands astrologues, si elle apprend qu'un de nos garçons horlogers a réglé l'heure à laquelle l'empire russe doit être détruit. »

4. Le problème avait déjà été posé par Aristote (*Politique*, l. VII, ch. IV, 1326 a-b) : « Le premier facteur de l'équipement nécessaire à la cité, ce sont des hommes. Pour le nombre et la qualité, il faut qu'ils soient naturellement tels qu'ils doivent être. Quant au territoire, il faut, de même, qu'il ait l'étendue et les qualités requises. La plupart pensent que, pour être heureuse, la cité doit être grande. Peut-être disent-ils vrai, mais ils ne savent pas ce qui rend une cité grande ou petite. Ils la jugent grande d'après le nombre des habitants. Mais il faut considérer plutôt la puissance que le nombre... Il existe une certaine mesure de grandeur pour la cité comme pour toutes les autres choses, animaux, plantes, instruments. Chacune d'elles perd le pouvoir de remplir sa fonction, si elle est trop petite ou trop grande... Il en est de même de la cité. Avec trop peu d'habitants, elle ne pourra se suffire à elle-même (et la cité, par définition, est une société qui se suffit à elle-même) ; avec un trop grand nombre d'habitants, elle se suffira à elle-même, mais comme simple agrégat, non comme cité, car on ne peut lui donner de vraie constitution. »

5. Cf. *Considérations sur le gouvernement de Pologne*, ch. V : « Grandeur des nations ! Etendue des Etats : première et principale source des malheurs du genre humain, et surtout des calamités sans nombre qui minent et détruisent les peuples policés... Il faudroit des facultés plus qu'humaines pour gouverner de grandes nations ». A plusieurs reprises et dans le *Contrat social* même (cf. l. III, ch. XIII : « Il ne faut point objecter l'abus des grands Etats à celui qui n'en veut que de petits »), Rousseau manifestte sa préférence pour les États de faible étendue. Cette préférence s'explique non seulement parce que, comme il est dit ici, les petits États sont proportionnellement plus

forts que les grands, mais aussi parce qu'ils sont plus favorables à la liberté (cf. l. III, ch. I : « plus l'Etat s'aggrandit, plus la liberté diminue »). Dans le livre III, ch. I et VI, Rousseau montre combien la grandeur de l'État influe sur la nature ou la forme du gouvernement.

Page 209.

1. Cf. l. III, ch. VIII.

Page 210.

1. Cf. l. III, ch. IX.

Page 211.

1. Pourtant la coutume des monarques modernes qui se font appeler rois de France, d'Espagne, d'Angleterre, etc., paraît à Rousseau préférable à celle des anciens qui s'appelaient rois des Perses, des Scythes, des Macédoniens (cf. l. I, ch. IX).

2. Cf. *Projet de constitution pour la Corse* : « Pour multiplier les hommes, il faut multiplier leur subsistance ; de là l'agriculture. Je n'entends pas par ce mot l'art de raffiner sur l'agriculture... J'entends une constitution qui porte un peuple à s'étendre sur toute la surface de son territoire, à s'y fixer, à le cultiver dans tous ses points... (*O.C.*, t. III, p. 904) ».

Page 212.

1. Cf. le chapitre de Machiavel intitulé « Qu'autant sont dignes d'éloges les fondateurs d'une république ou d'une monarchie, autant méritent de blâme les auteurs d'une tyrannie » (*Discours sur la première décade de Tite-Live*, l. I, ch. X).

Page 213.

1. Rousseau emprunte à Aristote l'idée qu'un peuple doit avant tout se suffire à lui-même. Cf. le texte de la *Politique* cité dans une note du chapitre précédent.

2. Cf. *Projet de constitution pour la Corse*, Avant-propos : « Le peuple corse est dans l'heureux état qui rend une bonne constitution possible ». Comme le remarque Vaughan, Buttafuoco reprend plusieurs formules de ce chapitre dans la lettre d'invitation à Rousseau du 31 août 1764 : « La Corse est à peu près dans la situation que vous fixez pour établir une législation. Elle n'a point encore porté le vrai joug des lois ; elle ne craint point d'être accablée par une invasion subite ; elle peut se passer des autres peuples ; elle n'est ni riche, ni pauvre, et peut se suffire à elle-même. » (*C.G.*, t. XI, pp. 246-250).

3. Cf. l. I, ch. VIII.

Page 214.

1. Idée chère à Rousseau et qu'il a exprimée à diverses reprises : « C'est sur la médiocrité seule que s'exerce toute la force des lois ; elles sont également impuissantes contre les trésors du riche et contre la misere du pauvre » (*Économie politique*, *supra*, p. 80). « Le riche tient la Loi dans sa bourse, et le pauvre aime mieux du pain que la liberté » (*Lettres écrites de la Montagne*, lettre IX). « Il faut que tout le monde vive et que personne ne s'enrichisse » (*Projet de constitution pour la Corse*). C'était aussi l'idéal de Platon dans le Ve livre des *Lois*, où l'on trouve toute une série de mesures destinées à prévenir aussi bien l'enrichissement que l'appauvrissement des citoyens. On remarquera qu'en s'opposant à une trop grande inégalité des fortunes, Rousseau s'inspire ici uniquement de considérations politiques, alors qu'ailleurs, en particulier dans l'*Économie politique*, il se place au point de vue de la justice et dénonce l'iniquité sociale qui fait que tous les avantages de la société sont pour les puissants et les riches.

2. On est étonné de ne trouver ici ni un aperçu, ni même un seul exemple des mesures législatives destinées à maintenir l'égalité entre les citoyens. Cette lacune est comblée dans l'*Économie politique* et surtout dans le *Projet de constitution pour la Corse*.

Page 215.

1. Cf. *Esprit des lois*, l. XI, ch. v : « Quoique tous les Etats aient en général un même objet, qui est de se maintenir, chaque État en a pourtant un qui lui est particulier. L'agrandissement étoit l'objet de Rome ; la guerre, celui de Lacédémone ; la religion, celui des loix judaïques ; le commerce, celui de Marseille ; la tranquillité publique, celui des loix de la Chine ; la navigation, celui des loix des Rhodiens ; la liberté naturelle, l'objet de la police des sauvages ; en général, les délices du prince, celui des Etats despotiques ; sa gloire et celle de l'Etat, celui des monarques ; l'indépendance de chaque particulier est l'objet des loix de Pologne, et ce qui en résulte, l'oppression de tous. »

2. Il s'agit surtout du Gouvernement, « corps intermédiaire établi entre les sujets et le Souverain pour leur mutuelle correspondance » (l. III, ch. I).

Page 216.

1. Cf. MONTESQUIEU, *Esprit des lois* (l. I, ch. III) : « Considérés comme vivans dans une société qui doit être maintenue, ils [les hommes] ont des loix dans le rapport qu'ont ceux qui gouvernent, avec ceux qui sont gouvernés ; et c'est le droit politique. Ils en ont encore dans le rapport que tous les citoyens ont entre eux ; et c'est le droit civil. » On voit par là que Rousseau donne aux lois civiles plus d'extension que n'en avait chez Montesquieu le droit civil qui se limite à régler les rapports que les citoyens ont entre eux.

2. Dans la *Lettre à d'Alembert* (éd. Brunel, pp. 103 sq.), Rousseau avait abordé la question et montré par l'exemple du tribunal des maréchaux de France quels étaient, selon lui, les « instruments propres à diriger l'opinion publique ». « Je me contenterai, disait-il, de montrer par un exemple sensible, que ces instrumens ne sont ni des lois, ni des peines, ni nulle espèce de moyens coactifs. »

LIVRE III

Page 217.

1. Cf. *Lettres écrites de la Montagne*, lettre V : « Il y a ici, dans le mot *Gouvernement*, une équivoque qu'il importe beaucoup d'éclaircir... Le mot de *Gouvernement* n'a pas le même sens dans tous les pays, parce que la constitution des États n'est pas par-tout la même. — Dans les Monarchies, où la puissance exécutive est jointe à l'exercice de la souveraineté, le Gouvernement n'est autre chose que le Souverain lui-même, agissant par ses Ministres, par son Conseil, ou par des Corps qui dépendent absolument de sa volonté. Dans les Républiques, sur-tout dans les Démocraties, où le Souverain n'agit jamais immédiatement par lui-même, c'est autre chose. Le Gouvernement n'est alors que la puissance exécutive, et il est absolument distinct de la souveraineté. — Cette distinction est très-importante en ces matieres. Pour l'avoir bien présente à l'esprit on doit lire avec quelque soin dans le *Contract Social* les deux premiers Chapitres du Livre troisième, où j'ai tâché de fixer par un sens précis des expressions qu'on laissoit avec art incertaines, pour leur donner au besoin telle acception qu'on vouloit. » Dans l'*Économie politique* (*supra*, p. 66), Rousseau avait déjà exposé avec la plus grande netteté la distinction dont il souligne ici l'importance : « Je prie mes lecteurs, disait-il, de bien distinguer encore l'*économie publique* dont j'ai à parler, et que j'appelle *gouvernement*, de l'autorité suprême que j'appelle *souveraineté* ; distinction qui consiste en ce que l'une a le droit législatif, et oblige en certain cas le corps même de la nation, tandis que l'autre n'a que la puissance exécutrice, et ne peut obliger que les particuliers ». Sur l'ensemble de la question, cf. l'étude récente de Bertrand DE JOUVENEL, « Théorie des formes de gouvernement chez Rousseau », *Le Contrat social*, nov.-déc. 1962, pp. 343-351.

2. Ce sont surtout les considérations mathématiques de ce chapitre qui en rendent la lecture difficile et exigent une attention soutenue. La plupart des commentateurs ont été surpris et déroutés par ces considérations. Ainsi, par exemple, G. Beaulavon dans son édition du *Contrat social* (5ᵉ éd., Paris, Rieder, 1930, p. 212, n. 1) : « Toute la fin de ce chapitre, dit-il, et une partie du suivant sont rendues fort obscures par de nombreuses expressions mathématiques, qui sont pour la plupart inusitées aujourd'hui et que Rous-

seau emploie d'ailleurs sans la rigueur et la précision nécessaires. Il était conduit à ces rapprochements, qui semblent tout d'abord ingénieux, par sa méthode même, toute rationnelle et déductive, et par le désir de donner à son livre la plus grande précision scientifique. Mais, comme on en pourra juger, le résultat n'est pas heureux et la pensée de Rousseau s'en trouve obscurcie plutôt qu'éclairée, car la diversité des rapports sociaux ne se laisse pas aisément exprimer par les simples rapports de quantité. » Or, 1° s'il est certain que les termes employés par Rousseau sont presque tous tombés en désuétude, il ne s'ensuit pas que ses raisonnements ne soient pas rigoureux. La seule méthode pour les suivre est celle proposée par M. Marcel Françon (« Le Langage mathématique de J.-J. Rousseau », *Isis*, vol. 40 (1949), pp. 341-344, et « Sur le langage algébrique de Rousseau », dans *Notes rousseauistes, Annales de la Société J.-J. R.*, t. XXXIII (1953-1955), pp. 243-246). Les raisonnements de ce chapitre cesseront de nous paraître obscurs si nous prenons soin de nous reporter au langage mathématique du XVIIIe siècle, afin de bien comprendre le sens des expressions et des termes dont se sert Rousseau. On en trouve la définition dans les dictionnaires utilisés par M. Françon (*Dictionnaire universel de mathématique et de physique* par Alexandre Saverien, Paris, 1753 ; *Dictionnaire encyclopédique des mathématiques* par MM. d'Alembert, l'abbé Bossut, de la Lande, le marquis de Condorcet, etc., Paris, 1789) ainsi que dans les articles de l'*Encyclopédie*. Ces définitions concordent avec celles proposées par le P. Bernard Lamy dans ses *Elémens de géométrie* (1685) et ses *Elémens des Mathématiques* (1680). Selon les *Confessions* (l. VI, *O. C.*, t. I, p. 238), c'est, en effet, le P. Lamy que Rousseau « prit pour guide », lorsqu'il voulut s'initier à la géométrie élémentaire et à l'algèbre. 2° Toujours selon G. Beaulavon (p. 213, n. 3), Rousseau a le tort d'employer le mot « rapport » dans des acceptions différentes souvent fort vagues. Mais l'auteur prend soin d'avertir le lecteur que le mot n'a pas le même sens dans le langage mathématique que dans le langage ordinaire. « Ainsi, dit-il, plus le rapport est grand dans l'acception des Géometres, moins il y a de rapport dans l'acception commune ». 3° On sera d'accord avec Maxime Leroy lorsqu'il dit que Rousseau « n'est pas le géomètre politique qu'on a prétendu » (*Histoire des idées sociales en France*, t. I, Paris, 1946, p. 192). Rousseau n'avait pas cette prétention : « Au reste, dit-il, si pour m'exprimer en moins de paroles, j'emprunte un moment des termes de géométrie, je n'ignore pas cependant que la précision géométrique n'a point lieu dans les quantités morales ». De là la conclusion de M. Françon : « Aussi contestable que puisse d'abord sembler l'application des mathématiques aux questions politiques, il faut se souvenir que Rousseau a fait appel à la langue de cette science, ou, mieux, dirons-nous que les mathématiques peuvent être considérées comme un langage, plutôt que comme une science » (*Le Langage mathématique de J.-J. Rousseau*, pp. 343-344).

3. Cf. l. II, ch. IV et VI.

Page 218.

1. Cf. Manuscrit de Genève (l. I, ch. IV) : « Comme dans la constitution de l'homme l'action de l'ame sur le corps est l'abyme de la philosophie, de même l'action de la volonté générale sur la force publique est l'abyme de la politique dans la constitution de l'Etat. C'est là que tous les législateurs se sont perdus. »

2. Il y a dans ce chapitre deux définitions du gouvernement. Selon celle-ci, le gouvernement est un « corps intermédiaire », un « corps collectif » et, par conséquent, n'est pas distinct du Prince, puisque « le corps entier porte le nom de Prince ». Il n'en sera plus de même selon la seconde définition.

3. Cf. même livre, ch. XVI : « Que l'institution du Gouvernement n'est point un contract ».

4. On n'a pas prêté suffisamment d'attention à cette formule. Le souverain ne peut pas plus « aliéner » la puissance exécutive qu'il ne peut aliéner la puissance législative. Celle-ci constitue l'essence de la souveraineté, parce qu'elle est l'expression des volontés du souverain. Celle-là n'est qu'un pouvoir subalterne ou un droit subordonné. C'est pourquoi, tandis que le souverain doit exercer la première en personne, il peut et même doit se faire « représenter » dans l'exercice de la puissance exécutive. Il suffit — quoique cela ne soit pas facile — qu'il puisse constamment en contrôler l'exercice et changer, quand il lui plaît, ceux qui en sont chargés. Il est évident que le souverain ne disposerait que d'un pouvoir illusoire s'il devait s'en remettre aveuglément au gouvernement pour l'administration de l'État et se privait, par un contrat, des moyens de contrôler la manière dont ses volontés sont exécutées.

5. Selon cette seconde définition, le gouvernement n'est pas, comme plus haut, un « corps », mais une « fonction ». C'est l'« administration suprême » ou « l'exercice de la puissance exécutive ». Le « Prince » est alors le « corps », ou l'« organe » chargé de cette fonction. Il y a donc entre le Prince et le gouvernement la même différence qu'entre le Souverain et la souveraineté.

6. Selon la terminologie en usage au XVIIIe siècle, une « raison » est un rapport composé de deux grandeurs, indiquant la manière dont l'une contient l'autre ou est contenue dans l'autre. « Les choses homogènes ainsi comparées, s'appellent les termes de la raison ou du rapport ; la chose que l'on compare se nomme l'*antécédent*, et celle à laquelle on le compare, le *conséquent* » (art. « Raison » de l'*Encyclopédie*, t. XIII, Neufchastel, 1765, p. 774). On peut aussi comparer deux rapports et si les rapports sont égaux, on obtient une « proportion ». « Chaque rapport ayant deux termes, la *proportion* en a essentiellement quatre ; le premier et le dernier sont nommés *extrêmes* ; le second et le troisième *moyens*. La proportion présentée sous cette forme est une *discrette*. Si les deux moyens sont égaux, on peut supprimer l'un ou l'autre, et la proportion n'offre plus que trois termes ; mais alors celui du milieu est censé double et apparte-

nir aux deux raisons ; à la première comme conséquent, et à la seconde comme antécédent. En ce dernier cas, la *proportion* prend le nom de *continue*, et est une véritable progression » (art. « Proportion » de l'*Encyclopédie*, t. XIII, p. 466). Le P. Lamy dit de même : « Un même terme peut servir de premier conséquent au premier antécédent, et de second antécédent au second conséquent ; ainsi trois termes suffisent pour faire une proportion. Pour lors cette proportion est dite continuë, et la grandeur qui fait l'office de deux termes, est appelée Moyenne proportionnelle » (*Elémens des Mathématiques*, 2e éd., Paris, 1689, p. 156). Exemple de proportion discrète : 2, 4 : : 8, 16. Exemple de proportion continue : 2, 4 : : 4, 8.

7. Autrement dit, le produit des extrêmes (les citoyens comme souverain et comme sujets) est égal au produit des moyens.

Page 219.

1. L'exposant d'une raison géométrique est le quotient de la division du conséquent par l'antécédent. « *L'exposant* d'une raison (il faut entendre la *géométrique*, car dans l'arithmétique ce qu'on pourrait appeler de ce nom, prend plus particulièrement celui de différence) : l'*exposant* donc d'une raison géométrique est le quotient de la division du conséquent par l'antécédent. Ainsi dans la raison de 2 à 8, l'exposant est $\frac{8}{2} = 4$; dans celle de 8 à 2, l'exposant est $\frac{2}{8} = \frac{1}{4}$, etc. C'est l'égalité des *exposans* de deux raisons qui les rend elles-mêmes égales, et qui établit entre elles ce qu'on appelle une *proportion*. Chaque conséquent est alors le produit de son antécédent par l'exposant commun » (art. « Exposant » de l'*Encyclopédie*, t. VI, Paris, 1756, p. 312, art. de d'Alembert).

Page 220.

1. Voici le commentaire de M. Françon concernant l'expression de *« raison doublée »* : « C'est là encore une expression mathématique dont on comprend mal aujourd'hui le sens. Étant donnés deux rapports égaux A/B et C/D, on appelait " raison doublée " le produit de ces rapports l'un par l'autre, soit (A × C) (B × D). Dans le cas particulier qui nous occupe, nous avons une " proportion continue ", qui n'offre que les trois termes, A, B, et C. La " raison doublée " est donc le rapport (A × B) (B × C). L'un des extrêmes, C, de la proportion A/B = B/C étant fixe et représenté par l'unité, la " raison doublée " est égale à (A × B)/B = A. Quand A varie, le rapport A/B varie aussi, ainsi que le moyen terme entre A et l'unité, c'est-à-dire B. Rousseau en déduit " qu'il n'y a pas une constitution de Gouvernement unique et absolue, mais qu'il peut y avoir autant de Gouvernemens différens en nature que d'Etats différens en grandeur ". Comme, en outre, nous avons la relation $A \times C = B^2$ et que C = 1, il en résulte que $B = \sqrt{A}$ » (*Le Langage mathématique de J.-J. R.*, p. 343).

Page 221.

1. Cf. même livre, ch. x (« De l'abus du Gouvernement, et de sa pente à dégénérer ») : « De sorte qu'à l'instant que le Gouvernement usurpe la souveraineté, le pacte social est rompu, et tous les simples Citoyens, rentrés de droit dans leur liberté naturelle, sont forcés mais non pas obligés d'obéir ».

Page 222.

1. Distinction conforme à la seconde définition du gouvernement dans le chapitre précédent.

Page 223.

1. Il s'agit du corps du peuple ou encore du peuple assemblé.

Page 224.

1. Cf. chapitre suivant, *in fine* : « en général le Gouvernement Démocratique convient aux petits Etats, l'Aristocratique aux médiocres, et le Monarchique aux grands ». Au chapitre x du même livre, Rousseau dira que le gouvernement « dégénère », « quand il se resserre ».

2. En ce qui concerne le gouvernement, il convient donc de distinguer sa *force absolue*, qui est égale à celle de l'État, sa *force relative*, qui dépend de son degré d'activité ou de concentration, et enfin sa *rectitude*. « La première règle de l'*économie* publique est que l'administration soit conforme aux lois », dit Rousseau dans l'*Économie politique*. C'est en cela que consiste la « rectitude » du gouvernement. Or, à la différence du souverain, le gouvernement n'est pas toujours, il est même rarement ce qu'il doit être. Sa pente naturelle est, au contraire, de « dégénérer », c'est-à-dire de se rendre indépendant de la volonté générale et de ne plus administrer l'État selon les lois (cf. le chapitre x du même livre), ou encore, selon la formule chère à Rousseau, d'usurper la souveraineté.

3. Il faut se souvenir, comme il a été dit plus haut (l. II, ch. vi), que « tout gouvernement légitime est républicain » et que, par conséquent, la division des gouvernements ne concerne que le nombre des magistrats chargés de la puissance exécutive ou de l'administration de l'État, la législation ne pouvant, selon les principes de Rousseau, appartenir qu'au peuple.

Page 226.

(a) Les deux éditions du *Contrat social* (1762 et 1782) impriment *les* au lieu de *la*. Le sens exige manifestement *« la »* (son attention). Aussi presque tous les éditeurs modernes, à l'exception toutefois de Vaughan, ont-ils fait la correction.

1. Comme l'observe Vaughan (éd. classique du *Contrat social*,

p. 144), « Rousseau donne ici au mot Démocratie un sens inusité à l'époque moderne, mais familier aux anciens » et ce qui correspond le mieux à la conception moderne de la démocratie, c'est ce que Rousseau appelle l'aristocratie « couplée avec la souveraineté du peuple ». Vaughan suggère en outre que l'écrivain a peut-être adopté cette terminologie pour se concilier le gouvernement de Genève, mais que dans la *Lettre à d'Alembert* (éd. Brunel, p. 172), il n'avait pas hésité à désigner ce gouvernement sous le nom de démocratie : « Dans une démocratie, où les sujets et le souverain ne sont que les mêmes hommes considérés sous différens rapports, sitôt que le plus petit nombre l'emporte en richesses sur le plus grand, il faut que l'Etat périsse ou change de forme ». On voit, d'après ce texte, pourtant antérieur au *Contrat social*, qu'en réalité, selon Rousseau, la souveraineté du peuple suffit à caractériser la démocratie, quel que soit par ailleurs le corps ou le magistrat chargé de l'administration de l'État. Les contemporains ne s'y sont pas trompés et ont vu dans le *Contrat social* la théorie de la démocratie. Ainsi le P. Berthier dans ses *Observations sur le Contrat social*, publiées en 1789, mais rédigées dès la publication du traité de Rousseau : « Un défaut essentiel dans tout le *Contrat social*, dit-il (pp. 49-50), est de placer la souveraineté dans le corps politique, ensorte que quand le gouvernement est monarchique, la communauté ne laisse pas encore d'être le souverain ; le roi n'étant alors et ne pouvant être que magistrat et exécuteur des volontés du peuple : c'est au fond ne reconnoître ni la monarchie ni l'aristocratie, mais simplement la démocratie ; en quoi cet auteur contredit toutes les notions que nous donnent les livres saints et les ouvrages de philosophie sur la puissance des rois dans la monarchie, et sur celle des principaux de la nation dans l'aristocratie. »

2. On n'a donc le choix qu'entre deux maux et la sagesse politique consiste à choisir le moindre.

Page 227.

1. Cette maxime ne s'applique pas seulement à la démocratie, elle a une portée plus générale et tous les États doivent s'y conformer pour rester sains. Mais, tandis qu'ici, il parle d'égalité, ailleurs (cf. l. II, ch. IX et l. III. ch. V) Rousseau se contente de l'expression atténuée de « modération », ce qui laisse plus de champ aux mœurs et moins de rigueur aux institutions.

2. Cf. MONTESQUIEU, *Esprit des lois* (l. VII, ch. II) : « Je viens de dire que dans les républiques où les richesses sont également partagées, il ne peut point y avoir de luxe ; et comme on a vu au livre cinquième que cette égalité de distribution faisait l'excellence d'une république, il suit que moins il y a de luxe dans une république, plus elle est parfaite ». Pour Rousseau, le luxe est un mal engendré par l'inégalité et il n'a cessé de le combattre dans tous ses écrits.

Voir en particulier dans les *Fragments* la section VII sur le luxe, le commerce et les arts.

3. Montesquieu dans l'*Esprit des lois* (l. III, ch. III).

4. Cf. la note sur les guerres civiles dans le chapitre IX du même livre et la maxime qui la termine : « Ce qui fait vraiment prospérer l'espèce est moins la paix que la liberté ».

5. Nous empruntons à Vaughan (*Political Writings*, t. II, p. 74, n. 1) les renseignements suivants : 1° Mably cite ce texte en l'attribuant non au père, mais au grand-père du roi de Pologne : « Le grand-père du roi Stanislas disoit qu'il préféroit une liberté agitée à une servitude tranquille » (*Du gouvernement et des loix de la Pologne*, 1re partie, ch. VI, in *Œuvres complètes*, Londres, 1789, t. VIII, pp. 67-68). 2° Rousseau a pu tirer cette citation des *Observations sur le Gouvernement de Pologne* du roi Stanislas, publiées en traduction française en 1749. On la trouve dans les *Œuvres du Philosophe bien-faisant* (1763, 4 vol., t. II, p. 182). 3° Rousseau a retenu du même ouvrage (t. II, pp. 266-267) une maxime semblable du roi Stanislas qu'il cite dans les *Lettres écrites de la Montagne*, lettre IX : « Il faut opter, dit le Philosophe bienfaisant, et ceux qui ne peuvent supporter le travail n'ont qu'à chercher le repos dans la servitude ». C'est en pensant à cette maxime que Rousseau écrit à son tour dans les *Considérations sur le gouvernement de Pologne*, ch. I : « Le repos et la liberté me paroissent incompatibles ; il faut opter ». Dans le *Contrat social* même (l. III, ch. XIV), Rousseau écrit que l'État va à sa perte quand les citoyens sont « plus amoureux du repos que de la liberté ».

Page 228.

(a) Dans l'exemplaire de d'Ivernois, Rousseau ajoute ici, à la plume, cette citation tirée des *Fragments de l'Histoire de Salluste*, I, 10 : « *Dum pauci potentes dominationes affectabant, bonique et mali cives adpellati, non ob merita in Rempublicam, sed uti quisque locupletissimus et injuria validior, quia praesentia defendebat, pro bono ducebatur*. Sallust. Hist. L. I ». Cette addition figure également dans le Ms. Neuchâtel 7842, f° 52.

1. On ne doit pas conclure de cette formule si souvent citée que Rousseau s'est prononcé contre le gouvernement direct du peuple. Voir dans le même livre les chapitres XII (sur le peuple romain) et XV (sur les Grecs).

2. Dans les *Lettres écrites de la Montagne*, lettre VI, Rousseau résume ainsi ce chapitre : « Les diverses formes dont le Gouvernement est susceptible se réduisent à trois principales. Après les avoir comparées par leurs avantages et par leurs inconvéniens, je donne la préférence à celle qui est intermédiaire entre les deux extrêmes, et qui porte le nom d'Aristocratie. On doit se souvenir ici que la constitution de l'Etat et celle du Gouvernement sont deux choses très-distinctes, et que je ne les ai pas confondues. Le meilleur des Gouvernemens est l'aristocratique ; la pire des souverainetés est

l'aristocratique ». La formule finale se trouvait déjà dans le *Jugement sur la Polysynodie, in fine*.

3. Cf. même livre, ch. x, note : « l'Aristocratie héréditaire, qui est la pire des administrations légitimes »

Page 229.

1. Ces vertus ne sont pas propres à l'aristocratie, puisque Rousseau les présentait plus haut (l. II, ch. xi) comme indispensables à tout État bien constitué. C'est pour rendre hommage à Montesquieu qu'il a tenu, semble-t-il, à faire de la « modération » la vertu propre aux gouvernements aristocratiques. « La modération, disait Montesquieu, est l'âme de ces gouvernemens » (*Esprit des lois*, l. III, ch. iv).

2. Sur la République de Venise, voir la note du chapitre x dans le même livre. Sur celle de Berne, on trouve un tout autre jugement dans les *Considérations sur le gouvernement de Pologne*, ch. xi : au lieu de louer comme ici la sagesse du Sénat, Rousseau dénonce « l'administration inique » des Baillifs.

Page 230.

1. Selon Aristote, ce n'est pas dans l'aristocratie, mais dans l'oligarchie que le gouvernement s'exerce dans l'intérêt des riches (cf. *Politique*, l. III, ch. 7, 1279 b). Pour Aristote, la cité la plus parfaite et la mieux gouvernée est celle où la classe moyenne est la plus nombreuse : « La société civile la plus parfaite est celle qui existe entre des citoyens qui vivent dans une condition moyenne... Il ne peut y avoir d'États bien administrés que ceux où la classe moyenne est nombreuse et plus puissante que les deux autres » (*ibid.*, l. IV, ch. ii, 1295 b). Ce sera aussi l'idéal de Rousseau. Voir en particulier dans les *Lettres écrites de la Montagne* (lettre IX) l'éloge de la bourgeoisie de Genève, cf. *O.C.*, t. III, p. 889-890.

2. Si, comme le dit Vaughan (éd. du *Contrat social*, p. 146), Rousseau a eu « l'honnêteté intellectuelle de faire figurer le gouvernement royal parmi les formes légitimes de gouvernement », ce chapitre n'en est pas moins un réquisitoire contre la monarchie. À le lire, on en conclut que la pire des administrations légitimes n'est pas l'aristocratie héréditaire, comme Rousseau le disait au chapitre précédent, mais bien la monarchie, surtout la monarchie héréditaire. L'auteur se rend bien compte que la monarchie, même limitée à l'exercice de la puissance exécutive, est incompatible avec son système. Car « les rois veulent être absolus » et usurperont tôt ou tard la souveraineté qui doit appartenir au peuple. Dans la *Polysynodie de l'abbé de Saint-Pierre* (ch. i), Rousseau ne cache pas sa pensée et dit : « Chez tous les peuples qui ont un roi, il est donc absolument nécessaire d'établir une forme de Gouvernement qui se puisse passer du roi ». Cf. R. Derathé, « Rousseau et le problème de la monarchie », *Le Contrat social*, mai-juin 1962, pp. 165-168.

3. Selon une formule employée plus haut (même livre, ch. I), les magistrats sont les « dépositaires de l'autorité publique ».

4. Cf. même livre, ch. I : « Les membres de ce corps s'appellent *Magistrats* ou *Rois*, c'est-à-dire, *Gouverneurs* ».

5. Cette phrase me paraît bien difficile à comprendre si l'on veut conserver au verbe « représente » le même sens dans les deux propositions. On comprend sans doute que le monarque, qui est un homme ou une personne naturelle, représente le gouvernement, qui est un corps collectif ou une personne morale. Mais on ne comprend pas comment dans les autres administrations, c'est-à-dire dans l'aristocratie et la démocratie, « un être collectif représente un individu », car le gouvernement n'est pas par nature un individu, mais un « corps ». G. Beaulavon, dans son édition du *Contrat social* (p. 235, n. 1), propose : « dans l'aristocratie, par exemple, le corps des magistrats, être collectif, *se comporte* comme un individu ».

Page 231.

(a) La note suivante, tirée du Ms. Neuchâtel 7842, f° 52, a été ajoutée dans l'édition de 1782 : *Machiavel étoit un honnête homme et un bon citoyen : mais attaché à la maison de Médicis il étoit forcé dans l'oppression de sa patrie de déguiser son amour pour la liberté. Le choix seul de son éxécrable Heros manifeste assés son intention secrette et l'opposition des maximes de son Livre du prince à celles de ses discours sur Tite-Live et de son histoire de Florence demontre que ce profond politique n'a eu jusqu'ici que des Lecteurs superficiels ou corrompus. La Cour de Rome a sévérement défendu son livre, je le crois bien ; c'est elle qu'il dépeint le plus clairement.* »

1. Vraisemblablement allusion à Hobbes et au passage suivant du *Leviathan* (cap. 19) : « Quand l'intérêt public et l'intérêt privé sont le plus étroitement unis, l'intérêt public est le mieux assuré. Or, dans une monarchie, l'intérêt privé et l'intérêt public se confondent. Les richesses, la puissance et l'honneur d'un monarque ne viennent que des richesses, de la force et de la réputation de ses sujets. Un roi dont les sujets sont pauvres, faibles ou méprisables ne peut être ni riche, ni grand, ni vivre en sûreté. »

2. Cf. la lettre au marquis de Mirabeau du 26 juillet 1767 : « On prouve que le plus véritable intérêt du despote est de gouverner légalement, cela est reconnu de tous les tems ; mais qui est-ce qui se conduit sur ses plus vrais intérêts ? le sage seul, s'il existe. Vous faites donc, Messieurs, de vos despotes autant de sages. » (*C.G.*, t. XVII, p. 156).

3. Premier Livre de Samuel, ch. VIII. Hobbes cite ce passage dans le *De Cive*, ch. XI, § 6 : « La puissance Royale est plus particulierement descrite de Dieu mesme parlant par la bouche de Samuel son prophete : *Declare au peuple comment le Roy qui regnera sur eux les traic tera,* etc. *Ce sera icy le traictement que vous fera le Roy qui regnera sur vous. Il prendra vos fils et les ordonnera sur ses chariots,* etc. *il prendra aussi vos filles pour en faire des parfumeuses, des cuisineres, et des boulangeres. Il*

prendra aussi vos champs, vos vignes, et vos lieux où sont vos bons oliviers, et les donnera à ses serviteurs, etc. » M. Halbwachs signale que ce passage du Livre des Rois avait été mentionné par Algernon Sidney dans ses *Discours sur le Gouvernement*, traduits en français en 1702 (ch. XIII, section 3).

4. Dans le passage qui suit et dans la note qui a été ajoutée dans l'édition de 1782, Rousseau fait l'éloge de Machiavel, l'un des auteurs le plus souvent cités ou utilisés dans le *Contrat social*. Il ne met pas en doute les sentiments républicains du secrétaire florentin ni son amour pour la liberté. Dans le *Tractatus politicus* (1677, cap. V, § 7), Spinoza formule le même jugement et la même hypothèse sur l'auteur du *Prince* : « Peut-être, Machiavel a-t-il voulu montrer qu'une masse libre doit, à tout prix, se garder de confier son salut à un seul homme... Cette dernière intention est, quant à moi, celle que je serais porté à prêter à notre auteur. Car il est certain que cet homme si sagace aimait la liberté et qu'il a formulé de très bons conseils pour la sauvegarder ». Spinoza et Rousseau, peut-être sans le savoir, rejoignent l'interprétation formulée par un jurisconsulte du XVIe siècle, professeur de droit à Oxford, Alberico Gentili, dans son *De Legationibus*, lib. III, cap. 9 : « Machiavellus Democratiae laudator et assertor acerrimus : natus, educatus, honoratus, in eo Reip[ublicae] statu ; Tyrannidis summe inimicus. Itaque Tyranno non favet ; sui propositi non est Tyrannum instruere, sed arcanis ejus palam factis ipsum miseris populis nudum et conspicuum exhibere ». C'est P. Bayle qui, dans son *Dictionnaire* (art. « Machiavel », n. O), cite ce texte de Gentilis. Cf. également Yves Lévy, « Machiavel et Rousseau », *Le Contrat social*, mai-juin 1962, pp. 169-174.

5. Dans l'article « Machiavelisme » de l'*Encyclopédie* (t. IX, Neufchastel, 1765, p. 793), Diderot donne à peu de chose près la même interprétation du *Prince* : « Lorsque Machiavel écrivit son traité du prince, c'est comme s'il eût dit à ses concitoyens, *lisez bien cet ouvrage. Si vous acceptez jamais un maître, il sera tel que je vous le peins : voilà la bête féroce à laquelle vous vous abandonnerez.* »

6. Cf. même livre, ch. III, *in fine*.

Page 232.

1. Cf. Montesquieu, *Esprit des lois* (l. II, ch. IV) : « Les pouvoirs intermédiaires, subordonnés et dépendans, constituent la nature du gouvernement monarchique, c'est-à-dire de celui où un seul gouverne par des loix fondamentales... Le pouvoir intermédiaire subordonné le plus naturel est celui de la noblesse. »

2. Cf. Montesquieu, *Esprit des lois* (l. II, ch. II) : « Le peuple est admirable pour choisir ceux à qui il doit confier quelque partie de son autorité. Il n'a à se déterminer que par des choses qu'il ne peut ignorer, et des faits qui tombent sous les sens. Il sçait très bien qu'un homme a été souvent à la guerre, qu'il y a eu tels ou tels suc-

cès : il est donc très capable d'élire un général. Il sçait qu'un juge est assidu, que beaucoup de gens se retirent de son tribunal contens de lui, qu'on ne l'a pas convaincu de corruption ; en voilà assez pour qu'il élise un préteur. Il a été frappé de la magnificence ou des richesses d'un citoyen ; cela suffit pour qu'il puisse choisir un édile. Toutes ces choses sont des faits dont il s'instruit mieux dans la place publique, qu'un monarque dans son palais. »

3. Cet alinéa fut ajouté *in extremis* par Rousseau, au moment de l'impression (cf. lettre à Rey du 6 janvier 1762, *C.G.*, t. VII, p. 41). La fin est un éloge qui, dans l'esprit de Rousseau, ne devait pas laisser indifférent le ministre Choiseul et, de ce fait, faciliter l'entrée du *Contrat social* en France : « Je ne doutois pas même que M. de Choiseul, déjà bien disposé pour moi et sensible à l'éloge que mon estime pour lui m'en avoit fait faire dans cet ouvrage ne me soutint en cette occasion contre la malveillance de Mad[e] de Pompadour » (*Confessions*, l. XI, *O.C.*, t. I, p. 571). L'effet ne répondit pas à l'attente. Choiseul ne vit pas ou ne voulut pas voir l'éloge et prit pour lui le blâme (cf. *ibid.*, pp. 576-577). Rousseau parle également de cette affaire et de sa déception dans la lettre à M. de Saint-Germain du 26 février 1770 : « Quels sont mes torts envers M. de Choiseul ? Un seul, mais grand, celui d'avoir pu l'estimer. Dans ma retraite je ne connoissois de lui que la brillante réputation qu'il s'étoit acquise ; elle me prévint en faveur de ses talens. Il avoit paru bien disposé pour moi : cette bienveillance m'en avoit inspiré. Je ne savois rien de son naturel, de ses goûts, de ses inclinations, de son caractère, et, dans les ténèbres où je suis plongé depuis tant d'années, j'ai longtems ignoré tout cela. Jugeant du reste par ce qui m'étoit connu, je lui donnai des louanges qu'il méritoit trop peu pour les prendre au pied de la lettre : il se crut insulté. De là sa haine et tous mes malheurs... Si M. de Choiseul eût employé à bien gouverner l'Etat la moitié du tems, des talens, de l'argent et des soins qu'il a mis à satisfaire sa haine, il eût été l'un des grands ministres qu'ait eus la France. » (*C.G.*, t. XIX, pp. 233-234 et 256-257).

Page 234.

1. « L'expérience confirme que les délibérations d'un Sénat sont en général plus sages et mieux digérées que celles d'un Vizir » (*Polysynodie de l'abbé de Saint-Pierre*, ch. x).

2. Cette erreur a été longuement réfutée dans le Manuscrit de Genève (l. I, ch. v), alors que, dans la version définitive (l. I, ch. II), Rousseau est très bref à ce sujet.

3. « Si, par miracle, quelque grande âme peut suffire à la pénible charge de la royauté, l'ordre héréditaire établi dans les successions, et l'extravagante éducation des héritiers du trône, fourniront toujours cent imbéciles pour un vrai roi » (*Polysynodie de l'abbé de Saint-Pierre*, ch. I).

4. § 16. Voici la traduction de ce passage : « Car, le moyen le plus

commode et le plus rapide de discerner le bien du mal, c'est de te demander ce que tu aurais ou n'aurais pas voulu si un autre que toi avait été roi ».

5. Nouvelle allusion au dialogue de Platon intitulé *Le Politique*.

Page 235.

1. Cf. Bossuet, *Politique tirée des propres paroles de l'Écriture sainte*, l. VI, art. II (« De l'obéissance duë au prince »), prop. 6, titre : « Les sujets n'ont à opposer à la violence des princes, que des remontrances respectueuses, sans mutinerie, et sans murmure, et des prières pour leur conversion ». Et aussi Calvin, *Institution de la religion chrétienne*, éd. de Genève, J. Crespin, 1560, t. IV, ch. xx, § 24 : « Que si on réplique encore qu'il ne faut point obéir aux princes qui renversent en tant qu'en eux est l'ordre sacré de Dieu et qui pis est se montrent des bêtes enragées au lieu que les magistrats doivent représenter l'image de Dieu, je réponds que nous devons tant estimer l'ordre institué de Dieu qu'il nous convient d'honorer même les tyrans qui ont domination. »

2. La question des gouvernements mixtes perd la plus grande partie de son intérêt dans le système de Rousseau. Elle avait une tout autre importance dans les doctrines antérieures où le gouvernement n'était pas distinct de la souveraineté. On y voyait surtout un moyen de limiter la souveraineté en la partageant. Pour Burlamaqui, par exemple, « établir un Gouvernement mixte ou composé », c'est faire « une espèce de partage de la Souveraineté », « en confier les différentes parties en différentes mains ; tempérer par exemple la Monarchie par l'Aristocratie, et donner en même temps au peuple quelque part à la Souveraineté » (*Principes du Droit politique*, IIe partie, ch. I, § 9 ; dans l'édition de Genève, 1751, p. 71 ; voir également p. 76 le § 26).

3. Manifestement allusion au chapitre sur la constitution d'Angleterre dans l'*Esprit des lois* (l. XI, ch. vi).

4 Il ne s'agit pas ici, comme on l'a cru à tort (G. Beaulavon, éd. du *Contrat social*, p. 244, n. 2), du *liberum veto*, mais bien de l'indépendance dont jouissaient les ministres et les grands officiers dans leurs départements respectifs. « Tous indépendans, et du Sénat et les uns des autres, avoient dans leurs départemens respectifs une autorité sans bornes » (*Considérations sur le gouvernement de Pologne*, ch. vii, *O.C.*, t. III, p. 976).

5. Dans l'antiquité chez Platon (*Lois*, l. III et VI), Aristote et Polybe (cf. Kurt von Fritz, *The Theory of the mixed constitution in Antiquity*, New York, Columbia University Press, 1954). A l'époque moderne, il était devenu traditionnel de traiter des gouvernements mixtes lorsqu'on abordait la question des diverses formes de gouvernement, et il n'est pas de livre de politique qui omette d'en parler.

Page 236.

1. Ce long chapitre où Rousseau examine l'influence du climat sur le gouvernement n'est évidemment guère à sa place dans un ouvrage qui traite des « principes du droit politique ». Outre le désir de ne pas se montrer inférieur à Montesquieu, Rousseau a eu visiblement l'intention non seulement d'étoffer son livre, mais aussi de rendre par des considérations concrètes moins austère « la matière ingrate et propre à peu de lecteurs du *Contrat social* » (lettre à Rey du 4 avril 1762 ; *C.G.*, t. VII, p. 173).

2. Sur les quatre livres consacrés à l'étude du climat dans l'*Esprit des lois*, c'est manifestement le dernier, le livre XVII, auquel fait ici allusion Rousseau. Ce livre a pour titre : « Comment les loix de la servitude politique ont du rapport avec la nature du climat ». Au chapitre II, Montesquieu écrit : « Il ne faut... pas être étonné que la lâcheté des peuples des climats chauds les ait presque toujours rendus esclaves, et que le courage des peuples des climats froids les ait maintenus libres. C'est un effet qui dérive de sa cause naturelle ». Et au chapitre VI : « Il règne en Asie un esprit de servitude qui ne l'a jamais quittée, et, dans toutes les histoires de ce pays, il n'est pas possible de trouver un seul trait qui marque une âme libre ». Il se peut que Rousseau se soit aussi souvenu de cette formule des *Lettres persanes* (lettre CXXXI) : « Il semble que la liberté soit faite pour le génie des peuples d'Europe et la servitude pour celui des peuples d'Asie ».

Page 239.

1. *Voyages en Perse* (Amsterdam, 1735, 4 vol. in-4°), t. III, pp. 76 et 83-84.

Page 241.

1. Vraisemblablement souvenir d'une pensée de Thalès que Rousseau avait notée dans le Ms. Neuchâtel 7842, f° 36 r° : « Thales disoit que la pire des bêtes feroces étoit le Tyran et des privées, le flatteur. *Tr. de l'op.* T. 5. p. 272. Diog. Laert. in Thalet ». L'ouvrage du marquis de Saint-Aubin, *Traité de l'opinion ou Mémoires pour servir à l'histoire de l'esprit humain* (Paris, 1733, 6 vol. in-12), faisait partie de cette littérature édifiante ou de ces « bons livres », rassemblés dans la bibliothèque des Charmettes. Rousseau l'avait lu attentivement et en avait fait des extraits dans ses cahiers. Cf. *Le verger de Madame de Warens* (*O.C.*, t. II, p. 1129) et Pierre-Maurice Masson, « Sur les sources de Rousseau », *Revue d'histoire littéraire de la France*, 1912, pp. 640-646.

2. Note ajoutée au moment de l'impression (cf. lettre à Rey du 18 février 1762, *C.G.*, t. VII, p. 114).

Page 242.

1. Cf. l. II, ch. v · « Le traité social a pour fin la conservation des

contractans ». Comme nous l'avons déjà remarqué, ces formules ne doivent pas être prises à la lettre ni sans réserves. Il ne s'agit pas chez Rousseau comme chez Hobbes de la conservation à tout prix et l'association politique a autant pour but de sauvegarder la liberté de ses membres que de veiller à leur sécurité. Il est vrai que Rousseau joint ici au mot de conservation celui de prospérité et que la note de ce chapitre se termine par ces mots : « ce qui fait vraiment prospérer l'espèce est moins la paix que la liberté ».

2. Cf. *Considérations sur le gouvernement de Pologne*, ch. XI : « L'effet infaillible et naturel d'un Gouvernement libre et juste est la population ». Voir également dans les *Fragments* la section IX. Sur les théories de la population au XVIIIe siècle on peut consulter l'ouvrage fort bien documenté de M. Joseph J. SPENGLER, *Économie et Population — Les doctrines françaises avant 1800 — De Budé à Condorcet*, Paris, P.U.F., 1954. Cet ouvrage a été publié aux U.S.A. en 1942 sous le titre de : *French Predecessors of Malthus*.

3. TACITE, *Agricola*, 21 : « Les sots appelaient humanité ce qui était déjà un commencement de servitude ».

4. *Ibid.*, 31 : « Ils font la solitude et appellent cela la paix ».

5. Le cardinal de Retz. Cf. *Mémoires*, l. III (éd. de Genève, 1777, in-12, t. II, p. 122) : « Tout le monde étoit dans la défiance, et je puis dire sans exagération, que sans même excepter les conseillers, il n'y avoit pas vingt hommes dans le palais qui ne fussent armés de poignards. Pour moi je n'en avois point voulu porter : M. de Brissac m'en fit prendre un par force, un jour où il paroissoit qu'on pourroit s'échauffer plus qu'à l'ordinaire. De telles armes, qui me convenoient peu, me causerent un chagrin qui me fut des plus sensibles. M. de Beaufort, qui étoit un peu lourd et étourdi de son naturel, voyant la garde du stilet dont le bout paroissoit un peu hors de ma poche, le montra à Arnauld, à la Moussaye et à M. des Roches, capitaine des gardes de M. le prince, en leur disant : *voilà le bréviaire de M. le coadjuteur* ; j'entendis la raillerie, mais à dire vrai, je ne la soutins pas de bon cœur. »

6. Ce n'est pas une traduction, mais une adaptation du passage suivant des *Istorie florentine*, Proemio : « Dalle quali divisioni ne nacquero tante morti, tanti esili, tante destruzioni di famiglie, quante mai ne nascessero in alcuna città della quale si abbia memoria. E veramente, secondo il guidicio mio, mi pare che niuno altro esemplo tanto la potenza della nostra città dimostri, quanto quello che da queste divisioni depende, le quali arieno avuto forza di annulare ogni grande e potentissima città. Nondimeno la nostra pareva che sempre ne diventasse maggiore : tanta era la virtù di quegli cittadini e la potenza dello ingegno e animo loro a fare sé e la loro patria grande, che quelli tanti che rimanevono liberi da tanti mali potevano più con la virtù loro esaltarla che non avera potuto la malignità di quegli accidenti che gli avieno diminuiti opprimerla. »

7. Note ajoutée en cours d'impression : « Voici votre épreuve M, dans laquelle je suis bien fâché de n'avoir pas le tems de transcrire

plus nettement la note qui répond à la page 190. J'espère pourtant qu'avec beaucoup d'attention l'on pourra parvenir à la déchiffrer exactement. Faites tirer une seconde épreuve à cause de cette note, et faites-là, je vous en prie, examiner avec soin par un homme de lettres à cause des deux passages latins. » (Rousseau à Rey, 18 févr. 1762, *C.G.*, t. VII, p. 113).

Page 243.

1. Écrit anonyme publié en 1612. Son but était d'établir le droit de souveraineté des Empereurs sur la République de Venise.

Page 244.

(*a*) Éd. de 1782 : « *tempérer et concentrer* ».

1. Vaughan (éd. du *Contrat social*, p. 149) souligne que Rousseau procède ici en « doctrinaire ». « Il s'efforce, dit-il, d'établir une loi historique qu'il veut universelle, sans tenir compte suffisamment des faits. Sa tentative pour y inclure le cas de Rome, qui en constitue une apparente exception, est sophistique. »

2. *Discours sur la première décade de Tite-Live*, l. I, ch. II et III (« Des événemens qui furent cause de la création des tribuns à Rome. Leur établissement perfectionna la constitution »).

Page 245.

1. Le corps politique étant dissous et les citoyens rentrés dans leur liberté naturelle, c'est à proprement parler l'*anarchie*, qui, chez Rousseau, signifie absence d'autorité légitime et, par conséquent, absence d'obligation chez les citoyens.

2. Le terme grec ὀχλοκρατία n'est employé ni par Platon ni par Aristote et « apparaît pour la première fois chez Polybe » (T. A. SINCLAIR, *Histoire de la pensée politique grecque*, trad. fr., Paris, Payot, 1953, p. 174, n. 1). Dans sa traduction des *Discours sur Tite-Live* (l. I, ch. II), postérieure au *Contrat social*, Guiraudet se sert de ce terme qui ne figure pas dans le texte original de Machiavel : « Ainsi la monarchie devient tyrannie ; l'aristocratie dégénère en oligarchie, et le gouvernement populaire se résout en une licentieuse ochlocratie » (*Œuvres* de Machiavel, 1798, t. I, p. 22).

3. Sur ce dialogue, voir la pénétrante étude de M. Leo STRAUSS, *On Tyranny . An Interpretation of Xenophon's Hero* (New York, 1948), traduite en français sous le titre *De la tyrannie* (Paris, Gallimard, 1954).

Page 246.

1. MONTESQUIEU, *Esprit des lois* (l. XI, ch. VI sur la constitution d'Angleterre) : « Comme toutes les choses humaines ont une fin, l'État dont nous parlons perdra sa liberté, il périra. *Rome, Lacédémone* et *Carthage* ont bien péri. »

2. Cf. même livre, ch. XV : « Tout ce qui n'est point dans la nature a ses inconvéniens, et la société civile plus que tout le reste ». Comme nous l'avons signalé plus haut (l. I, ch. VI), il ne faut pas minimiser l'artificialisme du *Contrat social*. Dans le fragment sur l'*État de guerre* (*O.C.*, t. III, pp. 604-605), Rousseau oppose, comme ici, « la constitution des corps politiques » et celle de l'homme : « L'homme a un terme de force et de grandeur fixé par la nature, et qu'il ne sauroit passer... L'Etat, au contraire, étant un corps artificiel, n'a nulle mesure déterminée ».

3. Rousseau ne fait que reprendre un argument que Hobbes avait formulé en termes analogues dans le *Leviathan* (ch. XXVI) : « Lorsque l'usage et la longue durée d'une loi affermissent son autorité, ce n'est pourtant pas de la longueur du temps écoulé que la loi tient son autorité, mais de la volonté du souverain, signifiée par son silence, car le silence est parfois le signe du consentement ; et elle n'est loi qu'aussi longtemps que le souverain garde le silence à son égard ».

Page 248.

1. Dans ce chapitre ainsi que dans le dernier du livre, comme le signale Vaughan (éd. du *Contrat social*, p. 150), Rousseau a manifestement en vue ce qu'il considère comme des abus de pouvoir du Petit Conseil de Genève qu'il assimile au « Gouvernement » de la République, alors qu'à ses yeux, le Conseil Général en est le « Souverain ». Il reviendra longuement sur cette usurpation du pouvoir souverain par le pouvoir exécutif dans les *Lettres écrites de la Montagne*. Sur les « Conseils généraux périodiques », voir la lettre VIII.

Page 249.

1. Voir dans le même livre le chapitre XV, *in fine* et la note de Rousseau. C'est en s'unissant « par des confédérations » que les petits États peuvent résister à l'impérialisme des grands.

2. « Or si les villes sont nuisibles, les capitales le sont encore plus. Une capitale est un gouffre où la nation presque entière va perdre ses mœurs, ses loix, son courage et sa liberté » (*Projet de constitution pour la Corse, O.C.*, t. III, p. 911).

3. « Il ne faut point qu'un peuple cultivateur regarde avec convoitise le séjour des villes et envie le sort des fainéans qui les peuplent ; par conséquent il n'en faut point favoriser l'habitation par des avantages nuisibles à la population générale et à la liberté de la nation » (*ibid.*).

4. Thème souvent développé par Rousseau. Le luxe qui règne dans les villes est une des causes de la désertion et de la dépopulation des campagnes. « Le luxe nourrit cent pauvres dans nos villes, et en fait périr cent mille dans nos campagnes » (*Réponse à M. Bordes*). D'une manière générale Rousseau fait l'éloge des peuples et des « hommes rustiques », comme étaient primitivement les Suisses

qu'il propose en exemple à la nation corse. Dans le *Contrat social* même (l. IV, ch. IV), il rappelle « le goût des premiers Romains pour la vie champêtre ».

Page 250.

1. La formule risque de surprendre le lecteur en raison de l'hostilité de Rousseau à l'égard de tout système représentatif. Mais le *représenté* désigne ici de toute évidence le souverain et le *représentant* le gouvernement. Cf. même livre, chapitre suivant : « La Loi n'étant que la déclaration de la volonté générale, il est clair que dans la puissance Législative le Peuple ne peut être représenté ; mais il peut et doit l'être dans la puissance exécutive, qui n'est que la force appliquée à la Loi ».

Page 251.

1. « Les systèmes de finances sont des inventions modernes. Ce mot de finance n'étoit pas plus connu des anciens que ceux de taille et de capitation » (*Projet de constitution pour la Corse, O.C.*, t. III, p. 929). « Les Gouvernemens anciens ne connoissoient pas même ce mot de finance, et ce qu'ils faisoient avec des hommes est prodigieux » (*Considérations sur le gouvernement de Pologne*, ch. XI). Voir également notre introduction à l'*Économie politique*.

2. « Que ce mot de corvée n'effarouche point des Républicains ! Je sais qu'il est en abomination en France ; mais l'est-il en Suisse ? Les chemins s'y font aussi par corvées et personne ne se plaint » (*Projet de constitution pour la Corse, O.C.*, t. III, p. 932). De même, *Gouvernement de Pologne*, ch. XI : « Je voudrois qu'on imposât toujours les bras des hommes plus que leur bourse ; que les chemins, les ponts, les édifices publics, le service du Prince et de l'Etat se fissent par des corvées et non point à prix d'argent ».

Page 252.

1. Rousseau écrit de même dans les *Considérations sur le gouvernement de Pologne*, ch. VII : « Je ne puis qu'admirer la négligence, l'incurie, et j'ose dire, la stupidité de la nation Angloise, qui après avoir armé ses députés de la suprême puissance, n'y ajoute aucun frein pour régler l'usage qu'ils en pourront faire pendant sept ans entiers que dure leur commission ».

2. Allusion aux États Généraux formés par les délégués des trois ordres, souvent munis de mandats impératifs.

Page 253.

1. Dans les *Considérations sur le gouvernement de Pologne*, ch. VII, Rousseau adopte une attitude plus nuancée et surtout plus réaliste. Ayant à s'occuper d'un grand État, il déclare que « la puissance législative ne peut s'y montrer elle-même, et ne peut agir que par

députation ». Aussi n'est-il plus question, comme ici, de se passer de représentants, mais seulement d'en changer souvent et de les assujettir à des mandats impératifs. C'est ainsi que Rousseau s'efforce d'assouplir ses principes pour les adapter aux nécessités de la vie politique des grands États modernes, au lieu de s'en tenir comme il le fait dans le *Contrat social* à l'exemple des républiques antiques. Pour plus de détails, voir notre ouvrage *Rousseau et la science politique de son temps*, pp. 276-280.

2. Dans le résumé des *Institutions politiques*, inséré dans l'*Émile* (l. V), Rousseau écrit : « Nous examinerons enfin l'espèce de remèdes qu'on a cherchés à ces inconvénients par des ligues et confédérations, qui, laissant chaque Etat son maître au dedans, l'arment au dehors contre tout agresseur injuste. Nous rechercherons comment on peut établir une bonne association fédérative ; ce qui peut la rendre durable ; et jusqu'à quel point on peut étendre le droit de la confédération, sans nuire à celui de la souveraineté. » Sur ces questions voir l'ouvrage de J.-L. Windenberger, *La République confédérative des petits États, Essai sur le système de politique étrangère de J.-J. Rousseau*, Paris, 1899 et les indications substantielles de C. E. Vaughan dans l'Introduction (pp. 95-102) des *Political Writings*.

Page 254.

1. Cf. même livre, ch. IV.

2. Il s'agit de tous les publicistes qui, depuis le Moyen Âge ont conçu le pacte social comme un pacte de soumission. Pour ces auteurs, ce pacte est une promesse réciproque par laquelle les sujets s'engagent à obéir et le prince à administrer l'État selon le bien public. Cette conception qui a été depuis le XVIe siècle utilisée à des fins politiques diverses par les partis en lutte, était devenue un lieu commun au XVIIIe siècle. On la trouve, par exemple, dans les *Lettres pastorales* de Jurieu et on la retrouve dans l'article « Autorité politique » de l'*Encyclopédie* (t. I, 1751, p. 898), mais elle n'a été soutenue ni par Hobbes qui rejette tout pacte entre le souverain et les particuliers, ni par Locke qui parle de « trust » et non de pacte. Il est significatif que, dans le *Discours sur l'inégalité*, Rousseau s'y réfère comme à l'opinion commune : « Sans entrer aujourd'hui, dit-il, dans les recherches qui sont encore à faire sur la Nature du Pacte fondamental de tout Gouvernement, je me borne en suivant l'opinion commune à considerer ici l'établissement du Corps Politique comme un vrai Contract entre le Peuple et les Chefs qu'il se choisit ; Contract par lequel les deux Parties s'obligent à l'observation des Loix qui y sont stipulées et qui forment les liens de leur union. »

3. Cf. l. II, ch. I : « Si donc le peuple promet simplement d'obéir, il se dissout par cet acte, il perd sa qualité de peuple ; à l'instant qu'il y a un maitre il n'y a plus de Souverain, et dès lors le corps politique est détruit ».

Page 255.

1. On remarquera que, dans le pacte tel que le conçoit Rousseau, les particuliers sont également « sans aucun garant » des engagements pris envers eux par le public ou le souverain. Mais le propre du contrat social, c'est précisément que « la puissance Souveraine n'a nul besoin de garant envers les sujets, parce qu'il est impossible que le corps veuille nuire à tous ses membres, et... qu'il ne peut nuire à aucun en particulier » (l. I, ch. VII). C'est pourquoi Rousseau dira dans l'*Émile* (l. V) que « le pacte social est d'une nature particulière, et propre à lui seul, en ce que le peuple ne contracte qu'avec lui-même » (*O.C.*, t. IV, p. 841).

2. Cette formule vise manifestement Pufendorf qui faisait suivre le pacte d'association d'un pacte de soumission (cf. *Droit de la nature et des gens*, l. VII, ch. II, § 8).

Page 256.

1. Comme le signale Dreyfus-Brisac, Rousseau reprend ici l'argumentation par laquelle Hobbes dans le *De Cive* (ch. VII) montre comment le corps politique passe de la démocratie primitive à l'aristocratie ou à la monarchie.

2. Cf. même livre, ch. I.

Page 257.

1. Dans ses « Conclusions » tendant à la condamnation du *Contrat social*, le Procureur Général Jean-Robert Tronchin a attiré l'attention du Petit Conseil de Genève sur ce passage. Rousseau, dit-il, « suppose dans les volontés générales des peuples la même instabilité que dans les volontés particulières des individus ; et, partant du principe qu'il est de l'essence de la volonté des nations comme de celle des particuliers de ne pouvoir se gêner elle-même, qu'elle est également mobile et indestructible, il ne voit toutes les formes du gouvernement que comme des formes provisionnelles, comme des essais qu'on peut toujours varier » (*C.G.*, t. VII, Appendice, p. 373).

2. « Vieille expression juridique tombée en désuétude. C'est un cas dans lequel l'exercice du droit revendiqué apparaît comme dangereux ; on invoque alors la maxime du droit romain : " odia restringenda, favores ampliandi " ; c'est-à-dire qu'il faut restreindre autant que possible les droits nuisibles et donner au contraire toute la latitude possible aux droits avantageux » (G. Beaulavon, éd. du *Contrat social*, p. 282, n. 1).

3. Cf. même livre, ch. XIII.

Page 258.

1. C'est surtout ce passage qui a fait condamner le *Contrat social* à Genève et accuser Rousseau de vouloir détruire tous les gouverne-

ments. « Il ne connaît point d'autre moyen d'en prévenir les usurpations, note le Procureur Général J.-R. Tronchin, que de fixer des assemblées périodiques, pendant lesquelles le gouvernement est suspendu, et où, sans qu'il soit besoin de convocation formelle, on discute séparément et à la pluralité des suffrages si l'on conservera la forme du gouvernement reçu et les magistrats établis » (*C.G.*, t. VII, p. 373).

2. Même formule dans le livre I, ch. VII : « Il n'y a ni ne peut y avoir nulle espèce de loi fondamentale pour le corps du peuple, pas même le contract social ».

3. Dans le *Droit de la guerre et de la paix*, l. II, ch. V, § 24. Selon Grotius, il n'est sans doute pas permis aux citoyens de « sortir de l'Etat en troupes », mais « une personne seule » a le droit de le faire. Grotius ajoute, exactement comme le fait ici Rousseau en note : « Il y a pourtant une règle à observer, qui est prescrite par l'Equité Naturelle, et que les Romains ont suivie dans la dissolution des Sociétez particulières ; c'est qu'on ne doit pas sortir de l'Etat, si l'intérêt de la Société Civile demande qu'on y reste ».

LIVRE IV

Page 259.

1. Allusion aux cantons ruraux de la Suisse dont Rousseau fait une description idéalisée dans le *Projet de constitution pour la Corse*.

2. « Peu de loix, mais bien digérées, et surtout bien observées », dit de même Rousseau dans les *Considérations sur le gouvernement de Pologne*, ch. X. Voir également dans les *Fragments*, la section IV (« Des Lois ») : « Si l'on me demandoit, dit Rousseau, quel est le plus vicieux de tous les Peuples, je répondrois sans hésiter que c'est celui qui a le plus de Loix ».

Page 260.

1. Le pénitencier où étaient détenus les condamnés à des peines graves s'appelait à Berne « Schallenhaus » ou « Schallenwerk », c'est-à-dire « institution des sonnettes ». D'après Karl Hafner (*Geschichte der Gefängnisreformen in der Schweiz*, Berne, 1901, pp. 14 et sq.). on attachait des sonnettes au cou des condamnés qui pouvaient être employés à des travaux d'utilité publique. A Genève, la « discipline » était une maison de correction pour les garnements indociles de la ville.

2. Cf. l. II, ch. III.

3. Comme la conscience se tait lorsque sa voix est étouffée par les passions et les préjugés (cf. *Profession de foi du Vicaire Savoyard*, éd. P.-M. Masson, Fribourg-Paris, 1914, p. 277).

4. Cf. l. II, ch. IV : « Pourquoi la volonté générale est-elle tou-

jours droite, et pourquoi tous veulent-ils constamment le bonheur de chacun d'eux, si ce n'est parce qu'il n'y a personne qui ne s'approprie ce mot *chacun*, et qui ne songe à lui-même en votant pour tous ? » Tout homme, selon Rousseau, est guidé par l'amour de soi. Un fois qu'il est devenu citoyen, son intérêt privé ne se confond sans doute pas avec l'intérêt public. Mais la volonté générale est la volonté qu'il a comme citoyen et elle exprime son intérêt de citoyen. Autrement dit, l'intérêt commun, sans lequel il ne peut y avoir de volonté générale, est aussi le sien, comme la volonté générale est la sienne.

Page 261.

1. Rousseau limite ici curieusement le « droit législatif » au droit de *voter* les lois, alors qu'il réserve au gouvernement celui de les *proposer*. Cette conception était conforme à la constitution de Genève, où le Conseil Général ne pouvait voter que sur les matières qui lui étaient soumises par le Petit Conseil. Rousseau approuve cet usage dans la Dédicace du *Discours sur l'inégalité* et déclare : « J'aurois désiré, dit-il, que... chacun n'eût pas le pouvoir de proposer de nouvelles Loix à sa fantaisie ; que ce droit appartint aux seuls Magistrats ». Sur ce point, les *Lettres écrites de la Montagne* (lettres VIII et IX) confirment l'opinion formulée dans la Dédicace du Second *Discours*. On peut se demander si, en privant la puissance législative de l'initiative des lois, Rousseau ne prive pas la puissance souveraine de l'une de ses prérogatives essentielles et ne la rend pas par là même dépendante de la puissance exécutive. Cette conception qui peut paraître inattendue a toutefois son explication. Rousseau a horreur des innovations et c'est pour les empêcher qu'il refuse au « peuple assemblé » l'initiative des lois. « Dans les Etats où le Gouvernement et les Loix ont déjà leur assiete, on doit, dit-il, autant qu'il se peut éviter d'y toucher et sur-tout dans les petites Républiques, où le moindre ébranlement désunit tout. L'aversion des nouveautés est donc généralement bien fondée... La Loi a donc très-sagement pourvu à ce que l'établissement et même la proposition de pareilles nouveautés ne passât pas sans l'aveu des Conseils » (*Lettres écrites de la Montagne*, lettre VIII). Dans la lettre IX, Rousseau dit plus nettement encore qu'il serait généralement impossible que la constitution démocratique se maintînt, « si la Puissance Législative pouvoit toujours être mise en mouvement par chacun de ceux qui la composent ». Rousseau est manifestement plus préoccupé de maintenir en vigueur les lois anciennes que d'en faire de nouvelles. Pour lui, l'œuvre législative est pour ainsi dire réalisée une fois pour toutes par le législateur et, par la suite la tâche essentielle du pouvoir législatif est de contrôler l'exécutif. C'est pourquoi Rousseau se montre si ardent défenseur du droit de représentation. Notons enfin que, dans un texte au moins des *Lettres écrites de la Montagne* (lettre VII), il proteste contre le fait que le Conseil Général n'ait

plus le *droit d'opiner*, et voit là un abus de pouvoir du Petit Conseil : « N'est-il pas contre toute raison, demande-t-il, que le Corps exécutif règle la police du Corps législatif, qu'il lui prescrive les matières dont il doit connoître, qu'il lui interdise le droit d'opiner... ? » Pourtant, selon le texte du *Contrat social* que nous commentons, « le droit d'opiner est un de ceux que le Gouvernement a toujours grand soin de ne laisser qu'à ses membres ».

2. *Histoires*, I, 85.

Page 262.

1. Ce principe individualiste qui, dans l'École du Droit naturel, servait de base à la théorie du contrat social, était, à l'époque de Rousseau, devenu un lieu commun de la philosophie politique. Pufendorf le formule ainsi : « Comme tous les Hommes ont naturellement une égale liberté, il est injuste de prétendre les assujettir à quoi que ce soit sans un consentement de leur part, soit exprès, soit tacite » (*Droit de la nature et des gens*, l. III, ch. II, § 8). Plus tard, Locke écrira dans l'*Essai sur le gouvernement civil* (§§ 95 et 99 de l'édition anglaise) : « Les hommes étant tous libres, égaux et indépendants par nature, personne ne peut être tiré de cet état naturel, ni soumis au pouvoir politique d'un autre homme sans son propre consentement... Ce qui est à l'origine d'une société politique, ce qui la constitue véritablement, c'est uniquement le consentement d'un certain nombre d'hommes libres capables de former une majorité pour s'unir et s'incorporer à une telle société. C'est cela et uniquement cela qui donne effectivement ou peut donner naissance à un gouvernement légitime sur terre. »

2. Cf. *Discours sur l'inégalité* : « Les Jurisconsultes qui ont gravement prononcé que l'enfant d'une Esclave naîtroit Esclave, ont décidé en d'autres termes qu'un homme ne naîtroit pas homme ».

3. Cf. PUFENDORF, *Droit de la nature et des gens*, l. VII, ch. II, § 7. « De quelque manière que ce soit, la Convention doit nécessairement être accompagnée d'un consentement, exprès ou tacite, de tous en général, et de chacun en particulier : de sorte que, si quelcun de ceux, qui se trouvent alors dans le même lieu, n'est point entré dans l'engagement, il demeure hors de la Société naissante, et le consentement unanime des autres, quelque grand que soit leur nombre, ne le met dans aucune Obligation de se joindre à leur Corps, mais le laisse pleinement dans la Liberté Naturelle, en sorte qu'il peut toûjours pourvoir lui-même à sa conservation de la manière qu'il entendra. »

4. Cf. BURLAMAQUI, *Principes du droit politique*, 1re partie, ch. v, § 13 (éd. de Genève, 1751, p. 34) : « C'est encore une maxime qui est regardée comme une Loi générale de tous les Etats, que quiconque entre simplement dans les terres d'un Etat, et à plus forte raison ceux qui veulent jouir des avantages que l'on y trouve, sont censés renoncer à leur liberté naturelle, et se soumettre aux loix et au gouvernement établi, du moins autant que le demande la sureté publique et particulière. »

Page 263.

1. Cf. *Considérations sur le gouvernement de Pologne*, ch. IX.
2. Cela suppose, évidemment, que le peuple, comme la Diète polonaise, exerce au moins une partie des fonctions du gouvernement en même temps que la souveraineté.

Page 264.

1. Cf. l. III, ch. XVII.
2. Ces citations sont tirées de l'*Esprit des lois*, l. II, ch. II.
3. On retrouve ici la fameuse formule du chapitre sur le pacte social (l. I, ch. VI : « La condition étant égale pour tous, nul n'a intérêt de la rendre onéreuse aux autres ».
4. « Tout cela est d'une fausseté révoltante. Voilà la première fois qu'on a dit que le gouvernement de Venise n'était pas entièrement aristocratique ; c'est une extravagance à la vérité, mais elle serait sévèrement punie dans l'état vénitien. Il est faux que les sénateurs, que l'auteur ose appeler du terme méprisant de barnabotes, n'aient jamais été magistrats ; je lui en citerais plus de cinquante qui ont eu les emplois les plus importants. » (VOLTAIRE, *Idées républicaines*, § 35). En réalité, le terme de Barnabotes était celui en usage à Venise. Cf. DARU, *Histoire de la République de Venise*, l. XXXIV, ch. II (cité par L. Brunel dans le compte rendu de l'éd. du *Contrat social* de G. Beaulavon, *Revue d'histoire littéraire de la France*, juillet 1904, t. XI, p. 518, n. 2) : « Il y avait une autre manière de classer la noblesse ; c'était, comme on disait à Venise, les Seigneurs et les Barnabotes ; ce nom désignait les habitants du quartier Saint-Barnabé, les pauvres ».

Page 265.

1. Rousseau force manifestement ici la comparaison entre le patriciat vénitien et la bourgeoisie de Genève. Celle-ci est présentée sous un tout autre jour dans les *Lettres écrites de la Montagne*, lettre IX : « Dans tous les tems cette partie a toujours été l'ordre moyen entre les riches et les pauvres, entre les chefs de l'Etat et la populace ».
2. Cf. l. III, ch. IV.
3. Dans le *Discours sur la Polysynodie* (1718). Dans la conclusion du *Jugement sur la Polysynodie*, on trouve une remarque très voisine de celle qui est formulée ici par l'auteur.

Page 266.

1. Comme l'a montré Dreyfus-Brisac, Rousseau a utilisé pour cette étude des institutions romaines non seulement les *Discours sur la première décade de Tite-Live*, mais aussi un traité de Sigonius intitulé *De antiquo jure civium romanorum* libri duo, dont la première édition a été publiée à Venise en 1560. Cet ouvrage figurait, avec les œuvres de Machiavel en italien, parmi les livres que Rousseau a ven-

dus en Angleterre (cf. lettre à Dutens, du 26 mars 1767 ; *C.G.*, t. XVII, p. 8). C'est à Sigonius qu'il emprunte, en particulier, les citations de Varron et de Pline. Nous aimerions savoir pourquoi le choix de Rousseau s'est porté sur Sigonius, mais il est bien difficile de répondre à cette question que ne se sont posée ni Dreyfus-Brisac ni les autres éditeurs du *Contrat social*. Montesquieu ne cite pas Sigonius dans ses écrits, mais le mentionne curieusement dans ses *Pensées* (n° 211 de l'édition Masson, *Œuvres complètes* de Montesquieu, Paris, Nagel, t. II, 1950, p. 84, n. *b*) : « Il faudroit, écrit-il, lire Sigonius, *De Republica Atheniensium*. — Je l'ai. Il est intitulé *De antiquo Jure Civium Romanorum* ». Effectivement, l'exemplaire que nous avons consulté (Hanovre, 1609, in-fol.) a pour titre CAROLI SIGONII *De antiquo jure civium romanorum, Italiae provinciarum, ac romanae jurisprudentiae judiciis*, Libri XI ejusdem, *De Republica Atheniensium, eorumque, ac Lacedaemoniorum* libri quinque. Peut-être Rousseau s'est-il servi de Sigonius pour ne pas suivre l'exemple de Montesquieu qui, dans l'*Esprit des lois*, utilisait de préférence Gravina ? Peut-être avait-il acheté ce livre pendant son séjour à Venise ? Quoi qu'il en soit, on sera d'accord avec Vaughan pour constater que « les maigres éléments de la constitution de Servius sont un thème plus approprié à Sigonius qu'à Rousseau » (*Political Writings*, t. II, p. 109, n. 1). Il est clair, en effet, que cet essai en quatre chapitres sur les institutions romaines primitives n'a qu'un rapport lointain avec les « principes du droit politique » et ne présente guère d'intérêt pour le lecteur. En réalité, il s'agissait pour Rousseau uniquement d'étoffer, fût-ce au prix d'une digression, ce quatrième livre, de manière à pouvoir y insérer le chapitre sur la religion civile, qui, comme nous le verrons, a été rédigé *in extremis*.

2. Cf. *Discours sur l'inégalité*, Dédicace : « Le Peuple romain..., ce modèle de tous les Peuples libres ».

Page 268.

1. « Non sine causa majores nostri ex urbe in agros redigebant cives suos, quod et in pace a rusticis Romanis alebantur, et in bello ab his tuebantur » (VARRON, *De re rustica*, III, 1 ; cité par SIGONIUS, *De antiquo jure civium romanorum*, I, 3, dans l'édition mentionnée plus haut, p. 15).

2. « Rusticae tribus laudatissimae, eorum qui rura haberent. Urbanae vero, in quas transferri ignominiae esset, desidiae probo. » (PLINE, *Hist. Nat.*, XVIII, 3 ; cité par SIGONIUS, p. 15).

Page 270.

1. Sur Marius et son influence néfaste sur l'armée romaine voir l'*Économie politique* et dans le *Gouvernement de Pologne*, le chapitre XII.

Page 272.

1. Cf. l. III, ch. XII : « Il se passoit peu de semaines que le peuple

romain ne fût assemblé, et même plusieurs fois. Non seulement il exerceoit les droits de la souveraineté, mais une partie de ceux du Gouvernement. » Ici, le mot « usurpé » surprend.

2. Cf. *Gouvernement de Pologne*, ch. III, avant-dernier alinéa.

Page 274.

1. Cf. CICÉRON, *De Legibus*, III, 15 : « Qui ne voit que la loi établissant le scrutin secret a ravi à l'élite toute l'autorité qu'elle pouvait avoir ? Cette loi, jamais un peuple libre n'en a senti le besoin ; il la réclame avec insistance quand il est opprimé sous la puissance et la domination des grands. » (Trad. Appuhn, Paris, Garnier, s.d., pp. 367-369). La remarque de Rousseau s'inspire moins du texte de Cicéron que du chapitre déjà cité de l'*Esprit des lois* (l. II, ch. II) où Montesquieu écrit : « C'est une grande question, si les suffrages doivent être publics ou secrets. Cicéron écrit que les loix qui les rendirent secrets dans les derniers temps de la république romaine, furent une des grandes causes de sa chute. »

Page 275.

1. Dans un passage des *Considérations sur le gouvernement de Pologne* (ch. VII), qui n'a pas été imprimé dans l'édition de 1782, Rousseau écrivait : « Je ne m'arrête pas ici à la manière de recueillir les voix. Elle n'est pas difficile à régler dans une assemblée composée d'environ trois cents membres. On en vient à bout à Londres, dans un Parlement beaucoup plus nombreux encore ; à Genève, où le Conseil général est plus nombreux encore, et où tout vit dans la défiance ; et même à Venise dans le grand Conseil composé d'environ douze cents nobles, et où le vice et la fourberie sont sur leur trône. Au reste, j'ai discuté cette matière dans le *Contrat social* ; et pour quiconque veut bien compter mon sentiment pour quelque chose, c'est là qu'il faut le chercher. »

2. Dans les *Lettres écrites de la Montagne* (lettre IX), Rousseau revient incidemment sur le rôle des tribuns dans l'ancienne Rome et dit : « Au reste je n'excuse pas les fautes du Peuple Romain, je les ai dites dans le *Contract Social* ; je l'ai blâmé d'avoir usurpé la puissance exécutive qu'il devoit seulement contenir. J'ai montré sur quels principes le Tribunat devoit être institué, les bornes qu'on devoit lui donner, et comment tout cela se pouvoit faire. Ces regles furent mal suivies à Rome ; elles auroient pu l'être mieux ». Rousseau ajoute en note : « Voyez le *Contract Social* Livre IV. Chap. V. Je crois qu'on trouvera dans ce Chapitre qui est fort court, quelques bonnes maximes sur cette matiere. »

Page 276.

1. Voir dans le livre III le chapitre I, où le gouvernement, corps intermédiaire entre les sujets et le souverain, est présenté comme le moyen terme d'une proportion continue.

2. « Dispenser les loix » signifie ici, selon l'expression employée dans l'*Économie politique*, « administrer les loix », c'est-à-dire en assurer l'exécution.

Page 277.

1. Dans ce chapitre, Rousseau suit manifestement les indications de Machiavel et partage son admiration pour l'institution de la dictature Cf. *Discours sur la première décade de Tite-Live*, l. I, ch. XXXIV et XXXV.

Page 280.

1. Ce chapitre présente plus d'intérêt que les trois précédents, parce que Rousseau, au lieu de traiter de la censure en historien, en parle en moraliste. La censure est, en effet, pour lui une occasion de « parler des mœurs, des coutumes et surtout de l'opinion, partie inconnue à nos politiques », comme il le disait au livre II (ch. XII). Mais le chapitre est lui-même fort court pour la raison que Rousseau indique en note : la question avait été déjà traitée plus au long dans la *Lettre à d'Alembert*. Voir également dans les *Fragments* la section IV (« Des Loix »).

2. Cf. *La Nouvelle Héloïse*, 1re partie, lettre XXIV : « Je distingue dans ce qu'on appelle honneur, celui qui se tire de l'opinion publique, et celui qui dérive de l'estime de soi-même. Le premier consiste en vains préjugés plus mobiles qu'une onde agitée ; le second a sa base dans les vérités éternelles de la morale. »

Page 281.

(a) Dans l'exemplaire de d'Ivernois, Rousseau ajoute ici en note (cf. Th. DUFOUR, *Recherches...*, I, 120) : *« Ils étoient de* Chio *et non de* Samos ; *mais vû la chose dont il s'agit, je n'ai jamais osé employer ce mot dans le texte. Je crois pourtant être aussi hardi qu'un autre ; mais il n'est permis à personne d'être sale et grossier, en quelque cas que ce puisse être. Les François ont tant mis de décence dans leur langue, qu'on n'y peut plus dire la vérité. »* L'édition de 1782 n'imprime pas cette note, mais une autre plus courte et moins explicite : *« Ils étoient d'une autre Isle, que la délicatesse de notre langue défend de nommer dans cette occasion »*. Dans son édition du *Contrat social* (*Œuvres de J.-J. R.*, Paris, Lefèvre, 1819-1820, t. V, pp. 280-281), G Petitain fait à ce propos la remarque suivante : « On conçoit difficilement comment le nom d'une île peut blesser la *délicatesse de notre langue*. Pour entendre ceci, il faut savoir que Rousseau a pris ce trait dans Plutarque (*Dicts notables des Lacédémoniens*, § 69), qui le raconte dans toute sa turpitude et l'attribue aux habitants de Chio. Rousseau, en ne nommant pas cette île, a voulu éviter l'application d'un mauvais jeu de mots, et ne pas exciter le rire dans un sujet grave. En cela, il a bien fait sans doute, mais c'est l'effet de la délicatesse de l'écrivain plutôt que de celle de notre langue. Ælien (l. II, ch. XV) rapporte aussi ce fait : mais il en affaiblit la honte, en disant que le tribunal des éphores fut *couvert de suie*. »

1. Sur le duel, voir dans *La Nouvelle Héloïse*, 1re partie, la lettre LVII.

Page 282.

1. Le brouillon du *Contrat social* que Rousseau avait soumis à Rey en décembre 1760 ne contenait pas le chapitre sur la religion civile. Ce chapitre, écrit Rousseau à son éditeur, « y a été ajouté depuis » (lettre à Rey du 23 décembre 1761, *C.G.*, t. VII, p. 2). Nous ne savons pas pour autant à quelle date il a été composé. Le Manuscrit de Genève contient, en effet, au verso du chapitre sur le législateur (feuillets 46 à 51) une première version (sans titre) du chapitre sur la religion civile. Or, il s'agit manifestement d'une première rédaction dont nous ne connaissons pas la date exacte. Il n'est pas impossible, en effet, que Rousseau ait écrit ces pages sur la religion civile avant la visite de Rey à Montmorency ou encore, comme le suggère M. Halbwachs dans son commentaire du *Contrat social* (p. 431), au moment même où il rédigeait le Manuscrit de Genève. Pour exclure cette hypothèse et placer la première rédaction du chapitre pendant le premier semestre de l'année 1761, il faut admettre que le brouillon soumis à Rey en décembre 1760 était bien le Manuscrit de Genève. Cela nous paraît vraisemblable et même probable, mais ce n'est pas absolument certain.

Une chose toutefois nous paraît certaine. Si Rousseau a écrit ce chapitre au verso du chapitre sur le législateur, c'est parce qu'il en constitue le complément naturel. La fin du chapitre sur le législateur aborde le problème des rapports de la religion et de la politique, problème auquel la religion civile apporte une solution. En formulant « une profession de foi purement civile », Rousseau se propose, en réalité, de renforcer l'autorité des lois par celle de la religion, puisqu'il reproche au christianisme de « laisser aux loix la seule force qu'elles tirent d'elles-mêmes sans leur en ajouter aucune autre ».

De toute façon il n'y a rien à retenir de l'interprétation d'Albert Schinz, lequel soutient que la religion civile est une solution de dernière heure et qu'après avoir adopté une conception rationaliste et révolutionnaire (la théorie du pacte), Rousseau aurait finalement renoué avec la tradition médiévale et théologique (*La Pensée de Jean-Jacques Rousseau*, Paris, 1929, pp. 364-375). L'idée de la religion civile remonte, en effet, à l'époque où Rousseau écrivait la Lettre à Voltaire (18 août 1756) : « Je voudrois, dit-il dans cette lettre, qu'on eût dans chaque Etat un code moral, une espèce de profession de foi civile qui contînt positivement les maximes sociales que chacun seroit tenu d'admettre, et négativement les maximes intolérantes qu'on seroit tenu de rejeter, non comme impies, mais comme séditieuses. Ainsi, toute religion qui pourroit s'accorder avec le code seroit admise, toute religion qui ne s'y accorderoit pas seroit proscrite, et chacun seroit libre de n'en avoir point d'autre que le code même. Cet ouvrage, fait avec soin, seroit, ce me semble, le livre le plus utile qui jamais ait été composé, et peut-être le seul nécessaire aux hommes. » (*C.G.*, t. II, p. 322). Aussi peut-on conclure avec Vaughan (*Political Writings*, Introd., t. I, p. 87) que « le dernier chapitre du *Contrat social*, loin d'être un caprice passager, exprime en substance les opinions arrêtées de l'auteur ».

Aucun chapitre du *Contrat social* n'a suscité autant de polémiques et de protestations au XVIIIe siècle que celui sur la religion civile, surtout parce que Rousseau avait osé écrire en parlant du christianisme : « Je ne connois rien de plus contraire à l'esprit social ». Le 16 juin 1762, Moultou écrit à Rousseau que ses amis de Genève « n'ont point été contents de ce qu'il a dit sur la religion dans le *Contrat social* ». Aussi ne faut-il pas s'étonner que Rousseau ait été amené à se justifier et à donner des éclaircissements sur sa conception de la religion civile. On trouve ces éclaircissements dans sa correspondance des années 1762-1763 (en particulier avec Moultou et Léonard Usteri) et surtout dans ses écrits polémiques, la *Lettre à Christophe de Beaumont* et les *Lettres écrites de la Montagne*.

C'est dans ce dernier ouvrage (lettre I) qu'il précise avec le plus de netteté le point de vue auquel il se place pour apprécier la religion chrétienne : « En ôtant des Institutions nationales la Religion Chrétienne, je l'établis la meilleure pour le genre humain. L'Auteur de l'*Esprit des loix* a fait plus ; il a dit que la musulmane étoit la meilleure pour les contrées asiatiques. Il raisonnoit en politique, et moi aussi. » Montesquieu consacre, en effet, à l'examen de la religion deux livres de l'*Esprit des lois*, les livres XXIV et XXV. Dès le début du livre XXIV, il prend la précaution de souligner qu'il n'est point « théologien, mais écrivain politique » et dit : « Je n'examinerai donc les diverses religions du monde, que par rapport au bien que l'on en tire dans l'état civil ; soit que je parle de celle qui a sa racine dans le ciel, ou bien de celles qui ont la leur sur la terre ». Cependant les conclusions des deux auteurs sont loin d'être les mêmes. Montesquieu réfute le paradoxe de Bayle auquel finalement se rallie Rousseau. Celui-ci, d'autre part, dénonce « l'esprit dominateur du christianisme » et accuse les chrétiens d'avoir instauré « le plus violent despotisme » en ce monde. Pour Montesquieu, au contraire, « la religion chrétienne est éloignée du pur despotisme » (*Esprit des lois*, l. XXIV, ch. III).

Le chapitre sur la religion civile a donné lieu à des interprétations différentes, comme on peut s'en rendre compte en lisant P.-M. Masson (*La religion de J.-J. Rousseau*, Paris, 1916, t. II, pp. 178-204, le chapitre intitulé « Le problème de la religion civile »), Karl Dietrich Erdmann (*Das Verhältnis von Staat und Religion nach der Sozialphilosophie Rousseaus, Der Begriff der « religion civile »*, Berlin, 1935) et Bernard Groethuysen (*J.-J. Rousseau*, Paris, 1949, pp. 263-281). Cf. également notre article : « La religion civile selon Rousseau », dans *Annales J.-J. R.*, t. XXXV (1963).

2. Cf. l. I, ch. II.

3. Il s'agit des travaux d'érudition concernant le polythéisme ou, comme l'on disait alors, l'idolâtrie, et qui furent les premiers essais de mythologie comparée. Le chevalier de Jaucourt écrit dans l'article « Fable » (Mythologie) de l'*Encyclopédie* (t. VI, Paris, 1756, p. 343) : « On a prouvé par des exemples incontestables, que la plûpart des *fables* des Grecs venoient d'Egypte et de Phénicie. Les Grecs en apprenant la religion des Egyptiens, changerent et les noms et les cérémonies des dieux de l'Orient, pour faire croire qu'ils étoient nés dans leur pays ; comme nous le voyons dans l'exemple d'Isis, et dans une infinité d'autres. Le culte de Bacchus fut formé sur celui d'Osiris : Diodore le dit expressément. Une règle générale qui peut servir à juger de l'origine d'un grand nombre de *fables* du Paganisme, c'est de voir seulement le nom des choses, pour décider s'ils sont phéniciens, grecs, ou latins ; l'on découvrira par ce seul examen, le pays natal, ou le transport de quantités de fables. » Rousseau mentionne l'*Histoire du Manichéisme* de Beausobre dans la *Lettre à Christophe de Beaumont*. Sans parler des savants étrangers comme Brucker ou Mosheim, il n'est pas impossible que Rousseau ait lu ou parcouru les écrits des frères Fromont ou encore de leur neveu, Des Hautes Rayes, qui, dans une *Dissertation sur Apollon*, établissait un parallèle entre le Dieu des païens et le patriarche des Hébreux. De toute façon, l'hypothèse qu'il combat avait été, de son temps, admise et vulgarisée par des écrivains comme Fontenelle (*De l'origine des fables*, 1724) ou Hume (*Histoire naturelle de la religion*, traduite en français dans les *Œuvres philosophiques* en 1759-1760). Ainsi, après avoir exposé les principes généraux du polythéisme, Hume écrit : « Presque tous les idolâtres, de tous les tems et de toutes les nations, s'accordent dans ces principes généraux ; il n'y a pas même beaucoup de différence entre les caractères et les fonctions qu'ils attribuent à leurs divinités. Les voyageurs et les conquérans grecs et romains trouvoient leurs dieux partout : quelque étranges que fussent les noms que ces dieux portoient, ils disoient d'abord : ceci est Mercure, ceci est Vénus, voici Mars, voici Neptune. Tacite prenoit la déesse *Hertha*, autrefois adorée par nos ancêtres Saxons, pour la *Mater Tellus* des Romains ; et sa conjecture étoit fondée. » (*Hist. naturelle de la religion*, ch. v, *in fine ; Œuvres philosophiques de Hume*, Londres, 1788, t. III, pp. 54-55).

4. Cf. Hume, *Hist. nat. de la religion*, p. 75 : « Pour peu que l'on soit versé dans les historiens et dans les relations des voyageurs, tant anciens que modernes, on doit avoir été frappé de l'esprit tolérant des idolâtres. On demanda à l'oracle de Delphes quelle étoit la forme de religion la plus agréable aux dieux ; il répondit que c'étoit pour chaque ville celle que les loix y avoient établie ».

Page 284.

(*a*) Dans le Ms. Neuchâtel 7842, Rousseau a noté la citation sur vante « Pour le dernier Chap. du contract social. *Et ils contreviennent aux ordonnances de Cesar, en disant qu'il y a un autre Roy qu'ils nomment Jesus*. Act. XVII. 7 ». Cette addition ne figure pas dans l'édition de 1782.

1. *Chef visible* est une expression empruntée à MONTESQUIEU, *Esprit des lois* (l. XXIV, ch. v) : « Une religion qui n'a point de chef visible, convient mieux à l'indépendance du climat que celle qui en a un ».

Page 285.

1. Au sens technique et particulier que Rousseau donne à ce mot de *Prince*. Cela veut dire que les rois d'Angleterre ne sont pas souverains en matière de religion.

2. Le texte le plus significatif de Hobbes est celui du *De Cive*, ch. XVII, § 28, *in fine* : « Dans les Estats Chrestiens le jugement tant des choses *Spirituelles que des temporelles* appartient au bras seculier ou à la puissance politique ; de sorte que l'assemblée souveraine, ou le Prince souverain est le chef de l'Eglise, aussi bien que celuy de l'Estat : car l'*Eglise* et la *Republique Chrestienne* ne sont au fonds qu'une mesme chose ». Dans le même ouvrage (ch. VI, § 11) Hobbes écrit : « Si la Loy commande quelque chose sur peine de mort naturelle, et si un autre vient la defendre sur peine de mort éternelle, avec une pareille authorité, il arrivera que les coulpables deviendront innocents, que la rebellion et la desobeissance seront confonduës, et que la société civile sera toute renversée. Car nul ne peut servir à deux maistres ; et on ne doit pas moins craindre, voire on doit plustot obeir à celuy qui menace d'une mort Eternelle, qu'à celuy qui n'estend pas les supplices au de là de ceste vie. Il s'ensuit donc que le droict de juger des opinions ou doctrines contraires à la tranquillité publique, et de defendre qu'on les enseigne, appartient au *Magistrat*, ou à la *Cour*, à qui on a donné l'authorité supreme. » Et en note Hobbes ajoute : « Je ne feindray point de dire que lors que je formois mon raisonnement j'avois en la pensée ceste authorité que plusieurs donnent au Pape dans les Royaumes qui ne luy appartiennent point, et que quelques Evecques veulent usurper dans leurs Dioceses hors de l'Eglise Romaine ; et que je voulois refrener la licence que j'ay veu prendre à quelques subjects du tiers estat sous pretexte de Religion. Car y-a-t'il eu jamais aucune guerre civile dans la Chrestienté, qui n'ait tiré son origine de ceste source, ou qui n'en ait esté entretenue ? J'ay donc laissé à la puissance civile le droict de juger, si une doctrine repugne à l'obeissance des citoyens ; et si elle y repugne je luy ay donné l'authorité de defendre qu'elle soit enseignée. »

3. Dans le Manuscrit de Genève, Rousseau disait pourtant : « Les assemblées du clergé de France sont à mes yeux les vrais états de la nation »

4. « J'ai vû, écrit Grotius, le Traité *Du Citoien*. J'approuve ce que

l'on y trouve en faveur des Rois : mais je ne saurois approuver les fondemens sur lesquels l'Auteur établit ses opinions. Il croit que tous les Hommes sont naturellement en état de Guerre, et il établit quelques autres choses qui ne s'accordent point avec mes principes. Car il va jusqu'à soûtenir, qu'il est du devoir de chaque Particulier de suivre la Religion approuvée dans sa Patrie par autorité publique, sinon en y adhérant de cœur, du moins en la professant et s'y soûmettant par obéïssance. » Nous citons d'après Barbeyrac, *Droit de la guerre et de la paix* de Grotius, Préface du traducteur, pp. XXXI-XXXII. Car c'est par cette Préface que Rousseau connaît la lettre de Grotius.

Page 286.

(a) Au lieu de *celle-ci*, on lit dans l'édition de 1782 *celui-ci* (le Christianisme romain).

1. Cf. MONTESQUIEU, *Esprit des lois* (l. XXIV, ch. VI), le chapitre intitulé « Autre paradoxe de Bayle » : « M. Bayle, après avoir insulté toutes les religions, flétrit la religion chrétienne : il ose avancer que de véritables chrétiens ne formeroient pas un Etat qui pût subsister ». Rousseau suit ici manifestement Montesquieu et nous ne croyons pas, comme l'affirme Vaughan (*Political Writings*, t. II, p. 124, n. 1), que le chapitre sur la religion civile doive beaucoup à l'influence directe de Bayle.

2. Sur Warburton voir le chapitre VII du livre II, *in fine*, et notre note.

3. La société générale, c'est « la société générale du genre humain », selon l'expression qui sert de titre au chapitre II du livre I du Manuscrit de Genève. La société particulière, c'est la société politique ou civile.

4. Cf. *Profession de foi du Vicaire savoyar* (éd. Masson, p. 309) : « Le culte que Dieu demande est celui du cœur ».

5. Rousseau présente ici « la pure et simple Religion de l'Evangile » comme le « vrai Théisme ». Or, le théisme ou la religion naturelle est celle du vicaire savoyard. Au début de la seconde partie de la *Profession de foi* (éd. Masson, pp. 301-303), le jeune homme résume l'exposé du vicaire et dit : « J'y vois, à peu de choses près, le théisme ou la religion naturelle, que les chrétiens affectent de confondre avec l'athéisme ou l'irréligion, qui est la doctrine directement opposée ». Par la suite Rousseau n'a jamais cessé d'affirmer son adhésion sincère au christianisme et de déclarer sa profession de foi conforme à la doctrine de l'Évangile. « Monseigneur, disait-il en s'adressant à l'Archevêque de Paris, je suis Chrétien, et sincérement Chrétien, selon la doctrine de l'Evangile. Je suis Chrétien, non comme un disciple des Prêtres, mais comme un disciple de Jesus-Christ. » (*Lettre à Christophe de Beaumont, O.C.*, t. IV, p. 960). Dans les *Lettres écrites de la Montagne* (lettre I), il oppose « le vrai christianisme », qui est « une institution de paix », au « christia-

nisme dogmatique ou théologique ». « Par la multitude et l'obscurité de ses dogmes, surtout par l'obligation de les admettre » celui-ci est « un champ de bataille toujours ouvert entre les hommes ».

6. Les expressions *droit divin naturel* et *droit divin positif* surprennent. Elles ont été peut-être suggérées à Rousseau par Grotius qui appelle *Droit divin volontaire* les obligations qui s'imposent à l'homme, non parce qu'elles sont justes, mais parce que Dieu les veut. « Or, ajoute Grotius, ce Droit Divin a été établi ou pour tout le Genre Humain (c'est le droit divin naturel de Rousseau) ou pour un seul Peuple (c'est le droit divin civil ou positif de Rousseau) » (*Droit de la guerre et de la paix*, l. I. ch. 1, § 15). Mais, pour Grotius, il n'y a qu'un seul peuple au monde qui ait reçu ses lois de Dieu, c'est le peuple hébreu (§ 16).

7. Rousseau a longuement développé ce thème dans l'*Émile*. Au livre IV, il dit qu'en se mettant hors de la nature, l'homme « se met en contradiction avec soi » et qu'au contraire, il fallait travailler pour que « l'homme fût toujours un, le plus qu'il étoit possible ». D'autre part, si l'éducation publique et l'éducation domestique sont exclusives l'une de l'autre, c'est qu'en voulant faire à la fois un homme et un citoyen, on ne réussit qu'à faire « un être double », selon l'expression du Manuscrit Favre de l'*Émile* (*O.C.*, t. IV, pp. 491 et 57).

Page 287.

1. C'est cette phrase qui a suscité le plus de protestations et de polémiques. Dans ses explications, Rousseau déclare qu'elle a été mal comprise en raison de l'ambiguïté du mot « société », qui, dit-il, présente un sens un peu vague. Les lecteurs n'ont pas prêté suffisamment d'attention aux deux espèces de société distinguées par l'auteur. « Vous ne me paroissez pas avoir bien saisi l'état de la question, écrit-il à Léonard Usteri le 18 juillet 1763. La grande société, la société humaine en général, est fondée sur l'humanité, sur la bienfaisance universelle ; je dis et j'ai toujours dit que le Christianisme est favorable à celle-là. Mais les Sociétés particulières, les Sociétés politiques et civiles ont un tout autre principe. Ce sont des établissements purement humains dont, par conséquent, le vrai Christianisme nous détache comme de tout ce qui n'est que terrestre : il n'y a que les vices des hommes qui rendent ces établissements necessaires, et il n'y a que les passions humaines qui les conservent. » (*C.G.*, t. X, p. 37). Dans les *Lettres écrites de la Montagne* (lettre I), Rousseau dit de même : « Bien loin de taxer le *pur Evangile* d'être pernicieux à la société, je le trouve, en quelque sorte, trop sociable, embrassant trop tout le genre humain pour une Législation qui doit être exclusive, inspirant l'humanité plutôt que le patriotisme, et tendant à former des hommes plutôt que des Citoyens »

2. Il n'y a point, en effet, selon Rousseau, de vrais chrétiens en ce monde. « S'il étoit permis de tirer des actions des hommes la preuve de leurs sentimens, il faudroit dire que l'amour de la justice est banni de tous les cœurs, et qu'il n'y a pas un seul chrétien sur la terre » (Préface du *Narcisse*). Même indication dans la *Note responsive* à M. de Malesherbes (*C.G.*, t. VI, p. 95) : « Je sais bien que ce seroit un grand hasard, s'il y avoit un seul chrétien sur la terre ».

Page 289.

1. Cf. MACHIAVEL, *Discours sur Tite-Live*, l. II, ch. II : « Notre religion... nous fait moins estimer l'honneur du monde ; aussi les païens, qui l'estimaient très haut, et y reconnaissaient le bien suprême, étaient-ils plus hardis et plus fiers dans leur conduite... La religion antique n'exaltait au rang des bienheureux que des hommes comblés de gloire mondaine, comme les chefs d'armée ou les princes des Etats. La nôtre a glorifié les humbles et les contemplatifs plus volontiers que les hommes d'action. Elle a placé le souverain bien dans l'humilité, l'abjection, le mépris des choses humaines ; la religion païenne le plaçait dans la grandeur d'âme, dans la vigueur physique, dans tout ce qui contribue à renforcer l'énergie. Et si notre religion exige de nous la force de l'âme, c'est pour nous exercer à la souffrance plutôt qu'à l'action vigoureuse. Une telle morale a rendu le monde débile et l'a livré en proie aux scélérats. Ils peuvent le gouverner à leur aise, car ils voient que la plupart des hommes, pour aller en Paradis, songe à supporter les coups plutôt qu'à les venger. » Nous citons d'après Augustin RENAUDET, *Machiavel*, Paris, 1942, p. 85.

2. Cf. l. II, ch. IV.

3. Nous n'avons pas plus que Vaughan (cf. *Political Writings*, t. II, p. 131, n. 2) réussi à retrouver dans les *Considérations*, imprimées par Rey en 1764, le passage cité ici par Rousseau. Il n'est pas impossible, quoique cela paraisse surprenant, que ce passage ait été omis dans la copie utilisée par Rey, puisque, de son propre aveu (cf. Avis du Libraire), cette copie était « pleine de fautes » et qu'il n'a pu s'en procurer de meilleure.

Page 290.

1. « Pourquoi un homme a-t-il inspection sur la croyance d'un autre, et pourquoi l'Etat a-t-il inspection sur celle des Citoyens ? C'est parce qu'on suppose que la croyance des hommes détermine leur morale, et que des idées qu'ils ont de la vie à venir dépend leur conduite en celle-ci... Dans la société chacun est en droit de s'informer si un autre se croit obligé d'être juste, et le Souverain est en droit d'examiner les raisons sur lesquelles chacun fonde cette obligation » (*Lettre à Ch. de Beaumont, O.C.*, t. IV, p. 973).

2. Par là Rousseau veut exclure les convertisseurs et préserver la liberté de conscience, de manière singulière, il est vrai, puisque les

réfractaires seront bannis de l'État. Il en est de même de ceux qui n'adhèrent pas au pacte social (cf. même livre, ch. II). Dans la Lettre à Voltaire (18 août 1756), Rousseau se prononce plus nettement qu'ici en faveur de la liberté de conscience : « Je suis indigné, dit-il, que la foi de chacun ne soit pas dans la plus parfaite liberté, et que l'homme ose contrôler l'intérieur des consciences où il ne sauroit pénétrer, comme s'il dépendoit de nous de croire ou de ne pas croire dans des matières où la démonstration n'a point lieu, et qu'on pût jamais asservir la raison à l'autorité. Les rois de ce monde ont-ils donc quelque inspection dans l'autre, et sont-ils en droit de tourmenter leurs sujets ici-bas pour les forcer d'aller en paradis ? Non, tout gouvernement humain se borne, par sa nature, aux devoirs civils, et quoi qu'en ait pu dire le sophiste Hobbes, quand un homme sert bien l'Etat, il ne doit compte à personne de la manière dont il sert Dieu. »

3. Cf. LOCKE, *Lettre sur la tolérance* : « Ceux qui nient l'existence d'un Dieu, ne doivent pas être tolérés, parce que les promesses, les contrats, les serments et la bonne foi, qui sont les principaux liens de la société civile, ne sauraient engager un athée à tenir sa parole ». Nous citons d'après la traduction Thurot, *Œuvres philosophiques de Locke*, Paris, 1825, t. VII, p. 211. On sait en outre que dans les *Lois* de Platon (l. X) l'athéisme et l'impiété sont punis de prison, les récidivistes étant condamnés à mort.

4. Rousseau écrit pourtant dans une note de *La Nouvelle Héloïse* (V[e] partie, lettre V) : « Si j'étois magistrat, et que la loi portât peine de mort contre les athées, je commencerais par faire brûler comme tel quiconque en viendroit dénoncer un autre ».

5. Cf. *Profession de foi* (éd. Masson, p. 343) : « A l'égard des dogmes, elle [ma raison] me dit qu'ils doivent être clairs, lumineux, frappans par leur évidence ».

6. Cette énumération comprend, en réalité, des dogmes religieux, ceux de la religion naturelle ou de la profession de foi du vicaire savoyard, et des dogmes purement civils (la sainteté du Contract social et des Loix). Nous serions tentés d'y voir une étrange confusion du profane et du sacré. Mais Rousseau se propose précisément d'intégrer au domaine du sacré le contrat social et la législation de l'État, de manière à établir, selon l'expression de la Lettre à Voltaire, « un code moral », ou si l'on veut, une sorte de catéchisme du citoyen. Pas plus que la morale, la politique ne saurait, à ses yeux, se passer d'une sanction religieuse. Mais seuls, les dogmes civils constituent, à proprement parler, la morale du citoyen, tandis que les autres concernent la morale de l'homme. Par sa profession de foi civile, Rousseau s'efforce vainement de surmonter le dualisme qui s'affirme dans toute son œuvre et d'atténuer l'opposition entre l'homme et le citoyen. Cf. l'étude déjà mentionnée de K. D. ERDMANN, *Das Verhältnis von Staat und Religion nach der Sozialphilosophie Rousseaus*, Berlin, 1935.

Page 291.

1. Ce sont, selon l'expression de la Lettre à Voltaire, « les dogmes à proscrire ».

2. Cf. *Lettre à Christophe de Beaumont* (p. 90) : « J'entends dire sans cesse qu'il faut admettre la tolérance civile, non la théologique ; je pense tout le contraire. Je crois qu'un homme de bien, dans quelque Religion qu'il vive de bonne foi, peut être sauvé. Mais je ne crois pas pour cela qu'on puisse légitimement introduire en un pays des Religions étrangères sans la permission du Souverain ; car si ce n'est pas directement désobéir à Dieu, c'est désobéir aux loix ; et qui désobéit aux loix, désobéit à Dieu. »

3. Rousseau fait ici allusion à des propos prêtés à Henri IV peu avant son abjuration en 1593 et rapportés en ces termes par l'évêque de Rodez, Hardouin de Péréfixe, dans son *Histoire du roy Henry le Grand* (Paris, 1661, p. 200) : « Un Historien rapporte que le Roy faisant faire devant luy une conférence entre des Docteurs de l'une et de l'autre Eglise, et voyant qu'un Ministre tomboit d'accord qu'on se pouvoit sauver dans la Religion des Catholiques, sa Majesté prit la parole, et dit à ce Ministre : *Quoy ? tombez-vous d'accord qu'on puisse se sauver dans la religion de ces Messieurs-là.* Le Ministre répondant qu'il n'en doutoit pas, pourveu qu'on y vescust bien : le Roy repartit tres-judicieusement : *La prudence veut donc que je sois de leur Religion et non pas de la vostre, parce qu'estant de la leur je me sauve selon eux et selon vous, et estant de la vostre, je me sauve bien selon vous, mais non pas selon eux. Or la prudence veut que je suive le plus asseuré.* »

4. Cette note sur le mariage civil avait déjà été imprimée quand Rousseau décida de la supprimer. Pour se conformer aux instructions de Rousseau, Rey procéda à un nouveau tirage, en modifiant la présentation des dernières pages du *Contrat social.* Toutefois, quelques exemplaires de l'édition originale (dont celui de la Bibliothèque de l'Assemblée nationale à Paris) ont conservé les pages du premier tirage avec la note, et celle-ci a été reproduite dans la plupart des contrefaçons de l'année 1762. De la correspondance avec Rey il ressort que Rousseau a rédigé successivement deux notes sur le mariage civil, pour finalement n'en conserver aucune. « Voici, mon cher Rey, écrit-il le 11 mars 1762, vos dernières épreuves, où j'ai retranché la dernière note devenue inutile depuis que le sort de nos malheureux est décidé, et sur laquelle on vous auroit peut-être fait de plus grandes difficultés pour l'introduction que sur le reste de l'ouvrage. A cette note j'en ai substitué une autre qui la vaut bien, et qui va mieux à la racine du mal. Je vous prie instamment d'avoir la plus grande attention à la correction de cette note et de la page qui s'y rapporte, tant à cause de l'importance de la matière, que parce que les fautes à la fin d'un ouvrage se remarquent encore plus que partout ailleurs. » (*C.G.*, t. VII, p. 146). Trois jours plus tard, le 14 mars — que s'était-il passé entre-temps ? — Rousseau se ravise et écrit à son éditeur : « Je vous prie, mon cher Rey, si vous y êtes

encore à tems, de supprimer la dernière note sur les mariages. Et même fallût-il un carton pour cela, je voudrois à tout prix que cette note fût supprimée, pour votre avantage comme pour le mien. » (*C.G.*, t. VII, p. 148). La note qui a été imprimée dans certains exemplaires du *Contrat social* est incontestablement la seconde. Quant au texte de la première, c'est vraisemblablement celui que nous trouvons dans le Manuscrit de Genève, où Rousseau aborde sans réticences la question du mariage des protestants du royaume. Cette question lui tenait à cœur, puisqu'il demande à Rey le 18 mars de lui envoyer « les épreuves où étoient ces deux notes, qui pourront trouver leur place autre part » (*C.G.*, t. VII, p. 155). Enfin, le 25 mars, en réponse à une lettre de Rey qui lui suggérait de faire un narré de l'affaire du pasteur Rochette et des trois frères Grenier, exécutés le 19 février à Toulouse, Rousseau écrit : « Il y a bien des difficultés à ce que vous me proposez dans votre lettre au sujet de l'événement auquel ma prémiére note supprimée avait rapport. La plus insupportable est mon triste état qui ne me permet plus aucune espèce de travail assidu. Une autre est que je n'ai pas les pièces et instructions necessaires pour parler pertinemment sur ce sujet, et que la voye de la poste est trop dispendieuse et trop suspecte pour s'établir là-dessus des correspondances. Cependant je vous avoüe que la matiére est si belle et si tentante pour le zéle de l'humanité que si j'avois le moindre espoir de rassembler les papiers necessaires, je rêverois quelquefois à cela, et mon intention ne seroit pas en pareil cas de m'en tenir à un simple narré. » (*C.G.*, t. VII, pp. 158-159). Sur la question du mariage des protestants, nous renvoyons le lecteur à notre commentaire du Manuscrit de Genève. Ajoutons, pour terminer, que, dans ses *Recherches bibliographiques sur les œuvres imprimées de J.-J. Rousseau* (t. I, pp. 123 sq.), Th. Dufour a publié des fac-similés des deux tirages des dernières pages du *Contrat social*, l'un avec et l'autre sans la note sur le mariage.

Page 292.

1. Les historiens ont prêté si peu d'attention à ce chapitre de conclusion qu'il est devenu usuel d'appeler dernier chapitre du *Contrat social* le précédent sur la religion civile. C'est pourtant dans ce chapitre que Rousseau donne le sommaire de la seconde partie des *Institutions politiques*, où l'État devait être étudié dans ses relations externes, la première partie étant consacrée à la théorie générale de l'État ou aux principes du droit politique.

2. Il faut lire : le droit des gens, c'est-à-dire 1° le commerce, 2° le droit de la guerre et les conquêtes, 3° le droit public ou les ligues, les négociations, les traités, etc. Telles sont, en effet, les trois rubriques que devait comporter le reste de l'ouvrage, si Rousseau avait pu l'achever. De ces trois rubriques, l'écrivain n'a traité dans ses autres écrits que la section de la troisième relative aux ligues et aux confédérations (cf. J.-L. WINDENBERGER, *Essai sur le système de*

politique étrangère de J.-J. Rousseau, La République confédérative des petits États, Paris, 1899). Les confédérations constituent, comme on l'a vu, le moyen dont peuvent user les petits États pour repousser la violence des grands et, de ce fait, maintenir la paix entre les nations. Aussi ne faut-il pas s'étonner de voir Rousseau insister sur les ligues et les confédérations dans le livre V de l'*Émile*, où il énumère, comme ici, les matières qui devaient figurer dans la seconde partie de ses *Institutions politiques*, en omettant toutefois de mentionner le commerce. On remarquera enfin que Rousseau appelle droit public ce que nous appelons droit international public.

FRAGMENTS POLITIQUES

PROVENANCE ET PUBLICATION DES FRAGMENTS POLITIQUES DE J.-J ROUSSEAU

1. MANUSCRITS :

N. = Bibliothèque de la ville de Neuchâtel.
G. = Bibliothèque publique et universitaire de Genève.

OUVRAGES CITÉS :

VAUGHAN (C. E.), *The Political Writings of Jean-Jacques Rousseau* Cambridge, 1915 ; 2 vol.

STRECKEISEN-MOULTOU (G.), *Œuvres et correspondance inédites de J.-J. Rousseau*, Paris, 1861.

WINDENBERGER (J.-L.), *Essai sur le système de politique étrangère de J.-J. Rousseau. La république confédérative des petits États*, Paris, 1809.

DREYFUS-BRISAC (E.), Édition du *Contrat social*, Paris, 1896.

DUFOUR (Théophile), *Recherches bibliographiques sur les œuvres imprimées de J.-J. Rousseau...*, Paris, 1925, 2 vol.

Mémoires de Condorcet sur la Révolution française, extraits de sa correspondance et de celles de ses amis, Paris, 1824, 2 vol.

Bibliothèque universelle, revue suisse et étrangère, LXVIe année, nouvelle période, t. XII, Genève, Lausanne, Paris, 1861. Fragments inédits de J.-J. Rousseau publiés par Jules Sandoz, pp. 245-257.

La Montagne, revue suisse d'art et de littérature, février 1898. Fragments inédits de J.-J. Rousseau publiés par Eug. Ritter, pp. 23-25.

JANSEN (W.-Albert), *Jean-Jacques Rousseau, fragments inédits, recherches biographiques et littéraires*, Paris, 1882.

I

1) G., ms. fr. 228, f° 44 v° : Streckeisen-Moultou, p. 217 ; Vaughan, t. I, p. 339.

2) G., ms. fr. 228 f°s 41 r° et 42 r° : Streckeisen-Moultou, pp. 221-222 ; Vaughan, t. I, pp. 350-351.

3) N. 7840, f° 84 : Dreyfus-Brisac, p. 319 : Windenberger, p. 283.

4) N. 7867, f° 20 : Vaughan, t. I, p. 334.

II

1) Streckeisen-Moultou, pp. 360-361.
2) N. 7854, f° 12 : Streckeisen-Moultou, p. 250 ; Vaughan, t. I, p. 349.
3) N. 7854, f° 15 : Streckeisen-Moultou, p. 251 ; Vaughan, t. I, p. 350.
4) N. 7854, f° 21 : Vaughan, t. I, p. 350.
5) N. 7871^{c}, f° 12 v° : Vaughan, t. I, p. 340.
6) N. 7871^{c}, f° 12 r° : Vaughan, t. I, p. 340.
7) Streckeisen-Moultou, pp. 359-360 ; collection M. Eigeldinger, Neuchâtel.
8) Streckeisen-Moultou, pp. 358-359 ; le 4e § : collection M. Eigeldinger, Neuchâtel.
9) N. 7840, f° 73 v° : Vaughan, t. I, p. 309.
10) N. 7917, f° prélim. : Dufour, *Recherches bibliographiques*, t. II, p. 267.
11) N. 7840, f° 5 v° : Vaughan, t. I, p. 323.
12) N. 7840, f° 6 v° : Vaughan, t. I, p. 323.
13) N. 7840, f° 5 v° : Vaughan, t. I, p. 324.
14) N. 7840, f° 78 : Vaughan, t. I, p. 277.
15) N. 7855, f° 17 v° : semble inédit.
16) N. 7854, f° 18 r° : Vaughan, t. I, pp. 322-323.

III

1) N. 7840, 1er plat. : Windenberger, p. 281 ; Vaughan, t. I, p. 320.
2) N. 7858, f° 7 v° : Vaughan, t. I, p. 324
3) N. 7871^{c}, f° 17 : Streckeisen-Moultou, p. 353 ; Windenberger, p. 303 ; Vaughan, t I, p. 341.
4) N. 7871^{c}, f° 15 : Windenberger, p. 302 ; Vaughan, t. I, p. 340
5) *Mémoires de Condorcet*, t. I, p. 115.
6) N. 7840, f° 75 r° Windenberger, p. 281 ; Vaughan, t. I, p. 278.
7) N. 7840, f° 75 r° : Vaughan, t. I, p. 278.
8) N. 7840, f° 73 : Vaughan, t. I, pp. 279-280.
9) N. 7840, f° 79 : semble inédit.
10) N. 7871^{c}, f° 18 : Streckeisen-Moultou, p. 353 ; Windenberger, p. 302 ; Vaughan, t. I, p. 340.
11) N. 7840, f° 61 : Vaughan, t. I, p. 311.
12) N. 7914, f° prélim. : Dufour, *Recherches bibliographiques*, t. II, p. 267.
13) N. 7840, f° 83 : Windenberger, p. 282 ; Vaughan, t. I, p. 277.
14) N. 7840, f° 85 : Vaughan, t. I, pp. 275-276.
15) N. 7840, f° 4 v° : Windenberger, p. 282 ; Vaughan, t. I, p. 321.
16) N. 7840, f° 6 r° : Vaughan, t. I, p. 321.
17) N. 7840, f° 85 : Vaughan, t. I p. 274.

18) N. 7840, f° 83 : Windenberger, p. 280 ; Vaughan, t. I, p. 277.

19) N. 7840, f° 74 : Windenberger, p. 280 ; Vaughan, t. I, p. 280.

20) N. 7840, f° 75 : Dreyfus-Brisac, p. 318 : Windenberger, p. 279 ; Vaughan, t. I, pp. 278-279.

21) N. 7840, f° 85 (1) : Windenberger, p. 281 ; Vaughan, t. I, p. 275.

22) N. 7840, f° 85 (2) : Vaughan, t. I, p. 275.

23) N. 7871[c], f° 9 : Vaughan, t. I, p. 339.

24) N. 7854, f° 16 r° : Streckeisen-Moultou, p. 251 ; Vaughan, t. I, p. 350.

25) N. 7868, f° 20 : Streckeisen-Moultou, pp. 236-237 ; Vaughan, t. I, p. 337.

26) N. 7868, f° 10 : Vaughan, t. I, p. 337.

27) N. 7868, f° 3 : Streckeisen-Moultou, p. 233 ; Vaughan, t. I, p. 335.

28) N. 7840, f° 78 : Vaughan, t. I, p. 277.

29) N. 7854, f° 17 r° : semble inédit.

IV

1) N. 7840, f° 75 : Vaughan, t. I, p. 278.

2) N. 7871[c], f° 13 : *Bibliothèque universelle*, oct. 1861, p. 254 ; Vaughan, t. I, p. 340.

3) N. 7871[c], f° 10 : *Bibliothèque universelle*, oct. 1861, pp. 254-255 ; Vaughan, t. I, p. 339.

4) N. 7840, 1er plat. : Windenberger, p. 281 ; Vaughan, t. I, p. 320.

5) N. 7840, f° 86 : Dreyfus-Brisac, p. 319 ; Windenberger, p. 281 ; Vaughan, t. I, p. 274.

6) N. 7867 : Streckeisen-Moultou, p. 228 ; Vaughan, t. I, p. 330.

7) N. 7867 : Streckeisen-Moultou, pp. 228-229 ; Vaughan, t. I, pp. 330-331.

8) N. 7867 : Vaughan, t. I, p. 331. Les fragments 6, 7, 8 se suivent dans le manuscrit et forment un tout.

9) N. 7867 : Streckeisen-Moultou, p. 231 ; Vaughan, t. I, p. 331.

10) N. 7867 : Streckeisen-Moultou, pp. 229-230 ; Vaughan, t. I, p. 332.

11) N. 7867 : Streckeisen-Moultou, pp. 230-231 ; Vaughan, t. I, p. 332.

12) N. 7867 : Streckeisen-Moultou, p. 230 ; Vaughan, t. I, p. 332.

13) N. 7867. Streckeisen-Moultou, p. 230 ; Vaughan, t. I, p. 332.

14) N. 7867. Streckeisen-Moultou, p. 230 ; Vaughan, t. I, p. 332

15) Streckeisen-Moultou, p. 230 ; Vaughan, t. I, p. 332

16) N. 7871c, f° 16 : Streckeisen-Moultou, p. 351 ; Vaughan, t. I, p. 339.

17) N. 7854, f° 19 r° : semble inédit.

18) Streckeisen-Moultou, p. 359 ; collection M. Eigeldinger, Neuchâtel.

19) N. 7872, cahier 3, f° 15 r° : *Bibliothèque universelle*, oct. 1861, p. 254.

20) N. 7872, f° 14 r° : *Bibliothèque universelle*, oct. 1861, p. 254.

21) N. 7872, f° 14 r° : *Bibliothèque universelle*, oct. 1861, p. 254.

22) N 7872, cahier 2, f° 1 r° : *Bibliothèque universelle*, oct. 1861, p. 253.

23) N. 7872, cahier 2, f° 1 r° : *Bibliothèque universelle*, oct. 1861, p. 253 ; Vaughan, t. I, p. 358.

24) N. 7843, f°s 8 r° et 9 r° : Vaughan, t. I, pp. 355-356.

25) N. 7843, f° 20 v° : Vaughan, t. I, p. 357.

26) N. 7843, f° 21 r° : Vaughan, t. I, p. 357.

V

1) N. 7867, fos 17 r°-18 : Streckeisen-Moultou, pp. 251-252 ; Vaughan, t. I, p. 333.

2) N. 7867, f° 19 : Streckeisen-Moultou, p. 253 ; Vaughan, t. I, p 334.

3) *Bibliothèque universelle*, oct. 1861, p. 255.

4) N. 7872c : *Bibliothèque universelle*, oct. 1861, p. 256.

5) N. 7843, f° 11 v° : semble inédit.

6) N. 7868, f° 4 : Streckeisen-Moultou, pp. 234-235 ; Vaughan, t. I, p. 335.

7) N. 7868, f° 5 : Streckeisen-Moultou, p. 235 ; Vaughan, t. I, p. 336.

8) N. 7868, f° 8 (1) : Streckeisen-Moultou, p. 236 ; Vaughan, t. I, p. 337.

9) N. 7868, f° 8 (2) : Streckeisen-Moultou, p. 236 ; Vaughan, t. I, p. 337.

10) N. 7868, f° 8 (3) : semble inédit.

11) N. 7868, f° 8 (4) : Streckeisen-Moultou, p. 236 ; Vaughan t. I, p. 337.

12) N. 7872, cahier 3, f° 2 r° : semble inédit.

13) N. 7868, f° 10 (1) : Streckeisen-Moultou, p. 236 ; Vaughan, t. I, p. 337.

14) N. 7868, f° 10 (2) Streckeisen-Moultou, p 236 ; Vaughan, t. I, p. 337.

15) N. 7840, f° 62 v° : Vaughan, t. I, p. 312

16) N. 7871a, f° 1 : Streckeisen-Moultou, p. 239, Vaughan, t. I, p. 341.

VI

1) Streckeisen-Moultou, p. 360.

2) N. 7914, f° prélim. : Dufour, *Recherches bibliographiques*, t. II, p. 267.

3) N. 7843, f° 12 r° : Streckeisen-Moultou, pp. 223-224 ; Vaughan, t. I, pp. 325-326.

4) N. 7843, f° 12 v° : Vaughan, t. I, pp. 326-327.

5) N. 7843, f° 13 r° (1) : Vaughan, t. I, p. 327.

6) N. 7843, f° 13 r° (2) : Vaughan, t. I, p. 326.

7) N. 7854, f° 16 v° : Vaughan, t. I, p. 327.

8) N. 7849, f°s 1 r°-2 v° : Streckeisen-Moultou, pp. 225-226 ; Vaughan, t. I, pp. 327-329.

9) N. 7868, f° 10 : Vaughan, t. I, p. 338.

10) N. 7868, f° 20 : Vaughan, t. I, p. 338.

VII

1) N. 7854, f°s 1-4 : Streckeisen-Moultou, pp. 239-234 ; Vaughan, t. I, pp. 341-344.

2) N. 7854, f°s 9-11 · Streckeisen-Moultou, pp. 243-250 ; Vaughan, t. I, pp. 344-349.

VIII

1) N. 7840, 1er plat : Windenberger, p. 287 ; Vaughan, t. I, p. 320.

2) Streckeisen-Moultou, p. 361.

3) N. 7868, f° 16 (1) : Vaughan, t. I, p. 338.

4) N. 7868, f° 16 (2) : Vaughan, t. I, p. 338.

5) N. 7843, f° 11 v° : semble inédit.

6) N. 7840, f° 61 v° . Vaughan, t. I, p. 322.

7) N. 7840, f° 86 v° : Vaughan, t. I, p. 275.

8) N. 7840, 2e plat : Vaughan, t. I, p. 275.

IX

1) N. 7840, f° 73 : Vaughan, t. I, p. 280.

2) N. 7843, f° 11 v° : semble inédit.

3) N. 7854, f° 13 r° : Vaughan, t. I, p. 349.

4) N. 7854, f° 24 r° : Vaughan, t. I, p. 350.

5) N. 7840, f° 10 v° : Windenberger, p. 287 ; Vaughan, t. I, p. 322.

X

.) Streckeisen-Moultou, pp. 253-259 ; Vaughan, t. I, p. 351-355.

2) G., ms. fr. 240 : semble inédit

XI

1) Ms., Libr. Ronald Davis. *La Montagne*, févr. 1898 pp. 23-25.
2) N. 7840, f° 77 : Vaughan, t. I, pp. 277-278.
3) N. 7840, f° 25 : Vaughan, t. I, p. 275.
4) N. 7872, cahier 2, f° 2 v° : Windenberger, p. 303
5) N. 7840, f° 62 v° : Vaughan, t. I, p. 311.

XII

1) N. 7840, f°s 1-3 : Windenberger, pp. 274-278 ; Vaughan, t I, pp. 314-318.
2) N. 7840, f° 52 v° (1) : Windenberger, p. 278 ; Vaughan, t. I, p. 319.
3) N. 7840, f° 52 v° (2) : Windenberger, pp. 278-279 ; Vaughan, t. I, p. 319.
4) N. 7840, f° 52 v° (3) : Windenberger, p. 279 ; Vaughan, t. I, p. 319.
5) N. 7840, f° 52 v° (4) : Windenberger, p. 279 ; Vaughan, t. I, p. 320.

XIII

N. 7870 : Jansen, *Recherches biographiques et littéraires*, pp. 11-15.

XIV

1) N. 7871, f° 4 : semble inédit.
2) N. 7840, f° 81 : semble inédit.
3) N. 7840, f° 62 : Vaughan, t. I, p. 320.
4) N. 7872^c, f° 21 : semble inédit.
5) N. 7872^c, f° 21 : semble inédit.
6) N. 7840, f° 72 : Windenberger, p. 280.
7) N. 7872, cahier 3, f° 1 v° : semble inédit.
8) N. 7854, f° 18 v° : semble inédit.
9) N. 7868, f° 14 : semble inédit.
10) N. 7871^c, f° 5 v° : semble inédit.
11) N. 7871^ec f° 5 v° : semble inédit.
12) N. 7871e, f° 5 v° : semble inédit.

XV

1) N. 7843, f° 139 v° : Windenberger, p. 288 ; Vaughan, t. I, p. 357.
2) N. 7843, f° 140 r° : Windenberger, p. 288 ; Vaughan, t. I, p. 357.
3) N. 7843, f° 140 r° : Windenberger, p. 288 ; Vaughan, t. I, p. 357.
4) G., ms. fr. 229/I, f° 14 v°, semble inédit.

XVI

) N. 7868, couv. : Streckeisen-Moultou, pp. 357-358.
2) N. 7868, f° 12 : Streckeisen-Moultou, p. 237 ; Vaughan, t. I, p. 338.
3) N. 7868, f° 6 (1) : Streckeisen-Moultou, p. 236 ; Vaughan, t. I, p. 336.
4) N. 7868, f° 6 (2) : Streckeisen-Moultou, p. 235 ; Vaughan, t. I, p. 336.
5) N. 7868, f° 2 : Vaughan, t. I, pp. 334-335.
6) N. 7840, f° 10 v° : Windenberger, p. 281 ; Vaughan, t. I, p. 322.
7) *Bibliothèque universelle*, oct. 1861, p. 254.
8) N. 7867, f° 13 v° : semble inédit.
9) N. 7872 : *Bibliothèque universelle*, oct. 1861, pp. 256-257 ; Dufour, *Recherches bibliographiques*, t. II, p. 175.
10) N. 7872 : *Bibliothèque universelle*, oct. 1861, p. 257. Les fragments 9 et 10 se suivent dans le manuscrit et forment un tout.
11) N. 7872 : *Bibliothèque universelle*, oct. 1861, p. 257 ; Dufour, *Recherches bibliographiques*, t. II, p. 176.
12) N. 7854, f° 20 r° : semble inédit.
13) N. 7840, f° 10 v° : Windenberger, p. 280 ; Vaughan, t. I, p. 322.
14) N. 7868, f° 17 : Vaughan, t. I, p. 338.
15) N. 7868, f° 18 : Vaughan, t. I, p. 338.
16) N. 7868, f° 3 : Streckeisen-Moultou, pp. 233-234 ; Vaughan, t. I, p. 335.
17) N. 7868, f° 18 : Streckeisen-Moultou, p. 234 ; Vaughan, t. I, p. 335.
18) N. 7840, f° 81 (1) : semble inédit.
19) N. 7840, f° 81 (2) : semble inédit.
20) N. 7872, cahier 3, f° 14 v° : semble inédit.
21) N. 7872, cahier 3, f° 15 v° : semble inédit.
22) N. 7840, f° 6 v° : Windenberger, p. 286 ; Vaughan, t. I, p. 321.
23) N. 7867, f° 21 r° ; N. 7872, f° 17 v° : Vaughan, t. I, p. 332, n. 5.
24) N. 7868, f° 21 : Vaughan, t. I, p. 339.

I

Page 295.

1. Des « femmes » ? Des « finances » ? Et vraisemblablement pas des « Français », comme l'écrit C. E. Vaughan (*Political Writings*, t. I, p. 339). Ce fragment n'est, semble-t-il, qu'une simple liste de questions que l'auteur a notée pour son usage personnel, sans qu'il faille y voir le plan ou le sommaire d'un ouvrage quelconque, encore moins d'une « section » des *Institutions politiques*, comme le suggère Vaughan.

2. Il n'eſt sans doute pas certain, mais il n'eſt pas impossible non plus que ce fragment conſtitue une première ébauche de la Préface des *Inſtitutions politiques*. Il nous paraît exclu qu'il puisse servir de Préface au fragment *Du bonheur public* (cf. *supra*, section VI, pp. 331-337).

Page 296.

(*a*) Rousseau avait achevé sa phrase par ces mots qu'il a ensuite biffés : *et les hommes sont tellement faits pour l'illusion, qu'en connoissant toutte la grandeur de celle ci je ne laisse pas de lui sacrifier.*

II

Page 297.

1. Contre l'opinion commune des philosophes, Rousseau a toujours soutenu que les hommes vivent plus heureux dans l'état de nature que dans l'état civil. Cf. *Discours sur l'inégalité*, 1re partie (*O.C.*, t. III, p. 152) : « Qu'on juge donc avec moins d'orgueil de quel côté eſt la véritable misère ». La note IX* du même *Discours* développe longuement ce thème : « Comparez sans préjugés l'état de l'homme Civil avec celui de l'homme Sauvage, et recherchez, si vous le pouvez, combien, outre sa méchanceté, ses besoins et ses miséres, le premier a ouvert de nouvelles portes à la douleur et à la mort » (cf. *O.C.*, t. III, p. 203).

2. On trouve ici l'un des thèmes fondamentaux de la pensée de Rousseau. Il faut à tout prix éviter de mettre l'homme en contradiction avec lui-même ou, selon la formule du Manuscrit Fabre de l'*Émile* (*O.C.*, t. IV, p. 57), d'en faire un « être double ». « Toutes les inſtitutions qui mettent l'homme en contradiction avec lui-même ne valent rien » (*Contrat social*, l. IV, ch. VIII). Selon l'*Émile*, lorsque l'influence de la vie sociale modifie l'amour de soi et le transforme en amour-propre, « c'eſt alors que l'homme se trouve hors de la nature, et se met en contradiction avec soi » (*O.C.*, t. IV, p. 491).

3. Cf. *Discours sur l'inégalité* (*O.C.*, t. III, p. 164) : « Le premier sentiment de l'homme fut celui de son exiſtence, son premier soin celui de sa conservation ». De même, *Émile* (l. IV) : « L'amour de soi-même eſt toujours bon, et toujours conforme à l'ordre. Chacun étant chargé spécialement de sa propre conservation, le premier et le plus important de ses soins eſt et doit être d'y veiller sans cesse, et comment y veilleroit-il ainsi, s'il n'y prenoit le plus grand intéreſt ? » (*O.C.*, t. IV, p. 491).

Page 298.

1. Cf. *Discours sur l'inégalité* (*O.C.*, t. III, p. 166) : « Voilà

comment les hommes purent insensiblement acquerir quelque idée grossiére des engagemens mutuels, et de l'avantage de les remplir ».

2. Ce fragment, comme le précédent, se rapporte à la période décrite dans le *Discours sur l'inégalité* comme la « société naissante ». A ce stade de l'évolution humaine, l'homme « placé par la nature à des distances égales de la stupidité des brutes et des lumières funestes de l'homme civil, et borné également par l'instinct et par la raison à se garantir du mal qui le menace... est retenu par la pitié naturelle de faire lui-même du mal à personne, sans y être porté par rien, même après en avoir reçu » (*Discours sur l'inégalité*, *O.C.*, t. III, p. 170).

3. Cf. *Discours sur l'inégalité* (*O.C.*, t. III, p. 152) : « Il paroît d'abord que les hommes dans cet état n'ayant entre eux aucune sorte de relation morale, ni de devoirs connus, ne pouvoient être ni bons ni méchants, et n'avoient ni vices ni vertus ».

Page 299

1. Cf. *Discours sur l'inégalité*, note IX* (*O.C.*, t. III, p. 202) : « Qu'on admire tant qu'on voudra la Société humaine, il n'en sera pas moins vrai qu'elle porte nécessairement les hommes à s'entre-haïr à proportion que leurs intérêts se croisent, à se rendre mutuellement des services apparens et à se faire en effet tous les maux imaginables ».

2. Ici encore nous retrouvons l'un des thèmes fondamentaux de la pensée de Rousseau, celui de la bonté naturelle de l'homme et de l'origine sociale de ses maux. Cf. *Discours sur l'inégalité* (*O.C.*, t. III, p. 138) : « La pluspart de nos maux sont notre propre ouvrage, et... nous les aurions presque tous évités, en conservant la manière de vivre simple, uniforme, et solitaire qui nous étoit prescrite par la Nature ».

3. Rousseau indique ici que l'homme doit à la vie sociale et à l'assistance de ses semblables le développement de ses « plus sublimes facultés », c'est-à-dire la raison et la conscience. Dans l'état de nature, où l'homme vit isolé, ce ne sont encore que des « facultés virtuelles » ou des facultés « superflues ». Elles ne deviennent réelles ou actives qu'avec la vie sociale qui rend leur exercice nécessaire. Il faut donc que l'homme abandonne sa condition primitive pour que « se montre l'excellence de sa nature ». C'est pourquoi « il devroit bénir sans cesse l'instant heureux qui l'en arracha pour jamais, et qui, d'un animal stupide et borné, fit un être intelligent et un homme » (*Contrat social*, l. I, ch. VIII). Pour Rousseau, perfectibilité et sociabilité sont inséparablement liées : « L'homme isolé demeure toujours le même, il ne fait de progrès qu'en société » (section X, fragment 1, cf. *supra*, p. 351). Souvent Rousseau présente la perfectibilité et la sociabilité qui la rend active sous leur aspect *négatif*, en leur imputant la « dépravation » ou la « détérioration de l'espèce ». Il souligne ici, au contraire, leur côté *positif*. C'est grâce à elles que l'homme peut franchir le stade de

l'animalité. Le sauvage du second *Discours* n'eſt encore qu'un « animal borné aux pures sensations ». « Borné au seul inſtinct physique, il eſt nul, il eſt bête : c'eſt ce que j'ai fait voir dans mon *Discours sur l'inégalité* », écrit Rousseau dans la *Lettre à Chriſtophe de Beaumont* (*O.C.*, t. IV, p. 936).

4. Cf. *Profession de foi*, éd. critique par P.-M. Masson, pp. 159 et 167 : « l'homme eſt le Roi de la terre qu'il habite... Les animaux sont heureux, leur roi seul eſt miserable ».

Page 300.

(*a*) Rousseau a hésité sur ce mot ; il avait d'abord écrit : *un inſtrument*, puis : *une arme*. Ces deux mots sont biffés.

1. Dans la *Lettre à Chriſtophe de Beaumont*, Rousseau écrit : « Je trouvai qu'alors le développement des lumières et des vices se faisoit toujours en même raison, non dans les individus, mais dans les peuples : diſtinction que j'ai soigneusement faite, et qu'aucun de ceux qui m'ont attaqué n'a jamais pu concevoir ».

2. Cf. dans la même section le fragment nº 1.

3. Selon Rousseau, l'inimitié entre les hommes a sa source dans l'amour-propre « qui se compare » et que l'on doit considérer comme un produit de la vie sociale et de la réflexion. Cf. *Rousseau juge de Jean-Jacques*, premier Dialogue (*O.C.*, t. I, p. 669) : « Les passions primitives, qui toutes tendent directement à notre bonheur, ne nous occupent que des objets qui s'y rapportent et n'ayant que l'amour de soi pour principe sont toutes aimantes et douces par leur essence : mais quand, détournées de leur objet par des obſtacles, elles s'occupent plus de l'obſtacle pour l'écarter que de l'objet pour l'atteindre, alors elles changent de nature et deviennent irascibles et haineuses, et voilà comment l'amour de soi, qui eſt un sentiment bon et absolu, devient amour-propre ; c'eſt-à-dire un sentiment relatif par lequel on se compare, qui demande des préférences, dont la jouissance eſt purement négative, et qui ne cherche plus à se satisfaire par notre propre bien, mais seulement par le mal d'autrui ». Il faut donc que s'accomplisse, sous l'influence de la vie en société, la transformation de l'amour de soi en amour-propre pour qu'apparaisse cet état de guerre que Hobbes assimilait à tort à l'état de nature. Rousseau fait une critique plus détaillée de « l'horrible système de Hobbes » dans le fragment sur l'*État de guerre* (cf. *O.C.*, t. III, p. 610) et dans le manuscrit de Genève du *Contrat social* (l. I, ch. II). « L'erreur de Hobbes, dit-il dans ce chapitre, n'eſt donc pas d'avoir établi l'état de guerre entre les hommes indépendants et devenus sociables ; mais d'avoir supposé cet état naturel à l'espèce, et de l'avoir donné pour cause aux vices dont il eſt l'effet ».

Page 301.

(*a*) Première version : *à la nature humaine*. L'adjectif eſt biffé.

1. Ce fragment, ainsi que les deux suivants, sont une première

rédaction ou une variante de certains passages du Manuscrit de Genève du *Contrat social* (l. I, ch. II). Cf. *supra*, pp. 103 et 110.

Page 302.

(*a*) Rédactions antérieures biffées : 1) *qu'il fasse enfin pour sa propre felicité ce qu'il refusoit de faire pour la raison ;* 2) *tachons de lui faire si bien connoitre en quoi [consistent] les vrais moyens d'être heureux...*

(*b*) La fin du fragment depuis *pour son propre interest* est reprise du passage précédent qui se trouve sur la page en regard dans le manuscrit.

(*c*) A gauche de ce fragment, Rousseau a noté, dans le manuscrit, l'indication : *à étendre*. Au-dessous du fragment, cette remarque, non biffée : *Pouvoir de commander pour conserver la liberté.*

Page 303.

1. C'est vraisemblablement le titre primitif du chapitre II du livre I du Manuscrit de Genève.

III

Page 304.

1. Cf. *Contrat social*, l. III, ch. I : « Ceux qui prétendent que l'acte par lequel un peuple se soumet à des chefs n'est point un contrat, ont grande raison. Ce n'est absolument qu'une commission, un emploi dans lequel, simples officiers du Souverain, ils exercent en son nom le pouvoir dont il les a fait dépositaires, et qu'il peut limiter, modifier et reprendre quand il lui plaît, l'aliénation d'un tel droit étant incompatible avec la nature du Corps social et contraire au but de l'association ». Voir également dans le même livre le chapitre XVI intitulé « Que l'institution du Gouvernement n'est point un contrat ».

2. Cf. *Discours sur l'inégalité*, *O.C.*, t. III, p. 185 : « S'il n'y avoit point de pouvoir supérieur qui pût être garant de la fidélité des Contractans, ni les forcer à remplir leurs engagemens réciproques, les Parties demeureroient seules juges dans leur propre cause, et chacune d'elles auroit toûjours le Droit de renoncer au Contract, sitôt qu'elle trouveroit que l'autre en enfreint les conditions, ou qu'elles cesseroient de lui convenir ».

3. Pour ce fragment et le suivant, voir dans le *Contrat social* les chapitres III et IV du livre I.

Page 305.

1. Selon l'*Économie politique* (cf. *supra*, p. 85), « le droit de propriété est le plus sacré de tous les droits des citoyens » et « le vrai fondement de la société civile ».

2. Pour ce fragment et les deux suivants, voir les pages de l'*Économie politique* consacrées à la volonté générale (cf. *supra*, pp. 67 sq.).

Page 306.

(*a*) La dernière phrase est biffée.

1. Cf. *Économie politique* (*supra*, p. 67) : « Le Corps politique est donc aussi un être moral qui a une volonté ; et cette volonté générale, qui tend toujours à la conservation et au bien-être de tout et de chaque partie, et qui est la source des lois, est pour tous les membres de l'état par rapport à eux et à lui, la regle du juste et de l'injuste ».

2. Cf. *Économie politique*, *supra*, p. 71 : « Le plus pressant intérêt du chef, de même que son devoir le plus indispensable est donc de veiller à l'observation des lois dont il est le ministre, et sur lesquelles est fondée toute son autorité ».

3. Cf. *Contrat social*, l. II, ch. XV : « Tant que les sujets ne sont soumis qu'à de telles conventions, ils n'obéissent à personne, mais seulement à leur propre volonté ». Voir également *supra*, p. 314, le fragment 5 de la section IV.

Page 307.

1. Dans le *Contrat social*, l. III, ch. XV, Rousseau dit plus nettement encore que « la volonté ne se représente point ». En confiant l'exercice du pouvoir législatif à des représentants, le peuple court inévitablement le risque de les voir substituer leurs volontés aux siennes. Dans ce cas ce sont des volontés particulières qui se substituent à la volonté générale et il n'y a plus à proprement parler de lois.

2. C'est une des idées essentielles du *Contrat social* que la loi doit être l'expression de la volonté actuelle du souverain et que celui-ci n'est nullement lié par ses volontés passées. Dans le chapitre II du livre II de la première version du *Contrat social* (cf. *supra*, p. 138), Rousseau écrit : « La Loi aujourd'hui ne doit pas être un acte de la volonté générale d'hier, mais de celle d'aujourd'hui ; et nous nous sommes engagés à faire non pas ce que tous ont voulu, mais ce que tous veulent : attendu que les résolutions du souverain comme souverain ne regardant que lui-même, il est toujours libre d'en changer. D'où il suit que, quand la Loi parle au nom du Peuple, c'est au nom du Peuple d'à présent, et non de celui d'autrefois ». Il résulte de cette conception qu'il n'y a point à proprement parler de « loi fondamentale obligatoire pour le corps du peuple » (*Contrat social*, l. I, ch. VII).

3. Ce fragment et tous ceux qui suivent, jusqu'au fragment 22 inclus, ont été écrits en vue de l'article sur l'*Économie politique*.

Page 309.

1. Cet alinéa devait servir de transition entre la section II et la section III de l'*Économie politique*. C'est sans doute parce qu'il a le caractère d'un résumé ou d'une récapitulation que l'auteur lui en a substitué un autre dans la version définitive (cf. *supra*, p. 84).

2. Ce fragment ainsi que le suivant devaient primitivement prendre place au début de l'*Économie politique*, dans le long développement où Rousseau compare le gouvernement de l'État à celui de la famille.

Page 310.

1. Cf. *Esprit des lois*, l. V, ch. VII : « L'autorité paternelle est encore très utile pour maintenir les mœurs. Nous avons déjà dit que, dans une république, il n'y a pas une force si réprimante que dans les autres gouvernemens. Il faut donc que les loix cherchent à y suppléer : elles le font par l'autorité paternelle... La puissance paternelle se perdit à Rome avec la république. Dans les monarchies, où l'on n'a que faire de mœurs si pures, on veut que chacun vive sous la puissance des magistrats ». Ce que Rousseau conteste, c'est que la puissance paternelle soit indispensable aux républiques et superflue dans les monarchies. Pour lui, c'est, au contraire, dans les républiques que « l'autorité publique » prend la place des pères et se charge de l'éducation des enfants. « L'éducation publique, dit-il, sous des règles prescrites par le Gouvernement, et sous des magistrats établis par le souverain, est donc une des maximes fondamentales du Gouvernement populaire ou légitime » (*Économie politique*, cf. *supra*, pp. 82-83).

2. Cette importante maxime résume ce que dit Rousseau des rapports du souverain et du gouvernement tant dans l'*Économie politique* que dans le *Contrat social*.

Page 311.

(*a*) Première version : *éclairées*. Ceci permet de supposer que la formule substituée par Rousseau, mais laissée incomplète, aurait pu être : *exposées au [grand jour]*.

1. Rousseau développe cette indication lorsqu'il traite du « domaine réel » dans le *Contrat social* (l. I, ch. IX) et dans le texte correspondant du Manuscrit de Genève (l. I, ch. III).

Page 312.

(*a*) Première version : *Demandez à un homme de Lettres pourquoi le denouement du* Tartuffe *lui paroit si mauvais et par sa réponse vous comprendrez ce que je veux dire.*

1. Cf. *Contrat social* (l. III, ch. VI) : « C'est donc bien vouloir s'abuser que de confondre le gouvernement royal avec celui d'un bon roi »

IV

Page 313.

1. Par « confédération publique » il faut entendre ici l'association politique ou la société civile. Il ne faut pas s'étonner non plus de

voir ici Rousseau se servir du terme général de loi pour désigner le pacte social, puisqu'il écrit dans le *Contrat social* (l. IV, ch. II) : « Il n'y a qu'une seule loi qui par sa nature exige un consentement unanime. C'est le pacte social ».

2. Ce fragment se rattache à l'*Économie politique* et peut être rapproché du fragment 8 de la section III.

Page 314.

(*a*) Le manuscrit porte : *annoncent.*

1. Rousseau affirme à deux reprises dans le *Contrat social* (l. II, ch. IV et VI) que « la volonté générale est toujours droite », mais sa pensée est bien qu'elle est « droite à l'égard des particuliers », puisqu'il écrit dans l'*Économie politique* (cf. *supra*, p. 67) : « cette règle de justice, sûre par rapport à tous les citoyens, peut être fautive avec les étrangers ».

2. Cf. *Lettres écrites de la Montagne*, lettre VIII : « Un peuple libre obéit, mais il ne sert pas ; il a des chefs et non pas des maîtres ; il obéit aux Loix, mais il n'obéit qu'aux Loix, et c'est par la force des loix qu'il n'obéit pas aux hommes » (*O.C.*, t. III, p. 842). Voir également le fragment 9 de la section III.

3. Cf. *Contrat social* (l. II, ch. IV) : « Par la nature du pacte, tout acte de souveraineté, c'est-à-dire tout acte authentique de la volonté générale, oblige ou favorise également tous les Citoyens, en sorte que le Souverain connoît seulement le Corps de la nation et ne dis tingue aucun de ceux qui la composent. »

Page 315.

1. Cf. *Contrat social* (l. IV, ch. I) : « Un Etat ainsi gouverné a besoin de très-peu de loix ».

2. « L'empereur Justinien, appelé au trône en 527 par son oncle Justin et mort en 565, doit, dans l'histoire du droit romain, une célébrité unique aux compilations juridiques faites sous son règne et par son ordre, probablement à l'instigation de son favori Tribonien » (P.-F. GIRARD, *Manuel élémentaire de droit romain*, Paris, 2e éd., 1898, p. 74). Le « gros recueil de Justinien » comprend quatre éléments principaux : les *Institutes*, le *Digeste*, le *Code* et les *Novelles*. « Ce sont ces quatre éléments, écrit P.-F. Girard (p. 78), qu'on a pris depuis des siècles l'habitude de rassembler avec quelques additions, sous le nom de *Corpus juris*, ou par opposition au *Corpus juris canonici*, de *Corpus juris civilis*. Ce sont eux qui constituent pour nous l'œuvre de Justinien, très importante en elle-même et encore plus importante par l'influence qu'elle a exercée sur la science et la pratique ». Rousseau a eu l'occasion de se familiariser avec le Code de Justinien en réunissant pour Mme Dupin les maté riaux de son ouvrage sur le rôle des femmes dans l'histoire.

Page 316.

1. L'*Histoire secrète* de Procope est la principale source de la biographie de Justinien, mais elle est suspecte.

2. Cf. *Profession de foi*, éd. critique par P.-M. Masson, p. 279 : « Se plaire à bien faire est le prix d'avoir bien fait, et ce prix ne s'obtient qu'après l'avoir mérité ».

Page 317.

1. Nous pensons, avec Vaughan (*Political Writings*, t. I, p. 332, n. 2), qu'il s'agit de Montesquieu et du passage suivant de l'*Esprit des lois* (l. VI, ch. IX) : « Tout ce que la loi appelle une peine est effectivement une peine ». Citant ce texte de mémoire, Rousseau substitue involontairement *récompense à peine*. Le chapitre de l'*Esprit des lois* sur les récompenses (l. V, ch. XVIII) ne contient, en effet, aucune indication qui puisse justifier la remarque de Rousseau.

2. Cf. Première version du *Contrat social*. « De la religion civile », *supra*, p. 159.

Page 318.

1. Citation de Plutarque, « Vie d'Alcibiade », § 41 (*Les vies des hommes illustres*, trad. J. Amyot, éd. Pléiade, t. I, p. 445).

2. Cf. *Émile*, l. IV : « L'esprit universel des lois de tous les pays est de favoriser toujours le fort contre le foible, et celui qui a contre celui qui n'a rien : cet inconvénient est inévitable, et il est sans exception » (*O.C.*, t. IV, p. 524 en note).

Page 319.

(*a*) Rousseau avait d'abord achevé sa phrase ainsi : *et le préjudice qu'elles lui causeroient dans l'opinion des Peuples.*

1. Selon Rousseau, ce n'est pas par la loi, mais par l'opinion publique que le gouvernement doit avoir prise sur les mœurs, comme il le montre dans la *Lettre à d'Alembert* par l'exemple du tribunal des maréchaux de France.

Page 320.

1. Dans ce fragment, Rousseau se réfère aux *Œconomiques* de Claude Dupin, ouvrage tiré à 12 ou 15 exemplaires seulement en 1745, pour les amis de l'auteur, et que Jean-Jacques eut entre les mains dans le milieu Dupin. Il existe un exemplaire complet de cet ouvrage à la Bibliothèque nationale à Paris sous la cote R 1347-49 Rés. Cet ouvrage a été publié, avec une introduction et une table analytique, par Marc Aucuy, Paris, 1913, 2 vol. Nous avons retrouvé dans cette édition (t. II, p. 237) le passage qui a inspiré la remarque de Rousseau. Dans le chapitre intitulé « Imposts sous les Romains », on lit, à propos du *fisc*, soit de la partie des tributs desti-

nés à l'entretien du prince, ce qui suit : « celle-ci étoit particuliérement composée des biens des Criminels, des successions caduques, de celles qui étoient laissées à des personnes indignes... et autres choses semblables, décrites au long dans la *Loi de Jure fisci* ». Rousseau n'a tiré de la source qu'il cite que la première phrase du fragment ; le reste est une remarque personnelle et caractéristique de Jean-Jacques.

Page 322.

(*a*) *Moyse*

(*b*) Plusieurs passages de ce fragment sont raturés dans le ms. Mots biffés : *que je viens passer, gouter l'immortalité*

(*c*) Mots biffés : *d'entendre*

(*d*) Mots biffés : *Tu parlois bien differemment durant ta vie*

1. Dans les *Considérations sur le gouvernement de Pologne* (*O.C.*, t. III, p. 956), Rousseau développe le thème esquissé dans ce fragment. De toutes les législations antiques, celle de Moïse est la seule « qui subsiste encore aujourd'hui dans toute sa force, lors même, que le Corps de la nation (juive) ne subsiste plus ».

V

Page 324

(*a*) Première version du début de ce passage : *De quoi s'agit-il donc précisement sur ce point de la part des Loix ? D'inspirer le desir...*

1. Rousseau. Cf. *Discours sur l'inégalité*, *O.C.*, t. III, p. 189. « C'est à cette ardeur de faire parler de soi, à cette *fureur de se distinguer* qui nous tient presque toûjours hors de nous mêmes, que nous devons ce qu'il y a de meilleur et de pire parmi les hommes, nos vertus et nos vices, nos Sciences et nos erreurs, nos Conquérans et nos Philosophes, c'est-à-dire, une multitude de mauvaises choses sur un petit nombre de bonnes ». L'amour des distinctions devient la passion dominante des hommes dans les sociétés où règne l'inégalité des conditions. Psychologiquement, c'est un des aspects que prend l'amour-propre, « sentiment relatif par lequel on se compare ».

2. Dans le *Cours d'études* (publié en 1775), Condillac distingue trois espèces de luxe : « le luxe de magnificence, le luxe de commodités, le luxe de frivolités » (*Œuvres complètes* de Condillac, Paris, 1798, t. X, p. 459). C'est le second que Rousseau appelle ici « luxe de mollesse » On retrouve cette expression dans le fragment 1 de la section X (cf. *supra*, p. 352) et dans le passage suivant du fragment sur le goût, publié par Vaughan (*Political Writings*, t. II, p. 534) : « Ce n'est pas tant le luxe de mollesse qui nous perd que le luxe de vanité ».

3. Cf. *Discours sur l'inégalité*, *O.C.*, t. III, p. 193 : « l'homme sociable toûjours hors de lui ne sait que vivre dans l'opinion des autres, et c'est, pour ainsi dire, de leur seul jugement qu'il tire le sentiment de sa propre existence ».

Page 326.

(*a*) Rousseau avait d'abord écrit : *quand tout ce qui t'environne est payé pour le trouver innocent.*

Page 327.

(*a*) Première version : *la négative n'est que trop évidente.*

1. Rousseau a toujours soutenu que la vie morale de l'homme commence avec la vie sociale. Dans l'état de nature, les hommes, « n'ayant entre eux aucune sorte de relation morale ni de devoirs connus, ne pouvoient être ni bons ni méchans, et n'avoient ni vices ni vertus » (*Discours sur l'inégalité*, *O.C.*, t. III, p. 152).

Page 328.

1. Cf. *Réponse à M. Bordes*, *O.C.*, t. III, p. 88 : « Prenons l'exemple qui révolte le plus notre siècle, et examinons la conduite de Brutus souverain magistrat, faisant mourir ses enfans qui avoient conspiré contre l'Etat dans un moment critique où il ne falloit presque rien pour le renverser. Il est certain que, s'il leur eût fait grâce, son collègue eût infailliblement sauvé tous les autres complices, et que la république étoit perdue. Qu'importe ? me dira-t-on. puisque cela est si indifférent, supposons donc qu'elle eût subsisté, et que Brutus ayant condamné à mort quelque malfaiteur, le coupable lui eût parlé ainsi : " Consul, pourquoi me fais-tu mourir ? Ai-je fait pis que de trahir ma patrie ? et ne suis-je pas aussi ton enfant ? " Je voudrois bien qu'on prît la peine de me dire ce que Brutus auroit pu répondre ».

2. Rousseau fait ici allusion à deux passages, d'ailleurs fort semblables, de la *Cité de Dieu* (l. III, ch. XVI et l. V, ch. XVIII) où saint Augustin se borne à citer les vers de l'*Énéide* (VI, 820 et sq.) sur la conduite de Junius Brutus. Voici, d'après la traduction P. de Labriolle (Paris, Garnier, 1941, t. I, p. 265), le premier de ces textes : « Cet acte, Virgile commence par le rappeler avec éloge, puis son humanité se révolte. Il dit d'abord : " Ces enfants qui suscitent de nouvelles guerres, leur père va les châtier pour la belle liberté ". Puis il s'écrie : " Infortuné, quelque jugement que porte sur toi l'avenir !... " De quelque façon, estime-t-il, que la postérité juge cette rigueur, c'est-à-dire, la vantât-elle, l'exaltât-elle, celui qui a tué ses fils est un malheureux. Et il ajoute, comme en guise de consolation : " C'est ainsi que l'emporte l'amour de la patrie, et une immense passion pour la gloire. " » Les citations de Virgile ne suffisent pas à justifier l'emploi du mot « plaisanteries » dont se sert

Rousseau pour condamner ce texte de saint Augustin. Il faut y voir aussi l'expression de l'indignation de Jean-Jacques. Il n'admet pas qu'on puisse, fût-ce par un sentiment d'humanité, désapprouver un acte qu'il considère comme le plus bel exemple de vertu civique. « Brutus faisant mourir ses enfans pouvoit n'être que juste Mais Brutus étoit un tendre père : pour faire son devoir il déchira ses entrailles, et Brutus fut vertueux » (Lettre à M. de Franquières, 15 janvier 1769 ; *C.G.*, t XIX, p. 58).

Page 329.

1. Allusion aux lois de Lycurgue. Cf. *Considérations sur le gouvernement de Pologne*, *O.C.*, t. III, p. 957 : « Lycurgue entreprit d'instituer un peuple déjà dégradé par la servitude et par les vices qui en sont l'effet. Il lui imposa un joug de fer, tel qu'aucun autre peuple n'en porta jamais un semblable... »

VI

Page 332.

(*a*) Rousseau avait ajouté ces mots qu'il a ensuite biffés : *Voilà la question justifiée, mais voila l'écrivain condamné s'il la resout mal.*

(*b*) Ce passage était d'abord plus développé : *il est également malheureux quelque parti qui l'emporte ; et ne vous imaginez pas que le citoyen vivant heureux l'Etat puisse être en souffrance.*

1. Il faut lire du *but* et non du *bon*, comme l'impriment les éditions antérieures. Une lettre de Rousseau nous permet, comme l'a signalé Vaughan (*Political Writings*, t. I, p. 325), de fixer la composition de ce fragment au printemps 1762. C'est aux membres de la Société économique de Berne que l'auteur s'adresse au début de ce morceau. Il avait reçu de la Société le questionnaire suivant : « 1. Quels sont les moyens de tirer un peuple de la corruption et quel est le plan le plus parfait qu'un législateur puisse suivre à cet égard ? 2. Est-il des préjugés respectables qu'un bon citoyen doive se faire un scrupule de combattre publiquement ? 3. Quel peuple a jamais été le plus heureux ? 4. Par quel moyen pourroit-on resserrer les liaisons et l'amitié entre les citoyens des diverses républiques qui composent la confédération helvétique ? » Dans une lettre en date du 29 avril 1762 adressée à V. de Tscharner et destinée aux membres de la Société bernoise, Rousseau fait de brèves observations sur chacune de ces questions et dit : « Quant à vos questions elles sont très belles, la troisième surtout me plaît beaucoup ; c'est celle qui me tenteroit si j'avois à écrire » (*C.G.*, t. VII, p. 205). En réalité, Rousseau n'a pas seulement été tenté, il a entrepris d'écrire un mémoire sur la question posée par la Société de Berne, comme on le voit par le début de notre fragment. La plupart des fragments réunis dans cette section sur le bonheur public constituent une sorte

de dossier relatif à ce projet de réponse. Projet finalement abandonné puisque la lettre à Tscharner est une réponse courtoise, mais une réponse négative à la proposition qui lui est faite de s'associer aux travaux de la Société de Berne.

2. La recherche du bonheur a été l'une des préoccupations essentielles de Jean-Jacques et de tout son siècle Cf. Rober MAUZI, *L'idée du bonheur dans la littérature et la pensée française au XVIIIe siècle*, Paris, 1960.

3. Cette formule fait évidemment penser au choix que Rousseau nous propose au début de l'*Émile*, l. I : « Forcé de combattre la nature ou les institutions sociales, il faut opter entre faire un homme ou un citoyen ; car on ne peut faire à la fois l'un et l'autre ». Sur la nécessité de rendre l'homme un pour le rendre heureux, cf. *supra*, section II, le fragment 2 et la note.

4. La vie sociale porte, au contraire, les hommes à paraître ce qu'ils ne sont pas. Cf. *Lettre à Christophe de Beaumont* : « Sitôt que je fus en état d'observer les hommes... je trouvai qu'être et paroître étoient pour eux deux choses aussi différentes qu'agir et parler ».

Page 333.

(a) Les lignes qui précèdent, depuis *A la force de la contrainte*, figurent en marge dans le manuscrit, sans signe de renvoi. Le sens invite à les placer ici. C'est ce qu'a fait Vaughan (*Political Writings*, t. I, p. 326).

(b) Au fe 12 vo, avant la phrase que nous reproduisons, Rousseau en avait commencé une autre qu'il a abandonnée : *cherchons donc dans cette vue.*

Page 334.

(a) Première version de la phrase qui suit : *Mais comme cette proposition ne peut guéres se résoudre qu'à posteriori et qu'elle ne differe pas...*

(b) Premier jet : *à force de connoissances de détail qu'on ne peut acquerir.*

(c) Ici une indication supplémentaire biffée : *quoi qu'il eut volontairement renoncé à la Royauté.*

1. Rousseau ajoute un peu plus bas : « Que si avec cela d'autres Peuples ont besoin de celui qui n'a besoin de personne on ne sauroit imaginer une position plus propre à rendre heureux les membres d'une telle société autant que des hommes peuvent l'être ». Rousseau ne fait pas ici de différence entre le bonheur d'une nation et sa prospérité qui soumet les autres à sa dépendance et risque ainsi de se transformer en domination. Il semble donc, comme le remarque Vaughan (*Political Writings*, t. I, p. 327, n. 2), avoir oublié ce qu'il écrivait à ce sujet dans le livre II du *Contrat social*, ch. x : « Quel peuple est donc propre à la législation ?... celui qui peut se passer des autres peuples et dont tout autre peuple peut se passer. Si de deux peuples voisins l'un ne pouvoit se passer de l'autre, ce seroit

une situation très-dure pour le premier et très-dangereuse pour le second. Toute nation sage, en pareil cas, s'efforcera bien vite de délivrer l'autre de cette dépendance ». L'idée essentielle du texte n'en est pas moins conforme au principe formulé dans le livre II de l'*Émile* : un être est heureux quand il peut se suffire à lui-même. Ce principe vaut pour les peuples comme pour les individus et l'autarcie devient ainsi la condition du bonheur public. Cf. R. DERATHÉ, « La dialectique du bonheur chez Jean-Jacques Rousseau », *Revue de théologie et de philosophie*, Lausanne, 1952, II, pp. 81-96

Page 335.

(*a*) Le manuscrit porte *laquelle*. Rousseau ayant remplacé *adminis tration* par *gouvernement* a omis de corriger *laquelle* en *lequel*.

(*b*) Première version de la phrase qui suit : *l'idée du bonheur n'est pas tellement liée si immediatement à celle de l'argent...*

Page 336.

(*a*) Le manuscrit porte *incommodité*, bévue évidente.

1. Pour Rousseau, l'attrait de l'argent vient surtout de ce qu'il est un instrument de domination. « Les riches, dit-il dans le *Discours sur l'inégalité*, (*O.C.*, t. III, p. 175), connurent à peine le plaisir de dominer, qu'ils dédaignerent bientôt tous les autres ».

2. Rousseau écrit indifféremment *opion* ou *opium*. Cf. *La Nouvelle Héloïse*, VI, 8 (*O.C.*, t. II, p. 697) : « La dévotion... est un opium pour l'âme ». « On a longtemps, note Littré, écrit et prononcé opion, témoin ces vers de Voltaire : L'opium peut servir un sage ; Mais, suivant mon opinion, Il lui faut, au lieu d'opion, Un pistolet et du courage » (*Dict.*, v° « Opium »).

VII

Page 338.

1. Les deux fragments que nous réunissons dans cettte section appartiennent au même manuscrit et sont complémentaires par les matières qui y sont traitées. Les éditeurs précédents, G. Streckeisen-Moultou et C. E. Vaughan les ont publiés sans indiquer la séparation, comme s'il s'agissait d'un seul et même écrit. Il nous semble, au contraire, que nous sommes en présence de deux écrits distincts, composés à des dates différentes.

Le second de ces fragments doit être, en effet, rapproché du fragment 8 de la section précédente, où Rousseau traite également du commerce et des arts : « J'aurois pu dire aussi, écrit-il dans ce fragment, que la Nation la plus heureuse est celle qui a le plus d'argent, ou celle qui fait le plus grand commerce, ou la plus ingénieuse dans les arts, et ceci auroit été le sentiment le plus unanime ». La comparaison des textes fait en outre ressortir l'emploi de formules analogues, presque identiques : une Nation heureuse et florissante, un peuple heureux et florissant. Confrontons enfin le début de chacun de ces morceaux. Rousseau écrit dans l'un : « Si pour commencer par bien établir la proposition disputée je pouvois déterminer exactement en quoi consiste dans un gouvernement quelconque la véritable prospérité de l'Etat et quelles sont les marques les plus infaillibles sur lesquelles on puisse affirmer d'une Nation qu'elle est heureuse et florissante ». L'autre commence ainsi : « Pour raisonner solidement sur la question dont il s'agit je voudrois premièrement poser quelque principe clair et certain que personne ne put nier raisonnablement et qui servit de base à toutes mes recherches, sans quoi n'ayant au lieu de définitions que des idées vagues que chacun se forme à sa fantaisie et selon ses inclinations particulières jamais nous ne saurons bien ce qu'on doit entendre à l'égard d'un peuple par ces mots de bonheur et de prospérité. Avant que de parler des moyens de rendre un peuple heureux et florissant... » La ressemblance est frappante. On voit que c'est la même question — celle du bonheur public — que l'auteur va aborder dans l'un et l'autre de ces fragments. Nous sommes tentés de supposer qu'il s'agit là de deux versions successives sur un même sujet, la seconde mieux élaborée et plus complète que la première. Nous nous sommes donc demandé si nous ne devions pas publier ces deux textes à la suite l'un de l'autre dans une même section. Comme cela présentait aussi des inconvénients, il nous a paru finalement préférable de nous borner à signaler le rapprochement au lecteur.

Le premier fragment a peut-être été rédigé en vue des *Institutions politiques*, dont une section devait porter sur le commerce (cf. *Contrat social*, l. IV, ch. IX).

Dans ses précédents écrits – il s'agit, semble-t-il, surtout du premier *Discours* avec les *Réponses* au roi de Pologne et à M. Bordes — Rousseau avait envisagé ces questions du luxe, du commerce et des arts « par rapport aux mœurs ». Il les examine ici d'un point de vue politique, « par rapport à la prospérité de l'Etat ».

Les réflexions contenues dans ce fragment sont issues de la lecture de « plusieurs écrivains modernes » et visent essentiellement « deux hommes » qui « se sont avisés de nos jours de renverser toutes les maximes économiques des anciens politiques, et de leur substituer un système de gouvernement tout nouveau ». Comme ce sont des auteurs contemporains, Rousseau, selon son habitude s'abstient de les désigner par leur nom. On peut penser qu'il s'agit de J.-F. Melon (*Essai politique sur le commerce*, 1re éd., 1734; 2e éd., 1736), dénoncé dans la *Réponse à M.Bordes* (cf. *O.C.*, t. III, p. 95) comme l'auteur d'une « doctrine empoisonnée », et de David Hume, dont les *Essais* sur le Commerce, le luxe (Refinement in the Arts) et l'argent avaient été publiés en 1752 et traduits en français l'année suivante. On serait peut-être tenté de penser aussi au *Mondain* et à l'*Apologie du luxe*, mais la formule employée par Rousseau

(« deux hommes cherchant à se rendre célèbres par des opinions singulières ») montre suffisamment que Voltaire ne peut pas être visé, au moins directement, par ce texte.

2. Cf. *Émile*, l. III « Puisque plus les hommes savent, plus ils se trompent, le seul moyen d'éviter l'erreur est l'ignorance ».

Page 339.

1. Rousseau ne croit pas à leur efficacité : « Ce n'est pas par des loix somptuaires qu'on vient à bout d'extirper le luxe », dit-il dans les *Considérations sur le gouvernement de Pologne* (*O.C.*, t. III, p. 965).

2. Cf. *Gouvernement de Pologne*, *O.C.*, t. III, p. 964 : « Les Romains dans leurs triomphes étaloient un luxe énorme ; mais c'étoit le luxe des vaincus, plus il brilloit moins il séduisoit. Son éclat même étoit une grande leçon pour les Romains. Les Rois captifs étoient enchaînés avec des chaînes d'or et de pierreries. Voilà du luxe bien entendu ». On trouve une remarque un peu différente dans l'*Économie politique* (cf. *supra*, p. 79) : « Le chapeau d'un citoyen délivré d'esclavage, la couronne civique de celui qui avoit sauvé la vie à un autre, étoient ce qu'on regardoit avec le plus de plaisir dans la pompe des triomphes ; et il est à remarquer que des couronnes dont on honoroit à la guerre les belles actions, il n'y avoit que la civique et celle des triomphateurs qui fussent d'herbe et de feuilles, toutes les autres n'étoient que d'or ».

3. Selon les *Considérations sur le gouvernement de Pologne* (*O.C.*, t. III, p. 1004), l'un des moyens de former une nation libre, paisible et sage est de « rendre l'argent méprisable et s'il se peut inutile ».

4. Cf. *Discours sur l'inégalité*, note IX* (*O.C.*, t. III, p. 206) : « De la Société et du luxe qu'elle engendre, naissent les Arts liberaux et mécaniques, le Commerce, les Lettres ; et toutes ces inutilités qui font fleurir l'industrie, enrichissent et perdent les Etats. »

Page 340.

1. Il faut se souvenir ici de la célèbre déclaration de l'auteur dans le livre II de l'*Émile* : « J'aime mieux être homme à paradoxes qu'homme à préjugés » (*O.C.*, t. IV, p. 323).

Page 341.

(a) A la fin de l'alinéa on lit ces mots biffés : *L'avantage le plus solide qu'une nation retire de son industrie c'est attirer l'argent de l'étranger.*

1. Pour Rousseau une nation heureuse est « un peuple cultivateur », composé d'« hommes rustiques ». Il recommande à la Corse de « s'en tenir au système rustique et n'en changer que quand l'Isle ne lui suffira plus » (*Projet de constitution pour la Corse, O.C.*, t. III, p. 907).

2. Sur la distinction des deux espèces de besoins, cf. section precédente, fragment 8, dernier alinéa.

Page 342.

1. Cf. *Projet de constitution pour la Corse, O.C.*, t. III, p. 921 : « Non seulement l'argent est un signe ; mais c'est un signe relatif qui n'a d'effet véritable que par l'inégalité de sa distribution ». Même indication dans les *Considérations sur le gouvernement de Pologne* (*O.C.*, t. III, p. 1008) : « Au fond l'argent n'est pas la richesse, il n'en est que le signe ; ce n'est pas le signe qu'il faut multiplier, mais la chose représentée ».

Page 343.

1. Pour Rousseau, la véritable prospérité de l'État ne consiste pas dans sa richesse pécuniaire, mais dans son indépendance ou son autarcie économique.

2. Rousseau aborde ici le problème de la distribution des richesses et par ce biais son thème favori, celui de l'inégalité.

3. Dans les *Considérations sur le gouvernement de Pologne* (*O.C.*, t. III, p. 1008), le principe de la relativité de la richesse s'applique seulement à la richesse pécuniaire. « La richesse pécuniaire, dit Rousseau, n'est que relative, et selon des rapports qui peuvent changer par mille causes, on peut se trouver successivement riche et pauvre avec la même somme, mais non pas avec les biens en nature ; car comme immédiatement utiles à l'homme, ils ont toujours leur valeur absolue qui ne dépend point d'une opération de commerce ». Il est vrai que la question change d'aspect si l'on se place comme ici au point de vue strictement économique ou si on l'envisage, comme dans notre fragment, du point de vue sensiblement différent de la psychologie sociale.

Page 344.

(*a*) Première version : *ce qui montre le mieux l'extravagance des sociétés établies...*

1. Cf. *Contrat social*, l. II, ch. XI : « A l'égard de l'égalité, il ne faut pas entendre par ce mot que les degrés de puissance et de richesse soient absolument les mêmes ».

2. Ces formules se retrouvent presque mot pour mot dans l'*Économie politique* (cf. *supra*, p. 94) : « On ne fait rien avec rien ; cela est vrai dans les affaires comme en Physique : l'argent est la semence de l'argent, et la première pistole est quelquefois plus difficile à gagner que le second million ». De la similitude des textes on serait tenté de conclure que la rédaction du fragment est antérieure à celle de l'*Économie politique* qui lui emprunte ce passage. Ce n'est évidemment qu'une conjecture.

3. La même image se retrouve dans le fragment sur l'*État de guerre* (*O.C.*, t. III, p. 609) : « Je vois... une foule affamée, accablée de peine et de faim, dont le riche *boit* en paix le sang et les larmes ».

Page 345.

(*a*) Le manuscrit porte ici *esclavage*, ce qui est un lapsus évident.

1. Rousseau s'est toujours élevé contre ceux qui, comme Hobbes, ont voulu faire de la « tranquillité civile » la fin de la société civile. Pour lui, il n'y a pas de paix véritable sans liberté. En ce sens, quoi qu'on en ait dit, Rousseau reste manifestement plus proche de Locke que de tout autre théoricien de son temps.

2. Dans le *Contrat social* (l. I, ch. IV) Rousseau déclare que « l'état de guerre subsiste » entre le maître et l'esclave. Il est plus explicite encore dans la première version du livre (l. I, ch. V) : « A l'instant que le peuple subjugué peut secouer un joug imposé par force et se défaire de son maître, c'est-à-dire de son ennemi, s'il le peut, il le doit ; et recouvrant sa liberté légitime, il ne fait qu'user du droit de guerre, qui ne cesse point tant que la violence qu'il autorise a lieu ».

Page 346.

1. On sait avec quelle vigueur Rousseau condamne l'oisiveté dans le livre III de l'*Émile* : « Hors de la société, l'homme isolé, ne devant rien à personne, a droit de vivre comme il lui plaît ; mais dans la société, où il vit nécessairement aux dépens des autres, il leur doit en travail le prix de son entretien ; cela est sans exception. Travailler est donc un devoir indispensable à l'homme social. Riche ou pauvre, puissant ou foible, tout citoyen oisif est un fripon ». Pas de citoyens oisifs, telle sera donc la maxime de tout État bien constitué. L'obligation de travailler doit cependant avoir sa contrepartie dans la rentabilité du travail. Il faut que les hommes puissent assurer, par le travail de leurs mains, leur subsistance et leur indépendance. C'est là l'un des aspects les plus modernes et les plus révolutionnaires de la pensée sociale de Rousseau. Il a voulu délivrer le monde du travail de la domination des oisifs.

VIII

Page 347.

1. L'archaïsme de cette observation n'a pas besoin d'être souligné. L'hostilité de Rousseau à l'égard de tout progrès technique qui accroît la production en diminuant l'effort humain s'explique par une sorte de mystique du travail manuel. Ici encore, Rousseau raisonne en moraliste, comme il le fait presque toujours lorsqu'il aborde les problèmes économiques.

Page 348.

(*a*) La fin de la phrase, depuis *par cette unique raison* fait partie d'une rédaction antérieure biffée.

1. Cf. *Projet de constitution pour la Corse, O.C.*, t. III, p. 929 : « J'ai montré jusqu'ici, dit Rousseau, comment le peuple corse pouvoit subsister dans l'aisance et l'indépendance avec très peu de trafic ;

comment, de ce peu qui lui sera nécessaire, la plus grande partie se peut faire aisément par des échanges ; et comment il peut réduire presque à rien les nécessités des importations du dehors de l'Isle. On voit par là que, si l'usage de l'argent et de la monnoye ne peut être absolument anéanti dans les affaires des particuliers, il se peut réduire au moins à si peu de chose qu'il en naîtra difficilement des abus ».

2. C'est pourquoi, pour le recouvrement des impôts, Rousseau est partisan de la régie. Il s'agit avant tout pour lui de supprimer les fermiers généraux, les financiers, les publicains. Cf. *Projet de constitution pour la Corse, O.C.*, t. III, p. 934 : « Ce qui rend le plus pernicieux un sistème de finance est l'emploi de financier. A nul prix que ce puisse être, il ne faut point de publicains dans l'Etat ».

IX

Page 349.

1. Ce morceau devait primitivement servir de conclusion à l'*Économie politique*. Cf. *Contrat social* (l. III, ch. IX) : « Quelle est la fin de l'association politique ? C'est la conservation et la prospérité de ses membres. Et quel est le signe le plus sûr qu'ils se conservent et prosperent ? C'est leur nombre et leur population ». La même conception de la prospérité se retrouve dans le texte suivant du *Projet de constitution pour la Corse* (*O.C.*, t. III, p. 904) : « L'Isle de Corse ne pouvant s'enrichir en argent, doit tâcher de s'enrichir en hommes. La puissance qui vient de la population est plus réelle que celle qui vient des finances et produit plus surement son effet. »

Page 350.

1. Cf. *Projet de constitution pour la Corse, O.C.*, t. III, p. 904 : « Par tout pays, les habitans des campagnes peuplent plus que ceux des villes : soit par la simplicité de la vie rustique qui forme des corps mieux constitués, soit par l'assiduité au travail qui previent le desordre et les vices ».

2. Cette statistique montre combien Rousseau était préoccupé par le problème des enfants trouvés. Cf. la longue note sur les enfants de Rousseau dans *O.C.*, t. I, pp. 1416-1422.

X

Page 351.

1. Le premier des deux fragments qui composent cette section, de beaucoup le plus long et le plus important, a été publié par G. Streckeisen-Moultou (*Œuvres et correspondances inédites de J.-J. Rousseau*, Paris, 1861, pp. 253-250), sans qu'on ait pu jusqu'ici

retrouver le manuscrit de ce texte. Ce morceau est manifestement en relation avec le chapitre IX de l'*Essai sur l'origine des langues* et, de ce fait, ne devrait pas être postérieur à l'année 1754. Sans connaître la date de composition de cet *Essai*, les historiens la fixent soit à l'époque (1749-1750) où Rousseau préparait en vue de l'*Encyclopédie* ses articles sur la musique, soit plus tard (1753-1754), au moment où il rédigeait les notes du *Discours sur l'inégalité*. C'est d'autre part la lecture des livres de l'*Esprit des lois* consacrés à l'influence du climat qui a attiré l'attention de Rousseau sur cette question qu'il aborde de nouveau dans un chapitre du *Contrat social* (l. III, ch. VIII). Rousseau emprunte, en effet, à Montesquieu une conception du climat dont Lucien Febvre soulignait naguère le caractère traditionnel, simpliste et fort peu scientifique (*La terre et l'évolution humaine*, Paris, 1922, pp. 108-112). Les deux auteurs se bornent à distinguer des pays chauds et des pays froids, comme s'il n'y avait d'autre facteur déterminant du climat que la « chaleur » ou la température. De toute façon, sans qu'on connaisse la destination de ce fragment, il n'est certainement pas étranger au projet d'écrire les *Institutions politiques*.

2. Rousseau écrit dans le livre II de l'*Émile* : « Il y a deux sortes de dépendances : celle des choses, qui est de la nature : celle des hommes, qui est de la société. La dépendance des choses, n'ayant aucune moralité, ne nuit point à la liberté et n'engendre point de vices. La dépendance des hommes étant désordonnée les engendre tous, et c'est par elle que le maître et l'esclave se dépravent mutuellement » (*O.C.*, t. IV, p. 311).

Page 352.

(a) Il y a ici une bévue évidente que le sens permet de corriger sans hésiter ; il faut entendre : *mais les seconds et les troisièmes ne se font sentir aux hommes que quand les premiers sont satisfaits.*

1. Cf. l'ouvrage de George MAY, *Rousseau par lui-même* (Paris, 1961), qui met l'accent sur le rôle de la Morale sensitive dans les théories de Rousseau. Cf. également les *Confessions*, l. IX, *O.C.*, t. I, p. 409.

Page 353.

1. Cf. *Essai sur l'origine des langues*, ch. IX. « Celui qui voulut que l'homme fût sociable toucha du doigt l'axe du globe et l'inclina sur l'axe de l'univers ».

Page 355

1. Cf. *Essai sur l'origine des langues*, ch. IX : « Les associations d'hommes sont en grande partie l'ouvrage des accidens de la nature : les déluges particuliers, les mers extravasées, les éruptions des volcans, les grands tremblements de terre, les incendies allumés

par la foudre et qui détruisoient les forêts, tout ce qui dut effrayer et disperser les sauvages habitans d'un pays, dut ensuite les rassembler pour réparer en commun les pertes communes : les traditions des malheurs de la terre, si fréquens dans les anciens temps, montrent de quels instrumens se servit la Providence pour forcer les humains à se rapprocher ».

2. Le manuscrit de ce fragment est accompagné de la note suivante (note manuscrite ancienne) : « note autographe de J.-J. Rousseau. coupé du vol. 4, p. 1008, du Dictionnaire des sciences article *dimanche*, dans la Bibliothèque de D. Davenport Esq. : ci devant élève de Rousseau, durant le sejour de celui cy à Wooton en Staffordshire ». Il s'agit donc ici d'une note de Rousseau en marge de l'*Encyclopédie*. L'auteur de l'article « Dimanche », M. Faiguet, maître de pension à Paris, cite l'abbé de Saint-Pierre et réclame avec lui la liberté pour les pauvres de travailler le dimanche. Rousseau se place ici à un point de vue sensiblement différent, plus géographique que strictement social

XI

Page 356.

(a) La citation de l'abbé du Bos manque dans le manuscrit dont nous avons une photocopie ; elle est imprimée par Eugène Ritter qui a publié tout ce fragment en 1898 dans *La Montagne, revue suisse d'art et de littérature*, pp. 23-25. Elle est tirée des *Réflexions critiques sur la poésie et sur la peinture*, Paris, Mariette, 1719, t. II, p. 261. Au lieu de *des* peuples, on lit dans le texte original *deux* peuples (les Romains et les Hollandais).

1. Cf. *Émile*, l. V : « Si je te parlois des devoirs du citoyen, tu me demanderois peut-être où est la patrie, et tu croirois m'avoir confondu. Tu te tromperois pourtant, cher Émile ; car qui n'a pas une patrie a du moins un pays ». Dans *La Nouvelle Héloïse* (VI, 5 ; *O.C.*, t. II, p. 657), Mme d'Orbe écrit au sujet de la République de Genève : « Plus je contemple ce petit Etat, plus je trouve qu'il est beau d'avoir une patrie, et Dieu garde de mal tous ceux qui pensent en avoir une, et n'ont pourtant qu'un pays ».

Page 357.

(a) Dans le manuscrit, l'alinéa se termine par la phrase suivante biffée : *J'ai cru devoir cet aveu aux lecteurs afin qu'ils ne lui donnent pas d'avance plus de prix qu'il n'en peut avoir.*

1. Allusion au consul romain Paul-Émile qui fut tué à la bataille de Cannes.

Page 358.

(*a*) Première version : *veritable gloire.*

(*b*) Au-dessus des mots *la définition que j'ai donnée*, Rousseau a écrit : *l'idée que je me suis faite.* Il n'a biffé aucune des deux formules.

1. Rousseau écrit au colonel Pictet le 1er mars 1764 : « Ce ne sont ni les murs ni les hommes qui font la patrie : ce sont les loix, les mœurs, les coutumes, le Gouvernement, la constitution, la maniére d'être qui resulte de tout cela. La patrie est dans les rélations de l'Etat à ses membres ; quand ces rélations changent ou s'aneantissent, la patrie s'évanoüit » (*C.G.*, t. X., pp. 337-338). Rousseau restera toute sa vie fidèle à cette conception de la patrie, conception exempte de tout nationalisme. La patrie proprement dite n'est pour lui ni le pays natal ni la terre des ancêtres, elle est liée aux institutions politiques et le patriotisme est l'attachement ou le dévouement à ces institutions.

2. Il s'agit de la définition donnée dans l'*Économie politique* (cf. *supra*, p. 74) : « La vertu n'est que la conformité de la volonté particulière avec la volonté générale ». Rousseau écrit dans un autre passage de l'*Économie politique* (cf. *supra*, p. 77) : « Il est certain que les plus grands prodiges de vertu ont été produits par l'amour de la patrie ».

Page 359.

1. Cf. *Émile* : « Un citoyen de Rome n'étoit ni Caïus ni Lucius ; c'étoit un Romain ; même il aimoit la patrie exclusivement à lui. Régulus se prétendoit Carthaginois, comme étant devenu le bien de ses maîtres. En sa qualité d'étranger, il refusoit de siéger au sénat de Rome, il falut qu'un Carthaginois le lui ordonnât. Il s'indignoit qu'on voulût lui sauver la vie. Il vainquit, et s'en retourna triomphant mourir dans les supplices » (*O.C.*, t. IV, p. 249).

XII

Page 360

(*a*) Rousseau a tout d'abord écrit : *à chercher dans ses annales celui...*, puis il a modifié son texte en oubliant de biffer le mot *chercher.*

1. Aucun document, aucune confidence de l'auteur ne nous permet de dater ce morceau. Il est si souvent question de Sparte et de Rome dans les controverses relatives au premier *Discours* que nous sommes tenté de penser qu'il a été composé la même année que la *Réponse à M. Bordes*, en 1752, ou, pour être moins précis, car il ne s'agit que d'une conjecture, après la publication de ce premier *Discours* et avant la rédaction du second. c'est-à-dire pendant les années 1751-1753.

Dans ce fragment s'exprime la prédilection de l'auteur pour l'his toire ancienne et son mépris de l'histoire moderne. Ces sentiments seront les siens pendant toute sa vie. Son œuvre abonde en exemples tirés de l'antiquité. Au contraire, il tiendra toujours pour inutile et même nuisible l'étude de l'histoire moderne. Les raisons de cette préférence sont d'ordre moral et Rousseau les expose clairement dans le passage suivant de *La Nouvelle Héloïse* (I. 12 ; *O.C.*, t. II, p. 60) : « Nous renoncerons pour jamais à l'histoire moderne, excepté celle de notre pays ; encore n'est-ce que parce que c'est un pays libre et simple, où l'on trouve des hommes antiques dans les tems modernes : car ne vous laissez pas éblouïr par ceux qui disent que l'histoire la plus intéressante pour chacun est celle de son pays. Cela n'est pas vrai. Il y a des pays dont l'histoire ne peut pas même être lue, à moins qu'on ne soit imbécile ou négociateur. L'histoire la plus intéressante est celle où l'on trouve le plus d'exemples, de mœurs, de caracteres de toute espece ; en un mot, le plus d'instruction. Ils vous diront qu'il y a autant de tout cela parmi nous que parmi les anciens. Cela n'est pas vrai. Ouvrez leur histoire et faites les taire ».

Rome et Sparte sont en outre parmi les républiques de l'antiquité celles que Rousseau admire le plus, les plus chères à son cœur. Le peuple romain fut, à ses yeux, le « modèle de tous les peuples libres » (*Discours sur l'inégalité*, Dédicace, *O.C.*, t. III, p. 113). Quant à Sparte, « cette Sparte que je n'aurai, dit-il, jamais assez citée pour l'exemple que nous devrions en tirer » *(Lettre à d'Alembert)*, il ne cessera d'en faire l'éloge.

2. Rousseau, notons-le, unit dans un même sentiment d'admiration pour l'antiquité les *hommes* et les *institutions*. Ce qui a manqué aux peuples modernes, c'est un législateur : leur dépravation est imputable à des « institutions ineptes que le génie ne dicta jamais » (*Considérations sur le gouvernement de Pologne*, ch. II, *O.C.*, t. III, p. 956).

Page 361.

1. Formule empruntée à Montaigne : « Je ne suy pas la secte de Pythagoras, que les hommes prennent une ame nouvelle quand ils approchent les simulacres des Dieux pour recueillir leurs oracles » (*Essais*, l. III, ch. II, éd. P. Villey, Paris, 1923, t. III, p. 37).

Page 362.

(a) Les mots *de les observer*, écrits au crayon au-dessus de la ligne, remplacent le premier jet : *m'y arrêter*, que Rousseau a biffé.

1. Donc sur un contrat. Pour Rousseau, la conquête est un acte de violence qui ne crée aucun droit. Quand elle donnerait un droit sur le territoire, elle n'en pourrait donner sur les habitants. Cf. première version du *Contrat social*, l. I, ch. V.

Page 363.

1. Sur la législation de Lycurgue, cf. *supra*, section V, fragment 15 et *Considérations sur le gouvernement de Pologne*, ch. II.

Page 364.

1. Il s'agit ici, semble-t-il, d'un parallèle entre Lycurgue, le législateur de Sparte et Numa qui fut, selon Rousseau, « le vrai fondateur de Rome ». Cf. *Considérations sur le gouvernement de Pologne*, ch. II.

XIII

Page 366.

1. Rousseau n'a pas poussé bien loin la rédaction de cette *Histoire de Lacédémone*. Il semble que ce soit, comme il le dit, un travail qui lui ait été proposé. Quand et par qui ? Nous ne le savons pas. Il n'est pas surprenant qu'il se soit chargé de ce travail, même s'il n'a pu le mener à son terme. Écrire une histoire de Lacédémone, c'était jeter un défi à ses adversaires. « L'embarras de mes adversaires, dit-il, est visible toutes les fois qu'il faut parler de Sparte. Que ne donneroient-ils point pour que cette fatale Sparte n'eût jamais existé ! » Cette déclaration, tirée de la *Réponse à M. Bordes* (cf. *O.C.*, t. III, p. 83), nous incite à penser que cette *Histoire de Lacédémone* a été composée à la même époque que le parallèle entre Rome et Sparte, donc vers l'année 1752.

Page 367.

1. Rousseau étudie l'histoire, comme l'économie ou les finances, en *moraliste* soucieux d'en tirer « une instruction utile » et de mieux connaître le cœur humain. Cf. *Émile*, l. II : « Les anciens historiens sont remplis de vues dont on pourroit faire usage, quand même les faits qui les présentent seroient faux. Mais nous ne savons tirer aucun vrai parti de l'histoire ; la critique d'érudition absorbe tout : comme s'il importoit beaucoup qu'un fait fût vrai, pourvu qu'on en pût tirer une instruction utile. Les hommes sensés doivent regarder l'histoire comme un tissu de fables dont la morale est très-appropriée au cœur humain » (*O.C.*, t. IV, p. 415 en note).

2. Cf. *Considérations sur le gouvernement de Pologne*, ch. II, *O.C.*, t. III, p. 956 : « Qu'ont de commun les François, les Anglois, les Russes avec les Romains et les Grecs ? Rien presque que la figure. Les fortes ames de ceux-ci paroissent aux autres des exagérations de l'histoire ».

XIV

Page 373.

(*a*) Le texte est interrompu car le bord du feuillet est déchiré.

Page 374.

(*a*) Rousseau avait d'abord écrit : *à la nation.*

(*b*) Au-dessus de cette phrase, Rousseau a écrit le mot *tranquillité* isolé.

XV

Page 375.

1. Cette conception de la noblesse, assimilée à un corps de valets, est directement opposée à celle de Montesquieu. Pour celui-ci, l'honneur prescrit des limites à l'obéissance due au prince et empêche que l'obligation de servir ne dégénère en servitude. « Il n'y a rien dans la monarchie que les loix, la religion et l'honneur prescrivent tant que l'obéissance aux volontés du prince : mais cet honneur nous dicte que le prince ne doit jamais nous prescrire une action qui nous déshonore, parce qu'elle nous rendroit incapable de le servir » (*Esprit des lois*, l. IV, ch. II). De là la distinction fameuse entre la monarchie et le despotisme. Cette distinction s'efface chez Rousseau. « Les rois, dit-il, veulent être abolus » (*Contrat social*, l. III, ch. VI). Cf. R. DERATHÉ, « Rousseau et le problème de la monarchie », *Le Contrat social*, mai-juin 1962, pp. 164-168.

XVI

Page 376.

1. Cf. Lettre au marquis de Mirabeau du 26 juillet 1767 (*C.G.*, t. XVII, p. 156) : « de quoi sert que la raison nous éclaire quand la passion nous conduit ? » Rousseau place le principe de notre activité dans les passions et d'une manière générale dans la sensibilité. Il ne faut pas en conclure que, pour lui, la raison soit impuissante ou superflue. Elle est superflue dans l'état de nature où l'homme est réduit au seul instinct. Mais dès que la vie sociale fait naître une multitude de passions, la raison devient nécessaire pour les régler et leur servir de frein. Cf. *Émile* : « L'Etre suprême a voulu faire en tout honneur à l'espèce humaine ; en donnant à l'homme des penchans sans mesure, il lui donne en même tems la loi qui les règle, afin qu'il soit libre et se commande à lui-même ; en le livrant à des passions immodérées, il joint à ces passions la raison pour le gouverner » (*O.C.*, t. IV, p. 695). Il y a là, comme fréquemment chez Rousseau, deux thèmes antithétiques, mais complémentaires l'un de l'autre.

Page 377.

(*a*) Rousseau avait d'abord écrit : *des vertus de Socrate.*

Page 378.

1. Cf. *Réponse à M. Bordes, O.C.*, t. III, p. 74 : « La vanité et l'oisiveté qui ont engendré nos sciences, ont aussi engendré le luxe. Le goût du luxe accompagne toujours celui des lettres, et le goût des lettres accompagne souvent celui du luxe : toutes ces choses se tiennent assez fidèle compagnie, parce qu'elles sont l'ouvrage des mêmes vices ».

Page 380.

1. Cf. *supra*, section IV, fragment 14 et, dans la même section, la note du fragment 20.

2. Il faut rapprocher de cette observation le passage de *La Nouvelle Héloïse* (I, 12, *O.C.*, t. II, p. 60) sur l'inutilité de l'étude de l'histoire moderne, passage cité dans une note précédente.

Page 382.

(a) Rousseau a hésité ici dans le choix du verbe ; il a écrit successivement : *cédent* ; *renoncent à* ; *abandonnent* ; enfin *sacrifient*.

1. Dans cette note brève Rousseau renvoie à l'ouvrage suivant : MANDELSLO (Jean-Albert), *Relation du voyage d'Adam Olearius, en Moscovie, Tartarie et Perse...*, Paris, Jean Du Puis, 1659, t. I, p. 424.

INTRODUCTION

Discours sur l'économie politique 11
Note sur l'établissement du texte 20
Première version du « Contrat social » 21
Note sur l'établissement du texte 28
Du Contrat social 31
Note sur l'établissement du texte 55
Fragments politiques 57
Note sur l'établissement du texte 60

DISCOURS SUR L'ÉCONOMIE POLITIQUE

DISCOURS 63

DU CONTRACT SOCIAL OU ESSAI SUR LA FORME DE LA RÉPUBLIQUE

(Première version)

LIVRE I. — Premières notions du corps social 103
CHAPITRE I : Sujet de cet ouvrage 103
CHAPITRE II : De la Société générale du genre humain 103
CHAPITRE III : Du pacte fondamental 111
CHAPITRE IV : En quoi consiste la souveraineté et ce qui la rend inaliénable 116
CHAPITRE V : Fausses notions du lien social 119
CHAPITRE VI : Des droits respectifs du souverain et du citoyen 127

Chapitre VII : Nécessité des loix positives 131

LIVRE II. — Établissement des Loix 134

Chapitre I : Fin de la législation 134
Chapitre II : Du législateur 134
Chapitre III : Du peuple à instituer 140
Chapitre IV : De la nature des loix, et du principe de la justice civile 148
Chapitre V : Division des loix 152
Chapitre VI : Des divers sistémes de législation 154

LIVRE III. — Des loix politiques ou, de l'institution du gouvernement 156

Chapitre I : Ce que c'est que le gouvernement d'un état 156

[De la religion civile] 158
[Le mariage des protestants] 165
[Fragments] 167

DU CONTRACT SOCIAL
OU,
PRINCIPES DU DROIT POLITIQUE

Avertissement 171

LIVRE I 173

Chapitre I : Sujet de ce premier livre 173
Chapitre II : Des premières sociétés 174
Chapitre III : Du droit du plus fort 176
Chapitre IV : De l'esclavage 177
Chapitre V : Qu'il faut toujours remonter à une première convention 181
Chapitre VI : Du pacte social 182
Chapitre VII : Du souverain 184
Chapitre VIII : De l'état civil 186
Chapitre IX : Du domaine réel 187

LIVRE II 190

Chapitre I : Que la souveraineté est inaliénable 190
Chapitre II : Que la souveraineté est indivisible 191
Chapitre III : Si la volonté générale peut errer 193

Chapitre IV : Des bornes du pouvoir souverain 194
Chapitre V : Du droit de vie et de mort 198
Chapitre VI : De la loi 200
Chapitre VII : Du législateur 203
Chapitre VIII : Du peuple 206
Chapitre IX : Suite 208
Chapitre X : Suite 210
Chapitre XI : Des divers sistêmes de législation 213
Chapitre XII : Division des loix 215

LIVRE III 217
Chapitre I : Du Gouvernement en général 217
Chapitre II : Du principe qui constitue les diverses formes de gouvernement 222
Chapitre III : Division des gouvernemens 224
Chapitre IV : De la démocratie 226
Chapitre V : De l'aristocratie 228
Chapitre VI : De la monarchie 230
Chapitre VII : Des gouvernemens mixtes 235
Chapitre VIII : Que toute forme de gouvernement n'est pas propre à tout pays 236
Chapitre IX : Des signes d'un bon gouvernement 241
Chapitre X : De l'abus du gouvernement et de sa pente à dégénérer 243
Chapitre XI : De la mort du corps politique 246
Chapitre XII : Comment se maintient l'autorité souveraine 247
Chapitre XIII : Suite 248
Chapitre XIV : Suite 249
Chapitre XV : Des députés ou réprésentans 250
Chapitre XVI : Que l'institution du gouvernement n'est point un conctract 254
Chapitre XVII : De l'institution du gouvernement 255
Chapitre XVIII : Moyen de prévenir les usurpations du gouvernement 256

LIVRE IV 259
Chapitre I : Que la volonté générale est indestructible 259
Chapitre II : Des suffrages 261
Chapitre III : Des élections 264
Chapitre IV : Des comices romains 266

Chapitre V : Du tribunat 275
Chapitre VI : De la dictature 277
Chapitre VII : De la censure 280
Chapitre VIII : De la religion civile 282
Chapitre IX : Conclusion 292

FRAGMENTS POLITIQUES

I. — [Introduction] 295
II. — [De l'état de Nature] 297
III. — [Du Pacte social] 304
IV. — [Des Loix] 313
V. — [De l'Honneur et de la Vertu] 323
VI. — [Du bonheur public] 331
VII. — [Le luxe, le commerce et les arts] 338
VIII. — [Économie et finances] 347
IX. — [De la population] 349
X. — [L'influence des climats sur la civilisation] 351
XI. — [De la Patrie] 356
XII. — [Parallèle entre les deux républiques de Sparte et de Rome] 360
XIII. — [Histoire de Lacédémone] 366
XIV. — [Fragments d'histoire ancienne] 371
XV. — [De la Noblesse] 374
XVI. — [Des Mœurs] 376

NOTES ET VARIANTES 383

Discours sur l'économie politique 385
Du Contrat social (première version) 405
Du Contrat social 426
Fragments politiques 504

Composition Traitext.
Impression Bussière Camedan Imprimeries
à Saint-Amand (Cher), le 22 novembre 2002.
Dépôt légal : novembre 2002.
1er dépôt légal dans la collection : novembre 1993.
Numéro d'imprimeur : 025265/1.
ISBN 2-07-032670-5./Imprimé en France.

120982